中国地方志“一体两翼”工程

The“One Body Two Wings”Project of China's Local Chronicles

中国年鉴发展报告

2019—2020

主　编　冀祥德

副主编　刘永强

方志出版社

Publishing House of Local Records

图书在版编目（CIP）数据

中国年鉴发展报告．2019—2020 / 冀祥德主编．--
北京：方志出版社，2020.8

ISBN 978-7-5144-4055-3

Ⅰ.①中… Ⅱ.①冀… Ⅲ.①年鉴—研究报告—中国
—2019-2020 Ⅳ.① Z52

中国版本图书馆 CIP 数据核字（2020）第 147322 号

中国年鉴发展报告（2019—2020）

主　　编： 冀祥德

副 主 编： 刘永强

责任编辑： 李　静

出 版 者： 方志出版社

地址　北京市朝阳区潘家园东里 9 号（国家方志馆 4 层）

邮编　100021

网址　http：//www.fzph.org

发　　行： 方志出版社图书经销中心

电话　（010）67110500

经　　销： 各地新华书店

排　　版： 北京纺印图文设计制作有限公司

印　　刷： 北京中科印刷有限公司

开　　本： 700 × 1000　　1/16

印　　张： 33.75

字　　数： 611 千字

版　　次： 2020 年 8 月第 1 版　　2020 年 8 月第 1 次印刷

ISBN 978-7-5144-4055-3　　**定价：** 98.00 元

《中国年鉴发展报告（2019—2020）》编委会名单

主　　任： 高　翔

常务副主任： 冀祥德

副主任： 高京斋　邱新立

委　　员：（按姓氏笔画排序）

毛志华　邓建平　甘根华　左健伟　刘文海
关树峰　贠有强　李云鹤　李　良　杨松义
杨建林　杨洪进　吴凤端　何伟志　何素君
汪德军　张军利　陈华康　陈　旭　陈建春
欧阳志国　周国春　赵国卿　洪民荣
贺　彪　黄　誌　曹荣湘　梁金荣　程中才
雷　湛　管仁富　廖运建　潘捷军

主　　编： 冀祥德

副主编： 刘永强

编辑部成员： 冷晓玲　杨卓轩　朱　海　范锐超
宿万涛

编辑说明

一、指导思想　以马克思列宁主义、毛泽东思想、邓小平理论、“三个代表”重要思想、科学发展观、习近平新时代中国特色社会主义思想为指导，坚持辩证唯物主义和历史唯物主义的立场、观点和方法，继承和发扬我国优秀文化传统，对年鉴事业的发展现状和热点问题进行年度研究，以专业的角度、专家的视野和实证的研究方法，针对年鉴领域现状与发展态势展开分析和预测。

二、断限范围　主要以2018—2019年度年鉴事业发展情况进行分析研究，但因考虑内容的连贯性、完整性等，故在具体论述时作适当上溯或下延处理。

三、内容要求　全书由一系列研究报告组成。要求报告具有原创性，主题鲜明，具有较高的理论价值和实践意义；在科学实践与调查研究的基础上统计、分析、评价年鉴界的客观情况，并提出具有较强针对性、可行性的对策建议，预测分析未来发展的趋势；既立足重点，同时又站在全国年鉴界的角度分析问题，力争研究视角、思路或方法有所创新。

四、总体结构　全书总体分为七个部分：第一部分为总报告；第二部分为区域报告；第三部分为专题报告；第四部分为探索与创新；第五部分为年鉴成果选介；第六部分为研究与借鉴；第七部分为附录。

五、体例要求　全书大部分报告除了对所研究年鉴的历史和现状作出文字描述外，部分报告积极采用图表等形式对各类问题进行梳理，为读者提供直观明晰的资料。

六、注释方式　为符合通行的学术规范，本书所参考的重要资料，采取随文标出，集中在页下注释的方式，一一注明出处。

七、数字标点　遵循国家标准出版规定，数字书写以GB/T15835—2011《出版物上数字用法》为准；行文使用标点符号以GB/T15834—2011《标点符号用法》为准。

摘　要

《中国年鉴发展报告（2019—2020）》是全国地方志“一体两翼”用志工程的重要一翼，由总报告、分报告、年鉴成果选介、附录组成，重点反映2018—2019年全国年鉴系统推进全国年鉴事业转型升级的有益探索和创新举措，贯彻落实“一纳入、八到位”、加快实现“年鉴全覆盖”目标和积极推动年鉴质量建设、开发利用、信息化建设等方面的经验和做法，以及工作特点亮点等。

总报告共三篇：第一篇指出在习近平新时代中国特色社会主义思想和党的十九大精神统领下，年鉴事业快速、稳步发展，取得一系列新的成绩，呈现出一系列新的特点亮点，但在原有的一些制约年鉴事业发展的一些老问题尚未得到根本解决的情况下，又出现了一些新问题，并提出具有针对性的对策与建议；第二篇总结梳理中国年鉴精品工程实施情况特别是2018—2019年情况及阶段性成绩，为下一步发展指明方向；第三篇总结梳理民族地区与贫困地区年鉴资助工程实施3年所取得的阶段性成绩与问题，提出下一步工作重点。

分报告由区域报告、专题报告、探索与创新、研究与借鉴组成。区域报告选取介绍天津、内蒙古等12个省（自治区、直辖市）2018—2019年年鉴事业发展情况及特点亮点；专题报告选取介绍教育、税务等7类专业年鉴2018—2019年发展情况及特点亮点；探索与创新部分延续介绍跨区域年鉴、乡镇村年鉴、年鉴简本、年鉴英文版几类年鉴2018—2019年发展情况；研究与借鉴部分综述2018—2019年国内年鉴理论研究情况，选介部分中国早期年鉴、日本年鉴、新加坡年鉴与美国年鉴。

按时保质完成“年鉴全覆盖”目标、围绕“三大主题”开拓创新、积极推动让年鉴“用起来”“立起来”“活起来”“热起来”等问题，既是国务院办公厅要求的法定任务，又是关乎年鉴事业转型升级的重大问题，更是关乎推动我国从年鉴大国向年鉴强国迈进的时代课题。本卷报告以专业的角度、专家的视野和实证的研究方法，通过对年鉴工作的探索和思考，把工作的实践经验上升到理论高度，是广大年鉴工作者编鉴用鉴所必需，是供广大读者不断开发和研究有关问题的资料宝库，堪称一部权威的年度性重要文献。

Abstract

"Report on the Development of Chinese Yearbooks (2019-2020)" is an important "wing" of the "One Body Two Wings" project of China's local chronicles ("Report"). This Report consists of general reports, specific reports, featured yearbooks, and appendix. This Report focuses on the exploration and innovation in the nation-wide endeavor during 2018 and 2019 to transform and upgrade China's yearbooks. Meanwhile, it introduces the experiences and practices in implementing the "One in Consideration, Eight in Preparation" strategy, accelerating the achieving of the "Full Coverage of Yearbooks" goal, and promoting the quality, utilizing and informatization of yearbooks. Further, it involves highlights and features of yearbook work.

There are three reports in the general reports part. The first report says that guided by the Xi Jinping Thought on Socialism with Chinese Characteristics for a New Era and the guiding principles of the 19th National Congress of the Communist Party of China, China's yearbook endeavor has been developing rapidly and steadily, and has made new achievements and presents new features. However, in addition to some long existing problems that restrict the development of yearbooks, new problems also occur. Measures and suggestions on the solving of these problems are proposed in this report. The second report summarizes the implementation of the China quality yearbook project. Especially, it introduces the development and achievements made during 2018-2019, and provides the direction for future development. The third report summarizes the implementation of the Yearbook Funding Project in ethnic minority areas and poverty-stricken areas since it was first launched three years ago, introduces the achievements made and problems that remain unsolved, and proposed the future focus of work.

The specific reports part consists of regional reports, specialized reports, exploration and innovation, and studies and best practices. The regional reports section includes reports on yearbook development during 2018-2019 from 12 provinces (districts/cities), such as Tianjin and Inner Mongolia. The specialized reports section has 7 reports on yearbook development during 2018-2019 in sectors such as education and tax. The exploration and innovation section introduces the development of cross-regional yearbooks, concise edition yearbooks, counties and village yearbooks, and English-version yearbooks during 2018-2019. The studies and best practices section introduces domestic studies on yearbooks during 2018-2019. Further, Chinese early yearbooks, Japanese yearbooks, Singapore yearbooks and US yearbooks are introduced in this section.

Achieving the "Full Coverage of Yearbooks" goal on time and with high quality, exploring and innovating around the "Three Themes", and making yearbooks "use up", "raise up", "live up" and "hot up", these are not only legal tasks required by the General Office of the State Council, but also major issues related to the transformation and upgrading of yearbooks. Furthermore, they are essential for achieving the goal of making China strong in yearbooks. This Report explores and ponders over the yearbook work adopting a professional angle, taking the viewpoints of experts and using an empirical methodology, and develops theories based on practice. This report aims to serve as a reference for those working on yearbooks, and a data bank for readers to explore on and study related issues. It can be called an authoritative and important annual report.

目录

I 总报告

II 区域报告

Ⅲ　专题报告

Ⅳ　探索与创新

Ⅴ　年鉴成果选介

Ⅵ 研究与借鉴

Ⅶ　附录

编后记

I General Reports

II Regional Reports

Ⅲ Specialized Reports

Ⅳ Exploration and Innovation

V Featured Yearbooks

Ⅵ Studies and Best Practices

Ⅶ Appendix

Postscript

Contents

I

总报告

牢记初心使命　勇于担当作为
全面推动年鉴事业转型升级
——2018—2019年全国年鉴事业发展的形势与任务

刘永强

提要：2018—2019年，坚持以习近平新时代中国特色社会主义思想和党的十九大精神为指导，深入贯彻落实《全国地方志事业发展规划纲要（2015—2020年）》《全国年鉴事业发展规划（2016—2020年）》，全国年鉴系统积极开展了新的探索，年鉴事业快速、稳步发展。但在原有的一些制约年鉴事业发展的一些老问题尚未得到根本解决的情况下，又出现了随着新一轮机构改革而带来的部分地方管理体制发生变化、人员流失风险大、年鉴出版书号申请难等新问题。今后一个时期，全国年鉴工作者要认清形势，坚定信心，攻坚克难，以如期高质量实现"年鉴全覆盖"目标任务为中心，进一步在依法治鉴、精品建设、理论研究、队伍建设、开发利用、扩大宣传等方面科学谋划，扎实工作，全面推动年鉴事业转型升级。

关键词：新时代　年鉴事业　"年鉴全覆盖"　精品建设　转型升级

2018年是贯彻落实党的十九大精神的开局之年、是改革开放伟大事业推进40周年之年，2019年是中华人民共和国成立70周年之年，这两年还是全面建成小康社会的关键之年，深入贯彻落实《全国地方志事业发展规划纲要（2015—2020年）》（以下简称《规划纲要》）、《全国年鉴事业发展规划（2016—2020年）》（以下简称《年鉴规划》）各项目标任务，加快年鉴事业转型升级创新发展的攻坚之年。全国年鉴系统在中国地方志指导小组（以下简称中指组）及其办公室的有力领导下，深入学习贯彻习近平新时代中国特色社会主义思想和党的十九大精神，以贯彻落实《规划纲要》《年鉴规划》确定的"年鉴全覆盖"目标任务为中心工作，深入思考谋划进入新时代的全国年鉴事业，积极担当作为，勇于开拓创新，不断奋勇拼搏，奋力推进全国年鉴事业转型升级，为全面推动包括年鉴事业在内的全国地方志事业转型升级贡献力量。总的来看，2018—2019年全国年鉴工作在综合年鉴编纂进度、各级各类年鉴种类和数量拓展、质量建设、队伍建设、理论研究、开发利用、信息化等方面都取得了新的成绩，展现出一些新的特点亮点，也呈现出良好的发展态势。年鉴事业进入新时代，但在原有的部分地方党委政府领导重视不够、"一纳入、八到位"未得到落实、"年鉴全覆盖"推进进度慢、年鉴质量不高等制约年鉴事业发展的一些痼疾尚未得到根本解决的情况下，随着新一轮机构改革的推进，"两全目标"推进工作又面临着管理体制发生变化，个别地方出现职能定位不够明确、工作衔接不够顺畅、人员流失风险大等情况，同时还面临着公开出版所需费用普遍增加等问题，仍然需要通过科学发展和进一步深化改革来加以解决。

一、取得新成绩

2018—2019年，全国各级地方志工作机构、年鉴编纂单位和广大年鉴工作者立足年鉴工作实际，充分思考和认识习近平新时代中国特色社会主义思想和党的十九大精神在全国年鉴事业转型升级过程中的重大指导意义，充分思考和认识中国特色社会主义进入新时代大背景下年鉴工作的地位和作用，充分思考和认识年鉴人在把我国建成富强民主文明和谐美丽的社会主义现代化强国过程中所肩负的新使命，充分思考和认识年鉴如何全方位、开创性地记述党领导人民进行的伟大斗争、建设的伟大工程、推进的伟大事业、实现的伟大梦想，以奋勇争先的使命意识和责任担当，因势而谋，顺势而为，乘势而上，勇于担当作为，在积极探索中推动全国年鉴事业进一步快速、稳步发展。

（一）强化顶层设计，引领高质量发展

紧紧围绕贯彻落实《规划纲要》《年鉴规划》，中指组及其办公室立足方向引领，

不断强化顶层设计，在2017年2月印发《关于制定到2020年实现“两全目标”“时间表”“路线图”及转发西藏青海相关材料的通知》、2017年8月召开全国地方志系统“两全目标”工作推进会暨援藏援疆工作座谈会并成立中指组“两全目标”督查小组等工作的基础上，进一步采取了一系列新的积极举措。2018年3月，中指组印发《关于实行“两全目标”工作进度季通报制度的通知》，从2018年第一季度开始实行“两全目标”工作进度季通报制度，按季度对各地推进“两全目标”工作进度进行排名，通报对象为各省级地方志工作机构，同时报送国务院办公厅督查室、抄送各省级政府。同月，针对“两全目标”进度滞后的地方，中指组还印发《关于对“两全目标”进度相对滞后志书、年鉴的通报》。2018年、2019年，中指组各进行4次季通报。2018年9月，在反复征求意见尤其是国家发展改革委员会、财政部、国家民族事务委员会、国家宗教事务局、中央统战部等部委意见基础上，中指组制定印发《关于全国地方志系统支援西藏、新疆地方志工作的意见》，立足于中央对口援藏援疆工作总体部署，以对口援藏17个省（市）和对口援疆19个省（市）体制机制为基础，以县为单位推动分块责任制落实，安排部署一对一帮扶，帮助受援方重点完成包括“年鉴全覆盖”目标任务的“两全目标”推进工作。2019年6月，中指组在苏州市召开全国地方志系统“两全目标”工作调度会，要求各地提高政治站位，从如期完成“两全目标”法定任务的高度和角度深刻认识“两全目标”推进工作的重大意义，就全力以赴打赢“两全目标”攻坚战进行再动员、再部署。2019年11月，中指组印发《关于全力做好省市县三级综合年鉴2020年卷编纂出版工作的通知》，从提高政治站位、加强组织领导、及早启动编纂、坚持又好又快、建立长效机制5个方面就2020年的“年鉴全覆盖”工作作出提前部署。通知要求，为争取掌握时间主动权，各地要确保到2020年3月底前实现2020年卷年鉴启动编纂全覆盖，第一次就全国三级综合年鉴的启动编纂进行了总协调，此外还就统一年鉴卷号标识作出了专门规定，都具有特殊的意义。

各省（区、市）结合本地实际情况，在强化顶层设计上做足文章。有的地方在包括年鉴工作在内的地方志工作法治化建设上取得新进展，法治保障进一步加强，如吉林省根据地方志事业发展的新形势新要求，积极推进2006年12月出台的《吉林省地方志工作条例》修订工作，2019年5月吉林省第十三届人大常委会第十一次会议修正通过新的《吉林省地方志工作条例》；江苏省在2008年11月《江苏省实施〈地方志工作条例〉办法》基础上，推动《江苏省地方志工作条例》于2018年9月由江苏省第十三届人大常委会第五次会议通过，12 月 1 日起施行；广东省在 2007 年 11 月《广东省地方志工作规定》基础上，推动《广东省地方志工作条例》于 2018 年 5 月由广东省第十三届人大常委会第三次会议通过，7 月 1 日起施行；天津市政府 2018 年 3 月发布《天津市地方志工作办法》，4 月 1 日起施行。有的地方制定出台本地的年鉴事业发展规划性文件，如 2018 年 1 月上海市志办印发《上海市年鉴事业发展规划（2017—2020 年）》，2018 年 2 月天津市志办印发《天津市落实〈全国年鉴事业发展规划（2016—2020 年）〉的实施方案》。很多地方还积极响应中指组“两全目标”推进工作季通报制度，一些地方还建立了本省的通报制度，有的以省委办公厅、省政府办公厅名义进行通报，如黑龙江省委办公厅印发《关于对全省第二轮修志工作和地方综合年鉴编纂工作的通报》、青海省政府办公厅印发《关于加快推进全省地方志编纂“两全目标”工作的通知》，有的以省地方志编委会或省志办名义进行通报，如内蒙古、吉林、江苏、安徽、福建、山东、河南、陕西、甘肃等省（自治区）。此外，天津市志办完成《天津市综合年鉴编纂出版现状、存在问题及解决对策》调研报告，上海市志办发布《上海年鉴事业发展调查报告》，为加强顶层设计提供科学依据。

（二）紧盯“年鉴全覆盖”中心任务，狠抓推进工作进度

《规划纲要》明确要求“到 2020 年，做到地方综合年鉴由地方志工作机构组织编纂，一年一鉴，公开出版，实现省、市、县三级综合年鉴全覆盖”。《年鉴规划》就此作了进一步明确、细化。这是法定任务、硬性任务，必须不折不扣地完成，没有讨价还价的余地。中指组及其办公室在推动“两全目标”推进工作季通报、援藏援疆等工作的同时，紧紧围绕“年鉴全覆盖”目标，做了一些扎实有效的工作。2018 年 9 月、2019 年 11 月，中国地方志指导小组办公室（以下简称中指办）分别在阿克苏市、晋中市召开 2018 年全国年鉴探讨会、2019 年全国年鉴探讨会（即第三、四次全国年鉴工作会议），总结交流全国年鉴工作经验，查找工作不足和短板，研究部署“年鉴全覆盖”推进工作和援藏援疆年鉴工作，进一步明确了全国年鉴工作的发展方向。2018 年 9 月，为深入推进 2017 年 5 月启动的民族地区与贫困地区年鉴资助工程，中指办印发《关于进一步做好民族地区与贫困地区年鉴资助工程推进工作的补充通知》，改进资助政策，将原先的“一般每 10 万字资助 1.2 万元，最高资助额度为 20 万元”修改为“一般每 10 万字资助 1.2 万元，全额资助出版 300 本（平装）；受资助单位可根据实际需求决定是否加印，加印部分的费用由受资助单位承担”，实质上大幅度提高

了资助标准，尽可能减轻了少数民族地区和部分经济欠发达地区受资助单位的经费压力。截至 2019 年 5 月，中指办公布资助 2017 年 2 批 18 部年鉴、2018 年 2 批 41 部年鉴，2019 年 1 批 12 部，共计 5 批 71 部年鉴。2019 年 8 月，中指办在泸州市召开全国地方志系统精准扶贫工作座谈会暨志鉴出版资助工程成果出版座谈会，总结全国地方志系统脱贫攻坚工作经验，探索新时代地方志助力精准扶贫的路径。会上，展示民族地区与贫困地区志书、年鉴资助工程已出版成果，计志书 17 种、年鉴 15 种。

各省（区、市）继续将包括“年鉴全覆盖”目标在内的“两全目标”推进工作当作中心工作和首要任务，突出问题导向，强化督促指导，下沉工作重心，压实工作责任，积极采取既符合地方实际又切实可行的有力措施。一是领导高度重视。山西省政府工作报告第二次写入地方志工作，明确提出“加快推进省市县方志年鉴全覆盖”；江苏省政府将“《江苏年鉴》和 100 部市县区综合年鉴编纂出版”列入省政府年度十大主要任务百项重点工作之列；福建省政府工作报告连续多年强调要做好年鉴编纂工作，并列为政府工作主要任务之一；山东省政府工作报告明确要求“完成省市县三级第二轮修志和一年一鉴任务”，首次强调年鉴工作；青海省政府工作报告连续第二年写入地方志工作，对完成“两全目标”提出明确要求。各省（自治区、直辖市）党委、政府领导多次就地方志工作作出批示，特别是分管地方志工作的领导或者出席“两全目标”推进调度会并讲话或者在中指组季通报文件上作出批示，要求所在省份针对薄弱环节加大工作力度，确保如期实现“两全目标”。二是签订责任书、承诺书。除天津、山西、内蒙古、广西、贵州等省（自治区、直辖市）政府或地方志工作机构继续与地方政府或地方志工作机构签订如期完成“两全目标”责任书、承诺书外，黑龙江省委办公厅向工作滞后的市（地）主要领导发出提示函，甘肃省主管副省长给工作重点难点市、县政府领导专门写信督促，河南省史志办也向工作滞后市、县政府发提醒函。三是制定时间表、路线图。各省（自治区、直辖市）陆续制定从自身实际出发的时间表、路线图，如天津市制定全市区级综合年鉴公开出版时间表，将地方志工作纳入各区绩效考核，督促尚未实现年鉴公开出版的 10 个区加快公开出版步伐；吉林省把目标前移，提出了“自 2018 年起，基本实现全省三级年鉴一年一鉴，连续编纂，公开出版的全覆盖任务和 2019 年提前实现全省年鉴编纂全覆盖”的工作目标；江苏省重点抓最后 3 个未启动的区级年鉴编纂工作，同时强化一年一鉴、年内公开出版的工作要求；安徽省明确凡是在 2018 年出版的年鉴必须实行公开出版，凡是在 2018 年编纂的年鉴必须按照一年一鉴编纂；贵州省确保 2018 年实现“年鉴全覆盖”目标；福建省明确提出 2018 年实现“全面开编、全部公开出版”；山东省制定“‘三全目标’倒排工期表”；甘肃省明确市（州）、县（市、区）年鉴公开出版目标，2018 年地市级综合年鉴全部实现“一年一鉴、公开出版”2019 年所有县级综合年鉴必须全部实现“一年一鉴、公开出版”。四是继续召开推进会、调度会。各省（自治区、直辖市）继续有针对性地召开各种形式的“两全目标”推进会、调度会，部分省（自治区、直辖市）还专门围绕“年鉴全覆盖”召开推进会、调度会，如江西省召开全省县级综合年鉴全覆盖推进会，山东省召开全省年鉴工作座谈会，广西壮族自治区召开全自治区综合年鉴全覆盖工作推进会等。五是持续加大督查通报力度。如河北省志办继续联合省政府督查室对全省年鉴编纂工作进行执法检查；山西省政府将修志进展缓慢的部分省直单位和县市区列入 13710 督办系统；黑龙江省委将年鉴编纂工作列入省委、省政府督办事项，开展专项督查；江西省志办聚焦难点，对年鉴编纂工作相对落后的相关市县进行专项督查；山东省史志办继续与省政府办公厅、省政府督查室组成省政府督查组，开展史志工作专项督查；河南省史志办对工作落后地区开展实地督查，与问责相结合；广西壮族自治区志办将督查工作作为年度工作的“重中之重”，继续开展“两全目标”专项督查。六是加大调研指导力度。如内蒙古自治区志办开展“三全目标”（第二轮志书、综合年鉴、志书蒙文翻译）集中攻坚，集中攻坚领导小组下设 6 个攻坚专项组，做到任务到人、责任到人，进行调研督导；吉林省地方志编委会结合开展“调查研究、狠抓落实、拼搏奋斗年”活动，开展“大走访、大调研”活动；福建、山东、甘肃等省还建立月调度、月报告制度，重点对工作进展缓慢地方进行督促指导。

此外，各省（自治区、直辖市）地方志工作机构还着力帮助基层解决实际困难。如针对书号申请难问题，吉林省地方志编委会采取全省年鉴集中出版的方式选定一家出版社，在费用上给予优惠，解决各县（市、区）年鉴申请书号问题；黑龙江省委史志研究室通过省委宣传部、省新闻出版局协调黑龙江出版集团，甘肃省史志办积极协调省内外 15 家出版社，帮助部分县（市、区）解决年鉴申请书号问题。如针对地图编制难问题，吉林省地方志编委会与省测绘局联合向省财政厅申请制图经费，统一制作全省市和县（市、区）地图，一次性解决地图问题；福建省地方志编委会与省制图院签订统一制作地方综合年鉴行政区划图协议，为 23 个省级扶贫开发重点县提供免费制作服务，其余市、县按 1000 元成本费收取编制费；黑龙江省委史志研究室也积极协调哈尔滨地图出版社给予优惠政策。如针对出版经费不足问题，湖南省地方志编委会向省政府、省财政报送专题报告，争取到专项资金，用于资助全省 51 个民族地区和贫困地区县级综合年鉴公开出版。

据统计，截至2019年12月底，全国省、市、县三级综合年鉴2018年卷启动编纂3116部、覆盖率约为96.80%，公开出版2309部、覆盖率约为71.73%；2019年卷应编纂出版3218部，启动编纂3160部、覆盖率约为98.20%，公开出版1502部、覆盖率约为46.67%。其中，省级综合年鉴应编纂出版32部，2018年卷全部启动编纂、公开出版；2019年卷全部启动编纂，公开出版25部、覆盖率约为78.13%。市级综合年鉴中，2018年卷应编纂出版347部，启动编纂344部、覆盖率约为99.14%，公开出版309部、覆盖率约为89.05%；2019年卷应编纂出版346部，启动编纂345部、覆盖率约为99.71%，公开出版204部、覆盖率约为58.96%。县级综合年鉴中，2018年卷应编纂出版2840部，启动编纂2740部、覆盖率约为96.48%，公开出版1968部、覆盖率约为69.30%；2019年卷应编纂出版2840部，启动编纂2783部、覆盖率约为97.99%，公开出版1273部、覆盖率约为44.82%。按公开出版覆盖率统计，2018年卷年鉴，北京、天津、上海、江苏、山东、甘肃6省（直辖市）均达到100%，吉林、广西、浙江、广东、重庆、福建、海南7省（自治区、直辖市）均超过90%，云南、西藏、四川、贵州4省（自治区）均超过80%；2019年卷年鉴，吉林、江苏、甘肃3省均达到100%，海南、上海、山东3省（直辖市）均超过90%，重庆、广西2市（区）均超过80%。

（三）不断扩大编纂范围，年鉴种类数量持续增加

2018—2019年，除三级综合年鉴继续创办外，在中指办及各省级地方志工作机构的大力推动下，解放军师以上单位与武警部队各总队、各机动师普遍开展年鉴编纂工作，行业、部门、企业、高校创办年鉴的积极性不断提高。如北京市2018年新创刊专业年鉴5种，多数省（自治区、直辖市）都有新创刊专业年鉴出版。据不完全统计，截至2019年底，全国编纂军事年鉴320多种、武警及全国性专业年鉴1000多种、地方专业年鉴1300多种。同时，乡镇村和街道（社区）年鉴、跨区域年鉴、英文版年鉴等继续发展。

乡镇村和街道（社区）年鉴。2018年，全国编纂出版乡镇村和街道（社区）年鉴32种。其中，广东省东莞市继续出版《大朗年鉴（2018）》《虎门年鉴（2018）》《长安年鉴（2018）》等12种；深圳市持续出版《坪山街道年鉴（2018）》《坑梓街道年鉴（2018）》《龙城街道年鉴（2018）》《南澳办事处年鉴（2018）》4种，创刊出版《马峦街道年鉴（2018）》《观澜年鉴（2018）》《观湖年鉴（2018）》《福城年鉴（2018）》《玉塘

办事处年鉴（2018）》5种；中山市持续出版《中山市古镇镇年鉴（2018）》；上海市持续出版《南翔年鉴（2018）》《华亭年鉴（2018）》；江苏省持续出版泰州市《永安洲年鉴（2017）》、仪征市《新集年鉴（2017）》、张家港市《永联年鉴（2017）》，创刊出版昆山市《周庄年鉴（2018）》《张浦年鉴（2018）》。

跨区域年鉴。据不完全统计，截至2018年底，除跨区域性统计年鉴外，已经编纂出版的跨区域性年鉴有《长江三角洲城市年鉴》《长江三角洲年鉴》《长三角年鉴》《武汉城市圈年鉴》《珠江三角洲城市群年鉴》《长株潭试验区年鉴》《环渤海区域经济年鉴》7种，流域性年鉴有《黄河年鉴》《长江年鉴》《长江航运年鉴》3种，另有跨国家区域性年鉴《俄罗斯和东欧中亚国家年鉴》《中国—东盟年鉴》2种。

英文版年鉴。随着对外文化交流的需要，一些地方选取地方综合年鉴最能反映地方经济社会发展情况的内容，翻译成英文版出版。2018年出版的有《北京年鉴（2017）》《上海年鉴（2018）》《浦东年鉴（2018）》《南京年鉴（2017）》《广州年鉴（2017）》《深圳年鉴（2017）》《成都年鉴（2017）》《西安年鉴（2017）》8种，另有《湖北概览》《上海经济年鉴（2018）》。

（四）狠抓年鉴质量建设，推动高质量发展

质量是年鉴事业发展的生命线。党的十九大报告中强调“质量第一”和“质量强国”，“努力实现更高质量、更有效率、更加公平、更可持续的发展”，充分体现出党中央对质量工作的高度重视。在完成“年鉴全覆盖”目标任务的关键时期，在抢进度的时候，狠抓年鉴质量建设，努力打造一批能够充分展示当代价值及永恒魅力的高质量年鉴成果，具有特别重要的意义。2018—2019年，中指组及其办公室在狠抓年鉴质量建设方面主要采取了三项措施：一是狠抓《地方综合年鉴编纂出版规定》的贯彻落实。2017年12月规定修订出台后，中指办协调组织各省（自治区、直辖市）抓好宣传解读、贯彻落实工作，全面明确质量要求。在此基础上，中指办结合近年推进中国年鉴精品工程、开展全国地方志优秀成果（年鉴类）评审活动过程中发现的政治性问题、常识性问题、普遍性问题，牵头制定《关于地方综合年鉴编纂出版若干问题的补充规定》。二是开展第五届、第六届全国地方志优秀成果（年鉴类）评审活动。这是自2017年起评审活动年度化后的第二次、第三次评审活动。经过动员、推荐申报、初评、复评、终评特别是增设公示申诉等环节，中指组、中国地方志学会先后于2018年9月、2019年10月印发《关于对第五届全国地方志优秀成果（年鉴类）的通报表扬》

《关于对第六届全国地方志优秀成果（年鉴类）的通报表扬》，通报表扬2017年公开出版的年鉴270部、2018年公开出版的年鉴264部。三是深入推进中国年鉴精品工程。在2016年卷打造出3部、2017年卷打造出5部中国精品年鉴的基础上，中指办进一步理顺篇目审核、评审打造、专家指导等环节，健全完善相关工作机制，2018年卷精心打造出《山西年鉴（2018）》《扬州年鉴（2018）》《杭州年鉴（2018）》《马鞍山年鉴（2018）》《长沙年鉴（2018）》《楚雄州年鉴（2018）》《北京海淀年鉴（2018）》《长春市宽城年鉴（2018）》《桦甸年鉴（2018）》《晋江年鉴（2018）》10部，2019年又精心打造出《山西年鉴（2019）》《山东年鉴（2019）》《大同年鉴（2019）》《吉林市年鉴（2019）》《连云港年鉴（2019）》《长沙年鉴（2019）》《北京海淀年鉴（2019）》《北京东城年鉴（2019）》《北京朝阳年鉴（2019）》《清河年鉴（2019）》《东阳年鉴（2019）》《上杭年鉴（2019）》《滨城年鉴（2019）》13部，取得了阶段性重要进展，逐渐形成了《山西年鉴》《长沙年鉴》《北京海淀年鉴》等若干个具有全国性影响的精品品牌，中国精品年鉴的示范引领作用逐渐彰显，有力地推动了精品意识深入人心。

各级地方志工作机构和年鉴编纂单位坚持质量第一原则，不断运用各种方式、采取各种措施狠抓年鉴质量。一是继续制定年鉴质量规范文件。如吉林省修订《吉林省地方综合年鉴编纂规范》，广东省制定《广东省年鉴质量评价办法》，广西制定《广西地方志工作质量提升行动计划（2019—2020年）》等。二是开展质量评审活动。配合第五届、第六届全国地方志优秀成果（年鉴类）评审活动，大部分省（区、市）开展本省（自治区、直辖市）年鉴质量评审活动，认真做好推荐报送工作，如北京市开展综合年鉴质量评比活动、江苏省组织全省年鉴奖评选、安徽省举办全省年鉴评奖、江西省开展年鉴质量评审活动等。福建省还向全国地方志优秀成果（年鉴类）评审活动获奖年鉴的地方党委和政府发贺信。三是实施年鉴精品工程。北京、江苏、福建、广西等省（自治区、直辖市）继续与中国年鉴精品工程对接，实施本地年鉴精品工程，一些地方精品年鉴基本成熟定型。如北京市持续打造《北京海淀年鉴》《中关村年鉴》《北京工业大学年鉴》，组织专家以评代训，将评审参会人员范围扩大到全市年鉴编纂单位；江苏省从申报中国精品年鉴、打造省级精品年鉴、开展市级精品年鉴试点培育三个层次来开展精品年鉴工作，南京、扬州两市分别开展精品年鉴试点工作；福建省推广精品年鉴工作“三明经验”“集美经验”“晋江经验”“福建科技年鉴经验”，实现以点带面、先进带动后进；广西壮族自治区从2015年起每年确定3—5部年鉴入选精品工程项目，逐一召开精品评审会。四是组织年鉴评审。各省（自治区、直辖市）地方志工作机构参考精品年鉴、优秀年鉴，帮助市、县两级地方志工作机构审定年鉴篇目、审读年鉴稿，如北京市组织审读全市区级地方综合年鉴框架和年度2部年鉴互审，山西省以中国精品年鉴《山西年鉴（2016）》为蓝本制定《〈山西年鉴〉编纂出版规范细则》并在全省推广，上海、广东等省（直辖市）有序开展年鉴评议审读工作。此外，江苏省还开展2017年全省综合年鉴优秀类目和条目评选工作，放大示范效应；贵州省率先开展综合年鉴分级审查验收工作，省志办组织对9个市（州）综合年鉴进行审查验收，市（州）志办组织对县（市、区）综合年鉴进行审查验收，规范全省年鉴编纂工作。

（五）持续加强队伍建设，确保人才保障

人才队伍是事业发展长盛不衰的重要基础和根本保障。针对年鉴编纂专业性强、年鉴编纂人员知识结构不够多元等特点，中指办在2016年8月举办第一期、2017年10月举办第二期的基础上，2018年7月、2019年7月分别在上饶市、吉林市举办第三期、第四期全国年鉴主编培训班，邀请年鉴界的专家从法律问题、发展形势、框架设计、质量建设、精品年鉴编纂、实例分析等方面进行了讲授。2018年11月，中指办还在五家渠市举办第一期援疆志鉴编纂业务培训班，为新疆维吾尔自治区、新疆生产建设兵团培训志鉴业务骨干120余人。2019年6月、8月、12月，中指办还先后在西宁市、楚雄市、沈阳市举办全国民族地区志鉴编纂培训班、云南省地方志综合业务培训班、东北三省及内蒙古自治区志鉴编纂业务培训班，共计培训各类志鉴业务骨干500余人。

各省（自治区、直辖市）大力加强人才队伍建设，一方面，继续举办必要的业务培训，或者采取以评代训、以会代训等方式，注重分层分类培训的针对性，讲授年鉴编纂基本理论和基础知识、质量建设、精品打造、开发利用、内容创新、编辑出版规范等内容。如北京、天津、内蒙古、吉林、安徽、福建、江西、山东、广西等省（自治区、直辖市）坚持举办大规模的专题业务培训。另一方面，积极协调推动解决机构、编制、人员等问题，进一步理顺年鉴工作机制。如吉林省积极主动与省编办沟通，督促落实各级地方志工作机构增加聘用人员20余人，调整或增加编制6名；黑龙江省委史志研究室组建后调整新设置年鉴工作处，浙江省志办在综合处加挂《浙江年鉴》编纂处牌子，一举解决困扰多年的省内年鉴工作机制不顺畅的问题；甘肃省史志办主要领导全力抓全省年鉴工作，确定一个工作难度最大的市作为全省示范点，并

调整充实年鉴处人员力量，提供强力保障。

（六）深化理论研究，加强学术阵地和平台建设

为贯彻落实《规划纲要》提出的“力争到2020年形成较为成熟的方志学和年鉴学学科体系”要求，中指办、中国地方志学会年鉴分会继续推动年鉴理论创新，成功打造学术阵地和平台，在推动年鉴学学科体系、学术体系、话语体系建设上取得了新成绩。一方面，《中国年鉴研究》2017年10月成功创刊出版，2018年由双月刊改为季刊，至2019年底顺利出版10期。该刊以“立足中国年鉴理论研究的制高点，掌握年鉴评价的话语权，引领中国年鉴事业发展方向”为核心理念。作为全国唯一以年鉴研究为主题的公开性学术期刊，《中国年鉴研究》下一步还要进一步强化学术阵地功能，努力早日成为在全国具有重要影响力的学术刊物。另一方面，充分发挥中国地方志学会年鉴分会的组织和引导作用，延续2017年精品年鉴与年鉴编纂创新研讨会、首届全国年鉴论坛的做法，2018年9月、2019年11月先后在阿克苏市、晋中市举办第二届、第三届全国年鉴论坛，分别以“年鉴编纂与决胜全面建成小康社会”“建国70周年：年鉴的传承和发展”为主题展开研讨，年度论坛制度进一步强化。下一步，要致力于将论坛打造成一个具有品牌意义的年鉴理论研讨平台。

各地年鉴工作者深入开展年鉴理论研究，年鉴学术理论研究氛围日益浓厚。如北京市志办经过近两年的精心编纂，出版《国外年鉴选介》一书，选介美国、英国、德国、法国等9个国家的26部年鉴，系国内首次系统翻译、选介、研究国外年鉴的著作，受到年鉴界广泛关注；上海市志办、市年鉴学会以“中外年鉴编纂与利用比较研究”为主题，举办2018上海年鉴国际学术论坛，是国内首次专以年鉴为主题的国际学术交流活动；福建省年鉴研究会举办2018年年会暨学术交流会，并编纂出版《年鉴编纂概要》一书。

（七）挖掘年鉴资源，提高开发利用水平

中国地方志“一体两翼”工程就是中指办因应新时代要求在开发利用地方志资源方面主动作为的一项重大创举。《中国年鉴发展报告》是其中的重要“一翼”，每年1部，系统分析上一年度中全国年鉴编纂状况和年鉴资源开发利用进展情况，针对全国以及某一区域年鉴事业发展状况和热点问题进行年度性分析与研讨，以专业化的角度、专家学者的视野，开展系统性回顾、理论性分析和前瞻性预测。《中国年鉴发展

报告（2018）》是《中国年鉴发展报告》的第二卷，记述2017年的相关内容，2018年12月出版，2019年3月在北京市召开了出版座谈会。

各省（自治区、直辖市）不断研究新办法，探索新方式，充分挖掘年鉴资源，全面提升开发利用水平。除通常的向党政机关、企事业单位、社会团体、研究单位、收藏机构赠送或在地情网站上全文发布外，还主要有如下方式：一是精选综合年鉴资料，出版年鉴简本。据不完全统计，截至2018年底，先后编纂出版的年鉴简本有《北京年鉴（简本）》《河南年鉴（简本）》《广东年鉴（简本）》等24种，较2017年增加《青海年鉴（简本）》《延边年鉴（简本）》《襄阳年鉴（简本）》《尖扎年鉴（简本）》《广西统计年鉴（简本）》等5种。二是选取综合年鉴资料，编写地情手册、地情概览或实用指南等地情资料书籍。如北京、天津、河北三省（市）贯彻落实京津冀协同发展国家战略，联合编纂《京津冀概况》；北京市创编《北京日记》《北京月志》，按日和月记录习近平新时代中国特色社会主义思想在京华大地的生动实践，为市领导和有关部门决策提供基础性资料；山东省编纂《山东省情概览》，部分地市编纂市情手册；河南省编纂大事月报蔚然成风，河南省和18个省辖市、60多个县（市、区）开展大事月报工作；湖北省编纂出版的《湖北概览》（中英文版），成为省委宣传部指定的唯一上全国“两会”宣传用书和外联宣传书籍；广西壮族自治编纂继续《广西图鉴》，与以《广西年鉴》形成姊妹书。三是汇辑历年综合年鉴资料，为现实服务。如北京、贵州分别利用年鉴资料编纂出版《北京市改革开放40周年大事记》《贵州省改革开放40年大事记》等。四是积极运用新媒体技术。如山西省开通《山西年鉴（2018）》手机版，北京市开通“掌上北京教育年鉴”微信小程序，成都市推出成都年鉴微信公众号等。

（八）探索新编纂模式，丰富编纂方法

针对年鉴编纂中出现的组稿不畅、编辑人员不足及流动频繁等问题，各省（自治区、直辖市）继续大胆创新，不仅通过QQ群、微信群加强沟通联系和业务指导，还在建立在线编纂平台、采用互联网技术等方面作出了积极探索。如“北京教育年鉴在线编纂系统”运行3年顺利完成3卷年鉴的编纂，实现年鉴100%在线编纂、在线返稿、在线合稿，可以直接生成网络年鉴；内蒙古年鉴在线编纂系统2.0版重新调整整体编纂流程，更加符合年鉴编纂及编审要求，保障上传稿件及时更新；浙江省杭州、宁波、温州等地积极研发并使用年鉴编纂信息化平台，提升年鉴工作效率，同时部分单位就人工智能融入年鉴信息化建设等问题进行积极尝试；《广西年鉴》《南宁年鉴》

建设网络编纂平台，运行较好；贵州省启动方志云设计工作，贵阳市方志云正式运行，其中年鉴编纂是重要板块。《福建年鉴》《山东年鉴》《苏州年鉴》等在编纂中大量使用二维码技术，提高对资料的承载力。

二、存在的困难与问题

2018—2019年全国年鉴事业快速发展，特别是“年鉴全覆盖”推进工作大大加快，取得非常突出的成绩，呈现出良好发展态势，但也面临着艰巨的压力，在一些制约年鉴事业发展的老问题尚未得到根本解决的情况下，又出现了一些新问题。

（一）年鉴事业发展不平衡现象仍比较突出

如果以“年鉴全覆盖”推进工作为主要指标来衡量全国年鉴事业发展的话，根据截至2019年12月底2018年卷三级综合年鉴公开出版统计排名，全国年鉴事业发展总体上东部强于中部、中部强于西部的总格局没有变化，县区级综合年鉴公开出版仍是最大难点的情况没有变化，但这种地域差别并不是绝对的，不管东部、中部、西部，都有部分省份因为发展基础、采取措施的差异而呈现出不同的面貌。从不同省份横向比较来看，截至2019年12月底，2018年卷三级综合年鉴仍有陕西、江西、辽宁、黑龙江、内蒙古、新疆6省（自治区）公开出版覆盖率尚未达到50%，2019年卷三级综合年鉴多达17个省（自治区、直辖市）和兵团公开出版覆盖率尚未达到50%，差别较大。同为东北地区，2018年卷年鉴中，吉林省公开出版覆盖率达到97.14%，而辽宁、黑龙江2省公开出版覆盖率分别为26.09%、23.94%；2019年卷年鉴中，吉林省公开出版覆盖率达到100%，而辽宁、黑龙江2省公开出版覆盖率分别为2.61%、7.04%。从2017年卷、2018年卷、2019年卷纵向比较来看，部分省份因为采取强有力的推进措施，“年鉴全覆盖”推进工作取得重大飞跃，如天津市三级综合年鉴2017年卷截至2018年12月底公开出版覆盖率为41.18%、排名第25位，2018年卷截至2019年12月底公开出版覆盖率为100%、排名并列第一位；甘肃省三级综合年鉴2017年卷截至2018年12月底公开出版覆盖率为70.30%、排名第15位，2018年卷截至2019年12月底公开出版覆盖率为100%、排名并列第一位，2019年卷截至2019年12月底公开出版覆盖率也为100%、同样并列第一位。从部分省（自治区、直辖市）内部不同地区比较来说，发展不平衡也是很明显的，有的东部、西部差距大，有的北部、南部差距大，特别是部分市（州）“年鉴全覆盖”推进工作整体滞后，存在明显短板，严重影响全省（自治区）的总体排名。

（二）少数地方领导对年鉴工作的认识仍然不高

思想认识是依法落实修志编鉴法定职责的先导。从全国情况来看，部分地方党委、政府主管领导对地方志工作认识仍然很不到位，在推动依法修志编鉴、履行《地方志工作条例》《规划纲要》确定的领导职责、主体责任等方面没有有效措施，仍存在有的主管领导从未到地方志工作机构调研或很少过问地方志工作的情况，提高重视程度、提供各方面保障以及推动解决实际工作难题也就成为一句空话。这与部分基层地方志工作机构主动争取地方党委、政府领导的重视不够也有关系。还有一些地方停留在地方志工作机构主业就是修志的旧观念上，缺乏对年鉴工作的高度重视，出现强调第二轮修志工作而年鉴编纂工作迟迟提不上日程的情况，致使年鉴工作严重滞后。2018 年下半年至 2019 年上半年，受新一轮机构改革的影响，一些地方出现了党委政府分管领导暂时未明确、地方志工作机构主要负责人调整变动等多方面的情况，在客观上也影响到了“两全目标”工作正常推进。

（三）地方志法规规章落实仍不到位

《地方志工作条例》明确了各级地方志工作机构组织编纂地方综合年鉴的职责，《规划纲要》明确到 2020 年要“做到地方综合年鉴由地方志工作机构组织编纂”。但随着新一轮机构改革的推进，部分省（自治区、直辖市）地方志工作机构的行政职能划归政府部门，部分省（自治区、直辖市）地方志工作的领导体制由政府主持改为党委主持，原先行之有效的“党委领导、政府主持、地方志工作机构组织实施、社会各界广泛参与”的工作体制进入调整过渡时期，暂时出现了《地方志工作条例》《规划纲要》与工作实际不相适应的局面，依法治志的环境发生新的变化，迫切需要迅速建立起适应新形势新要求的新的地方志工作体制机制，在新起点上全面贯彻落实依法治志的要求。2018—2019 年，省级综合年鉴中《天津年鉴》《辽宁年鉴》《浙江年鉴》《云南年鉴》编纂体制不顺的情况较往年有了明显改观，陆续推进划归地方志工作机构编纂的相关工作，但示范引领的作用尚未充分发挥出来。截至 2019 年 12 月底，除《云南年鉴》外，其他 3 种年鉴均理顺了编纂体制。部分县（市、区）依法编鉴意识薄弱，没有把综合年鉴编纂出版工作与志书一样纳入地方政府计划和工作目标，也没有纳入目标考核机制，使得年鉴组稿供稿效率不高，编纂人员的积极性也大受影响。还有部分县（市、区）不能正确理解“一年一鉴”的要求，有的不按年鉴卷号标识要求标注卷号，有的不安排编纂当年年鉴而编纂上年或上两年的年鉴，有的编纂两年或两年以上合卷本，甚至极个别县（区）还将五年编纂一本年鉴定为地方的土办法，出现了自行其是的混乱情况，为“年鉴全覆盖”推进工作的协调调度、通报统计增加了阻力。

（四）机构、编制、人员、经费等保障仍存不足

年鉴编纂机构、编制、人员、经费不到位，是各级地方志工作机构、年鉴编纂单位普遍遇到的困难。少数地方仍存在地方志工作无机构、无编制、无人员的极端情况，年鉴工作更是如此。有的地方虽然有机构、有编制、有人员，但机构规格低、编制人员少或编制被借用调用、人员被抽调参加脱贫攻坚或其他中心工作的情况比较普遍，编制人员占编不在岗或在编不在岗的问题比较突出，同样给年鉴编纂造成负面影响。以工作基础较好的江苏、福建为例，江苏省近年来着力解决部分市辖区无地方志工作机构的问题，但在实际执行过程中，一些市辖区分管领导和人员编制均不到位，一些市辖区启动了年鉴编纂但只能靠临时外聘人员支撑；福建省 9 个设区市和平潭综合实验区有 7 个常设年鉴科（编辑部），86 个县（市、区）只有不足 10 个单位设有年鉴股或年鉴编辑部，难以适应年鉴编纂工作需要。另如，内蒙古、黑龙江、西藏、青海等省（自治区）部分县（市、区）无专设地方志工作机构，其工作由党委办或政府办负责，很难推动；新疆维稳压力大，各级地方志工作机构普遍人手少、事情多，个别年鉴因人员变动出现停刊情况。相较于上述机构、编制、人员等问题，经费问题越来越成为制约“年鉴全覆盖”推进工作的重大障碍。一些县（市、区）受困于地方财政压力，迟迟未将年鉴工作经费列入财政预算，尤其是财政比较困难的县，造成年鉴编纂工作难于布置开展。

（五）年鉴质量建设仍待加强

质量是年鉴事业发展的生命线。结合近年深入推进中国年鉴精品工程、全国地方志优秀成果（年鉴类）评审活动，虽发现了一些高质量的精品佳作，但也不可否认的是，全国范围内的年鉴编纂质量保障机制、评价体系尚未建立起来，大多数年鉴在质量上还存在比较多的问题。主要表现为：在严把政治关、保密关等方面存在不足，党和国家领导人活动记述不当或违规记述港澳台事务、军事涉密内容、敏感内容等情

况还时有出现；编纂理念和思路因循守旧，在运用新发展理念、紧贴地方发展战略上思考不多，创新意识不强；对体例体裁认识不足，述、记、图、表、录等体裁形式运用不当；框架设计不合理，领属关系不当、栏目编排混乱、上下层次不清等问题较为突出；年度特点和地方特色不够突出，应引起重视的教育、就业、就医、住房、养老、新产业、生态环保等内容反映不够；条目选题选材不够全面、系统、准确，标题拟定、概念表述等不够严谨、规范，要素不全、详略失当等情况较多；图片、表格使用不够严谨、规范，不按规定标注审图号的情况比较多见，重文字叙述而轻图照、图表使用的现象仍然存在；资料性不强，行文中工作总结、工作报告痕迹较重，空话套话大话多；版式设计不够美观、大方平，装帧印刷质量一般；编校质量仍需要提高。特别是，面对“年鉴全覆盖”的紧迫要求，部分县（市、区）采用“服务外包”的方式，委托社会编辑机构或文化公司编纂出版年鉴，有的辅以一定程度的质量管控手段，有的完全放手不管，这些年鉴的质量令人担忧，需要引起重视。

（六）理论研究滞后情况仍未改观

从全国情况来看，各级地方志工作机构对年鉴理论研究的重视不够，鼓励和支持也不够，年鉴理论研究滞后于编纂实践的问题仍比较突出。除中指办及北京、吉林、上海、江苏、福建等省（市）每年坚持举办论坛、研讨会等年鉴学术活动外，其他省（区、市）组织开展相关学术研讨活动很少，甚至部分省（自治区、直辖市）很少组织人员参加全国性学术交流，学术平台建设较为落后，学术氛围不够活跃，学术交流和思想争鸣不足，年鉴理论研究还没有形成良好的氛围。《中国年鉴研究》作为年鉴界唯一的公开性学术期刊，常年面临组稿困难，高质量的学术论文较少，造成学术影响相对有限，对相关研究者的吸引力、向心力不大，引领推动学科建设的作用尚未发挥出来。年鉴工作者对年鉴理论研究的积极性未能充分调动起来，研究动力明显不足，既有的研究还不同程度地存在重经验体会轻理论探索、理论研究与编纂实践需求严重脱节甚至选题重复老生常谈严重缺乏新见等问题。研究型人才较少，具有深厚理论功底、丰富编纂经验、多学科多领域知识并且为年鉴界广泛认可的年鉴专家人才特别是领军人才极为稀缺，头雁效应难以发挥，与快速推进的年鉴编纂实践亟待进行理论创新的时代要求相比存在较大差距，难以推动形成与时俱进、不断开拓创新的理论研究潮流，加强年鉴学学科体系、学术体系、话语体系建设仍然任重而道远

（七）人员队伍业务水平仍待提升

据不完全统计，全国专职和兼职年鉴编纂人员约 2 万人，参与三级综合年鉴撰稿的人员有 20 多万人，可谓数量可观。但年鉴编纂是专业性很强的一项工作，对编纂人员的专业素养有很高的要求。第一，编纂队伍建设仍较薄弱。各地普遍存在年鉴编纂人员缺失的窘迫局面，以省级地方志工作机构为例，年鉴部门一般只有 3—5 人，少的只有 1—2 人，少数省份至今未设年鉴部门而由其他部门临时负责年鉴工作，每年既要编省级年鉴，还要指导全省编纂综合年鉴、专业年鉴，工作分身乏术，顾不过来。很多县（市、区）从事年鉴工作的只有 1—2 人，随时可能被抽调借调，少数地方还是聘用人员或退休老同志，专职人员少，专业人才更是奇缺。第二，常态化、系统化培训仍然不足。很多年鉴编纂人员没有经过全面系统的专业教育培训，对年鉴的基本理论、编纂理论和应用理论掌握不深，仅了解一些必要的编辑知识和年鉴编纂要求，难以满足工作需要。鉴于各方面原因，多数省（自治区、直辖市）难以分层分类开展年鉴培训使得针对性不强，少数省（自治区、直辖市）甚至很少开展年鉴培训工作，与工作实际需求相差巨大。第三，日常业务指导仍然不足。年鉴编纂牵涉部门多，加强对供稿人员的日常业务指导是必不可少的，但工作烦琐，很多地方对全面畅通沟通交流机制的认识不够、办法不多。第四，编纂人员变动频繁仍是常态。这是一个很难克服的老问题，同时随着新一轮机构改革的推进，一些地方负责年鉴编纂的人员调整变化非常大，出现了专业人才本来就不多反而加速流失的情况，编纂人员的新生化、断层化更加突出。年鉴编纂需要一定的知识积累和业务素养，而专业人才培养不是短时间可以速成的。

（八）年鉴出版难的形势仍较严峻

2018 年起，随着国家图书出版管理改革，全国范围内都出现图书出版费用大幅度上涨等问题，年鉴出版实际需求与出版单位书号供给之间产生非常大的落差，使得年鉴出版阶段的时间进一步延长，出版时效性不强的矛盾进一步加剧。一方面，一些地方在原来预算基础上无法准确预估后期年鉴出版费用，在申请追加出版费用涨价部分方面十分困难，年鉴公开出版的经费压力比较大。另一方面，鉴于年鉴编纂的规律性和出版单位下半年出版量比较集中的阶段性，等年鉴编纂完成后再联系出版社签订出版合同则为时已晚，或者申请不到书号，或者申请到书号迟迟不能进入出版流程。如湖南省 2018 年卷综合年鉴完成审稿却需要等待出版社书号的约占 51%，部分年鉴只得放弃公开出版；陕西省 2018 年卷综合年鉴因缺乏经费推迟出版或转为内部出版的有 10 余部；河北、内蒙古、辽宁、黑龙江、江西、广西、云南、陕西、青海等省（区）也均有因缺乏经费而转为内部出版或出版多年合卷本甚至半途搁置的情况。从三级综合年鉴公开出版覆盖率纵向比较来看，截至 2018 年 12 月底，2017 年卷年鉴约为 63.12%，2018 年卷年鉴约为 39.25%；截至 2019 年 12 月底，2018 年卷约为 71.13%，2019 年卷约为 46.67%。从中可知，三级综合年鉴不论是当年公开出版数比较，还是延展一年后公开出版数比较，虽都有所增加，但与公开出版全覆盖的要求相比还相距较远，距离当年编纂、当年公开出版的全覆盖要求就相距更远了。从这个角度上说，年鉴出版难的问题更加突出了。

（九）年鉴资源开发利用水平仍待提高

近年来年鉴资源开发利用工作取得了一些成绩，但总体上仍相对薄弱，迫切需要引起重视，创新开发利用形式，提升服务党政机关和社会各界的能力。主要表现为：部分地区对开发利用的重要性认识不到位，缺乏开发利用的意识，重编纂出版、轻开发利用；年鉴出版周期长，出版时间滞后较多，时效性不强，社会知晓度不高；年鉴内容的深度和广度不够，资料价值不高，影响了年鉴资源的开发利用价值；开发利用形式比较简单，传播渠道比较老套、狭窄，传播手段侧重于地情资料书籍编纂，数字化、网络化建设比较滞后而且使用率偏低，年鉴资源得不到充分利用。

三、新时代年鉴工作的主要任务

党的十八大以来，党中央、国务院高度重视地方志工作，为包括年鉴事业在内的全国地方志事业的快速、健康、科学发展提供了千载难逢的大好机遇。党的十九大确立了习近平新时代中国特色社会主义思想的指导地位，这是新时代地方志事业始终沿着正确方向不断前进的根本保证，是做好各项工作的强大思想武器。当前和今后一段时间，全国地方志系统的首要政治任务就是学懂弄通做实习近平新时代中国特色社会主义思想，深刻领会其对全国地方志事业转型升级的重大指导意义，自觉用习近平新时代中国特色社会主义思想指导地方志工作。

当前，我国正处于实现“两个一百年”奋斗目标的历史交汇期，地方志事业作为中国特色社会主义文化事业的重要组成部分，必须在全面建成小康社会和实现中华民族伟大复兴中国梦的道路上发挥自己应有的作用。《规划纲要》作为我国第一部全国地方志事业规划性文件，首次提出硬性指标，明确包括“年鉴全覆盖”在内的“两全目标”任务，这是党中央、国务院赋予各级党委、政府的法定职责，是全国地方志系统为全面建成小康社会的献礼工程，是当前全国地方志系统的中心工作和首要任务。因此，必须站在历史和全局的高度，深刻认识到2020年如期实现“两全目标”的重大意义。

党的十九大以来，党中央作出贯彻落实新发展理念、推动高质量发展和建设现代化经济体系、推进供给侧结构性改革、打好三大攻坚战等一系列重大战略部署。作为“官书”，地方综合年鉴记载的是一方水土之上的人和事，既包括一方水土之上人民的独特创造、价值观念、精神风貌，也包括一方水土之上文化的历史渊源、传承发展、生命活力，在全面系统反映中国特色社会主义进入新时代的地情现状方面，有着无可比拟的优势，在贯彻落实好党和国家领导人重要指示、重要批示精神，贯彻落实好中央重大战略部署，在讲好中国故事，增强中华文化凝聚力、影响力和国际竞争力，提升国家文化软实力等方面都是大有用武之地、大有可为的。新时代的地方综合年鉴编纂理应适应新时代的要求，聚焦党和国家关注的战略性、全局性、综合性的重大问题，紧扣地方党委政府中心工作，客观记述经济社会发展中的重大实践问题和新时代人民群众普遍关心的热点难点问题，在为经济社会发展服务方面作出更大的贡献。

正是在此基础上，中指组依据《规划纲要》的有关要求，2016年12月印发《年鉴规划》，结合全国年鉴事业发展实际，立足改革发展全局尤其是着眼2020年全面建成小康社会的目标，制定了到2020年年鉴事业发展的时间表、任务书、路线图，明确了8项主要任务：一是大力推进省、市、县三级地方综合年鉴工作，二是重视军事、武警、行业、部门、企业、高校等各类年鉴编纂工作，三是加强年鉴理论研究，四是加强年鉴人才队伍建设，五是深化年鉴质量建设，六是加快年鉴信息化建设，七是提高年鉴资源开发利用水平，八是扩大学术交流与合作。其中，最核心、最紧要的任务，仍然是“年鉴全覆盖”推进工作。

四、有关对策建议

《规划纲要》《年鉴规划》提出了到2020年必须完成的一系列艰巨繁重的年鉴工

作任务。要如期完成这些任务，就要提高政治站位，突出问题导向，聚焦重点难点，科学谋划安排，多管齐下，扎实推进，既要立足当前，又要放眼长远。

（一）大力推进依法治鉴

《规划纲要》明确提出要坚持依法治志的原则，这是首次将“依法治志”写入国务院文件，具有非常重要的意义。“依法治志”的“志”，在外延上涵盖了年鉴，对于年鉴工作来讲，就是“依法治鉴”。《地方志工作条例》明确规定：“县级以上人民政府应当加强对本行政区域地方志工作的领导，地方志工作所需经费列入本级财政预算。”按照“法定职责必须为”的要求，年鉴工作作为地方政府的一项“法定职责”，不是想做或不想做的工作，而是必须完成好的工作。《规划纲要》又强调：“国家地方志工作机构依法统筹规划、组织协调、督促指导全国地方志工作；省、市、县级地方志工作机构依法履行组织、指导、督促和检查地方志工作职责。”因此，各级地方志工作机构尤其是省级地方志工作机构要充分利用好现有的法规体系，积极联合地方人大、政府法制部门和政府督查部门，针对薄弱环节，盯紧工作推动不力或进展缓慢的地方，多方运用强化督查、点名通报、签订责任书或军令状、领导约谈以及发提醒函等各种手段，推动落实机构、编制、人员、经费到位，一步一个脚印扎实推动“年鉴全覆盖”推进工作；各级地方志工作机构尤其是市、县两级地方志工作机构要增强依法治鉴意识，紧紧扣住法规要求，抓住主要矛盾和工作短板，注重运用法治思维、法治方式来思考谋划工作落实，积极向党委、政府主管领导以至主要领导汇报，尽力帮助他们真正明白并切实担负起对年鉴工作的领导责任，继续推动各级党委、政府依法履行对年鉴工作的主体责任，在确保认识到位、领导到位上下更大功夫；各级地方志工作机构要加大地方志工作法规规章的宣传、执行力度，定期开展执法监督检查，适时召开工作推进会、调度会、调研指导会，推动将年鉴工作纳入地方年度目标责任制考核，实行压力传导，压实工作责任，同时依法纠正、查处执行不力和违法行为。此外，《规划纲要》明确提出要重视各种专业年鉴编纂工作，还规定“加强对已开展和准备开展志鉴编纂工作的行业、部门、单位等的业务指导和管理”，随着各种专业年鉴的蓬勃发展，特别是北京、上海等地专业年鉴的数量远远大于综合年鉴，地方志工作机构不能视而不见，也要依法担负起业务指导和管理的职责，统筹兼顾综合年鉴全覆盖与专业年鉴编纂出版之间的关系。

（二）大力推动精品建设

年鉴质量建设是一项系统工程，涉及创新意识、组织机构、队伍状况、经费支撑、理论研究、规范化建设、精品培育、精品评价体系等多个方面。年鉴质量的提高也不是一蹴而就的，是一个比较漫长的渐进过程。当前，中指办在质量建设上，紧紧围绕贯彻落实《地方综合年鉴编纂出版规定》（即“一个目标”），以中国年鉴精品工程、开展全国地方志优秀成果（年鉴类）年度评审活动为重要抓手（即“两个重要抓手”），着力打造有代表性的年鉴精品，以点带面，逐步扩大辐射效应，使年鉴编纂有目标、有导向、有标准，能在一个较短的时间内大范围提升年鉴编纂出版水平。“一花独放不是春，百花齐放春满园”。目前，北京、吉林、江苏、福建、广西等省（自治区、直辖市）正在推进自身的年鉴精品工程，以点带面，积极扩大精品年鉴的辐射影响，都取得了非常明显的效果。其他地方也应努力跟进，紧扣“一个目标、两个重要抓手”，设法组织调动专家力量，牢固树立精品意识，实施好地方年鉴精品工程和相关质量评审活动，稳步创建自己的年鉴精品品牌，在高质量推进“年鉴全覆盖”上主动发声，以便将涓涓细流汇成大江大河，在全国建立全覆盖的年鉴精品体系和网络，为年鉴事业高质量发展夯实根基。

（三）大力深化理论研究

党的十九大报告中指出：“我们必须在理论上跟上时代，不断认识规律，不断推进理论创新、实践创新、制度创新、文化创新以及其他各方面创新。”当前年鉴事业发展正处于全面推进转型升级的关键时期，更需要不断推进理论创新，并在不断推进理论创新的基础上不断推进实践创新。下一步，全国年鉴系统要重点抓好三个方面的理论创新：一是要牢牢坚持用习近平新时代中国特色社会主义思想为指导。要坚持正确的政治方向和科学的思维方式，破除落后的思想和思维模式，牢固树立与时俱进、开拓创新的理念，不断推动理论创新。二是要深入开展调研。年鉴编纂实践性很强，没有大量细致的实际调研工作，年鉴理论创新就成了无本之木、无源之水，年鉴理论研究和学科建设就会流于形式，无法起到真正指导实践、引领实践的作用。三是要加强与相关高等院校、科研机构专家学者的交流合作，吸引相关学科专业领域的专家学者投入到年鉴研究中来，广泛参考借鉴各学科研究理论、方法和综合吸纳各学科专业知识、成果，积极研究解决年鉴编纂的热点难点问题，争取推出一批高质量研究成果，大大拓展年鉴理论研究的深度和广度。四是要充分发挥《中国年鉴研究》期刊的学术平台作用、中国地方志学会年鉴分会的学术阵地作用，团结联系全国各地的年鉴研究团体、研究人员，积极组织年鉴编纂研讨活动，开展年鉴发展史、年鉴编纂、年鉴应用、年鉴管理等理论问题研究，通过更加积极有效的工作，争取在全国年鉴系统内形成争相投入研究的态势，培养出一批年鉴理论研究者特别是学术带头人，营造出上下联动、内外合力的浓厚的理论研究氛围，为年鉴编纂水平的提高和年鉴事业的发展提供强有力的理论支撑。

（四）大力加强队伍建设

人才队伍是事业发展长盛不衰的重要基础和根本保障。党的十九大报告中强调，要“加快建设人才强国”。2018 年 5 月，中共中央办公厅印发《关于进一步激励广大干部新时代新担当新作为的意见》，要求建设高素质专业化干部队伍，强化能力培训和实践锻炼，提高专业思维和专业素养，注重培养专业作风、专业精神，突出精准化和实效性。年鉴事业正处于全面推进转型升级、全面实现“年鉴全覆盖”目标最为关键的时期，更加需要深入学习贯彻落实党中央关于人才强国战略的要求，适应年鉴事业转型升级的需要，紧紧围绕高素质专业化的发展方向，破除年鉴人才发展瓶颈，完善年鉴人才培养机制，最大限度把年鉴人才的奋斗精神、创造活力、方志情怀激发出来。这就需要顺应新时代的要求，及时转变观念，进行科学规划、积极创新。《年鉴规划》明确提出了具有针对性的举措，全国年鉴系统要以此为指针，继续发扬“修志问道、直笔著史”的方志人精神，大力营造爱学习、勤学习的风气，不断提升年鉴人才队伍的政治素质和业务本领。

（五）大力提升用鉴水平

年鉴时效强，内容新鲜活跃，与人民群众现实生活联系紧密，是各级党政领导和广大人民群众熟悉一地地情、了解各行各业新建设新成就新经验、借鉴人民创造历史和改造历史智慧的重要载体。因此，要站在地方经济社会发展的战略高度和全局高度来认识年鉴资源开发利用的意义，不断创新服务手段和方式，用人们喜闻乐见的方式包括新媒体传播年鉴、推广年鉴、使用年鉴。各级地方志工作机构和年鉴编纂单位要立足于充分发挥年鉴的存史、育人、资政功能，加强对年鉴资源的深加工，通过编辑（写）资政报告、年鉴简本、地情书籍等，为党委政府决策服务，为行业部门发展服务，为社会各界参考借鉴服务；要利用年鉴辑录的文献资料和记录的数据资料，建立各类专题资料库、数据库和图片库，为方兴未艾的各种智库建设提供助力；要依托方志馆和地情网站，免费为社会各界提供更加开放便捷的查阅、咨询服务；要积极探索“互联网 +”发展趋势下的年鉴信息化工作，探索网络化年鉴发展新模式，加快建设年鉴资源数据库，让记载在纸上的信息“活起来”；要积极与党政机关、科研机构、高等院校等进行合作，拓展年鉴的使用范围，及时转化各项研究成果。

（六）大力加大宣传力度

习近平同志 1989 年 8 月任宁德地委书记时在宁德全区地方志工作会议上的重要讲话中指出：要把地方志工作“当个事业来办，把它作为社会发展的基础工程，把它作为一种有文化的表现，也作为一种有远见的表现，一定要把这项工作摆在议事日程上”。实践证明，各级领导干部在认识的基础上重视了，社会各界在了解的基础上熟悉了，年鉴事业发展才会有好的土壤，才能向更大的广度和深度上拓展延伸。因此，年鉴工作者不能仅仅埋头于年鉴编纂出版，要立时代之潮头，借助各级各类新闻媒体，大力宣传年鉴工作贯彻落实党和国家大政方针的新举措、年鉴工作服务经济社会发展的新成绩、年鉴工作者投身全面建成小康社会过程中的新贡献；要继续采取向有关领导干部和社会人士、向地方“两会”代表赠送年鉴及相关衍生成果的形式，为各方面决策提供咨询服务，积极争取有关领导干部了解年鉴、认识年鉴、重视年鉴、使用年鉴，提高他们履行编纂年鉴领导责任和带头开发利用年鉴的认识和水平；要挖掘年鉴资源的现实价值，设计宣传主题，创新宣传形式，推出一批贴近社会现实、人民群众喜闻乐见、有较大社会影响力的年鉴宣传精品；要继续推动年鉴文化进机关、进农村、进社区、进校园、进企业、进军营，逐步在全社会培育浓厚的年鉴意识，在推动地方城乡文化建设、培育地方历史记忆方面作出新的更大的贡献。

加强精品年鉴建设
推动全国年鉴事业高质量发展
——2018—2019年中国年鉴精品工程实施报告

刘永强

提要：实施中国年鉴精品工程是“年鉴全覆盖”推进工作加快背景下加强年鉴质量建设的重要举措，与“年鉴全覆盖”推进工作一样，是今后一个时期全国年鉴工作的一项核心任务。工程实施4年时间，成功打造一批中国精品年鉴，取得重要的阶段性成果，但也存在推荐申报质量把关不严、编纂进度协调难度较大、落实精品要求有差距、试点工作发挥作用有限等问题。今后工程实施，应在优化精品打造模式、完善精品质量控制机制、深化精品理论研讨、切实加强专家指导、加大宣传推广力度等方面付出更多努力。

关键词：年鉴事业　精品工程　精品年鉴　高质量发展

2015年8月，国务院办公厅印发《全国地方志事业发展规划纲要（2015—2020年）》（以下简称《规划纲要》），明确提出坚持存真求实，确保年鉴质量，将精品意识贯穿于年鉴编纂出版工作全过程，严把政治关、史实关、体例关、文字关、出版关，编纂出版经得起历史检验、具有鲜明时代特征和地域特色的年鉴成果。2016年12月，中国地方志指导小组（以下简称中指组）印发《全国年鉴事业发展规划（2016—2020年）》（以下简称《年鉴规划》），进一步就年鉴质量建设的目标、路径提出了要求，就实施中国年鉴精品工程作出明确部署：“到2020年，建立覆盖省、市、县、乡（镇）、村的20个中国年鉴精品工程试点单位，覆盖各类专业年鉴的20个中国年鉴精品工程试点单位；鼓励各级各类年鉴编纂单位申报中国年鉴精品工程，打造50部中国精品年鉴。”为贯彻落实《规划纲要》《年鉴规划》要求，中国地方志指导小组办公室（以下简称中指办）在开展试点工作的基础上，2017年5月正式启动中国年鉴精品工程，将其与每年开展一次的全国性地方志优秀成果（年鉴类）评审活动一起，作为加强年鉴质量建设的两个重要抓手，借以引领带动“年鉴全覆盖”推进加快背景下的年鉴编纂质量，确保进度与质量并重，为年鉴事业高质量发展保驾护航。因此，坚持质量第一原则，树立精品意识，提高年鉴质量、打造精品年鉴，与“年鉴全覆盖”推进工作一样，是今后一个时期全国年鉴工作的一项核心任务。2017年以来，中国年鉴精品工程在不断摸索中稳步前进，成功打造了一批中国精品年鉴，树立起若干个具有全国性影响的精品年鉴品牌，对全国年鉴质量的辐射效应日渐彰显，引领示范作用越来越大。

一、工程实施意义

习近平总书记在党的十九大报告明确提出“质量强国”，“努力实现更高质量、更有效率、更加公平、更可持续的发展”，为年鉴事业的高质量发展指明了方向。实施中国年鉴精品工程，高质量完成“年鉴全覆盖”目标，打造一批资辅当前、存鉴后世、经得起历史检验的精品佳作，不仅是法定职责，而且具有重要的政治意义、现实意义和历史意义。第一，实施中国年鉴精品工程有助于更好地记录新时代、新气象，更好地以新的时代精神激活中华优秀传统文化的生命力，推进中华优秀传统文化创造性转化、创新性发展，把优秀传统文化传承发展同坚定文化自信统一起来，进一步坚定文化自信。第二，实施中国年鉴精品工程有助于更好地呼应时代潮流，充分发挥年鉴存史、育人、资政功能，讲述好中国故事，传播好中国声音，为推动经济社会发展和深化改革提供更多智力支持，为推进国家治理体系和治理能力现代化提供更多历史借鉴，为决胜全面建成小康社会提供更大精神动力。第三，实施中国年鉴精品工程有助于贯彻落实《地方综合年鉴编纂出版规定》，培育精品意识、打造更多精品年鉴，从而以点带面，在提高年鉴质量方面探索出一条切实可行之路，引领带动全国范围内年鉴质量的全面提高，加快推动年鉴事业转型升级，为全国地方志事业转型升级作出应有的贡献。

中国年鉴精品工程与先期实施的中国志书精品工程是姊妹工程，是深入贯彻落实《规划纲要》《年鉴规划》的重要举措。它既是一项创新工程，也是一项探索工程。作为年鉴工作"全国一盘棋"的一项标志性工程，中国年鉴精品工程甫一问世，就引起了各级地方志工作机构以及很多专业年鉴编纂单位的广泛关注，积极参与的热情很高。

二、工程前期实施情况

为深入贯彻落实《规划纲要》，中指办于2015年启动中国年鉴精品工程试点工作，将其作为年鉴编纂探索创新的"试验田"。经过各省级地方志工作机构推荐和专家评审，区别不同区域和类型，中指办确定山西省志办、山东省史志办、广东年鉴社、南京市志办、拉萨市志办、温州市志办、驻马店市史志办、北京市海淀区史志办、吉林省延吉市地方志编委会、四川省威远县史志办等10家单位为首批中国年鉴精品工程试点单位。2015年12月，在2016年度全国省级地方志机构主任工作会议上，专门安排环节举行全国年鉴工作、中国年鉴精品工程试点单位授牌仪式，并召开试点工作座谈会。

2016年起，中国年鉴精品工程试点工作有序推进。4月，全国精品年鉴指导培训会在北京市召开，邀请专家对10家试点单位年鉴框架进行评议。10月，中国年鉴精品工程专家评审会议在北京市召开，对8家试点单位年鉴稿进行评审，并讨论修改《中国年鉴精品工程实施方案（讨论稿）》，确定了推进中国年鉴精品工程的一些原则性要求。11月，中国年鉴精品工程专家指导会议在福州市召开，由评审专家向试点单位代表面对面反馈评审意见。2017年1月，中国年鉴精品工程第二次专家评审会议在北京市召开，对7部试点单位年鉴稿进行评审，初步确定了中国精品年鉴入选年鉴。随后，经过反复讨论，确定了年鉴出版阶段的统一标识、统一版式、统一风格。3月，中国年鉴精品工程研讨会议在北京市召开，进一步讨论修改《中国年鉴精品工程实施方案》文本。5月，中指办发出通知，印发《中国年鉴精品工程实施方案》，同时经中国年鉴精品工程学术委员会通过，公布《山西年鉴（2016）》《温州年鉴（2016）》《北京海淀年鉴（2016）》3部年鉴为首批入选的中国年鉴精品工程"中国精品年鉴"。这样，经过一年多时间的试点工作，伴随着首批中国精品年鉴成果的公布，中国年鉴精品工程正式全面启动。

2017年8月，呼应中国年鉴精品工程的推进，中指办、中国地方志学会年鉴分会以“强化年鉴精品意识，深化年鉴质量建设”为主题，在齐齐哈尔市召开精品年鉴与年鉴编纂创新研讨会，为工程实施营造学术氛围、提供理论支撑。同月，中指组、中国地方志学会印发《关于对全国地方志优秀成果（年鉴类）的通报表扬》，首批3部中国精品年鉴除《山西年鉴（2016）》因故退出评审外，《温州年鉴（2016）》《北京海淀年鉴（2016）》均被评为特等年鉴。12月，首届全国年鉴论坛在深圳市举办，论坛上举行首批中国精品年鉴颁发奖牌和证书仪式，向3家首批中国精品年鉴编纂单位颁发奖牌和证书，并专门安排“精品年鉴之路”环节，请3家单位代表作典型发言，进行经验交流，开始在全国范围内宣传推广。至此，中国年鉴精品工程基本形成一套包括篇目评议、理论研讨、会议评审、专家指导、修改落实、精品设计、出版审核等一系列环节的精品年鉴打造模式，同时还初步打通了表彰奖励环节，增强了中国精品年鉴编纂单位的获得感、荣誉感。

2017年，中国年鉴精品工程在原先10家试点单位基础上，向全国所有三级综合年鉴编纂单位开放。7月，中国年鉴精品工程试点单位2017年卷年鉴篇目研讨会在龙口市召开，对包括7家试点单位在内的19家年鉴编纂单位的年鉴篇目进行评议。11月，中国年鉴精品工程2017年第一次专家评审会议在北京市召开，对包括4部试点单位年鉴稿在内的23部年鉴稿进行评审。除试点单位外，其他19部年鉴均是先由各省级地方志工作机构组织会议进行评审，评审通过才推荐的。在第一次专家评审会议上，15部年鉴稿因达不到精品年鉴质量要求而被建议修改后自行安排出版。12月，2017年第二次专家评审会议在北京市召开，对包括5部试点单位年鉴稿在内的10部年鉴稿进行评审，其中3部年鉴稿因仍达不到精品年鉴质量要求而被建议修改后自行安排出版。

在中指办推动实施中国年鉴精品工程的前后，部分省（自治区、直辖市）也开始酝酿并实施本省（自治区、直辖市）的年鉴精品工程，并积极主动与中国年鉴精品工程衔接。2015年8月，广西壮族自治区志办印发《广西年鉴精品工程实施方案》，启动实施广西年鉴精品工程，每年选定3—5部基础较好、可塑性强、有代表性的年鉴作为项目实施对象。2016年3月，福建省地方志编委会印发《福建省年鉴精品工程试点工作方案》，启动实施福建省年鉴精品工程试点工作，《福建科技年鉴》《三明年鉴》《集美年鉴》《晋江年鉴》《漳浦年鉴》5部年鉴成为首批试点年鉴。2017年3月，北京市志办印发《北京市打造精品年鉴工作实施方案（试行）》，启动实施北京市精品年鉴工程，随后确定《北京海淀年鉴（2017）》《中关村年鉴（2017）》《北京工业大学年鉴（2017）》为精品年鉴打造对象。其中，《北京海淀年鉴（2017）》成为中国年鉴精品工程、北京市精品年鉴工程的双料打造对象。为推动精品年鉴工程顺利推进，3省（区、市）陆续召开工程推进会、队伍培训会、篇目研讨会、年鉴稿评审会、总结交流会等，开展了各具特色的生动实践，进行了一系列积极探索，为中国年鉴精品工程顺利推进提供了有力的实践支撑。

三、2018—2019年工程实施情况

2018—2019年，中国年鉴精品工程深入推进，一方面做好2017年卷中国精品年鉴打造收尾工作，另一方面在新的起点上稳步推进2018年卷、2019年卷中国精品年鉴打造工作，在鼓励编纂单位申报、完善精品打造流程、创新专家指导方式、提升精品年鉴单位荣誉感等方面有了一系列新的突破。

2018年1月，“新时代 新使命 新征程”：精品志鉴与地方志编纂创新研讨会系列之中国年鉴精品工程专家评审会议在张家港市召开，这次会议既是精品年鉴工作的经验总结会、理论创新研讨会，也是中国年鉴精品工程2017年第三次专家评审会议。会上，对包括5部试点单位年鉴稿在内的9部年鉴稿进行评审，其中4部年鉴稿因达不到精品年鉴质量要求而被建议修改后自行安排出版。5月，经中国年鉴精品工程学术委员会通过，中指办印发通知，公布《山西年鉴（2017）》《南京年鉴（2017）》《辽源年鉴（2017）》《北京海淀年鉴（2017）》《海安年鉴（2017）》5部年鉴为第二批入选的中国年鉴精品工程“中国精品年鉴”。8月，辽源市政府印发《关于表彰〈辽源年鉴（2017）〉编纂工作先进集体及先进个人的决定》，授予辽源市志办集体三等功，授予19名《辽源年鉴（2017）》编纂人员个人三等功，在对中国精品年鉴编纂单位和相关人员给予表彰奖励方面开了个好头，树立了榜样。9月，中指组、中国地方志学会印发《关于对第五届全国地方志优秀成果（年鉴类）的通报表扬》，第二批5部中国精品年鉴除1部因故未推荐参加评审外，其他4部均获评为特等年鉴。12月，2019年全国省级地方志机构主任工作会议暨第三次全国地方志工作经验交流会议在保定市召开，会议开幕式上向5家第二批中国精品年鉴编纂单位颁发中国精品年鉴奖牌和证书，从而开创了在全国地方志系统年度最高规格会议上为中国精品年鉴编纂单位颁发奖牌和证书的先例。

2018年初，为扎实推进2018年卷中国精品年鉴打造工作，中指办在进一步创新

精品年鉴工作模式上作了提前谋划，确立了质量关口既要前移也要下沉，在既有工作基础上，积极探索年鉴编纂出版全流程质量控制的思路。2018 年 3 月，中指组秘书长，中指办党组书记、主任冀祥德到长沙市志办调研，并召开《长沙年鉴》申报中国年鉴精品工程调研座谈会，就《长沙年鉴》申报中国精品年鉴提出要求。4 月，在中指办指导下，长沙市志办召开《长沙年鉴（2018）》框架结构专家研讨评审会，会后根据专家意见对年鉴篇目作了较大幅度的调整修改。5 月，中国年鉴精品工程 2018 年卷申报年鉴篇目研讨会在马鞍山市召开，对包括 9 家试点单位在内的 32 家年鉴编纂单位的年鉴篇目进行评议，点评优秀条目并围绕条目编写进行研讨。7 月，第三期全国年鉴主编培训班在上饶市举行，专门安排多名中国年鉴精品工程评审专家紧紧围绕精品年鉴建设进行授课，从而将打造中国精品年鉴的实践经验、理论思考与全国年鉴队伍建设结合起来，受到参训学员的热烈欢迎。11 月，中国年鉴精品工程 2018 年第一次专家评审会议在北京市召开，对包括 2 部试点单位年鉴稿在内的 17 部年鉴稿进行评审，其中 8 部年鉴稿因达不到精品年鉴质量要求而被建议修改后自行安排出版。12 月，2018 年第二次专家评审会议在北京市召开，对包括 2 部试点单位年鉴稿在内的 13 部年鉴稿进行评审，其中 3 部年鉴稿因达不到精品年鉴质量要求而被建议修改后自行安排出版。随后，中国年鉴精品工程评审专家分工负责，对其他 10 部年鉴稿进行了具有针对性地业务指导，确保各编纂单位将专家评审意见修改落实到位。2019 年 2 月，经中国年鉴精品工程学术委员会通过，中指办印发通知，公布《山西年鉴（2018）》《扬州年鉴（2018）》《杭州年鉴（2018）》《马鞍山年鉴（2018）》《长沙年鉴（2018）》《楚雄州年鉴（2018）》《北京海淀年鉴（2018）》《长春市宽城年鉴（2018）》《桦甸年鉴（2018）》《晋江年鉴（2018）》10 部年鉴为第三批入选的中国年鉴精品工程“中国精品年鉴”。10 月，中指组、中国地方志学会印发《关于对第六届全国地方志优秀成果（年鉴类）的通报表扬》，第三批 10 部中国精品年鉴中 9 部获评为特等年鉴、1 部获评为一等年鉴。12 月，2020 年全国省级地方志机构主任工作会议在北京市召开，会议开幕式上向 10 家第三批中国精品年鉴编纂单位颁发中国精品年鉴奖牌和证书。

2019 年，中国年鉴精品工程推进工作继续稳扎稳打，进一步开拓创新，不断建立健全相关机制，有了新的拓展。7 月，中国年鉴精品工程 2019 年卷申报年鉴篇目研讨会在吉林市召开，对包括 9 家试点单位在内的 30 家年鉴编纂单位的年鉴篇目进行点评研讨。同时，第四期全国年鉴主编培训班也在吉林市举行，不仅安排多名中国年鉴精品工程评审专家紧紧围绕精品年鉴建设进行授课，还邀请 4 名中国精品年鉴单位代表畅谈精品年鉴打造的经验体会，从而将理论思考、典型实践经验与队伍培训结合起来，在提高培训的实用性方面向前又迈了一步。8 月，楚雄州政府召开中国精品年鉴《楚雄州年鉴（2018）》发行会，中指组秘书长、中指办主任冀祥德出席发行会并讲话，强调要充分发挥《楚雄州年鉴（2018）》作为云南省和全国西部地区、民族地区的第一部且是唯一一部中国精品年鉴的辐射效应，进一步培育精品意识，引领带动楚雄州乃至云南省地方志年鉴编纂质量全面提高。这也是前三批中国精品年鉴中唯一由本级人民政府出面召开发行会的。10 月，中国年鉴精品工程 2019 年第一次专家评审会议在安阳市召开，对包括 3 部试点单位年鉴稿在内的 19 部年鉴稿进行评审，其中 2 部年鉴稿因达不到精品年鉴质量要求而被建议修改后自行安排出版。12 月，2019 年第二次专家评审会议在吉首市召开，对包括 3 部试点单位年鉴稿在内的 18 部年鉴稿进行评审，其中 5 部年鉴稿因达不到精品年鉴质量要求而被建议修改后自行安排出版。至此，确定《山西年鉴（2019）》《山东年鉴（2019）》《大同年鉴（2019）》《吉林市年鉴（2019）》《连云港年鉴（2019）》《长沙年鉴（2019）》《北京海淀年鉴（2019）》《北京东城年鉴（2019）》《北京朝阳年鉴（2019）》《清河年鉴（2019）》《东阳年鉴（2019）》《上杭年鉴（2019）》《滨城年鉴（2019）》13 部年鉴为第四批入选的中国年鉴精品工程“中国精品年鉴”。

经过 4 年的努力，中国年鉴精品工程取得了重要的阶段性成果，共打造中国精品年鉴 4 批 24 种 31 部。其中，省级年鉴 2 种 5 部，市级年鉴 11 种 12 部，县级年鉴 11 种 14 部，《山西年鉴》《北京海淀年鉴》连续 4 年入选中国精品年鉴，《长沙年鉴》连续 2 年入选中国精品年鉴，成为中国精品年鉴的重要品牌；中国年鉴精品工程试点单位年鉴 5 种 11 部，各省（区、市）推荐申报年鉴 19 种 20 部。从地域上来说，中国精品年鉴涉及 11 个省（市），分别是北京市 3 种 6 部，山西省 2 种 5 部，吉林、江苏两省（市）各 4 种 4 部，浙江省 3 种 3 部，福建、山东两省各 2 种 2 部，湖南省 1 种 2 部，河北、安徽、云南三省各 1 种 1 部。

各地的精品年鉴工程也有新的进展。北京市第一批 3 部精品年鉴基本成熟定型，树立了北京品牌。江苏省志办印发《关于开展省级精品年鉴试点工作的通知》，明确从申报全国精品年鉴、打造省级精品年鉴、开展市级精品年鉴试点培育三个层次开展精品年鉴工作，省志办每年选取 2—3 部年鉴作为省级精品年鉴试点，如 2018 年确定《扬州年鉴（2018）》《邗江年鉴（2018）》为省级精品年鉴试点，2019 年又确定 4 家精品年鉴试点单位，从篇目大纲到年鉴稿进行跟踪指导，建立良性互动；南京市、扬州市也在本市范围内开展了精品年鉴试点工作。福建省继续推动首批 5 部试点单位年鉴工作，在省内积极推广试点单位经验。广西壮族自治区每年确定 3—5 部年鉴为广西年鉴精品工程项目，历年累计 22 部年鉴入选为精品工程实施项目。同时，上述几个省（市）在组织开展培训的时候，也纷纷大范围发放入选中国精品年鉴的年鉴，并请中国精品年鉴编纂单位负责人走上讲台现身说法，介绍精品打造经验，有力地推动精品意识、精品理念进一步生根落地，大大拓展了中国年鉴精品工程的辐射影响力。

四、存在的问题

经过 4 年时间的摸索，中国年鉴精品工程取得了阶段性的成绩，但受限于各地重视程度不一、工作基础不一、自身风格不一、编纂水平不一、投入力度不一、协同进度不一、修改落实不一等因素，也不可避免地存在一些问题。主要表现在以下四个方面。

（一）推荐申报质量把关不严

《中国年鉴精品工程实施方案》要求各省级地方志工作机构应组织有关保密、档案、历史、法律、经济、军事等方面不少于 5 名专家，对申报的年鉴稿进行评审，通过评审才能申报。结合方案要求，北京、吉林、江苏、福建等省（直辖市）将申报中国精品年鉴与自身的年鉴精品工程相结合，组织力量严把质量关，推荐上报的年鉴稿质量总体较好，成功打造为中国精品年鉴的机会也大。但也有一些省级地方志工作机构年鉴部门力量过于薄弱，加上限于各方面条件，难以在前期篇目设计、组稿撰稿等环节给申报年鉴提供业务指导，也无力按照要求组织好评审会议进行质量把关，推荐上报的年鉴稿质量不能保证，往往在第一次专家评审会议上就被淘汰，既浪费了评审专家的时间和精力，也白白浪费了年鉴编纂单位宝贵的人力、财力、物力，还延迟了出版时间。如 2017 年卷年鉴共计 27 部进入中国年鉴精品工程评审阶段，前后淘汰 22 部，只打造成功 5 部，成功率只有约 18.52%，其中第一次专家评审会议就淘汰 15 部；2018 年卷年鉴共计 21 部进入评审阶段，前后淘汰 11 部，只打造成功 10 部，成功率也只有约 47.62%。

（二）编纂进度协调难度较大

《中国年鉴精品工程实施方案》规定年鉴编纂单位应于每年 8 月底前完成编纂逐

级上报、每年9月底前完成各省级地方志工作机构组织的专家评审并上报中国年鉴精品工程办公室。但是，因组稿供稿涉及单位众多，各年鉴编纂单位在编纂进度上很难协调一致，能在9月底前上报年鉴稿的为数很少。2018—2019年随着新一轮机构改革的推进，部分省（自治区、直辖市）年鉴工作领导体制、工作机制发生变化，年鉴编纂单位领导和编纂人员也多有变动调整，编纂进度更不能保证，这也造成一些申报单位无奈放弃了申报，出现了上半年32部年鉴参加篇目研讨会但第一次专家评审会议延至11月召开也只有17部年鉴参加的被动局面。中国年鉴精品工程办公室收到申报年鉴稿后，至少要组织召开1次专家评审会议进行评审，但实际上每年至少召开2次，如2016年卷召开2次、2017年卷召开3次、2018年卷召开2次、2019年卷召开2次。每次评审从开始筹备到召开评审会议大约间隔1个月，中国年鉴精品工程办公室、评审专家、编纂单位三方的工作节奏都非常紧张，特别是评审专家在很短的时间内要审读大批量的年鉴稿并且还要撰写高质量的评审意见，在进度调度、人员协调等方面的压力都非常大。从4年的实践经验看，入选年鉴真正出版印刷一般都到了跨年后的3—5月，与“当年编纂、当年出版”的要求有较大的距离。

（三）落实精品要求有差距

每次组织召开中国年鉴精品工程专家评审会议，都会依托各省级地方志工作机构有关专家组成专家组，对每部年鉴稿分工进行审读并形成书面审读意见，专家评审意见在评审会上进行充分交流，确保每条评审意见确有所据，可提可不提的意见不提，专家之间存在争议的意见不提，以避免年鉴编纂单位无所适从。各年鉴编纂单位需要根据专家评审意见，认真落实修改，并在报送年鉴修改稿时一并报送修改报告，为避免出现因专家不了解实际地情而提出让年鉴编纂单位无法落实的情况，允许年鉴编纂单位根据实际情况，在修改报告中进行说明。2018年起，在基本确定可以推荐入选中国精品年鉴以后，中国年鉴精品工程办公室还会协调专家开展具有针对性的业务指导。4年来，虽然中国年鉴精品工程办公室一再提醒要充分尊重并尽可能严格落实专家评审意见，但一直都有年鉴编纂单位主观能动性发挥不够，工作比较被动。有的年鉴编纂单位囿于编纂习惯、固有思维认识或修改难度压力，或坚持己见，或讲困难、谈条件从而进行变通处理，有的年鉴编纂单位落实专家评审意见的占比甚至刚刚过半。这也充分反映出，年鉴编纂规范化还有很多工作要做，年鉴质量建设还有很长的路要走。

（四）试点工作发挥作用有限

4年时间里，中国年鉴精品工程试点工作有成绩，但总体上对全国年鉴质量建设的引领带动作用还未充分发挥出来，存在一些不足。一方面，10家试点单位对参与工程的重视程度、认识程度以至参与程度差别很大。大部分试点单位都能积极参与工程活动，如山西、北京海淀2家试点单位年鉴连续4次入选中国精品年鉴，山东、温州、南京3家试点单位年鉴各1次入选中国精品年鉴，长沙1家连续2次入选中国精品年鉴，均成为全国知名的精品年鉴品牌，在扩大品牌影响力方面有亮眼的表现，取得了较好的社会效益；部分试点单位年鉴经过4年参与工程的反复磨练，年鉴编纂质量有明显的提升，编纂队伍建设也有较大进展，培养了一批业务骨干。但也有部分试点单位不服从统一安排，自行其是，有的不加沟通即自行安排年鉴出版，有的参加工程活动表现消极，造成一些不良影响。另一方面，试点工作与《年鉴规划》的总体设计要求相比差距较大。一是工程辐射影响的省（自治区、直辖市）还较为有限，目前入选的中国精品年鉴集中在北京、山西、吉林、江苏、浙江等省（直辖市），大多数省（自治区、直辖市）的参与热情尚未调动起来，广大的西部地区、民族地区只有《楚雄州年鉴（2018）》1部中国精品年鉴，工程覆盖范围还不够大，不平衡性比较突出。二是受限于中国年鉴精品工程办公室人员精力以及前期的工作基础，建立更多试点单位的工作迟迟未能开展，与《年鉴规划》提出的到2020年建立覆盖综合年鉴、专业年鉴各领域的40家试点单位的目标相比相距甚远；精品年鉴的数量，也与到2020年打造50部中国精品年鉴的要求相比还有一定距离。

五、今后努力方向

中国年鉴精品工程实施4年时间，积累了一些宝贵经验，产生了比较大的影响，在带动提升全国年鉴质量方面发挥了重要作用，在此过程中，今后的工作方向也逐渐明确下来。

（一）优化精品年鉴打造模式

经过2016年试点工作摸索，2017年起向全国放开申报，中国年鉴精品工程逐渐摸索形成了不同区划层级、不同地域特点的精品年鉴打造之路，积累形成了各具风格、各具特色的精品年鉴工作经验，探索形成了一整套从启动编纂一直到出版印刷以至表彰奖励、宣传推广的全流程精品年鉴打造模式，为今后工程推进奠定了坚实的基础。下一步，要进一步丰富完善这一模式，继续坚持 2018—2019 年创造的质量关口既要前移也要下沉的成功经验，推动在不同环节上定向发力。如吸引更多年鉴申报，要充分发挥既有中国精品年鉴的品牌作用，推动更多有积极性、有条件的地方踊跃申报，争取早日辐射到所有省（自治区、直辖市），每个省（自治区、直辖市）至少能成功打造 1 部中国精品年鉴。如提高申报成功率，鼓励支持各省（自治区、直辖市）实施自己的精品年鉴工程，并推动其与中国年鉴精品工程紧密衔接，上下一股绳，协同发力打造更多中国精品年鉴。如优化工程实施思路，要大力推动从以评审打造为主向全流程精心培育为主转变，严格建立从篇目设计环节就严把质量，不参加篇目评议就不能申报推荐后期评审的制度。如扩大辐射影响，要大力推动从单本精品年鉴打造为主向以精品年鉴为中心的精品年鉴区域建设为主转变，促使大同、辽源、吉林、南京、扬州、连云港、杭州、温州、马鞍山、长沙、楚雄等市（州）中国精品年鉴编纂单位扩大辐射影响，带动引领所辖县（市、区）打造精品年鉴，建设精品年鉴区域。毕竟，单单靠几本中国精品年鉴，就希望大大改变全国年鉴质量建设的面貌是不现实的，只有以点带面，真正发挥出中国精品年鉴的辐射影响，才是精品年鉴建设的正途。

（二）完善精品年鉴质量控制机制

召开专家评审会议是实施中国年鉴精品工程的重要工作方法，也是贯穿于篇目研讨、申报推荐、年鉴稿评审等各个阶段的基本工作方式。每次专家评审会议，都要涉及专家审读、评审会议专家交流、评审意见汇总梳理、评审意见反馈、编纂单位修改落实、提交修改稿和修改报告、专家审核等多个环节，对照《地方综合年鉴编纂出版规定》的要求，每个环节都有不同的工作要求和质量标准。因此，加强年鉴精品标准建设就显得非常重要，而且非常迫切。在中国年鉴精品工程 3 年的实施过程中，围绕贯彻落实《地方综合年鉴编纂出版规定》，逐渐形成了一整套涵盖各个环节的包括精品标准、精品评价体系在内的精品年鉴质量控制机制及方法。这套机制及方法，北京、江苏、福建、广西等省（市）在实施年鉴精品工程过程中已经有所参考借鉴，其他一些地方在年鉴编纂过程中也广为学习参考。下一步，要继续健全完善这套精品年鉴质量控制机制，不断创新相关质量控制方法，使中国年鉴精品工程推进工作更加科学、规范、有序，同时也推动上下齐动，更好地引导、带动全国年鉴质量建设以及精品年鉴建设。

（三）深化精品年鉴理论研讨

理论是行动的先导。2006 年国务院《地方志工作条例》出台后，地方综合年鉴编纂出版稳步发展，《规划纲要》明确提出“年鉴全覆盖”目标，地方综合年鉴编纂出版才进入加速发展的阶段，理论创新滞后于编纂实践的情况非常突出。加上年鉴工作实践性很强，各地在编纂实践中形成很多不同的认识，其编纂方式方法也表现出很多差异，但在学理上缺乏深入细致的研究探讨，在优化方案选择、提供学理支持等诸多方面难以形成广泛共识，理论总结、理论研讨以至理论升华等工作存在很多欠缺。精品年鉴建设更是如此，缺少成熟的实践，更缺少理论研讨上的有力支撑。近年来，通过全国年鉴系统的共同努力，围绕打造中国精品年鉴，引出了关于精品意识、精品态度、精品标准、精品路径、精品工夫、精品平台、精品品牌、精品体系等方面的很多话题，也出现了不少有价值的讨论，但与精品打造的实践要求相比，理论研究成果特别是高质量理论研究成果一直比较匮乏。下一步，要大力深化精品年鉴建设的理论研讨，充分发挥中国地方志学会年鉴分会的学术桥梁纽带作用，充分利用全国年鉴论坛和各地学术研讨会等学术平台、《中国年鉴研究》期刊及各省（自治区、直辖市）地方志期刊等学术阵地，主动设置更多精品年鉴议题，吸引更多的研究者围绕精品年鉴建设开展更具针对性的理论研讨，助力精品年鉴建设把根基扎得更牢，培植长远发展后劲。

（四）切实加强专家指导

中国年鉴精品工程实施关键在人，既包括年鉴编纂人员，也包括指导专家。一定程度上说，指导专家的水平直接决定了中国年鉴精品工程的实施效果。4 年时间里，通过召开评审会、研讨会、面对面指导、电话交流等方式，中国年鉴精品工程的专家指导制度逐渐成熟，总体上较为高效，但限于专家力量严重不足，《中国年鉴精品工程实施方案》提出的每家年鉴编纂单位由中国年鉴精品工程办公室确定两名专家进行全程指导的要求一直未能落实，在落实跟踪指导上还有较大的空间。在落实专家评审意见时，年鉴编纂人员面对书面评审意见，经常出现知其然不知其所以然的情况，无法领会评审专家的真实意图，即使再用心、再努力，也无法达到举一反三、触类旁通的效果，严重影响年鉴稿修改质量。下一步，一方面要进一步大力加强专家队伍建设，充实指导专家力量，并充分考虑指导专家的个人专长和研究兴趣，完善相关联络沟通机制和保障机制；另一方面要创造更好的条件，帮助指导专家与年鉴编纂人员加强沟通交流，探索更加符合中国年鉴精品工程实施实际需要的专家指导方式、方法，使专家指导更具针对性、更具效果。

（五）加大宣传推广力度

中指办和相关省（自治区、直辖市）地方志工作机构都高度重视对中国精品年鉴的宣传推介，如助推精品品牌打造、衔接年鉴质量评审、推动精品经验推广、拓展表彰奖励方式等，采取了一系列积极的举措，取得了良好的社会效果。但是，做好对中国精品年鉴的宣传推广，是一项长期的工作，必须持续发力，久久为功。如推动表彰奖励，要继续争取在每年度的在全国地方志系统最高规格会议上为入选的中国精品年鉴编纂单位颁发奖牌和证书，既增强中国精品年鉴编纂单位的荣誉感，又起到树立品牌、宣传品牌的作用。如争取领导重视，要积极争取党委、政府主管领导对精品年鉴申报工作的重视和支持，为精品年鉴申报和评审打造营造更好的环境，也为精品年鉴打造成功后贯彻落实《地方志工作条例》关于表彰奖励的规定创造更好的条件。在这一点上，目前还相对比较薄弱，需要引起各年鉴编纂单位的重视，辽源市的经验值得借鉴。如加强队伍建设，要想办法充分调动申报年鉴编纂人员的积极性，注重对他们的关爱和培养，帮助他们在中国年鉴精品工程专家指导下快速提高业务能力，争取每打造一本精品，就能相应培养出一批高水平的业务专家，为今后继续打造精品年鉴或精品年鉴区域建设蓄积人才资源。如推广精品经验，要继续鼓励和支持中国精品年鉴编纂人员走上全国和各省（自治区、直辖市）培训工作和典型经验介绍的舞台，建设一支勤学善思并且能讲会讲的精品年鉴师资队伍，多方讲授精品年鉴的新创造、新探索，持续放大中国精品年鉴的辐射效应。如扩大舆论宣传，要充分利用各级地情网站、地方志网站及微博、微信公众号等媒介，发布精品年鉴消息，宣传精品年鉴经验，推广精品年鉴品牌，不断提高中国精品年鉴的社会影响力。

推动年鉴出版精准扶贫
确保如期实现“年鉴全覆盖”目标
——2018—2019年民族地区与贫困地区年鉴资助工程实施报告

刘永强

提要： 实施民族地区与贫困地区年鉴资助工程是解决民族地区与贫困地区年鉴编纂出版难问题的有力手段，是如期实现“年鉴全覆盖”目标任务的重要保障。工程实施3年时间，取得了阶段性的成绩，但也存在申报积极性较低、年鉴质量有待提高、协调推动有难度、开发利用存在不足等问题。年鉴资助工程既是一项扶贫工程、扶智工程，也是一项政治工程、民心工程，下一步工作重点主要包括充分认识工程实施的重要意义、探索建立上下协同发力的资助工作机制、切实把好质量关。

关键词： 民族地区　贫困地区　精准扶贫　年鉴资助工程　“年鉴全覆盖”

2017年5月，为贯彻落实《全国地方志事业发展规划纲要（2015—2020年）》（以下简称《规划纲要》）《全国年鉴事业发展规划（2016—2020年）》（以下简称《年鉴规划》）关于“支持民族地区做好地方志编纂工作”的要求，中国地方志指导小组办公室（以下简称中指办）启动实施民族地区与贫困地区年鉴资助工程（以下简称年鉴资助工程）。该工程与2015年8月启动的经济欠发达地区志书出版资助工程（后改为民族地区与贫困地区志书出版资助工程）是姊妹工程。截至2019年11月，该工程共确定资助年鉴 5 批 71 部（后因故退出 4 部），取得了阶段性成果。

一、工程实施意义

党的十八大以来，以习近平总书记为核心的党中央高度重视脱贫攻坚工作，将脱贫攻坚工作列入“五位一体”总体布局和“四个全面”战略布局，党的十九大报告更是明确指出要坚决打赢脱贫攻坚战，在全国范围内以前所未有的力度推进精准扶贫、精准脱贫，取得世所未见的巨大成就。在这种大背景下，实施年鉴资助工程，是年鉴人紧扣时代脉搏、坚持创新发展、传承弘扬中华优秀传统文化的一项开创之举，具有重要意义。

第一，工程实施是落实党中央脱贫攻坚战略的生动体现。支持民族地区与贫困地区综合年鉴编纂出版是文化脱贫攻坚的重要组成部分，在打好脱贫攻坚战的关键时期，实施年鉴资助工程正是用实际行动在新时代中国特色社会主义的伟大实践中体现年鉴人的政治担当，有助于帮助这些地区同步存史，及时记录并保存民族地区与贫困地区的历史与文化，突显脱贫攻坚的人文内涵。

第二，工程实施是为全面建成小康社会提供助力的重要保证。支持民族地区与贫困地区编纂出版年鉴，有助于发挥年鉴资源优势服务经济社会发展，激发民族地区与贫困地区的内生脱贫动力，为脱贫攻坚提供智力支持和精神动力，对于确保这些地区和全国其他地区同步全面建成小康社会具有重要意义。

第三，工程实施是地方志事业转型升级的迫切需要。到 2020 年如期实现“年鉴全覆盖”目标，民族地区与贫困地区不能排除在外。实施年鉴资助工程，是根据新形势、新任务、新要求补齐民族地区与贫困地区年鉴编纂出版难这一突出短板的有力手段，也为解决三级综合年鉴编纂出版实践中存在的实际困难和问题开辟了一条新路。实施年鉴资助工程，有利于推进“年鉴全覆盖”完成进度，为全面推动包括年鉴事业在内的地方志事业转型升级提供坚实有力的保障。

二、工程实施情况

2017 年 5 月，中指办发出通知，印发《民族地区与贫困地区年鉴资助工程实施方案》，正式启动年鉴资助工程。根据实施方案，经国务院扶贫开发领导小组办公室认定的国家级贫困县（区、旗、县级市）的综合年鉴优先资助，中西部地区、少数民族边疆地区存在经费困难的地级市和未列入国家级贫困县（区、旗、县级市）的综合年鉴酌情资助。资助标准为一般每 10 万字资助 1.2 万元，最高资助额度为 20 万元。受资助的年鉴由方志出版社出版，统一版式，统一装帧，统一风格。每年 5—10 月，符合资助条件的年鉴编纂单位逐级报送编纂成熟的年鉴稿及申报表，由各省级地方志工作机构审批一部，向年鉴资助工程领导小组办公室报送一部。年鉴资助工程领导小组办公室负责初步审核，然后根据各地申报情况不定期上报领导小组，经批准后，由中指办发文公布资助名单。

2017 年 11 月，中指办公布 2017 年首批资助名单，确定资助年鉴 9 部。2018 年 2 月，中指办公布 2017 年第二批资助年鉴名单，确定资助年鉴 9 部。（资助书目见《民族地区与贫困地区年鉴资助工程资助年鉴情况表》，下同）因为缺乏可资借鉴的现成经验，前两批申报工作处于摸索阶段，不可避免地出现了一些问题。其中，最主要的问题就是受限于资助标准较低，资助金额不足以支持出版，而受资助地方补齐经费不足部分非常困难。前两批资助年鉴大部分为 30—50 万字，按照每 10 万字资助 1.2 万元的资助标准，只能资助 3.6—6 万元，至少需要补齐数万元的不足部分才能顺利出版。因受资助年鉴所在地方均为国家民族地区、贫困地区，地方财政非常紧张，为年鉴出版提供支持非常有限，原先内部出版只需要少许经费、申请到出版资助反而需要追加支付一大笔费用，在申请财政经费方面压力非常大。加上年鉴编纂出版周期限制，前两批 18 部资助年鉴中，2015 年卷、2016 年卷年鉴有 8 部，追加经费预算有格外的难度。在中指办和有关省、市两级地方志工作机构的协同努力下，各家受资助单位多方求助、反复申请，但只有将近一半单位追加申请到了经费，其他单位依然求告无门，陷入只能退出资助、放弃出版的窘境。在这种情况下，前两批资助年鉴的出版时间不得不大大延迟，各省（区、市）推荐申报的积极性也因此大受影响，工程组织申报工作很难推动。

为此，中指办进行了深入调研，并围绕进一步优化资助方式、减轻受资助单位经费压力等问题，积极争取有关方面的支持。2018 年 9 月，经报中国地方志指导小组领导同意，中指办印发《关于进一步做好民族地区与贫困地区年鉴出版资助工程推进工作的补充通知》，对工程资助政策进行调整，将原先的“资助标准为一般每 10 万字资助 1.2 万元，最高资助额度为 20 万元”，改为“一般每 10 万字资助 1.2 万元，全额资助出版 300 本（平装）；受资助单位可根据实际需求决定是否加印，加印部分的费用由受资助单位承担”，其他资助要求不变，从而实质上大大减轻了受资助

民族地区与贫困地区年鉴资助工程资助年鉴情况表

表 1

批次	公布时间	数量	年鉴名称	备注
2017 年 首批	2017 年 11 月 6 日	9 部	河北:《宣化区年鉴（2016）》 内蒙古:《杭锦年鉴（2015—2016）》《红山年鉴（2015）》 《磴口县年鉴（2016—2017）》《商都年鉴（2017）》 山东:《临朐年鉴（2016）》 广西:《蒙山年鉴（2016）》《桂平年鉴（2016）》 新疆:《裕民年鉴（2015）》	《临朐年鉴（2016）》《裕民年鉴（2015）》退出
2017 年 第二批	2018 年 2 月 6 日	9 部	内蒙古:《阿拉善左旗年鉴（2017）》 吉林:《珲春年鉴（2017）》 江西:《遂川年鉴（2017）》 湖南:《安化年鉴（2017）》《宜章年鉴（2017）》 《永定区年鉴（2017）》《新田年鉴（2017）》 四川:《叙永年鉴（2016）》《古蔺年鉴（2017）》	《安化年鉴（2017）》退出
2018 年 首批	2018 年 11 月 20 日	31 部	内蒙古:《松山区年鉴（2018）》《太仆寺旗年鉴（2018）》 《五原县年鉴（2018）》《乌拉特前旗年鉴（2018）》 《商都年鉴（2018）》 江西:《遂川年鉴（2018）》《寻乌年鉴（2018）》 湖北:《恩施土家族苗族自治州年鉴（2018）》 《恩施市年鉴（2018）》《利川年鉴（2018）》 《巴东年鉴（2018）》《长阳年鉴（2018）》 《房县年鉴（2018）》《英山年鉴（2018）》 《南漳年鉴（2018）》《建始年鉴（2018）》 《罗田年鉴（2018）》 湖南:《桑植年鉴（2018）》《会同年鉴（2018）》 四川:《荥经县年鉴（2018）》 云南:《江城年鉴（2018）》《华宁年鉴（2018）》 《元谋年鉴（2018）》《泸水年鉴（2018）》 宁夏:《平罗年鉴（2018）》《同心年鉴（2018）》 《西吉年鉴（2018）》《惠农年鉴（2017）》 新疆生产建设兵团:《第三师图木舒克市年鉴（2018）》 《第十二师年鉴（2018）》《第十三师年鉴（2018）》	《江城年鉴（2018）》退出
2018 年 第二批	2019 年 5 月 7 日	10 部	黑龙江:《城子河年鉴（2018）》《友好年鉴（2018）》 《梨树年鉴（2018）》《西林年鉴（2018）》 《五营年鉴（2018）》《汤旺河年鉴（2018）》 四川:《叙永年鉴（2018）》《昭觉县年鉴（2018）》 宁夏:《惠农年鉴（2018）》 新疆:《和田市年鉴（2018）》	
2019 年 首批	2019 年 11 月 28 日	12 部	内蒙古:《商都年鉴（2019）》《磴口年鉴（2019）》 吉林:《安图年鉴（2019）》 江西:《遂川年鉴（2019）》 湖北:《罗田年鉴（2019）》《巴东年鉴（2019）》 《英山年鉴（2019）》《咸丰年鉴（2019）》 四川:《荥经县年鉴（2019）》 西藏:《巴宜年鉴（2019）》《尼玛年鉴（2019）》 《察雅年鉴（2019）》	

说明：截至 2019 年 11 月

单位的经费压力。随后，各受资助单位按照新的资助政策推进出版工作，工程进度大大加快。但是，有3部年鉴因提前与其他出版单位或印刷单位签订合作协议，为避免发生合同纠纷，陆续退出资助。这样，前两批实际资助年鉴15部，全部顺利出版。令人欣喜的是，15部年鉴中，《阿拉善左旗年鉴（2017）》《永定区年鉴（2017）》2部为创刊号，《杭锦年鉴（2015—2016）》《磴口县年鉴（2016—2017）》《红山年鉴（2015）》《商都年鉴（2017）》《遂川年鉴（2017）》《宜章年鉴（2017）》6部虽非创刊号却是首次公开出版。

2018年11月，中指办公布2018年首批资助名单，确定资助年鉴31部。随后，有1部年鉴因故退出资助。2019年5月，中指办公布2018年第二批资助年鉴名单，确定资助年鉴10部。截至目前，2018年两批40部资助年鉴，正式出版30部，其他正在积极推进，进展顺利。40部年鉴中，《五原县年鉴（2018）》《乌拉特前旗年鉴（2018）》《第三师图木舒克市年鉴（2018）》《第十二师年鉴（2018）》《第十三师年鉴（2018）》《城子河年鉴（2018）》《梨树年鉴（2018）》7部为创刊号，《寻乌年鉴（2018）》《利川年鉴（2018）》《巴东年鉴（2018）》《房县年鉴（2018）》《建始年鉴（2018）》《桑植年鉴（2018）》《泸水年鉴（2018）》《同心年鉴（2018）》《五营年鉴（2018）》《汤旺河年鉴（2018）》10部虽非创刊号却是首次公开出版。2019年11月，中指办又公布2019年首批资助名单，确定资助年鉴12部。其中，《察雅年鉴（2019）》为创刊号，《咸丰年鉴（2019）》虽非创刊号但将首次公开出版。

综上，年鉴资助工程实施3年时间，共确定资助年鉴5批71部，因故退出4部，实际资助67部。受资助年鉴涉及13个省（区）和新疆生产建设兵团，分别是：河北省1部，内蒙古自治区12部，吉林省2部，黑龙江省6部，江西省4部，湖北省14部，湖南省5部，广西壮族自治区2部，四川省6部，云南省3部，西藏自治区3部，宁夏回族自治区5部，新疆维吾尔自治区1部，新疆生产建设兵团3部。

三、存在的问题

经过3年时间的摸索，年鉴资助工程取得了阶段性的成绩，但受资助年鉴均来自民族地区、贫困地区，年鉴工作基础相对来说比较薄弱，普遍面临机构、编制、人员、经费等落实严重不到位的问题，面临很多共性难题。表现在受资助年鉴编纂出版上，主要有如下问题。

（一）申报积极性较低

实施年鉴资助工程，出发点是落实国家脱贫攻坚战略，帮助解决民族地区、贫困地区年鉴的出版经费，为到2020年如期实现“年鉴全覆盖”目标提供坚实保障。一定程度上说，年鉴资助工程可谓是“年鉴全覆盖”推进工作的兜底工程，靶向目标就是年鉴工作比较薄弱、出版经费存在严重困难的地方。从工程实施的实际效果看，总的来说，民族地区、贫困地区的申报积极性不是很高，与“年鉴全覆盖”推进工作存在的实际需求相比相差甚远。以2017年卷三级综合年鉴公开出版为例，截至2018年12月底，应编纂出版3221部，启动编纂2862部，公开出版2033部，启动编纂但未公开出版的有829部，抛开未编纂完成或移交出版单位尚未出版的因素，未能公开出版的数量仍然不小。在公开出版统计排名后3位的省份中，内蒙古自治区启动编纂88部、公开出版19部，黑龙江省启动编纂100部、公开出版22部，新疆维吾尔自治区启动编纂110部、公开出版12部，可以组织申报的空间是比较大的。2018年卷、2019年卷的情况与此大体相同。此外，从2017年、2018年、2019年三年申报的情况看，2018年只有《商都年鉴》《遂川年鉴》《叙永年鉴》3种连续两年申报；2019年则只有内蒙古自治区《商都年鉴》、江西省《遂川年鉴》2种连续三年申报，湖北省《罗田年鉴》《巴东年鉴》《英山年鉴》、四川省《荥经县年鉴》4种连续两年申报，内蒙古自治区《磴口年鉴》在2017年获得资助基础上第二次申报。究其原因，一方面固然与中指办及各省级地方志工作机构等对年鉴资助工程的推广宣传做得不够有关，工程的知晓度不高，很多受资助单位都反映没有听说过年鉴资助工程；另一方面也与很多地方没有充分重视“年鉴全覆盖”推进工作有关，编不出来或者顾不上、怕麻烦，推动年鉴公开出版的动力严重不足。

（二）年鉴质量有待提高

总体来说，对照《地方综合年鉴编纂出版规定》，受资助年鉴的质量相对较差，修改难度很大。特别是一些新创刊年鉴或没有公开出版过的年鉴，在规范性上存在很多不足。主要表现为：一是地图意识比较差，缺乏地图、地图选用不符合要求、行政区划图不是没有审图号就是过于陈旧的较多，因为地图质量问题反复沟通，甚至协调绘制地图并报审批的压力较大；二是框架结构不够科学合理，领属不当，分类不清，而且多出现严重缺项、以部门设置分目、特载和附录占比过大等问题，一旦修改就涉及很多内容，难度很大；三是条目标题不准确、不规范，内容缺乏编辑加工，总结报告痕迹重，内视信息多，部分内容近似流水账；四是卷首彩页编排缺乏专题意识，多以会议和领导视察内容为主，资料价值不高，少数年鉴彩页有数十页甚至上百页，不利于控制资助成本，间或还有浓厚的广告色彩；五是编校质量比较差，差错比较多。年鉴资助工程是依托国家财政支持的一项全国性工程，有关部门的质检要求很高，因此对工程领导小组办公室和出版单位来讲，所谓加强质量把关，远不是只要求文通句顺那么简单。

（三）协调推动有难度

年鉴资助工程申报阶段需要由县到省逐级上报，由省级地方志工作报送到工程领导小组办公室，进入出版阶段后就主要由工程领导小组办公室、出版社、受资助单位三方紧密协作，彼此之间是因为资助工作联系起来的，基本上不见面，互不熟悉，加上出版周期较长，因此建立畅通的沟通协调机制是很重要的。但是，大部分受资助年鉴的编纂人员数量少，缺乏学习和培训，有的甚至只有一个人从事年鉴工作，还同时担负志书编纂任务或脱贫攻坚任务，投入在年鉴编纂方面的精力相对有限。因为缺乏经验，受资助单位通常认为稿子只要送到出版社就万事大吉了，使得出版环节的审稿意见反馈给受资助单位后，修改落实很难，有关调整结构、补充内容等方面的修改意见经常会出现打折扣的情况，年鉴质量得不到充分保证。这也使得沟通交流的成本很高，因为沟通不畅，还产生过一些无谓的矛盾。

（四）开发利用存在不足

实施年鉴资助工程虽然可以为“年鉴全覆盖”推进工作提供支持，但追求的目标不仅仅是为了“输血”而增加一些年鉴出版的数量，更重要的是要通过帮助“造血”“扶智”而为脱贫攻坚和地方经济社会发展提供更多助力，充挥年鉴的存史、育人、资政作用。从已出版的受资助年鉴印数看，2017 年两批 15 部年鉴中，9 部未加印，6 部选择加印，加印范围为 500—1000 本；2018 年两批已出版的 30 部年鉴中，24 部未加印，6 部选择加印，加印范围为 200—500 本。未加印的单位，减去工程领导小组办公室、出版社留下的少量样书，实际到手的不足 300 本。一定程度上说，从印数上可以看出年鉴的赠阅范围、发行渠道，也可以看出在服务经济社会发展方面的局限。其中固然有经费不足无法加印的制约，但可以想见，受资助年鉴开发利用的空间相当小，急迫需要大大拓展，以形成良性效应，为当地包括年鉴事业在内的地方志事业健康发展贡献力量。

四、今后努力方向

（一）充分认识工程实施的重要意义

年鉴资助工程与中国年鉴精品工程是全国年鉴工作的“双子工程”。相对于中国年鉴精品工程致力于解决年鉴编纂出版的“好不好”来说，年鉴资助工程努力要帮助解决的年鉴编纂出版的“有没有”，“有”是前提，“没有”的话很多事情就无从谈起。年鉴资助工程不仅是一项扶贫工程、扶智工程，有助于打通部分民族地区、贫困地区因为缺乏经费而使得年鉴无法出版的“最后一公里”，有“惠民”“扶志”的色彩，同时还是贯彻落实《规划纲要》《年鉴规划》确定的如期实现“年鉴全覆盖”目标这一法定职责的政治工程、民心工程，是必须完成好的一项政治任务。下一步，年鉴资助工程领导小组办公室和各省（自治区、直辖市）地方志工作机构要从讲政治、讲大局的高度切实担负起职责，进一步下沉工作重心，加大宣讲力度，帮助有申报需求的地方充分认识到如期实现“年鉴全覆盖”目标的紧迫性，充分认识到年鉴资助工程实施的重要意义，充分认识到申报参与年鉴资助工程的积极意义。

（二）探索建立上下协同发力的资助工作机制

如期实现“年鉴全覆盖”目标是一项宏伟的系统工程，相较于广大民族地区、贫困地区对资助工作的实际需求来说，年鉴资助工程受限于财政经费有限、出版社编辑力量有限及书号保障有限等多方面因素，即使各地的申报积极性大大提高，能够真正获得资助公开出版的年鉴也不会很多。面对到2020年时间所剩无多、“年鉴全覆盖”推进工作时间紧迫而任务艰巨的局面，年鉴资助工程更应该是一项具有引领性的标志工程，应该引领带动各省（自治区、直辖市）协同努力，统筹兼顾包括全国地方志系统援藏援疆工作机制在内的一切有利因素，一起动脑筋、想办法，既要大力鼓励支持民族地区、贫困地区自我发展，培植更强内生动力，又要探索建立上下协调、共同发力、运转有效的新的资助工作机制，共同推动提高民族地区、贫困地区年鉴编纂出版工作的水平。也可以说，这才是年鉴精准扶贫的意义所在。事实上，部分地方已经有了很好的探索，值得参考，值得推广。如湖南省地方志编委会争取省财政专项资金，资助全省51个民族地区和贫困地区县级综合年鉴公开出版，为每部年鉴资助不超过

4万元的出版经费；如吉林、黑龙江、安徽等省积极协调相关部门，帮助基层单位解决年鉴出版书号申请难、地图绘制难等问题。下一步，要发扬既有成绩，坚定信心，再接再厉，全力扶助带动民族地区、贫困地区与全国一道如期实现“年鉴全覆盖”目标，“一个都不能少”。

（三）切实把好质量关

编纂质量是年鉴的生命所在。结合年鉴资助工程实施3年来的经验看，受资助年鉴的质量需要引起更多注意，不考虑前期篇目设计、组稿撰稿、统稿总纂等环节的质量把关，而寄希望于毕其功于一役，单靠出版阶段编辑人员审核把关是远远不够的。这也暴露了各省（自治区、直辖市）在民族地区、贫困地区年鉴编纂上提供业务指导方面存在着明显的短板，反映了民族地区、贫困地区年鉴质量建设的紧迫性、艰巨性。为确保受资助年鉴编纂质量，年鉴资助工程下一步工作必须重视关口前移、提前介入，与其被动接受质量不高的年鉴稿，在出版环节为提高质量大费周章，不如靠前服务、变被动为主动，在编纂阶段甚至篇目设计阶段就有针对性地开展业务指导。这就需要工程领导小组办公室与各省（自治区、直辖市）地方志工作机构加强沟通联系，争取在每年年初就了解情况，提前掌握计划申报清单，既可以在全国、各省（区、市）的业务培训上适当予以倾斜，帮助计划申报单位编纂人员提高业务水平，也可以探索建立专家指导制度，充分发挥专家指导的作用。这方面，中国年鉴精品工程及各地年鉴精品工程的专家指导制度就提供了示范，值得学习借鉴。

II

区域报告

提前实现“年鉴全覆盖”目标 推进天津市年鉴事业创新发展

——天津市年鉴事业发展报告

天津市档案馆（天津市地方志编修委员会办公室）[①]

提要：2018—2019年，在市委、市政府正确领导下，通过市、区两级地方志工作机构的共同努力，天津市两级综合年鉴提前两年实现“一年一鉴、公开出版”的全覆盖目标，部门专业年鉴管理工作稳步推进。加强理论研究，强化质量建设，全市年鉴事业呈现良好发展态势。伴随机构改革的逐步深化，天津档案与方志正努力实现机构融合、人员融合、事业融合、人心融合，不断产生新动能，为全市年鉴事业蓬勃发展带来新的机遇。报告叙述了天津年鉴事业发展的历程和基本概况，系统总结了取得的主要成绩和发展特点，分析了存在的问题及其成因，提出下一步工作方向和奋斗目标。力求既兼顾一般，又突出重点，尽力描绘天津市年鉴事业的整体画卷。

关键词：天津市　年鉴事业　“年鉴全覆盖”　质量建设

一、年鉴事业发展历程

中华人民共和国成立前，天津先后创刊过几部年鉴。《天津电报局业务年鉴》，

① 执笔人：唐旗，天津市档案馆（天津市地方志编修委员会办公室）年鉴指导部副主任、二级调研员。

由天津电报局业务长室出版，李季清主编，1931 年 12 月出版，收有该局历史沿革、布置设备、组织机构、业务概况、员工名录、章程规划及各种有关的统计等资料。《天津市统计年鉴》，由天津市政府统计委员会编，1935 年 2 月、8 月先后出版两卷，内容为天津市 1928 年至 1932 年的统计表，包括总务、社会、公安、财政、工务、教育、卫生、土地、港务、自治等 11 类。《交通部天津电话局工务年鉴》，由交通部天津电话局编，1933 年卷名为《天津电话局工务年鉴》，后又出版 1935、1936 年两卷，并改为现名，内设分类记事、专案工程表、经常工作表、机械资产表、材料统计表、电力消耗表、员工表图、车运杂费表、话务图表、收发文统计表等。

中华人民共和国成立后，1950 年天津进步出版社编辑出版了《开国年鉴》，主要反映中华人民共和国开国的大事，是新中国成立后出版的第一部综合年鉴。

20 世纪 80 年代中期以后，天津市年鉴编纂出版工作逐步开展。1983 年，全市第一部专业年鉴《天津统计年鉴》创刊，是全国创刊较早的省级统计年鉴。1986 年《天津经济年鉴》创刊，由天津社会科学院组织编纂，2000 年更名为《天津年鉴》，由天津年鉴社（隶属市政府研究室）编纂。2000 年，《天津区县年鉴》创刊，由天津市志办组织编纂，至 2016 年出版 17 部，同年与《天津年鉴》合并。至此，天津只保留一部省级综合年鉴《天津年鉴》。1989 年，全市第一部区级年鉴《南开年鉴》创刊。至 20 世纪 90 年代，随着首轮修志任务的完成，1997 年《天津财政年鉴》《天津邮政年鉴》《天津水利年鉴》（现称《天津水务年鉴》）创刊，1999 年《天津教育年鉴》创刊，其中《天津财政年鉴》《天津邮政年鉴》《天津教育年鉴》公开出版。1997 年，《西青年鉴》创刊。

进入 21 世纪，天津年鉴事业继续发展。2000 年《和平年鉴》《河西年鉴》创刊，2002 年《河北年鉴》创刊，2003 年《北辰年鉴》创刊，2004 年《河东年鉴》创刊。与此同时，2003 年《天津社会科学年鉴》创刊，2004 年《天津科技年鉴》创刊。2006 年 5 月，国务院《地方志工作条例》颁布实施，天津市年鉴事业迎来发展高潮，同年《天津经济技术开发区年鉴》（现称《天津经济技术开发区（南港工业区）年鉴》）和《红桥年鉴》创刊，其中《天津经济技术开发区年鉴》公开出版。2007 年《武清年鉴》创刊，2009 年《东丽年鉴》《宁河年鉴》和《天津规划年鉴》创刊，其中《天津规划年鉴》公开出版；2011 年《滨海新区年鉴》《津南年鉴》和《天津南开中学年鉴》创刊，其中《滨海新区年鉴》《南开中学年鉴》公开出版；2012 年《宝坻年鉴》创刊，2014 年《静海年鉴》创刊并公开出版，2017 年《蓟州年鉴》创刊并公开出版。

至此，全市 16 部区级年鉴全部创刊，并实现一年一鉴。

在全市综合年鉴中，20 世纪 80 年代创刊的有省级年鉴 1 种，区级年鉴 1 种；20 世纪 90 年代创刊的有区级年鉴 1 种；2000—2005 年创刊的区级年鉴 5 种；2006—2017 年创刊的区级年鉴 9 种。

天津市区级综合年鉴创刊及公开出版情况表

表 1

年鉴名称	创刊时间	公开出版时间
滨海新区年鉴	2011 年	2011 年
和平年鉴	2000 年	2011 年
河东年鉴	2004 年	2018 年
河西年鉴	2000 年	2018 年
河北年鉴	2002 年	2017 年
南开年鉴	1989 年	2018 年
红桥年鉴	2006 年	2018 年
东丽年鉴	2009 年	2018 年
西青年鉴	1997 年	2018 年
津南年鉴	2011 年	2018 年
北辰年鉴	2003 年	2011 年
武清年鉴	2007 年	2018 年
宝坻年鉴	2012 年	2018 年
静海年鉴	2014 年	2014 年
宁河年鉴	2009 年	2018 年
蓟州年鉴	2017 年	2017 年

在全市地方专业年鉴中，20 世纪 80 年代创刊的有 1 种；20 世纪 90 年代创刊的有 4 种；21 世纪（截至 2017 年）创刊的有 5 种。2018 年，《天津建设年鉴》创刊并公开出版。另外，还有《天津卫生年鉴》《天津卫生监督年鉴》《天津公安年鉴》《天津法院年鉴》《天津检察年鉴》等内部出版的专业年鉴。

至 2018 年末，经过天津市志办和各区志办的不懈努力，全市 16 部区级综合年鉴全部实现“一年一鉴、公开出版”，继《和平年鉴》《北辰年鉴》《滨海新区年鉴》《静海年鉴》《河北年鉴》《蓟州年鉴》之后，《河西年鉴》《河东年鉴》《南开年鉴》《红桥年鉴》《东丽年鉴》《西青年鉴》《津南年鉴》《武清年鉴》《宝坻年鉴》《宁河年鉴》均于 2018 年实现公开出版，天津市提前两年实现地方志“两全目标”中的“年鉴全覆盖”目标，在全国省级地方志工作机构排名中名列前茅。2018 年 10 月，按照天津市机构改革要求，市档案馆和市地方志办公室实现机构职能整合，成立新的天津市档案

天津市专业年鉴创刊及公开出版情况表

表 2

年鉴名称	创刊时间	公开出版时间
天津统计年鉴	1983 年	1984 年
天津财政年鉴	1997 年	1997 年
天津邮政年鉴	1997 年	1997 年
天津水务年鉴	1997 年	2017 年
天津教育年鉴	1999 年	1999 年
天津社会科学年鉴	2003 年	2003 年
天津科技年鉴	2004 年	2004 年
天津经济技术开发区年鉴	2006 年	2006 年
天津规划和自然资源年鉴	2009 年	2009 年
天津南开中学年鉴	2011 年	2011 年
天津建设年鉴	2018 年	2018 年

馆（天津市地方志编修委员会办公室）。2019 年，市档案馆（市志办）和各区档案馆（区志办）巩固“一年一鉴、公开出版”成果，将其列为年度工作任务，全市两级综合年鉴年内全部实现公开出版。

二、2018—2019 年年鉴事业发展概况

（一）加强制度建设

1. 贯彻落实《天津市地方志工作办法》。2018 年，市政府第 3 次常务会议通过《天津市地方志工作办法》(以下简称《办法》)，3 月 1 日市长张国清以天津市人民政府令公布该《办法》，并于 2018 年 4 月 1 日起施行。该《办法》共 25 条，以国务院《地方志工作条例》为依据，参考国家和天津市有关规定，借鉴外省市经验做法，重点对全市地方志工作的管理体制，主管部门职责，地方志书审查验收的主体和程序，相关法律责任等内容进行了规范。《办法》7 个方面的特点：一是将地方志工作纳入政府绩效考核体系；二是拓展了地方志工作机构的职责；三是对地方志承修单位提出了规范要求；四是明确了地方志书审查验收的主体和程序；五是对地方志编纂、评审等报酬的支付依据作出了明确；六是对方志馆和信息化建设提出明确要求；七是创设了相关法律责任。天津市志办深入学习宣传贯彻《办法》，3 月 27 日至 28 日在蓟州区召开 2018 年全市地方志工作机构主任工作会议暨学习贯彻《天津市地方志工作办法》

培训班，市志办主任关树锋作题为《统筹全面发展、决胜“两全目标”，奋力开创2018年全市地方志事业新局面》的主题报告，并就贯彻落实《办法》和完成2018年工作目标任务提出具体要求，会议对加速全市“两全目标”实现、促进“十业并举”落实、推进依法治志、依法编鉴有效实施，具有重要意义。会后，各区志办宣传贯彻《办法》，着手制定各区地方志事业发展三年规划（2018—2020年）。2019年4月2日，在《天津市地方志工作办法》颁布试行一周年之际，市档案馆（市志办）召开专题座谈会，听取各区推动《办法》实施情况汇报，研究部署深入落实《办法》工作，市档案馆党委书记、馆长方昀充分肯定各区贯彻落实《办法》取得的成绩，结合各区机构改革工作，对深入贯彻落实《办法》，推动地方志工作高质量发展提出意见，副馆长吴爱民对贯彻落实《办法》工作进行部署，副馆长、市志办主任关树锋作《办法》贯彻实施情况总结，对具体落实工作提出要求。

2. 出台《天津市落实〈全国年鉴事业发展规划（2016—2020年）〉的实施方案》。2018年，市志办深入贯彻落实《地方志工作条例》和《天津市地方志工作办法》，在认真学习《全国年鉴事业发展规划（2016—2020年）》的基础上，结合实际，制定《天津市落实〈全国年鉴事业发展规划（2016—2020年）〉的实施方案》，并在全市地方志机构主任工作会议上印发。该《实施方案》包括指导思想与基本原则、总体目标与主要任务、保障措施三部分。在总体目标中明确：到2020年，全面实现市、区两级综合年鉴全覆盖，推动年鉴工作改革创新，加强对各类专业年鉴编纂的业务指导和管理，加快信息化建设，基本形成包括年鉴编纂体系、理论研究体系、质量保障和评价体系、资源开发利用体系、工作保障体系在内的年鉴事业综合发展体系。在主要任务中明确：大力推进市、区两级地方综合年鉴工作，重视军事、武警、行业、部门、企业、高校等各类年鉴编纂工作，加强年鉴理论研究，加强人才队伍建设，深化年鉴质量建设，加快年鉴信息化建设，提高年鉴资源开发利用水平，扩大学术交流与合作八项任务。在保障措施中提出法治保障、组织保障、制度保障、经费保障、队伍保障、宣传保障等六项保障措施。《实施方案》的制定出台，对于推进全市年鉴事业科学发展，具有重要的指导意义。

3. 年鉴规范修订。2019年，结合贯彻中指组2017年《地方综合年鉴编纂出版规定》，市志办对《天津市〈地方综合年鉴编纂出版规定〉实施细则》和《天津市专业年鉴编纂出版工作规范》进行修订，并及时印发。主要内容包括：在“总则”部分关于年鉴编纂的指导思想中，增加了“习近平新时代中国特色社会主义思想”；在“组织领导”部分，将“天津市地方志办公室对全市年鉴工作进行业务指导”改为“天津市档案馆（天津市地方志编修委员会办公室）对全市年鉴工作进行业务指导”；在“框架”部分，将“年鉴框架结构一般分为篇目、栏目、条目三个层次”改为“年鉴框架结构一般分为类目、分目、条目三个层次”；在“出版”部分对年鉴冠名作出新的详细规定。两个规范性文件的及时修订和印发，为年鉴编纂单位提供了现实的遵循和依据，对于规范全市综合年鉴和专业年鉴编纂，不断提升质量和水平，具有重要作用。

（二）巩固“年鉴全覆盖”成果

1. 提前两年完成综合年鉴全覆盖任务。截至 2017 年末，全市 16 部区级综合年鉴有 6 部实现公开出版。2018 年，结合《天津市地方志工作办法》出台，市志办在深入调研的基础上，推进区级综合年鉴“一年一鉴、公开出版”目标实现。在制定公开出版时间表的基础上，及时督促尚未实现年鉴公开出版的 10 个区，加快公开出版步伐。3 月，在各区地方志办公室主任会议上，10 个区表示将在 2018 年内实现年鉴公开出版。会后，各区将年鉴公开出版写入 2018—2020 年地方志工作规划。年内，加快工作进度，细化工作流程，明确责任，加强协调，抓好落实；市志办及时跟进，加强督查，提供服务，力保任务全面完成。在市志办和各区志办锲而不舍的努力下，至年末 16 部区级综合年鉴全部实现公开出版，天津市提前两年实现“年鉴全覆盖”目标。

2. 巩固深化“年鉴全覆盖”成果。2019 年，市档案馆（市志办）巩固“年鉴全覆盖”成果，强化质量建设，加强对两级综合年鉴的业务指导和督促检查；天津年鉴社和各区树立精品意识，优化框架结构，坚持创新思路，严格规范要求，抢时间、赶进度，克服机构改革后人员少、新手多、时间紧、任务重等多种困难，在年鉴编纂过程中及时办理出版号和地图审图号等相关事宜，确保各项工作既务实高效又规范运行。至年底，全市两级综合年鉴全部公开出版。

（三）专业年鉴编纂出版情况良好

1. 部门专业年鉴公开出版情况。据不完全统计，全市专业年鉴公开出版的有《天津统计年鉴》《天津科技年鉴》《天津教育年鉴》《天津财政年鉴》《天津规划年鉴》《天津邮政年鉴》《天津社会科学年鉴》《天津水务年鉴》《天津经济技术开发区（南港工业区）年鉴》《天津南开中学年鉴》《环渤海经济年鉴》等。2018 年，《天津建设年鉴》创刊并公开出版，《天津公安年鉴》《天津卫生年鉴》着手公开出版，《天津旅游年鉴》准备创刊,《天津卫生监督年鉴》《天津检察年鉴》《天津法院年鉴》坚持一年一鉴，但未公开出版。

2. 专业年鉴发展势头良好。2019 年，市档案馆（市志办）加强对专业年鉴的业务指导，指导《天津体育年鉴》框架设计，到《天津卫生年鉴》编辑部调研助其公开出版，到市财政局、市规划和自然资源局参加年鉴编纂培训并为撰稿人授课，参加《天津建设年鉴（2019）》立项评审会。《天津规划年鉴》适时更名为《天津规划和自然资源年鉴》。年内，在市志办指导帮助和市级年鉴编纂单位不懈努力下，全市公开出版的专业年鉴均按时完成出版任务，呈现良好发展势头。

（四）加强调研培训提供指导服务

2018 年，市志办贯彻落实《全国地方志事业发展规划纲要（2015—2020 年）》《全国年鉴事业发展规划（2016—2020 年）》和《天津市地方志工作办法》，先后派员参加红桥区、河东区、河西区年鉴培训会，到市建委参加年鉴编纂启动暨培训会，为撰稿人授课，围绕年鉴框架设计、条目撰写和编纂规范进行讲解，就修订后的《地方综合年鉴编纂出版规定》进行解读；先后到西青区、东丽区、津南区、北辰区、武清区、宝坻区、宁河区和市水务局调研，对工作中存在的问题进行梳理，指出其年鉴的优长和不足，增强工作时效性；帮助《天津年鉴》《红桥年鉴》《河西年鉴》《河东年鉴》《北辰年鉴》《天津建设年鉴》审定篇目，帮助《天津年鉴》《宝坻年鉴》《蓟州年鉴》《天津规划年鉴》审读蓝本。

2019 年，适应机构改革后的新形势，市志办加大调研工作力度，先后到东丽区、河东区、和平区、河西区、北辰区、滨海新区、红桥区、南开区调研，对其他 8 个区采取电话、微信等方式，及时了解工作进展情况，解决编纂中存在的问题。调研中，要求各区全面贯彻《地方志工作条例》和《天津市地方志工作办法》，坚持依法编鉴，在档案与方志资源整合的形势下，完善工作体制机制；瞄准目标，持续推进年鉴公开出版工作；按照中指组《地方综合年鉴编纂出版规定》要求，优化框架结构，规范类目、分目、条目设置，注重规范，坚持创新，提升质量，不断向精品年鉴迈进。同时要求，在保证质量的前提下，加快编辑流程，确保年内公开出版。还应邀到河东区、宝坻区和市财政局、市规划和自然资源局参加年鉴培训会，为撰稿人授课。帮助《天津年鉴》《河东年鉴》《河西年鉴》审定框架，审读《天津年鉴》《天津规划和自然资源年鉴》蓝本。

（五）加强理论研究提升编辑素质

2018 年，市志办和各区志办按照《天津市落实〈全国年鉴事业发展规划（2016—2020 年）〉的实施方案》要求，加强年鉴理论研究，强化理论指导作用，不断用创新的理论指导年鉴编纂实践。市志办要求各区志办每年向《天津史志》期刊投稿不少于 3 篇，要求年鉴指导处以调研课题方式，围绕完成“年鉴全覆盖”任务，摸清基层存在的制约年鉴事业发展的“瓶颈”问题，采取有效措施，推进年鉴事业可持续发展。在广泛调研的基础上，完成《天津市综合年鉴编纂出版现状、存在问题及解决对策》的调研报告，从编纂出版情况、编纂中存在的问题、提升年鉴质量的对策和办法三方面进行系统论述，对提升全市综合年鉴编纂质量具有指导意义。

2019 年，市志办落实《天津市档案馆（天津市地方志编修委员会办公室）年度工作要点》，加强调科研工作。年鉴指导部确定《京津沪渝省级综合年鉴框架设计之比较》《树立精品意识，打造品牌年鉴》两个调研课题，前者通过对四部年鉴框架设计的比较，梳理和分析其优长和不足，得出省级综合年鉴的框架设计应以中类结构为首选，从年鉴的文献比例分析，应将一、二、三次文献的比例尽可能控制在 1 ∶ 4 ∶ 5 的科学范围内的结论；后者围绕提升年鉴编纂质量，树立精品意识主题，对 2018 卷各区综合年鉴编纂实际展开深入调研，对存在问题梳理汇总，按照《地方综合年鉴编纂出版规定》及其《补充规定》要求，结合北辰区连续两年申报中国年鉴精品工程的有益尝试，借鉴《山西年鉴》《长沙年鉴》《北京海淀年鉴》申报中国年鉴精品工程的成功经验，提出结合区域实际，提升编纂质量，打造品牌年鉴的动议和若干举措。

三、年鉴工作主要成绩和发展特点

（一）年鉴工作主要成绩

1. 参加全国评审取得较好成绩。2018 年，在第五届全国地方志优秀成果（年鉴类）评审活动中，《北辰年鉴》获评为一等年鉴，《天津年鉴》《天津科技年鉴》获评为三等年鉴。2019 年，在第六届全国地方志优秀成果（年鉴类）评审活动中，《北辰年鉴》获评为一等年鉴，《滨海新区年鉴》获评为二等年鉴，《天津年鉴》《天津规划年鉴》获评为提名年鉴。连续两年，天津市推荐参评年鉴全部获得奖次，是市、区两级地方志工作机构和市级年鉴编纂单位长期注重年鉴编纂质量和规范建设的结果。

2. 积极参加中国年鉴精品工程。2018 年，市志办动员有意向且工作基础较好的北辰区、滨海新区申报中国年鉴精品工程。北辰区及时报送年鉴篇目并派员参加了在安徽马鞍山召开的全国精品年鉴工程篇目研讨会。市志办及时跟进，协助北辰区修改完善年鉴篇目；到北辰区调研，就年鉴送审稿中存在的类目名称不准确、分目与条目标题重复、条目文字表述不规范等问题提出改进建议，要求北辰区做好准备，力争申报成功。9 月，北辰区完成稿件收集汇总、编辑校对等，并经年鉴专家审读，将定稿报送中指办。虽然在首次申报中北辰区未能入选，但积累了经验，弄清了存在的问题，为再次申报打下基础。2019 年，《滨海新区年鉴》和《北辰年鉴》参与中国年鉴精品工程申报工作。市志办适时跟进，提供服务，帮助两区审读年鉴蓝本，提出修改意见。其间，滨海新区派员参加了在河南安阳举行的专家评审会，《北辰年鉴》因故未能按时上报，等待第二期申报。虽然两家最终未能入选，但清楚了存在的问题，积累了宝贵的经验，为再次申报打下良好基础。

3. 对口援藏援疆工作。2019 年 2 月 26 日和 3 月 25 日，西藏自治区地方志办公室和新疆维吾尔自治区地方志办公室先后到市档案馆（市志办）对接地方志援藏援疆工作。4 月，市志办出台《关于天津市地方志编修委员会办公室落实对口支援西藏新疆修志编鉴工作方案》。根据方案要求，年鉴指导部指导新疆和田地委党史地方志办公室编纂《和田年鉴（2019）》，西青区、津南区、宝坻区分别协助和田地区于田县、策勒县、民丰县完成县级综合年鉴编纂工作。河西区协助西藏昌都市卡若区完成《卡若年鉴》编纂工作。截至 10 月份，以上各区按时完成年鉴蓝本审读。市志办统一向西藏昌都地区和新疆和田地区提供方志出版社出版的《地方综合年鉴编纂教程》，请其自行协调购置。10 月 24 日、25 日，西青区档案馆（区志办）一行 5 人，赴新疆和田地区考察调研，与和田地委史志办和于田县、墨玉县、洛浦县史志办人员，就志鉴编写工作进行深入交流。区档案馆领导介绍西青区档案馆及区地方志编写工作，志鉴科负责人就《于田年鉴（2019）》民族政策、编写内容、年鉴编写规范等问题对史志办人员进行现场指导，结合该县地方志工作需要，就人员队伍建设、年鉴编纂方式方法以及编写经费需求等情况提出可操作性建议，建立长期联系机制。

（二）年鉴事业发展特点

1. 推进依法编鉴。2018 年机构改革后，市档案馆（市志办）深入贯彻落实《地方志工作条例》和《天津市地方志工作办法》，落实《天津市地方志事业发展“十三五”规划》要求，结合机构改革后的形势和任务，强化地方志体制机制建设，推进依法修志编鉴。2019 年 7 月初，市档案馆副馆长、市志办主任关树锋带领方志指导部、年鉴指导部负责人深入东丽区和西青区，以召开座谈会的形式，对 9 个区地方志工作进行集中调研，分析研判机构改革后地方志系统面临的机遇和挑战，结合实际，研讨对策，明确任务，提振信心。关树锋强调，机构改革后地方志工作的体制机制并没有变，党委领导、政府主持、地方志机构组织实施、全社会共同参与的编纂体制和“一纳入、八到位”的工作机制没有变。结合《地方志工作条例》和《天津市地方志工作办法》，再次明确地方志工作的定位，为各区工作指明方向。同时强调，虽然 2018 年全市区级综合年鉴全部实现公开出版，但这只是新的起点。2019 年，各区要巩固现有成果，确保 2019 版年鉴年内公开出版。座谈会后，经过总结提炼形成的调研报告，成为开展“不忘初心、牢记使命”主题教育的重要成果。

2. 注重质量建设。2018 年 7 月，市志办在北辰区组织召开天津市综合年鉴编纂业务培训会，市志办主任关树锋出席会议并讲话。会上，年鉴指导处负责人对修订后的《地方综合年鉴编纂出版规定》进行解读，围绕年鉴框架、资料、内容、条目撰写和撰稿中需注意的问题及编纂规范问题，进行了系统讲解。市志办利用到区调研机会，详细解读《地方综合年鉴编纂出版规定》，让各单位提高认识，及时应用于年鉴编纂实践。2019 年 10 月 30 日，市志办组织举办天津市志鉴业务培训会，市档案馆副馆长、市志办主任关树锋做《坚定理想信念，牢记使命担当，奋力谱写地方志事业发展新篇章》的培训授课，年鉴指导部负责人作《提升编纂质量，打造精品年鉴》的授课讲座，结合贯彻《地方综合年鉴编纂出版规定》，对年鉴的编辑说明、地图使用、图片运用、框架层次、标题、大事记、条目编写、坚持依法依规和保密记述、附录、封面等问题进行详细说明。

3. 提供上门服务。2018 年，市志办加大工作力度，加速综合年鉴公开出版进度。尚未实现公开出版的 10 个区，均在年内实现公开出版，比原定目标提前两年完成。为了实现这一目标，市志办采取积极措施，努力化解编纂工作与出版之间的矛盾，帮助各区解决实际问题。年鉴指导处主动跟进，及时提供上门服务，除指导各区年鉴编纂外，还帮助联系出版单位，保证了综合年鉴年内全部公开出版。2019 年，在已实现公开出版的基础上，围绕提升编纂质量、创造精品佳鉴的工作思路，市志办狠抓质量建设，年鉴指导部深入天津年鉴社和各区调研，就年鉴工作中存在的问题进行交流座谈，听取意见建议，对 2019 年工作提出具体要求，即：在档案与方志资源整合的新形势下，完善工作体制机制；持续推进年鉴公开出版工作，确保 2019 版年鉴年内公开出版；按照中指组《地方综合年鉴编纂出版规定》要求，提升质量，打造精品。

四、年鉴事业发展亮点

在推进“年鉴全覆盖”目标实现过程中，天津市积累了一些经验，形成了一些亮点。

（一）强化体制机制保证

1. 纳入年度绩效考核。长期以来，地方志工作形成党委领导、政府主持、地方志工作机构组织实施、社会各界广泛参与的工作体制和“一纳入、八到位”的工作机制。《天津市地方志工作办法》的制定出台，使天津首次有了关于地方志工作的政府规章，虽然较全国其他省区市出台较晚，但有其自身的特点，为全市地方志事业持续健康发展提供了体制机制保证。正是因为该《办法》的出台，地方志工作得以纳入各区年度绩效考评范围，其中包括年鉴要实现当年编纂当年出版，有力保证了各区年度工作目标的顺利完成。

2. 各级领导关心支持。各级领导关心支持地方志事业发展。2018 年 3 月，市政府秘书长孟庆松在市志办《关于召开 2018 年全市地方志机构主任工作会议的请示》报件上作出批示指出，希望大家坚持以习近平新时代中国特色社会主义思想为指导，认真落实市委、市政府部署要求，以学习贯彻《天津市地方志工作办法》为契机，继续弘扬“修志问道、直笔著史”的方志人精神，进一步加强地方志编纂、管理和开发利用，找准方志工作与中心工作的结合点，切实发挥好地方志存史、育人、资政、宣传等作用，精准服务各级各部门决策，有效服务全市经济社会发展，为推进“五个现代化天津”建设作出新的贡献。2019 年 9 月，市委常委、市委秘书长李毅在中指组《关于 2019 年第二季度全国第二轮省市县三级志书和综合年鉴全覆盖完成情况的通报》

上作出批示:“成绩值得肯定。按照工作要求抓好落实。”在市领导的关心支持下,同年 11 月,根据市编委《关于改革调整市档案馆(市地志办)所属公益类事业单位有关问题的通知》,将市政府研究室管理的天津年鉴社整建制并入天津市地方志馆。同时,各区分管领导也非常重视和关心地方志工作,帮助解决如机构、人员、经费等方面的实际问题。在地方志工作纳入各区年度绩效考评后,区属各部门配合区志办,及时提供年鉴稿件,并按要求补充完善后报部门领导签字确认,保证了上报条目的真实准确,确保了年鉴编纂任务的如期完成。

3. 加大依法治志力度。机构改革为地方志事业发展注入新动力,带来新机遇,同时也带来一些新的问题。改革后新组建的市、区档案馆(地方志编委会办公室)均未被确定为具有行政职能的事业单位,地方志工作原有的行政职责被含糊其中,影响了地方志工作机构指导推动督促检查有关职能的力度和效果。针对这一问题,市档案馆(市志办)采取的对策是,强化市、区两级地方志工作机构依法治志意识,加大依靠《地方志工作条例》和《天津市地方志工作办法》全面履行推动、指导、督促检查法定职责的力度,推进机构、职能、权限、程序、责任法定化。根据《天津市地方志工作办法》,进一步完善各项实施细则,将相关规定认真贯彻落实于志鉴史编纂、审查验收、出版、开发利用等全过程。

(二)加强督促指导

1. 紧扣一个“实”字。市志办在对各区调研中,注重实效,既肯定成绩,又指出问题,不怕红脸出汗,在肯定各区年鉴优长的同时,着重指出存在的问题和不足,促其改进提高。每次调研都提前做好准备,对该区年鉴认真审读,总结成绩,梳理问题,提出建议,确保调研工作的实效性,达到解决问题的目的。在审读年鉴框架时细致斟酌,在审修稿件时认真负责,在培训授课时结合实际,针对受训人员情况有针对性地进行讲授,达到提升素质、解决问题的目的。

2. 重视一个“快”字。每年中指组及其办公室都要举行年鉴培训和年鉴论坛,发布有关年鉴工作的文件。为使基层及时了解相关内容,市志办都及时将上级的指示精神通过网络、微信等现代传输手段传达给各区,让他们及时了解情况,掌握动态,深入学习领会,在年鉴编纂实践中认真加以贯彻执行,有效提升了年鉴编纂质量和编辑人员的整体素质。

五、存在的主要问题及其成因

（一）存在的主要问题

对照“两全目标”要求，虽然天津市提前两年实现了综合年鉴“一年一鉴、公开出版”的目标，走在全国前列，但与全国年鉴工作先进地区相比仍然存在一定差距，具体表现在：各区综合年鉴编纂质量还不平衡，有的区年鉴工作启动较晚，有的区公开出版较迟，各区之间存在着质量上的差异；各区年鉴框架设计存在缺陷，创新意识不够强，有的年度特色把握不准，在基本类目分目的规范设置上存在欠缺；年鉴编纂运用新理念不够，在紧贴区域发展战略和“十三五”规划实施上仍有一定距离；年鉴理论研究还没能形成浓郁的氛围；机构改革后，出现了一些制约地方志工作开展的新情况、新问题。

（二）成因分析

造成以上问题的原因是多方面的，如：区级地方志工作机构不健全，人员配备不到位，年龄结构不合理，断层现象严重，熟悉年鉴编纂业务的专业人员严重缺乏。年鉴编纂保障机制没有完全走上正轨，靠一些临时外聘人员支撑。年鉴工作目标考核机制没能真正建立，供稿单位对年鉴工作重视程度不高、效率低下。地方志工作专职人员少，既要完成二轮修志任务、又要从事年鉴编纂工作，力量明显不足；年鉴编纂的规范性文件需要制订完善、丰富充实；年鉴编纂队伍不够稳定、人员变动快，业务水平亟待提高。机构改革后，地方志工作机构的隶属关系由政府改为党委，如何体现政府主持地方志工作，如何落实法规规章关于政府加强对地方志工作的领导，如何继续以行政手段组织和推动工作的开展，都需要在体制机制和工作模式上进行新的探索。

六、下一步努力方向

一要深入贯彻落实《天津市地方志工作办法》，从根本上解决依法编鉴问题；二是强化年鉴工作目标考核，实行压力传导，层层落实责任，尤其在地方志系统内部要强化对年鉴编纂出版目标进度的督查，使年鉴编纂走上常态化；三要为年鉴工作开展提供新的激励机制和导向，强化年鉴工作创新，表彰优秀调研成果，即从工作组织层面进行推进；四要以年鉴精品工程为抓手，以点带面，提升全市年鉴编纂质量；五要围绕全市工作大局，服务经济社会高质量发展，将新发展理念贯穿年鉴编纂实践全过程，进一步创新编纂理念，引导各区加强对地情的深入研究，使年鉴工作跟上新时代发展要求；六是积极组织全市培训，提升年鉴工作者综合素质，提高年鉴编纂质量意识。

具体说来，在提前两年实现综合年鉴“一年一鉴、公开出版”目标后，打造精品年鉴，创设天津品牌成为全市年鉴工作者追求的目标。市志办要全面加强对全市年鉴工作的指导，贯彻落实《地方综合年鉴编纂出版规定》，积极开展业务培训，坚持“走出去、请进来”，在提升编纂质量上狠下功夫，力争在较短时期内实现精品年鉴零突破，使其成为宣传天津的靓丽名片，以此扩大天津在全国的影响力和美誉度。

强化统筹　完善机制
加快推进全区年鉴事业有特色高质量发展
——内蒙古自治区年鉴事业发展报告

内蒙古自治区地方志办公室[①]

提要：内蒙古自治区年鉴事业起步于20世纪90年代。《内蒙古年鉴》于1997年创刊，随后，全区各级各类年鉴编纂逐渐兴起，经过20余年发展，初步形成以自治区、盟市两级综合年鉴为主，覆盖较全的年鉴体系。2018—2019年，内蒙古自治区志办面对年鉴事业在全国处于相对落后局面的现状，积极采取措施，制订方案，通过分组攻坚等形式，有力推动了全区年鉴事业水平整体提升，但同时仍存在诸多问题与挑战。

关键词：内蒙古自治区　年鉴事业　“年鉴全覆盖”　高质量发展

一、年鉴事业发展概况

内蒙古自治区年鉴事业起步于20世纪90年代。《内蒙古年鉴》于1997年创刊，随后，全区各级各类年鉴编纂逐渐兴起。1997年全区首部盟市级年鉴《赤峰年鉴》创刊，1999年首部旗县级年鉴《松山年鉴》创刊。在综合年鉴蓬勃发展的同时，专业年

① 执笔人：齐迎春，内蒙古自治区地方志办公室《内蒙古年鉴》执行副主编。

鉴的编纂也开始启动，经过二十余年发展，初步形成了以自治区、盟市两级综合年鉴为主，覆盖较全的年鉴体系。

按照《全国地方志事业发展规划纲要（2015—2020 年）》“年鉴全覆盖”的要求，内蒙古自治区应公开出版三级综合年鉴 116 种，其中自治区级 1 种，盟市级 12 种，旗县级 103 种。截至 2018 年末，全区 12 种盟市级综合年鉴中，8 种实现公开出版、10 种实现“一年一鉴”，2018 年卷年鉴 11 种启动编纂；全区 103 种旗县级综合年鉴中，12 种实现公开出版，47 种实现“一年一鉴”，2018 年卷年鉴 88 种启动编纂。截至 2019 年末，2018 年卷年鉴 104 种启动编纂，24 种实现公开出版，23 种内部出版，公开出版率 20.69%，较 2018 年提高 20 个百分点；2019 年卷年鉴 110 种启动编纂，1 种实现公开出版，3 种内部出版。

（一）《内蒙古年鉴》编纂出版情况

《内蒙古年鉴》是由内蒙古自治区政府主管、内蒙古自治区地方志编委会主办的综合性年刊，从 1998 年创刊至今，已连续出版 20 卷。为保存地方历史资料，翔实记录改革开放历史进程，为读者提供权威资料信息，为经济社会发展服务作出重要贡献。《内蒙古年鉴（2018）》为适应全国地方志转型升级的新时代的需要，学习外省先进经验，积极调整编纂思路，进行扩充改版，增加随文图和表格。在注重文字质量的同时，加大信息容量，共收录 5000 余条目、140 万字，全彩印刷。《内蒙古年鉴（2019）》总纂完成，约 150 万字。

（二）盟市级综合年鉴编纂出版情况

截至 2018 年末，全区 12 种盟市级综合年鉴中，除包头市、鄂尔多斯市外，其余 10 个盟市的综合年鉴均实现“一年一鉴”，覆盖率约为 83.33%，较年初提高 33.33 个百分点；锡林郭勒盟、呼伦贝尔市、包头市、乌海市、通辽市、呼和浩特市、鄂尔多斯市、赤峰市 8 个盟市的综合年鉴实现公开出版，覆盖率约为 66.67%。全区 12 个盟市均启动编纂 2018 年卷综合年鉴，覆盖率为 100%，较年初提高 20 个百分点。

截至 2019 年末，全区 12 种盟市级综合年鉴中，7 个盟市的综合年鉴均实现“一年一鉴”，覆盖率约为 58.33%，锡林郭勒盟、呼伦贝尔市、包头市、乌海市、通辽市、呼和浩特市、鄂尔多斯市、赤峰市 8 个盟市的综合年鉴实现公开出版，覆盖率约为 66.67%。

（三）旗县级综合年鉴编纂出版情况

截至2018年末，全区103种旗县级综合年鉴中，52种实现“一年一鉴”，覆盖率为50.49%，较年初提高22.33个百分点；18种实现公开出版，覆盖率约为17.48%。2017年卷综合年鉴75种启动编纂工作，覆盖率为72.82%，较年初提高22.44个百分点；2018年卷综合年鉴103种启动编纂工作，覆盖率为100%；实现启动编纂全覆盖的盟市有：呼伦贝尔市、兴安盟、通辽市、巴彦淖尔市、乌海市、阿拉善盟6个盟市；呼和浩特市、鄂尔多斯市未启动编纂，覆盖率低于50%。截至2019年末，全区103种旗县级综合年鉴中，19种实现公开出版，覆盖率约为18.44%。

二、主要成绩和措施

（一）年鉴质量逐年提高

一是着力提升《内蒙古年鉴》质量。《内蒙古年鉴（2016）》在第五届全国地方志优秀成果（年鉴类）评审活动中获评为二等年鉴。内蒙古自治区志办以年鉴质量评审为抓手，以创新为导向，不断提升编纂质量。调整框架结构。在保证主体栏目连续性的基础上，根据经济社会发展情况，进一步调整了年鉴篇目，增加了涉及民生的社会团体、新兴事物等类目和条目；调整各门类比重，针对以往一次文献偏多、二次文献偏少、三次文献的多种形式尚未得到有效开发利用，造成年鉴表现形式单调，内容张力不足等问题，重新确定一、二、三次文献的比例，将一次文献控制在总篇幅的15%左右，二次文献扩展到25%以上，三次文献占60%左右。创新排版形式，按照“高密度、大容量”的要求，调整字号及排版设计，增加单页文字容量。版面设计在保留传统民族特色的基础上，结合年鉴简约的设计元素，对封面，封底，书脊和内文版式进行了重新设计，考虑美观的同时，突出浓郁的民族特色及地方特色。

二是加强对盟市级、旗县区级和专业年鉴的指导审核，严把质量关。加强年鉴出版前的审核把关工作，特别是对参加全国地方志系统年鉴质量评审的年鉴进行严格筛选、谨慎推荐。在中指组第四届、第五届、第六届全国地方志优秀成果（年鉴类）评审活动中，内蒙古多部年鉴受到表彰，其中，《通辽年鉴》连续两年获评二等年鉴，《国网内蒙古东部电力有限公司年鉴（2016）》《内蒙古文化年鉴（2018）》获评三等年鉴，《锡林浩特年鉴（2015）》《海拉尔年鉴（2017）》《内蒙古广播电影电视年鉴（2018）》获评提名年鉴。

（二）编纂方法不断创新

一是对年鉴在线编纂系统改版升级。年鉴在线编纂系统2.0版设计上更加简约大方，主要功能模块更加突出；重新调整整体编纂流程，更加符合年鉴编纂及编审要求；文档兼容性增强，减少IE崩溃假死现象；增加区情网上传稿件线上审稿模块，保障上传稿件及时更新，并对所有上传稿件均做到存档处理。加强年鉴编纂稿件流转速度，有效降低文本错误率的发生。

二是加强与撰稿人的沟通交流。开设全区年鉴工作交流微信群，在群内及时传达全国、自治区年鉴相关政策及会议、文件精神，对于各地区各部门在年鉴编纂过程中遇到的问题，内蒙古自治区志办年鉴业务人员在线及时进行指导解答。

（三）业务指导更具针对性

2018年11月，举办内蒙古自治区第二轮志书与年鉴业务培训班。邀请专家就志书编修、年鉴编纂的具体业务授课。

2019年4月，召开内蒙古自治区年鉴撰稿人员培训会议。来自全区各盟市、旗县地方志工作机构，各委办厅局及企事业单位，社会团体及民主党派年鉴撰稿人约200余人参加。授课专家通过大量实例，有针对性地提出并解答年鉴编纂中遇到的各类问题，切实提高了全区各级各类年鉴编纂人员的业务水平。培训结束后，通过工作微信群，及时上传培训课件，方便更多年鉴编纂单位人员学习。

2019年12月，召开《内蒙古年鉴（2020）》撰稿人员培训会议。来自全区各盟市、旗县地方志工作机构，各委办厅局及企事业单位，社会团体及民主党派年鉴撰稿人约250余人参加培训。培训班邀请出版社志鉴编审和地方志机构专家授课，从年鉴启动、编纂、出版各个流程为学员进行有针对性地答疑解惑。

通过各类培训，各年鉴撰稿单位更加意识到年鉴编纂的重要性，越来越多的年鉴编纂单位在年鉴编纂启动时邀请自治区地方志业务方面的专家进行培训，或单独组织培训会。通过培训，撰稿人员和编辑人员的业务能力得到加强，所撰写和编辑的稿件水平得到提高。

（四）理论研究日趋活跃

引导全区年鉴工作者深入开展年鉴理论研究，全区年鉴学术理论研究氛围日益浓厚。鼓励年鉴编纂人员通过“以文与会”等方式参加中指办举办的各类年鉴学术研讨会，年鉴编纂人员的业务理论研究积极性不断提高，在各级各类刊物上发表的论文数量逐年增加，其中部分论文获得国家级年鉴研讨会奖项或被选登在国家级年鉴学术研究期刊。

（五）社会利用率逐年提高

《内蒙古年鉴》出版后，即赠送党政机关、企事业单位、社会团体和研究单位使用，并在内蒙古区情网站刊载发布，满足社会各界对年鉴信息的需求。近年来，内蒙古自治区各级各类年鉴的社会效益和社会影响力逐年提高，经常性为各类项目课题、电视台等媒体影片拍摄等提供基础资料和相关数据。随着全区二轮修志工作的不断深入，年鉴为修志提供资料的功能亦日益凸显。

三、主要做法和经验

（一）争取领导重视

坚持“党委领导、政府主持”的领导体制，年鉴工作得到全区各级党委、政府的重视。内蒙古自治区志办每年以自治区政府办公厅的名义印发《关于〈内蒙古年鉴〉编撰工作的通知》，对区直各厅局和盟市、旗县撰稿单位提出明确的供稿要求。2017 年 3 月初，内蒙古自治区政府与各盟市签订《地方志工作目标责任书》，简称“三全目标”（全区二轮地方志书编纂、地方综合年鉴三级全覆盖、蒙古文志书编译出版任务）责任书。同时，内蒙古自治区政府办公厅印发《全区地方志工作“三全目标”任务“时间表”和“路线图”的通知》，明确了“三全目标”完成的各个节点和最终时限。

2018 年 8 月 20 日，内蒙古自治区副主席包钢对地方志及年鉴工作作出重要批示：“要高度重视国家通报情况，切实加大工作力度，争取有明显进步”。2019 年 11 月 1 日，以办公厅分管领导石墨和地方志办公室主任贺彪名义，给工作进度滞后的 6 个厅局、2 个盟市和 10 个旗县主要领导致信，推进年鉴编纂工作。

（二）加强统筹规划

2018 年 8 月，内蒙古自治区志办召开“三全目标”集中攻坚动员部署会议。制定《内蒙古自治区志办“三全目标”集中攻坚实施方案（试行）》。该实施方案明确了“三全目标”集中攻坚的重要意义、目标任务、组织领导以及工作机制。成立“三全目标”集中攻坚领导小组，内蒙古自治区志办负责人何文俊担任组长，副主任查干浪涛、孟秀芳担任副组长。树立了全区“大年鉴”事业格局，统筹发展全区年鉴编纂出版工作，加强了对全区年鉴事业的管理和指导。

2019 年，自治区志办着力破解年鉴事业发展难题，加强全区年鉴事业统筹安排。2019 年 2 月，针对自治区志办人员编制与任务需要不相适应的实际，向办公厅报送“关于增设处室、增加人员编制的请示”；4 月，针对机构改革带来的影响，向指组报送“内蒙古自治区地方志工作机构改革后地方志工作面临的主要问题及应对之策”“内蒙古自治区地方志队伍建设现状及建议”两个报告；9 月，针对全区地方志系统机构设置不统一、人员编制少的情况，向自治区机构编制委员会办公室致函，建议将地方史志编纂职能列入各地区、各部门“三定”规定；11 月，自治区地方志办公室协调政府办公厅印发《关于进一步推进全区第二轮三级志书和地方综合年鉴编纂工作的通知》至各盟市政府及有关委办厅局，要求 2019 年 12 月 31 日前全部启动三级 2020 年卷综合年鉴，2020 年 12 月 31 日前全部公开出版；12 月，针对全区“两全目标”工作进度滞后的问题，向自治区政府主要领导报送“我区完成国务院‘两全目标’任务存在四方面问题需引起重视”专报信息，分管副主席郑宏范作出批示；同月，针对全区系统特别是旗县（市、区）书号申请难问题，协调政府办公厅致函自治区新闻出版局，商请解决志鉴出版书号问题；12 月 17 日，转发中指组《关于做好省市县三级综合年鉴 2020 年卷编纂出版工作的通知》至各盟市地方志工作机构；12 月 18 日，印发《关于实施“‘两全目标’一书一计划”工作的通知》，将所有志鉴均设立台账，分解到人，分工负责，倒排工期，全力推进。

（三）实行分组攻坚

“三全目标”集中攻坚领导小组下设 6 个攻坚专项组，实行周例会、半月调度、月报告、季通报等工作制度。各攻坚专项组围绕总体目标进一步分解、细化具体任务，做到任务到人、责任到人，根据工作目标和时限要求，建立任务清单和责任清单；

加强与年鉴承编单位的沟通联系，主动送政策上门，积极帮助解决问题，逐地区、逐部门、逐鉴推进。目前，各攻坚专项组已完成大部分年鉴编纂单位的调研和督导任务，全面掌握了全区年鉴编纂出版的基本情况，为下一步的推动工作打下良好基础。2019 年，6 个攻坚组分赴 20 个委办厅局进行实地调研指导，有力地推动了全区地方志“三全目标”工作进程。

四、存在的不足

（一）全区年鉴事业发展不平衡

有一部分旗县（市区）由于领导不重视、第二轮修志任务较重，以及机构、人员、经费等方面的客观原因，尚未启动年鉴编纂工作。部分专业年鉴编纂机构对全区年鉴事业统筹发展认识不够，各单位自行编纂年鉴，没有形成由地方志工作机构终审把关的工作机制，不同程度影响了全区年鉴事业的均衡发展。为全区“年鉴全覆盖”工作增加了难度。

（二）年鉴质量参差不齐

因各地区、各部门对年鉴事业重视程度不同，机构、人员等客观因素的影响以及没有贯彻执行统一的编纂规范，各地区各部门年鉴编纂质量参差不齐，相对滞后地区影响了年鉴事业的整体推进。

（三）机构、队伍、经费问题

全区地方志工作机构普遍存在机构不健全、人员缺乏等情况。呼和浩特市、乌兰察布市下辖旗县市（区）没有专设地方志工作机构，由党委办或政府办负责年鉴工作。年鉴编纂人员流动性较大，且多为兼职，专业素质不高。很多地区经费保障存在困难，编纂完成的年鉴稿因经费不足而半途搁置或内部出版。有些地区无法按照年度连续出版以几个年度合刊等方式出版。这些问题均严重制约着全区年鉴事业的发展。

（四）年鉴理论研究交流不足

理论研究方面，全区各级地方志工作机构对年鉴学术研究的重视不够，年鉴编纂者对年鉴理论研究的积极性没有很好地调动起来。各地区均不同程度存在理论研究与编纂实践脱节，专家型人才培养出现断层等问题。学术交流方面，参加全国的学术交流活动较少、与其他省市的横向交流不足、区内各编纂单位之间也缺乏业务上的沟通与联结。

五、下一步工作计划

（一）继续加强对各编纂单位的督查，推进“年鉴全覆盖”

按照《内蒙古自治区志办“三全目标”集中攻坚实施方案（试行）》部署以及包钢副主席的批示精神，稳步推动未实现“一年一鉴”和未公开出版的盟市、旗县市（区）年鉴编纂工作。对未启动的地区制订详细的时间规划表，在业务指导上提前介入，制定统一的规范标准，避免编纂单位走弯路。力争 2020 年实现三级综合年鉴全覆盖的总体目标任务。

（二）加强各级各类年鉴编纂管理，不断提升年鉴质量

树立精品意识。一是坚持正确的政治方向。二是力求条目设置严谨、科学、准确，三是体例、内容完善并有所创新。提高编校、出版质量，完善形式与内容和谐

深化业务指导。改变常规工作方式，主动上门为年鉴编纂单位提供“一对一”指导，有的放矢，全程跟进，确保各地区各部门年鉴编纂工作少走弯路。

建立质量评价体系。以全区年鉴事业“一盘棋”的理念为导向，加强各级各类年鉴统筹协调发展，建立年鉴编纂出版标准，形成全区年鉴质量评价和质量保障的长效机制。

（三）推动年鉴理论研究，促进年鉴成果转化

为全区年鉴工作者打造理论研究和学术交流的平台，开展年鉴学术研讨与业务交流活动，加大力度培养年鉴理论研究和年鉴管理型人才，形成一支高素质、懂专业、善管理的年鉴专家和编辑队伍，引领全区年鉴事业纵深持续发展。改变年鉴工作“重编轻用”现状，拓展思路，加快年鉴成果转化。以年鉴为基础，编制权威性强、信息含量高、使用便捷的年鉴衍生产品，提供给各级领导及社会各界，增强年鉴社会服务功能。

坚持依法保障　强化责任落实
强力推进“年鉴全覆盖”目标任务完成
——吉林省年鉴事业发展报告

吉林省地方志编纂委员会[①]

提要：吉林省年鉴事业发展主要经历了依规编鉴、依法编鉴、依法治鉴三个重要发展阶段。通过坚持依法保障，强化责任、开拓创新、科学谋划，全力推进年鉴事业持续健康发展。2019年提前实现了全省三级地方综合年鉴连续编纂、公开出版的全覆盖目标。面临年鉴事业转型升级的新局面、新考验，吉林省坚持依法治鉴，破解制约事业发展的困局，加强年鉴信息化建设，提升年鉴利用率和影响力，增强公共服务能力，努力开创全省年鉴事业发展的新局面。

关键词：吉林省　年鉴事业　“年鉴全覆盖”　依法治鉴

吉林省从1986年首部地方综合年鉴创刊以来，年鉴事业发展经历了从无到有、稳步发展、再到编纂全覆盖的历程。多年来，吉林省通过坚持依法保障，强化责任，全力推进全省三级地方综合年鉴全覆盖；通过严守规范，狠抓落实，全面提升全省年鉴编纂质量；通过科学谋划，多措并举，强化年鉴编纂队伍建设，持续推进全省年鉴事业发展。形成了省、市、县三级地方综合年鉴连续编纂出版的体系。尤其近

① 执笔人：刘传仁，吉林省地方志编纂委员会年鉴指导处处长。

几年来，通过依法推动、依规编纂、精品引领，全省三级地方综合年鉴编纂进度加快，为实现全省三级地方综合年鉴“一年一鉴、连续编纂、公开出版”的全覆盖目标奠定了强有力的保证；质量大幅提升，为全省年鉴事业转型升级发展提供了坚强的支撑。

一、吉林省年鉴事业发展历程

纵观吉林省年鉴事业的发展历程，主要经历了依规编鉴、依法编鉴、依法治鉴三个重要发展阶段。以中国地方志指导小组（以下简称“中指组”）印发的《新编地方志工作暂行规定》为依规编鉴的肇始，吉林省年鉴事业从停滞萧条的状态进入有规可依、依规编鉴阶段，年鉴事业得以起步发展；以《地方志工作条例》为依法编鉴的标志，吉林省年鉴编纂正式迈入法治化轨道，年鉴编纂进入有法可循、依法编鉴阶段，年鉴事业快速发展；以《全国地方志事业发展规划纲要（2015—2020年）》列入国家单项工作规划为开端，对吉林省年鉴事业来说，有了顶层设计，进入规划指引、依法治鉴阶段，年鉴事业走进省、市、县三级地方综合年鉴编纂全覆盖的新时代。

（一）有规可依，使年鉴事业得以有序开展（1986—2005年）

1985年，中指组颁布的《新编地方志工作暂行规定》第三章第十八条规定：“各地编纂委员会及其常设机构的主要任务是：负责制定地方修志规划，组织和指导编纂各级志书……编辑出版地方年鉴、概况，及时向地方领导机关提供参考资料，以利决策。”首次以规章的形式明确地方志工作机构的主要任务之一是编辑出版地方年鉴，标志着年鉴工作从此有规可依。《新编地方志工作暂行规定》成为依规编鉴的肇始，对吉林省年鉴事业发展具有开创性的指导意义，吉林省地方综合年鉴编纂工作从此有序展开。

1986年，吉林省地方志编纂委员会根据《新编地方志工作暂行规定》有关要求，积极筹备《吉林年鉴》编纂工作，研究起草《关于编辑出版〈吉林年鉴〉的报告》报送省政府，吉林省政府办公厅向全省各市（州）、县人民政府，省政府各委办厅局、各直属机构印发《吉林省政府办公厅转发省地方志编委会关于编辑出版〈吉林年鉴〉的报告的通知》。至此，吉林省不仅正式启动了《吉林年鉴》编纂工作，也拉开了全省地方综合年鉴编纂的序幕。1986年，《吉林年鉴》创刊。同年启动编纂工作的还有

《四平年鉴》《辽源年鉴》《浑江年鉴》《长白年鉴》《延吉年鉴》。

由于《新编地方志工作暂行规定》仅为中指组印发的暂行规定，再加上省内尚无相应的地方规章，所以，这个时期的年鉴编纂工作还处于起步阶段。1986—2005 年，全省公开出版的地方综合年鉴只有 18 种，其中省级 1 种，市级 8 种，县级 9 种，省、市、县三级地方综合年鉴创刊公开出版率为 25.71%。

（二）有法可依，地方综合年鉴编纂进入快速发展阶段（2006—2014 年）

2006 年 5 月，国务院颁布施行《地方志工作条例》（以下简称《条例》），“这是新中国成立以来第一部涵盖年鉴工作的全国性法规。《条例》从法律上规定了地方综合年鉴是地方志工作的重要组成部分”[①]。《条例》将各地政府组织编纂的年鉴由“地方年鉴”明确为“地方综合年鉴”，并规定县级以上地方志工作机构对地方综合年鉴的组织、指导、督促、编纂等职责，为年鉴事业发展提供了法律保障。吉林省在认真组织学习和贯彻施行的同时，积极推进本省地方志立法工作。2006 年 12 月 1 日，《吉林省地方志工作条例》经省第十届人民代表大会常务委员会第三十次会议讨论通过并予以公布，于 2007 年 1 月 1 日起施行。国务院《地方志工作条例》和《吉林省地方志工作条例》的颁布施行，对吉林省地方志事业发展具有里程碑意义，它开启了吉林省依法编鉴之旅，全省年鉴事业发展从此进入“快车道”。

为落实好两个条例，进一步推进县级地方综合年鉴编纂工作，2007 年吉林省政府办公厅印发《关于做好县（市）综合年鉴编纂工作的通知》，要求“各县（市）要认真贯彻落实《地方志工作条例》和《吉林省地方志工作条例》精神，加强编纂县（市）综合年鉴的组织领导，妥善安排年鉴编纂工作。要建立年鉴编委会、年鉴编辑部，组建稳定的编纂工作队伍，并采取措施不断提高编纂人员的素质和水平。要确保县（市）综合年鉴的连续编纂，每年一鉴，不能中断。编纂完成后，各地区可根据实际情况，或公开出版发行，或作为内部资料印刷”。各县（市）依此陆续启动了年鉴编纂工作。

与《地方志工作条例》和《吉林省地方志工作条例》相呼应，2008 年，吉林省制定《吉林省地方志事业三年发展规划（2008—2010 年）》，提出“夯实我省年鉴

① 李培林：《统一思想，凝心聚力，深入贯彻落实〈规划纲要〉，努力实现年鉴事业发展新跨越》，《中国地方志》2016 年第 9 期。

事业发展基础，构建完整的地方综合年鉴编纂体系”的发展目标，要求省、市两级“一年一鉴、公开出版”，县级年鉴按照“全面启动、依法编纂、分类管理、逐步规范”的要求有序推进。2011年，吉林省又制定《吉林省地方志事业发展规划（2011—2015年）》，提出“全面构建省市县三级年鉴工作体系”的发展目标，要求“县级年鉴要全面启动，逐步规范。引导市辖区陆续启动综合年鉴编纂”。开始对市辖区的年鉴启动提出明确要求。有了法规保障，县级地方综合年鉴纷纷创刊复刊。为确保县级年鉴尽早全部启动起来，并坚持连续编纂不中断，同时尽早培养年鉴编纂队伍，吉林省针对各县（市）不同情况，地方综合年鉴编纂采取了公开出版、内部出版、内部资料留存等多种形式并存的方式。

至2014年末，吉林省三级地方综合年鉴创刊公开出版率达到85.71%。已公开出版的地方综合年鉴发展到60种，其中省级1种，市（州）级9种，实现了省、市两级地方综合年鉴连续编纂、公开出版全覆盖。全省60个县（市、区）创刊并公开出版年鉴50种，占全省县级地方综合年鉴的83.33%。当然，已创刊的县级年鉴有的出现了中断现象，还没做到一年一鉴，连续出版。

（三）依法编鉴，全省地方综合年鉴提前实现了省、市、县三级全覆盖（2015—2019年）

2015年8月，国务院办公厅印发《全国地方志事业发展规划纲要（2015—2020年）》（以下简称《规划纲要》），这是我国第一份规划年鉴事业发展的文件，提出“到2020年，实现省、市、县三级综合年鉴全覆盖”的总体目标和“到2020年，做到地方综合年鉴由地方志工作机构组织编纂，一年一鉴，公开出版，实现省、市、县三级综合年鉴全覆盖”的主要任务。《规划纲要》明确提出要坚持依法治志的原则，“依法治志”的“志”，在外延上涵盖了年鉴，对于年鉴工作来说，就是“依法治鉴”。①所以，《规划纲要》在中国年鉴发展史上同样具有里程碑意义，标志着年鉴事业从此走上“依法治鉴”的道路，吉林省年鉴事业发展迈进全覆盖的新时代。

吉林省在贯彻落实《规划纲要》的同时，组织展开对全省地方志事业发展情况调研，在调研的基础上，起草编制《吉林省地方志事业发展规划（2016—2020）》报

① 李培林：《统一思想，凝心聚力，深入贯彻落实〈规划纲要〉，努力实现年鉴事业发展新跨越》，《中国地方志》2016年第9期。

省政府，省政府办公厅于2015年12月印发。《吉林省地方志事业发展规划（2016—2020）》明确“到2020年，实现省、市、县三级综合年鉴全覆盖，稳步提升编纂质量”的总体目标。至此，吉林省年鉴编纂工作更加完善了党委领导、政府主持、人大监督、地方志工作机构组织实施、社会各界依法参与的工作体制。

2019年，全省三级地方综合年鉴编纂启动率100%，一年一鉴，连续出版率100%。提前实现了省、市、县三级综合年鉴一年一鉴、连续编纂、公开出版的“年鉴全覆盖”目标。

二、主要做法和发展特点

吉林省坚持把年鉴事业作为地方志事业发展的重要一翼，坚持依法保障，强化组织领导，科学谋划，落实责任，注重统筹协调持续发展。积极主动为基层单位解难题、办实事，强力推进“年鉴全覆盖”工作。注重质量建设，以全面提升年鉴编纂质量为抓手，全力推进年鉴事业转型升级发展。

（一）强化组织领导

吉林省为确保全省年鉴事业健康持续发展，各级领导高度重视年鉴工作。坚持创新思维，促进度保质量；抓住关键环节，明责任重效果。

一是积极争取各级主管领导的重视和支持。中指组每季度《全国第二轮省市县三级志书和综合年鉴全覆盖完成情况的通报》印发后，省政府领导高度重视，作出明确批示。吉林省地方志编纂委员会按照省领导批示，抓好落实。针对各地工作实际和存在的具体问题，对进度慢的单位，深入基层逐个督导推进，近两年来，省方志委以调研督导的方式走遍了所有市（州）和80%的县（市、区）。与当地主管领导交换意见，取得当地政府的支持；帮助年鉴编纂单位查找问题症结，针对症结一地一策，攻坚克难，协调帮助解决。各级志办主任积极主动向主管领导汇报本地“年鉴全覆盖”工作情况，得到了各级领导的重视和支持，有的帮助协调人员，有的帮助解决出版经费，针对自身问题采取得力措施积极推进“年鉴全覆盖”工作。

二是明确责任。近年来，吉林省地方志编纂委员会每年组织召开全省“年鉴全覆盖”推进会，明确各级志办主任为年鉴全覆盖工作第一责任人，定目标、领任务、倒排工期、确定时间表、路线图。各县（市）区建立主管县（市）长、区长负责制，对年鉴编纂工作持续推进，确保按时完成“年鉴全覆盖”工作任务。在全省年鉴编纂业务培训班上，请年鉴编纂进度快、质量高的单位做经验介绍，及时宣传推广先进经验，发挥好引领带动作用，整体推进。同时，强化全省各级主管年鉴工作的领导和编纂人员“年鉴全覆盖”意识，在提升业务素质、保证编纂质量的同时，促进全省“年鉴全覆盖”工作。

三是领导带头抓落实。2018 年，吉林省地方志编纂委员会结合开展“调查研究、狠抓落实、拼搏奋斗年”活动，把“两全目标”作为拼搏奋斗的重点来抓。党组书记李云鹤、党组成员李正奎、孟亚男分别带队深入 9 个市（州）30 余个县（市、区），开展“大走访、大调研”活动，详细了解情况，从实际出发帮助解决具体问题。长春市志办党组书记、党组成员分别对 10 个行政县（市）区和 2 个试点开发区年鉴工作进行分工包保，帮助协调解决年鉴全覆盖工作中出现的难点问题。其他市（州）志办领导也分别结合当地实际，采取不同方式深入年鉴编纂单位，全力推进年鉴编纂工作。

（二）强化法治保障

多年来，吉林省坚持依法编鉴，不断完善法治体系建设。组织全省各级地方志工作机构认真学习宣传贯彻国务院《地方志工作条例》的同时，积极筹划跟进本省法规规章配套工作。每一次规章、法规、规划的实施都是对年鉴事业强有力的助推，实践证明，法治保障是年鉴事业持续健康发展的必然。

2006 年 12 月，经过吉林省地方志编纂委员会积极争取和不懈努力，《吉林省地方志工作条例》经省第十届人民代表大会常务委员会第三十次会议讨论通过并予以公布。2018 年，根据我省地方志事业发展需要，对《吉林省地方志工作条例》进行了修订，2019 年 5 月，根据吉林省第十三届人民代表大会常务委员会第十一次会议《吉林省人民代表大会常务委员会关于修改〈吉林省地方志工作条例〉的决定》进行了修正，进一步确立了地方志工作的法律地位，明确“综合年鉴应当每年编辑，公开出版”。

2008—2016 年吉林省地方志编纂委员会分别制定了《吉林省地方志事业三年发展规划（2008—2010 年）》《吉林省地方志事业发展规划（2011—2015 年）》《吉林省地方志事业发展规划（2016—2020）》，及时规划出年鉴事业发展的路径和目标。在总结多年编纂经验的基础上，结合新形势下的新要求，对年鉴编纂出版工作进行规范，提高省和市（州）、县（市、区）地方综合年鉴及各专业年鉴的编纂出版质量。2015 年制定《吉林省地方综合年鉴编纂出版检查验收办法》，从审查验收原则、审查验收对象、审查验收主体、审查验收人员、审查验收内容、审查验收程序等方面进行了明确。2016 年针对年鉴编纂时效性强的特点，制定了《〈吉林年鉴〉编纂流程》，确立了严谨有序高效的编纂流程，从大纲拟定到交付印刷，对年鉴编纂全过程的各个环节都提出要求，并做出明确规定，确保年鉴的编纂质量和出版时效。2018 年，为深入贯彻落实《全国年鉴事业发展规划（2016—2020）》和中指组印发的《地方综合年鉴编纂出版规定》，结合吉林省年鉴事业发展实际，修订《吉林省地方综合年鉴编纂规范》。《吉林省地方综合年鉴编纂出版检查验收办法》《〈吉林年鉴〉编纂流程》《吉林省地方综合年鉴编纂规范》这三个规范性文件相互衔接、相互配套、相互补充，为推进地方综合年鉴编纂全覆盖，提高年鉴编纂质量奠定了坚实的制度基础。同年，为方便全省年鉴编纂人员按规操作，吉林省地方志编纂委员会组织编纂出版《吉林省年鉴编纂工作资料汇编》，把中指组和吉林省有关年鉴编纂的法规、规划、规范等汇成一册，成为全省年鉴编纂人员案头的工具书，全省年鉴编纂人员人手一册，实用又方便。

随着两个条例的贯彻施行和一系列配套规章制度的相继出台，吉林省已基本构建起了以条例为统领，以政府规章为支撑，以部门规范制度为基础的地方志工作法治体系。同时，吉林省地方志编纂委员会积极争取人大、政府、政协的支持，依靠各方面力量，多角度、全方位地加大贯彻落实的力度。地方志法规体系的形成为年鉴事业发展提供了积极的法律保障。有力的措施使依法编鉴工作快速展开，并取得了明显的成效，使地方综合年鉴编纂从无到有、持续发展，直到省、市、县三级编纂全覆盖，从数量到质量都有了一个质的飞跃，全省年鉴事业发展走进了新时代。

（三）强化目标责任

吉林省为确保 2020 年实现“年鉴全覆盖”目标，自加压力，把目标前移，提出了“自 2018 年起，基本实现全省三级年鉴一年一鉴，连续编纂，公开出版的全覆盖任务和 2019 年提前实现全省年鉴编纂全覆盖”的工作目标。要求各地制订好年鉴编纂出版时间表、路线图，提前谋划，周密安排，确保任务完成。为了确保这一目标任务完成，吉林省地方志编纂委员会在全省建立“地方综合年鉴编纂月报告制度”，每个市（州）设一名联络员，按月向吉林省地方志编纂委员会报送当地年鉴编纂进度等情况，及时掌握情况，按照“准备、组稿、编辑、校对、审稿、排版、印刷”七个阶段进行跟踪推进，成立督导组对个别进度慢的单位上门督导检查，有针对性地解决问题。自 2019 年起，进一步加大推进力度，抢前抓早，将“年鉴全覆盖”情况通报每季度一次改为每两个月一次。在吉林省地方志编纂委员会的强力推动下，各市（州）主动作为，快速行动，建立领导包保责任制、督查通报机制、绩效考核评估机制和不定期调度互评机制，上门督导、按时通报、指导编写、协助审稿等多措并举，确保全覆盖工作落地、落实、落位。各市（州）按照省方志委对“年鉴全覆盖”的工作要求，对所辖县（市、区）下达明确任务，提出具体要求，到进展慢、难度大的县（市、区）现场督导。全省各级地方综合年鉴编纂单位直面挑战，积极作为，大胆创新，做了大量卓有成效的工作，也取得了提前实现“年鉴全覆盖”的工作成效。

（四）强化担当作为

吉林省各级地方志工作机构在推进“年鉴全覆盖”工作中，牢固树立担当意识，注重解难题、办实事。省方志委主动为基层解决实际困难，市级地方志工作机构积极配合，县级年鉴承编单位积极作为，扎实工作。通过上下积极努力和各方面协调，人员编制、印刷出版、业务攻坚等方面的难题一一得到破解。

一是帮助解决人员问题。针对有些单位无编制、缺人员的现状，省方志委积极主动与省编办沟通，根据省编办《关于印发全省市县部分〈事业单位编制标准暂行规定〉的通知》规定，县一级地方志工作机构编制为4–7名。依此督促各地抓好落实，并要求与档案局等部门合署办公的单位加挂地方志的牌子；与省财政厅、省人力资源和社会保障厅联合印发《关于地方志编修工作中聘用退休干部及聘用费标准的通知》，对聘用退休干部及聘用费的标准予以明确。2018年，通过省方志委协调和各级志办的积极争取，全省各级志办增加聘用人员20余人，调整或增加编制6名，年鉴编纂队伍进一步得到充实。

二是帮助解决书号问题。为解决市县年鉴申请书号程序烦琐、耗时长、费用高等难题，省方志委与省内几家较大的出版社协商，采取全省年鉴集中出版的方式选定一家出版社，在费用上给予优惠，在审稿流程上加快节奏，帮助基层解决后顾之忧，提高申请书号环节的效率，确保当年印刷出版。

三是帮助解决地图问题。为解决各地都要申请制作地方综合年鉴使用地图而牵涉精力的问题，省方志委安排年鉴指导处与省测绘局协商一次性解决地图问题。通过年鉴指导处与省测绘局相关处室反复沟通，达成统一制图意向，省方志委与省测绘局联合向省财政厅申请制图经费，统一制作全省市和县（市、区）年鉴用地图，供社会免费使用，彻底解决了基层年鉴编纂单位的用图烦扰。

四是帮助解决业务难题。针对有些编纂单位人员变动较大、新人较多、不懂业务、进度较慢等实际情况，省方志委有针对地开通“直通车”服务，直接到县（市、区）进行“一对一”跟踪指导，帮助研究框架，指导编纂方法、培养编纂队伍，不让一个承编单位掉队，确保全省年鉴编纂工作整体有序健康发展。

五是年鉴承编单位积极担当作为。各县（市、区）攻坚克难，除了完成当年的出版任务，同时补齐出版了前几年拖期未出版的年鉴。榆树市等3个县（市、区）主动担当作为，通过克服困难、加班加点，一年完成了3部年鉴编纂任务，还有10个县（市）一年完成了2部年鉴编纂任务，2018年全部补齐追平了进度，为全省年鉴编纂全覆盖目标顺利实现奠定了坚实的基础。珲春市志办积极争取市委、市政府主要领导支持，着力推进“一纳入、八到位”落实。对拖延不办、无视供稿要求的部门进行全市通报，加强对全市各部门年鉴供稿工作督查机制，将各部门年鉴撰稿工作纳入全市重点工作绩效考核内容，与考评结果、绩效奖励挂钩。彻底改变原来各部门对上报资料置之不理、拖延漠视现象，年鉴供稿时段由原来的半年时间缩至10天，有力有效地强化年鉴编纂工作。有的县级志办只有1人，为了“年鉴全覆盖”，克服重重困难，不计得失、不图名利，加班加点，默默坚守，高质量完成了年鉴编纂任务。正是有了各级年鉴编纂单位的勇于担当积极作为，有了他们的埋头苦干无私奉献，“年鉴全覆盖”目标才得以提前实现。

（五）强化质量意识

省方志委坚持“年鉴全覆盖”和“提升年鉴编纂质量”两手同时抓，抢进度的同时不放松质量要求。

一是通过加强业务指导和培训，提升编纂人员业务能力。多年来，为有效提升全省年鉴编纂质量，省方志委狠抓业务指导环节，探索采取一对一、分片区等多种指导方式，加大指导力度，提升指导效果。坚持每年至少组织开展一次全省范围内的大规模年鉴业务交流活动。根据全省年鉴编纂队伍业务能力和各级各类年鉴编纂质量参差不齐的实际，及时调整培训方式，因需施训，采取了分层次、分类别等方式开展针对性较强的培训。全省年鉴编纂队伍得到了锻炼，涌现出一大批业务水平高、肯钻研的年鉴骨干，促进了全省年鉴整体质量的提升。

二是通过交叉点评和质量评估，增强编纂人员的规范意识。为提升全省年鉴编纂人员的规范意识，在每年组织培训时，均设置年鉴编纂规范解读教程，把年鉴编纂规范细化成实例，渗透到每个编纂人员的心中。每年的培训都设置交叉点评环节，以本省已出版的年鉴为靶子，组织开展交叉点评，指出其优势的同时点评不合规范的问题，达到共同提高的目的。省方志委坚持每年组织开展年鉴质量评估，不仅评出优劣，同时把评估中不符合规范的问题一一指出反馈给承编单位，以便在下一年编纂工作中及时改正。

三是通过组织申报参加中国年鉴精品工程，树立精品意识。为打造精品年鉴，省方志委对提升全省年鉴编纂质量和打造精品年鉴工作进行了专题动员，明确目标和要求。组织大家围绕打造精品年鉴，在提升年鉴质量的过程中遇到的困惑障碍和对策建议进行探讨，统一思想，提高认识。年鉴指导处对申报中国年鉴精品工程的年鉴进行全程跟踪，对申报稿全方位审读，对框架结构、卷首彩页、入鉴内容、图片选用、表格编排、条目编写等方面存在的问题，及时研究，共同解决，精心打造。2018 年 5 月，《辽源年鉴（2017）》入选中国年鉴精品工程“中国精品年鉴”。2019 年 2 月，《宽城年鉴（2018）》《桦甸年鉴（2018）》入选中国年鉴精品工程“中国精品年鉴”。2019 年末，申报中国年鉴精品工程的《吉林市年鉴（2019）》已通过中国精品年鉴专家组的评审。通过精品年鉴的影响和带动，全省形成了学精品编精品的风气，有力地促进了全省年鉴编纂质量的提升。

三、存在的主要问题

从近年来的年鉴事业发展看，尤其在推进年鉴编纂全覆盖过程中，全省地方综合年鉴编纂单位遇到了诸多难题。“目前来看，以 2006 年 5 月国务院颁布的《地方志工作条例》为核心的地方志法规体系还存在位阶较低、效力不高、可操作性不强的问题”，[①] 现有的法规难以保障年鉴事业持续向好发展，在年鉴编纂过程中还存在着征集资料难、人才队伍建设难、编纂工作开展难等问题。

（一）资料征集难，全社会参与度不够

尽管《条例》规定：“县级以上人民政府负责地方志工作的机构向机关、社会团体、企业事业单位、其他组织以及个人征集有关地方志资料，有关单位和个人提供支

① 张奇：《论地方志立法的三个转向》，《中国地方志》2018 年第 2 期。

持。”但从近些年的编纂实践看，由于对资料的权属、报酬以及报送责任与义务等没有明确的法律界定，缺乏约束、问责机制，资料征集难的问题依然比较突出。一是供稿单位（部门）一般都没有固定的内设机构或专人负责留存搜集资料，由于供稿人员变动频繁等原因，容易造成资料散失、供稿质量不高等问题；二是供稿单位安排供稿人员，一般都是临时指派、兼职供稿，由于供稿只是一项临时任务，往往会有敷衍搪塞或应付了事的现象；三是没有建立有效的制度化、规范化、法治保障下的资料征集机制，特别是随着社会发展，分工更加细化，非政府组织发育迅速，新鲜事物、新兴业态层出不穷，却无供稿渠道，传统的供稿方式已不能完全适应社会发展需要，势必会严重影响年鉴编纂质量。

（二）编纂工作开展难，领导重视不够

有的分管地方志工作的领导从未到地方志工作机构走访调研过，尤其是有的县（市、区）领导平时很少过问地方志工作，造成“一纳入、八到位”落实不够，编纂人员队伍、经费等基本条件无法保障等问题。近两年由于各地财政困难，年鉴编纂经费一再被削减，经费额度明显不足。从 2018 年对全省各县（市、区）调研情况来看，经费没有列入财政预算的占 18.33%，严重影响年鉴按期公开出版。

（三）编纂队伍建设难，专业人才青黄不接

全省年鉴编纂单位普遍存在人员缺位、专业人才稀缺等现象。尤其县级年鉴编纂单位表现尤为明显，有的仅有 1—2 名在职人员，还要兼职其他工作，无力专于年鉴工作，经常出现人动事休的现象。为了完成编纂任务，很多地方靠聘用退休老同志编年鉴。从吉林省 2018 年末对全省落实《全国地方志事业发展规划纲要（2015—2020 年）》和《吉林省地方志事业发展规划（2016—2020 年）》落实情况调研结果来看，60 个县（市、区）的地方综合年鉴编纂机构，无明确编制的占 18.33%，仅有 1 人的占 15%，只有 2 人的占 30%，靠聘用退休人员完成年鉴编纂任务的占 40%，年鉴编纂工作正常运转存在较大风险。受机构改革的影响，有的史志合一、有的与档案馆合署办公、有的地方志工作机构并入其他部门、有的关系尚未理顺，职责不明确；有的没引起领导重视、有的没有明确编制、有的编制被占用等问题困扰着年鉴事业的发展。

（四）申请书号难，出版流程较烦琐

一方面，由于地方综合年鉴一年一鉴，周期短，时效性强，当年编纂当年出版，本来时间就很紧迫，申请书号出版环节走流程至少还需3个月以上，还要多次与出版社协调沟通，牵涉编纂人员大量精力。另一方面，出版费用年年涨价，又给基层造成很大压力。尤其是由于下一年书号费用无法预测，在原来预算基础上，再追加涨价部分经费十分困难，给年鉴全覆盖工作造成很大的障碍。

（五）质量提升难，监管体系尚未建立起来

从现实情况来看，由于缺乏质量监管机制，有些市县级年鉴没有落实好三审制度，把关不严，从编纂到印刷缺乏质量监管问责机制。造成年鉴质量不高，实用性不强，严重影响了年鉴功用的发挥，制约着年鉴事业的发展。

四、下一步工作方向

吉林省年鉴事业发展“必须以创新思维来考虑问题、解决问题，创新工作模式、管理方式、工作手段”[①]。更新观念，突破老套路、老模式，主动融入新时代发展大潮，坚持新发展理念，对年鉴社会化、网络化、数字化、便民化等开展广泛深入的发展探索，更好地服务社会，不仅实现数量上的全覆盖，更要实现质量全面提升，开创全省年鉴事业发展的新局面。

（一）坚持依法治鉴

从吉林省年鉴事业发展的历程可以看出法治保障对年鉴事业发展至关重要，全省年鉴事业有了今天的成就，应该说得益于法治思维和法治保障。

坚持依法治鉴，当务之急是执行好《条例》，推进《规划纲要》确定的各项目标任务落实，依法争取各方面的支持和保障。面对年鉴事业发展实际，抓住主要矛盾和工作短板，进一步解放思想，充分利用好现有的法规体系，科学谋划，对症施策，采

① 李培林：《统一思想，凝心聚力，深入贯彻落实〈规划纲要〉，努力实现年鉴事业发展新跨越》，《中国地方志》2016年第9期。

取有效措施推动依法治鉴。结合2019年修订后《吉林省地方志工作条例》的实施，加强宣传，联合地方人大、政府督查部门开展对《条例》落实情况的执法检查或行政督查，通过建立领导包保责任制，强化领导、落实责任、明确工作目标、强化组织保障，切实发挥法规的效力，为年鉴事业发展铺平道路。强化依法治鉴，善于利用行政法规的权威，创新执法措施。坚持以创新引领发展，积极探索新时期依法治鉴的新途径、新模式。“摸索出包括目标考核责任制度、行政督查通报制度等一系列制度，做到有章可循、有据可依”。[①] 通过督查通报机制、绩效考核评估机制和不定期的调度互评机制，严格执法，强化问责。

（二）确保高质量完成“年鉴全覆盖”目标

至2018年末，省市两级已经实现了“一年一鉴、公开出版”的目标。县级年鉴虽然都能连续编纂、公开出版，但尚有10部2018年卷年鉴是跨年出版。为完成好全省三级地方综合年鉴全覆盖的目标，加大力度，做好具体细致的收尾工作。在2019年实现“年鉴全覆盖”目标的基础上，不放松、不松劲，持续推进全省年鉴编纂工作向更高目标发展。通过采取月报告、双月通报制度和加强培训、一对一跟踪等方式对全省三级综合年鉴的编纂质量和进度严格管控，省市两级逐个上门督导检查，强化细化措施，确保全省总体目标任务高质量完成。

（三）进一步加强质量建设

完成“年鉴全覆盖”目标任务后，把提升年鉴编纂质量作为年鉴事业转型升级的基础性工作来抓。一是牢固树立规范意识。通过认真贯彻落实中指组《地方综合年鉴编纂出版规定》和《吉林省地方综合年鉴编纂规范》，严格执行《吉林省地方综合年鉴编纂出版检查验收办法》和《〈吉林年鉴〉编纂流程》，坚持开展全省年鉴质量评估验收活动，评出优势找出差距，通过促长补短全面推进全省年鉴编纂质量提升。二是发挥好精品年鉴的引领作用。继续组织好申报参加中国年鉴精品工程工作，通过省市县三级共同努力，力争每年1–2部入选中国年鉴精品工程“中国精品年鉴”。组织全省年鉴编纂单位学习精品年鉴的编纂方法，感悟精品年鉴的编纂模式，积极向精品靠拢。通过精品年鉴引导，以点带面，达到燎原一片共同提高的效

① 王伟光：《以创新驱动地方志事业发展转型升级》，《中国地方志》2016年第6期。

果，使全省年鉴编纂质量整体迈上一个新台阶。

（四）加强年鉴信息化建设

吉林省要抓住时机，融入信息化发展的大潮中，依托互联网形成年鉴事业发展的新动力，加强转型发展中年鉴信息的开发利用，建立各类数据库，通过配合当地“政务云”平台建设，把服务项目逐步向自助服务终端移植，开放数据、共享信息，积极用数据、信息进行研判问题，跟踪社会发展；通过资源共享、方便群众、优化服务内容、为大数据提供支撑和依据，让广大群众跨越“数字鸿沟”、分享“数据红利”；利用年鉴信息密度高的优势，了解民情民意、广泛分析，正确理解和解读民众的愿望和诉求，有针对性地提出应对策略，为政府决策提供有价值的决策参考。在“互联网+”、大数据时代让年鉴由一本书走向一种媒介，让省情、市情看得见摸得着，走进政务，走到百姓身边。

（五）增强公共服务能力

要充分利用好综合年鉴资源，融入社会发展大潮中，拓展综合年鉴服务社会功用，广泛参与社会活动，不断开拓创新，更深入、更广泛地增强公共服务能力。把握时代精神与核心价值，持续开展“感动吉林”年度人物评选活动，充分挖掘善行义举，进行宣传报道，通过群众投票和专家评审，选出年度“感动吉林”人物，在《吉林年鉴》卷首进行刊载宣传。利用每年“感动吉林”人物评选活动积累的宝贵资源，进行二次开发利用，编纂《“感动吉林”人物评选年鉴》，进一步扩大宣传效果，传播正能量，弘扬社会主义核心价值观。

利用综合年鉴的影响力，推动专业年鉴发展。积极指导推进各部门、行业编纂专业年鉴，通过专业年鉴提供针对性更强、更专业、更翔实、更密集的信息。促使年度信息形成网络，将有效数据全覆盖，让年鉴发挥更大的作用。

（六）加强队伍建设

加快年鉴事业发展离不开优秀的编纂队伍，而现实情况是年鉴编纂队伍建设明显落后于年鉴事业发展的需要，下一步要建立选用人才、培养人才、留住人才的机制和办法，尽快配齐配强年鉴编纂队伍。一是要强化经常性的培训。省方志委将以年度集中培训、专家辅导、交叉点评、“一对一”业务指导等多种方式加大对全省年鉴编纂人员的培训力度。在此基础上开展分层分级施训，各市（州）组织好本地年鉴编纂人员的学习交流培训，县级年鉴编纂单位也应积极组织好有针对性的培训。通过省、市、县分层施训、更有效的增加培训针对性，放大培训功效。二要延长培训链。针对各供稿单位撰稿人素质高低不同、人员变动频繁的实际情况，抓好供稿人培训这个环节。各市（州）和县（市、区）每年都要组织好组稿及撰稿人员培训，一方面加强与撰稿人建立联系，形成良性互动；另一方面使撰稿人尽快熟悉业务，提供更有价值的第一手资料。

（七）加强理论研究

当前年鉴事业正处在全面转型升级的关键阶段，迫切地需要理论引领。下一步省方志委将组织引导全省年鉴工作者顺势而上，应势而谋，因势而究，通过不断探索、学习、交流，把编纂实践中积累的经验与教训进行系统化地归纳、整理、升华，摸索出规律，用以指导编纂实践。省方志委要积极组织开展适应新时代发展的编纂实践与创新研究以及年鉴的深度开发利用、精品年鉴打造、年鉴资政功能发掘等研究。力争有所突破，用科学的理论解决实际工作中遇到的难题和困惑，引领年鉴事业发展，在理论与实践的结合中，更加明晰年鉴工作思路，拓宽视野，助力年鉴事业全面转型升级发展。

吉林省年鉴事业发展坚持贯彻习近平新时代中国特色社会主义思想，坚持新发展理念，坚持改革创新，坚持服务中心，增强方志文化自信、文化自觉，主动融入吉林改革振兴发展大潮，把年鉴事业转型升级理念化作自觉行为、工作指南，改进老办法、探索新方法，把握申报中国年鉴精品工程的契机，充分发挥精品年鉴的示范作用，以“点”带“面”，带动全省年鉴编纂质量整体提升。充分发挥年鉴存史、育人、资政功能，为繁荣吉林省年鉴事业发展和实现吉林全面振兴做出新的贡献。

机制灵活　措施有力
全面提升地方综合年鉴事业发展水平

——福建省年鉴事业发展报告

中共福建省委党史研究和地方志编纂办公室[①]

提要：2018—2019 年，福建省深入学习贯彻党的十九大精神和习近平新时代中国特色社会主义思想，认真贯彻落实《全国地方志事业发展规划纲要（2015—2020 年）》《全国年鉴事业发展规划（2016—2020 年）》，坚持依法治鉴，全面落实“年鉴全覆盖”目标任务，推进全省年鉴工作。福建省地方志和党史部门整合形成强力，年鉴工作从政府转由党委直接领导和管理，年鉴事业的地位得到进一步强化。在新形势和新环境下，福建省年鉴工作者坚持围绕中心、服务大局，全面展开各项工作。至年末，全省各级综合年鉴已全部实现公开出版，未来将在继续保证全部公开出版的基础上，进一步提高年鉴质量。针对存在的一些问题，福建省委党史方志办将通过加强顶层设计、强化制度建设、持续指导和督查等方式，通过开展专业培训、创新年鉴评稿机制、继续实施福建省年鉴精品工程等手段，推动全省年鉴事业高质量发展。

关键词：福建省　年鉴事业　“年鉴全覆盖”　精品工程　机构改革

---

① 执笔人：欧长生，中共福建省委党史研究和地方志编纂办公室年鉴工作处处长。

一、围绕一个中心，实现全省年鉴事业健康发展

2018 年，福建省地方志和党史部门整合形成强力，年鉴工作从政府转由党委直接领导和管理，年鉴事业的地位得到进一步强化。在新形势和新环境下，福建省年鉴工作者坚持围绕中心、服务大局，全面展开各项工作。

福建省年鉴编纂工作起步于 20 世纪 80 年代，1985 年开编《福建经济年鉴》，1994 年改名为《福建年鉴》。全省各地的综合年鉴编纂兴起于首轮修志结束之后，历经了一条较为曲折的发展道路，直到 2006 年国务院颁布施行《地方志工作条例》、2014 年福建省首部地方志工作法规——《福建省实施〈地方志工作条例〉办法》正式实施后，全省年鉴事业逐步走上法治化轨道。经过 30 余年发展，福建省年鉴种类发展到百余种，不仅有地方综合年鉴、行业年鉴、专业年鉴，还出现企业年鉴、军事年鉴。近年来，福建省根据中国地方志指导小组（以下简称“中指组”）及其办公室的工作部署，全面落实“年鉴全覆盖”目标任务，不断推进全省年鉴质量提升。在第四届、第五届全国地方志优秀成果（年鉴类）评审中，全省各级综合年鉴获奖数持续位居全国前列。

多年来，福建省各级年鉴编纂部门严格执行国家和省关于年鉴编纂出版的制度规定与各项规范要求。一是严格执行中指组印发的《地方综合年鉴编纂出版规定》和福建省印发的《福建省地方综合年鉴编纂质量评审标准（试行）》《福建省地方综合年鉴图照使用规范（试行）》《福建省年鉴精品工程实施方案》等规范性文件要求，在年鉴框架设计和条目编纂规范方面加强自查和上级审查，并通过会议和培训让年鉴主编和编辑熟悉这些规范。二是严格遵守国家和省内主管机构关于出版物的制度规定，要求各地落实稿件编辑、审稿、校对、通读及出版社审读加工等系列程序。以《福建年鉴》为例，建立了包含稿件报送的审签制、责编编审制、五审三校制和专家外审制等制度。三是增强法律意识、廉政意识。推广《福建年鉴》做法，以单位名义聘请法律顾问，规范年鉴彩版组稿、发行和出版印刷等工作，并实现发行、印刷等环节公开招投标，防范可能出现的违法违纪现象；在开展项目、部分篇目购买外包服务等方面，提请本单位机关纪委全程参与和动态监察，并向有合作或联系的部门（单位）与个人送达廉政告知函，提请对方予以廉政监督。此外，完善福建年鉴研究会工作机制，开展各类学术会议、调研学习和业务培训等，推动全省年鉴编纂质量提高。

二、紧抓两个目标，率先完成全省年鉴“全面开编、全部出版”任务

近年来，福建省认真贯彻落实《全国地方志事业发展规划纲要（2015—2020年）》《全国年鉴事业发展规划（2016—2020年）》相关工作目标和要求，坚持依法治鉴，于2016年已经实现三级地方综合年鉴“全面开编、全部出版”，2018年实现“全面开编、全部公开出版”，2019年省市县三级协力，实现年鉴“两全”目标持续推进。

年鉴工作是党和政府的法定职责，福建省进一步推动“一纳入、八到位”…落实，强化年鉴工作法定职责地位。党史方志工作被纳入全省经济社会发展“十二五”“十三五”规划，省政府工作报告连续多年强调要做好年鉴编纂工作，并列为政府工作主要任务之一，纳入省政府督查范围。9个设区市、大部分县（市、区）也将年鉴工作写入当地“十二五”“十三五”规划纲要、党代会报告、政府工作报告等。省财政每年都以专项资金的方式拨付95万元作为《福建年鉴》编修经费，大部分市县财政也对当地综合年鉴编纂经费给予保障。

中共福建省委党史研究和地方志编纂办公室（以下简称“福建省委党史方志办”）通过加强顶层设计、强化制度建设、持续指导和督查等方式，并利用开展专业培训、创新年鉴管理、实施福建省年鉴精品工程等手段，提高全省年鉴质量，培育全国知名品牌年鉴，保持福建省年鉴发展走在全国前列的优势地位。全省各级党史方志部门也采取积极举措推进年鉴工作，在本区域通报年鉴编纂进度并抄报当地政府领导、开展全市志鉴编纂进展情况督查并进行情况通报、开展地方志法规贯彻督查检查、将志鉴工作纳入年度绩效考评。

三、提效三个培训，推动全省年鉴事业持续发展

年鉴质量的基础在作者，关键在编辑，核心在主编。为提高全省年鉴编纂质量，加大对年鉴作者、主编、编辑的培训是福建省年鉴工作的重点。自2015年以来，福建省委党史方志办和原省地方志编委会精心策划年鉴培训计划，每年举办《福建年鉴》撰稿人培训班、全省地方综合年鉴主编培训班、全省地方综合年鉴编辑培训班。至2019年底，受训学员超2000人（次），基本实现全省县级以上年鉴主编、编辑轮

训2—3遍。同时，9个设区市及部分县（市、区）也启动并保持每年开展1次年鉴专题业务培训。

以2018年度、2019年度培训工作为例：一是举办两次《福建年鉴》撰稿人培训班”，省直各单位、各市（县、区）政府办的《福建年鉴》撰稿人300余人次参加培训。培训班邀请专家分别以年鉴条目的设置和资料收集、年鉴编纂出版的规范、年鉴的组稿和编写、从年鉴发展史看创新之路、年鉴条目的设置撰写及规范要求、年鉴稿件存在问题及解决方法、习近平治国理政思想及伟大实践等为题进行授课，《福建日报》《闽东日报》进行了报道。二是举办两次“全省地方综合年鉴主编培训班”，全省各市、县（区）地方志编委会（办）领导、年鉴主编（总纂）和业务骨干、2018年（2019年）福建省年鉴精品工程候选项目年鉴骨干等260余人次参加培训。培训班邀请专家分别以年鉴相关制度和编纂规范要求、年鉴主编要把握的几个问题、年鉴评审与精品标准建设、年鉴数字化及其应用、从图片编辑的视角看年鉴用图和摄影为题进行授课。三是举办两次“福建省地方综合年鉴编辑培训班”，全省各设区市地方志工作机构领导、年鉴编辑，各县（市、区）综合年鉴编辑等230余人次参加培训。培训班邀请专家分别以《地方综合年鉴编纂出版规定》解读、编辑的应知应会、年鉴编辑的意识和职责、年鉴编辑的实战攻略为题进行授课。

四、完善“四个机制”，实现全省年鉴工作精细化管理

福建省在围绕“年鉴全覆盖”目标之外，创新思路，向科学管理要成效，积极推进全省年鉴工作的精细化管理，建立健全分工协作机制、评（审）稿机制、成果激励机制、上下联动机制，通过实行“四个机制”推动市、县（区）综合年鉴整体工作进度。

（一）分工协作机制

福建省委党史方志办加强年鉴工作部门人员的执行能力建设，落实责任清单，强化督促检查，完善问责机制；要求做到敢于负责、勇于担当，及时办理、及时反馈，注重实效、持续推进；全面加强对外的沟通联系推动和对内的团结协作，依法依规协调化解职责范围内的事情、问题、矛盾。同时，通过下发正式文件，确立全省年鉴指导和管理工作分片（专人）对口联系制度，做到全省年鉴每一方面、每一时段、每一地区的工作都有专人负责、专人承接。在福建省年鉴精品工程建设过程中，年鉴工作

部门业务人员同样实行“分工指导、一竿到底”的原则，从候选年鉴大纲修订、人员培训、编辑审稿到出版印刷等各重要环节，分别对各自分工的候选单位进行具体业务指导。特别是在编审环节，实行“一对一”“周指导”的精细模式，对候选单位具体责任编辑进行辅导，力争消灭原则性错误、规范性错误和基本性错误。

（二）评（审）稿机制

结合全省年鉴精品工程建设工作，福建省积极推进年鉴评（审）稿机制，从框架大纲、编写体例、内容设置、年鉴规范要求及部分涉及“一票否决”等问题对候选项目的年鉴样稿进行评审。2017 年，针对《三明年鉴（2017）》《泉州年鉴（2017）》《晋江年鉴（2017）》3 本年鉴，首次创新性开展在终审前的评稿机制，组织省内外年鉴专家为各家年鉴“把脉”，以期发现问题、解决问题，最终提高年鉴编纂质量。初次试水的评（审）稿机制和做法得到全省各级年鉴工作者的认可，在最大程度上得以推广。2018 年 10 月和 2019 年 11 月，分别对《泉州年鉴（2018）》等 10 部 2018 年福建省年鉴精品工程候选项目和《宁德年鉴（2019）》等 12 部 2019 年福建省年鉴精品工程候选项目开展了各自样书的评（审）稿工作，在认真梳理吸收评审意见的基础上，仔细修改年鉴文稿，为精品工程终审打下坚实基础。

（三）成果激励机制和上下联动机制

根据国务院《地方志工作条例》“对在地方志工作中作出突出成绩和贡献的单位、个人，给予表彰和奖励”的规定，福建省委党史方志办和原省地方志编委会对全国地方志优秀成果（年鉴类）评审活动获奖年鉴和入选中国年鉴精品工程“中国精品年鉴”、福建省精品年鉴的项目单位进行通报表扬，并向当地行政区党委和政府发去贺信，通报该年鉴所获奖项，建议本级人民政府对获得通报表扬年鉴的编纂单位与相关人员给予表彰和奖励。通过印发通报表扬，鼓励获表扬的年鉴编纂单位再接再厉、开拓创新，编纂出更高质量的精品佳作，为实现年鉴事业转型发展作出新的更大贡献；同时，也希望其他单位学习先进，高度重视年鉴质量建设，以“为当代提供资政辅治之参考，为后世留下堪存堪鉴之记述”为目标，编修出更多经得起时代和历史检验，具有鲜明时代特征、年度特点和地域特色的精品年鉴。

福建省委党史方志办和原省地方志编委会对年鉴成果给予通报表扬和寄发贺信的激励方式，也为各地年鉴承编单位与当地党委、政府之间架起一座便捷的沟通桥梁，极大地增强了年鉴承编单位和工作人员的荣誉感与自信心。具体做法也得到泉州、三明、福州、晋江等各地党委、政府的高度评价和积极响应，分别对获得表扬的年鉴承编单位给予极大肯定和工作支持。在此成果激励机制的基础上，省、市、县三级党史方志部门积极推进年鉴工作的上下联动、协同工作模式，促进相关资源的共享利用，节省人力、物力、财力，实现以点带面、先进带动后进，推动市、县（区）综合年鉴整体工作进度走在全国前列。

五、突出五个抓手，推动年鉴事业开拓创新

福建省年鉴工作坚持创新引领，持续强化动态管理和通报管理，高效推进年鉴精品工程建设，深入挖掘年鉴理论研究支撑作用，全面推动年鉴事业的快速发展。

（一）以创新为抓手

创新是年鉴事业发展前进的动力，是年鉴编纂的个性要求和追求可持续发展的必然选择。福建省从理念创新的引领、机制创新的保障、技术创新的支撑三方面进行探索，以新的视角、方法和思维方式理解年鉴，形成年鉴新观点，以指导和应用于年鉴编纂出版工作，树立时代观、实用观，在内容、体例、记述等方面寻求突破。

首先，坚持工作理念创新。福建省委党史方志办在倡导推行“全面依法治志”的基础上，提出并实施“对标先进、做优主业，创新载体、库网并举，突出特色、深化交流，提升素质、改进服务”的工作方针，努力构建现代地方志与年鉴工作新格局。积极打造专职、兼职和社会各界三位一体的修志编鉴队伍，构建志鉴报记“四位一体”的地情资料保存机制，探索以大数据云计算技术为支撑的大众化与专题性相结合的开发利用途径。

其次，坚持工作机制创新。积极探索购买服务、专家论证、横向合作、纵向联动等工作方式。调整年鉴编纂工作流程，增设评稿会、评审会等专家认证环节，提升编纂质量；根据经济社会改革发展的实际情况，及时与撰稿单位沟通交流，适时调整年鉴编纂大纲，做到与时俱进；要求充分挖掘各地的地域特色和年度特色，如设置“八闽关注”“福建名片”“数知福建”“视觉福建”等创新性内容，体现福建省的地域和年度特色；为了解决稿件质量与数量问题，将“福建要闻”“八闽关注”等类目外包，由专业力量统筹组稿；请福建人民出版社提前介入稿件编审，同时借助青鸟艺术文创

中心等专业力量，加强年鉴版式和整体设计。

再次，坚持技术方法创新。鼓励全省地方综合年鉴深入运用互联网及计算机信息技术。积极推进地情网站、微信平台建设；创新应用二维码技术，既扩大信息量，又精减篇幅；创新篇章页配图设计，采用手绘图稿或创意图，成为全国年鉴首创；加强与中国知网等专业信息技术单位合作，促进年鉴推广应用。

（二）以动态管理和通报管理为抓手

福建省在年鉴管理和日常指导工作中，采取了动态管理和通报管理两种实时性抓手。按照分片负责的原则，各片区负责同志做到每月联系片区内市、县党史方志部门，指导年鉴具体编纂、了解年鉴编纂进度；主动了解编纂和出版环节的难题，按问题解决的难易程度向分管领导汇报并给予各单位具体解决的指导性办法。同时，建立年鉴年度进度和“年鉴全覆盖”目标月、季、年工作负责制度，对工作进度滞后推动不积极、公开出版意愿不高、倾向内部出版的市、县按照程度分别给予口头劝告、具体调研、福建省委党史方志办发文通报、提请省政府发文通报等方式进行管理。在两项高效率的实时抓手推进下，福建省各级地方综合年鉴于2016年实现全部开编，2018年实现全部公开出版，并且年鉴编纂质量逐年提高，部分年鉴实现精品化、品牌化。

（三）以精品工程为抓手

根据《全国年鉴工作暨中国年鉴精品工程试点管理暂行办法》《福建省实施〈地方志工作条例〉办法》和《福建省地方志事业发展规划纲要（2016—2020年）》等相关规定，按照省委、省政府关于努力编纂精品年鉴，着力推动全省年鉴事业科学发展的指示精神，福建省委党史方志办继续实施《福建省年鉴精品工程实施方案》，延续开展福建省年鉴精品工程，积累年鉴编纂和管理经验，创精品品牌。福建省从2016年3月至2019年末，在完成精品试点工程和2018年、2019年精品工程工作中积累了一些做法和经验。

1. 坚持思想引领，严把政治关。精品工程工作坚持以马列主义、毛泽东思想、邓小平理论、“三个代表”重要思想、科学发展观、习近平新时代中国特色社会主义思想为指导，实事求是，解放思想，与时俱进，改革创新，以为中国特色社会主义文化建设提供优秀的精神文化产品为宗旨。试点工作遵守宪法和国家有关法律、法规或规章，遵守党和国家关于民族、宗教和对外关系等方面的法规或政策。把思想政治观作为年鉴业务工作的第一关，思想政治观即年鉴工作的生命关，实现精准把握、严格执行。

2. 强化业务指导，精品工程见实效。一方面，夯实试点工作基础，为精品工程积累经验。为进一步推进和落实试点工作，分管领导于2016年5月至2017年9月，开展大量调研和座谈，通过试点工程的实施，强化辅导，实现“一对一”“点对点”服务，并顺利总结试点经验和成果，为2018年福建省全面实施年鉴精品工程作好充分准备。2016年3月至2019年底，在业务人员培训方面，利用多平台开展多层次、内容丰富的业务培训共12场，参训人员包括《福建年鉴》撰稿人，全省地方综合年鉴主编、总纂和编辑，累计受训人员近2000人次，实现对全省年鉴业务人员的轮训。另一方面，扎实开展精品工程，树立品牌年鉴形象。从2018年4月至2019年末，分别召开精品工程候选项目篇目指导会、精品工程候选项目内容点评会、精品工程候选项目自主评审会、精品工程验收评审会、精品工程领导小组专题会等，扎实推进2018和2019年福建省年鉴精品工程，2018年顺利评选出《三明年鉴（2018）》《晋江年鉴（2018）》《上杭年鉴（2018）》《台江年鉴（2018）》《安溪年鉴（2018）》5部年鉴为首批“福建省年鉴精品工程”入选年鉴，2019年顺利评选出《宁德年鉴（2019）》《长乐年鉴（2019）》《德化年鉴（2019）》《南安年鉴（2019）》4部“福建省年鉴精品工程”入选年鉴。对入选年鉴编纂单位授予“福建省年鉴精品工程”入选牌匾，并根据《福建省年鉴精品工程实施方案》的有关规定，对出版资金有困难的“福建省年鉴精品工程”入选年鉴，给予出版补助。

3.“域外精品”促精品，学以致用。在2016年6月的试点工作座谈会和2017年9月的试点工作小结座谈会上，两次邀请温州史志办副主任魏仕阔就《温州年鉴》参加中国年鉴精品工程在管理经验、编纂方法、改革措施等多方面进行专题讲座。“温州年鉴经验”就此成为福建省各级年鉴编纂单位学习的标杆和追赶的对象，原三明市地方志编委会、宁德市地方志编委会等省内诸多市、县地方志工作机构纷纷到温州市史志办实地学习取经，推动福建省精品年鉴发展形成“比学赶超”的良性模式。

4. 推广精品工程经验，全省受益多。在精品试点工程和2018和2019年精品工程中27家参与单位都很好地总结各自精品工作的运行情况和发展成果，形成以市带县的“三明经验”。三明市委党史方志室利用《三明年鉴》成为年鉴精品工作试点和2018年精品工程候选项目的契机，以精品年鉴工作推动全市年鉴质量提升，每年选定1—2个县（市、区）进行辅导，从篇目框架结构到年鉴内容选择，条目规范性方面进行提升。首先是指导县（市、区）改变和采取有效的年鉴编辑程序，提高稿件质量；其次是以精品年鉴条目模式指导县区年鉴编纂，提高条目质量，并要求突出各县区特色，以县、区中高质量年鉴为模式带动其他区县年鉴编纂；最后，与市级精品年鉴同管理和编纂机制，提高基本编纂水平和规范要求，从细节处提升年鉴质量。此外，还有捉“鱼”并送“鱼”的“集美经验”，“改革创新，提速增效”争创“双精品”的“晋江经验”，“编鉴用鉴齐进”的“福建科技年鉴经验”，都为全省各级年鉴机构和年鉴工作者送去好经验、好做法，成为全省年鉴事业发展的宝贵财富。

5. 精品工程以点带面、成效明显。福建地处台湾海峡西岸，靠近港澳地区，涉及台湾、香港和澳门事务较多，经贸往来也更频繁。这就使得全省各级年鉴有大量涉及台湾、香港和澳门的记述内容，这些内容的细节表述涉及政治原则，容易混淆，需要特别注意。在精品工程的带动下，全省各级综合年鉴 2016 年卷、2017 年卷、2018 年卷和 2019 年卷的综合编纂水平普遍得到提升。年鉴框架设计日趋合理，政治性错误和偏差明显减少，基本编纂规范和要求得到强化，年度特色和地区特点内容得到丰富。在 2017 年第四届全国地方志优秀成果（年鉴类）评审活动中，全省报送的 16 部各级各类年鉴质量较高，获得评审专家一致认可，全部获得特等至三等年鉴等次。有 3 家福建省精品试点年鉴获得较高奖项:《漳浦年鉴（2016）》获评为特等年鉴，《集美年鉴（2016）》《福建科技年鉴（2016）》获评为二等年鉴。在 2018 年第五届全国地方志优秀成果（年鉴类）评审活动中，全省各级综合年鉴质量也得到了进一步的认可，《福州年鉴（2017）》《晋江年鉴（2017）》获评为特等年鉴，实现福建特等年鉴数量新突破;《三明年鉴（2017）》获评为一等年鉴，实现《三明年鉴》在全国质量评审中的历史性突破。在 2019 年第六届全国地方志优秀成果（年鉴类）评审活动中，《晋江年鉴（2018）》再次获评为特等年鉴。福建省选送的各级各类年鉴得到评委的普遍认可，充分说明精品工程工作达到了预期目的，提升了年鉴编纂质量。同时，年鉴也得到社会高度认可，资政参考作用愈发明显，省、市、县党政部门新上任的领导都要求报送近年甚至是各年份的全套年鉴作为了解地情的资料丛书。通过精品工程工作，福建省年鉴成果丰硕，培育出几个在全国较有影响的品牌年鉴，也在全省形成争创年鉴精品的强烈带动之势，实现全省年鉴事业发展以点带面、区域联动竞争的良性态势。

6. 发挥年鉴资源优势，实现围绕中心服务大局。发挥省级综合年鉴持续性记述和整理全省性大事件中保有资源的优势，选派拥有丰富年鉴业务经验的能手参与“福建与新中国一起走过”丛书《站起来》《富起来》《强起来》三部曲中《强起来》一书

《扩大开放强起来》篇《世界聚焦：金砖国家领导人厦门会晤》《全球规模最大的投资洽谈会：厦门“98”》《海上福州，对接海洋强国战略》《让“带”连得更顺，“路”走得更通》《抢占制高点，实现对外投资额创新高》《打造世界一流的营商环境》《福耀玻璃：中国企业走出去的样本》等7个专题共2万余字的撰写任务。

《强起来》以多维的视角勾勒出一系列典型事件：“高质量发展起来”“深化改革强起来”“基础设施强起来”“数字福建强起来”“清新福建强起来”“民生改善强起来”“小康福建强起来”“法制福建强起来”“文化自信强起来”“全面从严治党强起来”，展现福建的使命和担当、自信与自豪，一幅产业发展高素质、城乡建设高品质、改革开放高层次、生态环境高颜值、民生幸福高指数、党的建设高质量的新福建壮丽画卷正浓墨重彩地打开。

“篇篇俱是云烟满，句句皆取锦绣裁。“福建与新中国一起走过”丛书《站起来》《富起来》《强起来》三部曲，以新颖的立意、独特的构思、多维的视角、精彩的描述，洋洋洒洒100余万字穿越了历史和现实，展示了未来和希望，写出了自信和精神，精彩纷呈令人不忍掩卷，为献给中华人民共和国成立70周年不可多得的佳篇力作。

（四）以理论支撑为抓手

近年来，依托福建省年鉴研究会平台，全省年鉴理论研究保持在高位水平。每年常态性开展研究会年会、学术论坛，邀请业界专家授课指点；开展学术论文评比，优秀论文给予奖励并推荐到国家和省内公开出版刊物发表；编纂出版《年鉴编纂概要》一书，并在每年的全省培训班上为全体学员免费发放，保证人手一册，实现学研结合、学以致用。2018年11月和2019年9月，福建省年鉴研究会分别举办2018和2019年年会暨学术交流会，共有来自部分省直机关和市、县（市、区）政府及全省各级方志部门会员代表150余人参加会议，邀请专家先后以福建经典家训与社会主义核心价值观、手机摄影在工作中的应用、年鉴数字化及其应用为题进行授课，得到与会代表的热烈反响。学术年会共征集到地方综合年鉴助力乡村振兴、年鉴开拓创新与转型升级、年鉴编纂规范、编纂质量提升等方面论文近百篇，主题突出、专业性强，并精选部分论文进行现场交流与相互点评。通过交流研讨，使与会人员增强了理论意识，提升了理论指导年鉴工作的认识，也使各家年鉴在编纂业务上得到进一步的提高。

福建省年鉴工作以突出上述五项为抓手，同时在年鉴资源开发利用、闽台交流、闽侨交流等方面实现开拓创新。2018年福建省组织开展了两次志鉴入台项目，省、市、县三级年鉴多卷次随之入台，助力闽台文化交流，为台胞、台商了解福建、投资福建提供参考。省、市、县三级年鉴还多次在闽侨书屋中亮相，为侨胞了解福建各地提供契机。各级年鉴积极回应政府要求，重点记述当地特色产业发展或做好农产品推介，如《福建年鉴（2016）》设置顺昌县海鲜菇特色产业发展情况条目等，促进农业农村建设发展。

六、当前福建省年鉴事业发展存在的主要问题

（一）队伍问题

福建省地方志工作机构和党史机构合并为党史方志机构后，年鉴编纂队伍整体上得到壮大，但还明显存在结构不够优化，思想观念不够解放，业务钻研、理论研究动力不足，创新精神、效率意识有待提高，优秀人才、复合人才缺乏等问题。部分原党史机构工作人员调整到年鉴部门，因缺少专业知识和专业技能，容易导致年鉴稿件在最初的编辑环节出现质量下降的问题。

（二）质量问题

近年，福建省年鉴工作在每年度的年鉴精品工程和规范化培训的强化下，各级综合年鉴质量得到明显提高，但通过全国年鉴质量评审也反映出一些共性问题。（1）框架结构方面，存在总体设计创新不够，归类欠妥当，分类标准不科学以及栏目排列缺乏有序性等问题。（2）条目撰写方面，存在选题标准不严，要素不全，交叉重复，行文不够规范，标题不够准确等问题。（3）文稿质量方面，存在部分单位稿件比较模式化，有效信息不足，资料不够全面系统；图片和图注质量不高或主题契合程度低等。（4）其他问题，比如特载等编排不当，检索系统缺失，版式和印刷装帧良莠不齐等。

（三）经费问题

福建虽然是东南沿海区域，经济发展水平在全国居于中上游，但党史方志部门作为“偏”“弱”“冷”部门，在部门地方财政紧张的情况下，导致年鉴工作还存在一定程度上经费不足，直接影响到公开出版的稳定性和编审环节的力量，特别是南平、三明、漳州等部分基层县（市、区）和部分省级贫困县。

七、福建省年鉴事业未来发展的主要思路

（一）发挥党委引领作用，为依法治鉴指明方向

一要发挥党史方志部门作为各级党委直属机构的优势，并凝聚全社会力量关心重视年鉴工作，为全省年鉴事业“十三五”发展营造良好氛围。二要狠抓落实，按照规划纲要和各级的实施意见或实施方案拟定的时间表、路线图，一件一件推进、一项一项完成，确保“十三五”年鉴工作各项目标任务落到实处。三要扎实抓好年鉴工作队伍的建设，要树立依法行政意识，加强组织能力、协调能力锻炼，加强行政能力建设和对外沟通联系推动，使工作推动有序、有效、有力。四要抓好督促检查，每个季度对全省年鉴编纂工作进展情况进行跟踪督促，查进度、抓后进、破难题，并充分运用好督查通报制度，将检查结果进行通报，形成全省比学赶超的良好工作氛围。

（二）强化建章立制，为年鉴事业发展提供制度保障

一要贯彻落实《福建省实施〈地方志工作条例〉办法》，健全相配套的年鉴编纂和管理制度规范。拟依据党史方志部门整合后的全省最新情况更新发布《福建省地方综合年鉴管理办法》和《福建省地方综合年鉴编纂质量评审标准》《福建省地方综合年鉴图片使用规范》等年鉴管理办法和业务规范。二要加强年鉴工作部门内部业务制度的建设管理，健全完善地情资料收（征）集及管理制度，保证年鉴在篇目设计、资料收（征）集和初稿编辑、稿件审改、鉴稿评议、审查验收、出版发行等环节均有章可循、有序推进。三是完善落实分片负责、跟踪落实制度，将年鉴工作处人员进行合理分工，每个人负责三个设区市及其所属县市区年鉴编纂的指导、检查、督促工作，并强化福建省委党史方志办领导挂点困难县区的办法，不定期到挂点县区调研检查工作，确保年鉴编纂工作不反复、能落实。

（三）继续强化培训和精品工程，促进全省年鉴质量提高，培养年鉴品牌

一是抓好培训。省委党史方志办将继续办好每年度的《福建年鉴》撰稿人培训班、全省地方综合年鉴主编培训班、全省地方综合年鉴编辑培训班等 3 场各类年鉴业务培训班，实现年鉴业务人员培训不间断。协助和支持全省 9 个设区市和有条件、有能力、有意愿的部分县（市、区）保持每年开展一次年鉴专题业务培训，实现年鉴培训省、市、县三级不断层。

二是推进年鉴精品工程。自2016年试点开始，福建省持续性开展每年一次的全省年鉴精品工程，按精品工作计划，省委党史方志办将建立健全年鉴质量保障体系，把质量意识、精品意识贯穿于精品年鉴编纂工作的全过程和各个环节，对项目进行跟踪指导和督查，组织项目单位业务人员进行学习培训，全力打造精品年鉴。福建省年鉴精品工程将继续由省委党史方志办负责每年筹措15万至20万元，专项用于精品工程项目的实施，每年实施3—5个项目。同时，建设动态专家数据库，与福建省地方志专家库实现资源共享，侧重收录年鉴专家的基本情况、主要研究成果等。充分发挥专家、学者在实施年鉴精品工程中的作用，使之为年鉴精品工程的实施提供论证、咨询、验收等智力支持。

同时，积极做好推荐福建省年鉴参加中国精品年鉴工程的工作，按照好中选优的办法，把最有潜力、有希望打造成全国精品的年鉴推荐上报中指办，并按照中指办的工作要求，全过程参与指导、评议、申报等工作，在推动工作中带动形成全省年鉴精品的意识。2018—2019年，《晋江年鉴（2018）》《上杭年鉴（2019）》先后入选中国年鉴精品工程“中国精品年鉴”，有力推动了全省年鉴工作者争创精品的积极性。

多措并举 全力推进全省实现“年鉴全覆盖”

——江西省年鉴事业发展报告

江西省地方志编纂委员会办公室[1]

提要：2018—2019年，江西省年鉴工作有序发展，报告分析总结了2018—2019年全省年鉴事业发展的基本情况、基本特点和主要做法：以省市县三级综合年鉴全覆盖为主要抓手，注重年鉴质量的提升；力求年鉴编辑上的创新，提高年鉴的服务和使用价值。针对年鉴事业发展存在的问题，提出2020年以后江西省年鉴工作6个方面的计划。

关键词：江西省 年鉴事业 “年鉴全覆盖” 主要做法

在中国地方志指导小组（以下简称“中指组”）及其办公室的有力指导下，在江西省委、省政府的正确领导下，江西省志办以习近平新时代中国特色社会主义思想为指导，深入贯彻落实《全国地方志事业发展规划纲要（2015—2020年）》和《江西省地方志事业发展规划纲要（2016—2020年）》，大力推进依法治志，秉承“修志问道、直笔著史”的方志人精神，紧紧围绕实现省市县三级综合年鉴全覆盖目标，不断破解难题，推进全省年鉴事业有序发展。

① 执笔人：陈乐，江西省地方志编纂委员会办公室指导处科员。

一、江西省年鉴事业发展历程（1949 年至今）

江西省年鉴工作始于20世纪80年代末。当时，全省大批新编县志陆续问世。“志书修完了，修志机构何处去？”对此，宁都县率先一步提出包含编纂《宁都年鉴》在内的 8 项工作任务。1987 年 1 月，宁都县委、县政府批转县志办提出《关于编纂出版〈宁都年鉴〉的报告》和《〈宁都年鉴〉编纂方案》。1988 年 6 月《宁都年鉴（1983—1986）》完成出版，成为全省首部地方综合年鉴，为全省编纂年鉴提供了示范。同年，《渝水年鉴（1984—1986）》公开出版。

1991 年，江西省志办明确要求已完成志书出版任务的单位，要把工作重心转移到编纂地方综合年鉴的轨道上来，并把年鉴确定为地方志工作的重要任务，开始有组织有计划地开展年鉴编纂工作。《景德镇年鉴》《乐平年鉴》等都是在这一时期创刊。

1995 年，江西省志办召开江西省年鉴工作会议，再次部署年鉴工作，强调要转变观念，按照年鉴的体例和编纂规律开展工作。当年，全省有 50 个市、县编纂年鉴，出版年鉴 25 部。同年，《江西年鉴》筹备创刊。

从 20 世纪 80 年代到 2000 年，江西的年鉴事业发展较慢。2001 年，《江西年鉴》重新启动创刊；2002 年，顺利创刊并于当年公开出版，填补了江西省级综合年鉴的空白，也获得了全国年鉴评审 5 个奖项。之后，设区市陆续创刊出版年鉴，至 2011 年，随着《吉安年鉴》的创刊，全省 11 个设区市实现“一年一鉴”。

2006 年，国务院颁布实施《地方志工作条例》。2008 年，江西省人民政府颁布《江西省实施〈地方志工作条例〉办法》。从此，年鉴走上了法治化的轨道，开始依法编鉴，江西省地方综合年鉴编纂工作出现良好的发展势头。

随着《全国地方志事业发展规划纲要（2015—2020 年）》《全国年鉴事业发展规划（2016—2020 年）》的发布，2020 年实现省市县三级综合年鉴全覆盖成为刚性任务。全省年鉴事业以前所未有的速度快速发展。

二、2018—2019 年全省年鉴事业发展情况

（一）基本情况

1. 地方综合年鉴编纂出版情况（2018 年卷、2019 年卷）。江西省应启动编纂省、市、县三级综合年鉴 112 种。2018 年卷全省启动编纂省、市、县三级综合年鉴 100 种，覆盖

率为 89.29%，较 2017 年卷增加 11 种。2019 年卷全省启动编纂省、市、县三级三级综合年鉴 102 种，覆盖率为 91.07%，较 2018 年卷增加 2 种。

江西应启动编纂省级综合年鉴 1 种。《江西年鉴（2018）》《江西年鉴（2019）》均于当年年末如期出版发行。《江西年鉴》自 2002 年创刊以来，坚持“一年一鉴”，至今已连续公开出版 18 卷。

江西应启动编纂市级综合年鉴 11 种。2018 年卷、2019 年卷市级综合年鉴全部启动编纂，并全部公开出版，公开出版率达 100%。

江西应启动编纂县级综合年鉴 100 种。2018 年卷县级综合年鉴启动编纂 88 种，较 2017 年卷增加 11 种，覆盖率为 88%；其中，2018 年卷有 48 种公开出版。2019 年卷县级综合年鉴启动编纂 90 种，较 2017 年卷增加 2 种，覆盖率为 90%。

2. 专业年鉴编纂出版情况。除统计系统的统计年鉴外，据不完全统计，2018 年全省编辑出版的专业年鉴 19 种，2019 年出版 13 种（见表 1）。全省大部分的专业年鉴没有做到当年编纂、当年出版。

2018、2019 年江西省专业年鉴出版情况一览表

表 1

序号	2018 年出版	序号	2019 年出版
1	《中共江西省委党校江西行政学院年鉴（2018）》	1	《中共江西省委党校江西行政学院年鉴（2019）》
2	《江西体育年鉴（2018）》	2	《江西体育年鉴（2019）》
3	《江西交通年鉴（2018）》	3	《江西交通年鉴（2019）》
4	《江西省人民代表大会年鉴（2017）》 （卷号不规范，实为 2018 年卷）	4	《江西省人民代表大会年鉴（2019）》
5	《江西省高级人民法院年鉴（2018）》	5	《江西省高级人民法院年鉴（2019）》
6	《新钢年鉴（2018）》	6	《新钢年鉴（2019）》
7	《中国日用陶瓷年鉴（2018）》	7	《江西教育年鉴（2018）》
8	《江西教育年鉴（2017）》	8	《江西环境年鉴（2018）》
9	《江西环境年鉴（2017）》	9	《南昌铁路局年鉴（2018）》
10 11	《南昌铁路局年鉴（2017）》 《南昌铁路局年鉴（2016）》	10	《江西科技年鉴（2018）》
12 13	《江西科技年鉴（2016）》 《江西科技年鉴（2017）》	11	《江西政协年鉴（2017）》
14	《江西政协年鉴（2016）》	12	《江西宣传思想文化工作年鉴（2017）》
15	《江西宣传思想文化工作年鉴（2016）》	13	《赣州经济技术开发区年鉴（2018）》
16	《景德镇陶瓷大学（2017）》		
17	《九江市鹤湖学校（双年鉴）》		
18	《九江教育年鉴（2011—2015）》		
19	《德安县人民代表大会年鉴（2018）》		

3. 年鉴资源开发情况。数字化方面，至 2019 年末，省方志馆累计将 251 种年鉴制作成电子图书。其中，《江西年鉴》18 种。

年鉴理论研究方面，2018—2019 年全省地方志工作者在省外发表 12 篇年鉴研究文章，这些文章大都发表在全国地方志系统的刊物上。而本省的《江西地方志》2018—2019 年共刊载 19 篇年鉴研究文章。

江西还依托方志理论研讨会引导全省地方志工作者积极撰写年鉴研究方面的理论文章，仅 2019 年度江西省方志理论研讨会就收到了 13 篇年鉴研究方面的理论文章。

年度大事记类，2018—2019 年全省出版年度大事记类有《南昌大事记（2017）》《南昌大事记（2018）》《图记南昌（2017）》《图记南昌（2018）》《赣州市 2017 年度大事记》《赣州市 2018 年度大事记》《南康家居小镇大事记（2017—2018 年）》《南康大事记（2017 年）》《南康大事记（2018 年）》《九江大事记（2018）》《九江大事记（2019）》等 6 种。其中，《南昌大事记》2001 年创刊，已出版 19 卷；《图记南昌》2014 年创刊，已出版 6 卷；《赣州市年度大事记》2014 年创刊，已出版 6 卷；《南康大事记》2016 年创刊，已出版 3 卷；《九江大事记》2007 年创刊，每年一卷。另外，2018—2019 年，有 2 个县出版了编年体的大事记，分别是《九江县大事记》《分宜县大事记》。

（二）主要特色与亮点

1. 重视年鉴质量。2018—2019 年，在奋力实现省市县综合年鉴全覆盖目标的同时，江西牢固树立质量意识，全方位提升年鉴品味。

《江西年鉴》严格按照出版流程编纂，年初即制定组稿方案，结合本省实际，对篇目作出局部调整。4 月上旬，对各撰稿单位的撰稿进度情况进行通报，指出稿件存在的问题，要求按照年鉴体例修改。4—8 月，严格执行初审、复审、终审程序。9 月，进出版社审阅。自 2018 年，还增加编辑人员互审和校对次数，确保稿件质量。出版社审稿也更加规范，由一次审稿改为三次审稿。2019 年 3 月 7 日，江西省志办召开《江西年鉴》撰稿研讨会，共有 88 家省直单位参会。会上，就《〈江西年鉴〉撰稿存在的问题》进行授课辅导，还将典型性、多发性问题总结装订成册下发给各撰稿单位。

市县综合年鉴方面，江西省志办注重对年鉴编纂工作示范单位的培育。以泰和县为例，《泰和年鉴》自创刊以来就坚持走精品路线，注重创新。泰和县委、县政府高度重视年鉴工作，在人力、物力、财力上给予大力支持。泰和县史志办自 2015 年以来每年召开年鉴评审会，并请省、市志办的领导专家审稿。《泰和年鉴》连续三届在全省年鉴质量评比活动中获评为县级综合年鉴一等年鉴。

2018年，在第五届全国地方志优秀成果（年鉴类）评审活动中，江西共有9部年鉴取得等次，其中，《赣州年鉴（2017）》获评为特等年鉴，实现了市级年鉴获全国特等年鉴零的突破；《江西年鉴（2017）》《南昌年鉴（2017）》获评为一等年鉴；《上饶年鉴（2017）》《新建年鉴（2017）》《信州年鉴（2017）》获评为二等年鉴；《浔阳年鉴（2017）》《江西统计年鉴（2017）》《江西宣传思想文化工作年鉴（2015）》获评为三等年鉴。2019年，在第六届全国地方志优秀成果（年鉴类）评审活动中，江西亦有7部年鉴取得等次。

2. 创新年鉴编纂。2018—2019年，除强化年鉴规范化建设外，全省年鉴工作者努力寻求突破，在封面和彩页的装帧设计、地方特色和年度特色的体现、服务价值和存史价值的凸显等方面有所创新，力求年鉴编纂水平再上一个台阶。

一是重视封面和彩页的装帧设计。装帧印刷方面，《江西年鉴（2019）》全书内页新增图照。《南昌年鉴（2018）》《九江年鉴（2018）》首次采用全彩印刷，各个类目配置彩图，增强全书美感。《赣州年鉴（2018）》首次采用四色印刷，版式设计美观。《吉安年鉴（2018）》创新设计理念，改变以往以颜色区分年份的单调设计，采用吉安旅游新发展格局的“三山一江”作为封面，封底采用吉安其他旅游景区图。封面封底底纹采用新干青铜器纹，书脊为吉州窑陶瓷特有的花纹，古朴典雅又不失现代风格。《柴桑年鉴（2019）》全书内页文字一改过去单色版而采用双色版套印方法，大大提高印书质量，深受好评。

封面和彩页设计方面，《江西年鉴（2019）》首次把主编的姓名印在封面上，以突出省委、省政府的重视。《赣州年鉴（2018）》封面采用八镜台、十龙聚龟图片作底图，设计简单大方，展现赣州历史元素及地域文化元素。《资溪年鉴（2018）》封面采用航拍县城景观图，展现资溪县发展迅速的城市风格；彩页以全域旅游景区为重点，突出大觉山晋升国家AAAAA级旅游景区纪实，凸显年度与地域特色。《南昌县年鉴（2018）》封面设计采用南昌县县花莲花，简约明了；彩页编排上改变以往突出领导关怀的模式，更多展现党建、产业发展、创文创卫、城镇建设、乡村环境等县容县貌。

二是体现地方特色和年度特色。《江西年鉴（2019）》根据机构改革情况，对篇目作了局部调整，增设应急管理、退役军人事务管理2个类目。《景德镇年鉴（2019）》已适时对框架进行大幅度调整，并优化彩页设计。《赣州年鉴（2018）》打破常规，除设有常设栏目外，增设赣州市成功创建全国文明城市专记、赣州市2017年脱贫攻坚工作专记等，同时在工业类目中增设“新能源汽车及配套产业”“家具产业”“电子信息产业”“稀土钨产业”等赣州特色产业，突出鲜明的年度特点及浓郁的地方特色；2019年卷又适时增设“主攻工业、教育、卫生”专记、“数读赣州”专栏、“赣南脐橙”等栏目。《新余年鉴（2018）》新增“夏布绣”等更加有地方特色的内容。《东湖年鉴（2018）》设置“大事聚集”栏目，凸显2017年该区学习宣传贯彻中共十九大精神的重大事件，“数字东湖”“东湖风采”等栏目独具地方特色。《石城年鉴（2018）》继续设“年度关键词”栏目，彰显年鉴的年度记忆功能。

三是凸显服务价值和存史价值。《石城年鉴（2018）》设“缩略语注释”等栏目，提升信息准确性；设《文史考述》专栏，积累地方文史资源；连续四年在彩页部分设“主题推荐”栏目，2018年卷主题为“乡村老物件”，展示专题图片87幅，封面照片与所推荐主题相呼应。《南康年鉴（2018）》的“南康概貌”，增加了“南康非物质文化遗产”“方言”“政治建设”“文化建设”“生态文明建设”“文明城市建设”等内容；专辑《中国（赣州）家具产业博览会》等收录、记载反映南康工作特色亮点的文章，以更好地服务读者。

《赣州年鉴（2018）》配备双重检索系统；书前刊有详细目录，卷末备有主题索引。《南昌年鉴（2018）》还增加英文目录，以适应广大读者需要。《萍乡年鉴（2019）》亦增设“索引”栏目。

3. 坚持编鉴为用。为进一步提升年鉴的资政功能，经江西省人大和江西省政协批准，在2019年12月全省“两会”召开期间，江西省志办将《江西年鉴（2019）》分别呈送与会的省人大代表和省政协委员。此举为人大代表和政协委员了解省委、省政府的重大决策部署、重大政策、重要数据以及各行各业取得的发展成就提供了材料，方便人大代表和政协委员更加系统直观地了解全省高质量发展的轨迹和全貌。

江西省方志馆、吉安市志办、萍乡市史志办、上饶市志办、于都县志办、吉安县志办、瑞昌市志办等地还开展方志成果“六进”活动，编修为用，扩大年鉴的影响力。

三、2018—2019年全省发展年鉴事业的主要做法

2018—2019年，全省年鉴事业有了较大突破，特别是市县两级综合年鉴全覆盖发展势头较好。主要做法如下：

（一）推进依法治鉴

2015年，国务院办公厅印发《全国地方志事业发展规划纲要（2015—2020年）》，提出了到2020年完成省、市、县三级第二轮地方志书公开出版，县（市、区）综合年鉴“一年一鉴、公开出版”的“两全目标”。2016年，江西省政府办公厅印发《江西省地方志事业发展规划纲要（2016—2020年）》，明确规定到2020年全面实现省、市、县三级综合年鉴全覆盖。随后，江西狠抓贯彻落实，形成了年鉴编纂工作是履行法定职责、年鉴编纂工作是实现“两全目标”的刚性需要、2020年实现省市县三级综合年鉴全覆盖是硬性任务的共识。全省地方志系统形成了依靠规划开展年鉴编纂工作，依靠规划完成“两全目标”的良好氛围。2019年12月20日，江西省志办第一时间下发《关于转发中指组〈关于全力做好省市县三级综合年鉴2020年卷编纂出版工作的通知〉的通知》。

（二）争取领导支持

一直以来，江西省志办积极争取省领导重视，做到工作多请示、多汇报。在全省的努力下，党的十八大以来的历任分管副省长均十分重视地方志工作。2018年6月19日，分管副省长孙菊生上任不久就到江西省志办调研，看望干部职工。2018年他先后就中指组印发的季度通报作出两次批示，要求“就有关薄弱工作环节加强对有关工作部门的督查和指导”。2019年，他就编纂好2020年省市县三级年鉴作出批示。

此外，江西省志办十分重视争取中指组及其办公室的支持，多次邀请中指办领导来江西指导年鉴工作。2018—2019年，中指组秘书长、中指办主任冀祥德4次到江西调研指导。2019年2月，中指办党组书记高京斋到江西调研“两全目标”贯彻落实情况。

市县两级地方志工作机构都能努力争取领导支持，地方志工作大多数都做到了“一纳入、八到位”，各级地方志编委会都由政府主要领导担任主任委员，明确一名领导分管地方志工作，有些地方还把年鉴工作写进了《政府工作报告》，明确作为政府的一项重要工作。

（三）聚焦县级综合年鉴全覆盖开展督查调研

为确保如期实现“两全目标”，继 2017 年 8—9 月江西省志办联合省政府法制办对全省 11 个地级市开展了地方志工作督查后，2018—2019 年，江西省志办领导多次带队到年鉴编纂工作相对落后的相关市县进行专项督查，逐个攻破全省县级综合年鉴全覆盖的难点。2019 年 7 月，江西省志办党组书记、主任甘根华履新以来，先后到南昌、萍乡、丰城、抚州、新余、宜春调研。经过多方协调，靖安、铜鼓、德安等尚未开展年鉴工作的地区已经逐步开始县级综合年鉴的编纂工作，丰城、婺源及抚州多个县（区）由多年鉴转为“一年一鉴”。

部分地级市地方志工作机构亦开展了督查调研。2018 年 3 月—4 月，吉安市志办对全市 13 个县（市、区）就市政府下发的《关于分解落实 2018 年省〈政府工作报告〉重点工作任务的通知》中关于地方志工作的任务分解落实情况开展督查调研，召开座谈会，听取各县（市、区）工作汇报，要求确保从 2017 年卷开始实现“一年一鉴、公开出版”的目标，并努力争取当年出版。2018 年 6 月，九江市史志办对全市 13 个县（市、区）地方志工作进行一次全面督查，通过“听”“看”“查”，重点强调地方综合年鉴的编纂工作。

（四）召开全省县级综合年鉴全覆盖推进会及年鉴编纂业务系列培训班

为确保“两全目标”的全面实现，2018 年 7 月，江西省志办专门召开全省县级综合年鉴全覆盖推进会暨全省综合年鉴专题培训班。副省长孙菊生为大会作书面讲话，中指组秘书长、中指办党组书记、主任冀祥德出席会议并讲话。冀祥德等 5 位专家学者为与会人员授课。

会议影响大，效果好。江西电视台、《江西日报》《江南都市报》《江西晨报》、大江网、江西网、凤凰网等主流媒体进行了详细报道。会后，各市、县（市、区）积极学习贯彻落实会议精神。共青城市在向市长专题汇报会议精神后，当即下拨 30 万元专项经费。湾里、湖口、浮梁、铅山、高安、万载等县（市、区）增加了年鉴工作经费。南丰、资溪、鄱阳、广丰、进贤等县（市、区）则从 2018 年卷起转为公开出版。部分设区市也纷纷召开全市县级综合年鉴工作会。2018 年 8 月，九江市政府专门召开九江市地方志系统落实“两全目标”推进会暨县级综合年鉴业务培训会。2018 年 12 月，上饶市志办召开全市县级综合年鉴全覆盖推进会。

2019 年，全省地方志工作机构继续发力，有针对性地围绕年鉴编纂业务举办各类培训班。1 月，全省地方志工作会议暨纪念《江西省实施〈地方志工作条例〉办法》颁行十周年座谈会、全省地方志干部培训班在南昌举行，孙菊生、冀祥德出席会议并讲话。3 月，吉安召开全市地方志办公室主任会暨业务培训研讨会。5 月，赣州市举行 2019 年年鉴工作推进会暨精品年鉴编纂培训。12 月，全省设区市地方志办公室主任工作会议召开，强调要坚决打赢“两全目标”攻坚战。

（五）实行“两全目标”季度通报

中指组为推进全国“两全目标”的完成，对第二轮省、市、县三级志书和综合年鉴实行季度通报。副省长孙菊生对此非常重视，针对中指组印发的季度通报专门做了两次批示。2018 年 5 月，江西省志办召开针对《关于 2018 年第一季度全国第二轮省市县三级志书和综合年鉴全覆盖完成情况的通报》的专门会议。

随后，江西省志办根据相关要求并结合江西省的情况，在向中指办上报数据的情况下，决定按季度开展全省“两全目标”完成进度通报，以省地方志编委会名义下发，将各地的“两全目标”完成情况通报至所有市、县（市、区）政府。

（六）举办全省年鉴质量评比活动

2018—2019 年，连续举办江西省第三届、第四届年鉴质量评比活动。由江西省志办组织专家按市级综合年鉴、县级综合年鉴、专业年鉴三个类别分工审读，并对每一部年鉴进行评分。评比活动还限定参评范围，鼓励内部出版的年鉴转为公开出版。如第四届年鉴质量评审活动相较于往年推荐参评范围更加严格，仅限于 2018 年卷，且下调内部出版的县级综合年鉴推荐比例。

两届评比活动都注重以评促改、以评促进。针对会上发现的卷号不规范等各类问题，要求及时整改。同时，会后及时将专家评审意见反馈给参评单位，推动全省年鉴质量的提升。此外，江西省志办还将取得等次的优秀年鉴在报纸、广播、电视等媒体进行广泛宣传，激发全省年鉴工作者的积极性。

2018 年 7 月，上饶市志办承办了第五届全国地方志优秀成果（年鉴类）评审系列会议和第三期全国年鉴主编培训班。

（七）做好国家级贫困县年鉴资助工作

2017 年 5 月，中指办印发《关于启动民族地区与贫困地区年鉴资助工程的通知》。根据通知，经国务院扶贫开发领导小组办公室认定的国家级贫困县（区、旗、县级市），可以申报。由于江西是经济欠发达省份之一，为解决部分经济欠发达的地区因经费紧缺出现年鉴公开出版困难的问题，确保“省市县三级综合年鉴全覆盖”目标顺利实现，江西省志办对全省符合条件的国家级贫困县年鉴编纂情况进行梳理，并根据各县自身情况和需要，严格审核把关，2018 年上半年，《遂川年鉴》《寻乌年鉴》先后获得资助。

（八）举办供稿员培训会提升供稿质量

近年来，全省各地区十分注重召开年鉴编纂启动（部署）暨培训会。这些会议都是针对各供稿单位而组织的，且有分管领导到会并讲话，从而有效地提升年鉴供稿质量。2019 年 3 月，江西省志办召开《江西年鉴》撰稿研讨会，邀请了 88 家供稿单位参会，详细讲解了供稿中常见问题及解决办法。2018—2019 年，景德镇市、萍乡市、南昌市青云谱区、新建区、修水县、德安县、共青城市、婺源县、万年县、余干县等地都召开了年鉴编纂工作启动（部署）暨业务培训会，分管领导出席并讲话，辖区内的各部门、各单位的责任人、供稿员上百余人参加会议。会议对年鉴组稿及编纂工作任务进行部署，要求时间上拖不得、内容上漏不得、责任上马虎不得，并系统讲解年鉴体例特点、撰稿中出现的常见问题及解决办法。

部分地区对供稿单位的优秀稿件进行通报表扬。2018 年 3 月，《青山湖年鉴（2018）》组稿暨史志工作培训会宣读了 2017 年青山湖年鉴优秀稿件名单；3 月，《南昌县年鉴（2018）》组稿工作会议通报表扬获得一、二、三等奖稿件的单位名单；2019 年 8 月，德兴对 19 个年鉴稿件质量优秀单位利用微信公众号公开表扬。对于这些年鉴编纂启动（部署）暨培训会，省、市两级地方志工作机构都给予大力支持。

四、存在的主要问题及下一步工作计划

（一）主要问题

2018—2019 年，江西省年鉴事业取得了一定成绩，但也存在一些问题，主要表现在：

1. 县级综合年鉴“一年一鉴”尚未全覆盖。江西是革命老区，也是经济欠发达的中部省份，大部分县（市、区）财力有限，加之县级地方志工作机构人员少，导致县级综合年鉴全覆盖成为全省地方志工作“两全目标”实现的难点。

一是机构、人员保障不足。少数县（市、区）的地方志工作机构人手少、人员变动大，机构不够稳定。不少县级地方志办公室仅有 2—3 名工作人员，个别县仅有 1 名主任，有的县在编人员还被借走或调往参加中心工作，难以投入到年鉴编纂工作中。

二是编纂质量有待提高。主要是各供稿单位的撰稿人员变动频繁，对年鉴知识、年鉴理论、编纂要求等缺乏必要的了解，行文带有明显日常的公文、总结式痕迹。县（市、区）地方志工作机构的年鉴编辑人员的业务水平也参差不齐，很多年鉴编辑人员没有经过系统培训，编辑人员水平有待提高。

三是经费不足。江西省经济欠发达，各级政府财力有限，一些县级政府更是财力紧张。一些县（市、区）的年鉴工作经费没有列入预算，实现公开出版困难。

四是出版滞后，时效性不强。按照《地方综合年鉴编纂出版规定》，年鉴应逐年编纂，做到当年编纂当年出版。然而，不少县级综合年鉴因种种原因往往要延至第二年才出版，影响了年鉴使用价值的发挥。很多年鉴从完成编纂到出版发行，流程长、时间长，严重影响省市县三级综合年鉴全覆盖目标的实现。

2. 年鉴资源开发深度和广度还不够。相对于志书而言，目前，全省还没有纵深挖掘年鉴资源，开发多停留于制作电子图书、书后附带光盘、编辑年度大事记等较浅的层次，没有充分发挥年鉴的使用价值。

3. 乡镇年鉴和村级年鉴有空白。2006 年，宁都县出版了 1 部乡镇年鉴《黄陂年鉴》。2018—2019 年，全省未编辑出版乡镇年鉴或村级年鉴。这意味着，全省在乡镇年鉴和村级年鉴的编辑出版上还有较大空白，年鉴事业向基层延伸还大有空间。

（二）下一步计划

当前，站在年鉴事业发展的关键时刻，江西省将以实现“两全目标”为抓手，重点攻克县级综合年鉴全覆盖的难题，不断加强年鉴规范化建设、提升年鉴质量。在此基础上，加强年鉴资源的开发利用，推动年鉴工作向基层延伸、多维度发展。

1. 进行专项督查，确保县级综合年鉴“一年一鉴”全覆盖。拟对“两全目标”落实进度慢，“一年一鉴”全覆盖率低的市、县（市、区）开展专项督查。积极落实

“一纳入、八到位”，促进年鉴工作经费纳入政府预算，保障年鉴工作经费的充足。要求县级综合年鉴必须做到“一年一鉴”，当年编纂当年出版。有条件的地区实现公开出版，困难地区逐步实现公开出版。

2. 加强年鉴编辑队伍建设。一方面，开展有针对性的培训，特别是要加强对年鉴业务骨干培训力度，锻造一支政治素质过硬、业务能力强的年鉴编辑队伍。另一方面，在县级地方志工作机构人手少、任务重，还要参与扶贫开发等中心工作的情况下，积极聘请文字功底好、懂年鉴工作的老同志参与进来。通过队伍建设，切实促进年鉴质量的提升。

3. 开展年鉴精品工程申报工作。到 2019 年末，江西省尚无一部年鉴申报“中国年鉴精品工程”。因此，为提升全省年鉴质量，在当前奋力推进“两全目标”的形势下，着手开展年鉴精品工程申报显得尤为重要。既要积极申报中国年鉴精品工程“中国精品年鉴”，又要扎实开展省级精品年鉴申报工作，尝试在市县两级综合年鉴层面选择基础比较好的地区，重点培育打造市级年鉴、县级年鉴的“样板”。

4. 强化宣传，营造氛围。积极利用官网、杂志、简报和微信公众号等，增加大众对地方志事业的了解，特别是增强地方党政领导对实现“两全目标”重要性的认识，营造“比、学、赶、超”氛围。

5. 围绕服务中心，加强年鉴资源的开发利用。江西省志办将继续在“两会”召开期间为省人大代表和省政协委员提供最新的《江西年鉴》。同时，鼓励全省地方志系统编纂年鉴简本、年度大事记、年度图记，探索服务社会的更好、更便利的形式。深挖年鉴资源，通过提取分析社会关注高、借鉴意义大的信息，逐渐整合年鉴信息资源，为党委政府提供决策参考。

6. 探索推动年鉴向基层延伸、多维度发展。拟在全省范围内选择有条件的乡镇（街道）、行政村开展乡镇年鉴、村级年鉴的编纂出版工作，通过审稿、互联网等多种形式加强指导，推动年鉴向基层延伸。同时，通过全省年鉴质量评比活动的影响，加强对全省专业年鉴规范化建设的指导力度。

切时如需　转型升级
推进全省年鉴事业科学发展
——山东省年鉴事业发展报告

中共山东省委党史研究院（山东省地方史志研究院）①

提要： 2018—2019年，山东省年鉴事业实现科学发展。报告总结了全省两年来年鉴事业发展情况、取得的主要成绩和发展特点，介绍了山东省在抓"年鉴全覆盖"、提升年鉴质量、加强人才培养等方面的经验和做法，梳理了亮点工作，分析了存在困难和问题，阐明了下一步工作方向。

关键词： 山东省　年鉴事业　科学发展

2018—2019年，山东省史志系统在省委、省政府的正确领导和中指组的精心指导下，以国务院办公厅《全国地方志事业发展规划纲要（2015—2020年）》和《山东省地方史志事业发展规划纲要（2016—2020年）》为总抓手，按照"改革创新，提速增效，服务现实"的工作理念，坚持数量和质量并重，改革创新，积极作为，推动全省年鉴事业科学发展，年鉴工作取得新成绩。

① 执笔人：徐尉，中共山东省委党史研究院（山东省地方史志研究院）年鉴工作处处长。

一、2018—2019 年山东省年鉴事业发展情况

2018 年 10 月 8 日，山东省委十一届六次全会审议通过《关于山东省省级机构改革的实施意见》。根据实施意见，撤销中共山东省委党史研究室、山东省地方史志办公室，重新组建中共山东省委党史研究院（山东省地方史志研究院），负责组织编纂《中共山东年鉴》《山东年鉴》、指导全省各级各类年鉴编纂、开展年鉴理论研究等任务。各市也相应组建了党史研究院（地方史志研究院），县（市、区）组建党史研究中心（地方史志研究中心），继续承担综合年鉴编纂的任务。

（一）综合年鉴编纂出版情况

2018 年，全省 17 个市、137 个县（市、区）全部公开出版综合年鉴，完成《山东省地方史志事业发展规划纲要（2016—2020 年）》规定的“所有县（市、区）2018 年全部达到一年一鉴、公开出版，实现省、市、县三级综合年鉴全覆盖”的目标任务。《山东年鉴（2018）》继续实现 6 月底出版，连续五年是全国第一个出版的省级综合年鉴。《济宁年鉴（2018）》1 部市级综合年鉴和《安丘年鉴（2018）》《青岛西海岸新区年鉴（2018）》《曲阜年鉴（2018）》《齐河年鉴（2017）》4 部县级综合年鉴实现出版年度上半年公开出版发行。2018 年末，国务院批复同意山东省调整济南市莱芜市行政区划，撤销莱芜市，将其所辖区域划归济南市管辖。行政区划调整后，全省变为 16 个市，县（市、区）数量不变。2019 年，全省继续巩固“一年一鉴、公开出版”成果，全部启动综合年鉴编纂。截至年末，全省 16 个市、132 个县（市、区）公开出版综合年鉴。受机构改革、书号紧张和新冠肺炎疫情等多重因素影响，有 5 个县（市、区）的综合年鉴暂时没有出版。《山东年鉴（2019）》和《滨城年鉴（2019）》两部年鉴入选中国年鉴精品工程“中国精品年鉴”。

（二）专业年鉴编纂出版情况

截至 2019 年末，山东省编纂出版各级各类专业年鉴 80 余种。2018 年，《烟台经济技术开发区年鉴》《泰安审计年鉴》创刊，并公开出版发行。《中共山东年鉴》创办于 2002 年，是中共山东省委党史研究院（山东省地方史志研究院）组织编纂的全国首部党的工作年鉴，以“着力打造中共山东省委的编年实录、交流党建信息的巨型平台、探索执政规律的高层论坛”为目标定位，收录山东各级党组织的工作情况和基本经验，全面、

系统、准确地反映各级党组织工作全貌，成为山东各级党政领导必不可少的资政工具书，至 2019 年末已连续出版 18 卷。《山东地方史志年鉴》创办于 2015 年，设特载、大事记、工作综述、志书编纂与出版、年鉴编纂与出版、信息化建设、方志馆建设、旧志整理与出版等栏目，反映全省地方史志工作的发展现状，展示全省史志系统的精神风貌，2018 年卷由中国文史出版社出版发行，为社会各界了解山东史志工作提供系统权威的信息。《山东统计年鉴》1987 年创刊，至今已连续出版 33 卷，是省内出版卷数最多的专业年鉴。《山东商务年鉴》连续三年做到 7 月前出版，是省内较早出版的专业年鉴。市级专业年鉴中，以统计年鉴居多。县级专业年鉴中，主要有《中共潍城年鉴》《中共青州年鉴》《中共昌乐年鉴》等专业年鉴。高校年鉴中，主要有《山东农业大学年鉴》《山东曲阜师范大学年鉴》《山东理工大学年鉴》《烟台师范学院年鉴》《鲁东大学年鉴》)《烟台大学年鉴》《山东交通学院年鉴》等，大多以内部资料出版。企业年鉴中，《山钢年鉴》《济钢年鉴》《莱钢年鉴》《胜利油田年鉴》《齐鲁石化年鉴》《烟台日报传媒集团年鉴》等年鉴坚持做到“一年一鉴、公开出版”。这些年鉴在积累资料、扩大宣传等方面发挥了重要作用。

二、取得的主要成绩和年度发展特点

（一）争取领导重视，优化工作环境

山东省年鉴工作围绕中心、服务大局，求真务实、开拓创新，取得显著成果。山东省史志系统每年坚持向党委、人大、政府、政协等领导报告史志工作，用卓有成效的工作实绩争取领导重视支持。各级党委、政府也将史志事业列为新时代现代化强省建设的重要内容。省委书记刘家义在山东省第十一次党代会报告中明确要求“推进地方史志等事业创新发展”，2017 年 12 月 14 日又专门对史志工作作出批示，要求“全省各级党委要高度重视修史修志，关心支持史志事业”。省长龚正在 2018 年的政府工作报告中明确指出：“完成省市县三级第二轮修志和一年一鉴任务”。2019 年，省委常委会会议专题研究党史史志工作 1 次，省委领导作出指示批示 34 次，其中省委主要领导批示 2 次，中央党史和文献研究院、中指办领导来山东调研指导 8 次。青岛、日照、临沂等市领导相继对史志工作作出批示。史志工作连续五年写入省政府工作报告。烟台市、潍坊市史志工作列入市政府工作报告。有了各级领导的重视支持，为年鉴编纂创造了更加良好的环境和条件，全省年鉴事业呈现出健康快速发展态势。

（二）实施督查调度，狠抓工作落实

近年来，山东省每年都由省政府办公厅、省政府督查室等部门联合组成省政府督查组，开展史志工作专项督查，建立了常态化的督查落实机制。在2017年到烟台、枣庄、青岛、潍坊、滨州、日照、临沂、淄博、济宁等地督查调研的基础上，2018年，再次到烟台、德州、临沂、枣庄、潍坊等市进行督查。通过督查，引起各级党委、政府主要负责同志高度重视和大力支持。各市增强了完成年鉴工作目标任务的动力和紧迫感，分别召开"三全目标"推进会，深入分析存在问题和不足，迎难而上，补齐短板。4月，山东省专门召开全省年鉴工作座谈会，推动年鉴编纂工作。5月、7月两次召开全省"三全目标"推进会，对全省综合年鉴编纂全覆盖目标任务提出明确的要求，对行动迟缓的单位，要求到会说明原因。从2018年1月起，山东省实行"月调度、季通报"制度，编辑"年鉴工作月报"，每月汇总全省综合年鉴工作动态和出版信息，每季度对全省年鉴编纂进度进行通报。各市也都按照省里的做法，普遍开展了督查调度工作。提前两年完成《全国地方志事业发展规划纲要（2015—2020年）》规定的目标任务。2019年，山东省继续紧盯"年鉴全覆盖目标"不放松，加大督查力度，巩固"一年一鉴、公开出版"成果。7月，在全省"不忘初心、牢记使命"主题教育期间，省地方史志研究院派出5支调研组，到16市调研党史史志工作，并深入20多个县（市、区）实地考察座谈，听取汇报。10月，省地方史志研究院派出调研组，到威海市专题调研年鉴工作，并深入3个区县实地考察座谈，开展深入细致地交流探讨。

（三）坚持改革创新，提升年鉴质量

两年来，山东省史志系统坚持改革创新，将改革理念贯穿年鉴组稿、编纂、出版全过程。《山东年鉴》坚持改革创新，调整框架设计，增加新内容，使用二维码等新技术，坚持"三审五校"制度，确保年鉴质量，不断增强服务现实功能。济南市紧紧围绕"打造四个中心，建设现代泉城"的中心任务和年度大事要事，展现全市经济社会发展变化情况。青岛市成立年鉴专家库，积极发挥年鉴专家"评、讲、研、写"的人才引领作用，加强年鉴理论交流和学术讨论。在年鉴组稿、编辑、校以各个阶段，分别举行集中培训，总结形成《〈青岛年鉴〉编纂提醒》。东营市2019年继续与东营广播电视报社联合开展《东营年鉴》图片资料征集活动，卷首图片质量得到有效保证。烟台市组织开展县（市、区）综合年鉴评比活动。威海市实行分层次组稿办法，

合理安排交稿时间，不断提升年鉴质量，加快出版进度。临沂市将“智慧临沂”手机客户端、沂蒙史志官方微信和“大美新”临沂宣传片二维码植入年鉴公益彩页中，读者通过扫描二维码即可获取有关信息和视频资料，方便快捷。滨州市连续三年对县（市、区）年鉴组稿方案实施预审，严格把关，并对《滨城年鉴》等3部县区年鉴进行了严格评审。高密市、东明县创新沟通联系渠道，建立微信工作群组，将各单位、乡镇（办事处、开发区）具体负责年鉴供稿任务的工作人员纳入到微信群中，对编纂过程中的疑问共同讨论、解答、学习。在中指组组织的第五届、第六届全国地方志优秀成果（年鉴类）评审活动中，山东省共有39部年鉴获通报表扬。在山东省组织的两次优秀史志成果评选活动中，全省有141部年鉴获奖。

（四）实施人才培养，夯实发展基础

两年来，山东省连续举办全省精品志书编修培训班，并召开全省年鉴业务培训会议，邀请年鉴专家授课，各市分管主任、年鉴科（处）长、部分县（市、区）史志办年鉴主编（副主编）等300多人次参与培训。各市、县（市、区）也采取各种方式，加强撰稿人培训。青岛、淄博、枣庄、泰安、临沂、滨州等市举办地方史志业务培训班，加强对供稿人员的业务培训。烟台市2019年采取以评代训的方式，对全市12个县（市、区）年鉴编纂人员进行现场培训。滨州市连续两年每年分十余批次，对县市区年鉴执行主编、市直承编单位撰稿人进行了集中培训。聊城市对所属县（市、区）年鉴篇目进行审核把关，并在2个区县的年鉴培训班上授课。枣庄市还组织全市史志系统开展学习优秀年鉴活动，学习省内外优秀年鉴，形成理论文章3篇。济南市章丘区、烟台市芝罘区、昌乐县、泰安市岱岳区等县（市、区）相继举办年鉴培训班，将年鉴撰稿人全部培训一遍。日照市岚山区组织编写年鉴编纂指南，做到参编人员人手一册。另有部分市、县（市、区）利用组稿会、座谈会等多种形式，开展年鉴业务探讨交流。

（五）加强开发利用，注重服务社会

两年来，山东省把年鉴工作放在全省文化大发展、大繁荣的大背景下去统筹谋划，把围绕中心、服务大局作为年鉴工作基本职责，逐步完善了年鉴资源开发利用体系建设。年鉴成果不仅为党委、政府和专家学者服务，更要服务群众、服务社会。青岛、枣庄、烟台、济宁等市继续开展年鉴“六进”活动，向机关事业单位、学校、军营、企业、农村、社区赠送年鉴，较好发挥资政服务功能。日照市完善年鉴“编、藏、展、

育”一体化工作机制，年鉴出版后同步编号入库，同步进馆布展，同步网络推介，第一时间更新完善地情资料库、第一时间宣传出版信息，第一时间为公众提供查阅、咨询服务。济宁市与市图书馆合作已全部实现数字化管理，市方志馆、市图书馆两馆均设立年鉴借读区，方便各界查阅。聊城市东昌府区开展了史志文化进村庄暨科技扶贫活动，向村庄和企业赠送《东昌府年鉴》《东昌府志（乾隆）》《聊城市志》《东昌府区志》等图书。同时，充分利用地情资源，展现地方特色，为助力乡村振兴战略、支持民营企业发展、招商引资工作作出应有的贡献。《潍坊年鉴（2018）》在“畜牧业”类目中设置“潍坊肉鸡”“潍坊肉鸭”两个条目，《枣庄年鉴（2019）》设置“枣庄特色餐饮”条目，收录“枣庄辣子鸡”等相关内容，为相关组织申报地理标志产品提供了相关材料。枣庄市还为枣庄市市中区市场监管局申报国家地理标志产品“孟庄草莓”“枣庄穿心红萝卜”提供帮助。金乡县将《金乡年鉴》作为礼品赠送外地客商，让他们充分了解金乡的投资环境。两年来，省地方史志研究院继续编纂出版《山东省情概览》，至已连续出版5期。济南、淄博、济宁、泰安、莱芜5市以及济南市章丘区、青岛市崂山区等9个县（市、区）编纂逐年编纂县（市、区）情手册，泰安、日照2市坚持编纂年鉴袖珍本，分别向各级机关、学校、社区免费赠送，服务现实功能进一步增强。

三、发展亮点

（一）工作理念求“新”

山东省的综合年鉴以前大都是在每年10月份以后出版，资政、服务社会等功能较弱。为此，山东省继续推行“改革创新、提速增效、服务现实”的工作理念，确立了“组稿工作提前、编校节奏加快、审核环节前移”的工作思路，在调整框架设计、紧跟时代步伐、突出重点内容、反映地方特色、探索创新点等方面大胆进行了改革创新，在全国率先使用二维码技术的基础上，《山东年鉴（2018）》使用13个二维码，收录5个视频资料和8个一次性文献，连续5年保持在6月份出版。《济宁年鉴（2018）》《安丘年鉴（2018）》《青岛西海岸新区年鉴（2018）》《曲阜年鉴（2018）》《齐河年鉴（2017）》5部综合年鉴也实现出版年度上半年公开出版发行，资政功能和服务社会功能大大增强。党史史志机构重组后，《中共山东年鉴（2019）》《山东年鉴（2019）》报送省委领导审阅把关，并听取相关部门的意见建议。烟台市邀请市委有关领导担任《烟台年鉴（2019）》主审、副主审，提高了政治站位，扩大了框架结构和收录内容方面新的视角，服务全市中心工作的上也有了新的提升。

（二）中心工作求“实”

2018年，落实《山东省地方史志事业发展规划纲要（2016—2020年）》，推动全省综合年鉴实现“一年一鉴、公开出版”，是山东省年鉴工作的主线。在实施过程中，不搞“一刀切”，根据各市所属县（市、区）的实际情况，按照“总体规划、先易后难、分步实施”的原则，倒排工期，扎实稳步地推进。年初，山东省制订了“‘三全目标’倒排工期表”，要求各市什么时间做什么事情，分几个步骤，采取什么措施，达到什么效果，都要有一套明晰的工作流程。7月，根据各市、县（市、区）进展情况，尤其是书号紧张，办理地图审图号周期长的实际问题，对倒排工期表重新做出调整，确保有条不紊地扎实推进。各市也都明确了时间表、路线图。淄博市史志办建立区县年鉴编纂工作通报制度，每月通报一次进度，所属8个区县综合年鉴连续三年实现全覆盖。泰安市召开两次座谈会，加大对县（市、区）年鉴工作的业务指导力度，实行“一月一调度”加强调度督促；烟台市将年鉴工作纳入政府年度考核，每季度到各个县市区督导调研，各县（市区）每月汇报年鉴进度情况。滨州市从6月份开始，每月定期对县区进行调度，对进度慢的县区约谈县区志办主要负责人，对任务难度较大的县区进行上门督导。潍坊市、临沂市有个别县（市、区）面对编纂年鉴和出版志书的双重压力，出现放弃年鉴编纂保志书和编多年鉴想法，两个市靠前指挥，及时调度，按照倒排工期抓落实，两个市所属县（市、区）全部完成了“一年一鉴、公开出版”全覆盖。聊城市面对市志和年鉴编纂的双重压力，编纂人员加班加点，齐头并进，在保障志书和年鉴质量的同时，加快编纂进度，完成《聊城年鉴》的编纂。2019年，全省史志系统应对机构改革暂时对年鉴工作带来不利的局面，巩固综合年鉴实现“一年一鉴、公开出版”成果，成为全省年鉴工作的主旋律。枣庄市较早建立了“微信群”，对因机构改革撤销、合并或重新组建的单位，加强线上业务指导和沟通交流，将日常工作由“被动式”向“互动式”管理转变，切实提升工作实效。

（三）突出重点求“特”

近年来，《山东年鉴》紧紧围绕山东省委、省政府的重大战略部署，根据全省发展实际和产业特点，对框架结构进行了较大调整，及时反映各级党委和政府的中心工作。

《山东年鉴（2018）》新设“开发区建设”类目，将原“商务”类目分为“商贸流通”和“开放型经济”两个类目；在“农业”类目中增设蔬菜产业分目，反映山东作为蔬菜生产大省的地方特色；对“工业”类目进行重新调整排序，对传统工业及压减萎缩行业，能合则合，加大篇幅反映我省新兴行业、高端装备制造业及新旧动能转换发展情况，使年鉴栏目设置更加符合山东实际。2019 年，《山东年鉴》充分吸收全国年鉴专家的意见建议，在框架设计、收录内容、版式设计等方面均做出较大调整，更加符合全国精品年鉴的要求。《青岛年鉴》设立丰富多彩的图片专版，反映青岛的整体风貌，展现重点工程，突出反映“一带一路”建设，增设新兴区域发展战略。《淄博年鉴（2018）》以焦裕禄雕塑和纪念馆作为封面背景，内设《淄博市整体工作思路——一个目标定位，四个着力建设，十个率先突破》《纪念淄博解放 70 周年》专版，将“工业”类目放在各经济类目之首，凸显了工业大市的地域特点，在文化类目中增设齐文化、聊斋文化等独有元素。《泰安年鉴（2019）》增设“专记”类目，专门记述泰山区域山水林田湖草生态保护修复工程整体进展情况。《威海年鉴（2018）》设立中国好人、道德模范图片专版，突出崇德向善、德行天下道德标杆的示范引领作用。《日照年鉴》2018 年卷设立“日照名片”专栏，用“我叫日照”介绍日照的人文历史和丰富资源；2019 年卷设“城市年度印象”栏目，以图片形式反映 2019 年度全市自然、政治、经济、文化和社会发展的主要成就、重点建设、重要事件和重大成果，卷末设“城市年度记忆”栏目，回忆并记录全市经济社会发展的文史类文章和新闻作品。《滨州年鉴（2018）》设立“岗位跨年小人物的新年梦想”，用图片专版反映“小人物”过年时的心声；《泰安年鉴（2018）》设置了“泰山国际登山节”“会展活动”“文化旅游”“泰城风光”等彩页专版，以图照形式反映泰安的发展变化和泰城新貌；《枣庄年鉴（2019）》在卷首设置年度要闻辑录专栏，以图片专辑的形式，围绕“新旧动能转换”“乡村振兴发展”“枣庄儒商大会”“枣庄八景”等枣庄经济社会发展中的年度大事、特事、新事，突出反映重大事件、重要成果和热点问题，体现鲜明的地域特征和年度特色。《东营年鉴》2018 年卷设立“黄蓝经济区”“黄河口”“石油产业”类目，突出了东营地处黄河入海口、胜利油田所在地；2019 年卷设“城市新貌”“民生实事”“生态之城”等图片专版反映东营年度特色；《潍坊年鉴（2018）》则设立“风筝文化”；《烟台年鉴（2018）》设苹果、大樱桃产业，等等，彰显各地浓郁的地方特色和鲜明时代特点。《烟台年鉴（2019）》将海洋与渔业、生态环境保护、对外经济贸易等分目升格为类目，对新旧动能转换重大工程实施情况以彩页和专记的形式进行重点记录，彰显浓郁的地方特色和鲜明的时代特点。《临沂年鉴》在

“专记”中收录“徐玉玉被电信诈骗案”的内容，及时反映了社会关注的热点事件。《菏泽年鉴（2019）》将“菏泽名片”置于卷首，彩页中设“牡丹文化旅游节”“中国（菏泽）春季投资贸易洽谈会”“区划调整”“中国林产品交易会”“首届牡丹之都发展论坛”专题版块，图文并茂的反映了2018年度菏泽市牡丹文化等亮点。《平邑年鉴（2018）》以反映平邑建设“山清水秀、幸福和谐市域副中心城市”为目标，不断丰富和充实年鉴内容。

（四）制度保障求“严”

近几年来，山东省年鉴编纂逐步形成“完善流程、快速编辑，严控环节、提高质量”编审校模式，提升年鉴编纂质量，缩短出版周期。《山东年鉴》完善了学习制度、沟通联络制度、编纂校对制度、总结提升制度，建立年鉴供稿人员联络网，制定《稿件处理单》《录排、校对记录单》《编校进度表》，对编纂工作进行细化、量化管理。青岛市围绕“工作流程”“编纂规范”“细节处理”“质量管理”四个方面，制定《〈青岛年鉴〉编纂出版工作流程》，提出12项提质增效新举措，明确责任、标准和时限，并在《青岛年鉴》编后印前举办业务培训会，严把出版质量。淄博市严格落实编纂出版制度，要求每名编辑都以主编姿态认真把关。枣庄市围绕年鉴“工作早部署、业务早研讨、进度早督查”总体思路，继续优化年鉴框架和条目，对版式、体例、内容、文字等方面进行调整和补充。《烟台年鉴（2019）》采取编审压茬滚动进行方式，两名编校人员进行初稿编辑时，适时与两名副主编一起互动审阅，编完一个部类就及时审阅一个部类，然后再报主编审阅形成送审稿。青岛市市北区制定完善了《市北年鉴编纂出版规程》，将质量管理落实到编纂出版各个环节。平阴县建立了专家和部门审读制度，邀请出版社资深编辑对稿件进行逐字审读，样书分别送保密等多家部门审核。

四、存在困难和问题

一是2018年10月，原中共山东省委党史研究室与原山东省地方史志办公室职能整合，组建了省委党史研究院（省地方史志研究院）。2019年，各市也都相应组建成立了市委党史研究院（市地方史志研究院），县（市、区）组建成立了党史研究中心（地方史志研究中心），编制、人员变化比较大，特别是负责年鉴编纂的人员调整变化更大，本来年鉴编纂人员就少，调整后年鉴专业业务人员更加缺乏。二是山东省机构改革，省级是2018年10月挂牌，2019年3月才确定处室人员。而市、县（市、区）两级，2019年才完成确定人员分工，领导变化也比较大，大多数市、县（市、区）从事史志工作的领导都调整了工作岗位，造成了有的对年鉴编纂工作的认识不足。三是机构改革后，地方史志工作机构由政府转为党委管理，同时受到党委、政府“精文减会”的影响，面临着编委会的调整、以两办名义发文困难等一系列实实在在的问题。四是对照“两全目标”的要求，山东还有差距，到2019年末，仍有5个区县没有实现当年出版。五是年鉴编纂质量有待提高。山东省有的年鉴框架多年没有调整，有的内容就是工作总结，早实现“一年一鉴、公开出版”的市，县级年鉴质量要好些，刚刚创刊的年鉴，质量还有待于提高。六是出版书号少且贵，带审图号的地图经费高，制作周期长，影响着年鉴的进度和质量。

五、下一步工作方向

2020年，山东省将继续积极争取各级领导对年鉴工作的重视和支持，坚持“改革创新、提速增效”的发展理念，努力实现对全省年鉴工作的管理更加规范，指导更加到位，督导更加有力。一是坚决贯彻落实国务院地方志规划纲要和省史志规划纲要，对2020年卷年鉴编纂进度较慢的县（市、区）加大督查力度，年末前，全省必须实现地方综合年鉴“一年一鉴、公开出版”全覆盖。二是把提高全省年鉴编纂质量作为重点，督促各市、县（市、区）严格落实《地方综合年鉴编纂出版业务规定》，建立健全质量管理和质量保证体系，将年鉴质量管理落实到编纂、出版全过程，争取多出精品佳作，推动全省年鉴工作上台阶、上水平。三是加强年鉴理论研究和业务培训，多为基层年鉴工作者提供学习交流的机会，着力提高理论水平和编纂技能，促进全省年鉴工作者的业务素质整体提高。四是主动适应机构改革后的新变化、新情况、新要求，加强党史地方志工作的融合发展、创新发展、高质量发展。

提出以下意见建议。一是进一步加强顶层设计。大力推进地方志立法工作，特别是对党史地方志合并新组建的单位，年鉴编纂的主管单位和体制建设都应作出明确规定。二是继续加强业务培训，扩大县（市、区）年鉴工作者培训范围，提高基层年鉴工作队伍的整体素质，解决编纂工作中普遍存在的人才短缺问题。三是年鉴年年编，且数量比较大，书号在逐年压缩，每年申请书号都比较困难，县级年鉴压力很大，希望能给予更多支持。

中原文化高地建设的史志轻骑
——河南省年鉴事业发展报告

■ 河南省地方史志办公室 ①

提要：2018—2019 年，河南省年鉴工作稳健发展、锐意创新，报告分四个阶段总结回顾了 1984 年以来河南省年鉴事业 36 年的发展历程，分析呈现了 2018 年、2019 年河南省年鉴工作发展基本情况和年度发展特点、亮点：聚焦“两全目标”，加大督查问责力度；加强培训交流，严把年鉴出版质量关；紧扣河南改革发展实际，年鉴成果服务现实成效显著；主抓转型升级和年鉴工作法治化制度化建设，积极寻求省级层面支持，不断开拓年鉴事业发展创新领域。针对河南省年鉴事业发展存在的困难和不足，报告提出了未来工作 5 个方面的工作思路。

关键词：河南省　年鉴事业　发展历程　“两全目标”　转型升级

一、河南省年鉴事业发展历程

（一）光荣初创

1981 年，河南省地方史志编委会正式成立。1984 年，《河南年鉴》正式创刊，

① 执笔人：戴霞，河南省地方史志办公室年鉴工作处副处长。

为河南省政府办公厅主管，河南省地方史志编委会主办的大型综合年刊。《河南年鉴（1984）》全书约150万字，于1985年出版。同年，郑州铁路局、河南省统计局、省科委、省纺织工业厅、省教育厅、省农科院等单位也编辑出版了本系统的年鉴；洛阳地区及所辖13个县市、信阳地区和所属3个县编印了本地区年鉴；更多的地区编写了专题资料和概况，为年鉴编辑出版做前期准备。1985年，时任中共中央总书记胡耀邦到河南视察工作，翻阅了灵宝、伊川、卢氏、栾川等县的《概况》，曾给予好评。1986年，薄一波为《河南年鉴》题词“出版《河南年鉴》是一件好事”。《郑州年鉴》《信阳综览》也于当年出版。1990年，《河南年鉴》首次运用电子计算机和激光照排技术排版印刷。

1991年3月，省地方史志编委会讨论并通过了《河南省地方史志编委会关于地方史志工作十年规划和“八五”计划安排意见》，《河南年鉴》工作再上新台阶，开创了当年发排当年出书的新局面。同年4月，《河南年鉴》参加了在郑州召开的全国地方志工作会议上举办的修志成果展览。1994年，《河南年鉴》创刊十周年之际，河南年鉴社正式成立，时任省委书记李长春题词贺勉“宣传河南，振兴河南”，时任省长马忠臣提出“充分发挥年鉴的作用，为改革开放和现代化建设做出新贡献”的新目标。《河南年鉴（1994）》于当年10月出版，创十年来最早出版记录。

（二）稳健发展

进入第二个十年，河南年鉴工作发展更加成熟稳健，硕果纷呈。1996年，全省有各类年鉴30余种，其中综合年鉴有《开封年鉴》《驻马店年鉴》等20余种，《郑州铁路局年鉴》《黄河年鉴》等专业年鉴受到好评。9月、10月分别在西平和濮阳召开全省市地年鉴研讨会，共提交论文30余篇。《濮阳年鉴（1995）》《鹤壁年鉴（1994·1995）》获省社科联优秀成果奖。《焦作年鉴（1983—1991）》《中原油田年鉴（1995）》《孟县年鉴（1993—1995）》获省史志办和省史志协会颁发的地方史志优秀成果奖。

1997年，全省各类年鉴增加至36种，其中综合年鉴20余种，包括地市级综合年鉴9种。1998年，《河南年鉴》被省新闻出版局评为一级期刊，同年成立了以副省长李志斌为主任的新一届编委会，并由省政府办公厅发出进一步办好《河南年鉴》的通知，进一步理顺了工作关系。1999年，全省各类年鉴已增至40余种，18个市（地）已有17个编辑出版了年鉴；为庆祝新中国成立50周年，省史志办组织编纂了《河南通鉴》，约450万字；为反映社会经济变革中河南企业年度状况，省史志办编纂了《河南企业年鉴》;《河南年鉴》首次提前于9月出版，于10月开通了《河南年鉴》网站，并在全国年鉴“新世纪杯”评选中《河南年鉴》获得综合一等奖，框架结构、条目编写2个单项特等奖，印刷装帧单项一等奖，时任省长李克强专门批示表示祝贺。

2001年，省史志办召开全省年鉴工作座谈会。2003年，省年鉴协会在鹤壁市首次召开年会暨年鉴理论研讨会，并指导筹建了省年鉴协会教育年鉴专业委员会。2004年2月，河南省政府办公厅印发关于进一步加强《河南年鉴》编纂工作的通知，10月，河南省年鉴协会在洛阳召开首届二次年会暨年鉴框架调整与创新研讨会。2005年，在首届中国地方志年鉴评奖活动中，河南省共有13部年鉴获奖，其中《洛阳年鉴》《濮阳年鉴》《三门峡年鉴》获特等奖，《河南年鉴》《商丘年鉴》获一等奖，为此，省政府给予河南年鉴社通报表彰。

（三）创新提质

2005年，省史志办从提高质量入手，加强对市、县两级年鉴的指导和与各省直撰稿单位的联系。18个省辖（管）市年鉴均实现按期出版，县级年鉴的出版得到当地政府部门的大力支持。《河南年鉴》来稿通过网上传送，实现编辑无纸化。2006年5月，国务院颁布实施《地方志工作条例》，河南省年鉴工作正式进入规范化、法治化轨道。2006年，《河南年鉴》在省社会科学优秀成果评奖中获二等奖。5月，省年鉴协会首届四次年会暨落实科学发展观研讨会在南阳西峡召开。至2006年末，全省地方史志机构共出版综合年鉴69种，地市级18种，县区级50种。

2005年，省史志办开始筹备《河南大事月报》编纂工作，加强与两办的协调沟通，起草并反复修改编辑出版实施方案，推进大事月报工作的落地。10月，中共河南省委办公厅、省政府办公厅正式印发《关于做好〈河南大事月报〉编辑出版工作的通知》。12月，召开《河南大事月报》编辑出版工作会议，安排部署工作。会议明确要求各省辖市党委和人民政府、省委各部委、省直机关各单位、省管各企业和高等院校、各人民团体落实各单位的撰稿人员。作为河南年鉴进一步围绕中心服务大局的创新之举，《河南大事月报》编辑工作正式启动。

2006年1月，《河南大事月报》创刊，大事月报围绕“客观求是，领导参阅，资政存史，鉴往昭来”的宗旨，按照大事突出、要事不漏的原则，逐月全面汇总、整理、筛选、分类大事稿件，认真做好编辑出版工作。作为年鉴的短期补充，每月一期，所载所记准确、快捷，提供了时效性更强的信息服务。同时，也为后期年鉴的编纂提供了可靠的信息资料。3 月，省政府批复河南省史志办关于《河南大事月报》记录领导活动标准的请示，对中央、国家各部委领导的来豫活动记录到正部级以上，河南省领导活动记录到省四大班子正职领导，河南省其他省级领导的重要政务活动，则在《月报》“重要会议”“工作动态”等栏目中采取以事系人的方式记述。

2007 年，《河南年鉴》在省新闻出版局组织的社科类期刊编校质量抽查评比中受到通报表彰。2008 年，省年鉴协会完成了第一届全省年鉴评奖工作，共评出年鉴综合奖 6 个、专项奖 11 个。9 月，省年鉴协会首届五次年会暨二届一次会议在晋城召开，对第一届全省年鉴获奖单位进行表彰。

2008 年 3 月，省政府办公厅印发关于进一步做好《河南年鉴》编纂工作的通知。至 2008 年末，全省各级各类年鉴已经发展到 112 种。2010 年，省政府办公厅印发《关于做好县级综合年鉴编纂工作的通知》，至年末，全省各级综合年鉴发展到 115 种，地市级 18 种，县区级 96 种，出版各类专业、企业年鉴近 40 种。《河南年鉴》连续 10 年进入河南省一级期刊行列。在全国地方志系统第二届年鉴评奖活动中，《河南年鉴》获特等奖，《洛阳年鉴》《郑州年鉴》《平桥年鉴》获综合一等奖。全省 11 个省辖市、38 个县区开展了大事月报或月鉴工作。2011 年 9 月，受中国地方志指导小组办公室（以下简称“中指办”）委托，河南省史志办承办了全国地方综合年鉴编纂研讨会。2012 年 5 月、6 月，河南省史志办分两次在郑州举办全省县级综合年鉴编纂人员培训班。至 2014 年末，全省出版各级各类年鉴 190 种，其中综合年鉴 140 种，专业、企业年鉴近 50 种。

（四）转型升级

2015 年 8 月，《全国地方志事业发展规划纲要（2015—2020 年）》印发，河南省年鉴工作以推进“年鉴全覆盖”为重点，聚焦服务全省经济社会大局和政府中心工作，谋求年鉴工作向年鉴事业的全面转型升级。2015 年，驻马店市史志办入选首批全国年鉴工作试点单位。郑州、洛阳、新乡、焦作、濮阳、信阳、三门峡、许昌等市已经实现市县两级“年鉴全覆盖”。12 月，全国地方志系统先进模范座谈会在北京人民大会堂召开，三门峡市史志办获得全国地方志系统先进集体称号，为河南省唯一获奖单位。2016 年 4 月，河南省政府办公厅印发《河南省地方史志事业发展规划（2016—2020）》，提出抓好综合年鉴工作、推进大事月报编纂工作的目标任务；利用互联网大数据等技术，创新年鉴形式，适时推出网络年鉴、在线年鉴，进一步加强大事月报工作。2016年，在中指组、中国地方志学会组织的第三届全国地方志优秀成果（年鉴类）评审活动中，《驻马店年鉴（2014）》《中原区年鉴（2014）》《固始年鉴（2013）》《汝州年鉴（2014）》《河南军事年鉴（2013）》获评为一等年鉴，《郑州年鉴（2014）》《濮阳年鉴（2014）》《洛阳年鉴（2012）》《郑州铁路局年鉴（2014）》获评为二等年鉴，《滑县年鉴（2012）》《睢县年鉴（2013）》《信阳市平桥年鉴（2014）》获评为三等年鉴。2017年，在第四届全国地方志优秀成果（年鉴类）评审活动中，河南省21部年鉴获中指组通报表彰。驻马店市史志办发挥全国年鉴工作试点单位示范作用，制定《〈驻马店年鉴〉编纂规范》，探索提高综合年鉴编纂质量的途径。至2018年末，全省各级综合年鉴达到169种，各类专业（企业）、行业年鉴40余种。全省176家地方综合年鉴编纂出版单位，总体上能够实现一年一鉴。市县年鉴工作再上新台阶，全年公开出版市级地方综合年鉴17部，公开出版县区地方综合年鉴73部，其余县区地方综合年鉴均为内部（内资）出版。

2019年，河南地方史志事业得到省、市领导的大力支持，年鉴工作动力更加强劲。3月25日，省政府《政府工作快报》（100期）刊发题为“省地方史志办公室以优秀文化成果积极助推我省重要文化高地建设”文章，对全省年鉴工作给予了充分肯定。8月22日，中共河南省委书记、省人大常委会主任王国生对地方志工作作出批示，要求全省各级党委、政府要认真贯彻习近平总书记"高度重视修史修志工作"精神，关心支持史志工作，切实加强领导指导，推动河南史志工作再上新台阶。批示指出：“地方志是传承中华文明、发掘历史智慧的重要载体，肩负着以文化人、培根铸魂的重要使命。多年来，全省广大史志工作者淡泊名利、甘守清苦，做出了不平凡的业绩。希望你们坚持以习近平新时代中国特色社会主义思想为指导，继续发扬修志问道、以启未来的精神，不忘初心、牢记使命，再接再厉做好史志编纂、管理和开发利用工作，不断提高地方志的科学性、思想性、时代感，为助力中原更加出彩作出新的更大贡献。全省各级党委、政府要认真贯彻习近平总书记'高度重视修史修志工作'的重大要求，关心支持史志工作，切实加强领导指导，推动河南史志工作再上新台阶。”王国生的批示，充分肯定了河南省地方史志工作取得成绩，阐述了编史修志工作的重要意义，体现了省委、省政府对地方史志工作的高度重视，对全省史志工作者提出了殷切希望和明确要求。随后鹤壁市市委书记、市长，洛阳市市委书记、商丘市市委书记、濮阳市市委书记等市级领导均就学习王国生讲话作出批示。本年，河南全省广大地方史志工作者认真学习、贯彻落实王国生的批示精神，结合“不忘初心、牢记使命”主题教育，纷纷以出优秀史志文化成果的实际行动助力中原更加出彩。《河南年鉴》加大改革力度，根据社会发展状况对框架设置进行了全面调整。积极与省政府办公厅对接，组织召开省内保密、档案、军事、统计、民族宗教等部门行业专家参加的评审会，在全省起到了很好的示范引领作用，极大助推了全省年鉴工作法治化规范化进程。结合“两全目标”实施，省办加大各市县区综合年鉴指导力度，全省综合年鉴工作进展顺利，全省省辖市及所辖县（市、区）综合年鉴基本实现逐年编辑出版全覆盖。

2016年，《河南年鉴（简本）》推出。郑州市史志办从2014年开始编辑出版《概览郑州》，信阳市史志办推出《信阳年鉴》简编手册和电子光盘，濮阳市史志办编印《市情手册》简本，新乡市史志局编纂出版《新乡图鉴》和《新乡影像年鉴》，禹州市史志办从2009年开始编纂《中国钧瓷年鉴》。2019年，《河南年鉴》参与在南阳举行的中日文化交流研讨活动，参与省级重点文化项目“庆祝中华人民共和国成立70周年成就展”，提供年鉴资料助力在郑州召开的第十一届全国少数民族传统体育运动会。各地年鉴、月报工作稳步推进，有近100个市县区开展有月报工作，为全省各级领导决策提供了一定的参考信息。开封市设立4家地方史志文化传播基地，并举办8期史志文化讲堂；鹤壁、安阳、新乡、周口、济源、尉氏、巩义等各市县积极开展史志文化“六进”活动。

二、2018年、2019年河南省年鉴工作发展基本情况

（一）三级综合年鉴编纂出版情况

2018年，按照上级有关规定，河南年鉴社注销，《河南年鉴（2018）》以省史志办函的形式进行组稿，12月出版。《河南年鉴（2018）》简本同步出版。全省共编纂出版2018年卷及2017年卷地方综合年鉴170余种，其中，18个省辖市全部实现多年连续公开出版；10个省直管县及市辖147个县（区、市）公开出版82家。郑州市、鹤壁市、濮阳市、洛阳市、济源市等市及所辖县区实现综合年鉴公开出版全覆盖。由于出版费用大幅上涨且迟迟落实不到位等原因，县区年鉴2018年卷正式公开出版的比例比2017年卷有所下降。

2019年，《河南年鉴》根据经济社会发展和机构改革的现实需要，在充分吸收兄弟省市先进经验的基础上，对《河南年鉴》框架进行了大规模调整，内容上进一步突

出政治引领，在出彩中原建设部分设置“国家战略实施”以及河南精准扶贫攻坚等内容，紧贴经济社会发展特点重新设置工业、服务业和文化部类的栏目，根据机构改革变化适时调整有关栏目，使栏目之间的逻辑关系更加合理。

2019 年，河南省 18 个省辖市和 10 个省直管县，以及市辖 147 个县（区、市）全部启动编纂本级综合年鉴，至年末，全省公开出版地市级年鉴 15 部，公开出版县区级年鉴 50 部。

（二）专业年鉴出版情况

专业年鉴方面，据不完全统计，2018 年、2019 年正式出版有《河南统计年鉴》《河南农业年鉴》《河南卫生计生年鉴》《河南教育年鉴》《河南交通年鉴》《黄河年鉴》《河南水利年鉴》《河南省南水北调年鉴》《郑州铁路局年鉴》《河南油田年鉴》《河南粮食年鉴》《河南文化文物年鉴》《河南金融年鉴》《河南军事年鉴》《河南社会科学年鉴》《河南税务年报》《河南国土资源年鉴》《河南机构编制年鉴》《河南科技年鉴》《河南通信年鉴》《河南财经政法大学年鉴》《河南卫生和计划生育年鉴》等各类省级专业年鉴 40 余种。

（三）大事月报出版情况

2018 年，《河南大事月报》编辑出版 12 期，采用 1200 余条，25 万字；使用河南日报报业集团照片 48 幅。2019 年，《河南大事月报》内容上强调服务决策、贴近现实，完善了连续性内部资料出版手续，发放至省直厅局级以上单位、市委、国企、院校以及市县区政府主要领导 450 余份。至 2019 年末，《河南大事月报》已连续出版 14 年，累计出版 168 期。据不完全统计，至 2019 年末，河南省共有近 100 个市县区开展有月报工作，为全省各级领导决策提供了重要参考。

三、取得的主要成绩和年度发展特点

2018—2019 年，河南省年鉴工作推进呈现出四大特点。一是将年鉴工作纳入“两全目标”重点推进，二是年鉴质量进一步提升，三是年鉴成果服务改革开放发展成效显著，四是多部年鉴在全国年鉴评审中获得奖项。

（一）聚焦“两全目标”，加大督查问责力度

根据《全国地方志事业发展规划纲要（2015—2020 年）》《全国年鉴事业发展规划（2016—2020 年）》要求，为确保“到 2020 年，全面实现省、市、县三级综合年鉴全覆盖，做到一年一鉴、公开出版”刚性目标完成，2018 年，河南省史志部门加大对年鉴工作的督查力度，采取向“两全目标”相对滞后市县区政府发通报、发提醒函，多次召开“两全目标”推进会，省史志办领导约谈工作较差的市县主要负责人，带队到落后地区调研，开展现场指导、实地督查与问责相结合等多种形式开展督查工作。8 月、9 月，省史志办党组书记、主任管仁富，省史志办党组成员、副主任冯普友分别带队到周口市西华县，平顶山市及所辖叶县、宝丰县、郏县等地，商丘市民权县，南阳市及所属方城、桐柏、淅川县等地调研督查“两全目标”实施进度，要求各市县充分认识编纂综合年鉴工作的重要性，增强紧迫感和压力感，按照中指组实现“年鉴全覆盖”的部署，加快工作进度，认真修改，争取年末前成稿印刷，实现一年一卷正式出版。鹤壁市史志办成立“两全目标”督查组，于 10 月深入县区，开展了为期一周督导工作。

2019 年，省史志办针对“两全目标”完成情况加强定向督导，通过督导调研、约见谈话、函询统计、一月一报等方式，“两全目标”落实工作取得重要突破。4 月 2 日，省史志办召开专题会议推进“两全目标”落实，会前省史志办派两个调研组到豫北、豫南部分市县调研“两全目标”完成情况。5 月，省史志办党组书记、主任管仁富带队，深入驻马店市及所辖县区督导调研志鉴“两全目标”落实工作。省史志办统筹协调、靠前指导，精确掌握每一部志鉴的进度安排，加强督导管理。采取协调各市县分管领导、季度督查等措施，确保按时按质完成“两全目标”任务。7 月，省史志办向全面完成任务的郑州、鹤壁、濮阳、洛阳、济源发去表扬通报，同时向没有完成任务的市县党委政府发出督导专函。9 月，向完成任务的部分市县发去贺信。经过全省史志系统上下共同努力，到 12 月末，三级综合年鉴编纂工作全面启动，公开出版率大幅提升，为 2020 年“两全目标”胜利收官打下了坚实基础。

（二）加强培训指导，严把编辑出版质量关

2018—2019 年，省史志办加大指导和规范年鉴编纂力度，定期召开全省史志工作会议部署落实各项工作；配合中指办中国年鉴精品工程打造市县年鉴精品，组织省

级综合年鉴编辑专项学习《地方综合年鉴编纂出版规定》，提升年鉴质量；各地积极制定年鉴编纂规范，印制编纂教材和编辑手册，开展队伍培训，建立以会代训、方志联络员制度，对提高年鉴编纂质量起到了促进作用。2018 年 4 月，《郑州年鉴（2018）》确定参加 2018 年中国年鉴精品工程，召开年鉴精品工程、名镇志名村志文化工程推进会，传达 4 月 10 日中指组秘书长，中指办党组书记、主任冀祥德听取郑州市史志工作汇报时的讲话精神，点评工作开展情况，对下一步工作提出要求。同月，中国年鉴精品工程专家组在安徽马鞍山市对《驻马店年鉴（2018）》框架和内容方面进行评审指导。5 月，固始县召开年鉴培训工作会议，对全县 150 多个单位年鉴撰稿人进行培训。10 月，鹤壁市史志办组织业务科长到县区对编纂人员进行指导。11 月，漯河市召开县区年鉴工作会议，以会代训对县区分管领导和业务骨干进行培训；三门峡市党史方志系统召开全市党史方志联络员会议。开封市制定《〈开封年鉴〉编纂出版规范细则》。2019 年各地继续加大年鉴培训业务力度，信阳、郑州等市都组织了各具特色的年鉴业务培训活动。

（三）紧扣河南改革发展实际，年鉴成果服务现实成效显著

2018 年，省史志办充分发挥年鉴资源优势，为省人社厅、省工商联等 10 余家厅局提供了包括《河南年鉴》《河南大事月报》等在内的多份文字史料。省史志办依托《河南年鉴》省直承编单位队伍，参与省政协《改革记忆——改革开放 40 年》史料丛书的征集编纂工作，根据历年《河南年鉴》整理提供了 1978—2017 年每年的重要事件宏观线索，整理提供了 12 万字的 1978—2017 年河南省改革开放大事记，征集口述史料稿件 300 余篇，300 余万字，最终成书采用 62 篇，约 60 万字，副省长戴柏华对省史志办积极服务全省工作大局，为改革开放提供一手史料的工作给予充分肯定。年内，省史志办编纂《豫见改革开放四十周年》，向改革开放 40 周年献礼。年内，《河南年鉴》编辑部全程参与完成省政府重点文化项目《传承——河南省非物质文化遗产代表性传承人实录》的出版工作。焦作市史志办赠阅《焦作年鉴（2018）》700 余本，济源市史志办赠阅《济源年鉴》《济源大事月报》等书籍资料 3000 余册，《漯河大事月报》先后受到市长、市委秘书长、副市长批示，鹤壁市将月报发放范围扩大至部分贫困村、优秀企业，郑州市史志办编辑出版《概览郑州》。

2019 年，《河南年鉴》以大事记资料的独特优势全程参与省发改委牵头的省级重点项目“庆祝中华人民共和国成立 70 周年成就展”，为民宗委提供民族宗教方面资料

助力十一届民族运动会召开。各市县区年鉴也在服务现实方面纷纷发力，《兰考年鉴》和《兰考县志》成为宣传兰考的主要窗口，邓州为南水北调工程、移民安置工作、城区规划设计等提供参考帮助数十次，信阳投入35000元将年鉴、志书、大事月报等上传信阳地情网数据库，郑州市高质量编辑《郑州大事月报》《概览郑州》《郑州地情报告（2019）》《郑州地情活页》。

（四）以先进促后进，开展年鉴优秀成果评奖

2018年，河南省史志办推荐18部年鉴参加第五届全国地方志优秀成果（年鉴类）评审活动，其中《黄河年鉴（2017）》获评为一等年鉴；《郑州年鉴（2017）》《台前年鉴（2017）》获评为二等年鉴；《河南年鉴（2017）》《洛阳年鉴（2017）》《原阳年鉴（2017）》《长葛年鉴（2017）》获评为三等年鉴；《周口年鉴（2017）》获评为提名年鉴。2019年，在第六届全国地方志优秀成果（年鉴类）评审活动中，《郑州年鉴（2018）》《黄河年鉴（2018）》获评为一等年鉴；《驻马店年鉴（2018）》《二七年鉴（2018）》获评为二等年鉴；《河南年鉴（2018）》获评为三等年鉴；《商丘年鉴（2018）》获评为提名年鉴。在2019年开展的全国地方志先进典型表彰工作中，河南省共有6个集体、12名个人受到表彰，成为全国获奖最多的省份，全省年鉴工作者备受鼓舞。

四、年度发展亮点

2018—2019年，河南省地方志系统除在“两全目标”任务方面关键发力外，还进行了年鉴编纂创新实践，制度化法治化建设和业务交流、理论探索等。

（一）年鉴、月报创新实践

2018年，结合全省经济社会日新月异的发展实际，全省三级地方志工作机构都加大了年鉴、月报创新力度。在框架设计方面，《开封年鉴》在全书框架设计上，着力突出记录三大攻坚战、自贸区建设成就、国际旅游文化名城建设以及社会民生建设等聚焦中心工作且具有年度特色的内容。《开封大事月报》推出“清明文化节”栏目，聚焦经济发展、安全生产、大气污染防治、百城提质工程、城市双修、扶贫攻坚、反腐倡廉等重点工作。《鹤壁大事月报》编纂工作对市委、市政府确定的重点工作设立专栏予以记载，围绕全市阶段性中心工作，增设“扶贫攻坚”“参政议政”“第一书

记”“两会专题”等栏目。固始县在借鉴山东、福建及河南省各地年鉴经验的基础上，对固始年鉴篇目大纲进行设计和调整。《孟津大事月报》全面改版升级为图文并茂的彩色版，新增“脱贫攻坚”专栏。《平顶山月报》增设“扫黑除恶”“经济视点”等新栏目。《卫东区年鉴》增设“改革开放 40 周年专记”。《濮阳大事月报》增设“人物专栏”“领导参阅”等栏目。汝州市新增了“脱贫攻坚”“造林绿化”两个栏目。《三门峡大事月报》特设“黄河文化旅游节暨特博会”专栏，将“新农村建设”栏目改为“乡村振兴”，“法治建设”栏目改为“依法治市”。

2019 年，全省各地综合年鉴也加大创新力度。《河南年鉴（2019）》以习近平中国特色社会主义思想和习总书记来河南的重要讲话精神为统领，全面提升年鉴格局和质量：结合根据经济社会发展和机构改革的现实需要，充分吸收兄弟省市先进经验，对《河南年鉴》框架进行全面调整；紧扣 2019 年改革开放 40 年时间节点，河南国家战略实施、脱贫攻坚助推全面建成小康社会等重大事件设置专题；根据经济社会发展优化相关栏目，机构改革变化适时调整有关栏目，使栏目之间的逻辑关系更加合理。《平顶山年鉴》推出电子书形式的网络版年鉴，《商丘大事月报》特设“三·五工作日”“脱贫攻坚”等专栏。《汝州大事月报》增设“特别关注”“汝州现象”“史海钩沉”等版块。

（二）法治化制度化建设取得新突破。

一是建立《河南年鉴》专家评审机制，巩固“三审三校”制度化常态化成果。省史志办与省政府办公厅积极开展对接，并按照办公厅和相关法规要求，于 12 月首次组织召开由保密、档案、军事、统计、民族宗教、史志系统等方面专家参加的评审会议。这也是河南年鉴创刊以来召开的首次外聘专家评审会议，会后，根据有关专家的意见建议对评审稿进行了修改完善。《河南年鉴》结合省新闻出版局关于开展出版单位“三审三校”制度执行情况专项检查的通知要求，在认真开展自查自纠，完善细化了《河南年鉴》“三审三校”制度的相关规定。《河南年鉴》简本、《河南大事月报》的出版报批及年审程序也得到了进一步规范。

二是建立联络员制度。2018 年 8 月，中共三门峡市委办公室、三门峡市政府办公室印发《关于建立三门峡市党史地方史志工作联络员制度的通知》，提出党史地方史志工作联络员的任职条件、工作职责、管理制度，明确了党史资料、年鉴稿件、大事月报稿件、《三门峡史志》稿件报送的时间、内容，要求各地、各单位切实把党史地方史志资料报送工作列入工作职责，保持联络员相对稳定，支持联络员参加市委党史地方史志办组织的业务培训、工作交流等活动，不断提高报送资料、稿件的质量。三门峡市湖滨区也建立乡（街道）、区直单位大事记录员网络，明确大事记录重点、要点、格式、上报时间，每周在“走进湖滨”公众号上刊发一周大事要览。建立联络员制度，是年鉴工作的有益探索，通过“责任到人”的工作机制，形成各级各部门积极参与、紧密配合、统筹协调、整体推进的史志工作格局，对于促进“两全目标”的顺利完成、年鉴工作全面发展具有重要实践意义。

（三）开启“走出去”模式

2018 年，省史志办组成 5 个学习调研小组分批到上海、福建、贵州、湖南、云南等 10 省市史志机构，围绕志鉴编修、史志资政中心等方面进行学习调研。通过学习调研，兄弟省区市先进的经验、做法已转化为河南省推进年鉴工作的新思路、新方法、新举措。8 月，为贯彻落实省委书记王国生在商丘调研时的指示要求和市委学习徐州先进经验促进商丘转型发展研讨会精神，商丘市史志办再次组织各县（市、区）史志办主任和业务骨干赴徐州考察学习，重点围绕实现年鉴全覆盖进行工作交流。2019 年 8 月 20—26 日，省史志办和郑州市史志办 80 多人在浙江大学举办了地方史志业务能力提升培训班，并到杭州市方志馆开展了现场教学，充分学习了杭州地方志年鉴、月报、日记的编纂经验。此外，省史志办还积极派员参加了中指办举办的包括志鉴编纂业务在内的各类业务培训班 13 期。

（四）加强年鉴理论研究

2018 年，信阳市史志办主任陈晓玲撰写的论文《悠悠年鉴载我心》入选第二届全国年鉴论坛，是河南省唯一受到邀请的年鉴论坛论文作者。2018 年 4 月、9 月，长垣县分别邀请河南省社会科学院、中国人民解放军军事科学院的领导和专家先后 2 次召开地方志理论研讨会，加强志书、年鉴等地方志理论研究，为即将开展的第三轮修志打下坚实理论基础。2019 年，依托《河南史志》内刊平台，全年刊登方志理论文章 8 篇，论文针对年鉴、月报中存在的问题以及解决方法进行了深入的学术研讨。其中，省史志办主任管仁富的署名文章《国之信史常有我 中原出彩不让仁——新中国河南年鉴工作发展历程》，将新中国成立以来河南年鉴工作从三方面进行了深度总结，对未来地方志事业发展提供了有益借鉴。

五、2018 年年鉴工作中的困难和不足

一是一些县区对县级综合年鉴全覆盖工作目标任务重视不够，“一纳入、八到位”执行不能完全到位。部分县区由于扶贫工作任务比较重，人员下派造成年鉴编辑人手严重不足，甚至无人可用；年鉴稿件征集工作推动难度较大，导致编辑出书进度一拖再拖。出版社费用大幅上涨，个别县区年鉴的出版经费又压缩严重，公开出版的经费不足、难度较大。从总体看，个别县区出版经费落实困难，县级地方综合年鉴公开出版比例偏低，年鉴编辑出版工作进展不平衡。

二是年鉴培训指导力度不够，导致部分综合年鉴编纂出版质量有待提高。部分年鉴，尤其是县级年鉴，未能很好地执行年鉴出版有关规定，质量把关不严，编辑出版水平不高。

三是县区普遍缺少专业人才，部分编辑人员对知识学习不够，自身主动学习提升理论素养的意识不够，业务能力欠缺。

四是年鉴理论研究相对薄弱，缺少学科带头人和理论研究成果。年鉴框架、内容相对陈旧，与时代发展结合不够紧密，亟待理论支撑下的创新和根本变革。

六、下一步工作计划和未来工作展望

一是以学深悟透做实习近平新时代中国特色社会主义思想作为推动年鉴工作的根本动力。河南省年鉴工作要全面贯彻落实习近平总书记关于地方志工作的重要论述和调研指导河南时的重要讲话精神，并以此推动年鉴工作创新发展。2020 年，根据习总书记黄河流域生态保护和治理的相关要求，《河南年鉴》将增设黄河生态保护的相关栏目，助力黄河流域生态建设；结合上年的新中国成立 70 周年节点在彩页部分设置相关专题；针对 2020 年初的新冠状肺炎疫情，在《河南大事月报》动态反应河南省抗疫工作，并积极为下年年鉴抗疫专题做好收集相关资料收集工作。

二是以省领导批示为契机，进一步理顺体制机制，推动年鉴法治化、制度化进程。回顾年鉴工作 35 年来的发展历程，从初创到发展再到创新升级，河南年鉴工作每一次飞跃式提升都离不开省委省政府支持。下一步，要加强同政府办公厅的联系沟通，努力依托省政府办公厅加强对《全国地方志事业发展规划纲要（2015—2020 年）》，以及《河南省地方志工作规定》《河南省地方史志事业发展规划（2016—2020

年）》落实情况的检查力度，确保地方综合年鉴编纂出版工作的正常开展。针对个别市县推进“一纳入、八到位”过程中出现的困难和问题，加大调研力度，开展对策性研究，提出有针对性的意见建议。建立督查督导机制，与省政府办公厅联合对“两全目标”的落实巩固情况开展督查。

三是狠抓“两全目标”刚性任务。2020年，省史志办将进一步和省政府办公厅沟通，加强工作力量，采取倒排工期、通报跟进、责任到人等相关措施，加大力度，抓进度、抓质量，全面推动《河南年鉴》提质增效。加大对市县（区）年鉴指导力度，既要坚决把好政治关、史实关、体例关、文字关、出版关，要出能经得起人民和历史的检验的年鉴精品，又要切实解决各地年鉴工作发展不平衡不充分问题，积极研究解决年鉴书号申请难等新问题，努力确保省市县三级综合年鉴实现“一年一鉴、公开出版”的目标要求。

四是建立健全年鉴质量保证机制。强化质量意识、规范意识，认真组织各级编辑和撰稿人学习《地方综合年鉴编纂出版规定》，开展对市县和省直有关供稿单位的培训和交流2—3次。在充分学习各兄弟省市优秀年鉴的基础上，结合河南省经济社会发展和机构改革实际，拟对《河南年鉴（2020）》卷在框架结构、内容充实、专题设置上作一次大规模的调整。全力推动中国年鉴精品工程申报工作，努力打造1—2本全国精品年鉴。

五是加强编纂队伍建设。为弥补修志编鉴队伍人才短缺严重的情况，建议在国家层面联合高校进行专业人才培养；举办业务短期培训班、交流会，开展业务交流，对现有专业人才进行培养提高。做好省市县三级年鉴队伍培训工作，采取以会代训、以评代训、座谈讨论等形式，提高年鉴工作人员的业务技能、理论水平，以及编辑出版工作基本素质水平。

六是加强年鉴理论研究和创新发展。深入调查研究，掌握一手资料，探寻深层发展规律，把年鉴发展变革真正融入河南经济社会发展大计，真正融入基层、融入百姓生活。结合高校、有关科研院所和全省文化项目重大课题，形成新的理论创新平台和可持续发展模式，突破理论瓶颈，将理论创新和实践创新相结合，真正实现年鉴理论创新的新突破。

巩固"年鉴全覆盖"成果
持续推动广西年鉴事业高质量发展
——广西壮族自治区年鉴事业发展报告

广西壮族自治区地方志办公室①

提要：广西的年鉴事业始于20世纪30年代。20世纪80年代后，广西年鉴事业伴随着经济社会发展逐步繁荣发展。历经30余年，广西年鉴事业取得长足发展。至2018年，广西已出版省级综合年鉴1种、市级综合年鉴14种、县级综合年鉴111种，三级地方综合年鉴实现全覆盖。2019年继续巩固"年鉴全覆盖"成果，年鉴当年编纂当年出版比例进一步提高，年鉴编纂出版质量不断提升。但仍存在质量发展不平衡、社会效益发挥不充分等问题，亟需解决。

关键词：广西壮族自治区　年鉴事业　"年鉴全覆盖"　高质量发展

一、广西年鉴事业发展历程

广西的年鉴事业始于20世纪30年代。1932年，民国广西省政府基于统计经济的需要，由统计局在对广西经济社会发展统计调查的基础上，组织开展年鉴编纂。民国时期共出版3卷《广西年鉴》。第一卷于1933年由民国广西省政府统计局编纂出

① 执笔人：孙仿，广西壮族自治区地方志办公室年鉴部部长。

版，这是广西第一部年鉴。1935年，第二卷出版。1948年，第三卷出版，分上、下册。民国时期县级年鉴屈指可数，目前存有1939年出版的《平南县年鉴》与1943年出版的《藤县年鉴》。

20世纪50年代至80年代初，各级政府及社会各界将主要精力用于发展经济，恢复民生，广西年鉴事业在80年代前长期处于空白状态。

1979年11月，邓小平指出“编辑出版年鉴，很有必要，这是国家的需要，四化建设的需要”。在国务院和中共中央宣传部对年鉴的出版给予充分支持和改革开放政策推动下，国内年鉴陆续编纂出版。1980年起，广西的年鉴事业跟上全国步伐，各地各单位从实际需求出发，陆续开始编纂年鉴或以年鉴体例的方式修编资料性内部出版物。1982年，自治区统计局启动《广西统计年鉴》编纂工作，于1983年完成《广西统计年鉴（1982）》编纂并内部发行，成为新时期广西的首部年鉴。1984年11月，经自治区党委、自治区政府批准，《广西经济年鉴》创刊。为加强编纂队伍力量，自治区政府从广西社会科学院抽调专家组成编纂小组，并在全自治区相关单位建立供稿队伍，开始新时期广西综合年鉴的编纂出版工作。1985年11月，《广西经济年鉴（1985）》由广西经济年鉴编辑部编辑出版，161万字，公开发行。这是广西第一部新编省级综合年鉴。1987年，《广西经济年鉴》更名为《广西年鉴》。1993年，广西年鉴社成立，隶属广西社会科学院管理，为自收自支事业单位，专门负责《广西年鉴》的编纂出版工作。1994年，《广西年鉴》正式取得国际刊号，在国内公开发行的基础上通过香港经济导报社向国外公开发行。2000年，《广西年鉴》创新出版形式，以纸质年鉴为基础，出版光盘电子版，成为广西首部电子版年鉴。2007年11月，广西年鉴社成建制从广西社会科学院划归自治区志办管理。2008年8月，撤销广西年鉴社，注销其12名自收自支事业编制，自治区志办增设年鉴处（挂广西年鉴社牌子）。

多年来，在广西壮族自治区党委、政府的重视支持下，在创新理念的引导下，《广西年鉴》不断完善框架、丰富资料、充实内容、提升装帧，编纂出版水平逐步提升，多次获评广西优秀期刊及广西社会科学优秀成果奖。在中国地方志指导小组（以下简称“中指组”）组织的历次全国年鉴质量评审中屡屡获奖。科学的框架设置、翔实的资料数据、丰富的内容描述、精美的装帧设计、较高的质量水准、深入的理论实践，使《广西年鉴》获得广泛的社会好评。

20世纪80年代，一批专业年鉴和地方综合年鉴如《广西财政年鉴》《隆安年鉴》

《宾阳年鉴》《大新年鉴》《钦州市年鉴资料汇编》等纷纷着手编纂，成为这一时期较早取得编纂成果的年鉴。但是，由于编纂目的及经费等原因，大多数年鉴仅作为内部出版物。

20世纪90年代，广西年鉴事业快速发展。南宁、柳州、桂林、北海、防城港、钦州、百色、南宁等市级（行署）年鉴，横县、上林、合浦、浦北、桂平、北流、田东、武宣、宁明、扶绥等县级年鉴，《广西交通年鉴》《柳州铁路局年鉴》（2008年更名为《南宁铁路局年鉴》，2019年更名为《中国铁路南宁局集团有限公司年鉴》）《广西教育年鉴》《广西企业年鉴》《广西科技年鉴》等一批专业年鉴陆续出版，并在全国年鉴界开始崭露头角。由于缺乏行业管理和系统的业务学习培训，以及受出版经费的制约，除几部城市年鉴外，多数县区年鉴在体例上仿照志书体例，在内容上多年合一出版，达不到"一年一鉴"的要求。

进入21世纪，广西的年鉴如雨后春笋般发展。自治区直属单位纷纷出版或内部编印专业年鉴，市、县（市、区）也在自治区志办、广西年鉴社的指导下，开启年鉴编纂出版工作。2005年，全自治区组织编纂地方综合年鉴45种，专业年鉴近30种。

2006年国务院颁布《地方志工作条例》，明确将地方综合年鉴的编纂纳入地方志工作范畴，使年鉴工作的开展有法可依。2015年，自治区志办党组提出实施广西年鉴精品工程。每年确定3—5部基础较好又具有代表性的年鉴为项目实施对象，经过培育打造，提高项目年鉴编纂质量。通过持续培训编纂队伍，打造年鉴精品，提升广西年鉴编纂出版水平，不断扩大年鉴的综合影响力。同年，国务院办公厅颁布《全国地方志事业发展规划纲要（2015—2020年）》（以下简称"《规划纲要》"），进一步明确了做好年鉴工作的具体要求，并提出到2020年，全面实现省、市、县三级综合年鉴全覆盖的刚性任务，"年鉴全覆盖"目标提上各级政府的议事日程。广西坚持一手抓"年鉴全覆盖"，一手抓质量建设，取得较好成绩。2017年3月，自治区政府召开全自治区"年鉴全覆盖"工作推进会，自治区分管副主席提出到2018年基本实现年鉴全覆盖目标，强力推进全自治区"年鉴全覆盖"。至2017年末，广西综合年鉴覆盖率由上年的60%提高到80%。2018年，自治区政府继续组织年鉴全覆盖工作督查，10月广西年鉴实现全覆盖。至2019年，广西已连续5年实施年鉴精品工程，项目覆盖范围不断扩大，各级各类年鉴总体质量大幅度提升。同时，全自治区还编纂出版50余种专业年鉴，一些地方和部门还编写年鉴简本、地情手册、地情概览等年鉴衍生品。广西年鉴事业呈现出良好发展态势。

二、2018—2019 年发展概况

两年来，广西地方志系统在自治区党委、政府的领导和中指组及其办公室的指导下，深入贯彻落实党的十九大精神，坚持以马克思列宁主义、毛泽东思想、邓小平理论、“三个代表”重要思想、科学发展观、习近平新时代中国特色社会主义思想为指导，全面贯彻落实国务院《地方志工作条例》《全国地方志事业发展规划纲要（2015—2020 年）》和《广西壮族自治区实施〈地方志工作条例〉办法》《广西地方志事业发展规划（2016—2020 年）》精神。通过先后召开年鉴推进会、现场会，开展年鉴督查指导，加强业务培训，落实各市年鉴编纂出版进度季通报制度，实施广西年鉴精品工程，开展年鉴质量评比等举措，加快推进综合年鉴全覆盖，提升编纂出版质量。10 月，实现地方综合年鉴全覆盖目标。年鉴的编纂出版不断规范，年鉴编纂质量不断提高，综合年鉴出版各卷次覆盖率在全国排名不断攀升，年鉴服务经济社会发展的作用不断增强。

广西三级地方综合年鉴实现全覆盖。2018 年 3 月，广西召开全区地方志工作机构主任会议，自治区副主席黄俊华强调地方志工作要志、鉴、馆、网、库、用、会、刊、研、史“十业并举”，实现“六个转变”（即从围绕自身工作向围绕经济社会发展大局转变，实现地方志事业的大局化；从单纯修志编鉴向多业并举全面发展转变，实现地方志事业的全面化；从依规修志向依法修志转变，实现地方志事业的法治化；从地方志工作机构修志向党委领导、政府主持、地方志工作机构组织实施、社会各界广泛参与转变，实现地方志事业的社会化；从单一纸媒体志向广泛运用数字媒体志转变，实现地方志事业的信息化；从修志囿于当地向把地方志推向全国、走向世界转变，实现地方志事业的全国化、国际化），打造修志编鉴、古籍旧志整理、地情开发利用、基础设施和信息化建设、依法治志与人才队伍建设、对外合作交流等地方志工作“六大升级版”，全力打赢“两全目标”攻坚战。8 月，召开全自治区综合年鉴全覆盖工作推进会，专门针对未出版过地方综合年鉴以及年鉴工作推进慢的市县进行工作督促和业务培训。年内，梧州市万秀区、龙圩区，北海市海城区、银海区、铁山港区，钦州市钦南区，贵港市港北区、港南区、覃塘区，平果县、南丹县、忻城县 12 个县（区）综合年鉴创刊出版，实现零的突破。10 月，梧州市《龙圩年鉴》出版发行。至此，广西 14 个设区市、111 个县（市、区）加上自治区本级，共出版 126 种年鉴，提前 2 年多实现了“年鉴全覆盖”目标。根据中指组通报，截至

2018 年末，全区 2017 年卷自治区、市、县三级综合年鉴公开出版 107 种，公开出版率 84.9%，在全国各省（直辖市、自治区）排第 9 位；2018 年卷自治区、市、县三级综合年鉴公开出版 82 种，公开出版率 65.1%，在全国各省（区、市）排第 7 位。至 2019 年末，2018 卷三级地方综合年鉴编纂出版覆盖率为 96.8%，比上年提高 31.7 个百分点。2019 卷三级地方综合年鉴全部启动，出版覆盖率为 76.8%，当年出版率比上年提高 11.7 个百分点。

（一）开展志鉴编修“两全目标”专项督查

在历年对全区地方志工作督查的基础上，2018 年，广西结合“两全目标”要求继续组织专项督查。根据自治区分管副主席关于“点对点对接”的批示精神及《广西壮族自治区政府办公厅关于组织开展志鉴编修“两全目标”专项督查的通知》要求，从 5 月下旬至 9 月底，自治区志办举全办之力对全区 52 个市县（区）及 14 个《广西通志》后进承修单位开展专项督查。自治区志办党组将督查工作作为全区地方志系统年度工作的“重中之重”全力推进。以办领导和业务精湛干部为主的督查队伍，形成“‘一把手’主抓，分管领导全部参与”格局。根据专项督查工作要求，督促各地各承修单位结合督查重点全面排查“两全目标”工作情况，分析问题原因，有针对性地提出整改措施及对策建议后形成自查自纠报告报送自治区志办。在各地自查自纠基础上，自治区志办领导带队分 3 个督查组先后赴 52 个市、县（区、市），14 个《广西通志》专志承修单位进行督查。督查组先后召开 23 场督查动员会，与 76 个市县（区、市）政府及承修单位签订“两全目标”承诺书，实地查看 52 部年鉴，梳理了 13 项重点问题。结合督查工作，组织业务骨干组成 9 个小组进驻工作后进的 13 个县（区、市）“点对点”开展编纂业务指导和跟进督查，累计开展时间达 65 天，现场梳理了 9 项重点问题，形成了蹲点日记及工作统计、情况汇报等材料。自治区专项督查工作开展后，很多市县及承修单位对专项督查工作高度重视，召开现场会，举办培训班，组织专人全力推进，使专项督查取得良好效果。2019 年是基层减负年，很多检查督查工作都取消了，但自治区政府基于实现“两全目标”的重大意义，继续下文开展专项督查，且力度加大，由自治区政府督查室与自治区志办一起组成联合督查组开展督查。通过层层签订 2018 卷、2019 卷年卷出版承诺书，向基层传导了“两全目标”工作压力，充分调动了他们的工作积极性，推进了“两全目标”攻坚。

（二）《广西年鉴》编纂质量和效率提高

根据形势发展变化和理论创新，结合时政热点及改革重点，《广西年鉴》的编纂从年鉴框架结构及内容等方面进行创新，充分体现年鉴的现实性。2018 年，将概况部类按照十八大以来中央关于中国特色社会主义五大建设的提法重新设置篇目框架，由原先的“经济和社会发展、政治文明建设、精神文明建设和生态文明建设”四个板块修改为“经济建设、政治建设、文化建设、社会建设和生态文明建设”五个板块。在政治部类党委类目下增设党委重要会议、重要决策、重要活动的内容，人大类目下增设人大重要会议的内容，政府类目下增设政府重要会议、重要政务及组成部门的内容，政协类目下增设政协重要会议、重要活动、提案工作及各专门委员会的内容，使党委、人大、政府、政协四部分内容设置的相对平衡。在法治类目增设政法委及维护社会稳定的内容，保证内容完整性。2018 年是广西壮族自治区成立 60 周年。为及时反映这一重大事件，在封面设计上加印自治区 60 大庆徽标，封面采用自治区成立 60 周年庆祝大会会场照片作为背景图，凸显 2018 年出版的《广西年鉴》作为大庆献礼书的鲜明特点。同时，充分利用文前彩页不受年度限制的体例特点，在 12 月 10 日庆祝大会举行后，突击组稿组版设计“庆祝自治区成立 60 周年”书前图片专辑 6 个页码的版面，使 2018 年卷年鉴年度性特点更加明显。2019 年卷《广西年鉴》结合 2018 年机构改革及时政热点，在图片专辑增设自治区党委、自治区人民政府重大决策部署及全面深化改革专题，在法治部类增设扫黑除恶的内容，在军事部类增设边海防管理、交通战备等内容，经济部类的经济管理与监督分目下增设营商环境建设的内容，产业部类的信息产业分目增设数字广西建设、中国—东盟信息港建设的内容等，使年鉴内容涵盖更加全面、框架结构更为合理。在编纂力量组织上，针对年鉴业务骨干减少的突出问题，将编辑印刷部分工作通过项目招投标引入社会力量编鉴，有效缓解了人手不足的问题。

在组稿和编纂出版工作的组织方面，加强管理和统筹协调，责任到人，分工合作，密切配合。一是精心组织，认真开展组稿、收集资料工作。按照年鉴篇目、内容的要求，将年鉴的资料分解到各部门，市一级负责本市所辖县（市、区）的组稿工作；年鉴编纂人员分片负责收集汇总。二是落实责任，认真编辑。实行岗位责任编辑制，将编辑责任落实到人，做到责任落实，任务落实，充分调动各编辑人员的积极性。同时，向社会物色可用的编辑人员，充实年鉴的编辑队伍。三是突出重点，加强指导。

为高质量完成年鉴编纂工作，自治区志办年鉴处加强与各供稿单位的联系，跟踪各单位年鉴资料撰写情况，并分组到各单位走访调研，对年鉴资料撰稿人给予适时指导。四是认真编审，反复修改。所有稿件实行三审制，力求年鉴资料真实可靠。《广西年鉴》编纂出版贯穿了创新精神和精益求精精神，同时将一套较为成熟的工作程序熟练运用，确保内容篇幅在200万字，包含图片、表格、示意图、小资料等多种表现形式的《广西年鉴》能够做到当年编纂、当年出版。

（三）《广西图鉴》编纂出版工作按计划有效开展

《广西图鉴》是《广西年鉴》的姊妹刊，是广西壮族自治区志办、广西年鉴社创编的图片类年鉴，2016年创办，每年出版一卷，与《广西年鉴》相互配套、相辅相成。《广西图鉴（2018）》以图片为主，掠影式展现2017年度广西政治、经济、文化、社会、生态等方面的基本概貌和取得的重要成果，记录2017年度广西发生的大事要情、具有纪念意义的人物事件等，展现社会发展变化和文明进步。分为政治、法治·军事、经济、教科文卫体、民族宗教·社会民生、市县风采等六大板块，每个板块包括若干节，每节包括若干篇，各篇反映相关领域、行业或单位的基本概貌。自治区志办年鉴处（广西年鉴社）同时负责年鉴、图鉴“两鉴”编纂出版，为缓解人手不足，两书适当错开编纂出版时间。2018年11月，《广西图鉴（2017）》出版。《广西图鉴（2018）》组稿工作与年鉴组稿同步进行，10月完成组稿任务，收集文字稿20多万字、图片2000多幅。12月底完成初稿。至2019年11月，《广西图鉴（2018）》出版发行，并完成《广西图鉴（2019）》初稿。

（四）广西年鉴精品工程高效实施

从2015年开始至2019年，广西已连续5年组织实施广西年鉴精品工程。在项目实施过程中，始终把质量意识和精品意识贯穿于全过程。在申报阶段，严格项目准入标准。要求申报项目年鉴有质量基础，编纂经验较丰富，能做到一年一鉴、当年公开出版；有保障条件，年鉴编纂机构健全，编辑人员充足，落实编纂经费；有提升意愿，主观能动性强，提高年鉴质量意愿高。年鉴编纂单位申报后，经广西年鉴精品工程领导小组评审选定实施项目。在项目实施中，严格落实项目责任制和跟踪负责制。安排专人对接项目年鉴，实行一对一帮扶。联系人和实施单位定期报告工作进度，及时协调解决实施过程中的困难和问题。在稿件评审时，以问题为导向，坚持高标准严要求。每部项目年鉴依次召开评审会，邀请年鉴专家对年鉴送审稿进行评审，提出修改完善意见。要求项目实施单位认真吸纳专家意见，建立意见清单，制订修改方案，认真落实修改。2018年广西年鉴精品工程项目为《北海年鉴（2018）》《柳北年鉴（2018）》《平南年鉴（2018）》《广西调查年鉴（2018）》4部年鉴。2019年为《隆安年鉴（2019）》《忻城年鉴（2019）》《临桂年鉴（2019）》《中国铁路南宁局集团有限公司年鉴（2019）》4部。

实施广西年鉴精品工程5年时间来，先后已有23部年鉴列为实施项目，其中地方综合年鉴20部，专业年鉴3部。这意味着超过18%的全自治区三级地方综合年鉴直接获得过全国、全区专家的评审和直接指导。在项目实施过程中通过组织评审会、现场会等方式，以会代训，带动辐射范围更广。广西年鉴精品工程第一阶段项目的实施，有力推动了全区年鉴质量全面提升。

（五）加强对年鉴编纂工作的指导及培训

广西三级地方综合年鉴编纂出版点多、面广，广西壮族自治区志办结合实际采取相应工作方法。年鉴处处长、副处长负责统筹指导，各责任编辑按照《广西年鉴》的编辑分工，对接所负责市、县（市、区）的年鉴业务指导。责任到人，要求各责任编辑每半月联系一次对应市县，进行跟踪指导及服务。同时，加大年鉴业务培训力度。

2018年3月，组织召开年鉴业务培训班，邀请全国知名专家对区直、市县年鉴业务人员共150人进行专门业务培训。5月，在全区方志机构负责人培训班上，年鉴处长、广西年鉴社社长作年鉴主编业务培训授课，对60多名市县机构负责人进行业务培训。8月，在全区年鉴全覆盖推进会上，组织年鉴全覆盖相关业务培训。9月，在西北大学举办的广西地方志业务培训班上，自治区地方志培训中心也安排了年鉴业务培训。2019年先后组织3次培训班，分别是3月份组织的年鉴撰稿人员培训班，以及在桂林师大、厦门大学举办的地方志综合业务培训班。此外，年鉴处业务人员还先后到北海、钦州、平南、平果、自治区体育局授课，到年鉴编纂一线单位作业务培训。

（六）广西三级地方综合年鉴和专业年鉴在全国年鉴类评审活动中取得优异成绩

2018年、2019年，广西壮族自治区志办均结合全国地方志优秀成果（年鉴类）

评审活动，组织开展广西初评会，推荐优秀年鉴。2018 年 9 月，中指组、中国地方志学会印发《关于对第五届全国地方志优秀成果（年鉴类）的通报表扬》，广西有 11 部地方综合年鉴和专业年鉴获通报表扬，获奖率为 78.6%，超过全国送评年鉴控制在 75% 以内的获奖率 3.6 个百分点。其中特等年鉴 1 部，一等年鉴 4 部，二等年鉴 2 部，三等年鉴 3 部，提名年鉴 1 部。《广西年鉴（2017）》获评为一等年鉴。2019 年广西共有 10 部年鉴在中国地方志指导小组第六届全国地方志优秀成果奖（年鉴类）评比中获表彰，其中获评为二等年鉴 6 部，三等年鉴 4 部，《广西年鉴（2018）》获评为二等年鉴。

（七）加快年鉴数字化、网络化建设

广西三级地方综合年鉴在出版纸质书的同时，均制作电子光盘。大部分年鉴加入中国年鉴资源全文数据库。《广西年鉴》从 2009 年开始加入中国知网，并把从 1985 年创刊以来每年出版的年鉴数字化，放到广西地情网供公众查阅。在广西地情网还可同时查阅广西市、县两级地方综合年鉴。《广西年鉴》《南宁年鉴》建有网络编纂平台。《南宁年鉴》网络编纂平台运行较好，提高了编纂效率，编纂时间从 2016 年起由每年 6 个月缩短至 3 个月。2018 年，南宁市本级改造智能编纂平台，探索人工智能代替编辑部分工作，年鉴编纂从网络化转向半智能化。2019 年南宁市开始编纂网络年鉴，在南宁地情网每月编纂推出当月重大内容条目。

（八）进一步发挥年鉴社会利用功能

广西历来重视年鉴社会价值的利用，广西年鉴社从 1986 年开始委托香港经济导报社在我国香港、澳门、台湾地区及国外发行《广西年鉴》。现美国哥伦比亚大学图书馆、纽约公共图书馆等国外图书馆有《广西年鉴》在存。2000 年开始把每年的《广西年鉴》作为自治区人大、政协两会的会议材料，发放给参会的人大代表和政协委员阅读使用。利用历年出版的年鉴为修志及编纂地情书服务。南宁市志办从 2005 年开始把每年的《南宁年鉴》作为礼品，赠送给参加中国—东盟博览会的中外嘉宾，扩大了首府南宁的影响力。桂林市志办为政府网站年度大事记及桂林市获奖荣誉提供资料。2019 年，广西社科院、水文研究所等多个科研单位来函请求赠阅《广西年鉴》，作为科研人员工具书，人手一册。

三、年鉴工作中存在的问题

（一）年鉴编纂质量发展不平衡

除省级年鉴《广西年鉴》和少部分市级年鉴编纂质量较好外，其他的市级年鉴、县级年鉴和行业年鉴编纂质量普遍较差。主要表现在：年鉴框架分类不够科学，导致分类标准、逻辑关系、排列顺序混乱，整体结构不严谨；记述不够全面，造成资料遗漏缺项；记述详略不当，条目编写不规范，空话套话大话多，行文不够规范等。

（二）年鉴编纂队伍不稳定，培训力度不强

部分年鉴编纂队伍配置是短期行为，有些单位的撰稿人员更换频繁，导致稿件质量参差不齐。有的年鉴编辑部人员兼职化、老龄化甚至非专业化现象严重，直接影响了年鉴编纂质量。有的编辑部对年鉴撰稿人员业务培训和指导沟通不够，撰稿人员业务水平不均衡。编辑、编审力量不足，缺乏长期有效的培训和培养。

（三）年鉴编纂机构不健全、经费不足

城区的地方志工作机构大多是临时机构或挂牌机构，人员少，更没有专门编纂年鉴的机构。另外，部分县（区）编纂经费不足，没有列入财政预算，开展年鉴编纂工作难度大，部分县（区）只能靠广告经营收入勉强维持年鉴编纂出版工作，撰稿人员的稿费很难发放，影响了年鉴质量和正常编纂出版。

（四）年鉴编纂出版周期较长

年鉴供稿涉及部门多、内容广，一些部门存在对供稿工作重视不够、主动性不强、组织不到位、内部审核拖延等问题，造成组稿难度大、时间长，影响年鉴编纂出版进度。如《广西年鉴》在组稿过程中，少数部门供稿经常滞后，拉长年鉴编纂周期，延后出版时间，导致每年都要到年末才出版。其他一些市级和大部分县级年鉴要跨年度才能出版，社会效益受到较大影响。

（五）年鉴创新意识不强

部分地方对年鉴的要求仅停留在有没有、能不能按时出版上，而对年鉴内容创新和编纂出版形式创新却鲜有关注，创新意识不强。

四、年鉴工作的发展方向

（一）强化责任意识，全面完成《规划纲要》提出的总体目标任务

广西虽然已实现三级地方综合年鉴全覆盖，但仍存在年鉴出版的时效性不强，不少年鉴没能够实现“当年编纂，当年出版”目标。下一步要继续强化对 2018 年卷、2019 年卷、2020 年卷年鉴编纂出版工作的指导，明确地方政府责任，推动年鉴编纂出版工作高标准开展，全面完成《规划纲要》提出的总体目标任务。同时，加强谋划制定下一个 5 年年鉴发展规划，使年鉴事业持续健康发展。

（二）树立创新和精品意识，全面提高年鉴编纂出版质量

进一步抓好《广西年鉴》《广西图鉴》的编纂，在内容上推陈出新，在形式和手段上创新，加快年鉴编纂数字化、网络化步伐，丰富编纂手段。推出网络版、手机版年鉴扩大年鉴的读者范围，提高年鉴查阅信息化和便利度。深入实施年鉴精品工程，扩大项目覆盖面，提高项目参与率，创新项目实施方法，发挥精品工程和项目年鉴的辐射带动作用。

（三）健全年鉴编纂工作保障机制，保障年鉴编纂基本条件

督促各地将年鉴工作纳入各地国民经济和社会发展规划、纳入地方政府工作任务；将年鉴编纂经费列入年度财政预算，保障资料征集、编辑审核、印刷出版、人员聘用等经费支出；配齐配强年鉴工作部门和编纂人员。

（四）加强年鉴理论研究和学术交流

充分利用全国地方志期刊和年鉴研讨会平台，发挥《广西地方志》期刊和广西地方志学会平台作用，活跃学术研讨，努力营造年鉴理论研究浓厚氛围，推动年鉴理论建设。

（五）加强对已开展和准备开展年鉴编纂工作的行业、部门、单位等的业务指导和管理

把指导和管理的范围从市县地方志办公室进一步扩展到专业年鉴、高校年鉴、乡镇年鉴等编纂单位，推动广西年鉴繁荣发展。

（六）打造作风硬素质高业务强的年鉴编纂专业队伍

把政治素质高、文字功底强、熟悉业务工作的人员安排从事修志编鉴工作。加强业务培训和指导，实现年鉴编纂人员培训工作常态化。弘扬地方志工作者艰苦奋斗、开拓创新的“仙人掌精神”，推动广西年鉴事业再上新台阶。

与时俱进　开拓创新　开创年鉴发展新局面
——海南省年鉴事业发展报告

■ 中共海南省委党史研究室（海南省地方志办公室）①

提要：海南省年鉴事业经过30年的发展，已形成包括省级综合年鉴、市县综合年鉴、专业年鉴在内的完整体系。2018年、2019年，《海南年鉴（2018）》《海南年鉴（2019）》顺利出版，省、市、县三级地方综合年鉴比国家要求提前三年实现全覆盖，专业年鉴编纂出版取得新进展，在形成良好编纂机制、全面提升编撰质量、与时俱进改革创新、拓展年鉴产品的社会功能等方面形成了"海南经验""海南做法"，海南年鉴工作迈上新台阶。进入新时代，海南还将在"责""质""用""新"上下功夫，不断开创年鉴事业发展新局面。

关键词：海南省　年鉴事业　发展历程　新时代

一、海南省年鉴事业发展历程

海南省年鉴事业发展历程包括省级综合年鉴、市县综合年鉴、专业年鉴等三个方面的发展历程。

① 执笔人：李鑫，中共海南省委党史研究室（海南省地方志办公室）年鉴工作处副主任科员。

（一）省级综合年鉴

《海南年鉴》于1989年创刊，创刊号为《海南特区经济年鉴》，翌年改版为《海南年鉴》。1992年9月，国家新闻出版署正式批准《海南年鉴》刊号。《海南年鉴》1993年卷至1999年卷曾以分册编辑、集成出版的形式编辑出版，自2000年卷起恢复为一卷综合本的形式编辑出版。为服务博鳌亚洲论坛年会，《海南年鉴》英文简本于2015年创刊发行，2019年，为更好服务经济社会发展，使年鉴产品更符合现代人的阅读习惯，《海南年鉴（2019）》中文简本创刊编印。

《海南年鉴》创刊时由海南省政府社会经济发展研究中心负责编纂。1993年，成立海南年鉴社，为自筹资金、独立核算事业单位，负责《海南年鉴》编纂出版，仍由省政府社会经济发展研究中心管理。2000年，海南年鉴社整体移交至海南省政府研究室管理。2007年，海南年鉴社移交至中共海南省委党史研究室（海南省地方志办公室）（以下简称“海南省志办”）管理。2010年，撤销海南年鉴社，对外保留海南年鉴社牌子，海南省志办成立年鉴工作处负责《海南年鉴》编纂出版。

（二）市、县综合年鉴

全省各市、县综合年鉴中，《海口年鉴》创刊时间最早，于1995年创刊。创刊较早的还有《昌江黎族自治县年鉴》（2002年创刊）和《三亚市年鉴》（2005年创刊），其余市县综合年鉴均为2009年后创刊。区级年鉴中，海口市辖区年鉴创刊时间较早。其中，龙华区于2014年创刊，其余三个区于2015年创刊。三亚市四个辖区的年鉴均于2017年创刊和2018年出版。自此，海南省27个市、县、区的地方综合年鉴实现全覆盖。

全省各市、县综合年鉴除三沙市外，均由市、县史志办负责编纂。三沙市年鉴由市政府办公室负责编纂。区级年鉴方面，海口市辖区和三亚市辖区的地方综合年鉴由区政府办公室负责编纂。全省各市、县（区）的地方综合年鉴均由专业出版社负责出版。

（三）专业年鉴

海南省专业年鉴中，统计年鉴创刊最早，其中，《海南统计年鉴》《三亚统计年鉴》均为1987年创刊，《海口统计年鉴》于1988年创刊。曾公开出版的专业年鉴还有《海南大学年鉴》《海南师范大学年鉴》《海南农业年鉴》《海南省企业年鉴》《海南邮轮游艇年鉴》《海南经济普查年鉴》等6种。另有22种专业年鉴为内部印行。各专业年鉴均由相关单位部门负责编纂。

二、2018 年、2019 年海南省年鉴事业发展基本情况

2018 年海南省年鉴事业发展主要包括三方面：一是编纂出版《海南年鉴》，二是编纂出版市、县地方综合年鉴，三是编纂出版专业年鉴。

（一）《海南年鉴》编纂

2018 年 12 月，《海南年鉴（2018）》如期出版，《海南年鉴（2018）》以马克思列宁主义、毛泽东思想、邓小平理论、“三个代表”重要思想、科学发展观、习近平新时代中国特色社会主义思想作为指导思想，设图片专题、特载、特辑、概况、经济、政治、法治、文化、社会、生态建设、市县、人物、统计资料、大事记、附录 15 个类目，共 185 万字，图片 423 幅，全面、系统地反映 2017 年海南省国民经济和社会发展宏观态势以及各行各业、各市县的情况，记述年度内重大事件，评述年度内重大发展、成就、问题等，提供当年翔实的统计性资料以及其他实用性资料。2019 年 11 月，《海南年鉴（2019）》比往年提前一月出版，《海南年鉴（2019）》以马克思列宁主义、毛泽东思想、邓小平理论、“三个代表”重要思想、科学发展观、习近平新时代中国特色社会主义思想为指导，设图片专题、特载、专记、概况、经济、政治、法治、文化、社会、生态文明、市县、人物、大事记、附录 14 个类目，共 188 万字，图片 1072 幅，全景式展示改革开放 40 周年、海南建省办经济特区 30 周年发展成果，全方位反映全省各地区、各部门在新时代积极推进社会主义经济建设、政治建设、文化建设、社会建设、生态文明建设和党的建设取得的新成就。

2018 年 3 月、2019 年 3 月，《海南年鉴（2017）》英文简本、《海南年鉴（2018）》英文简本分别出版发行，并于当年三四月间赠送博鳌亚洲论坛，利用这一国际性交流平台更好地宣传海南。《海南年鉴》英文简本以同年度《海南年鉴》为蓝本，设海南概况、经济建设、政治建设、文化建设、社会建设、生态文明建设、大事记、附录 8 个类目，全面、系统地反映海南省 2016 年及 2017 年国民经济和社会发展宏观态势以及各行业情况，记述年度重大事件，提供主要统计性资料以及其他实用性资料，为国外有关机构和人员了解、研究海南提供较权威、准确的信息，采取免费赠送方式，满足海南外事、侨务、商务、旅游等方面对外宣传的需要，为海南自贸区（港）建设助力。

2019 年 12 月，《海南年鉴（2019）》中文简本内部发行。《海南年鉴（2019）》中文简本以《海南年鉴（2019）》为蓝本，从中精选内容辑要而成，设海南概况、经济建设、政治建设、文化建设、社会建设、生态文明、大事记、附录 8 个部类。该书的出版发行进一步丰富了海南年鉴产品的供给，填补了中文简本的空白，因其内容精练，更为方便读者阅读携带，更利于读鉴用鉴，出版后通过免费赠阅的形式投送海南史志馆及相关承编单位，为宣传海南，助力海南国际化营商环境建设提供服务。

（二）市、县综合年鉴编纂

2018 年，海南省三级地方综合年鉴比国家要求提前三年实现全覆盖。各市、县（区）年鉴编撰出版完成情况较好。各市、县（区）2017 年卷年鉴出版 26 部，2018 年卷年鉴出版 17 部。其中，乐东当年同时出版发行 2015 年卷至 2018 年卷 4 部年鉴；三亚、儋州、文昌、琼海、万宁、临高、屯昌、定安、保亭、陵水、琼中、海口秀英区、三亚海棠区 13 个市县（区）当年同时出版发行 2017 年卷和 2018 年卷 2 部年鉴，补完“历史欠账”的同时还完成了“一年一鉴”任务。2019 年，海南规划的 27 部市县（区）综合年鉴，除《三沙年鉴》因故未列入统计、《五指山年鉴》因书号问题未能如期出版外，其余 25 部全部于当年公开出版，覆盖率达到 96%，为历年最高。尤其是三亚 4 个区，克服起步晚、任务重、无机构编制等重重困难，不仅全面完成补课任务，而且全面实现当年年鉴当年出版。

海南 2018 年卷三级综合年鉴公开出版统计表

表 1

省级		市级		县级		合计		覆盖率
应编纂出版	公开出版	应编纂出版	公开出版	应编纂出版	公开出版	应编纂出版	公开出版	
1	1	3	3	23	23	27	27	100.00%

海南 2019 年卷三级综合年鉴公开出版统计表

表 2

省级		市级		县级		合计		覆盖率
应编纂出版	公开出版	应编纂出版	公开出版	应编纂出版	公开出版	应编纂出版	公开出版	
1	1	3	3	23	22	27	26	96.30%

（三）专业年鉴编纂

2018 年、2019 年，海南省专业年鉴编纂出版取得进展。《海南统计年鉴（2018）》

《海南统计年鉴（2019）》《海南农业年鉴（2017）》《海南农业年鉴（2018）》《海南农业年鉴（2019）》《海南大学年鉴（2018）》《海南大学年鉴（2019）》7 部专业年鉴顺利出版发行。

三、主要经验和发展亮点

（一）良好的工作机制是年鉴事业发展的前提条件

年鉴编纂作为一项涉及面广的大型文化系统工程，需要各级、各部门领导的重视与支持，离不开众多部门和人员的参与配合。《海南年鉴》涉及部门 130 余个，工程量大、事项庞杂。而近年来，年鉴组稿工作总体情况平稳，组稿难度在逐年降低，稿件质量在稳步提升，离不开各级领导对年鉴工作的重视以及各部门的支持配合，更得益于《海南年鉴》良好的编纂工作机制。《海南年鉴》从一开始就成立了以省长为主任，省委、省政府分管领导为副主任，省直有关部门主要负责人为成员的高规格的年鉴编纂委员会；按部门单位分工，对照大纲组稿，责任落实到撰稿人员；年初工作有部署安排，年中有培训指导，年末有总结表彰等。通过多年努力，逐步完善机制，为年鉴编撰营造了良好的氛围，奠定了稳固的基础。以《海南年鉴》为标杆，各市县党委、政府都成立了由市县主要领导任主任、分管领导任副主任的高规格的年鉴编委会，大部分市县两办发文部署组稿任务，部分市县举办了大型年鉴组稿会议，市、县地方综合年鉴编纂机制正在逐步完善。

（二）全面提升编纂质量是年鉴事业发展重要保障

质量是年鉴的价值所在、生命所在。一直以来，海南坚持把年鉴质量放在首位。一是在编纂出版全过程强化节点把控和质量管理。2018 年、2019 年，海南省志办均在 3 月召开当年度《海南年鉴》组稿会议，做到编纂计划早安排、编纂工作早动员、编纂任务早下达、人员任务早明确。各市县各单位也认真组织做好组稿工作，绝大多数都能按照规定时间报送稿件。审稿方面严格编辑出版程序，坚持编辑对接联系制、文稿三审三校制、回稿审查制、统编统校制，把好政治关、文字关、审核关，多方保障《海南年鉴》整体质量。二是加强队伍建持续提升年鉴编纂人员业务水平。坚持多渠道、多层面、多形式开展培训，扩大覆盖面，提高针对性。2018 年与 2019 年，针对机构改革背景下《海南年鉴》撰稿人队伍调整较大的情况，年鉴工作处对当年的年鉴新撰稿人进行专门培训，保证年鉴供稿质量；赴省内五指山、琼中、三亚、儋州等市县召开年鉴业务培训会，以问题为导向由年鉴专家结合实际案例为市县年鉴编撰人员授课，有效提高市县年鉴编纂人员的业务水平；同时，2018 年还对《海南农业年鉴》《海南水务年鉴》编纂人员等进行了业务培训和指导，促进行业年鉴进一步规范。三是积极开展年鉴质量评审凸显全省年鉴编纂出版成果。2018 年，海南省志办开展全省性的年鉴质量评审活动，并组织海南省内年鉴充分参与中指组举办的全国性年鉴评审活动。5 月，省志办举办第二届市县地方综合年鉴质量评审活动，全省 21 部市县区年鉴参加，评出一等奖年鉴 1 部、二等奖年鉴 3 部、三等奖年鉴 5 部，以评促质，提升了市县综合年鉴质量水平。

经过努力，在 2018 年第五届全国地方志优秀成果（年鉴类）评审活动中，《海南年鉴（2017）》获评为三等年鉴、《海口年鉴（2017）》获评为一等年鉴、《海南农业年鉴（2017）》获评为提名年鉴。在 2019 年第六届全国地方志优秀成果（年鉴类）评审活动中，《万宁年鉴（2018）》获评为一等年鉴、《海南年鉴（2018）》《海口年鉴（2018）》获评为二等年鉴、《海南农业年鉴（2018）》获评为提名年鉴。

（三）与时俱进改革创新是年鉴事业发展的动力源泉

2018 年，《海南年鉴（2018）》在保持总体框架稳定性和风格延续性的基础上，围绕党委政府的中心工作、社会大众的关心关切点、年度的大事要闻，增设和调整部类分目 30余处，如特设“海南省学习贯彻党的十九大”“海南省第七次党代会”专辑，增设“法治”部类，增设“空间规划”类目。为体现年度和地域特色，图片专题栏目特设“美好新海南”系列专题，包括“美好新海南 · 幸福表情”“美好新海南 · 新机遇”“美好新海南 · 新魅力”“美好新海南 · 新印象”4 部分。框架调整做到了全方位全角度凸显时代特色、年度亮点和地方特点。

2019 年，《海南年鉴（2019）》在框架上继续大力创新。一是突出年鉴政治属性聚焦大事要情。如适时推出《习近平在海南》等 4 篇专记；根据机构改革的变化，将省委序列单位所撰内容全部归于“中国共产党海南省委员会”类目等。二是突出海南建省办经济特区 30 周年和海南自贸区（港）建设的重要意义。在 2019 年卷年鉴大纲设立“辉煌 30 年 美好新海南——海南建省办经济特区 30 周年图片纪念特刊”，展示海南 30 年来各界人士的新业绩和人民的美好新生活；设立“海南自贸区（港）建设大事图鉴”和“海南自贸区（港）建设综述”专题，通过图片和文字的形式综合反映海南开展自贸区（港）建设以来所取得的成就；设立“改革开放40周年海南经济社会发展综述”专题，总结改革开放40年以来海南经济社会发展历程。三是突出时代特色。大纲设立“经济新亮点”专栏，围绕海南“三区一中心”战略定位，以关键领域、前沿平台、重点产业的图片为主，反映海南省年度经济发展新亮点新成果；设立“新时代奋斗者”专栏，记录全省各行各业劳动群众在新时代的奋斗身影，展现建设美好新海南的磅礴动力；设立“新时代新生活”专栏，汇集反映海南省年度社会民生事业新成就的图片，彰显人民群众的幸福感。四是突出海南特色。大纲设立“绿水青山看海南”专栏，辑合海南省生态文明建设方面的重点照片，直观展现海南独特优美的生态环境；设立“海南老字号”专栏，展示海南省首批“海南老字号”图片，宣传海南传统商业资源和弥足珍贵的文化遗产。

（四）拓展年鉴的社会服务功能是年鉴事业发展的至要关键

海南在强化读鉴用鉴，增强年鉴使用功能和社会服务效益上下功夫。一是丰富年鉴产品供给。在编撰《海南年鉴》英文简本的基础上，2019年推出内容更为精炼，方便读者阅读和携带的《海南年鉴》中文简本；推动《海南年鉴》在海南史志网、海南政府网及时刊载，拓宽年鉴赠送范围，推动读鉴用鉴向多点覆盖，向基层延伸。二是转化利用年鉴成果。在自贸港建设、全域旅游、乡村振兴等重大实践课题中融入年鉴元素，撰写“海南省域多规合一改革情况报告”“建省30周年市场发展情况分析报告”，突显资政功能。三是积极提供社会服务。结合庆祝新中国成立70周年活动，为省委宣传部、省农业农村厅等开展相关活动提供史料支撑；在《海南年鉴（2018）》在农业类目中增加“海南特色农产品”分目，为海口市农业局、省知识产权局申请“海口火山荔枝”等20多种农产品地理标志提供了翔实历史佐证材料。

四、存在的主要问题

（一）部分市、县（区）年鉴工作机制仍未完善

年鉴编纂是一项长期的、持续性工作，受组织机构、人员配备等多方面因素影响。部分市、县（区）刚创刊的年鉴，还没有形成完善的工作机制和严密的质量保障体系，容易造成年鉴编纂出版进度滞后。如海口市4个区和三亚市4个区的年鉴编纂

进度较为迟缓；三沙市年鉴编撰既没有成立专门机构，也没有专业人员，年鉴任务积压严重，历史欠账过多。

（二）部分市、县（区）年鉴质量有待提高

海南省部分市、县（区）年鉴编纂出版质量不高，存在许多问题。造成这些市、县（区）年鉴质量不高的原因有两方面：一方面是编纂者本身的能力不足，另一方面是供稿质量不高。在市、县（区）地方综合年鉴存在的问题中，既有对工作重要性认识不足、重视不够，又有内容选取不够恰当、不够合理；既有撰写体例不够规范、不够完整，又有资料数据不够精准等。这些因素都影响了市、县（区）地方综合年鉴的编纂出版质量。

（三）年鉴事业长足发展还有短板要补。

市县（区）年鉴书号紧张问题未能根本解决，巩固“一年一鉴”还需攻坚；年鉴产品开发有限，传播渠道狭窄，成果转化率低，社会知晓度不高，需要久久为功解决。

五、新时代展望

（一）围绕一个“责”字，如期完成“两全目标”

按时保质完成“两全目标”是党中央、国务院赋予各级党委、政府的法定职责，是省委、省政府部署的刚性任务，2020 年“两全目标”的决胜之年，海南省志办将在确保《海南年鉴》一年三鉴的基础上，督促各市、县（区）强化责任担当，狠抓执行落实，加快推进年鉴编纂出版进度，确保如期完成两全目标不断提升年鉴全覆盖质量；同时不断提升海南省市县三级综合年鉴整体编纂水平，在凸显时代特征、地方特色、年度特点上下功夫，指导海口及有条件的市县积极申报中国年鉴精品工程，在提升海南三级年鉴全国年鉴获奖等级上求突破。

（二）立足一个“质”字，全面提升年鉴编撰工作质效。一要从规范入手提升质量

认真制定完善年鉴编纂大纲，加强工作指导，强化与年鉴承编单位的沟通协调，确保承编单位报送的年鉴稿件符合编纂大纲和编写体例，全面系统，客观真实，符合

规范。二要从机制入手提升质量。及时下发年鉴组稿通知，要求年鉴承编单位建立完善相关编撰机制，明确编写人员，落实工作责任，保障工作条件，保按时保质完成编纂任务。同时，利用地方志部分工作职能转至省委督查室的契机，持续完善督导机制，会同省委督查室对进展较快、质量较好的单位予以表扬，对进展较慢、质量较差的单位予以督办提醒，及时通报情况、协调解决问题。三要从队伍入手提升质量。常态化开展《海南年鉴》新撰稿人培训，动态化跟踪指导市县年鉴编撰业务，有针对行地对专业年鉴进行相应指导，将业务培训和工作指导有机结合起来，提升队伍编撰水平，促进队伍发展，以队伍建设奠定事业发展之基。

（三）紧扣一个“用”字，充分发挥年鉴编撰的社会效益

充分发挥年鉴独有的地情资源优势、文献专业优势、部门协同优势，在“致用”上求突破。一要深耕资料资源。将综合年鉴收集到的相关资料打造成史志资源开发利用的新增长点和支撑点。在跟进存史、出版大事记的同时（如目前正在编撰的《图片大事记》《年度大事记》《中共海南省委执政实录》等），形成三轮修志和相关编研工作的前期成果和资源储备，为各行各业编撰行业年鉴、特色志奠定基础。二要强化部门合作。根据年度特点，选择特定的专题安排给年鉴承编单位编写，协调相关单位根据行业特点报送特定的年鉴专题，并强化合作，将其中的特色专题或独立成文，形成资政报告；或汇编成集，编撰特色地情书籍。三要推广普及年鉴。开展形式多样的读鉴用鉴活动。一方面加强与书店、图书馆、博物馆、涉外酒店等单位合作，用好史志馆的平台，开展线下活动，推动年鉴进机关、进农村、进社区、进校园、进企业、进军营，提高年鉴“曝光度”；另一方面适应新技术发展的需要，大力加强年鉴资源网络化、数据化进程，提升年鉴“共享率”。

（四）聚焦一个“新”字，不断开拓年鉴编撰工作的新局面

创新是适应新形势，推动新发展发展的必然选择。一要创新年鉴形式，求实。推动年鉴编纂理念、编纂内容、编纂方法与时俱进，对年鉴框架结构做出适当调整、优化和创新，凸显地方的强项、优势和年度特色；做好“年鉴瘦身”工作，编撰更符合现代人阅读习惯的年鉴读本，提高年鉴服务的实用性；缩短年鉴出版周期，增强年鉴编纂的跟进性；在提升全省年鉴全国获奖等级上求突破，指导海口及有条件的市县积极申报中国年鉴精品工程，提高年鉴工作的质效性。二要创新工作载

体，扩面。推动已完成二轮修志任务且已正常开展本级年鉴编纂出版工作的县（市、区），探索开展年鉴电子版、手机年鉴网络版、年鉴简本、地情手册等衍生产品编纂，将年鉴编纂工作适时视情拓展延伸，推动更多的单位编纂出版专业、特色年鉴，丰富年鉴产品供给，推进史志供给侧结构性改革。三要创新技术手段，增效。牢牢抓住网络化、数字化、智能化的契机，顺应媒介融合和信息共享趋势，运用大数据、云计算技术实现综合年鉴资源共享和有效转化。坚持用户思维，适应分众化传播和个性化阅读的需求，运用数据挖掘和智能分析等技术，实现年鉴资源的精准定向传播，从泛泛的信息服务向专业的知识服务转变。四要创新理论研究，深研。立足实践，解放思想，深化对综合年鉴基本理论问题的认识，以研究的深化，推动年鉴编撰创新性发展、成果创造性转化。

描绘改革开放谱图　托起多彩贵州新天

——贵州省年鉴事业发展报告

贵州省地方志办公室[①]

提要：报告回顾贵州省年鉴事业发展历程，突出重要的发展节点。分析总结了2018—2019年全省年鉴事业发展的基本情况和工作的基本特点：坚持依法治鉴，推进综合年鉴全覆盖成效明显，执行综合年鉴的分级审查验收制度，年鉴编纂质量稳步提升。针对年鉴事业发展存在的问题，报告提出了贵州省年鉴工作7个方面思路。

关键词：贵州省　年鉴事业　创新发展　发展思路

一、年鉴事业发展历程

（一）全国办得较早的省级综合年鉴

1983年12月，根据中国地方志协会的倡议，贵州省委第一书记池必卿在贵州省地方志编委会第一次工作会议上提出办年鉴的意见。1984年6月，贵州省地方志编委会向省委、省政府报送《关于编辑出版〈贵州年鉴〉的请示》，提出在省委、省政府的领导下进行，在省地方志编委会内增设年鉴编辑部，开展《贵州年鉴》的编辑

① 执笔人：周端敏，贵州省地方志办公室年鉴工作处处长。

工作。7月14日，经省委、省政府同意，省委办公厅、省政府办公厅先后转发省地方志编委会《关于编印〈贵州年鉴〉的请示》和《关于编印〈贵州年鉴〉有关事项的意见》，要求各地、州、市和省委、省政府各工作部门“照此办理”，给予大力支持，共同办好《贵州年鉴》。1985年1月，省委第一书记朱厚泽和省委书记、省长王朝文出席《贵州年鉴》第一次工作会议。朱厚泽指出，“编辑年鉴很重要，省委、省政府很重视，我们不但要办这件事，而且有了办好的条件，我们一定要把他办好”。王朝文强调，“编辑出版年鉴是一项重要的政治任务和历史任务，省委、省政府强调要配备较强的力量来办《贵州年鉴》，各方面要通力合作，大家动手，共同办好这件事”。12月，《贵州年鉴》第一卷（1985年卷）正式出版发行，由省地方志编委会主办，贵州人民社出版。1994年，国家新闻出版署核发《贵州年鉴》期刊号。

1985年，首卷精装16开本《贵州年鉴》问世，至2019年连续出版35卷，共发行12.94万册，累计6080.6万字，刊载各种文献法规670件，指导性专文90篇，各类条目66753条，统计图表8163个，彩色图片5373面，使用图片20073幅，随文图3496幅。从全国来看，《贵州年鉴》是办得比较早比较好的省级综合年鉴之一，为国内外各界人了解贵州提供全面翔实的省情资料以及为后人积累丰富的年史资料，在贵州改革开放和社会主义现代化建设中发挥着积极作用。

（二）市（州）、县（区）综合年鉴全面启动情况

在2002年前，贵州省9个市（州）全部启动编纂年鉴，其中《贵阳年鉴》创办于1991年、《黔南年鉴》创办于1997年、《铜仁年鉴》创办于1998年、《遵义年鉴》创办于1999年、《六盘水年鉴》创办于2000年、《毕节年鉴》创办于2002年，以上7部年鉴在创办当年就实现一年一鉴、公开出版。《黔西南年鉴》《安顺年鉴》均创办于2002年，分别在2015年、2016年实现公开出版。

全省各级地方志工作机构始终坚持贯彻落实国务院《地方志工作条例》、中国地方志指导小组（以下简称“中指组”）《地方综合年鉴编纂出版规定》。2013年贵州省地方志工作会议提出：“力争用两到三年时间，实现省、市、县三级综合年鉴全覆盖。”

《贵州省贯彻落实〈全国地方志事业发展规划纲要（2015—2020年）〉推进“十三五”地方志事业发展实施方案》中明确了“十三五”期间年鉴工作的指导思想与基本原则、总体目标与主要任务、保障措施。2015年贵州省地方志工作会议提出：

"继续做好年鉴工作，创造更多更优秀的年鉴精品。力争今年实现省、市、县三级综合年鉴全覆盖。"

2016年4月，贵州省召开了全省年鉴工作推进会议，进一步明确了贵州省新时期年鉴工作的时间表和路线图。贵州省地方志办公室（以下简称"贵州省志办"）与安顺市、黎平县、西秀区等10个未实现"一年一鉴、公开出版"的市、县（区）地方志工作机构分别签订了综合年鉴编纂出版工作目标责任书。2017年4月，贵州省志办与尚未启动年鉴编纂工作或未实现"一年一鉴、公开出版"的镇宁县、雷山县、独山县等8个县签订了年鉴编纂出版责任书。2017年10月，贵州省志办印发了《贵州省年鉴工作管理办法（试行）》，积极推进依法编鉴。

2016年，全省88个县（市、区）有77个实现"一年一鉴、公开出版"。2017年88个县（市、区）全部实现"一年一鉴、公开出版"。其中，遵义市所辖县（市、区）启动年鉴编纂较早。2010年1月，中共遵义市委办、市政府办印发《关于做好县级综合年鉴编纂工作的通知》，各县（市、区）综合年鉴编纂工作正式启动，2012年实现年鉴编纂全覆盖。《遵义县年鉴》2009年启动，《湄潭年鉴》2012年启动，《红花岗年鉴》2007年5月启动，《汇川年鉴》2013年1月启动，《凤冈年鉴》2011年12月启动，《绥阳年鉴》2012年启动，《习水年鉴》2001年9月启动，《仁怀年鉴》1989年启动，《正安年鉴》2012年启动，《务川年鉴》2012年启动，《赤水年鉴》2012年启动，《道真年鉴》2010年启动，《余庆年鉴》2011年启动，《桐梓年鉴》2012年启动，均能做到"一年一鉴、公开出版"。

二、2018—2019年年鉴事业发展概况

（一）"年鉴全覆盖"目标任务完成情况

2018年卷三级综合年鉴全部在当年启动编纂。《贵州年鉴》在年内公开出版。市级应编纂9部，《贵阳年鉴》《遵义年鉴》《黔东南年鉴》《黔南年鉴》《黔西南年鉴》《毕节年鉴》《铜仁年鉴》7部公开出版，公开出版率78%。县级应编纂88部，实现公开出版55部，公开出版率63%，其中，5个市（州）公开出版率超过50%：贵阳市公开出版率100%；六盘水市公开出版率100%；黔东南州公开出版率94%；遵义市公开出版率71%；黔西南州公开出版率63%。至2019年，9部市级年鉴公开出版，公开出版率100%。79县级年鉴公开出版，公开出版率90%。

2019年卷三级综合年鉴全部在当年启动编纂。《贵州年鉴》在年内公开出版。8部市级年鉴公开出版，公开出版率89%。46部县级年鉴公开出版，公开出版率52%。5个市（州）公开出版率超过50%：贵阳市公开出版率82%；黔东南州公开出版率76%；遵义市公开出版率73%；黔西南州公开出版率67%；毕节市公开出版率56%。其余大部分进入出版环节。

（二）专业年鉴编纂出版情况

2018—2019年，《贵州统计年鉴》《贵州交通运输年鉴》《贵州卫生健康年鉴》《贵州自然资源年鉴》《贵州大学年鉴》《贵州民族大学年鉴》《安顺学院年鉴》《贵州陆军预备役步兵师年鉴》《贵州武警年鉴》《黔东南军事年鉴》《贵州纪检监察年鉴》《贵阳统计年鉴》《贵阳建设生态文明城市年鉴》《贵阳幼儿师范高等专科学校年鉴》《遵义统计年鉴》《遵义美术馆年鉴》《遵义师范学院年鉴》《安顺统计年鉴》编纂出版。2018年《贵州科技年鉴》启动编纂，于2019年完成《贵州科技年鉴（2018）》《贵州科技年鉴（2019）》编纂。

三、取得的主要成绩和年度发展特点

（一）各级地方党委、政府高度重视年鉴事业发展

贵州省各级党委、政府始终把年鉴事业发展作为党委、政府工作的重要组成部分，切实做到把地方志工作纳入各地国民经济和社会发展规划、各级政府工作任务，认识、领导、机构、编制、经费、设施、规划、工作到位。各级政府相继出台各种文件、通知，协调推进年鉴编纂出版，尤其是每年的综合年鉴组稿均以党委、政府的名义下发通知要求，统筹协调保证各级综合年鉴编纂顺利开展。

2018年2月28日，贵州省副省长王世杰到省档案局（省志办、省档案馆）调研指导档案方志工作，强调指出，地方志部门要坚持围绕中心、服务大局，有效发挥档案地方志的文化软实力作用，自觉为开创百姓富、生态美的多彩贵州新未来搞好服务；要通过志书、年鉴记录好、传承好贵州决战脱贫攻坚、决胜全面小康的全过程，记述好中华民族对世界人类文明发展史里程碑式的贡献。

2018年9月，黔东南州分管地方志工作副州长陈应勇以个人名誉致信县级综

合年鉴编纂滞后的县长；2019年上半年年鉴工作出现滞后，州政府领导亲力亲为，多次对州、县志办工作进行调研督促，并采取下文通报等措施，迅速扭转滞后局面。遵义市创新党政领导体制，把“党委领导、政府主持、地方志编委会组织实施、社会各界广泛参与”作为最根本的领导体制加以强化和固化，把年鉴工作作为政府经常性的政务工作来抓，在年鉴编纂出版工作中，年鉴编委会领导撰写年鉴稿件、审查年鉴内容，参加和主持年鉴工作会议，协调解决年鉴工作中遇到的各种困难和问题，为年鉴的编辑出版提供了有力保证；年鉴编辑部积极争取市领导支持，每年以党委办、政府办名义向各单位印发关于年鉴编纂的文件，每年年鉴出版后均要召开全市年鉴工作会，均由市委、市政府分管秘书长参加，会上布置下年工作任务，培训撰稿人员，发放稿费，表彰优秀撰稿单位及个人，发行年鉴，编纂经费全额纳入财政预算，通过争取支持，编纂经费已增加到47万元。2019年12月16日，在遵义年鉴工作会议上，遵义市委副秘书长高继伟要求市县两级档案馆（地方志办）要围绕市委、市政府工作大局，以实现地方志工作“两全目标”为抓手，开拓进取，锐意创新，扎实工作。各级机构编制、组织、人事部门要高度重视、关心地方志工作者的切身利益，做好理顺关系、化解矛盾、安抚情绪的工作，消除机构改革过渡期给地方志工作带来的不利影响。2018年、2019年安顺市年鉴编纂工作得到了市委、市人民政府的高度重视，成立了安顺市地方志（年鉴）编纂委员会，每年以委员会名义印发组稿通知，并将组稿时限和质量要求纳入市委、市政府对部门年终目标考核指标体系。

（二）坚持依法治鉴，推进“年鉴全覆盖”成效明显

全省各级地方志工作机构始终坚持贯彻落实国务院办公厅《全国地方志事业发展规划纲要（2015—2020年）》《贵州省贯彻落实〈全国地方志事业发展规划纲要（2015—2020年）〉推进“十三五”地方志事业发展实施方案》。2018年初，贵州省志办印发《关于确保2018年实现年鉴全覆盖目标的通知》《关于做好2019年年鉴工作的通知》，督促各地加大力度、加快进度，全力保障三级综合年鉴全覆盖目标实现。为分析贵州省市县地方志“两全目标”工作的形势，进一步统一思想、提高认识、落实责任，确保按时保质完成“两全目标”任务，贵州省志办于2019年12月6日，召开全省市县地方志“两全目标”工作推进会。

各市（州）以各种形式不断推进“年鉴全覆盖”工作。将年鉴编纂工作经费纳入财政预算，确保编纂工作常态化。遵义市坚持依法治志，发挥地方志工作机构的

特殊作用，从业务管理上和从争取各县领导人员、经费重视上给予积极协助；建立健全年鉴编纂考核、评价机制，每半年对各县（市、区）进行一次工作检查调研或业务工作指导，如发现地方志工作机构不作为、慢作为、乱作为，便与县委、县政府主要领导或分管领导交换意见，帮助其解决存在的困难和问题；明确市志办业务人员一对一联系相关县（市、区），负责其信息收集、情况了解、业务指导和工作服务，做到每个县（市、区）都有专人进行联系服务和业务指导。2018 年、2019 年，黔东南州多次对全州 16 县（市）综合年鉴编纂工作进行督促检查；州志办领导多次带队到县进行督查跟踪。2019 年 12 月 18 日，铜仁市档案馆（地方志办）组织召开铜仁市县级地方志“两全目标”工作推进会，要求各区县档案馆（地方志办）积极争取党委政府支持，搞好工作统筹，提早安排部署，切实抓好落实，补齐短板不足，本月内启动 2020 年卷综合年鉴编纂出版工作，确保铜仁市“两全目标”任务按时全面完成。

（三）年鉴信息化、人才科研工作迈上新台阶

全省不断加快信息化进程，很多年鉴编辑单位在出版纸质版年鉴的同时出版电子版年鉴。《贵州年鉴》在贵州省人民政府网站、贵州省地方志网站全文发布，《贵州年鉴》和《贵阳年鉴》全文数据收入中国年鉴资源全文数据库。贵州省志办启动并完成方志云设计工作，贵阳市志办方志云正式运行，其中年鉴资源库是重要的版块。《黔西南年鉴（2019）》《凯里年鉴（2019）》第一次采用二维码电子书替代光盘，读者利用通过扫码即可获取电子书稿，从资源上节约大量光盘材料，更加环保，有效提高科技含量。

全省各级地方志工作机构高度重视年鉴编辑、撰稿人员业务素质提升工作。贵州省志办与上海交通大学联合举办 2018 年全省地方志业务能力提升培训班；与浙江大学联合举办 2019 年全省地方志业务能力提升培训班。贵阳市志办争取市委组织部支持，将年鉴撰稿及编辑培训纳入干部教育培训计划，2018 年与南开大学、2019 年与厦门大学等合作举办业务培训班；遵义市、铜仁市地方志办通过走出去、请进来的办法，组织业务人员培训、学习。

加强理论研究和业务交流。全省各级地方志工作机构组织开展学术理论研究、扩大对外交流。各年鉴编纂单位也组织了外出学习考察活动，积极参与中国地方志指导小组办公室（以下简称“中指办”）、贵州省地方志协会组织的研讨会、研修班等活

动。年鉴编纂人员就年鉴框架设计、条目撰写、检索工具编制及年鉴资源开发利用等问题进行研讨，并在《史志林》等期刊发表年鉴业务论文。

（四）参与第五届、第六届全国地方志优秀成果（年鉴类）评审活动获得优异成绩

在第五届全国地方志优秀成果（年鉴类）评审活动中，《贵阳白云年鉴（2017）》获评为特等年鉴，《盘州市年鉴（2017）》《贵州陆军预备役步兵师年鉴（2017）》获评为一等年鉴，《贵州年鉴（2017）》《贵阳年鉴（2017）》《德江年鉴（2017）》《贵定年鉴（2017）》《黔东南军事年鉴（2017）》获评为二等年鉴，《松桃年鉴（2015）》《贵州陆军预备役步兵师年鉴（2016）》《贵州交通运输年鉴（2017）》获评为三等年鉴。在第六届全国地方志优秀成果（年鉴类）评审活动中，《贵阳年鉴（2018）》获评为一等年鉴，《观山湖年鉴（2018）》获评为二等年鉴，《普安年鉴（2018）》《剑河年鉴（2018）》获评为三等年鉴。

四、年度发展亮点

2018—2019 年，贵州省年鉴编纂工作在强化编纂规范化的同时，不断创新。

（一）执行综合年鉴的分级审查验收制度，年鉴编纂质量稳步提升

2017 年 10 月，贵州省志办印发《贵州省地方综合年鉴编纂质量规范》，进一步规范全省年鉴编纂工作。为确保年鉴编纂质量，省、市（州）志办开展综合年鉴审查验收工作。严格执行分级审查验收制度，逐级展开年鉴出版把关工作。按照分级管理的原则，省志办组织对 9 个市（州）综合年鉴的审查验收，市（州）志办组织对区县综合年鉴的审查验收。为优化年鉴编纂前端环节，各年鉴编纂单位通过制订稿件拟写、编辑规范细则和开展供稿及编辑人员业务培训等方式不断提高年鉴图文质量。2018—2019 年，贵阳市政府高度重视，将县级综合年鉴的审查验收工作纳入贵阳市行政审批事项，开展网上年鉴审查验收申报，市志办每年组织审核 10 个县（区、市）600 余万字综合年鉴稿件，对每一本年鉴都召开审稿会，并按相关规定出具审验报告；黔东南州志办严格按照《黔东南州地方综合年鉴编纂规范》《黔东南州地方志审验和备案规范》执行，每年组织审核 16 个县（市）700 余万字综合年鉴稿件。

（二）把年鉴作为信息业来开发

《贵州年鉴》编辑部坚持把年鉴作为信息业来开发的理念，围绕中心、服务大局，有效发挥年鉴的作用，自觉为开创百姓富、生态美的多彩贵州新未来搞好服务。在框架结构方面，根据贵州的发展态势，在保持其相对稳定的前提下，适时作出调整。在内容上为体现以经济建设为中心，设计反映改革开放与发展的内容占全书文字的70%左右，并不断更新，着力反映各地各部门工作的新举措、新成就、新经验、新问题，突出贵州的特点和优势。数据不断丰富完善，2018年卷、2019年卷每卷提供230余个统计表格，6万余个统计数据以及贵州和全国纵横可比的统计资料。为使年鉴贴近市场，贴近生活，贴近群众，加大信息资源开发，加大二次文献开发，增加刊载于企业于社会各界需要的信息资料，增强《贵州年鉴》的实用价值，使《贵州年鉴》编纂逐步由偏重于存史的功能向充分发挥信息的功能转变。《遵义年鉴》编辑部制定《〈遵义年鉴〉编纂方案》，对原有栏目名称进行调整、重组、优化，增加撰稿单位。在方案中明确框架设计及类目设置、撰稿单位构成、任务安排、责任制、催稿要求、改稿要求、审稿及统审要求、文字录入要求、交叉重复处理、校对要求、稿件来源、稿件管理、彩页征集编辑要求、时间进度安排、各类目设置及内容安排等。实现全部市直单位、国有企业、相当规模经济体编入年鉴，2018年卷、2019年卷各收录单位330余家。

（三）彰显时代特色，框架设计融入贵州省大扶贫、大数据、大生态三大行动战略

全省各级综合年鉴编纂紧紧围绕“四个全面”战略布局和“五位一体”总体布局，践行五大发展理念，以习近平新时代中国特色社会主义思想为指导，把握时代发展脉搏，深化新时代全市各行各业发展特点和规律的认识，认真收集、提炼本地经济建设、政治建设、文化建设、社会建设和生态文明建设等方面发展的成就、举措和亮点，在年鉴编纂过程中谋篇布局，通过卷首图片、栏目编辑、条目撰写、封面设计等手段彰显时代特色。为服务贵州省大扶贫、大数据、大生态三大战略行动，凸显年鉴在资政育人及经济生活中的各项功能和年度特色，贵州省各级综合年鉴框架设计融入了贵州省大扶贫、大数据、大生态三大行动战略。

2016年，时任贵州省省长孙志刚在《关于在〈贵州年鉴〉中充实反映我省“易

地扶贫搬迁工作”内容的报告》上批示：“除易地搬迁扶贫外，外地企业、事业单位及个人对我省脱贫攻坚中给予帮扶支持的也要榜上有名，记录在案，以资鼓励和感谢！”为贯彻落实这一要求，省志办发文要求省、市、县三级综合年鉴均要设立相关栏目。

为此，2018 年卷、2019 年卷《贵州年鉴》确定脱贫攻坚主题，将脱贫攻坚从栏目提升为类目，并设置民营企业对口帮扶、易地扶贫搬迁等分目；充实大数据产业类目内容，在其下设置大数据战略行动分目；在卷首图片专集设立三大战略行动年度特辑栏目。2018 年卷、2019 年卷《贵阳年鉴》《贵阳白云年鉴》《观山湖年鉴》《花溪年鉴》《南明年鉴》等结合本地特点，分别设立生态建设类目。《贵阳年鉴（2019）》将生态文明建设类位置前置。2018 年卷、2019 年卷《遵义年鉴》将扶贫、数据、生态设置为类目，集中全面反映相关工作。2018 年卷、2019 年卷《六盘水年鉴》结合地区实际特别设置脱贫攻坚与三变改革类目。黔西南州志办在组稿会上，提出用年鉴记录人民在小康进程中的幸福乡愁的编纂理念，《黔西南年鉴（2017）》突出易地扶贫搬迁主题，《黔西南年鉴（2018）》主要突出“四大攻坚战”中的产业扶贫。2019 年黔西南州普安、贞丰、册亨三县摘掉贫困县帽子出列，覆盖人口 150 余万人；兴义市及已经脱贫的兴仁市、安龙等都在努力推进贫困人口清零目标。《黔西南年鉴（2019）》及各县（市）年鉴从类目设置、彩页图片、专项条目等都开辟专栏作重点记录，充分展现了党领导人民大打一场脱贫攻坚人民战争的壮丽画面。

（四）打造品牌栏目，彰显地域特色和年度特点

彰显地域特色。全省各级综合年鉴编纂突出在自然、地理、历史、人文、经济、社会等方面不同于其他地区的地域特点，如 2018 年卷、2019 年卷《遵义年鉴》突出红色文化、酒文化、茶文化、辣椒文化等，对遵义优势产业茶产业及酒业内容进行了更新，重视了城乡一体化发展、特色小镇建设、“四在农家·美丽乡村”建设的栏目设置，彰显遵义深厚的人文底蕴和独特文化魅力，突出遵义的产业优势、生态优势。《贵阳年鉴（2018）》《贵阳白云年鉴（2018）》在保持框架结构基本稳定和延续近几年装帧设计精美的基础上，紧扣时代脉络，突出贵阳特点，特别是结合贵阳市大数据产业发展引领全国大数据风向标的特点，在国内地市、县区级综合年鉴中首家设立“大数据产业”类目，凸显贵阳市地方产业发展特色。2018 年卷、2019 年卷《贵阳年鉴》《贵阳白云年鉴》《观山湖年鉴》《花溪年鉴》《南明年鉴》等结合本地特点，分别设立反映本地支柱产业、开发区·特色园区·基地建设、旅游资源、人文特点的特色栏

目。2018 年卷、2019 年卷《黔南年鉴》设立反映本地的优势产业茶产业等栏目。

彰显年度特点。省、市（州）、县区志办按照年鉴编纂"一年一鉴"的编纂要求，突出年度特点，打破"千鉴一面"的被动局面，实现年鉴编纂常编常新。《贵州年鉴（2018）》增设十九大时光专栏，采用 34 幅图片生动再现贵州各族人民学习贯彻党的十九大精神场景。2018 年是改革开放 40 周年，2019 年卷《遵义年鉴》《黔东南年鉴》增设"遵义改革开放 40 周年专辑""黔东南州改革开放 40 年成就"，通过对比 1978 年和 2018 年本地的社会生产生活、农村建设等方面反映改革开放 40 年来的巨大变化。2018 年是毕节试验区成立 30 年，《毕节年鉴（2019）》专设特载，收录了中共中央总书记习近平日前对毕节试验区工作作出重要指示的专题报道、同心同心谋发展 打赢脱贫攻坚战——统一战线帮扶毕节试验区综述、毕节试验区 30 年发展综述。贵阳市、遵义市、黔南州突出抓住全国文明城市创建、2017、2018 贵阳生态文明国际论坛、遵义会议召开 80 周年、撤地设市 20 周年、2017、2018 都匀毛尖（国际）茶人会等年度特色，创新设计栏目，全面记述年度大事。

（五）图片专题化，装帧设计突出民族特色、地域特点

在装帧设计上，注意将地方文化元素融入设计。2018 年卷、2019 年卷《黔西南年鉴》突出布依族苗族自治州民族特色，专门设计民族元素中国结，用布依族苗族等少数民族都共同喜爱的蝴蝶图案套富贵花团，并把黔西南年鉴用拼音字母作为中国结吊穗，体现自治州团结和睦的民族文化，把该图案作为封面图案与书眉，增强读者对民族元素记忆，图片专辑设民族文化栏目，收入在英国伦敦黔西南布依族时装秀、族群戏剧《布依八音》。《黔东南年鉴（2018）》《凯里年鉴（2018）》封面封底采用苗寨风光、古镇风光、侗族大歌表演、苗族姑娘敬酒等图片。图片专辑收入雷山苗年开幕式、肇兴侗寨央视春晚分会场、从江芭扒苗族村斗牛、台江苗族姊妹节、榕江侗族萨玛节、凯里国际斗牛标准赛、凯里国际龙舟赛等丰富多彩民族民俗图片，突出苗族侗族自治州及其首府特色。《毕节年鉴（2018）》图片专辑收入国际彝族火把节、彝族歌舞表演、百里杜鹃沙嘎寨彝族同胞和苗族同胞一起喝咂酒等图片。除装帧设计外，不少年鉴在卷首彩图部分注意图片的专题化，《贵州年鉴（2018）》首次采用全彩印刷，封面采用一对青年男女体验贵阳双龙航空港经济区大数据三维展示屏的图片，带来高科技视觉震撼，图片设贵州要闻、十九大时光、年度特辑、省情概况 4 个专题，共用 178 幅图片生动展现了全省经济社会发展的风貌，突出贵州地域和年度特色。2018 年

卷、2019年卷《黔西南年鉴》彩图设领导视察调研、重大活动、电力建设、交通设施建设、农业产业、民族文化、黔西南新貌等专题。2018年卷、2019年卷《黔东南年鉴》分重要会议、领导调研视察、重大活动、扶贫攻坚、基础设施建设、文化体育、社会事业、生态农业、魅力黔东南等专题组织图片。2018年卷、2019年卷《贵阳白云年鉴》从“大数据+”、诚信森林建设、精准扶贫、大美黔菜、党的建设、重要会议、领导关怀、工业转型升级、商贸服务业、社会事务、生态文明建设、魅力新白云等专题来组织图片。

（六）年鉴资源开发利用得到加强，年鉴公共产品服务功能不断凸显

为纪念改革开放40周年，贵州省志办充分利用历年《贵州年鉴》累积的丰富资料成果，编纂出版《贵州省改革开放40年大事记》，该书采取编年体和纪事本末体相结合的体例，全面记载贵州省改革开放40年波澜壮阔的发展历程中的重大事件，尤其是党的十八大以来，在党中央的坚强领导下，省委、省政府团结带领全省各族人民开拓进取、创新探索的伟大实践以及取得的巨大成就和宝贵经验。

各级地方志工作机构不断加强对年鉴工作的宣传力度，认真做好年鉴的宣传发行工作，多渠道促进年鉴发行，扩大赠阅范围，在发行面和发行量上都有新的增长。通过努力使更多人了解、使用年鉴，关心支持年鉴事业，年鉴的宣传、决策参考功能得到更大范围发挥，为贵州省加快建设小康社会作出了新的贡献。遵义市志办在年鉴出版后，邀请有关新闻媒体进行宣传报道，把年鉴当成了解工作、开展工作的重要帮手，展示工作业绩的重要平台，宣传遵义的重要窗口，推动年鉴进机关、进乡镇、进社区、进校园、进企业、进军营，为党政机关、社会各界和人民群众服务，真正发挥年鉴存史、资政、育人的作用，让年鉴资源变成老百姓喜闻乐见的读物，成为广大读者进行地情教育和爱国主义教育的生动教材。

五、年鉴工作中存在的问题

（一）年鉴机构不健全和编修人员缺乏

少数市、县领导认识不到位，不够重视“一纳入、八到位”，有的市、县没有做到位，有的市、县分管领导分而不管，少数市、县年鉴机构不健全，经费不到位，编

制人员不到位。有的市、县志办与档案局机构合并后，年鉴部门没有人员补充，缺乏后备力量，导致编修人员青黄不接。地方志工作机构虽有 10 余人至 30 人编制，部分单位实际参与编纂的人员为 1—2 人。

（二）编纂进度放缓，出版周期推迟，影响年鉴时效价值

一是自 2016 年起至 2019 年，部分区（县）部门集中主要精力、物力投入到农村基层，投入脱贫攻坚等任务，业务基本搁置，年鉴工作随之搁浅。二是部分市、县志办年鉴业务科（股）室人员长期外派，常年被安排驻村任第一书记、参加扶贫督导组脱产督导等岗位，有长期安排至活动办公室、组委会、项目指挥部等，实际无人在岗。部分区（县）因无人编纂，只能采取外包。全省虽于 2017 年实现年鉴出版全覆盖，但整体编纂进度随后开始放缓，2018 年起进度滞后表现得较为明显。

（三）编纂不够规范，缺乏创新

体例不完善，编写不规范，内容单薄，形式单一，资料性不强。官书色彩过于浓厚。有的年鉴内容单薄，形式单一，缺乏实用性。有的年鉴出版周期长时效性较差。有的年鉴数据不多，统计资料单薄。

六、年鉴工作的发展方向

一要主动争取各级党委、政府支持，将年鉴编纂工作纳入各级党委、政府工作的议事日程。贯彻落实国务院《地方志工作条例》，主动争取各级党委、政府支持，坚持将“一纳入、八到位”纳入各级政府工作的职责范围；把年鉴工作作为党委、政府经常性的工作来抓。

二要建立健全地方志工作督查考核机制。按照国务院《地方志工作条例》精神，联合政府督查室、人大、政协对地方志工作进行专题督查、考察。通过督查、考察，推动年鉴工作开展。

三要坚持依法治志，履行地方志工作机构的主体责任。发挥地方志工作机构的特殊作用，从业务管理上和从争取各级领导人员、经费重视上给予积极协助。建立健全年鉴编纂考核、评价机制。每年对各市（州）区县进行工作检查调研或业务工作指导。

四要加强年鉴业务学习、培训，建设一支作风过硬、业务精湛的年鉴编辑队伍。

争取将地方志系统干部职工业务培训纳入党委组织部门干部职工培训计划统筹安排，争取最大限度的政策、资金支持，使地方志系统干部职工业务培训形成常态化、制度化。通过走出去、请进来的方式，组织年鉴编辑人员进行业务培训，不断提高年鉴编纂质量。

五要提高年鉴资源开发利用水平。摒弃“一本书主义”，有为才有位。通过不断拓宽业务工作领域，努力发挥年鉴在助推经济社会发展中的重要作用，提高地方志工作机构的地位和作用。

六要以评奖促发展，发挥辐射引领作用。组织全省综合年鉴编纂质量评审活动，通过开展评审活动，展示规范与创新成果，总结编纂出版经验与教训，提高年鉴编纂队伍整体素质和年鉴编纂质量，促进年鉴事业繁荣发展。

七要扩大学术交流与合作，举办年鉴研讨会。采用学术调研和考察，举办学术研讨会、年鉴成果展览等多种形式，充分展示年鉴的当代价值，增强年鉴影响力。

找差距 抓落实
在转型升级中不断开创陕西年鉴事业发展新局面
——陕西省年鉴事业发展报告

陕西省地方志办公室[①]

提要： 报告在酌情回顾陕西省年鉴事业发展历程的同时，着重记叙陕西省2018—2019年度年鉴事业发展概况，分析全省年鉴编纂工作呈现出的特点，总结全省年鉴编纂工作的突出特点，指出全省年鉴编纂中尚存的一些问题，并结合目前存在的主要困难对今后工作提出工作思路、做出工作计划和安排。

关键词： 陕西省 年鉴事业 发展历程 转型升级

2018—2019年，陕西省各年鉴编纂单位以习近平新时代中国特色社会主义思想为指导，全面贯彻落实党的十九大精神、中共陕西省第十三次代表大会和省委十三届全会精神，扎实推进《全国地方志事业发展规划纲要（2015—2020年）》《全国年鉴事业发展规划（2016—2020年）》和《陕西省地方志事业发展规划（2016—2020年）》实施工作，各级各类年鉴编纂工作有序推进。

---

① 执笔人：郑茂良，陕西省地方志办公室年鉴编辑部主任。

一、陕西省年鉴发展历程

（一）省级综合年鉴发展情况

1987 年《陕西年鉴》创刊，由陕西省政府办公厅主管，省社会科学院等 5 家单位联合承编。1987—1990 年的 4 卷以书籍形式，由陕西人民出版社出版。从 1991 年起，使用全国统一期刊号出版。1996 年,《陕西年鉴》由省社会科学院移交陕西省地方志办公室（以下简称“陕西省志办”）管理。1997 年，陕西省机构编制委员会办公室批准成立陕西年鉴社，为陕西省志办下属差额拨款事业单位，经费由拨款和自筹两部分构成，财政拨款每年 32 万元，不足部分采取有偿刊登广告和销售年鉴的办法维持可持续发展。2017 年，省机构编制委员会办公室撤销陕西年鉴社，将其职能、人员并入省志办出版发行处。

截至 2019 年末,《陕西年鉴》已连续出版 33 卷，并多次在全国年鉴评审中取得好成绩。《陕西年鉴（2019）》框架设计更加合理，重点内容更加突出，时代特色，地方特色更加鲜明，资料性、科学性和实用性显著增强。同时，从该卷起不再刊登有偿广告和销售年鉴，以增强《陕西年鉴》的便览性和服务经济社会的功能。

（二）地市级综合年鉴发展情况

陕西省共有地市级综合年鉴 11 部。其中 10 个设区市，另因杨凌农业高新技术产业示范区受省委、省政府委托管理杨陵区，故将其归入市级年鉴。截至 2019 年末，全省地市级综合年鉴均已完成“一年一鉴、公开出版”的目标任务。

全省地市级综合年鉴编纂工作基本起步于 21 世纪初。其中,《西安年鉴》1993 年创刊并公开出版;《宝鸡年鉴》《渭南年鉴》1999 年创刊并公开出版;《咸阳年鉴》2000 年创刊并公开出版;《铜川年鉴》2000 年创刊，2018 年公开出版;《延安年鉴》2000 年创刊，2012 年公开出版;《榆林年鉴》2000 年创刊，2011 年公开出版;《汉中年鉴》1999 年创刊，2017 年公开出版;《安康年鉴》1998 年创刊，2017 年公开出版;《商洛年鉴》2001 年创刊，2019 年公开出版;《杨凌示范区年鉴》2018 年创刊并公开出版。

因地市级综合年鉴的编纂机构、人员、编纂出版经费保障较为有力，其编纂质量普遍较好，为其所辖各县（区）的年鉴编纂起到了引领示范作用。其中，编纂质量较高的有多次在全国性年鉴评审活动中斩获大奖的《西安年鉴》《宝鸡年鉴》《咸阳年鉴》等。

（三）县（区）级综合年鉴发展情况

陕西省“年鉴全覆盖”问题主要存在于县（区）一级，由于部分县（区）年鉴的编纂机构人员偏少且不稳定、编纂出版经费保障较差，造成全省县（区）一级地方综合年鉴发展不平衡。其主要表现在：一是编纂质量参差不齐，编纂质量高者能做到当年编纂、当年出版、当年获奖；质量差者框架不合理、内容不丰厚，甚至连最基础的文字校对都不能过关。二是公开出版率参差不齐，从2019年第四季度统计结果来看，铜川市、渭南市各县（区）已经完成“一年一鉴、公开出版”的目标任务，而商洛市无一部县区级综合年鉴做到公开出版。

（四）省级专业年鉴发展情况

因专业年鉴的编纂出版没有纳入“两全目标”，故对其编纂出版工作调研督促较少。初步统计，截至2019年末省级部门目前尚在编纂的专业年鉴有《陕西交通年鉴》《陕西科技年鉴》《陕西统计年鉴》《陕西教育年鉴》《陕西文物年鉴》《陕西秦商年鉴》《陕西食品药品监管年鉴》（内部出版）；暂停编纂的有《陕西卫生年鉴》《陕西水利年鉴》《陕西体育年鉴》《陕西工业年鉴》等。随着第二轮修志的渐次结束，出于稳定修志队伍、为下一轮修志积累资料等目的，在2019年末已有《陕西审判年鉴》《陕西体育年鉴》《陕西应急年鉴》启动或重新启动编纂工作。

二、2018—2019年陕西省年鉴工作开展情况

陕西省应公开出版各级地方综合年鉴119部，其中省级综合年鉴1部、地市级综合年鉴11部、县区级综合年鉴107部。

2018年，全省共公开出版各级地方综合年鉴60部，公开出版率50.85%。其中省级1部，公开出版率100%；地市级10部，公开出版率90.91%；县区级49部，公开出版率45.79%。在第五届全国地方志优秀成果（年鉴类）评审活动中，《金台年鉴（2017）》获评为一等年鉴、《宝鸡年鉴（2017）》《陕西交通年鉴（2016）》获评为二等年鉴、《咸阳年鉴（2017）》获评为提名年鉴。

2018 年陕西省各市（区）地方综合年鉴公开出版统计表

表 1 **单位：部**

各市（区）	市级		县级		合计		覆盖率（%）
	应公开出版	已公开出版	应公开出版	已公开出版	应公开出版	已公开出版	
铜川市	1	1	4	4	5	5	100
延安市	1	1	13	13	14	14	100
杨凌示范区	1	1	1	1	2	2	100
渭南市	1	1	11	7	12	8	66.67
西安市	1	1	13	8	14	9	64.28
宝鸡市	1	1	12	6	13	7	53.85
汉中市	1	1	11	4	12	5	41.67
榆林市	1	1	12	4	13	5	38.46
安康市	1	1	10	2	11	3	27.27
咸阳市	1	1	13	0	14	1	7.14
商洛市	1	0	7	0	8	0	0
合计	11	10	107	49	118	59	50

2019 年，全省已取得公开出版刊号、书号的各级地方综合年鉴 73 部、出版率 61.34%。其中，省级 1 部、市级 11 部，出版率均为 100%；县区级 61 部，出版率 57.01%。在第六届全国地方志优秀成果（年鉴类）评审活动中，《西安年鉴（2018）》《印台年鉴（2018）》获评为二等年鉴、《王益年鉴（2018）》《白水年鉴（2018）》《陕西交通运输年鉴（2018）》获评为三等年鉴、《陕西年鉴（2018）》《铜川年鉴（2018）》获评为提名年鉴。

2019 年陕西省各市（区）地方综合年鉴公开出版统计表

表 2 **单位：部**

各市（区）	市级		县级		合计		覆盖率（%）
	应公开出版	已公开出版	应公开出版	已公开出版	应公开出版	已公开出版	
铜川市	1	1	4	4	5	5	100
渭南市	1	1	11	11	12	12	100
杨凌示范区	1	1	1	1	2	2	100
榆林市	1	1	12	9	13	10	76.92
咸阳市	1	1	13	9	14	10	71.73
汉中市	1	1	11	7	12	8	66.67
安康市	1	1	10	6	11	7	63.64
宝鸡市	1	1	12	6	13	7	53.85
西安市	1	1	13	4	14	5	38.46
延安市	1	1	13	4	14	5	38.46
商洛市	1	1	7	0	8	1	12.5
合计	11	11	107	61	118	72	60.02

三、2018—2019年陕西省开展年鉴工作的具体形式

（一）分解任务，传导压力

按照中国地方志指导小组（以下简称“中指组”）的要求和陕西省志办制定实现“两全目标”的“任务书、时间表、路线图”，省志办对各市年度任务进行量化细化，提出具体要求并加强调研督导工作，以充分发挥和调动市一级地方志工作机构组织指导作用，较好解决其对所辖县（区）年鉴编纂工作管理力度不足、压力传导不畅的问题。要求各市志办根据市情，一方面及时向政府汇报，争取领导支持；另一方面逐县分解任务，督促落实机构人员经费，针对所辖县（区）地方志工作机构在启动编纂年鉴时存在的推诿拖沓等情况，有针对性地强化督促指导。截至2018年末，陕西省11个市（区）、107个县（区）地方综合年鉴编纂工作已经全部启动。

（二）重视评审，提高质量

陕西省各年鉴编纂单位博采众长，努力创新，严格把关，注重质量。积极组织参加全国地方志优秀成果（年鉴类）评审推荐工作，将参加全国年鉴的评审活动作为提升陕西省各级年鉴编纂质量的一个重要途径，高度重视、认真推荐，使这项活动发挥出最大的效能，成为推动陕西省年鉴工作的一项重要举措。

2018年经各市初评共有25部年鉴参加省级的复评，其中地市级综合年鉴6部、县区级综合年鉴14部、专业年鉴5部。5月9—10日，复评会议在陕西省方志馆举办，具体评审分两个环节进行。首先抽查参评年鉴编校质量，对“思想政治观点错误，违反国家有关法律法规，违反党和国家的民族政策、宗教政策、对外政策及对港澳台政策等和编校差错率超过万分之一”的年鉴，由评审组确定不予推荐。其次按框架、资料、文字等11个项目对其余年鉴量化打分，按《第五届全国地方志优秀成果（年鉴类）评审活动实施方案》要求的推荐比例，依照最终得分，并经评审组会议讨论，报办领导班子研究确定推荐名单，同时在陕西省志办网站予以公示。经复评，陕西省推荐省级综合年鉴1部、地市级综合年鉴2部、县区级综合年鉴4部、专业年鉴1部参评。

2019年，为进一步发挥评审工作的作用，陕西省志办组织开展陕西省地方志优秀成果（年鉴类）评审活动。本次活动共收到全省各级年鉴编纂单位报送的市级地方

综合年鉴10部、县区级地方综合年鉴20部、专业年鉴5部。经省年鉴评审小组评审确定一等年鉴6部、二等年鉴6部、三等年鉴10部。经研究，对以上22部年鉴进行通报表扬。同时按第六届全国地方志优秀成果（年鉴类）评审推荐工作的要求，推荐省级综合年鉴1部、地市级综合年鉴2部、县区级综合年鉴3部、专业年鉴1部参评。

两次复评活动结束后，评审小组研究分析参评年鉴，认真总结评审中发现的共性问题，分析存在原因，指出解决路径，形成《陕西省参加第五届全国地方志优秀成果（年鉴类）评审推荐活动情况综述》《陕西省参加第六届全国地方志优秀成果（年鉴类）评审推荐活动情况综述》两篇文章，在《陕西地方志》杂志和陕西省志办及各市（区）志办官网上发布，以有针对性地指导市县和专业年鉴编纂工作。

（三）科学点评，督促指导

从2017年下半年起陕西省志办即实行季度统计点评工作制度。2018年度根据中指组《关于实行“两全目标”工作进度季通报制度的通知》的要求，陕西省志办继续对各市、县（区）综合年鉴全覆盖进展实行定期通报，截至2019年末，共完成10个季度的统计通报工作。其中9次统计结果以省志办文件发布，1次统计结果以陕西省政府办公厅文件印发各设区市、杨凌示范区政府及各市（区）地方志工作机构，并抄送中国地方志指导小组办公室和陕西省地方志编委会成员单位，同时在陕西省志办网站、《陕西地方志》杂志和《陕西地方志简报》上刊发。

2018年，咸阳市政府办公室印发《关于第二轮地方志书和综合年鉴编纂出版工作进展情况的通报》，要求在保证质量的前提下，推动咸阳市县（区）综合年鉴做到“一年一鉴、当年编纂、当年出版”。

2018年2月，为准确把握全省地方综合年鉴的出版发行动态，陕西省志办印发《关于报送2017年度已出版各级地方综合年鉴的通知》，共收到全省各市、县（区）报送在2017年度以各种形式出版发行的地方综合年鉴50余部。同时，还加强对市、县两级综合年鉴编纂的过程管理，通过检查指导，传递信息，互鉴共进。2018—2019年，省志办领导带队分别赴宝鸡市、商洛市、汉中市、太白县、商州区、柞水县、佛坪县等30个县区调研，通过宣讲年鉴意义，介绍先进经验，督促当地政府落实年鉴规划任务，并鼓舞基层编纂人员士气，集思广益，协调解决“全覆盖”中存在的困难和问题。

（四）注重协调、保障出版

针对调研中基层反映出版环节手续烦琐、时效性差的问题，省志办分别于2018年6月5日、6月11日同三秦出版社、陕西人民出版社召开座谈会，就年鉴出版质量及工作流程进度、出版费用等问题达成共识，形成会议纪要。随后，建立陕西省年鉴出版微信群，出版社指定专人驻群，在第一时间为有出版需求的年鉴提供咨询和服务。2019年11月，针对出版环节存在的各类问题，有针对性的赴陕西省年鉴出版较为集中的人民出版社、三秦出版社和西安出版社开展调研，需求突破。

各市志办对出版环节出现的问题也高度重视，采取措施，及早解决。铜川市组织全市6部地方综合年鉴于每年3月底即同三秦出版社签订出版合同，有力保障铜川市在全省率先完成“一年一鉴、公开出版”的目标任务。西安、宝鸡、渭南、汉中等市也在年初即同各出版社联系，以保证各市年鉴当年印刷出版。

（五）方便用鉴、服务社会

陕西省各年鉴编纂单位积极探索年鉴服务经济社会发展新格局。年鉴出版发行后，通过赠阅、发布上网、图书馆藏等渠道方便公众用鉴。同时，部分年鉴上传加入中国知网、中国年鉴资源全文数据库，为读者浏览、下载、使用年鉴提供便利。西安市志办着眼于建设有历史文化特色的国际化大都市定位，组织编纂出版《西安年鉴》英文版，全书约15万字，除浓缩汇聚《西安年鉴》重点亮点内容外，增加反映西安历史、文化和美食等内容，对西安历史文化和年度特色工作进行全方位展示。《陕西年鉴》《延安年鉴》《旬阳年鉴》中也分别收录“洋县黑米酒”“紫阳白茶”“五丰黑山羊”和“旬阳拐枣”等资料，助力其参加全国地理认证标志的评选，推动陕西省农业品牌建设。

四、2018—2019年陕西省年鉴编纂呈现的突出特点

（一）年鉴整体质量大幅提高，引领作用日趋彰显

陕西省县区级综合年鉴编纂工作存在着人员不足、编校水平较差等现实问题，如果仅靠省志办来抓全省107个县（区）的年鉴工作显然力不从心，所以必须加强市一级志办的组织指导功能。一方面通过他们将按时按量完成“两全目标”的压力传导给

所辖各县（区）；另一方面通过他们编纂出整体质量上乘的市级综合年鉴，对县（区）年鉴编纂起到引领示范作用。从2018年参加第五届全国地方志优秀成果（年鉴类）评审活动的地市级综合年鉴来看，编纂质量显著提高。其中《宝鸡年鉴》《咸阳年鉴》的编校、装帧质量大幅度提升，同原本上乘的《西安年鉴》组成了陕西省第一领跑方阵。《安康年鉴》《铜川年鉴》等质量也有明显提高。这些均为县区级年鉴的质量提升做出表率。

陕西省2017年推荐《长武年鉴》、2018年推荐《金台年鉴》参加全国地方志优秀成果（年鉴类）评审活动，这两部年鉴均是当年启动年鉴编纂工作，当年公开出版发行，当年被推荐参加全国评审，并分获二等年鉴和一等年鉴的好成绩，也为全省第一次编纂县区级年鉴的单位做出表率。

（二）县区级综合年鉴出版数量增加，基础工作日渐坚实

如前所述，陕西省县（区）一级地方综合年鉴的编纂出版工作较为薄弱。2017年第一季度统计结果表明，全省尚有24个县（区）没有开展年鉴编纂工作。2017年参加全国第四届地方志优秀成果（年鉴类）评审活动时统计全省仅有17部县（区）年鉴做到了“一年一鉴、公开出版”。经过全省年鉴工作者的努力，截至2019年末，全省共公开出版县区级综合年鉴61部，公开出版率57.01%，为按时按量完成“两全目标”打下较为坚实的基础。

（三）设计框架编写条目别具匠心，年鉴特性日臻显现

陕西省各级年鉴的框架特色明显。一是反映新事物、新情况的类目和条目增多。如《咸阳年鉴》中的“第四届阅读文化节系列活动”“渭河三年治理行动”内容，《宝鸡年鉴》中的“主动服务供给侧改革”“家庭教育绿荫计划”内容，《旬阳年鉴》中的“大气污染整治六大措施”内容等，都突出时代的主旋律，彰显时代特征。二是通过增设特载、专记或新类目、新条目，反映本区域本行业年度中具有区域和行业特色的事物，凸显特色，避免“千鉴一貌”。如《宝鸡年鉴》中的“钛与生活·钛谷论坛”“法门祈福·佛佑吉祥”系列文化活动，《咸阳年鉴》中的“厚德陕西·德善咸阳道德实践工程”“工业经济‘1113’工程”等，反映的都是具有标志意义的年度工作内容。

从条目内容看，年鉴所呈现的信息资料兼顾到物质文明与精神文明、政治文明与

生态文明、宏观与微观、共时性与历时性、动态与静态等方面的内容，做到大事要事不漏。对具体事物的信息资料，也做到了发生的时间、地点、人物和事物的起因、经过、结果六要素齐全，保持了事物记述的完整性。从信息资料的类型看，不仅有文字资料，还有数据、图片资料，相互配合，文中数据详尽严谨。

（四）勇于打破条框束缚，编纂手段日益丰富

陕西省有相当一部分年鉴在编纂手法上做了很多创造性的尝试。如《陕西年鉴》将一些新闻和辅助资料作为链接收入书中，对正文作出补充，既明晰了信息来源又丰富了资料的完整性;《宝鸡年鉴》将光盘镶嵌于封底内环页，方便读者使用;《咸阳年鉴》将咸阳的历史文化名人名篇、民俗典故收录，在增强读者阅读兴趣的同时突出了年鉴的地域特色;《合阳年鉴》收集整理古村落资料，赋予年鉴更强的存史功能。这些尝试使得这些年鉴一改往日平板教条的形象，给读者耳目一新的感觉。

五、2018 年、2019 年陕西省年鉴编纂中尚存问题

（一）编校质量问题

编校质量是年鉴编纂的重要内容。以推荐参加第五届全国地方志优秀成果（年鉴类）评审活动为例，各部参评年鉴多少都出现编校质量问题。其中，出现错字别字、语句不通、多字缺字、用词不当等硬伤较多，有 4 部年鉴因编校差错率超过万分之一而不予推荐参评，占陕西省全部拟推荐年鉴的 15.4%。分析后发现，出现这类问题原因，一是部分单位在年鉴编纂之初没有依照《出版物数字用法的规定》《标点符号用法》《地方综合年鉴编纂出版规定》等规章制度，制订出切实可行的编校规范，或是制订了编校规范但在编校过程中未能严格执行，致使全书在度量衡单位、标点符号、数字书写、小数点留位等方面缺乏统一标准与格式。如在一个条目中出现“公里”和“千米”混用的现象；书名号和引号间是否使用顿号不统一；日期的书写时常出现“七月”和“7 月”混用的情况；市县区名称记叙不完整，有将西安市、吴起县、渭滨区记叙为西安、吴起、渭滨的现象。二是年鉴编纂单位严把关口的意识不强，自身编校水平不高，加之没有三级评审制度，存在依赖出版社最后把关的侥幸心理。在同出版社的座谈中，得知很多县（区）综合年鉴稿件的质量远远高于万分之三的差错率，对出版时效造成很大延误。

（二）其他问题

全省年鉴编纂中还存在一些共性问题。如一部分县（区）综合年鉴未能做到当年编纂、当年出版，相当一部分县（区）年鉴没有索引，部分年鉴印刷质量不高、装帧设计平淡简陋，图照编排较乱、注文不清或者不够规范，封面设计缺乏慧心巧思，正文排版或过于紧凑或留白过多；个别县（区）综合年鉴不刊登本行政区域行政区图、交通图；很多县（区）综合年鉴印刷出版后只是在本行政辖区内很小的一个范围内交流使用，而忽视了年鉴交换工作等。

六、目前存在的主要困难

（一）专业人才匮乏

陕西省、市两级年鉴编纂机构相对保持独立，但县区级年鉴编纂机构不顺，有的属政府序列，有的属党委序列，其中 19 家独立运作，28 家挂靠政府办公室，31 家与党史或档案合并，26 家档案、党史、地方志三家合一，极个别甚至没有机构。同时，县区级年鉴编纂中存在人员少、流动性大、专业人员匮乏等情况，靠退休老同志编修的情况比比皆是，加之人员培训跟不上，对年鉴的编纂质量、出版时效都造成很大的影响。

（二）出版环节困难重重

出版环节的困难主要存在两个方面：一方面，随着出版市场的整顿，出版费用大幅上涨。同时，出版社对稿件质量要求增高，致使出版时间增长，对当年出版的时效性造成影响。另一方面，个别年鉴编纂单位出版经费紧张、对出版流程不熟悉，等经费落实或稿件基本成型后才联系出版社，只能推至下年出版。据不完全统计，2018 年陕西省有 10 余部、2019 年有近 5 部地方综合年鉴因此而推迟出版或转为内部出版。

（三）编纂出版经费缺口大

陕西省个别市县确实存在财政收入下滑的情况，给部分县区年鉴编纂出版的经费造成一定的负面影响。如甘泉县的财政收入由2010年的5.4亿元下滑到2018年的仅1.05亿元，势必造成该县编纂出版经费的难以保障。

（四）稿件征集困难

地方综合年鉴涉及行政辖区的方方面面，必须由各单位供给稿件方能编纂出版，但地方志无有效手段督促各供稿单位按时保量供给年鉴所需稿件。另外各供稿单位人员不固定、工作经验不丰富也造成所供稿件质量不高。

七、采取的应对措施

（一）改变培训方式、注重培训效果

年鉴培训工作要注重质量，防止走过场，要将培训效果放在首位。要求各编纂单位培训前认真分析存在问题，有针对性地开展培训工作，防止出现“将小学生、中学生、大学生关在一个教室里上课”的情况。提议根据各个编纂单位存在的具体问题，将存在共性问题的单位集中起来，针对出版、提高编纂质量等问题开展专项培训、定制培训。如2018年9月，陕西年鉴编辑部针对铜川市各县（区）存在索引编写困难的情况，用半天时间针对此问题开展培训，收到了开支少、用时少、成效大的效果。

同时，省志办于2019年对全省公开出版的全部地方综合年鉴首次进行评审活动，一方面为全国的评审活动推荐优秀的年鉴，另一方面也是对陕西省2018年度各级地方综合年鉴编纂出版和培训工作的一个检阅。评审活动拟定将于2020年继续开展。

（二）加大宣传引导、保障年鉴出版

针对出版困难越来越重的情况，一要加大宣传引导，使每一部有出版愿望的年鉴明确出版流程，有计划的安排编纂进度给出版留出充分的时间。二要利用好出版工作微信群，缩短编纂单位和出版社的距离，方便二者及时沟通、及时解决问题；同时陕西年鉴编辑部要发挥所处西安市的地理优势，积极为各市、各县（区）牵线搭桥，为基层做好服务工作。三要推广铜川市、渭南市取得的成功经验，提倡各市将所辖县（区）需公开出版的年鉴统计集中，综合考察各出版社后确定出版社，以方便联系沟通、优化出版流程，保证按时保质完成出版任务。

积极发展社会主义先进文化 全面推进年鉴事业繁荣兴盛

——甘肃省年鉴事业发展报告

甘肃省地方史志办公室[①]

提要：2018—2019 年甘肃省三级综合年鉴事业发展迅速。报告回顾全省综合年鉴事业的发展历程和特点，总结推动市县两级年鉴公开出版的主要做法、基本经验和存在问题，归纳分析三级综合年鉴公开出版工作面临的新情况新问题，研究提出具体对策。

关键词：甘肃省　年鉴事业　综合年鉴　“两全目标”

一、全省综合年鉴事业发展历程、特点与现状

1983 年，甘肃省人大六届一次会议作出《关于重视编修甘肃地方史志的决定》，甘肃省新编地方史志工作正式启动。回顾近四十年来甘肃省综合年鉴事业的发展历程，大体可以划分为探索实践、成长发展、繁荣兴盛三个阶段。

① 执笔人：王文生，甘肃省地方史志办公室年鉴工作处处长。

（一）探索实践阶段（1985—2005 年）

甘肃省的年鉴事业开始萌芽于 1985 年，当时从全国范围看，是属于起步相对较早的省份之一。1986 年前后，甘肃省教育厅、省科技厅、省检察院等单位相继编纂出版《甘肃省教育年鉴》《甘肃省科技年鉴》《甘肃省检察院年鉴》等，这是甘肃省最早的几部专业年鉴。1987 年 4 月，天水市地方志编委会编纂《天水年鉴》，这是甘肃省最早的一部地方综合年鉴。在随后的近二十年间，全省各地区陆续开始编纂综合年鉴。截至 2005 年末，全省 14 个市（州）中有 6 个编纂地方综合年鉴。

以现行标准看，在这一较长的时间阶段，全省的综合年鉴编纂工作，完全属于探索实践阶段。这一阶段编纂的地方综合年鉴，框架结构简单，内容相对薄弱，表现形式较为单一，并且编纂时断时续，公开出版少，合订本多。

（二）成长发展阶段（2006—2015 年）

甘肃省的省级综合年鉴《甘肃年鉴》原来由省统计局负责编纂。2006 年 5 月，国务院《地方志工作条例》颁布实施后，经过积极争取，2009 年 6 月，《甘肃年鉴》的编纂由甘肃省统计局划归甘肃省地方史志办公室（以下简称“甘肃省史志办”）。同年 10 月，甘肃省史志办开始编纂《甘肃年鉴》。2010 年 12 月，《甘肃年鉴（2009）》公开出版，这是甘肃省第一部真正意义上的省级综合年鉴。

同期，市、县两级地方志工作机构依据《地方志工作条例》的规定，逐步理顺综合年鉴的工作关系，依法将编纂地方综合年鉴的工作职责陆续落实到了各级地方志工作机构。2009 年 1 月，甘肃省人民政府第 20 次常务会议讨论通过，《甘肃省地方志工作规定》公布实施，其中对综合年鉴作出明确规定。同年 6 月，甘肃省史志办制定印发《甘肃省综合年鉴管理办法（试行）》；2013 年 2 月，甘肃省政府印发《关于进一步加强地方志工作的意见》，其中明确要求各地要尽快启动地方综合年鉴编纂工作。全省综合年鉴事业开始成长发展，逐步迈入正常化、规范化、法治化轨道。

十年中，甘肃省的三级综合年鉴编纂工作呈现缓慢上升趋势，开始逐步成长、发展。截至 2015 年末，省级综合年鉴已连续公开出版 6 部；14 个市（州）中有 13 个市（州）编纂年鉴，其中公开出版 7 部，内部印刷 6 部；86 个县（市、区）中有 54 个县（市、区）编纂年鉴，其中公开出版 5 部，内部印刷 49 部；全省各级地方志工作机构编纂出版的综合年鉴累计 360 余部。在这一历史时期，甘肃省的综合年鉴事业虽然取得一定进步，但与全国各省相比，已经逐渐拉大差距，全省的综合年鉴事业最突出的问题是：各地年鉴工作发展极不平衡；出现启动编纂后又长期停顿；年鉴编纂模式老化，编纂质量普遍不高；县级年鉴公开出版比例低。

（三）繁荣兴盛阶段（2016—2019 年）

2016 年 5 月，甘肃省出台《甘肃省地方志事业“十三五”发展规划》，正式将地方志事业纳入全省国民经济与社会发展规划，全省各级地方志工作机构在“一纳入、八到位”方面得到全面贯彻落实。2018 年 6 月，甘肃省史志办印发《关于加快市县地方综合年鉴编辑进度 尽快实现一年一鉴连续公开出版目标的通知》，对市（州）、县（市、区）年鉴公开出版工作提出具体指标。是年，甘肃省综合年鉴事业开始直线上升，并迅速繁荣兴盛起来。全省在实现省、市、县三级综合年鉴编纂全覆盖的基础上，初步形成省指导示范、市（州）推动执行、县（市、区）全面落实的工作格局。截至 2018 年末，全省 101 部三级综合年鉴公开出版 98 部，当年公开出版率 97%；截至 2019 年 12 月底，全省 101 部三级综合年鉴当年公开出版 101 部，当年公开出版率 100%。全省省、市、县三级综合年鉴编纂工作实现全覆盖，全省 101 部三级地方综合年鉴连续两年实现全部公开出版，在这三年时间，甘肃省史志办统筹规划、奋起直追，推动年鉴事业迈入“快车道”，年鉴事业由落后变先进，提前一年完成“两全目标”任务，迅速实现了“弯道超车”：省、市、县三级综合年鉴编纂实现全覆盖；年鉴的种类、数量大幅扩张；年鉴公开出版率迅速提升；年鉴编纂质量得到明显加强；各地年鉴的时代特色、地域特色逐渐彰显。

二、2018—2019 年全省综合年鉴事业发展成绩、做法和基本经验

2018—2019 年，甘肃省史志办积极发展社会主义先进文化，着力推动全省年鉴事业繁荣兴盛。站稳“文化兴国运兴，文化强民族强”的政治站位，盯紧“提前一年完成‘两全目标’任务”的奋斗目标，积极培育省、市、县三级联动、齐抓共管的良好局面，初步形成省指导示范、市（州）推动执行、县（区）全面落实的工作格局，全省年鉴事业呈现井喷式发展。

（一）主要成绩

截至2018年末，全省省、市、县三级综合年鉴编纂工作实现全覆盖，公开出版三级综合年鉴98部，其中省级1部；地市级14部，公开出版率100%，比上年度末提升7个百分点；县区级83部（剩余3部因书号问题滞留出版社），公开出版率97%，比上年度末提升83个百分点；截至2019年4月，86部2018年卷县区级综合年鉴全部实现出版，公开出版率100%。截至2019年6月，全省2019年卷综合年鉴中1部省级综合年鉴、14部地市级综合年鉴、86部县区级综合年鉴全部完成初稿。截至2019年10月底，全省省、市、县三级综合年鉴完成公开出版97部；至2019年末，101部三级综合年鉴全部公开出版，全省三级年鉴工作顺利实现当年编纂当年公开出版的年度目标，提前一年完成“两全目标”任务。在2018年、2019年的中指组召开的全国地方志系统的会议上，甘肃省作为先进典型多次进行大会交流发言。

（二）主要做法

一是调整工作部署，提供强力保障。2018年第一季度全国“两全目标”通报后，甘肃省高度重视，省政府主管领导专门听取汇报，全面分析史志工作面临的形势，提出明确要求。甘肃省史志办1个月内先后6次召开党组会、室务会、年鉴工作汇报会，专题研究全省综合年鉴工作，及时调整工作思路，下移工作重心，补短板，强弱项。决定年鉴工作处全体人员不再承担“省志集中攻坚行动”，明确要求在做好省级年鉴编辑的同时，要集中精力全力督导市县两级地方综合年鉴公开出版。2018—2019年，省史志办党组适时摆布工作力量，先后三次调整和加强年鉴工作队伍，并在办公条件、车辆保障、所需经费等后勤保障方面全力支持全部满足。两年来，省史志办主要领导逢会必讲年鉴工作，分管领导全力主抓年鉴工作，其他领导在调研督导等有关活动中必谈年鉴工作，形成了省级主推、市级主抓、县级落实，省、市、县三级联动的良好局面。

二是明确目标任务，靠实工作责任。2018年6月，省史志办下发《甘肃省地方史志办公室关于加快市县地方综合年鉴编辑进度 尽快实现一年一鉴连续公开出版目标的通知》，对市（州）县（市、区）年鉴公开出版，提出了具体目标和时限要求。省史志办党组研究决定，由主管领导全力抓全省年鉴工作，直接负责14个市（州）的年鉴，确保公开出版，并确定一个难度最大的市作为全省的示范点，实现市县两级年鉴全覆盖；年鉴工作处处长、副处长直接负责全省年鉴工作，并各抓两个重点难点市（州）；年鉴工作处其他同志各负责 3 个市所属县区的年鉴工作。通过层层抓落实，确保环环不落空，做到人人有任务，个个有责任。2019 年 1 月，省史志办根据 2018 年全省“两全目标”任务进展良好的实际情况，及时下发《关于在全省开展志书编纂和年鉴编辑攻坚年活动实施方案》，为 2019 年全省三级综合年鉴公开出版工作划出了时间进度表，提出力争提前一年完成“两全目标”任务的要求。2019 年 11 月 18 日，省史志办根据市、县两级年鉴公开出版的实际情况，及时制定下发《关于加快完成市、县两级地方综合年鉴印行工作的通知》。

三是建立精准台账，加大督导力度。省地方史志办根据调研督导后掌握的市县情况，把全省 100 个市（州）县（市、区）分为快、中、慢三个层次，两周掌握一次进展，每月分析汇总一次情况。同时按任务规划、工作进度，划分为四个阶段，并建立精准台账。各责任人结合工作阶段的转换，根据工作台账的实际情况，实行对账销号，对市县进行精准指导、及时督促。从 2018 年 6 月至 2019 年 12 月，短短一年半的时间，省史志办年鉴工作处业务人员先后赴市（州）、县（市、区）指导督促年鉴公开出版工作累计达 30 余人次，对全省 14 个市（州）、86 个县（市、区）的年鉴工作，做到逐个上门调研、督导，个别重点市县反复进行督促检查。从 2018 年 7 月开始，以甘肃省地方史志编纂委员会的名义，每个季度对全省市县“两全目标”完成情况进行通报；对工作进展较慢的市（州）县（市、区），提请分管副省长向当地政府写信督促。2018 年第四季度全国“两全目标”任务通报中，甘肃省的省、市、县三级年鉴公开出版率分别跃升为第一名、第五名、第二名；2019 年第一、第二、第三、第四季度全国“两全”目标任务通报中，甘肃省的省、市、县三级年鉴公开出版率连续四个季度保持全国第一名的优秀成绩，公开出版率全部 100%。

四是积极提供服务，努力解决困难。2018—2019 年，省史志办结合“转变作风改善发展环境建设年”活动和“不忘初心 牢记使命”主题教育，狠抓工作作风，工作重点向基层延伸，为基层提供力所能及的服务。加快送审的市级年鉴的审稿速度，着力缩短审读时间，及时发出审读意见，不让基层等；积极帮助市县联系省内外 15 个出版社，努力帮助协调解决书号，不让基层愁；在不插手印刷的前提下，及时向市县提供印刷厂家信息，不让基层多跑腿。“不忘初心 牢记使命”主题教育活动中，根据市县反映的书号批复时间周期太长、影响公开出版进度的问题，2019 年 9 月，省史志办积极联系协调省委宣传部，向主管出版部门发出《甘肃省地方史志办公室关于加快

2019年全省三级地方综合年鉴公开出版进度的申请》，年鉴书号的审核批复工作得到重点关注，极大地缩短了书号审批时间。对部分县（市、区）提出的现实困难，及时到所在县（市、区）进行调研指导，积极与当地政府沟通协调，很好地帮助解决了人员、经费、办公场所等实际问题，为“两全目标”任务的实现提供了条件保障。

（三）基本经验

一是积极汇报协调，争取地方党委政府支持是确保实现“两全目标”的重要保障。甘肃省史志办在督促市县年鉴公开出版的过程中，始终注意加强与各地党委政府的沟通和协调，争取党委政府的进一步支持，努力协调解决年鉴公开出版中遇到的困难和问题。甘南藏族自治州为加大年鉴公开出版力度，州委州政府领导分别作出批示，州政府督查室发出督查件，全力推动年鉴工作的开展；张掖市政府督促一区五县尽快落实年鉴公开出版经费，为年鉴按时公开出版提供保障；临夏回族自治州东乡族自治县政府为县志办再次调整补充人员，进一步加大编辑力量；白银市白银区、平川区、靖远县经过沟通协调，年鉴公开出版经费得到及时落实、充足保障。

二是勇于履责担当，目标责任靠实到位，是确保实现“两全目标”的主要途径。甘肃省史志办进一步强化目标责任意识，率先实行对市县划片包干模式，把责任落实到人，把目标落实到位，有力推动市县两级年鉴公开出版的进度；定西市被甘肃省史志办作为示范点，由分管年鉴工作的省志办领导具体负责；推动酒泉市政府与一区两市四县签订目标责任书，明确县、区年鉴必须按时全部公开出版的目标任务。

三是加强督促检查，依法编鉴依法追责，是确保实现“两全目标”的有效方法。紧紧以《全国地方志事业发展规划纲要（2015—2020年）》《甘肃省地方志工作规定》为依据，督查市、县依法编鉴，履行法定责任。对履责不力、工作滞后的个别县志办，采取约谈领导班子的办法予以推动，对履职不力的机构主任向当地政府提出更换的建议；省史志办以甘肃省地方史志编委会的名义，向工作较为落后的4个市（州）及部分县区人民政府发出督查函。

四是精准把握情况，进行科学分类指导，是确保实现“两全目标”的有力举措。较长时期以来，甘肃省史志办重视省级综合年鉴的编纂，全力实现当年编纂当年连续公开出版，但对抓市县两级综合年鉴编辑出版工作的力度不够大，市县两级年鉴的发展较不平衡，特别是县（市、区）级年鉴公开出版率较低。中指组2018年第一季度通报下发后，甘肃省史志办及时调整工作思路，实现工作重心下移，正确处理省级综合年鉴的自编与指导基层年鉴工作的关系，用更多的精力、更多的时间、更多的业务力量抓市县综合年鉴的编辑出版进度。甘肃省史志办在对市县年鉴工作加强督导的同时，针对各市县年鉴工作的实际，分情况、分时间、分阶段，实施分类指导，适时提出工作建议。对工作进展快、开展条件好、编纂年鉴经验丰富的市县，指导督促按时完成编纂，实现全部公开出版；对工作进展适中、各方面条件较好的市县，指导督促加快编纂进度，力争绝大部分公开出版；对条件较差、经验不足、基础薄弱的市县，督促必须按时完成年度任务，尽力实现公开出版。

三点体会：一是有一个强有力的领导班子最重要。重视与不重视不一样，抓与不抓不一样。二是有一支奋发有为的工作队伍很重要。干与不干不一样，能与不能不一样。三是有一种吃苦耐劳的优良作风很重要。能不能吃苦不一样，敢不敢担当不一样。

三、全省综合年鉴事业发展中面临的新情况、新问题

2018—2019 年，甘肃省经过全力督促指导，全省 14 个市（州）、86 个县（市、区）对按时完成“两全目标”任务的认识有了极大提高，在年鉴工作的经费、人员方面有了充分保障，按全省既定实施方案完成各阶段任务的能力明显加强，但是一些教训需要及时分析总结，一些面临的新情况新问题不容忽视。

（一）需要分析总结的教训

一是出版环节衔接不够紧。省、市（州）两级地方志工作机构年鉴业务部门在市（州）、县（市、区）年鉴稿件交付出版社审核后，普遍有松口气现象，缺乏一抓到底的韧劲，没有紧盯目标不放手，没有继续督促市县加强与出版社的协调和对接，是造成部分市（州）、县（市、区）年鉴未按计划时间公开出版的重要原因（当年 10 月 30 日前）。

二是启动编纂时间不够早。部分市（州）、县（市、区）年鉴编纂工作启动晚，形成初稿迟，公开出版前的预留时间不充分，在招投标和移交出版社等环节浪费时间多，最后留给出版社审稿的时间较为仓促，是导致部分市县年鉴未按时出版印刷的主要原因。

三是预判意外情况不够足。2018、2019 年国家对公开出版物数量、种类进行政策调整后，大部分市（州）、县（市、区）对申请书号的困难程度预计不足，联系出

版社的时间迟，报送选题的时间晚，书号无法得到有效保证。特别是 2018 年，到 12 月底，全省尚有 3 部县（市、区）滞留出版社，是部分市（州）、县（市、区）年鉴未按最后时间（2018 年 12 月 31 日前）完成出版的间接原因。

（二）年鉴事业发展面临的新情况新问题、应对措施和探索发展方向

一是年鉴主编队伍新生化、断层化的问题非常严重。当前，全省的年鉴主编队伍建设极为薄弱，青黄不接、新生化、断层化的问题严重，已经开始影响全省综合年鉴事业持续、稳定、健康发展。以截至 2018 年 7 月统计情况为例。全省 14 个市（州）地方志工作机构中，有 8 个市的机构主要负责人是新任，变动率为 57%。剩余 6 个市的机构主要负责人中，有 4 人面临退休；86 个县（市、区）地方志工作机构中，有 53 个县（市、区）的机构主要负责人是新任，变动率为 62%。剩余 31 个县（市、区）的机构主要负责人中，有 13 人面临退休；当年新任的 61 名市县机构负责人中，属于从其他单位调任、无从事年鉴工作经验的比重占 98%；机构改革调整后，尚有 3 个市（县）无机构主要负责人。

二是年鉴稿件完成后有书无号、审核时间长的矛盾非常突出。2018 年以来，出版费用成倍增长、审核环节增加和审核时间拉长等问题，对年鉴的按时公开出版工作带来很大冲击。

三是年鉴为社会提供更好服务的能力明显不足。大部分年鉴编纂思路僵化、栏目设置陈旧。记述内容的年度特点和地方特色不明显，精品著作少、平庸作品多的现象比较普遍；年鉴阅读吸引力缺乏，工具书的功能发挥不足；制作便捷、及时的电子年鉴，开通年鉴微信公众号等各类服务平台方面，与全国许多省份相比差距较大。如何立足“官方供稿”、稿件来源受限的实际，反映年度重点、年度热点、地域特点，真正发挥工具书作用，为社会提供更好服务方面，需要去认真研究和探索。

以全省 100 部市县年鉴的使用情况为例。据统计，电话咨询和上门索要、查阅低于 6—8 次 / 年；500 册年鉴为参考指数，使用和阅读率低于 30%，绝大部分年鉴成为“藏书”“摆放书”，甚至一部分流到城隍庙文物市场，成为“兜售品”；实现年鉴网络数字化的市县，网络点击次数总体来看，绝大多数低于 10 次 / 天。

以年鉴的便捷服务方面为例。据统计，2018 年卷全省除 1 部省级综合年鉴自创刊以来都有电子光盘外，14 个市（州）级年鉴仅有 3 部、86 部县（市、区）级年鉴仅有 3 部附有电子光盘，101 部三级年鉴中，比例仅有 6.8%，为读者方便查找、复

制资料的服务严重不足；与全国许多省级综合年鉴相比，甘肃省在开通年鉴微信公众号、实现手机阅读功能的探索实践上已经落后并逐步拉开差距。

（三）应对措施和探索发展方向

对于上述新问题新情况，需要集中精力加以解决，逐步消除制约全省综合年鉴事业发展的瓶颈问题。

一是全方位培训，强化人才队伍建设。针对市县人才队伍新生化的问题，及时开展初任负责人培训，重点是教方法，解决“会不会”；针对年鉴陈旧化的问题，加大年鉴业务培训，重点是强能力，解决“好不好”；针对为服务社会薄弱化的问题，组织开展市县交流研讨，重点是学经验，解决“强不强”。

二是做好协调服务，积极解决基层困难。针对个别市县暂无机构主要负责人的问题，积极与当地政府协调沟通，争取负责人尽快到位；针对书号紧张的问题，发挥省级领导机关的优势，提前联系出版社，帮助报送选题、申请书号；针对审核周期长、环节多的问题，及时协调相关单位，为公开出版留出充足时间；针对县区往来省城不便、市场信息不畅的问题，联系、沟通、协调基层提出的出版方面的要求。

三是积极探索实践，完善考核评价体系。针对年鉴质量不高的问题，探索建立质量评审细则，对市县年末工作考核时，添加质量分，增强市县的质量意识；针对精品少的问题，组织开展甘肃省的精品年鉴工程，拉动、放大以点带面的效应；针对年鉴理论研究不足的问题，发挥地方志学会年鉴工委的作用，开展年度优秀年鉴成果评选，组织年鉴理论课题专项研究。

四是学习先进经验，创建更加便捷服务平台。在编好用好省级综合年鉴、甘肃地方史志网的基础上，学习借鉴全国先进经验，在开通省级综合年鉴微信公众号平台、实现年鉴手机阅读服务方面，开始积极探索和实践。

Ⅲ

专题报告

中国教育类年鉴发展报告

■ 华　蕾

提要： 报告对2015年至2019年间全国连续出版的教育类年鉴进行分析和研究，分别从教育类年鉴的类型、现状、问题以及发展和展望等方面予以记述，并对年鉴供给侧改革提出意见和建议。

关键词： 教育　教育年鉴　供给侧改革　发展与展望

中国教育类年鉴是专业年鉴的重要组成部分，也是专业年鉴中占比较大的年鉴集群。通过访谈、互联网检索、中国知网检索等方式调查，2015年至2019年间，全国连续出版的教育类年鉴图书约有500余种，其中带有"中国"字样的年鉴约有9种，包括《中国教育年鉴》《中国教育经费统计年鉴》《中国教育统计年鉴》等。省级教育行政部门编纂的年鉴17种，并且欣喜地看到《西藏教育年鉴》出版。城市教育年鉴能查到的有10种，包括《沈阳教育年鉴》《武汉教育年鉴》《成都市教育年鉴》等。地州区县教育年鉴能查到的有22种，包括《徐州教育年鉴》《大兴教育年鉴》《乐山教育年鉴》等。高校年鉴是教育类年鉴中体量最大的群体，全国大约有400所高校编纂年鉴，每年还在递增，从地域上比较，北京40%左右的高校编纂年鉴，排在全国第一位；上海39%左右的高校编纂年鉴，排在第二位，北京和上海的高校编纂年鉴比例远远高于其他地区。中小学幼儿园年鉴方兴未艾，由于基本都是内部出版物，所以能够查找的不全面，能够见到的中小学幼儿园年鉴以北京地区居多。

2015 年至 2019 年全国教育年鉴一览表

表 1

中央（行业）教育年鉴					
序号	年鉴名称	最新卷号	编纂单位	出版单位	是否连续
1	中国教育年鉴	2015	教育部办公厅	人民教育出版社	是
2	中国教育经费统计年鉴	2018	教育部财务司、国家统计局社会科技和文化产业统计司	中国统计出版社	是
3	中国教育统计年鉴	2018	教育部发展规划司	中国统计出版社	是
4	中国职业教育年鉴	2018	国泰安职业教育与产业发展研究院与经济管理出版社、深圳工业总会等单位联合编纂	经济管理出版社	是
5	中国校外教育工作年鉴	2016—2017	中国教育学会少年儿童校外教育分会	武汉大学出版社	是
6	中国基础教育年鉴	2012—2015（多卷本）	教育部基础教育课程教材发展中心	人民出版社	
7	中国新闻传播教育年鉴	2019	中国新闻史学会新闻传播教育史研究委员会	武汉大学出版社	是
8	中国音乐教育年鉴	2016	上海音乐学院	上海音乐学院出版社	是
9	中国校外教育工作年鉴	2016—2017	中国教育学会少年儿童校外教育分会	武汉大学出版社	是

省级教育年鉴					
序号	年鉴名称	最新卷号	编纂单位	出版单位	是否连续
1	北京教育年鉴	2019	北京市教委	北京出版社	是
2	上海教育年鉴	2019	上海市教委	上海人民出版社	是
3	天津教育年鉴	2019	天津市教委	天津出版传媒集团	是
4	湖南教育年鉴	2019	湖南省教育厅	湖南地图出版社	是
5	广东教育年鉴	2018	广东省教育厅	中山大学出版社	是
6	福建教育年鉴	2018	福建省教育厅	福建人民出版社	是
7	湖北教育年鉴	2018	湖北省教育厅	湖北省教育出版社	是
8	江西教育年鉴	2018	江西教育传媒集团有限公司	江西教育出版社	是
9	陕西教育年鉴	2017	陕西省教育厅	陕西人民出版社	是
10	山东教育年鉴	2017	山东省教育厅	线装书局	是
11	浙江教育年鉴	2017	浙江省教育厅	浙江教育出版社	是
12	四川教育年鉴	2017	四川省教育厅	四川教育出版社	是
13	西藏教育年鉴	2017	西藏教育厅	雪域音像出版社	是
14	重庆教育年鉴	2016	重庆市教委	重庆出版社	是
15	河南教育年鉴	2016	河南省教育厅	中原出版传媒集团	是
16	江西省教育经费统计年鉴	2016	江西省委教工委 江西省教育厅	江西高校出版社	是
17	江苏教育年鉴	2016	江苏省教育厅	江苏凤凰教育出版社	是

续表1

城市教育年鉴					
序号	年鉴名称	最新卷号	编纂单位	出版单位	是否连续
1	武汉教育年鉴	2018	武汉市教育科学研究院	武汉出版社	是
2	成都市教育年鉴	2018	成都市教育局	四川教育出版社	是
3	沈阳教育年鉴	2018	沈阳市教育局	辽宁教育出版社	是
4	长沙教育年鉴	2018	长沙市教育局	不详	是
5	济南教育年鉴	2017	济南市教育局	济南出版社	是
6	石家庄教育年鉴	2017	石家庄市教育局	内部资料	是
7	福州教育年鉴	2017	福州市教育局	内部资料	是
8	宁波教育年鉴	2017	宁波市教育局	内部资料	是
9	青岛教育年鉴	2015	青岛市教育局	青岛出版社	是
10	大连市教育事业统计年鉴	2014—2015学年	大连市教育局	内容资料	是

地州区县教育年鉴					
序号	年鉴名称	最新卷号	编纂单位	出版单位	是否连续
1	徐州教育年鉴	2019	徐州市教育局	江苏人民出版社	是
2	大兴教育年鉴	2019	北京市大兴区教委	北京出版社	是
3	大兴学校年鉴	2019	北京市大兴区教委	内部资料	是
4	昌平教育年鉴	2019	北京市昌平区教委	内部资料	是
5	密云教育年鉴	2019	北京市密云区教委	内部资料	是
6	延庆教育年鉴	2019	北京市延庆区教委	内部资料	是
7	海淀教育年鉴	2018	北京市海淀区教委	内部资料	是
8	馆陶教育年鉴	2018	河北省邯郸市馆陶县教育局	内部资料	是
9	江夏教育年鉴	2018	武汉市江夏区教育局	内部资料	是
10	吴兴教育年鉴	2018	湖州市吴兴区教育局	内容资料	是
11	白水教育年鉴	2018	陕西渭南市白水县教育局	内容资料	
12	沧州教育年鉴	2018	沧州市教育局	内部资料	是
13	乐山教育年鉴	2017	四川省乐山市教育局	内部资料	是
14	建邺教育年鉴	2017	南京市建邺区教育局 南京市建邺区教育工委	内部资料	是
15	信阳教育年鉴	2017	河南省信阳市教育体育局	不详	是
16	安阳教育年鉴	2017	河南省安阳市教育史志年鉴编纂委员会	内部资料	是
17	保山教育年鉴	2016	云南省保山市教育局	云南教育出版社	是
18	常德教育年鉴	2016	湖南省常德市教育局	湖南科学技术出版社	不详
19	顺义教育年鉴	2015	北京市顺义区教委	北京联合出版公司	是
20	四师可克达拉市教育年鉴	2015	兵团四师可克达拉市教育局	内部资料	是
21	阜新市教育年鉴	2015	辽宁省阜新市教育志编纂委员会	吉林文史出版社	是
22	九江教育年鉴	2011—2015	江西省九江市教育局	江西高校出版社	是

一、教育类年鉴的类型

（一）从编纂单位划分

教育类年鉴从编纂单位划分，大致分为四类。第一类是由各级教育行政部门主持编纂的教育年鉴，如《中国教育年鉴》《北京教育年鉴》《湖北教育年鉴》；第二类是由各级各类学校编纂的学校年鉴，如《北京大学年鉴》《上海交通大学年鉴》等高校年鉴，《北京农业职业学院年鉴》等职业学校年鉴，由高校编纂的专业年鉴和二级院系编纂的年鉴，如《建筑教育年鉴》由河北工业大学编纂的专业年鉴、《同济建筑教育年鉴》由同济大学建筑与城市规划学院建筑系编纂，以及《北京市大兴区第一中学年鉴》《昌平区教工幼儿园年鉴》等中小学幼儿园年鉴；第三类是由其他教育部门编纂的年鉴，如《北京教育科学研究院年鉴》《江西教育考试招生年鉴》；第四类是由其他单位（企业、社会团体）或个人编纂的教育类年鉴，如《中国新闻传播教育年鉴（2017）》由中国新闻史学会新闻传播教育史研究委员会主持编纂，《中国职业教育年鉴》由国泰安职业教育与产业发展研究院与经济管理出版社、深圳工业总会等单位联合编纂，《世界华文教育年鉴（2013）》由个人署名编纂。

（二）从年鉴呈现形式划分

教育类年鉴从呈现形式上划分为纸质年鉴、电子版年鉴、网络版年鉴。

1. 纸质年鉴

纸质年鉴又分为公开出版、内部资料、年鉴简本。

全国教育类年鉴中，大部分带有“中国”字样的年鉴和省级、市级教育行政部门编纂的年鉴为公开出版物，这类年鉴具有权威发布的“官书”性质，是政府行为，组织管理机制比较健全、经费来源比较有保障。地州区县级教育行政部门编纂的年鉴大部分为内部资料，这与教育行政部门对年鉴工作的重视程度和经费开支有关。编纂比较早的有四川《乐山教育年鉴》自2009年起连续编纂，武汉《江夏教育年鉴》自2010年起连续编纂。

学校年鉴中，高校年鉴公开出版的数量不足50%。但是，高校年鉴发展趋势向好，编纂年鉴的学校数量逐年递增。中小学幼儿园年鉴几乎全部为内部资料。由于中小学幼儿园在全国大部分地区实行区县教育行政部门主管，主管部门重视史志工作的中小学幼儿园的年鉴工作就做得好，编纂年鉴的学校就多。如北京市昌平区教委、大兴区教委重视史志工作，专门成立教育史志办公室，不仅编纂区级教育年鉴，还组织全区中小学幼儿园编写大事记，条件成熟的学校开始编纂学校年鉴。虽然年鉴编纂水平参次不齐，但年鉴编纂观念已经树立，年鉴编纂工作已经启动。

年鉴简本为新兴的一种年鉴形式，也是年鉴供给侧改革的一种新的尝试。全本年鉴厚重检索不便，简本年鉴可以精炼、浓缩全本年鉴的重要信息，以小巧的开本、精炼的内容，弥补全本年鉴的不足。因多为内部资料，一些没有在公开出版全本年鉴中刊载内容，在简本中可以收录。目前，能够查阅到的教育年鉴类简本为《北京教育年鉴简本》，2017 年创刊，每年一卷，全书彩色印刷，附有随文图片，印制精巧，以口袋书的形式，满足不同需求的年鉴读者；北京大兴区《大兴教育年鉴简本》，2018 年创刊，每年一卷，单色印刷。

2. 电子版年鉴

电子版年鉴承载方式分为光盘和 U 盘等载体。例如《上海教育年鉴》随书附送 U 盘，内有数据库形式的年鉴，可供检索和使用。还有一种是中国知网赠送的电子版形式的年鉴，年鉴编纂单位与中国知网合作，中国知网会赠送电子版的光盘，通过下载相应的运行程序实现查阅和检索，但不能实现全文数字化。例如《北京教育年鉴（2016）》以前随书附送的年鉴光盘为中国知网赠送。电子版年鉴的内容分为电纸书、PDF 版和数据库形式。电纸书和 PDF 版年鉴呈现原书阅读的形式，可以浏览，部分具有检索功能；数据库形式的年鉴以网页的形式展现，具有检索、复制、粘贴等功能。

3. 网络版年鉴

网络版年鉴没有特定的概念界定，形式也比较多样。一是将电子版的年鉴发布在网络上，内容与纸质图书相同，例如《成都市教育年鉴》的电子版发布在成都市教育局网站上，《福建教育年鉴》电子版发布在福建省教育厅网站上。二是在政府网站上发布的教育年鉴，名为《××× 教育年鉴》。这些年鉴从框架设计、收录内容等方面稍显单薄。内容以各级各类教育基本资料为基础，一般不超过 3 万字，多以文字形式发布。例如，安徽省合肥市教育局网站上发布电子版《合肥教育年鉴》，分别收录 2005—2018 年的教育信息，每年约 8000 字；《贵州教育年鉴》电子版发布在贵州省教育厅网站上，2006 年起逐年发布；浙江省杭州市萧山教育局网站上发布的《萧山教育年鉴》，是节选自《萧山年鉴》图书中的教育部分原书呈现。三是在中国知网上发布，年鉴编纂单位与中国知网签约合作，由中国知网根据年鉴的内容制作加工后发布在中国知网上，可以开展付费查阅。四是一种全新概念的网络年鉴形式也可称为在线年鉴，不囿于纸质年鉴的内容，充分发挥互联网空间大、展现形式丰富和交互性强等优势，同时可以利用跨媒体链接功能开展延伸阅读。例如《北京教育年鉴》的“网络年鉴”发布在“北京教育年鉴在线资源平台”网站上，以文字、图片、视频等形式展现上年度北京教育事业发展轨迹，内容远远多于纸质年鉴，还可以实现图片、视频呈现以及原文件阅读等功能。五是利用二维码的形式开展年鉴的延伸阅读。在书中相应的位置标注二维码，通过手机扫码，可以展示与内容相关的音视频资料。例如《苏州年鉴》开发了这一功能，但在教育类年鉴中还未看到。五是移动端年鉴的开发利用，例如微信公众号、微信小程序等形式。将年鉴的内容重新架构，以全新的方式以微信公众号的形式发布，例如《南海年鉴》的“南海大观”微信公众号，教育类年鉴还未见到此类年鉴。微信小程序由于造价低、开发简单的原因，不需要下载 APP，不会占用手机很大的容量，是很受欢迎的一种新的移动端的年鉴形式，成为很多年鉴单位作为年鉴数字化、网络化改革创新的起点。《北京教育年鉴》于 2018 年发布了“掌上北京教育年鉴”微信小程序，不仅有最新的年鉴，还有历年《北京教育年鉴》的全部内容，可以实现检索和阅读，相当于可随身携带北京教育年鉴数据资源库。

二、教育类年鉴的现状

（一）教育行政部门编纂的教育年鉴

由教育行政部门编纂的教育年鉴在教育类年鉴中整体质量较高，但与省、市级综合年鉴相比还存在很大的差距。

教育年鉴组织管理模式一般为教育行政部门主管，发文件组织实施，所属事业单位或直属部门具体实施和编纂，所辖各教育部门、单位和学校均为供稿单位。

负责年鉴编纂的部门大部分设置在当地教育科学研究部门，例如《上海教育年鉴》《江苏教育年鉴》《福建教育年鉴》《浙江教育年鉴》《河南教育年鉴》编纂部门均设在或者挂靠在教育科学研究院；还有一部分为教育行政部门的办公室主管，下设专人负责年鉴工作，例如《重庆教育年鉴》《陕西教育年鉴》。这两类管理体制的年鉴编纂单位专职人员力量不足，有些单位只有 1—2 名专职人员，主要聘请兼职人员协助编纂，兼职人员构成大多为系统内退休人员。还有部分省市专设教育史志编纂单位，负责系统内教育史志工作。例如北京市设有北京教育志编纂委员会办公室，为北京市教委独立直属事业单位；湖北省设有湖北省教育志办公室，也为教育厅直属事业单位。这一类单位由于编纂队伍相对稳定，专职从事年鉴或者史志工作，编研结合，有利于年鉴事业的发展，同时也有利于系统内年鉴事业的整体推进。北京教育系统就形成了由《北京教育年鉴》、各区教育年鉴、各级各类学校年鉴和其他教育部门编纂的年鉴组成的年鉴集群，建立了良好交流、沟通的互动平台，并在“北京教育年鉴在线资源平台”网站上发布各单位编纂的年鉴电子版，建立线上展示平台。

教育年鉴框架设计大部分采用三级或者四级分类法，一般遵循教育管理、各级各类教育、教育服务支撑、下辖单位和学校情况、附属资料等框架设置原则。其中，“各级各类教育”是教育年鉴的主体内容，由于教育的特殊属性，很难用一元分类的方法将各级各类教育简单划分为学前教育、基础教育、高等教育。为充分展示教育的综合情况和发展轨迹，通常采用多元分类的方式，兼顾各级和各类教育，涵盖学前教育、基础教育、高等教育、职业与成人教育、民办教育、特殊教育、民族教育等。大部分教育年鉴将“各级各类教育”作为一个类目，下设“学前教育”“基础教育”“职业与成人教育”等分目，例如《湖北教育年鉴》《上海教育年鉴》《徐州教育年鉴》《重庆教育年鉴》《宁波教育年鉴》《福建教育年鉴》。也有些年鉴为更全面系统地记述各级各类教育的情况，突出教育年鉴的“教育”特色，将各级各类教育升格为类目，例如《北京教育年鉴》《沈阳教育年鉴》将“学前教育”“基础教育”“高等教育”“职业与继续教育”“民办教育”等作为类目，下设分目和条目。

大部分教育年鉴设有彩色插页，内文单色印刷，没有随文图片。个别年鉴全书四色印刷或双色印刷，设有随文图片，例如《北京教育年鉴》《徐州教育年鉴》。大部分年鉴由于是公开出版物，编校质量比较好，并设有索引。

（二）高校年鉴

高校年鉴的数量日益增多，但整体水平跟地方专业年鉴还存在不小的差距。高校年鉴工作者整体素质比较高，理论性的论文频出，但编纂实务中还出现不少问题；编纂没有固定模式，也存在质量参次不齐的问题；编校质量较高，但年鉴规范性有待提高。

大部分高校年鉴的框架设计依据高校的功能定位“人才培养、科学研究、社会服务、文化传承”为基础设置，类目包括教育教学、科学研究、学校管理、师资建设、学生管理等。但也存在学校特色不突出、一次文献比例过大等问题。

高校年鉴大致分三种：第一种是文献性年鉴，收录内容以一次文献为主，例如收录领导讲话、重要文件等，或者以收录统计资料为主。这类年鉴数量比较少。第二种是综述性年鉴，编纂体例采用文章体记述方式，例如《中国人民大学年鉴》《东北大学年鉴》。这类年鉴数量也不多。第三种是资料性年鉴，也是大部分高校年鉴采取的文章体与条目体相结合、以条目体记述为主的记述方式。

高校年鉴的总体发展向好。随着部分高校领导对年鉴工作的重视，年鉴工作者通过交流、指导、培训等方式，对年鉴编纂的认识逐步加深，年鉴质量越来越好，特色逐渐突出，规范性越来越强，并且在全国年鉴的评选中也取得不错的成绩。例如《上海交通大学年鉴》《北京工业大学年鉴》《对外经济贸易大学年鉴》《华北电力大学年鉴》等。

（三）中小学幼儿园年鉴

中小学幼儿园年鉴近年来逐步增多。从整体来看，中小学幼儿园年鉴的编纂水平比较低，还处于初步认知阶段，急需规范。这类年鉴呈现区域扎堆现象，跟当地教育行政部门对史志工作的重视和推动有很多大关系，教育行政部门推动力度大，编纂的学校数量就多。中小学幼儿园年鉴作为最基层的年鉴，质量差距很大，有些名为《×××学校年鉴》，实则为图册或资料汇编，还存在编校质量不合格等基础问题。这些学校对年鉴的专业知识不了解，缺乏系统的培训。

（四）其他教育类年鉴

教育类年鉴中，还有一些由其他教育部门编纂的年鉴。例如《北京教育科学研究院年鉴》属于单位年鉴，主要记述本单位年度工作情况。还有一些是教育统计年鉴，由规划统计部门编纂，主要用数字反映教育事业发展情况，例如《中国教育统计年鉴》《湖北教育统计年鉴》。统计年鉴编纂形式独特，与其他教育年鉴有很大的差别。另一类还有招生考试年鉴，由招生考试部门编纂，例如《中国教育考试年鉴》由教育部考试中心（全国高等教育自学考试指导委员会办公室、教育部高等教育自学考试办公室）编纂，是教育考试资料性工具书。

三、2018—2019 年教育类年鉴发展亮点

（一）教育类年鉴种类增多

近两年，教育类年鉴不再仅囿于教育行政部门和单位编纂的年鉴，增加了更多的类型。随着人们对史志资料重要性认识的加强，需要搜集、整理、收录的内容不断增多，一本年鉴往往版面有限，需要有更多的空间承载，于是衍生了更多的教育类年鉴，例如，北京的大兴区教委编纂《大兴教育年鉴》时发现，很多学校的内容没有办法全部收录，而内容又很重要，于是自 2019 年起开始编纂《大兴学校年鉴》，收录辖区内所有学校。还有很多高校的下设院系编纂年鉴。例如，《同济建筑教育年鉴（2017—2019）》由同济大学建筑城规学院建筑系编纂出版，记述学校建筑教育的综合情况。还有些教育行政部门在官网上直接发布教育年鉴的文字版，内容虽然简练，但时效性强，例如，浙江《台州教育年鉴（2019）》于 2019 年 10 月 24 日发布在台州市教育局门户网站上，并单设“教育年鉴”栏目；成都《简阳市教育局 2019 年年鉴》2020 年 2 月 13 日发布在简阳市人民政府门户网站上。

多种类型、多种形式的年鉴不断涌现，体现了对年鉴需求的增加以及对年鉴编纂要求的提高。

（二）教育类年鉴的供给侧结构性改革

现代信息技术的飞速发展，ABCD（A：人工智能，B：区块链，C：云计算，D：大数据）+5G 时代的到来，改变着人们的生活、工作和学习，同时也给传统出版行业带来强大的冲击，推动着传统出版业的变革。中国出版协会发布的《2019 年度中国出版业发展报告》中提到，出版业对区块链技术应用的热情进一步高涨；人工智能技术在出版业的使用取得新进展，特别是在人机语音交互层面具有广阔的前景，实现出版物生产与接受的智能化是大势所趋；在 5G 技术即将落地的大背景下，出版企业将文字、音频、视频、AR/VR 等各种内容产品形态统一布局，加大了新媒体、融媒体产品、平台、接受终端的开发创建力度。年鉴身在其中，必将顺应时代的发展，不断开展供给侧结构性改革，满足更多读者的需求。

教育类年鉴面对这样的冲击与挑战，也开始积极应变，主动求变。有些单位为了更好的发挥年鉴的资料性的作用，将已出版的年鉴数字化，建成数据资源库

供读者查检。如《上海教育年鉴》将数据资源库的内容以U盘的形式随书附送给读者；有些单位开始在线编纂的尝试和改革，例如《北京教育年鉴》《中国人民大学年鉴》都开发了年鉴在线编纂系统，实现了年鉴编纂的交稿、编辑、审稿、返稿等环节100%在线完成。

还有些教育年鉴在年鉴供给侧改革方面做了一系列尝试。例如，《北京教育年鉴》从2015年开始尝试年鉴的数据化、网络化改革，提出“互联网+年鉴”的模式，经过不断努力，“北京教育年鉴在线资源平台”网站于2017年12月开通，免费向社会开放。网站内容包括年鉴数据资源库、网络年鉴、教育资讯、史志回眸等栏目，在内容上注重服务性、实用性和时效性。其中，“年鉴数据资源库”包含37卷教育年鉴、21卷北京市教委文件选编等内容，通过检索框、分类目录检索和原书阅读三种形式，实现读者对相关内容的查找和浏览。截至目前，数据库共收录条目近11万条，共计7400万字，收录图片7.6万幅。《北京教育年鉴》又着手开发数字资源库的二次开发和利用。北京教育年鉴编辑部树立大年鉴格局的意识，携手北京教育系统各单位，形成由北京教育年鉴、区教育年鉴和各级各类学校年鉴共同组成的年鉴集群，并在网站上搭建网上展示平台，已收录北京教育系统的30余种80余卷年鉴。

“北京教育年鉴在线编纂系统”于2016年12月试运行至今已完成4卷年鉴的编纂，实现年鉴的100%在线编纂、在线返稿、在线合稿，同时编纂系统与网站对接，系统编纂完成的稿件可以直接上传至网站，生成网络年鉴。

“网络年鉴”于2017开始逐年发布，以更生动的形式、更丰富的内容展现上年度北京教育事业发展轨迹。同时，利用跨媒体链接功能，丰富年鉴的内容及其表现形式，开展延伸阅读。至今，已完成2019卷年鉴的上线发布。

“掌上北京教育年鉴”微信小程序于2018年12月开通，内容包含有最新的年鉴，还有历年《北京教育年鉴》的全部内容，可以实现检索和使用，相当于手机上有一个移动的北京教育年鉴的数据资源库。大本纸质年鉴（公开出版）、简本年鉴、网络年鉴、微信小程序年鉴，在线编纂系统、年鉴网站、数据资源库等年鉴产品搭建了《北京教育年鉴》立体的呈现格局。《北京教育年鉴》还在继续尝试由“互联网+年鉴”到“智能+年鉴”的变革。

四、教育类年鉴存在的问题

（一）规范性有待提高

教育类年鉴存在质量参差不齐的问题，普遍存在规范性有待进一步提高的现象。有些年鉴还存在框架设计层次不清，类目、分目排列混乱的问题；有些年鉴一次文献过多，且排序前置，以至于翻过书的1/4才能看到年鉴主体内容。

条目编写不规范的问题比较严重，要素严重缺项；条目排序没有规则；常规性条目过多，动态信息偏少；名称、时间、缩略语等使用混乱；条目内容文章化等现象时常出现，例如一个条目1500字以上，并且带有序号，分8个自然段记述。

收录内容上存在“三重”“三轻”的问题，即“重部门、轻事业”“重礼仪活动、轻实践活动”“重个人、轻事件”。有些年鉴类目设置以“部门工作职能”作为类目划分依据，反而忽略了以“事业”为标准划分的依据。例如有些高校的“科学研究”类目，仅收录学校科研处的工作内容，不能全面反映学校的整体科研工作水平。有些活动内容突出记录领导参加、领导讲话的内容，突出个人、突出礼仪形式，反而忽略了活动内容的记述。

（二）特色不突出

教育类年鉴存在特色不够突出的普遍问题。一是“教育”特色和“学校（单位）”特色不突出，二是地域特点不明显，三是反映年度特征的内容不足。

（三）装帧设计理念有待提高

装帧设计是完成书籍从平面化到立体化的过程，它包含了艺术思维、构思创意和技术手法的系统设计。装帧设计是年鉴的有机组成部分，是前期所有付出的集中呈现。大部分教育年鉴装帧设计为精装本，但存在装帧设计观念陈旧的问题，有些设计还停留在20世纪70—80年代的风格，从而影响年鉴的整体质量。年鉴不能过度“包装”，但装帧设计也要与时俱进，体现时代感，可以在不增加年鉴成本的情况下，尽量美化年鉴的装帧设计。

（四）出版时效性较低

很多教育类年鉴没有做到一年一鉴，还有的年鉴是几年合编一卷。年鉴信息本来就有滞后性，如再不能满足每年出版，会严重影响年鉴的时效性。

（五）创新动力不足

很多教育类年鉴编纂单位由于编纂人员偏少，编纂队伍不稳定，组织管理体系不健全，工作机制不完善，工作内容繁杂，年鉴工作人员疲于应付，很难分心开展年鉴编研和创新工作。大部分单位年鉴专职人员偏少，需要聘请系统内老同志参与年鉴编纂，老同志工作态度认真、文字功底扎实，但面对新技术、新形式的学习和创新能力不够。且年鉴工作不是教育中心工作，常常不受领导重视，工作开展难度大。综上原因，会出现年鉴工作创新意识不强、创新动力不足的问题。

（六）交流意识不强

在全国的各类年鉴活动中，教育类年鉴参与度不高。从参与全国年鉴交流、研讨和评选等活动的力度不同，可以看出年鉴编纂水平的明显差异，经常参与全国活动的年鉴质量明显高于不参与活动的年鉴。年鉴工作者不能只埋头工作，要多参加年鉴活动，才能开阔眼界，取长补短。

（七）公开出版率有待提高

由于近年来图书出版价格提高，很多教育系统的单位将公开出版的年鉴变为内部资料；有些想要公开出版的单位由于经费和出版社的问题，将公开出版的工作搁置。

五、教育类年鉴发展与展望

（一）树立“有为才有位”的观念

年鉴工作不是一线工作，要领导时刻关注并不现实。年鉴工作者可以充分发挥年鉴存史、育人、资政的作用，尤其是树立“服务当下”的意识，让年鉴工作融入一线工作中并发挥作用。年鉴工作者要树立“有为才有位”的观念，创新年鉴的形式，拓展年鉴的服务范围和内容，争取更多的支持和帮助。

（二）编制年鉴规范手册

教育系统的年鉴工作者平均学历水平比较高，文字功底比较好，但由于年鉴的特殊要求，大家在对年鉴的理解和认知上还存在一定的偏差。由于教育系统年鉴工作的实际困难和问题，亟须编制相关的年鉴规范手册，明确年鉴的基本要求和标准，从而有效提高教育系统的整体年鉴质量。

（三）“以评促建”提高年鉴整体质量

创建教育系统年鉴单位的沟通和交流机制，搭建平台，鼓励年鉴单位积极参与交流和评选活动，通过对照评比标准以及评比结果反馈，提高各单位年鉴的规范意识，从而提高全国教育年鉴的整体质量。

（四）推动年鉴信息化、网络化发展

进入 21 世纪，数字网络技术及“互联网 +”“智能 +”飞速发展，使年鉴具备了大规模数字化、网络化的宏观环境。如何引领年鉴数字化、网络化建设迈上新的发展阶段，在国家公共文化服务体系中发挥更加重要的作用，以适应事业发展的需要和广大人民群众的需求，是当前年鉴工作者必须面对和解决的重要课题，也是开发利用好年鉴资源、实现资源共享，最大限度地发挥其社会效益所必须要解决的重要课题，也是年鉴与时俱进的必然趋势，是在当代大背景下的必然选择。

中国税务类年鉴发展报告

王　玥

提要：税务类年鉴是记录税收工作的工具书，是税务系统宣传税收工作的重要窗口。税务类年鉴包含《中国税务年鉴》、税务专业年鉴和地方税务年鉴。经过多年探索与磨合，税务类年鉴系建设呈现出蓬勃发展的良好态势。在国税地税征管体制改革新的时代背景下，税务类年鉴应担负起使命，持续将税务类年鉴打造成精品。

关键词：税收　税务年鉴　专业年鉴　征管体制改革

税收是国家财政的主要来源，推进国家治理体系和治理能力现代化的重要保障。近年来，全国税务系统认真落实党中央、国务院决策部署，加强党对税收工作的全面领导，统筹做好减税降费和组织税费收入工作，持续优化税收营商环境，进一步提升税收治理效能，增强中国税务的国际影响力，推进新时代税收现代化建设全面提质增效，积极服务国家重大发展战略，更好发挥税收在国家治理中的基础性、支柱性、保障性作用，充分展示了机构改革后新税务的新风貌，为推动我国经济行稳致远和确保全面建成小康社会做出积极贡献。

税务类年鉴是记录年度税收情况的资料性工具书，是全方位展示税收工作的重要载体，也是开展税收宣传的重要窗口。税务类年鉴包含《中国税务年鉴》、税务专业年鉴和地方税务年鉴。《中国税务年鉴》是中国税收工作的编年史，创刊于 1993 年，由国家税务总局主管主办，中国税务出版社编辑出版发行。《中国税务年鉴》每年 11 月出版，精装大 16 开本，约 200 万字，在国内外公开发行，迄今已连续出版 27 卷，并呈现品牌化、规模化、数字化融合发展的良好态势；税务专业年鉴主要由税务总局司局单位组织编纂，如《千户集团名册年鉴》《中国税务稽查年鉴》，目前仅供税务机关内部使用；地方税务年鉴由各地税务机关组织编写，记录各省级税务机关年度税收工作，由中国税务出版社出版发行，精装大16开本或正16开本，至2019年末，已出版地方税务年鉴15种。

一、税务类年鉴的发展历程

（一）《中国税务年鉴》影响力持续提升

《中国税务年鉴》忠实记录了我国税收事业发展经历的大事要事及重要的税收数据，如1994年税制改革、2005年取消农业税、2016年全面实施“营改增”、2018年国税地税征管体制改革等重大税收事件，全面反映了税收事业改革发展的壮阔历程，在存史、育人、资政方面发挥了重要作用，也为社会提供了全面、准确、翔实的税收信息，成为税务部门对外宣传与交流的重要窗口。

《中国税务年鉴》20余年来始终坚持精品战略，编纂质量逐年提高，覆盖面持续扩大，设计印装水平不断提升，社会影响力稳步提升。2018年，《中国税务年鉴》成功入选第三届全国“百强报刊”。“百强报刊”代表了中国报刊业发展的最高水平，是年鉴类期刊中唯一入选者。

（二）地方税务年鉴体系建设不断完善

2012年，时任国家税务总局副局长王力在《中国税务年鉴》部分京外编委会议暨《中国税务年鉴》创刊20周年座谈会上的讲话中首次提出“税务年鉴的多层次发展”，他指出，“年鉴事业的发展不仅仅是做好《中国税务年鉴》一本书，也应该涵盖各省级税务局正在或者即将出版的年鉴，来全面详细记载反映各省税务工作情况，出版社还要向其他部委同行学习，开拓思路，通过多种形式帮助各地税务局做好省级税务年鉴。尽早实现以《中国税务年鉴》为主，以省级税务年鉴为辅的年鉴事业繁荣发展的良好局面”。

自2012年起，税务出版社不断加大在专业、资金、技术方面的支持，全国各类各层级税务年鉴逐步发展壮大，地方税务年鉴呈现出蓬勃发展的局面。很多省级税务机关对修志编鉴工作高度重视，编写了本省（市、区）税务局的年鉴、志书。截至

2019年末，以《中国税务年鉴》为主，税务专业年鉴和地方税务年鉴为辅的税务年鉴体系逐渐形成，在税务出版社累计出版的年鉴类产品已有18种近百卷，年鉴体系的规模效应逐渐体现，在记录税收发展历史、传播税收信息、指导税收实践方面的作用愈加突出。年鉴的覆盖面持续扩大、影响力不断增强，较好地体现了年鉴的价值和作用。经过多年培育，税务年鉴体系中各种税务年鉴质量不断提升，也取得了可喜的成绩，近年来，税务年鉴在全国年鉴评比中荣获较高奖项41种次。

（三）税务类年鉴数字化步伐进一步加快

以《中国税务年鉴》为主，税务专业年鉴和各地税务年鉴为辅的税务年鉴体系，是年鉴数字化发展的重要基础。为适应数字化、大数据时代的到来，以及媒体融合发展，中国税务出版社在做好纸质出版物的同时，建立了税务数字图书馆年鉴专题数据库，已实现了网上阅读、查询等功能。目前，正在努力对各类税务年鉴数据内容进行数字化转换，加速年鉴数字化进程。

年鉴专题数据库具有以下特点：

内容权威，税务年鉴高度凝练税收特色，突出年鉴专业性。数字化年鉴全方位地记载反映了税收发展历程，充分展示税收工作，彰显年鉴史料性。

功能完备，突出实用性，多角度、全方位发挥年鉴数字化产品优势，实现原文阅读、在线检索、收藏下载、专题展示、自定义项目组合、产品介绍等功能。多维度、多视角展现年鉴丰富史料，使图表、数据互联互通，实现数据的统计、重组。打造协同编纂平台，实现编辑同作者之间的交流互动，进一步促进编辑工作的开展。

技术先进，采用通用B/S技术构架（浏览器直接浏览），提出数据备份方案，保证系统稳定及数据安全。

用户体验，突出产品价值和实用性，在深入了解、掌握用户需求的基础上，使其在最短的时间内找到自己想要的内容，且满足其对特定文献的捕捉查找需求。

二、税务类年鉴的内容组织与编写体例

（一）编纂组织体系

完备的组织体系及科学的流程是确保年鉴工作顺利展开的重要保障。税务类年鉴

从创刊起就建立了包括年鉴编辑委员会、特约审稿人、撰稿人、特约联络员、编辑部等在内的组织体系。一年一度的年鉴编委会及年鉴工作会制度保证了年鉴工作的顺畅运行，确保了年鉴高质量、高效率、高覆盖面。

规范的工作机制是办好年鉴的质量保证。经过多年的探索和磨合，税务类年鉴工作形成了比较稳定和规范的工作程序和机制。每年制作年鉴编辑规划，制订编辑计划和从拟定编辑大纲至发行配送的全覆盖编辑出版流程，确保编纂出版工作的质效；从召开年鉴的编辑委员会会议、年鉴编辑大纲的下发，到稿件的组织、协调及出版时间、发行方式等，都有章可循、有条不紊，进入到专业化的出版轨道。同时，在年鉴实际运作中，细化具体环节时间段和工作关键点，夯实编纂出版各环节的质效，实施精细化管理。

（二）框架结构与体例规范

20 余年来，税务类年鉴总体设计经过多次调整与改进，架构更趋合理，装帧更加美观。近年来，年鉴的体例设置越来越科学，层次越来越清晰，内容越来越丰富，较好地体现了年鉴的专业性、综合性和权威性等特点。

《中国税务年鉴》体现时代精神和年度特点，及时反映年度税收重点工作专题内容。一是个性鲜明，具有行业特色。紧紧围绕税收工作，系统记载中国税收年度工作情况，收录当年税收政策、统计数据和相关信息资料，数据权威、资料翔实、内容丰富。框架结构方面，资料门类齐全，一二三次文献配置合理：全刊以一次文献为主，如专文、全国税收工作、各地税收工作等；二次文献为辅，如重要文献中的政府工作报告、财政预决算节选，文选中的已发表论文摘要，附录中的税率表，国外税收要事等；三次文献为补充，如法规及规范性文件目录等。二是层次清晰，目次排列有序。主要体现在框架结构设计均按照重点工作、业务工作、内部管理顺序排列，各地税收工作篇中各类目中的条目设置及顺序排列基本保持一致，各条目内容与全国税收工作篇类目一一对应，两个篇目相互呼应。

《中国税务年鉴》及地方税务年鉴注重组稿、撰稿、编辑各工作环节的标准化体系建设。编写《税务年鉴编纂工作手册》，制定撰稿流程要求和编辑规范及示例并逐年修订，在全刊（书）体例、条目要素、各篇目内容及内文版式等方面加以规范；总结审稿关键点、编辑关键点和编辑注意事项，加强审稿、编辑环节细节管控，不断提升年鉴编纂质量。

（三）内容收录与编排

《中国税务年鉴》包含特载、专文、重要文献、全国税收工作、各地税收工作、法规及规范性文件（目录）、统计资料、机构和人员、大事记、文选、附录等篇目。

《中国税务年鉴》创刊不久即以条目形式体现，可条目化的篇章尽量条目化处理。20余年来，在条目、类型、要素以及标题设置、语言表达和创新方面不断完善，逐步形成了目前条目类型齐全、主题突出、表达规范、行业特色突出、便于检索的成熟体系。每年年初，随组稿文件附发《编辑大纲》《撰稿要求》,《编辑大纲》列明新一年的必报条目,《撰稿要求》则对条目撰写的标题、语言表达、内容要点、字数、层级加以详细规范。

特载篇主要反映年度特色税收工作内容，如《中国税务年鉴（2019）》主要反映2018年国税地税征管体制改革情况。内容包含国税地税征管体制改革遵循、改革综述、改革实施、改革历程等。

专文篇主要反映年度专项重点税收工作情况，如《中国税务年鉴（2018）》专文重点反映改革开放40周年税收改革发展、推进各项简政减税降负措施落地见效、个人所得税改革、环境保护税开征、深化税务系统“放管服”改革、优化税收营商环境等。《中国税务年鉴（2019）》专文重点反映税务系统党的建设、税收经济分析、精准脱贫、简政减税降费政策措施落实、个人所得税改革、环境保护税征收、税务系统“放管服”改革、优化税收营商环境、内控机制建设、税务稽查工作、税务系统数字人事工作、国际税收工作，以及改革开放40年税收事业发展成就等。

重要文献篇主要收录党和国家层面与税收相关的重要文献资料，如党中央、全国人民代表大会及其常务委员会、国务院有关税收方面的重要报告、决议、决定，国务院政府工作报告，国民经济和社会发展计划执行情况与国民经济和社会发展计划草案的报告，中央和地方预算执行情况与中央和地方预算草案的报告，中国政府及国家税务总局在国际会议上提出的税收主张、倡议，以及国家税务总局领导关于税收工作的署名文章和重要讲话。

全国税收工作篇主要内容为全国税收工作基本情况，记述方式为条目体。条目类型门类齐全，既有体现某一方面工作的类目，如收入规划核算、税收法治与改革、纳税服务等，也有工作中的细项，如类目下设条目“税收收入”“税收特点”“税收分析”等。

各地税收工作篇主要内容为各省、自治区、直辖市和计划单列市经济概况及税收概况、税收业务工作等基本情况。条目既有综合性条目如“概述”，也有专题性条目如“税收法治”“税种管理”等，以及动态性条目如“国税地税征管体制改革”“基层建设”；各类条目排列有序，均按照重点工作、业务工作、内部管理顺序排列，条目内容突出本地区工作特色、工作业绩，以事实和数据说明问题，并配有图示。第四篇中各类目中的条目设置及顺序排列基本保持一致，以方便检索，各条目内容与第三篇类目一一对应，两个篇目相互呼应、形成总分形式。

法规及规范性文件（目录）篇主要收录一年内发布的税收及与税收相关的法律、法规、规章和规范性文件目录。包括中央法规及地方法规，文件全文及各省、自治区、直辖市和计划单列市发布的涉税地方法规、规章和税收规范性文件全文收录在当年年鉴所附光盘中。

统计资料篇主要收录全国税收收入统计图和统计资料。全国重点税源企业统计资料收录在当年年鉴所附光盘中。

机构和人员篇主要收录国家税务总局机关及各省（区、市）税务局领导名单，以及司（厅）局级领导干部任免情况、税务系统受表彰情况、税务系统对税收做出重大贡献的人物过世情况、税务机构人员构成情况等。

大事记篇主要收录年度党中央、全国人大、国务院有关税收工作的指示，国家税收政策的重大调整和举措，国家税务总局及税务系统的重大事件，国家税务总局领导的重要活动，以及全国十大税收新闻。

文选篇主要选录年度税收科研理论和调研实践的重要成果及优秀论文，以及优秀税收科研成果名单。科研理论文章内容为在核心期刊公开发表过的原创性论文，文章具有年度影响力和高水准科研价值，每年通过组织税务系统内外财税专家对备选文章盲评确定收录文章；调研实践文章内容以税收调研为主，主要为原创作品，文章对年度税收专题有深刻剖析和研究，文章作者为税务总局各司局和各省（区、市）税务局司局级领导。

附录篇主要收录中国现行各税税率表、税收条约和协定、国际税收公报、财政收入决算表和相关经济数据。

三、税务类年鉴存在的问题

国税地税征管体制改革是以习近平同志为核心的党中央作出的重大决策，是深化党和国家机构改革的重要内容，是中国税收发展史上具有里程碑意义的大事。记录好、反映好国税地税征管体制改革是税务系统的大事。2018 年 12 月，国家税务总局局长王军在《关于召开 2019 年度〈中国税务年鉴〉〈中华人民共和国税法〉编辑委员会议的请示》上作出批示：“编好 2019 年税务年鉴，让精彩时间变为永恒！”税务类年鉴作为记录税收工作情况的资料性工具书，在国税地税征管体制改革的新时代背景下，承担着记录历史的重要使命。

税务类年鉴具有政治性、专业性、服务性特征。它所传递给读者的是税收领域最权威的资料，这对年鉴出版工作和编辑人员都提出了更高的要求。在税务类年鉴发展壮大的当下，应积极思考年鉴的现状及存在问题，并逐步改进完善，使税务类年鉴能够健康发展。

尽管年鉴工作取得了显著成绩，但也存在一些不足之处。

（一）工作创新不足

近年来，年鉴事业发展迅猛，年鉴编纂工作者对年鉴的认识也逐年提高。不可否认的是，目前税务类年鉴由政府机关主办，担负着宣传政府工作的重任。从年鉴的属性来讲，年鉴属于资料性工具书，但每年税务年鉴收录形式上还有一部分内容为记录政府机关工作的报告、讲话，内容墨守成规，创新不足。从篇章架构来讲，以税务年鉴为例，每年篇目较为固定，近两年增加了特载篇，反映年度重点税收工作，在篇目的创新方面还有一定的发展空间。从内容编排来讲，类目及条目的设置，内容的选录需要更加凸显时代特色，版式的设计、彩插的分类要更加科学美观，图表的表现形式更加丰富多彩。

（二）谋篇布局上要增加科学性

年鉴框架结构是年鉴内容的基础，科学合理的框架体系能够承载更丰富的内容。税务类年鉴内容选择、编排方面需增强科学性，要反映税收领域一年当中重大的税收大事要闻，优秀的年鉴在框架、内容上能够体现专业、行业、地域、年度特色。目前，税务类年鉴还需要在突出专业特色，常编常新上下功夫，进一步做好谋篇布局。

（三）规范统一需进一步加强

随着税务类年鉴体系不断壮大，如何在内容及体例方面不断加以规范，是税务类年鉴工作者需要思考的问题。税务类年鉴的资料较为丰富，业务工作繁多，编纂税务年鉴的各单位难免在工作上有所差异，有些税务部门的年鉴中税务工作分类较细，在内容编写的时候容易自成一派，因此，应考虑如何兼顾地方税务年鉴特色内容展示与体例的规范统一。

（四）年鉴数字化发展还需加快

媒体融合是大势所趋，年鉴数字化产品的发展与推广，是年鉴工具性价值、传播性价值、存史性价值的进一步体现。年鉴的数字化和纸质图书相结合，是今后发展的一个方向。我们要在数字出版方面加快探索前进，吸收借鉴其他优秀数字产品先进经验，在技术及呈现形式上创新，打造年鉴领域的数字出版品牌。

四、税务类年鉴发展展望

税务年鉴是税务出版物中的品牌项目。持续将税务年鉴打造成精品，需要对年鉴的框架设计、内容设置、编纂方法等进行认真研究，进一步科学化、合理化、规范化，精细编写每一个条目。一要把好政治关。保证年鉴从形式到内容不能存在任何政治性问题。二要把好内容关。内容力求结构合理、资料翔实、文字精炼、数据准确。科学设置篇目、条目，把握时代精神，突出年度特色。三要处理好规范与创新的关系。工作中既继承年鉴编纂过程中的好传统、好方法，保持整体框架、内容的连续性，又发扬稳中求进的精神，优化年鉴框架内容及编纂流程。

2019 年的税收工作精彩纷呈，尤其是确保减税降费政策措施落地生根，依法依规组织税费收入，持续优化税务执法方式和健全税务监管体系，切实改善纳税缴费服务和税收营商环境，积极服务国家重大发展战略，不断加强干部队伍建设，各项税收工作取得了新成绩，充分展示了机构改革后新税务的新风貌。在编纂《中国税务年鉴（2020）》过程中，要更好地发挥年鉴存史资政的作用，深度挖掘 2019 年值得记录的大事、新事、要事，把最能反映这个时代风貌、最有特点的材料保存下来，忠实记录、反映这段历史。税务年鉴工作也将以入选“百强期刊”为新的起点，继续坚持精品战略，努力推进税务年鉴工作高质量发展。

同时，中国税务出版社将完成年鉴库升级工作，以税务数字图书馆年鉴专题库为基础，结合年鉴数字化转换实际情况，对年鉴数据库进行完善、整合、创新。形式上辅以新媒体技术衍生手段，内容上多角度挖掘年鉴价值，提升年鉴效用，形成横向搜索查找、纵向关联比对的年鉴综合体。升级后不但给编纂出版的纸质图书提供数字化展示平台，而且专门添加协同编纂系统，可以实现网上远程编纂，使年鉴编纂更便捷。

中国中医药类年鉴发展报告

胡　楠　高　欣

提要：我国中医药类年鉴的编纂工作始于 1957 年，连续出版发行始于 1983 年。中医药类年鉴主要记载中医药工作各方面情况、进展、成就。2000 年以后，中医药类年鉴形成快速发展的趋势。但随着网络化、数字化的发展，部分中医药类年鉴由于多种原因已停办，地方、高校、医院中医药类年鉴的编纂仍处于起步阶段。中医药类年鉴仍然面临各地发展不平衡、编纂队伍不稳定、利用度不高等问题。

关键词：中医药　年鉴　发展历程　数字化

一、中国中医药类年鉴的发展历程

我国中医药类年鉴的编纂工作始于 1957 年，香港中国医药出版社编印《中医药年鉴》。对于香港中国医药出版社编印《中医药年鉴》的出发点，该社社长谭述渠在序言中有如下记载："敝社为发扬中医中药，用特创编中医药年鉴，诚以全国中医药家散布于全球，有华侨之地区，即有中医之存在，其中更有不少完备之组成，宝贵之著作……鉴往励来，检讨得失，为中医药新时代开拓光明之前途，胥为敝社设立之主旨，亦出版年鉴之唯一方针也。"由于历史原因，该年鉴发行范围为中国香港、澳门、台湾地区，以及华侨较多的美国、加拿大、墨西哥、新加坡、韩国、印尼、越南、泰国、菲律宾、澳大利亚等国家。中国内陆地区没有发行，之后是否连续出版，未可查证。

1982年，卫生部（现国家卫生健康委员会）在衡阳召开全国中医医院和高等中医教育工作会议，提出中医工作是卫生工作的短线，应当从人、财、物方面加强，明确了保持和发扬中医特色是发展中医药事业的指导思想，调动了广大中医药人员的积极性、创造性，使中医药队伍的人数和素质有所增长，中医药机构有所增加，中医药学术水平有所提高。1983年，首卷《中医年鉴》由上海中医学院（现上海中医药大学）组织编写，人民卫生出版社出版发行，是一部中医的综合性专科年鉴，记录了中医学术和中医事业发展的基本情况，属于资料性工具书。该年鉴内容主要以公开发表的资料为依据，少数资料由主管部门或有关部门直接提供。自1983年以来，《中医年鉴》逐年出版。1988年5月，国家中医药管理局正式成立。1989年，《中医年鉴》更名为《中国中医药年鉴》，2003年卷《中国中医药年鉴》分为行政卷和学术卷两卷出版。

2009年，《国医年鉴》编辑工作在国家中医药管理局指导下，由国家中医药管理局机关服务中心组织，中和亚健康服务中心、长沙富智文化传播有限公司和中华中医药学会亚健康分会负责承办，2009年起逐年出版，旨在发掘中医药学术精品，展现中医名人风采，展示中医药临床科研成果，传承中医药文化，搭建中医药产业平台。

2014年，中国民族医药学会教育研究分会决定进一步加强挖掘、整理与推广民族医药特色诊疗技术，全面做好名老民族医药专家学术经验传承工作，促进民族医药的传承与创新，出版《中国民族医药特色诊疗技术年鉴（2013）》。但仅出版一卷，未实现连续出版。

除国家中医药管理局主办的中医药年鉴外，地方中医药管理部门主办的中医药年鉴起步较晚。《吉林中医药年鉴》采用回溯方式，2018年出版2013—2015年卷（收载2013—2015年内容）、2017年卷（收载2016年内容）、2018年卷（收载2017年内容），2019年出版2009—2012年卷（收载2009—2012年内容）。首卷《四川中医药年鉴（2017）》收载2016年内容，于2018年出版。其他29个省级中医药主管部门暂未出版本省的中医药年鉴。由31个省级卫生健康委员会主办的卫生年鉴均收录中医药内容。

高校中医药年鉴主要由学校党委、团委、办公室或档案馆组织编写，记载上一年度学校（院）建设、发展、改革等方面的基本情况。高校中医药年鉴大多为内部印刷，公开出版发行的高校中医药年鉴主要有《上海中医药大学年鉴》。部分高校同时为国家级、省级、市级的教育年鉴、综合年鉴供稿。

中医院年鉴数量较少，记载医院的重点工作和重大活动，以及各部门开展的新技术和新业务等，多为内部印刷，连续编纂的较少。部分中医院的统计数据或其他相关资料记录在国家级、省级、市级的综合年鉴中。[①] [②]

表 1　中国中医药类年鉴统计表[①]

分类标准	年鉴名称	编纂单位 / 主编	出版单位	创刊时间	是否连续	备注
按专题分类	中国中医药年鉴（行政卷）	中国中医药年鉴（行政卷）编委会	中国中医药出版社	1983 年	是	前身为《中医年鉴》，2003 年卷分为行政、学术两卷出版
	中国中医药年鉴（学术卷）	中国中医药年鉴（学术卷）编辑委员会	上海辞书出版社	1983 年	是	前身为《中医年鉴》，2002 年分为行政、学术两卷出版
	中国民族医药特色诊疗技术年鉴	朱嵘	中国中医药出版社	2014 年	否	只出版 2013 年卷一卷
	国医年鉴	孙涛、朱嵘、何清湖	中医古籍出版社	2009 年	是	
	中国中医研究院年鉴	袁君	中医古籍出版社	不详	是	1991—1996 年卷可查，已停办
按地区分类	吉林中医药年鉴	邱德亮	吉林文史出版社	2018 年	是	2009 年卷为首卷
	四川中医药年鉴	四川省中医药管理局、四川年鉴社	四川大学出版社	2018 年	是	2017 年卷为首卷
	中医药年鉴	中国医药出版社（香港）	中国医药出版社（香港）	不详	不详	1957 年卷（香港）
	香港中医药年鉴[②]	香港中医药年鉴编辑委员会	香港中医药年鉴出版社	不详	不详	1982—1983 年卷（香港）
按高校分类	北京中医药大学年鉴	不详	不详	不详	不详	
	北京中医药大学学生学术年鉴	共青团北京中医药大学委员会	内部刊物	不详	不详	2006 年卷、2007 年卷可查
	辽宁中医药大学年鉴	辽宁中医药大学年鉴编委会	内部刊物	不详	不详	2007 年卷可查
	上海中医药大学年鉴	上海中医药大学年鉴编纂委员会	上海浦江教育出版社	2017 年	是	
	南京中医药大学年鉴	南京中医药大学年鉴编纂工作委员会	内部刊物	不详	是	2004—2009 年卷可查
	浙江中医药大学年鉴	浙江中医药大学党委、校长办公室	内部刊物	不详	是	1997—2018 年卷可查，前身为《浙江中医学院年鉴》

① 表中数据以国家图书馆文津检索、中国知网检索结果为依据，检索数据截至 2019 年 12 月 31 日。由于不少地方中医药类年鉴属内部出版，本表统计并不完全。

② 1983 年卷《香港中医药年鉴》前身可能为 1958 年卷《中医药年鉴》，但由于未查阅到该书纸质版，为避免遗漏，故一并列出。

续表 1

分类标准	年鉴名称	编纂单位 / 主编	出版单位	创刊时间	是否连续	备注
按高校分类	安徽中医药大学年鉴	安徽中医药大学年鉴编辑委员会	内部刊物	2011 年	是	前身为《安徽中医学院年鉴》
	江西中医药大学年鉴	江西中医药大学档案馆	内部刊物	不详	是	前身为《江西中医学院年鉴》
	山东中医药大学年鉴	武继彪	内部刊物	2007 年	是	
	云南中医学院年鉴	云南中医学院年鉴编委会	内部刊物	不详	是	2011—2015 年卷可查
	甘肃中医药大学年鉴	甘肃中医药大学办公室	内部刊物	2004 年	是	前身为《甘肃中医学院年鉴》
按医院分类	石家庄市中医院年鉴	石家庄市中医院年鉴编纂委员会	内部刊物	不详	不详	2008 年卷可查
	南京市中医院年鉴	南京市中医院年鉴办	内部刊物	不详	不详	2008—2010 年卷、2016 年卷可查
	山东省文登整骨医院年鉴	山东省文登整骨医院年鉴编委会	内部刊物	不详	不详	2004—2008 年卷可查
	内江市中医医院年鉴	孟炼	内部刊物	不详	不详	2007—2013 年卷可查
	甘肃省中医院年鉴	甘肃省中医院年鉴编辑委员会	兰州大学出版社	不详	是	2000—2016 年卷可查

二、中国中医药类年鉴体例和主要内容

由香港中国医药出版社出版的 1957 年卷《中医药年鉴》约 80 万字，480 余页，精装，16 开，繁体字，章节体，上下双栏竖排版。该年鉴分为八个篇目：现代中国医药问题之争论、中医药言论专辑、国内外中医药发展概况、国内外中医药团体沿革史、国内外中医学院沿革史、国内外中医药界成功史、各地来鸿、国内外医药同业录。稿件多来自港澳台地区。收载稿件排列次序，除有特殊性质须硬性规定者外，均根据文章发表或来文日期而定先后。

首卷《中医年鉴》约 81 万字，580 页，精装，16 开，条目体，分为概况、专论、基础与临床、研究动态、老中医学术经验、医史文献、中医教育、行政管理、资料九部分，并有主题分析索引。概况简述中华人民共和国成立以来中医药事业发展的过程和现状；专论主要是对加强中医工作和发展中医学术的论述；基础与临床收录中医药理论研究成果和临床治疗进展；研究动态收录现代科学方法、现代医学方法研究中医的内容；老中医学术经验介绍当代著名中医专家的学术专长和他们献身中医事业的功绩；医史文献收录医史与文献研究的进展和文物新发现；

中医教育收录探讨中医教育问题的内容；行政管理主要收载中医行政文件和管理工作经验；资料收录中医药界纪事和中医机构，并有 1949 年 10 月至 1981 年 12 月中医药界大事年表。1989 年《中医年鉴》更名为《中国中医药年鉴》，但框架结构基本稳定。

2003 年卷起，《中国中医药年鉴》分为行政卷、学术卷两卷出版，行政卷由中国中医药出版社承办、学术卷由上海中医药大学承办。经过十几年的编纂，体例基本处于稳定状态。《中国中医药年鉴（行政卷）》约 200 万字，设 18 篇：综述篇、文献篇、会议与活动篇、专题篇、业务篇、中药篇、直属单位篇、地方篇、院校篇、社会组织篇、大事记篇、数据篇、荣誉篇、管理干部篇、机构名录篇、港澳台地区篇、国外篇、附录篇，全面反映上年度中医药各方面情况，特别是进展、成就。2019 年卷《中国中医药年鉴（行政卷）》在 2018 年卷基础上进行了改版，将 2018 年卷 18 篇整合为 10 篇：重要文选、大事记、专题工作、国家中医药工作、地方中医药工作、港澳台地区中医药工作、直属单位及社会组织、机构与人物、统计资料、附录。《中国中医药年鉴（学术卷）》约 100 万字，设 9 篇：特载、专论、校院长论坛、重大学术成果、学术进展、记事、索引、附录、附图，全面反映上年度全国中医药发展的学术动态、业界大事及最新理论、临床研究成果。

省级中医药主管部门主办的中医药年鉴体例基本同《中国中医药年鉴（行政卷）》，以 2018 年卷《吉林中医药年鉴》为例，设有特载、厅局长讲话、重要文件、工作综述、专题工作、各地特色工作、获奖荣誉、大事记等栏目，全面反映 2017 年吉林省中医药发展情况。高校中医药年鉴主要围绕上一年度全校工作编纂，以 2017 年卷《上海中医药大学年鉴》为例，设有特辑、综述、教育教学、科研与科技开发、学科与基地建设、教职工队伍建设、对外交流与合作、学生工作、校园文化与体育、教育设施与保障、党的建设与思想政治工作等，记载了上海中医药大学 2016 年工作业绩和发展成就。中医院年鉴编纂围绕本医院工作开展，以《甘肃省中医院年鉴（2014—2016）》为例，收载时间为 2014—2016 年，包括特载、专记、大事记、院情概览、政治、行政工作、医疗工作、医疗集团、教学科研、经济管理、对外交流、社会服务与管理、医院文化、后勤保障、基本建设等部分。

三、中国中医药类年鉴的发展现状

（一）出版情况

据统计，1957—2019 年全国各地编纂出版的中医药类年鉴共有 25 种，其中公开出版发行的约 11 种，目前仍在连续出版的约 13 种。

（二）经费来源

经费来源有补贴、自筹、“补贴 + 自筹” 3 种模式。大部分高校中医药年鉴、中医院年鉴由本单位划拨经费编纂，为内部刊物，不公开发行；各省中医药年鉴由省级中医药管理部门项目经费支出，属于全额补贴类型，以赠阅为主；专题类年鉴多以“补贴 + 自筹”的模式。

（三）对中医药类年鉴的重视程度逐年提高

截至 2019 年 12 月，国家中医药管理局主办的《中国中医药年鉴》已连续出版 37 卷；由国家中医药管理局指导，国家中医药管理局机关服务中心组织出版的《国医年鉴》已连续出版 11 卷。编写体例、经费来源基本稳定。31 个省级中医药管理部门，吉林省中医药管理局已经陆续出版《吉林中医药年鉴》2019—2012 年卷、2013—2015 年卷、2017 年卷、2018 年卷，四川省中医药管理局已出版《四川中医药年鉴》2017 年卷，实现了从无到有的突破。

（四）中医药类年鉴质量不断提升

经过 30 多年的不断探索，中医药类年鉴多次获奖。如 1984 年卷《中医年鉴》获上海市卫生局（现上海市卫生健康委员会）颁发的中医、中西医结合科研成果二级奖；2013 年卷《中国民族医药特色诊疗技术年鉴》获首届中国民族医药学会著作奖二等奖；2018 年卷《中国中医药年鉴（行政卷）》在第六届全国地方志优秀成果（年鉴类）质量评审活动中，获评为二等年鉴。通过质量评比及行业间学习交流，中医药类年鉴编写更加规范、内容更加实用、装帧更加精美，整体质量逐年提升。

四、中国中医药类年鉴存在的问题

（一）各地中医药年鉴编纂工作发展不平衡

31 个省级中医药管理局，已经开展中医药年鉴编纂工作的仅有吉林省、四川省，且均在 2018 年开始公开出版，起步较晚。各中医药高校、中医院独立编纂年鉴的单位在全国分布较散，且有的单位编纂不连续，或中断编纂，或未开始独立编纂，连续编纂出版的较少。发展不平衡的问题凸显。

（二）编辑队伍不稳定

大多数中医药类年鉴的编纂工作没有专门的机构负责，一般将工作委托给办公室或综合处，编纂人员大多为兼职人员。以《中国中医药年鉴（行政卷）》为例，其主办单位为国家中医药管理局。国家中医药管理局特约编辑一般由局各司办秘书担任，国家中医药管理局各直属单位、地方中医药管理局特约编辑原则上由办公室（综合处）主任（处长）担任。由于原有人员工作调整，导致特约编辑变动频繁。

（三）高校中医药年鉴、医院中医药年鉴逐年萎缩

由于编纂单位领导对年鉴工作的重视程度不同，以及编纂人员流动性大，部分单位的年鉴编纂工作中断或停止，也有部分单位记载方式以志书的形式展现。由于大多数高校中医药年鉴、医院中医药年鉴为内部印刷，未公开出版，给检索工作带来困难，检索结果存在不全的情况。

（四）信息化水平及年鉴使用率有待提高

随着互联网时代的到来，传统纸质版年鉴由于不利于携带、检索不方便、信息更新不及时等原因，使利用度大大降低。虽然大多数中医药管理、教育、医疗等机构已开通官方网站，但并没有独立的年鉴检索系统。官方网站优点是时效性强，资料丰富，但缺点也很明显，不能对数据、事件进行横向比较及系统分析。随着大数据时代的来临，人们对年鉴资料检索、系统分析的需求越来越高。因此，中医药类年鉴建立自己的检索分析平台很有必要。

五、思考与建议

（一）鼓励全面开展年鉴编纂工作，提高编纂质量

鼓励各省级中医药主管部门、中医药院校、中医院开展年鉴编纂工作。通过逐年编纂年鉴，系统梳理各级中医药工作的重要材料，可以形成强大的中医药合力。但是，全面开展中医药年鉴编纂工作并非易事，需要领导层的高度重视与落实。应加大对年鉴编纂工作的支持力度，给予必要的经济支持、技术支持、人才支持，并开展年鉴质量评比，以赛促学、以赛促进，使年鉴质量不断提高。

（二）加大中医药年鉴编纂人才培养力度，提高编纂人员整体素质

中医药类年鉴编纂人员流动性较大，编纂人员的素质直接影响到年鉴的质量，因此有计划地培训对顺利开展年鉴编纂工作至关重要。一是可以建立年鉴编纂人员相应的激励机制，提高工资待遇，促升年鉴编纂人员的工作积极性。二是可以通过搭建培训会、学术交流论坛、研讨会等，促进各地、各层级年鉴编纂人员相互交流。以《中国中医药年鉴（行政卷）》为例，从2018年开始，特约编辑培训会由每两年一次改为每年一次，内容包括传达编委会会议精神，表彰优秀特约编辑，总结各参编单位报送稿件存在的问题，进行年鉴编写技能讲座等，会后特约编辑反响较好，有利于年鉴工作的顺利开展。

（三）创建中医药类年鉴数字化平台，提高年鉴利用率

随着网络化、数字化的发展，年鉴也在从传统的纸媒形式向数字化形式转型，如《广州年鉴》《武汉年鉴》等已在网上公开所有年鉴资料;《中国农业年鉴》等随书赠送光盘;《中国统计年鉴》建立了自己的数据库，系统收录中央部门和各省（区、市）经济、社会各方面统计数据。中医药类年鉴的网络化、数字化建设还处于起步阶段。其中,《中国中医药年鉴（学术卷）》随书附赠光盘，光盘不仅包括所有年鉴内容，并且对年鉴内容进行了扩充;《中国中医药年鉴（行政卷）》编辑部正在筹建年鉴网站及编纂平台;《国医年鉴》《中国中医药年鉴》建立了自己的公众号，用于发布年鉴相关信息。年鉴作为资料性工具书，可读性、实用性是其编纂的根本。未来可以尝试搭建中医药类年鉴检索平台，整合中医药类年鉴，将年鉴内容导入，形成大数据平台，以便进行数据检索使用。

中国机械工业类年鉴发展报告

李卫玲　赵　敏　任智惠　董　蕾

提要：中国机械工业类年鉴的编纂工作起步于20世纪80年代，记载了改革开放环境下我国机械工业深刻的变化过程和强劲的发展步伐，伴随着我国机械工业改革与快速发展而成长壮大。从1998年开始，中国机械工业类年鉴开始尝试市场化、多品种运作，目前已累计出版了18种年鉴，呈现出系列化、规模化和平台化效应，逐步形成中国机械工业类年鉴系列。同时，数字化、网络化发展也十分迅速。然而，在快速发展的背后，中国机械工业系列年鉴在内容特色、经营模式、市场运作和品牌提升等方面也遇到一些问题，文中提出了相应的解决办法。

关键词：机械工业年鉴　发展历程　专业化

从1984年到2019年，我国机械工业坚持改革开放与自主创新相结合，走出了一条具有我国特色的机械工业发展道路，成为国民经济重要的支柱产业。30多年来，机械行业管理机构几度变迁，《中国机械工业年鉴》始终以“资政、信息、借鉴、窗口、宣传”为己任，作为机械行业唯一一套史册性、权威性、实用性的工具书，见证了我国机械工业意气风发，见证了机械工业的风雨艰辛，也见证了机械工业在低谷时期自强不息和自主创新，伴随着我国机械工业的发展而成长壮大。

一、中国机械工业年鉴的发展历程

1983 年，《中国机械工业年鉴》（原名《中国机械电子工业年鉴》）在时任国家经济委员会副主任吕东、中国机械工程学会理事长沈鸿、国家经济委员会顾问徐驰、国家经济委员会副主任林宗棠、机械工业部部长周建南等领导的关心支持下开始筹备，1984 年 10 月创刊出版。

创刊之初，《中国机械工业年鉴》以行业为主体结构，行业分类参照国家统计局、标准局的国民经济分类方法，兼顾当时行政管理体制的现状，共分为 66 个行业，在行业中记述了各部门直属企业和归口地方企业的情况。《中国机械工业年鉴（1984）》包括专文、行业概况、发明和科研成果、优质产品和新产品、产品进出口、全国统计资料等 9 个部分。

从 1984 年创刊，年鉴连续出版 3 卷。后根据原国家经委批示，1987 年分为《中国机械工业年鉴》和《中国电子工业年鉴》。1988 年国家机构改革，组建机械电子部，为此，1989 年又重新出版《中国机械电子工业年鉴》，分为"机械卷"和"电子卷"两册。1993 年，由于成立机械工业部，又改为《中国机械工业年鉴》，并一直沿用至今。这期间，年鉴的主体一直为行业概况。为便于了解每个分行业中各部门的情况，未对整个行业情况汇总，按部门分别叙述。

1998 年我国工业管理体制改革，机械工业部撤销。因此从 1998 年开始，年鉴开始尝试市场化运作，逐步增加了《中国电器工业年鉴》《中国工程机械工业年鉴》《中国机床工具工业年鉴》《中国通用机械工业年鉴》《中国机械通用零部件工业年鉴》《中国模具工业年鉴》《中国液压气动密封工业年鉴》《中国农业机械工业年鉴》《中国重型机械工业年鉴》《中国石油石化设备工业年鉴》《中国齿轮工业年鉴》《中国磨料模具工业年鉴》《中国机电产品市场年鉴》《中国塑料机械工业年鉴》《中国热处理行业年鉴》《中国电池工业年鉴》及《中国机械工业集团年鉴》，目前已累计出版 18 种年鉴，并每年固定出版其中的 8 种年鉴，逐步形成中国机械工业年鉴系列，中国机械工业年鉴社已成为名副其实的"中国工业年鉴出版基地"。

为实现《中国机械工业年鉴》和各分行业年鉴的产品差异定位、满足专业读者阅读的需要，从 2003 年开始，在行业概况栏目设立 12 个以行业综述为内容的二级栏目，原小行业为三级栏目；出版分年鉴的行业在《中国机械工业年鉴》中以"行业综述"反映行业整体发展情况，更为详细的行业信息则在相关分年鉴上刊登。2004 年开始沿用这一分类出版模式。各分年鉴也在《中国机械工业年鉴》栏目的基础上，结合行业特点设置各自栏目，大部分分年鉴依然保持了以行业为主体的结构。中国机械工业系列年鉴栏目情况见表 1。

中国机械工业年鉴系列栏目情况表

表 1 **单位：篇**

年鉴名称	综述	行业概况	统计资料	标准与质量	产品与项目	市场概况	政策法规	企业概况	大事记	附录
《中国机械工业年鉴》	6	24	25					5	1	5
《中国工程机械工业年鉴》	5	11	10	2		3		2	1	
《中国农业机械工业年鉴》	6	10	44	6	9		1	1	1	3
《中国通用机械工业年鉴》	3	8	4		5			9	1	3
《中国重型机械工业年鉴》	9	18	20	4		3		16	2	4
《中国塑料机械工业年鉴》	5		6	2	6			23	1	4
《中国电器工业年鉴》	3	33	92	24					1	
《中国机床工具工业年鉴》	2	13			20	4		43		6
《中国石油石化设备工业年鉴》	3		6	6	6	4	4	4	1	
《中国机械通用零部件工业年鉴》	17	15	9					10	7	2

多年来，中国机械工业年鉴系列先后荣获机械工业部科技进步奖、中国年鉴奖等各种奖项。

年鉴因其内容的系统性、准确性和权威性而成为各级领导、政府决策机构、各行业协会对外交流、企业决策者和从事市场分析、企业规划的中高层管理人员以及国内外投资和项目管理人员首选参考依据。

中央档案馆、国家图书馆全套收藏《中国机械工业年鉴》，美国哈佛大学哈佛—燕京图书馆、加州大学中国研究中心图书馆、纽约公共图书馆及我国香港大学图书馆等全套收藏了《中国机械工业年鉴》，国外驻京单位、使馆工作人员及外企投资分析人员等也是年鉴的主要用户。

二、2018—2019 年中国机械工业年鉴系列的出版情况

2018—2019 年，中国机械工业年鉴社每年均编辑出版年鉴 8 种，包括《中国机械工业年鉴》《中国工程机械工业年鉴》《中国通用机械工业年鉴》《中国农业机械工业年鉴》《中国重型机械工业年鉴》《中国塑料机械工业年鉴》《中国电池工业年鉴》以及《中国机械工业集团年鉴》。以上 8 种年鉴全部按时、高质量出版。其中，《中国

电池工业年鉴》是中国机械工业年鉴社和中国化学与物理电源行业协会从2018年开始合作出版的一本新的年鉴。

这8种年鉴每年刊登文章大约600篇，总计600万字左右，直接供稿作者270余人次，参与编辑出版的编委、特约编辑、特约顾问、出版工作人员400余人。中国机械工业年鉴系列编辑出版工作，一直以市场经营的模式发展。这两年年鉴的市场运作效果很不理想，但各年鉴出版质量始终保持优良，没有因市场经营情况受到影响。中国机械工业年鉴社从稿件组稿、来稿初审、编辑加工、排版设计，到印刷装帧，都实行严格的质量控制流程，保证了每本年鉴的质量。

（一）运用专题栏目记载企业发展，增强年鉴的时代特色

年鉴作为具有特定属性的出版物，具有年度性、资料性、连续性和工具性的特点。为提升年鉴的内容质量，中国机械工业年鉴社对机械工业系列年鉴的内容架构不断优化，按照年鉴的定位和功能去组织内容，尽可能对行业发展以长距离、大视野的角度去梳理和记录，同时又要加强对年度各行业的特色内容、优秀企业的记载。

因此，在年鉴编纂出版工作中，始终以行业概况为主体内容，在保持年鉴的基本架构和内容栏目的稳定性基础上，通过保持常规栏目体现年鉴内容的连续性、资料性特色；同时，也不断进行内容创新，运用专题栏目的形式来记载行业热点和重点企业的发展情况，通过创新栏目体现年鉴的年度特点和时代特色，使年鉴常编常新。

以2018年卷年鉴为例，在2018年的相关年鉴上，结合各行业的特点，设置相应的专题栏目，侧重记录行业的特色企业发展成果，使年鉴专题化运作不断创新。中国机械工业系列年鉴特色栏目见表2。

2018年中国机械工业年鉴系列特色栏目情况表

表2

年鉴名称	特色栏目数量（个）	特色栏目内容
《中国机械工业年鉴》	6	特载、科技奖、地区篇、专访、活动专题、改革开放40年
《中国工程机械工业年鉴》	3	智能制造、高端访谈、对话工业品牌
《中国通用机械工业年鉴》	3	高端访谈、节能技术与装备、精品之窗
《中国重型机械工业年鉴》	3	企业大事记、自主创新、绿色&智能制造
《中国塑料机械工业年鉴》	3	中国塑机故事、塑机智能装备、聚集创新示范
《中国农业机械工业年鉴》	2	改革开放40年、智慧农机装备

2018年是中国改革开放40周年，为记录改革开放40年中国机械工业取得的重大成就，各年鉴纷纷设立了“改革开放40年”专题，选取机械行业中有代表性的重点企业，反映改革开放取得的重大成绩。《中国机械工业年鉴（2018）》设置了“改革开放40周年——国之重器”和“改革开放40周年——大国制造”两个专题栏目，分别从产品成果和企业成就的角度，记载了企业的发展成就，展现了大国制造的实力和现状。《中国农业机械工业年鉴（2018）》增设了“特载——改革开放40周年”专栏。该专栏由两部分内容组成：一是砥砺前行、铸就辉煌——我国农业机械行业及配套业改革开放40周年成就回顾，二是改革开放40周年农机行业及配套业重点骨干企业发展成就回顾。这些具有鲜明时代特征的珍贵内容，使年鉴更全面、完整地反映我国农机行业的总体发展情况。《中国重型机械工业年鉴（2018）》设置的“改革开放40周年专栏”，记载了重型机械行业企业改革开放以来取得的重大成绩。

《中国通用机械工业年鉴（2018）》设置了“高端访谈”专栏，以专题的形式，从企业经营管理、技术研发、人才培养、发展战略等方面记录了杭州制氧机集团的前世今生、企业成长的历史轨迹和发展的成功经验。

《中国工程机械工业年鉴（2018）》设置了“对话工业品牌”专栏，以专题对话的形式，记录行业知名品牌企业的产品发展和品牌成长之路。

2018年是中国塑料机械工业协会成立25周年，《中国塑料机械工业年鉴（2018）》设置了“中国塑机协会成立25周年”专栏，记录和鉴证中国塑机协会与行业共同发展的历程及企业成长足迹；设置“中国塑机智能装备”和“聚焦创新示范优势企业”两个专栏，重点关注中国塑料机械行业的振兴与技术创新，以影像档案、产品突破、人物讲述等内容形式，记录行业优势企业在智能制造领域的最新成果和创新成就，展现中国塑机企业优势创新成果。

通过创新实践，各个年鉴的专题栏目提升年鉴的内容品质，展现行业的年度特点和发展特色，增强年鉴的时代特色，拓展年鉴的记载宣传效果，提升服务企业的能力。

（二）通过举办年鉴首发式等市场活动，不断提升年鉴的品牌影响力

中国机械工业年鉴社在努力抓好年鉴内容质量、出版品质的同时，通过举办年鉴发布式等市场活动，直接服务行业企业，不断提升年鉴的品牌影响力。

2018年，年鉴社参加展会和行业会议20次，组织举办会议及活动9次，105人次参与，走进行业、深入企业。

1. 充分利用各种场合举办年鉴首发式，不断增强年鉴的影响力。2018 年，中国机械工业年鉴社先后主办了《中国农业机械工业年鉴（2017）》《中国塑料机械工业年鉴（2018）》《中国通用机械工业年鉴（2018）》和《中国工程机械工业年鉴（2018）》《中国机械式停车设备行业 30 年发展史》新书首发仪式。每个发布活动都组织企业代表、专家、行业协会领导和用户等几百人参加，并在现场为嘉宾赠书。首发式一改单一的图书揭幕，结合现场条件，推出大屏幕多人揭幕等形式。

2. 利用年鉴的相关资源，结合行业需求，主办行业高峰论坛、服务行业展会。

3. 为更好地推进年鉴编纂工作，适时召开了相关年鉴编委会会议。2018 年 4 月组织召开了一年一度的年鉴工作会，各编委、作者、特约编辑、特约顾问及行业企业代表围绕“新时代如何提升年鉴品质、编纂出版精品年鉴，更好地为行业服务，促进行业新发展”的主题进行专题讨论，就如何做好年鉴工作、年鉴发展与行业发展相互促进等问题达成了很多共识。5 月组织召开的中国农业机械工业年鉴执行编辑委员会，参会的各位编委就农机年鉴的内容结构和编写方式进行探讨和研究，为编好年鉴提出意见和建议。

这些首发式活动、行业论坛和年鉴工作会议，有助于扩大年鉴的知名度，提升年鉴社服务行业、服务企业的能力，同时有助于凝聚作者，促进年鉴工作，有力地推动年鉴事业的发展。

（三）全媒体运营为年鉴插上现代翅膀

2018 年继续加大传统媒体与现代媒体的融合，为传统年鉴插上现代翅膀。在全媒体时代，年鉴紧跟互联网速度，实现“纸质书 + 网站 + 微信 + 光盘”的全覆盖。

在运作手段上，以中国机械工业年鉴网为平台、年鉴微信公众号为窗口，实现内容的一次采集、多次发布、多元呈现、多媒传播，达到传播效应叠加和效果最大化，进一步提升传播力和影响力。

中国机械工业年鉴官网——年鉴网，加强了三方面内容的及时上传：一是焦点新闻内容，如行业重大事件、热点事件；二是为企业客户提供增值服务的内容，如企业专访及报道等；三是增强年鉴的媒体属性的内容，如行业重大展会、会议、举办的市场活动等。年鉴书出版后，行业综述、概况（分行业概况、地区概况）和统计数据内容均统一在网站上发布。

年鉴微信公众号，读者定位：机械行业及企业的管理者。为他们获取资讯、了解行业、增长知识、熟悉年鉴提供帮助。内容定位：发布和传播机械行业的行业信息（行业数据、行业动态、热点事件等）、企业信息（企业事件、企业大事等）、人物信息（行业人物、企业人物、骨干能手等的感人故事等）、管理案例知识等。在做好微信内容的同时，加大微信的宣传力度，利用市场活动，进行宣传和吸引粉丝。目前，年鉴社共有 10 本年鉴设立了微信公众号。各年鉴充分利用微信公众号及时发布行业动态、市场分析、政策法规及企业信息等，弥补年鉴时效性差的缺憾，与读者形成良好互动，扩大年鉴在行业内的影响力。

此外，利用中国机械工业年鉴的平台，开设了“工业史话”微信号，通过介绍在中国工业发展进程中的要闻大事和典型人物等，努力使之成为了解中国工业发展历程的窗口。

三、年鉴系列快速发展的主要原因

2018 年是《中国机械工业年鉴》创刊 35 周年，35 年来，《中国机械工业年鉴》伴随着我国机械工业的蓬勃发展由 1 种发展到 18 种，成为机械工业各级管理机构和企业科学决策的“参谋”和“助手”。

（一）历届机械工业主管部门、各级政府机构领导和编委的关心、重视和支持，增强了出版精品年鉴的信心

35 年来，先后有江泽民、朱镕基、邹家华、吕东、沈鸿等领导同志为年鉴撰稿；李鹏、薄一波、李岚清、何光远、于珍、王瑞祥等领导同志为年鉴题词。

为了不断提高年鉴的编辑出版质量和水平，中国机械工业年鉴社组织了各类编委会、工作会以及研讨会等，受到邀请的编委、领导到现场指导工作，给予年鉴工作极大的关心和支持，使广大企业和读者加深了对中国机械工业年鉴系列的印象，扩大了年鉴在本行业和上下游行业的影响力。

（二）行业企业积极参与和支持，提高了品牌影响力

年鉴的发展离不开企业的支持。据统计，35 年来有近 2000 家涉及 13 个主要机械行业的企业借助中国机械工业年鉴系列这个平台宣传展示企业形象和品牌，其中有许多企业已成长为国家机械工业 500 强。因为行业企业的支持，中国机械工业年鉴社

不仅在行业会议、展会晚宴等场所举办年鉴首发式，还在不同展会上与国机集团、中国电建集团、柳工集团、陕鼓集团、一拖集团和西门子公司等知名企业合作举办年鉴首发式。

（三）借鉴期刊模式运作，中国机械工业年鉴系列得到迅速发展

2004 年起，中国机械工业年鉴系列从封面设计、颜色体系、内文版式等方面进行改革，设置了综合索引和章节隔页，方便读者查阅信息；统一文前页版式，体现系列性，实现了整体性和个性的统一；正文改用轻型纸印刷便于携带等。同时，加大内容创新策划力度，使栏目定位更加准确，内容体系更加科学。如根据行业当年热点，中国机械工业年鉴系列结合年鉴特点先后开辟了“汽车工业 50 年”“工程机械抗震救灾”“人物访谈”“历史足迹”“品牌之路”“大国重器”“改革开放 40 年”等专栏。在每种年鉴创刊 10 周年、20 周年、25 周年时，设立“10 周年专栏”“20 周年专栏”“25 周年专栏”。

《中国农业机械工业年鉴》结合国际用户需求，将统计数据栏目设置成中英文对照，服务“年鉴走出去”，使年鉴的内容更加鲜活，更具时代感，年鉴作为“书型刊”的特色更加明显。

此外，中国机械工业年鉴社借鉴期刊做法，参加行业重点展览会；采用图书宣传模式，举行年鉴首发式、年鉴编辑作者会等活动，每年参加 30 个以上国内外的行业重要展览会，展示和销售年鉴。几年来，通过全程参加行业会议，深入了解行业动态；通过年鉴对行业形势的真实记载以及提供行业真实的统计数据，对行业的发展起到了促进作用；通过出版年鉴赠阅刊作为年鉴发行的补充，并在相关会议和展会上大量发放赠阅刊，扩大宣传。

（四）深入挖掘年鉴资料

2005 年，在《中国机械工业年鉴》创刊 20 周年之际，对 1984—2003 年数据进行整理分析，编辑出版了《中国机械工业 20 年发展报告》和《中国机械工业 20 年发展报告——东北地区篇》。

在年鉴编纂出版过程中，年鉴社积累了丰富的作者资源，拥有了寻找行业热点的灵敏嗅觉，培养了一支能拼能闯、编辑功底深厚的队伍，形成了一套切实可行、符合出版规律的运作制度。2009 年，结合新中国成立 60 周年，借助中国机械工业年鉴平

台，年鉴社组织亲历新中国机械工业创建和发展的专家撰稿，以丰富的图片资料和实事求是的文字叙述，对中国机械工业 60 年的发展历程和辉煌成就进行系统回顾，出版了获得国家出版基金资助的图书——《中国机械工业 60 年图鉴》。随着时间的流逝，能供稿的老一辈行业专家已越来越少了，出版该书也属于抢救历史行为，该书出版后，受到社会各界的一致好评。2010 年，年鉴社策划了《中国战略性新兴产业研究与发展》项目，并申请到国家出版基金的资助。这项业务的开拓，不仅有利于拓展年鉴社产品的广度与深度，更能够由此与一批行业知名专家建立稳固的联系，充实年鉴的作者队伍，为今后的发展储备坚实的作者资源。

此外，还先后出版了记录分行业发展历程的《中国工业车辆行业发展史》《热处理的昨天、今天与明天》《中国机械式停车设备行业 30 发展史》，以及记录央企成长历程的《中国机械设备进出口总公司 30 周年纪念》等。

（五）图书质量与栏目创新并重，保证年鉴发展

编校质量是年鉴生存的关键环节，年鉴社设立了专职质量审查员及横向质量管理小组，制定了详细的生产流程，监控每一个可能出现的质量拐点。在严密的管理体系制度保障下，近五年来，年鉴社在机械工业出版社的质量抽检中，全部优秀。在 2013 年的抽检中，《中国机械工业年鉴》更是达到了差错率仅为 0.24/10000 的优秀水平。

（六）编纂出版手段与时俱进

中国机械工业年鉴系列紧跟时代的步伐，逐步向全媒体方向发展。在运作手段上，年鉴微信公众号的推出弥补了年鉴时效性差的缺憾，与读者形成良好互动。以机械工业年鉴网为平台，每本年鉴设置一个微信公众号为窗口，实现内容的一次采集、多次发布、多元呈现、多媒传播，努力达到传播效应叠加和效果最大化，进一步提升传播力和影响力。在出版形式上，实现了“纸质版 +PC 版 + 手机版 + 光盘版”的全覆盖，在出版纸质书的同时推出手机版和光盘版，为读者随时查阅年鉴内容提供了便捷的通道，提升读者的阅读体验。另外，还定制不同年份年鉴的光盘或 U 盘合集，在年鉴光盘版和手机版里嵌入企业视频；通过搭建在线商城，利用微信商城和淘宝小店销售年鉴图书等。

（七）专业化的作者队伍、职业化的媒体团队

中国机械工业年鉴系列的内容、体例、要求有自己的特点，机械行业各协会、

联合会、管理部门及集团控股公司等200余家单位参与了年鉴的编写。通过每年定期举办的年鉴工作会，有一大批行业工作人员、特约编辑、研究院（所）的专家、行业协会领导熟悉了年鉴编写的各种规定，积极积累资料，高质量地完成了年鉴编写工作。年鉴社经常组织各种培训和交流活动，提高员工的业务素质；组织员工参加各种行业展会和市场活动，提高员工市场运作能力；组织员工参加行业会议，掌握行业动态，提高员工对行业市场的研究能力。在培养员工竞争意识的同时，进一步营造爱才、用才、惜才的良好氛围，以热情服务赢得市场，使员工价值取向与年鉴社发展战略一致，使年鉴社的人员结构、知识结构、能力结构等都适应和支持年鉴的发展。

（八）依靠专业化运作不断提升年鉴工作效率

继承和发扬机工传媒实行企业化经营的丰富经验，在模拟法人的体制基础上，年鉴社建立了内容、活动、发行和广告四条线专业化分工的业务流程体系，实行与绩效挂钩的分配制度，持续推进制度化管理，营造和培育向上的企业文化，逐步形成符合年鉴经营特点的商业模式和业务运作方式，极大地提升了年鉴工作的运行效率。

四、年鉴发展中遇到的问题

中国机械工业年鉴系列伴随着时代发展，各方面工作取得了一定的成绩，但是也遇到了些问题。

（一）年鉴内容收集组织难

因机械行业范围大、企业数量多、涉及面广，因此，中国机械工业年鉴系列对行业重要信息的收集还不够全面，对大事要事记述不足。特别是自2012年开始，国内外经济环境复杂多变，国家机械工业进入转型升级调整期，行业企业也面临转型，重大事件收集整理难度加大。

（二）年鉴经营面临挑战

受新媒体和电商的冲击，传统出版和销售方式也面临挑战。新媒体不仅改变着人们的阅读习惯，也改变着企业的宣传方式。企业对纸质媒体的广告宣传投放也不断收紧，导致年鉴图书经济效益下降。年鉴作为新时代的见证者和记录者需要转型和创新，不断探索新的可持续发展的经营方式和服务手段。

（三）行业数据短缺

近年来，国家统计局对相关统计数据的发布管理日趋严格，一些行业统计数据缺乏，导致一直以数据为依据的年鉴行业分析文章撰写的难度加大，综合反映行业情况的分析文章和相关数据不断缩减。

五、新时代对机械工业类年鉴编纂提出新要求

机械工业类年鉴既有年鉴的特点，又具有行业特色。编辑过程中，在兼顾两者的同时，要突出表现行业特色。如何将年鉴从资料积累、信息汇集层面提升到历史智慧层面，使广大读者从年鉴中汲取历史智慧，是年鉴工作者的课题，也是新时代对机械工业类年鉴编纂提出的新要求，具体来说，需要加强以下四个方面的工作。

（一）加强对行业大事、要闻的记录整理

机械工业类年鉴作为系统记载机械行业发展的年度资料性文献，必须保持一定连续性和可比性，这就要求年鉴内容框架应保持一定的稳定性，不宜变化无常，其基本内容架构（包括行业概况、地区概况、企业概况、产品与项目、统计资料、标准与法规等）应始终保持相对稳定。

随着国家统计工作方式的变革，年鉴资料的搜集和统计数据获取越来越困难，如何充实和完善年鉴内容，成为年鉴编纂工作的当务之急。

因此，年鉴内容上要加强行业大事、要闻的记录，重点记载行业的重大活动、重大事件、重要事项。要从行业当年各方面所发生的诸多事情中按照重要性去筛选，选择具有指导价值、现实价值和存史价值的大事、要事、新事加以记载，并反映出各事件间联系的普遍性、多样性、连续性。在大事记的条目甄选中，还应考虑层次性和平衡性，即在一个行业领域内使宏观、中观、微观三个层次的选题有机结合，层次分明，互相呼应；同时要使各个部分选题立目的数量，与其在整体中所处的地位相适应，做到综合平衡。对事件的记录应该尽量压缩过程信息。同时，多用图片记载年度

重大活动、重点工程、重要成果、建设成就等，使信息更直观生动，用丰富多彩的形式记载行业每年的特点及变化。

（二）增加和充实新的专题栏目

在科技发展日新月异、互联网技术迅猛发展的今天，各种创新技术不断涌现，新模式、新业态、新技术在行业发展中频频闪现，不断催生新的生产模式、服务方式、产品形态。及时捕捉和记载新的生产模式、产品形态、技术业态，使之成为机械工业类年鉴中闪亮的内容，这是新时代机械工业类年鉴编纂者的重要职责。

因此，在保持年鉴基本内容架构相对稳定性的前提下，应在内容栏目上不断创新，结合各行业的特点，增加和充实新的专题栏目，记录行业特点和年度变化，使年鉴常编常新。例如，增加“人物篇”栏目，记录在机械行业中做出突出成绩的全国人大代表、行业功勋人物等；增加“中国工业大奖”栏目，记载行业权威机构的评选结果；增加“展会与交流”栏目，记录行业展会发展状况和对外交流成就。

要结合行业热点，开发新的市场化栏目，以专题形式记载机械工业各行业的新发展和新成绩，加大年鉴对企业记载力度。例如，设置“智能制造”专题，记载机械行业在智能化方面取得的进步和成绩；设置“数字与信息化”专题，记载企业在数字化车间、装备数字化、信息化等方面的成就等。

（三）深入市场和企业，加大年鉴对企业记载力度

机械工业类年鉴应该加强对企业的记载力度。机械工业是国家工业的重要基础和战略支撑，装备制造企业是行业发展的核心主体，记载企业不仅会使年鉴内容更充实、信息量更大、记载的宽度扩大、文本更加厚重，而且可以宣传企业及其产品，扩大企业影响力。

（四）做好传统媒体与现代媒体的融合

要充分利用互联网发展成果，为读者、为行业、为企业提供即时、及时服务。在出版好纸质年鉴的同时，出版数字化年鉴，包括光盘版、手机版和网络版年鉴；加强纸质媒体与电子媒体、网络媒体的融合，加大年鉴内容在纸质版、手机端、网站、微信公众号等各类媒体终端和渠道上的传播力度。

中国国家铁路企业年鉴发展报告

姚岳山

提要：中国国家铁路企业年鉴（以下简称国铁企业年鉴），是指中国国家铁路集团有限公司及其所属企业编纂出版的年鉴。国铁企业年鉴真实完整地记述铁路行业（企业）年度情况资料，是国铁企业历史文化的重要组成部分，在服务铁路改革发展中发挥着重要作用。2017 年至 2019 年，国铁企业认真执行《地方综合年鉴编纂出版规定》，坚持国铁企业年鉴体例规范、形式创新，在定位分类上充分继承发扬铁路行业代表优势，在框架设计上充分体现铁路行业的专业性和铁路发展进步的全面性，在主体内容上重点反映铁路改革发展成就，保证年鉴常办常新，质量不断提升。

关键词：铁路　国铁企业　企业年鉴　年鉴出版

一、国铁企业年鉴编纂出版概况

1. 年鉴命名及定位。2017 年，中国铁路总公司推进国铁企业公司制改革，所属 18 个铁路局改制为集团有限公司。2018 年起，原以“××铁路局”命名的年鉴，均改为以“中国铁路××局集团有限公司”命名，例如，《北京铁路局年鉴》改为《中国铁路北京局集团有限公司年鉴》。2019 年 6 月，中国铁路总公司更名为中国国家铁路集团有限公司（以下简称国铁集团）。同月，国铁集团印发《国铁企业年鉴编纂出版管理办法》，规定国铁企业年鉴名称一般冠以企业名称，如“××年鉴”；同时为了体现国铁企业公司制改革，突出企业的主体地位，国铁集团及其所属企业编纂出版的年鉴定位为国铁企业年鉴。

2. 年鉴编纂机构设置。国铁企业具有加强铁路文化建设的优良传统，十分重视年鉴编纂出版工作，国铁集团及其所属铁路局集团公司均设有史志机构。截至 2019 年末，国铁企业史志机构有 19 个。其中，国铁集团档案史志中心为集团直属机构，指导全路开展史志鉴编纂工作，负责编纂《中国铁道年鉴》；各铁路局集团有限公司档案史志室 18 个，负责编纂本企业年鉴；其他编纂出版年鉴的国铁企业，虽未设专业机构，但均由企业相关部门专门负责。

3. 年鉴出版。国铁企业年鉴的出版主要有刊号公开出版、书号公开出版和内部刊号出版、内部资料出版 4 种形式。截至 2019 年末，国铁集团及其所属企业编纂出版的年鉴有 22 种，具体情况见表 1。其中，《中国铁道年鉴》《中国铁路哈尔滨局集团有限公司年鉴》《中国铁路沈阳局集团有限公司年鉴》《中国铁路北京局集团有限公司年鉴》《中国铁路郑州局集团有限公司年鉴》《中国铁路上海局集团有限公司年鉴》《中国铁路乌鲁木齐局集团有限公司年鉴》《中国铁路南宁局集团有限公司年鉴》8 种以刊号公开出版，《中国铁路太原局集团有限公司年鉴》《中国铁路济南局集团有限公司年鉴》《中国铁路南昌局集团有限公司年鉴》《中国铁路广州局集团有限公司年鉴》《中国铁路成都局集团有限公司年鉴》《中国铁路兰州局集团有限公司年鉴》《中国铁路设计集团有限公司年鉴》7 种以书号公开出版，《中国铁路昆明局集团有限公司年鉴》《中国铁路青藏集团有限公司年鉴》2 种以内部刊号出版，《中国铁路呼和浩特局集团有限公司年鉴》《中国铁路西安局集团有限公司年鉴》《中国铁路武汉局集团有限公司年鉴》《中国铁道科学研究院集团有限公司年鉴》《中铁快运年鉴》5 种以内部资料出版。

2019 年国铁企业年鉴编纂出版情况

表 1

序号	年鉴名称	出版时间	出版方式	印刷开本	印刷色彩	字数（千字）	定价（元）
1	中国铁道年鉴（2018）	2019 年 8 月	刊号出版	16 开	黑白	1500	220
2	中国铁路哈尔滨局集团有限公司年鉴（2019 刊）	2019 年 10 月	刊号出版	16 开	黑白	553	110
3	中国铁路沈阳局集团有限公司年鉴（2019 刊）	2019 年 12 月	刊号出版	大 16 开	黑白	940	280
4	中国铁路北京局集团有限公司年鉴（2019 刊）	2019 年 3 月	刊号出版	16 开	黑白	750	189
5	中国铁路郑州局集团有限公司年鉴（2019 刊）	2019 年 12 月	刊号出版	大 16 开	彩色	1390	386

续表 1

序号	年鉴名称	出版时间	出版方式	印刷开本	印刷色彩	字数（千字）	定价（元）
6	中国铁路上海局集团有限公司年鉴（2018）	2019 年 3 月	刊号出版	16 开	黑白	1200	109
7	中国铁路乌鲁木齐局集团公司年鉴（2018）	2019 年 12 月	刊号出版	16 开	彩色	820	280
8	中国铁路南宁局集团有限公司年鉴（2019 刊）	2019 年 12 月	刊号出版	大 16 开	黑白	651	128
9	中国铁路太原局集团有限公司年鉴（2019 刊）	2019 年 12 月	书号出版	大 16 开	黑白	670	260
10	中国铁路济南局集团有限公司年鉴（2018）	2019 年 8 月	书号出版	16 开	黑白	700	270
11	中国铁路南昌局集团有限公司年鉴（2018）	2019 年 9 月	书号出版	16 开	黑白	500	220
12	中国铁路广州局集团有限公司年鉴（2018）	2019 年 10 月	书号出版	16 开	黑白	560	260
13	中国铁路成都局集团有限公司年鉴（2018）	2019 年 7 月	书号出版	大 16 开	黑白	816	200
14	中国铁路兰州局集团有限公司年鉴（2018）	2019 年 3 月	书号出版	大 16 开	黑白	860	285
15	中国铁路昆明局集团有限公司年鉴（2018）	2019 年 12 月	内部刊号	16 开	黑白	500	—
16	中国铁路青藏集团有限公司年鉴（2018）	2019 年 4 月	内部刊号	大 16 开	黑白	450	—
17	中国铁路呼和浩特局集团有限公司年鉴（2018）	2019 年 12 月	内部资料	16 开	彩色	600	—
18	中国铁路西安局集团有限公司年鉴（2018）	2019 年 12 月	内部资料	16 开	黑白	480	—
19	中国铁路武汉局集团有限公司年鉴（2019 刊）	2019 年 12 月	内部资料	16 开	黑白	1210	—
20	中国铁道科学研究院集团有限公司年鉴（2010）	2019 年 12 月	内部资料	16 开	黑白	1000	—
21	中国铁路设计集团有限公司年鉴（2018）	2019 年 8 月	书号出版	16 开	黑白	790	180
22	中铁快运年鉴（2018）	2019 年 12 月	内部资料	16 开	黑白	370	—

二、国铁企业年鉴框架设计体现铁路行业的专业性和铁路发展进步的全面性

国铁企业年鉴延续铁路年鉴的传统，坚持类目基本不变、条目相对固定、内容延续拓展、每年定期出版。框架设计按照分类科学、层次清晰、领属得当、编排有

序的原则，在参照国民经济行业 分类标准的基础上，结合铁路运输生产具体分工，兼顾资料的查找和利用，充分体现铁路企业“国铁集团公司—局集团公司—运输站段”三级管理模式和车、机、工、电、辆等专业管理特点。

国铁企业三级管理模式相同，机构设置类似，专业分工一致，决定了年鉴类目设置和层次结构基本相同，又相对稳定。国铁企业年鉴的类目一般在 16 个左右，各类目具有相对独立性，具体情况见表 2。每个类目下又划分为两个层次（分目、条目）或三个层次（分目、子目、条目），条目为基本单元。类目、分目、子目名称准确精练，排列顺序逻辑严密。

2018 年卷国铁企业年鉴类目设置情况

表 2

序号	年鉴名称	类目数（个）	类目名称
1	中国铁道年鉴	16	特载、改革开放 40 年、专稿、大事记、概况、管理篇、运输篇、建设篇、科教篇、政治工作篇、综合篇、所属企业篇、人物篇、统计资料、文献辑要、附录
2	中国铁路哈尔滨局集团有限公司年鉴（2018）	18	特载、大事记、概况、运输生产、基建工程、经营管理、综合管理、多元经营、科教文化、党务工作、工会共青团、学会协会、基层单位、合资铁路、先进集体、人物、附录、统计资料
3	中国铁路沈阳局集团有限公司年鉴（2018）	16	特载、大事记、概况、运输生产、经营管理、综合管理、科教卫生、多元经济、党的建设、群团工作、政法武装、局属单位、荣誉记载、统计资料、文件辑存、附录
4	中国铁路北京局集团有限公司年鉴（2018）	13	特载、大事记、概况、运输生产、铁路建设、经营管理、综合管理、科技教育、政治工作、局属单位、荣誉记载、统计资料、附录
5	中国铁路郑州局集团有限公司年鉴（2018）	16	特载、大事记、概况、运输生产、经营管理、综合管理、铁路建设、多元经济、科教文卫、党的工作、群众团体、政法武装、运输站段、运输辅助等单位、人物、附录
6	中国铁路上海局集团有限公司年鉴（2018）	14	特载、大事记、概述、运输管理、企业管理、非运输业、科技与教育、党的工作、工团工作、社会团体、合资铁路、直属单位、人物、附录
7	中国铁路乌鲁木齐局集团有限公司年鉴（2018）	14	特载、大事记、概况、运输生产、经营管理、综合管理、基本建设、合资铁路、非运输企业、科技、党务工作、工会共青团、法制、基层站段
8	中国铁路南宁局集团有限公司年鉴（2018）	14	特载、年度记事、概况、运输生产、经营管理、综合管理、铁路建设、科教环卫、非运输企业集体经济机车车辆厂、党群工作、学会协会、人物、办事处运输站段、附录
9	中国铁路太原局集团有限公司年鉴（2018）	16	特载、大事记、概况、运输生产、经营管理、工程建设、综合管理、科技教育、党群工作、运输站段、运输辅助单位、非运输企业、工程建设指挥部及合资公司、其他单位、荣誉记载、统计资料
10	中国铁路济南局集团有限公司年鉴（2018）	16	特载、大事记、概述、运输生产、铁路建设、经营管理、科技教育、经营开发、党务工作、政法人民武装、工会共青团、运输站段、运输辅助单位、合资铁路、人物、附录

续表 2

序号	年鉴名称	类目数（个）	类目名称
11	中国铁路南昌局集团有限公司年鉴（2018）	16	特载、大事记、概况、运输生产、经营管理、综合管理、铁路建设、科技信息教育卫生、多元经济、党群工作、公安政法武装、所属站段、人物、光荣榜、文件目录、统计资料
12	中国铁路广州局集团有限公司年鉴（2018）	17	特载、大事记、概况、运输生产、经营管理、综合管理、铁路建设、多元经营、运输辅助单位、科教职教文化卫生、党群工作、政法武装、公司、直管站段、合资公司站段、荣誉记载、统计资料
13	中国铁路成都局集团有限公司年鉴（2018）	17	特载、大事记、概况、铁路运输、铁路建设、经营管理、综合管理、资产经营、科教文化、政治工作、公安保卫、人物、铁路办事处、基层单位简介、统计资料、附录、索引
14	中国铁路兰州局集团有限公司年鉴（2018）	22	特载、大事记、概述、运输生产、安全生产、铁路建设、经营开发、科技创新、人才强局、企业管理、文化引领、综合管理、党团工作、民生工程建设、政法武装、学协会工作、局属单位、人物、统计资料、文件选编、附录、索引
15	中国铁路昆明局集团有限公司年鉴（2018）	17	特载、大事记、概况、铁路运输、铁路建设、经营管理、综合管理、科技教育、多元化经营、生活卫生、政治工作、政法武装、学会协会、基层单位、合资（地方）铁路公司、荣誉记载、附录
16	中国铁路青藏集团有限公司年鉴（2018）	16	特载、大事记、概况、运输生产、经营管理、综合管理、工程建设、科技教育文化、卫生环保节能、党建工作、群众团体、法制武装、多元经济、基层单位、荣誉记载、附录
17	中国铁路呼和浩特局集团有限公司年鉴（2018）	18	特载、大事记、概况、运输生产、经营管理、综合管理、专业管理、科技教育、文化体育、非运输经营、党建工作、群团工作、法治武装、局属单位、合资铁路公司、先进典型、统计资料、附录
18	中国铁路西安局集团有限公司年鉴（2018）	15	特载、大事记、概述、运输生产、基本建设…房地产、企业管理、科技…教育、文化…卫生、多元经营、党的工作、群众团体、政法武装、局属单位、荣誉记载、发文目录
19	中国铁路武汉局集团有限公司年鉴（2018）	17	特载、大事记、概述、运输生产、经营管理、工程建设、综合管理、科技教育文化、多元经济、党群工作、合资铁路公司、运输站段、专文讲话、文件、荣誉记载、统计资料、附录
20	中国铁道科学研究院集团有限公司年鉴（2018）	12	专文、概况、科研工作、学术交流、行政管理、党群系统、院属各单位、大事记、人物篇、荣誉记载、文件摘要、索引
21	中国铁路设计集团有限公司年鉴（2018）	18	专文、大事记、概况、重点工程、设计咨询、勘察设计、工程承包、科研开发、子公司、配合施工、驻外机构、职能管理、党群工作、学会协会、光荣榜、人物风采、统计资料、附录
22	中铁快运年鉴（2018）	14	专文、大事记、概况、综合管理、运输组织、市场营销、信息化建设和管理、设备工程管理、安全质量、分公司、子公司、党群工作、光荣榜、运输统计

根据表 2 可以看出，国铁企业年鉴类目设置包括综述性资料、主体信息、辅助资料、检索系统四大类内容。以 2018 年卷《中国铁道年鉴》为例，综述性资料有特载、改革开放 40 年、专稿、大事记及概况，占年鉴篇幅的 10%；主体信息有管理

篇、运输篇、建设篇、科教篇、政治工作篇、综合篇、所属企业篇、人物篇，占年鉴篇幅的72%；辅助资料有统计资料、文献辑要及附录，约占年鉴篇幅的10%；检索系统包括目录和索引，占年鉴篇幅的8%。

其中，特载主要收录年度内集团公司领导重要讲话报告；改革开放40年是为纪念中国改革开放40周年设立的专栏，回顾中国铁路40年发展历程、展示发展成就；专稿主要收录记述年度内某一方面重点工作的组织、开展情况及其发展趋势，并对其加以论述的专论性文章；大事记系统收录年度内国铁企业管辖范围发生的大事、要事、新事、特事。概况综合反映中国铁路路网分布、资产设备、行业组织系统、职工队伍、经营状况等。

管理篇主要记述综合管理工作，下设发展改革、铁路统计、企业管理、法律事务、财务会计、资金清算、人事、劳资社保、经营开发、物资、劳动安全、审计、考核、政务、离退休干部、档案史志、机关服务等17个分目。

运输篇集中反映了国铁企业的专业管理特点，下设综述、客货运输、运输组织、机务、车辆、供电、工务、电务、行车安全等9个分目。

所属企业篇下设运输企业和非运输企业2个分目，主要记述中国国家铁路集团有限公司所属企业情况。各局集团有限公司年鉴则设置类似的“局属单位”栏目，主要记述局属运输站段和其他单位。

人物篇主要记载铁路系统的两院院士、有突出贡献的中青年专家、詹天佑奖获得者及国家重点工程项目主持人，体现国家和国铁企业对人才特别是高科技人才的重视，有利于各级组织重视人才的培养和使用。

综合篇主要收录拓展性内容，例如在管理与出资主体方面区别于国家铁路的合资铁路、地方铁路，香港铁路、台湾铁路；以及为铁路主业服务的文化、体育、卫生、公安、国际交流合作与港澳台工作、社会团体等资料。

统计资料集中反映铁路基本情况，经济技术指标，主要干线、车站及国家行政区域间、各地区的客货运量等统计数据；反映铁路与国民经济的关系，铁路运输业与其他交通运输业比较以及中国铁路运输主要指标与国外铁路比较等情况。

附录主要收录与铁路有关、但不便于在主体信息中反映的资料，这些资料既是对主体信息的补充，又独立于主体信息。

三、国铁企业年鉴主体内容重点反映铁路改革发展成就

国铁企业年鉴系统记述国铁企业运输组织、安全生产、基本建设、经营管理、科技创新、党的建设、队伍建设、综合事务等方面的年度情况资料，主体内容充分记述反映铁路改革发展的新进步、新成就。

如 2017 年卷国铁企业年鉴重点反映以下内容：2016 年，国家铁路发送旅客 27.7 亿人，其中动车组 14.43 亿人；互联网售票占比超过 60%，其中手机购票占总量比例超过 40%；发送货物 26.5 亿吨，集装箱、商品汽车、散货快运量分别比上年增长 40%、53% 和 25%；主要效益指标换算周转量完成 33786.9 亿吨公里；投产新线 3281 公里、复线 3612 公里、电气化铁路 5899 公里，全国铁路营业里程达 12.4 万公里，其中高速铁路 2.2 万公里以上；沪昆高铁全线运营，云桂铁路、渝万高铁等重大项目相继投产；《中长期铁路网规划》批准实施；动车组检修周期和主要技术装备使用寿命进一步延长；复杂结构桥梁、特殊地质隧道、大跨度地下车站等设计施工技术取得新突破；具有完全自主知识产权的时速 350 公里中国标准动车组成功研制；机车货车、列控系统等方面取得一批自主创新成果；服务“一带一路”建设，开行班列 1702 列，铁路口岸运量完成 4200 万吨，印尼雅万高铁、中老铁路、巴基斯坦拉合尔橙线轻轨工程进展顺利，匈塞铁路、中泰铁路等合作项目取得新进展等。

2018 年卷国铁企业年鉴重点反映以下内容：2017 年，国家铁路完成旅客发送量 30.39 亿人，其中动车组 17.13 亿人；货物发送量 29.18 亿吨，其中集装箱、商品汽车、冷链运输分别比上年增长 37%、58%、110%；铁路建设新开工项目 35 个，新增投资规模 3560 亿元；投产新线 3038 公里，“四纵四横”高铁网提前建成运营，全国铁路营业里程达 12.7 万公里，其中高速铁路 2.5 万公里；中国标准动车组命名复兴号并实现时速 350 公里商业运营，树立起世界高铁建设运营的新标杆；攻克艰险山区复杂工程地质建设难题，兰渝铁路、西成高铁开通运营破解“蜀道难”取得历史性突破；国铁企业公司制改革取得重大进展，18 个铁路局改制为集团有限公司；服务“一带一路”建设，开行中欧班列 3600 列；高铁互联网订餐业务、动车组 Wi-Fi 经营工作、“高铁 + 共享汽车”项目等运输产业链延伸服务产品开发打开新局面。同时，为纪念中国改革开放 40 周年，专门设置“改革开放 40 年”专栏，通过刊载“铁路行业改革开放 40 年大事记”“铁路改革开放 40 年取得的重大成就”“改

革开放 40 年各时期全国铁路重大成就图片选登”等资料集中展现中国铁路改革开放 40 年的发展成就等。

2019 年卷国铁企业年鉴重点反映以下内容：2018 年，国家铁路完成旅客发送量 33.17 亿人，其中动车组 20.05 亿人；货物发送量 31.9 亿吨，比上年增长 9.3%；铁路建设新开工项目 26 个，新增投资规模 3382 亿元，投产新线 4683 公里，其中高铁 4100 公里；全国铁路营业里程达 13.1 万公里以上，其中高铁 2.9 万公里以上；推行高铁“一日一图”，推出刷脸核验、在线选座、扫码进站、站车 Wi-Fi、网上订餐等一系列便民利民新举措；实施复兴号品牌战略，复兴号在 38 条高铁线路上运营，通达 23 个省会以上城市及香港特别行政区；推进川藏铁路规划建设，广深港高铁香港段顺利开通，杭黄、哈佳、哈牡等高铁新线投入运营；深化国铁企业改革，铁路局集团公司法人治理体系逐步优化，内设组织机构改革顺利完成，所属非运输企业整合重组和公司制改革同步推进；推进铁路资产资本化股权化证券化，转让高铁动车组 Wi-Fi 公司 49% 经营权，引入民营企业吉利、腾讯公司推进混改，中铁顺丰国际快运有限公司挂牌经营；智能型复兴号动车组、智能京张关键技术、重大桥隧建造技术等科研攻关实现新突破，复兴号在世界上首次实现时速 350 公里自动驾驶功能；开行中欧班列 6300 列、比上年增长 72%；坚决落实中央关于打好精准脱贫攻坚战的重大决策部署，加强贫困地区铁路规划建设，开好公益性“慢火车”和农民工集中地区普速客车等。

四、国铁企业年鉴坚持编纂体例规范与形式创新相融合

2019 年 6 月，为进一步提高国铁企业年鉴编纂出版质量，推动国铁企业年鉴工作规范科学发展，国铁集团参照《地方综合年鉴编纂出版规定》，制定印发《国铁企业年鉴编纂出版管理办法》，明确要求国铁企业年鉴以条目体为主，综合运用文章体、图、表、录等记述方式，保持年鉴编纂体例规范与形式创新相融合。

国铁企业年鉴的条目以综合性条目和单一性条目为主。综合性条目分为综述、概述、概况和综合记事四种。（1）综述。在类目下设综述分目，反映一项综合性事业、一个综合性工作领域、一个综合性系统年度内的总体情况。例如《中国铁道年鉴》“运输篇”类目下设综述条目，综合反映年度内铁路运输事业的概貌。（2）概述。在分目或子目下设概述条目，概要介绍一项事业或一个工作领域的年度工作及其进展情况，以反映年度内的共时性动态资料为主。例如《中国铁道年鉴》“综合

篇”类目“文化体育卫生”分目“新闻出版”子目下设概述条目，概括新闻出版管理的年度工作。（3）概况。在分目或子目下设概况条目，概要介绍一个单位、一个部门、一个团体、一个机构的基本情况。例如《中国铁道年鉴》“所属企业篇”类目“运输企业”分目“北京局集团有限公司”子目下设概况条目，概括介绍该局集团公司的基本情况。（4）综合记事。用来记述一个领域、一个部门某一侧面年度重要情况，承担对某一类事物的信息进行综合处理、概括记述的任务。以事物某一侧面众多事件为记述内容，设定同一主题，通过对相对性质或相关事件、情况的综合反映，达到从整体上记录事物的目的。如《中国铁道年鉴》“运输篇”类目“综述”分目下的“运输生产经营情况”条目，从运输安全、客货运输、运输组织等方面综合记述了国家铁路企业年度内运输生产经营情况。

国铁企业年鉴的单一性条目主要用来单独记述某一具体事物，一个条目记述一件事情。以某一具体事件、措施和现象为对象，选材广泛，是年鉴内容每年更新的主体。内容包括事主、时间、地点、经过、原因和结果等要素。如《中国铁道年鉴》“建设篇”类目“新开工项目”子目下设几十条单一性条目，主要介绍新线建设工程、电气化改造工程、增建第二线工程以及重要桥梁、隧道、枢纽、站场的建设情况。其内容要素为项目主要内容，技术标准，开工时间，建设、设计、施工、监理单位等信息资料。《中国铁道年鉴》“科教篇”类目“铁路信息化”子目下设十几个单一性条目，分别介绍铁路各个专业的信息化建设情况。《中国铁道年鉴》“人物篇”类目，主要采用人物简介、表格、名录、名表等形式，记录年度内铁路领导人物的任免、各类获奖个人或集体等。

国铁企业年鉴在坚持体例规范的基础上积极创新，在丰富内容方面，通过设置特载、专稿、附录、专栏等栏目，增强资料性和可读性，在彩页编排方面，通过划分不同主题，按图索骥，选取能够突出反映年度内大事、要事、特事、新事的图片，使内容更加直观、真实、形象生动；在个性设计方面，每一种年鉴根据编纂传统和特殊需求，积极借鉴有创意的形式，突出新变化和新内容。如《中国铁道年鉴》创新“注释”的形式，由原来的随文注改为尾注，便于阅读，利于检索；《北京铁路局年鉴》“附录”收录北京铁路局直属单位通讯录，体现年鉴服务功能的同时，也记录了机构的变迁；《郑州铁路局年鉴》卷首设置“郑局数字”，《南宁铁路局年鉴》卷首设置“数字宁铁”“年度要闻”，突出反映重点信息，让读者对该局集团公司年度内的重要数据和重要新闻一目了然。

五、国铁企业年鉴下一步工作重点

1. 提升国铁企业年鉴整体质量。认真贯彻《地方综合年鉴编纂出版规定》《国铁企业年鉴编纂出版管理办法》以及编辑出版相关规定。牢固树立精品意识，系统研究国铁企业年鉴存在问题和不足，针对共性问题和具体问题进行分类指导。进一步优化框架设计，美化版面设计，规范语言文字，提高装帧质量，提高彩页图片质量，提高文内插图数量，推广大 16 开彩色印刷，推动公开出版，提高出版时效。

2. 推动国铁企业年鉴信息化建设。建立年鉴网上投稿系统，建立史志鉴电子资料库，完善电子资料管理制度，推动正式出版的国铁企业年鉴同时制作电子版。推进国铁企业年鉴以及相关资料纳入史志鉴电子资料库，实现国铁企业年鉴资料网上检索，实现铁路内部信息资源共享。围绕年鉴信息化工作，推动国铁企业年鉴资料开发利用，为铁路行业相关单位做好史料查阅和咨询服务，为社会各界了解铁路提供一个窗口。

3. 加强国铁企业年鉴编纂队伍建设。加强年鉴编纂出版的宣传教育，吸纳更多人才投入年鉴编纂工作。协调推进国铁企业配齐配强年鉴编辑人员，形成相对固定的撰稿、组稿、编辑队伍。加强年鉴理论学习与研究，开展年鉴编纂工作培训，提高年鉴编辑队伍专业理论水平和实践能力。积极参加地方举办的高层次专业培训，邀请年鉴专家到国铁企业指导传授经验，拓宽视野，推动创新。积极参与全国或省级年鉴评比，通过评比活动对标对表、查找差距、加强学习，全面提升国铁企业年鉴编纂水平。

中国社会科学年鉴系列发展报告

彭莎莉　张昊鹏

提要： 学术年鉴是权威的学术性工具书，是一个学科走向成熟的标志。截至2019年12月，由中国社会科学院推动的“中国社会科学年鉴”系列已达30余种，迈入稳步发展的阶段。中国社会科学年鉴对学术存史、学科建设、学术评价、人才培养具有非常重要的价值；对于繁荣哲学社会科学事业、加快构建中国特色哲学社会科学“三大体系”具有基础性示范作用。在数字化背景下，学术年鉴文献价值得到进一步彰显。随着国家对哲学社会科学事业的进一步重视，学术年鉴将来也会迎来一个更好的发展。

关键词： 社会科学　学术年鉴　学科建设

考其渊源，察其流变，是中国学术的重要传统。现代学术以学科为基本研究对象，呈现全面扩张的态势。如何为各学科理清发展脉络、分辨学术良莠是一项重大的基础管理工作，而以“学术年鉴”为载体的“学术编年史”恰好可以承担这项任务。当前，我国哲学社会科学学科体系不断健全，研究水平不断提高。学术年鉴事业是构建中国特色哲学社会科学、繁荣哲学社会科学事业的一个重要组成部分，对新时代哲学社会科学事业的整体提升具有重大的学术价值和现实意义。学术年鉴记录学科年度进展、梳理学术脉络、引导学科发展，既较为全面地反映了学术界的面貌和发展态势，也为今后进一步研究提供了借鉴，对学科发展具有重大意义。

中国社会科学院率先认识到学术年鉴对于学科建设的重大价值，于2013年启动了中国社会科学年鉴工程。随着这项工作的深入开展，中国社会科学年鉴系列对于繁荣哲学社会科学事业、加快构建中国特色哲学社会科学“三大体系”将起到基础性示范作用。

一、中国社会科学年鉴工程稳中有进

2018—2019年，“中国社会科学年鉴”系列已达30余种。自开创中国社会科学年鉴这一品牌的6年来，“中国社会科学年鉴”系列规模不断扩大。在国内学术年鉴规模上，“中国社会科学年鉴”系列居第一位。这其中，既有创办于1980年至1986年间的《世界经济年鉴》《中国哲学年鉴》《中国文学年鉴》《中国新闻年鉴》《中国人口年鉴》《中国考古学年鉴》等老牌年鉴，也有《中国生态文明建设年鉴》《中国管理学年鉴》《中国民俗学年鉴》《中国宋史研究年鉴》《国际安全大数据年鉴》《中国社会发展年鉴》等新创刊年鉴，覆盖了马克思主义、宗教学、考古学、经济学、民族学、新闻传播学、艺术学、边疆学等学科，基本达到主要一级学科都有年鉴出版。在继续推进“老年鉴”的同时，中国社会科学出版社还不断拓展“新年鉴”，如《中国社会发展年鉴》《茅盾研究年鉴》等。

2018年，中国社会科学年鉴系列的学术品质、编辑出版品质不断提升，得到了学界的关注和年鉴界的认可。2018年，“中国社会科学年鉴”系列中的7本年鉴在第五届全国地方志优秀成果（年鉴类）评审活动中获奖，其中《全国社会科学院年鉴（2016）》《中国考古学年鉴（2016）》获评为一等年鉴，《世界经济年鉴（2016）》《中国人口年鉴（2016）》获评为二等年鉴，《中国文学年鉴（2016）》《中国新闻年鉴（2017）》《中国辽夏金研究年鉴（2015）》获评为三等年鉴。2018年，“中国社会科学年鉴数据库”获得第十一届新闻出版业互联网发展大会“优秀知识资源”荣誉。2019年，在第六届全国地方志优秀成果（年鉴类）评审活动中，《马克思主义理论研究与学科建设年鉴（2018）》获评为特等年鉴，《中国文学年鉴（2018）》《中国哲学年鉴（2018）》获评为三等年鉴。

2018—2019年，拓展新的学术年鉴2部——《中国社会发展年鉴》《茅盾研究年鉴》。《中国社会发展年鉴》由中国社会科学院社会发展战略研究院主办，旨在充分利用和发挥中国社会科学院层次高、规范性强、社会影响力大的整体优势，组织国内外学科领域专家，构建公平、一流的学术评价平台；与社会发展研究相结合，带动社会发展学科研究；深入研究我国社会发展、社会建设和社会治理的重大理论与实践问题，综合分析中国从生活小康到总体小康再到全面小康发展过程的重大现实问题；以高质量的条目编纂为核心，追求科学规范，靠事实和资料说话，充分展现优良文风。《茅盾研究年鉴》由浙江传媒学院茅盾研究中心主办，全面整理茅盾研究大事记、关于茅盾的重要研究论文、论著，以及期刊、报纸、学位论文的要目与摘要，旨在为文史专家和文学爱好者提供重要资料，传承茅盾研究。

2018—2019 年，中国社会科学年鉴系列继续扩大学术影响力。在中国社会科学出版社大力实施专业化、精品化、数字化、国际化和大众化发展战略的背景下，中国社会科学出版社年鉴分社依托出版社品牌，围绕中国社会科学年鉴相关学科的重大理论和热点问题，积极发挥学术年鉴的学术评价功能，开展学术研讨、新书发布、优秀稿件评选等系列活动，推出“年度十大优秀论文”“优秀学科综述”等栏目，展示年鉴专业性和学术性，推广优秀成果，增强中国社会科学年鉴出版品牌的影响力。中国社会科学年鉴数据库继续回溯了多种学术年鉴，使数据库更为充实，使学术年鉴在学术存史方面的文献价值进一步实现。

二、年鉴质量严格把关

中国社会科学出版社大力推进中国社会科学年鉴工程，实现年鉴系列量的增长与质的提升并重，做到“人无我有，人有我优”。中国社会科学年鉴系列出版工作量很大，质量把关和编校印装规范两方面的保障是不可或缺的。

（一）内容撰写质量有保证

提高年鉴质量，首先要提高内容撰写质量，质量是出版物的根本。中国社会科学出版社向年鉴编辑部提出组稿、撰稿要求，由年鉴编辑部对内容质量把关。对新创办的年鉴，给出编纂要求，做到纲举目张。编撰学术年鉴集中了学界的力量，集能干的编辑队伍和高效的供稿网络于一体，保证了年鉴的学术水平。中国社会科学年鉴内容全面、系统、客观、准确、精炼，既有宏观概览，也有微观深描，既梳理了学术史，又为今后的研究提供了借鉴。

（二）编校印装质量整体较好

中国社会科学出版社对“中国社会科学年鉴”系列书稿进行三审、三校、质检等环节，既尊重原稿，又进行必要的修改、补充、删减，使文字更精练、内容更准确，确保年鉴的编校质量。年鉴的卷首图片富有代表性和史料价值。为了进一步提高印制水平，年鉴系列由以黑白印刷为主，逐步向彩色印刷过度，印刷更加精美。同时，从环保和成本方面考量，中国社会科学出版社调整了部分印刷装订工艺，如取消了UV印刷和护封。

三、年鉴编纂体例规范化

体例规范是保证年鉴学术质量的重要前提。中国社会科学出版社年鉴分社制定了《〈中国社会科学年鉴〉编纂体例规范》。中国社会科学年鉴的编纂，严格遵守学术规范，遵循相对统一的栏目设置、文体文风、检索体系等方面的要求，使年鉴知识更加专业、信息更加准确、查找更加便捷。

（一）栏目设置

中国社会科学年鉴主要包括特载、重要文献、研究综述、专题研究、学术热点、制度法规、课题动态、成果、人物、研究生教育、统计资料和数据、学术动态、大事记、附录、索引等栏目，框架覆盖全面、分类科学、层次清晰、编排有序，可操作性强。因学科差异，各学科年鉴的栏目设置也可以有其自身特点，在设计栏目和写作时注意体现学科特色。如考古学年鉴，考古发现实物的图片是重点；史学类的年鉴，大事记是重点；人口年鉴，人口数据是重点；生态文明建设年鉴，法律法规、各地举措是重点。同时，在基本栏目固定的基础上，随着学科实践的发展，改进或提炼出新栏目。

（二）文体文风

学术年鉴的正文写作为纪实性较强的说明文体和记叙文体相结合；用第三人称进行记述；语言总体要求是严谨、准确、简洁，并适当讲求文采；文风朴实、简约。但也可以根据学科的研究特点，写法上避免刻板。比如，在“学术出版”栏目里摘编一些序跋，在“学人自述”栏目请学人用“第一人称”撰写治学思考等。

各学术年鉴除目录外，还应编制索引。为提高学术年鉴编纂规范化水平，方便读者查阅信息，为学术年鉴数字化建设奠定基础，中国社会科学出版社年鉴分社制定了《浅说编制学术年鉴检索系统》。“中国社会科学年鉴”系列原先只有4、5本年鉴有索引，现在一半以上都编制有索引。在中国社会科学出版社打造“中国社会科学年鉴数据库”后，年鉴的检索功能得到进一步增强。

四、发挥学术评价功能

中国社会科学年鉴的连续出版，记录学科的年度发展、展示年度成果、聚焦年度热点，不仅为学术界搭建了学术传播与传承的权威平台，也具备了一定的学术评价功能。

在“中国社会科学年鉴”系列中，有的年鉴设“专题评述”“特载”“年度论文”“年度著作”“年度人物”“年度新闻”“年度会议”等栏目，把一年当中主要的优秀论文、学术著作、学术人物、学术活动、学术事件、学术会议等信息梳理展示出来，凸显年鉴的学术评价功能。随着年鉴的连续出版，其对学术的积累、筛选、评价与创新的价值会愈加重要。如《世界经济年鉴》的“最佳论文”“主要学人”栏目，评价上一年度世界经济学及9个子学科最佳中文论文、最佳英文论文和主要学人。《中国经济学年鉴》的“专题述评”栏目，《中国新闻传播学年鉴》的“历史回眸”栏目，《中国宗教研究年鉴》的“年度论文”“年度著作”“年度人物”“年度新闻”“年度会议”栏目，分别从学术综述角度、历史比较角度、年度遴选精品内容角度，赋予年鉴学术评价功能。

由年鉴主办单位、出版社合办新书出版发布会、优秀论文或专著评选、年度人物评奖等形式多样的活动，以学术质量、社会影响、实际效果为衡量标准，构建科学权威、公开透明的哲学社会科学成果评价体系和推介制度，把优秀研究成果真正评出来、传播开。2019年8月28日，在《中国新闻传播学年鉴》第四届编辑出版研讨会上，由中国社会科学院新闻与传播研究所与中国社会科学出版社联合颁发了“中国新闻传播学年鉴优秀论文奖（2019）”。以北京清博大数据科技有限公司协助搜集的全国正式出版的166种期刊、2018年刊发的12000余篇新闻学与传播学论文作为备选文本，经中国社会科学院新闻与传播研究所学术委员会委员和各研究室主任组成的遴选委员会初评、复评、集体评议，遴选出来的最有创见和理论深度的这10篇获奖论文，集中展示了新闻传播学科高水平成果，彰显了学科年鉴的学术评价功能，起到了学术示范作用，促进了学科多出精品。

五、实现数字化升级

在互联网等新媒体快速发展的背景下，信息技术为年鉴出版工作的开展提供新的模式和方法，数字化出版是必然趋势。为此，中国社会科学出版社整合中国社会科学年鉴资源，分别于 2016 年和 2019 年启动“中国社会科学年鉴数据库”和“中国社会科学年鉴编纂与展示平台”工作。

（一）中国社会科学年鉴数据库

“中国社会科学年鉴”系列有学科集群优势，30 余部学术年鉴的长期连续出版，积累了丰富的哲学社会科学研究资源。“中国社会科学年鉴”系列体例规范相对统一，也便于形成学术年鉴数字化发展路径。为了顺应学术年鉴收藏与使用的趋势，2016 年，在“中国社会科学年鉴”系列丛书的基础上，中国社会科学出版社启动了“中国社会科学年鉴数据库”建设工作。

中国社会科学年鉴数据库按照统一的加工标准，将年鉴内容按照学科综述、重点图书、优秀论文、重要机构、大事记等八大知识条目内容模型进行 XML 化加工，便于实现内容挖掘与知识呈现，检索与应用的体验好于知网 CNKI 电子书式的浏览模式。依托年鉴数据库，可以快速获取哲学社会科学研究资源，进一步增强年鉴的实用性、便利性。

2019 年上半年，中国社会科学出版社完成了绝大多数学术年鉴的回溯工作。截至 2019 年 9 月 12 日，中国社会科学年鉴数据库上线年鉴 37 种，共 189 卷次；有 410 家单位试用年鉴数据库。

（二）中国社会科学年鉴编纂与展示平台

2019 年 7 月，中国社会科学出版社正式启动“中国社会科学年鉴编纂与展示平台”，实现在线编纂投稿、年鉴资讯展示。《中国新闻年鉴》《中国新闻传播学年鉴》《世界经济年鉴》《中国经济学年鉴》《中国人口年鉴》等作为首批应用单位进行线上编纂。这一平台的主要功能包括在线编纂和资讯展示。

在线编纂平台为编者提供稿件在线编纂功能，通过互联网实现稿件的网上信息录入和修改，稿件编辑完成之后，可以通过系统提交。这种工作模式的改变，为作者提供快捷高效、方便自主的工作模式，同时也提高出版社编校的效率，缩短出版周期。

资讯展示平台则是统一展示各年鉴的要闻、资讯。随着经济社会的发展和科学技术的进步，将有价值的年鉴信息用数字化方式展示在学术网站上，把学术年鉴网站打造成一个重要的哲学社会科学信息平台，供更多学人参考，将扩大年鉴的学术影响力。

六、学术年鉴大事记

2018 年 2 月 2 日，“中国管理学论坛 2018——改革开放四十年中国管理学发展学术研讨会暨第七届蒋一苇企业改革与发展学术基金奖颁奖典礼”在北京举行，会上发布首部《中国管理学年鉴》。

2018 年 6 月 29 日，新时代宋史研究学术研讨会暨《中国宋史研究年鉴（2015）》出版发布会在北京举行，会上发布中国宋史第一部学术年鉴——《中国宋史研究年鉴（2015）》。

2018 年 4 月 26—27 日、2019 年 6 月 14 日，《中国新闻年鉴》第 37 届、第 38 届全国工作会，分别在云南蒙自和重庆举行。

2018 年 6 月 15 日和 2019 年 8 月 28 日，《中国新闻传播学年鉴》第三届、第四届编辑出版研讨会分别在厦门、南京举行。

2019 年 5 月 16 日，《国际安全大数据年鉴》2018 卷审稿会暨 2019 卷编纂启动会在中国社会科学出版社举行。该年鉴由国际关系学院、对外经济贸易大学联合主办，旨在推出国际安全研究领域的中国声音。来自中国社会科学院、国际关系学院、对外经济贸易大学、外交学院、中国人民大学、国防科技大学等有关单位的专家学者近 30 人参加会议。

2019 年 8 月 19 日，《中国社会发展年鉴》2019 卷编纂启动工作会在中国社会科学院社会发展战略研究院举行。

2019 年 9 月 20 日，在第六届全国地方志优秀成果（年鉴类）评审活动中，《马克思主义理论研究与学科建设年鉴（2018）》获评为特等年鉴，《中国文学年鉴（2018）》《中国哲学年鉴（2018）》获评为三等年鉴。

2019 年 11 月 15 日，“加强学科建设：构建学术年鉴评价体系研讨会暨年鉴主编论坛”在北京召开。此次会议由中国社会科学院科研局和中国社会科学出版社联合举办，是改革开放以来我国哲学社会科学年鉴界首次举办的高峰论坛。会议围绕学术年鉴如何助力学科体系、学术体系、话语体系建设，如何推动学科建设，如何推动建立学术评价体系等，展开了广泛的交流和热烈的讨论，形成了广泛共识，增强了打造中国社会科学年鉴系列出版品牌的凝聚力和自信心。来自中国社会科学院、高校、科研院所的学术年鉴主编和编辑部主任40余人参加会议。

2018—2019年中国社会科学年鉴系列出版情况一览

表1

序号	年鉴名称	出版时间/创刊时间	主办单位	内容提要
1	《中国文学年鉴（2017）》	2018.1/1982	中国社会科学院文学研究所	包括本刊特辑、现状考察、创作综述、作品选载、研究综述、论文摘要、论著评介、学术会议、文坛纪事等栏目，客观记录年度中国文学的主要成果和基本情况。
2	《马克思主义理论研究与学科建设年鉴（2017）》	2018.1/1994	中国社会科学院马克思主义研究院和马克思主义研究学部	包括重要文献、重点文章、学科建设、热点聚焦、论文荟萃、著作选介、课题概览、会议综述、大事记等栏目，展示2017年度该学科学术研究的成果和活动，附录部分的新书索引、论文索引、主题索引便于读者查阅，全面反映马克思主义理论研究成果和学科建设。
3	《中国宋史研究年鉴（2015）》	2018.1/2018	河北大学宋史研究中心	《中国宋史研究年鉴（2015）》是首卷，梳理了近四十年来我国宋史研究成果，包括研究综述、会议述评与论文提要、学术动态、书评·新书序跋·书讯、学人与学林、博士论文提要与博士后出站报告摘要、海外研究动态、宋代遗存栏目等。
4	《中国生态文明建设年鉴（2017）》	2018.2/2016	中国社会科学院生态文明研究智库	以2016年度中国生态文明建设活动为主，全面记述中国生态文明建设概述、习近平谈生态文明的重要论述、生态文明建设重要文件、生态文明示范区建设、生态文明建设考核与评价标准、“伪生态”与“伪生态文明建设”、省市生态文明建设实践与进展、主要活动及代表性成果等内容。
5	《郭沫若研究年鉴（2016）》	2018.2/2011	郭沫若纪念馆	收录郭沫若研究的成果、史料、访谈、学术会议、活动展览、馆藏资料等信息，全面汇集郭沫若研究的学术进展和研究态势。
6	《中国新闻传播学年鉴（2017）》	2018.3/2015	中国社会科学院新闻与传播研究所	真实反映了上一年度我国新闻学与传播学学科的最新研究成果和进展，深度呈现了中国新闻传播研究的学术全景和研究走势，还收录了海外新闻传播学界的学术动态，全面展现了国内外研究成果，在新闻传播学科发展史上起到非常重要的作用。
7	《中国民俗学年鉴（2016）》	2018.4/2015	中国社会科学院民族文学研究所、中国民俗学会	包括特辑、热点话题、研究综述、论著评介、年度优秀论文、重要论文摘编及摘要、优秀学术随笔、学人评介、学术活动纪要9个栏目。反映了2015年度民俗学科的发展状况，记录了我国民俗学研究领域的全貌。

续表 1

序号	年鉴名称	出版时间 / 创刊时间	主办单位	内容提要
8	《中国社会科学院年鉴（2015）》	2018.5/ 1994	中国社会科学院办公厅	分为综合、组织机构、工作概况和学术活动、科研成果、学术人物、规章制度、统计资料、大事记 8 编。较为全面系统地反映了中国社会科学院重大科研、管理工作，重大学术交流活动，收录中国社会科学院的机构设置、行政后勤工作、党务工作等方面的情况，是了解中国社会科学院年度工作全貌的、内容比较翔实的资料性参考书。
9	《中国民族研究年鉴（2013—2014）》	2018.7/ 2007	中国社会科学院民族学与人类学研究所	包括学科进展、特约稿件、学者学人、网络开发与发展、学术活动、新书·学术论文索引、大事记栏目。集学科发展状况、前沿动态、学术评价、资料介绍、大事记于一体，是了解掌握中国民族问题研究现状、反映有关民族问题研究年度性进展情况的权威出版物。
10	《中国边疆学年鉴（2017）》	2018.8/ 2016	中国社会科学院中国边疆研究所	包括特载、2016 年中国边疆研究综述、学术活动、论文撷英、学术机构、2016 年中国边疆研究大事记等栏目。综述涵盖了北部边疆、东北边疆、海疆、西南边疆、西藏、新疆研究。附录部分整理了 2016 年中国边疆研究论著目录和当代中国边疆治理重要文献。
11	《世界经济年鉴（2017）》	2018.9/ 1980	中国社会科学院世界经济与政治研究所	包括世界经济学、全球宏观经济学、国际贸易学、国际金融学、国际投资学、世界经济统计学、国际发展经济学、国际政治经济学、马克思主义国际政治经济学、全球经济治理学、统计数据、关键词索引等 13 个部分，全面展示了 2016 年度世界经济学及 9 个子学科的研究成果，增设学科大事栏目，主要学人推出中国学人 TOP10 榜单。
12	《中国管理学年鉴（2017）》	2018.10/ 2016	中国社会科学院工业经济研究所、中国企业管理研究会	设重要文献、专题论述、学科综述、论文荟萃、著作选介、研究课题、学界动态 7 篇，其中专题论述、学科综述栏目具有代表性和前沿性。总结上一年度中国边疆领域的研究成果和学术动态，力图展现中国边疆学的全貌。
13	《中国人口年鉴（2017）》	2018.10/ 1986	中国社会科学院人口与劳动经济研究所	设文献选载、概况、专论、大事记、附录、数据、索引 7 篇，记录 2016 年度中国人口政策、发展概况、热点问题研究、重大事件、国家有关部委的人口和社会经济数据等方面的信息。其中，专论篇是该年鉴最具特色的重点篇目，由专文和学术研究综述两部分组成。专文部分的文章内容均为社会各界关注的热点问题。数据篇在该年鉴中所占篇幅最大，内容均来自国家有关部委。
14	《中国考古学年鉴（2017）》	2018.11/ 1984	中国考古学会	包括考古学研究、考古文物新发现、学术会议、对外学术交流、考古教学、考古学文献资料目录、大事记等内容。时代上迄旧石器时代晚期，下至明清时期，信息量大，使得该年鉴的资料性较强。与 2016 年卷相比，《中国考古学年鉴（2017）》增加赴外考古栏目。
15	《马克思主义理论研究与学科建设年鉴（2018）》	2018.12/ 1994	中国社会科学院马克思主义研究院和马克思主义研究学部	包括重要文献、重点文章、学科建设、热点聚焦、论文荟萃、著作选介、课题概览、会议综述、大事记等栏目，展示了上年度该学科学术研究的成果和活动，附录部分的新书索引、论文索引、主题索引便于读者查阅信息，全面反映马克思主义理论研究成果和学科建设。

续表 1

序号	年鉴名称	出版时间 / 创刊时间	主办单位	内容提要
16	《中国哲学年鉴（2018）》	2018.12/1982	中国社会科学院哲学研究所	包括专文、学术前沿、研究报告、当代中国哲学家思想研究、热点聚焦、年度优秀成果、哲学界概况、哲学界动态等栏目，反映中国哲学界年度的研究成果和最新进展，全方位呈现中国哲学研究与教学的主要内容和重大事件，客观记录中国哲学发展和繁荣的历史进程，以期推进当代中国哲学学科体系、学术体系、话语体系的建构，推进哲学学科的创新与发展。
17	《中国经济学年鉴（2016—2017）》	2018.12/2008	中国社会科学院经济学部	设有专题述评、学科综述、论文荟萃、海外看中国、著作选介、学术动态 6 个栏目，全面系统地反映了国内经济学界在学科发展、理论创新、学术活动等方面的信息。是反映中国经济新变化、新面貌和中国经济学学术研究的新进展、新观点的大型专业学术年鉴。
18	《中国新闻年鉴（2018）》	2018.12/1982	中国社会科学院新闻与传播研究所	卷首图片部分记录了 2017 年党和国家领导人对新闻界的亲切关怀以及事业发展、重要活动、重大报道、职业风采、友好往来、会议论坛等的精彩瞬间。正文内含“重要文献”“事业发展”“学术成果”“综合资料”四大板块，涵盖要文、典章、综述、中央主要新闻媒体及社团概况、各地新闻事业概况、港澳台新闻传播业概况、高峰论坛、新论、新媒体、经验与思考、新书、调查、评奖、人物、机构、统计、纪事、附录 18 编。全面系统地记录了 2017 年中国新闻传播事业的发展变化情况。
19	《中国辽夏金研究年鉴（2016）》	2018.12/2015	中国社会科学院西夏文化研究中心、中国民族史学会辽金契丹女真史学会	包括特稿、研究综述、会议述评、学术动态、书评・书讯、新书序跋、学人与学林、博士论文提要、文摘・论点摘要、重点课题研究报道、文物・考古新发现栏目，发布了 2016 年度辽朝、西夏、金朝历史文献研究成果和学术动态。附录部分有论著目录和索引。与前卷相比，2016 年卷文摘・论点摘要栏目内容继续增加。
20	《中国文学年鉴（2018）》	2019.1/1982	中国社会科学院文学研究所	在本刊特辑、现状考察、创作综述、作品选载、研究综述、论文摘要、论著评介、学术会议、文坛纪事等栏目基础上，2018 年卷增加了史料与纪实、文坛人物栏目。客观记录年度中国文学的主要成果和基本情况。
21	《郭沫若研究年鉴（2017）》	2019.3/2011	郭沫若纪念馆	收录郭沫若研究的成果、史料、访谈、学术会议、活动展览、馆藏资料等信息，全面汇集郭沫若研究的学术进展和研究态势。
22	《中国社会学年鉴（2015—2017）》	2019.6/1989	中国社会科学院社会学研究所	设研究综述、论著题录、社会学界重大活动、社会学大事记、社会学界重大课题、社会学界体制创新栏目，展示社会学学科领域 2015—2017 年度发展变化，重点反映社会学优秀科研成果，忠实记录社会学重大活动、重要事件，全面展现中国社会学研究动态与现状。
23	《中国地方志年鉴（2017）》	2019.7/2002	中国地方志指导小组办公室	全面系统地记述中国地方志事业发展状况。为便于读者查阅，卷末有索引，索引采用主题分析法，包括地方志工作机构名和书名。

续表 1

序号	年鉴名称	出版时间 / 创刊时间	主办单位	内容提要
24	《茅盾研究年鉴（2016—2017）》	2019.7/ 2014	浙江传媒学院茅盾研究中心	全面整理了 2016—2017 年茅盾研究大事记、关于茅盾的重要研究论文、论著，以及期刊、报纸、学位论文的要目与摘要。
25	《中国新闻传播学年鉴（2018）》	2019.7/ 2015	中国社会科学院新闻与传播研究所	包括历史回眸、研究综述、论文选粹、论文辑览、国际交流、学术出版、高校学术概况、研究机构及社团概况、学术评奖、科研项目、学人自述、学术动态、研究生学苑、港澳台学术概况、海外特辑、附录等 16 个栏目，不仅是学科年度资料的汇总，更有近一半的内容是和专家约稿的原创性稿件，兼具权威性、学术性、创新性、思想性。反映上一年度我国新闻学与传播学学科的最新研究成果和进展，深度呈现了中国新闻传播研究的学术全景和研究走势。
26	《中国社会科学院年鉴（2016）》	2019.10/ 1994	中国社会科学院办公厅	分为综合、组织机构、2015 年度专题（新增）、工作概况和学术活动、科研成果、学术人物、规章制度、统计资料、大事记 9 编。较为全面系统地反映了中国社会科学院重大科研、管理工作，重大学术交流活动，收录中国社会科学院的机构设置、行政后勤工作、党务工作等方面的情况，是了解中国社会科学院年度工作全貌的、内容比较翔实的资料性参考书。
27	《中国人口年鉴（2018）》	2019.10/ 1986	中国社会科学院人口与劳动经济研究所	设文献选载、概况、专论、大事记、附录、数据、索引 7 篇，记录 2017 年度中国人口政策、发展概况、热点问题研究、重大事件、国家有关部委的人口和社会经济数据等方面的信息，全面、客观、翔实地反映中国人口及相关各项事业的发展概况，以及相关领域的研究状况，为学界和社会各界提供服务。其中，专论篇是该年鉴最具特色的重点篇目，数据篇在该年鉴中所占篇幅最大，内容均来自国家有关部委。
28	《世界经济年鉴（2018）》	2019.10/ 1980	中国社会科学院世界经济与政治研究所	包括世界经济学、全球宏观经济学、国际贸易学、国际金融学、国际投资学、世界经济统计学、国际发展经济学、国际政治经济学、马克思主义国际政治经济学、全球经济治理学、统计数据、关键词索引等 13 个部分，全面展示了 2017 年度世界经济学及 9 个子学科的研究成果，增设“改革开放 40 年 40 本世界经济学优秀中文图书”，以纪念世界经济学领域中国学者的重要贡献，更好地践行“世界经济学评价”宗旨。
29	《中国文学年鉴（2019）》	2019.12/ 1982	中国社会科学院文学研究所	包括本刊特辑、现状考察、创作综述、作品选载、文学访谈、研究综述、论文摘要、论著评介、学术会议、文坛纪事等栏目，是中国当代文学研究中不可替代的“编年史”，其中各学科综述为原创文章，是宏观了解相关学科年度发展状况的快捷窗口。

中国地方专业年鉴发展报告

陈明明

提要：报告梳理地方专业年鉴的发展现状，重点阐述了地方专业年鉴存在编纂质量不高、内容难以满足读者需要、学术理论研究还需加强、出版市场面临挑战等问题，提出地方专业年鉴应突出专业性和行业性、满足读者需求、坚持以内容为核心竞争力、探索提高编纂出版质量的新方法等。

关键词：地方专业年鉴　专业性　发展方向

一、中国地方专业年鉴发展态势良好

（一）全国地方专业年鉴事业繁荣发展

改革开放以来，中国年鉴事业不断发展繁荣，地方专业年鉴是其重要组成部分，全国各省（自治区、直辖市）均有省级专业年鉴公开出版，绝大多数省份已有地市级、县区级专业年鉴发行。全国地方专业年鉴事业呈现繁荣发展的景象。

20 世纪 90 年代初期，是我国年鉴创编的高峰，但许多从事年鉴工作的人不知年鉴如何编纂。年鉴理论的缺失，使编纂者对年鉴没有共同的认知和评价标准，包括地方专业年鉴在内的全国大多数年鉴在模仿中前行，又在模仿中创新，存在年鉴框架雷同、特色不突出、年鉴编制索引缺失、编辑说明不全、目录不规范、内容差错率高等现象。

近年来，中国地方志指导小组及其办公室加强顶层设计，重视年鉴质量，举办各种研讨会，尤其是全国地方志优秀成果（年鉴类）评审活动从每五年一次改为每一年一次，通过研讨评比，展示编纂成果，提高编校水平，加强信息交流，为全国年鉴界树立学习标杆，促进全国年鉴质量普遍提高，对全国年鉴事业发展的引领作用逐渐显露出来，包括地方专业年鉴在内的一大批年鉴逐步向精品化迈进。

（二）年鉴理论研究蓬勃开展

年鉴诞生于欧洲，但长久以来并未能形成独立成熟的年鉴学学科。年鉴传入中国后，虽快速发展出包括地方专业年鉴在内的若干分支，但由于没有可借鉴的学术理论体系，中国年鉴编纂理论研究（包括基础理论研究和应用理论研究）从一张白纸开始，在不断学习实践的基础上，总结经验，摸索规律，出版专著10余种，发表论文数以千计。基础理论研究成果有《年鉴通义》《年鉴学概论》等一系列理论年鉴学著作；应用理论研究形成一系列年鉴编纂出版规范，包括地方综合性年鉴编纂规范、专业（行业）年鉴编纂规范等，在推动学术初步发展的同时，也对年鉴规范发展，提高年鉴编纂质量起到有效指导作用。近年来，全国逐步建立和完善年鉴理论研究规范，并形成较为成熟的年鉴学学科体系。中国地方志指导小组办公室等国内年鉴研究及管理的权威机构充分发挥年鉴科研实力强的优势，通过整合人才资源，加强与相关学科交流合作，开展年鉴发展史、年鉴编纂、年鉴应用、年鉴管理等理论问题研究，出版全国年鉴学通用教材和一批理论研究成果，编辑出版《中国年鉴研究》期刊，通过多种形式，活跃学术研讨，推动理论建设。

（三）年鉴专业化与开放性融合发展

近年来，随着互联网技术的迅猛发展，我国的传媒业也进入媒体融合时代，年鉴的媒体融合更多表现在实现数字化、网络化发展，构建全新的出版媒体平台，年鉴出版形式逐步由一本书走向一种媒介类型，强调年度特点、资讯价值和发布功能类型，把年鉴发布变成新闻发布，形成系列化“年鉴群”媒介类型。年鉴弱化史书概念，强化媒体发布功能，不但突出其时效性，也易于实现与各媒体的现实性嫁接，为此积极探索专业化与开放性相融合的年鉴发展之路迫在眉睫，这是在传统媒体实施“全媒体战略”大环境下，作为传统媒体的年鉴必然要顺应媒体融合大势，做好全媒体战略转移工作，这也是地方专业年鉴转型和改革的方向，也为年鉴的未来发展提供借鉴。将公众参与纳入年鉴专业化的内容生产中，扩大年鉴传播及社会影响力，推动传统媒体和新兴媒体融合发展，推动传统媒体和新兴媒体在内容、渠道、平台、经营、管理等方面的深度融合，充分考虑多媒体平台，如网络、微信、移动媒体的内容及技术准则要求，实现无障碍转换，提升多媒体质效，逐步形成资源集约、结构合理、差异发展、协同高效的全媒体传播体系。

（四）年鉴人才队伍建设加强

当下中国年鉴编纂和出版工作如火如荼，年鉴数量堪称“世界第一”。做好年鉴工作，年鉴发展的核心因素是人才，为此人才队伍建设是重中之重。《地方志工作条例》明确规定地方综合年鉴的领导主体、工作经费、编纂机构、编纂质量、编纂人员、出版程序、开发利用及社会各界担负的职责，也为地方专业年鉴编纂工作提供可借鉴的法律依据。由政府发文组织、财政下拨经费的地方专业年鉴特别是省级专业年鉴，在主管、主办单位不同，行业、地区差异较大等情况下，都得到出版经费的支持，连续性、规模化出版获得保障。由于政策保障明确得力，吸引一大批有坚定正确政治方向、较高文化素养、过硬业务能力、热爱史志年鉴事业的各类人才加入，通过不断加强理论学习、业务交流、实践积累和老中青编纂人员之间的传帮带，一支专兼职结合、结构合理的地方专业年鉴编纂队伍已初步形成。

二、中国地方专业年鉴发展存在问题

（一）地方专业年鉴编纂质量不高

1. 将专业年鉴等同于政府部门年鉴

尽管在年鉴分类中，通常将政府部门年鉴归入专业年鉴，但是一般的专业年鉴却不能完全等同于政府部门年鉴。比如，交通年鉴不等于交通厅（局）年鉴，教育年鉴不等于教委或教育厅（局）年鉴，农业年鉴不等于农业厅（局）年鉴，社会科学年鉴不等于社会科学院年鉴等等。一般的专业年鉴以对应的专业（行业）领域为主要记述对象，政府部门年鉴则以政府某个部门为主要记述对象；一般的专业年鉴着重反映对应领域的基本情况和年度发展变化，政府部门年鉴则着重反映某一政府部门的工作和政绩。两者记述对象、范围、重点完全不同，因此不能将一般的专业年鉴作为政府部门年鉴来编。

2. 将条目等同于栏目

条目是年度客观事实及相关情况、资料的集合体，是年鉴主体内容的基本寻检单元和相对独立的信息主题。栏目有广义、狭义之分，广义的栏目泛指条目之上的各级标引，包括类目、分目、次分目等，狭义的栏目特指分目。在年鉴条目框架中，条目是最基础也是最活跃的因素，每年大部分更新或全面换血都是常态，而栏目则相对稳定，一般不会轻易变动；条目以年度客观事实和相关情况、资料为内容，栏目侧重以所属条目组群为内容，起统领条目组群的作用。条目不等于栏目，本是常识，之所以需要讨论，是因为许多年鉴的许多条目已经栏目化、固定化了。在这些年鉴中，条目与栏目除了层级不同之外，并没有太大的区别。年鉴条目化的意义是将内容资料化大为小，以方便读者检索；二是有利于大面积更新选题，实现年鉴的常编常新。条目选题模式化、栏目化、固定化，既不符合条目化的本意，也不符合条目化的要求。

3. 将信息等同于有效信息

信息是指对消息接受者来说预先不知道的报道。它包括消息，也包括其他情况、资料、知识等。年鉴是信息载体，年鉴的内容都是信息。年鉴的主体内容，即条目，是相对独立的信息主题。有效信息是指需要传递到用户并对用户构成影响的内容，它与冗余信息是相对应的概念。也就是说，对用户有用有影响的信息是有效信息，对用户无用无影响的信息是冗余信息。大量的冗余信息与有效信息混杂在一起，削弱了年鉴的资料性价值。

4. 编鉴为用意识不够

年鉴主要记述年度内发生的事情，年鉴以提供可资利用的信息资料为主要任务。这些信息资料可以为领导决策、为群众咨询、为学术界开展研究发挥重要作用。发挥好年鉴育人、资政的作用。不少地方专业年鉴资料来源于单位的年终总结，缺乏价值性、资料性，有些内容看似可用，其实不完整、不准确、不具体、不实用，呈现内容过于单薄，缺要项资料，纵向资料断线、横向资料混乱的境况。

（二）年鉴内容难以满足读者需要

新媒体时代，人们获取信息的方式发生了深刻变化，人们对信息获取的需求也逐渐提高。互联网用户数量极为庞大，新媒体平台能根据不同年龄层而推送不同的资料信息，满足不同层面读者需要。反观地方专业年鉴，在年鉴内容上分类较少，由于年鉴版面和内容相对固定，仅仅满足一部分读者的需要，无法满足不同层面读者对于内容的需求，一定程度上造成年鉴读者流失，不利于年鉴影响力提升。更存在年鉴编纂者对信息内容甄别考证不够，把关不严，造成资料不够严谨。

（三）地方专业年鉴学术理论研究还需加强

与年鉴编纂实践相比，年鉴理论研究还比较滞后，尤其是基础理论研究较为薄弱。初级的、低水平的经验性描述在研究中占有相当比重，许多文章缺乏理论上的概括力和应有的深度，许多作者缺乏自觉的学术理论意识，这些现象在地方专业年鉴学术理论研究方面普遍存在。地方专业年鉴发展作为年鉴事业的重要分支，必须以年鉴编纂实践、年鉴编纂理论的创新发展为基础和先导，加快构建年鉴学学科体系。

（四）地方专业年鉴出版市场面临挑战

20 世纪 90 年代以来，地方专业年鉴品种数量增长，但是品种数量的高速增长并未带动发行量的全面增长。一方面，近年政府机构改革，机构职能调整和人员岗位变动常态化，加上专业年鉴编纂没有强有力的法律保障，使专业年鉴编纂人力、物力及各方面的保障受到影响。随着政府机构职能调整及领导岗位的变化，由于没有专门的年鉴编纂机构，国内不少专业年鉴甚至面临停办的局面。同时社会发展使得行业细分，地方专业年鉴内容的重叠编写和专业的同质竞争越剧烈。

另一方面，信息产业竞争日趋激烈，专业年鉴缺乏整体竞争力的劣势更加显著。首先，方便快捷的网络环境造就人们追求随时随地快速检索、全天候全方位获取、个性化定制化使用信息的行为习惯，在互联网海量信息面前，专业年鉴需要找到应对的路径。其次，一些内容相似、形式相似或某些功能相似的资料书、工具书大量出版，挤压了专业年鉴的读者市场。再次，传统主流媒体通过增大信息量、提高信息密度、增强内容时效性等手段完成变革发展，对技术手段相对落后的专业年鉴形成巨大压力。与此同时，专业年鉴的运营成本大幅上涨，但经济效益和社会效益未能同步增长，造成部分专业年鉴印数下降。

三、中国地方专业年鉴发展方向及举措

（一）地方专业年鉴应突出专业性、行业性

1. 重视地方专业历史发展和现在状态的记述

历史与现实总有割不断的联系，专业年鉴安排一定的篇幅记述地方专业的历史沿革、发展线索，可以为读者提供深层次的专业知识，方便读者更好地把握年鉴的主体内容。加强专业历史发展和现在状态的记述，可以有效说明专业年度发展变化及达到的水平。《四川交通年鉴》每年都在“概况”部类中设“四川交通历史与现状”分目，以两万余字的篇幅介绍古道交通、公路交通、内河航运、铁路运输、民用航空的基本情况，让读者了解到现在四通八达的四川交通，是在“蜀道难，难于上青天”的基础之上发展起来的，从而能够更好地把握四川交通的年度情况。《中国轻工业年鉴》《宝钢年鉴》等，也设有类似的栏目，值得借鉴。

2. 内容资料分类按照地方专业技术门类区分，体现专业基础理论

年鉴内容资料的分类，一般遵循分类法，即根据信息资料的内在属性，按照合理的标准加以区分并进行必要的组合，使其形成一个科学的逻辑体系。这里所谓“合理的标准”，对于专业年鉴来说，就是能够体现专业基础理论的专业技术门类划分标准。例如，教育年鉴的分类：教育事业总述、学前教育、基础教育、普通高等教育、职业与继续教育、民办教育……；建设年鉴的分类：建设事业总述、城乡规划、城市建设、村镇建设、勘察设计与工程咨询、建筑业、房地产业……。这样的分类体系，不但专业味、行业味十分浓厚，而且为一般读者所熟知，十分方便检索。有些专业年鉴内容分类虽无大错，但由于未能严格按照专业的技术门类区分，专业味、行业味就明显不足。如以下两部大学年鉴的一级栏目：

其一：学科建设、教育教学、科学研究、社会服务、师资队伍、学生情况、学校管理

其二：党群工作、行政工作、科学研究、人才培养、科技产业与社会服务、办学条件与保障

两相比较，前者由于重视读者对学校信息资料的关注程度，尊重读者的检索习惯，并能体现专业技术门类划分标准，因而具有浓郁的专业味、行业味。后者虽然也能反映学校的实际情况，但由于不重视读者对学校信息资料的关注程度，不反映

约定俗成的专业技术门类体系，因而专业味、行业味就显得不足。

3. 反映学科前沿和专业新知识

专业年鉴的编者对相关学科前沿和专业新知识应有强烈的感知力，不但要逐年收集、连续刊出专业新词语，而且要在框架设计上开辟独具特色的栏目，集中反映学科前沿和专业新知识。《中国哲学年鉴》和《广东社会科学年鉴》就专门设有“学术前沿”部类，用较大篇幅集中推介学科前沿知识及相关信息。《广西政法年鉴》辟有常设栏目“政法工作术语注释”，逐年收录政法工作领域出现的新词语，并加以注解，连续刊载。如其2014年卷，就收录“社会公众安全感”“预防职务犯罪 ”“羁押必要性审查”“刑事被害人救助”“一村一警”等16个专业新词语，并进行规范释义，详细解说。《中国药学年鉴》每年都在显要位置设有反映学科前沿的“药学研究”部类，其中常设分目有“科研成果获奖项目”“国家科研基金资助项目”，同时辟有“新药研究与开发”部类，着重介绍“国家批准生产的新药”“世界首次上市新药”等，共约30万字，占全书总篇幅的25%，体现出学科前沿知识在《中国药学年鉴》中地位十分突出。《中国—东盟年鉴》则在“文献”部类常设“重要论文和研究报告”分目，每年选收10多篇代表学科前沿的学术论文和研究报告，同时还设有“论文摘要”和“研究成果题录”两个分目，每年分别以文摘形式介绍东南亚研究重要论文数十篇，以题录形式介绍研究成果数百项。

此外，反映学科前沿还需要加强学术会议及其他学术活动的记述。学术会议是学术思想交锋的阵地，也是学科前沿研究成果交流的园地，概括记述相关专业重要学术会议及其他学术活动，是专业年鉴不应忽视的重要任务。《马克思主义理论研究与学科建设年鉴》《北京社会科学年鉴》《上海科技年鉴》等，每年都安排不少篇幅记述学术会议及其他学术活动，这对于强化年鉴的专业特点和行业特点，作用十分明显。

4. 提供地方专业技术情报

专业年鉴应当提供新颖的专业技术情报，发挥技术指导和技术顾问的作用。这种作用在国外出版的专业年鉴中表现十分突出。如英国《简氏步兵武器年鉴》就详细记述世界各国生产的每一种步兵武器的规格、型号、构造、性能等技术资料，还配发外形照片、解剖照片和拆卸零件图，年鉴的情报作用相当明显。如《德国染色工人年鉴》也将现代丝光化方法、新式染料、特殊连续染色法等各种方法和配方，都一一列出，完全可以作为培训教材，年鉴的技术指导作用和业务咨询作用十分明显。国内出版的专业年鉴多数不重视年鉴的技术指导作用和业务咨询作用，因而在年鉴中很少涉及技术标准、技术流程、生产工艺等方面的内容。应借鉴国外专业年鉴的编纂经验，逐步建立专业技术情报体系。

5. 提供专业书目、文摘、题录和名录

《中国药学年鉴》设有“药学书刊”部类，每年安排5万余字的篇幅，推介药学新书100余种、药学期刊60余种。《中国出版年鉴》设有“书评文摘”“报刊书评索引”“专题书目”“获奖书简介”“新书推介”“畅销书目”等栏目，每年分别以文摘、书目等形式，推介各类图书近3000种，总篇幅近30万字，又以名录形式，将国内上千家出版机构悉数收入其中，年鉴内容不但涵盖国内出版行业最新、最重要的成果，而且覆盖所有的出版机构和出版人，信息量非常大，有效信息高度密集。国内很多专业年鉴不重视本专业本行业产品的推介，机械工业年鉴见不到机械产品，林业年鉴见不到林产品，化工年鉴见不到化工产品，这是令人费解的事情，也使专业年鉴少了几分必不可少的专业味、行业味。

6. 为杰出专业人士立传

为专业杰出人士立传，是专业年鉴义不容辞的任务，也是专业年鉴营造专业氛围的有效方法。《上海文化年鉴》设有“文化人物”部类，常设“纪念人物”“逝世人物”两个分目，专门为逝去的文化界杰出人士立传。《广西社会科学年鉴》则设有“学界人物”部类，为杰出专业人士立传。“生不立传”不适用于年鉴，尤其不适用于专业年鉴。不少专业年鉴只收载人物名录，不敢轻易为健在的人物立传，其中的担心是不必要的。一些专业年鉴只为领导干部立传，而不轻易为杰出专业人士立传，这样的做法并不可取。

增强地方专业年鉴专业味、行业味，一要转变地方专业年鉴的记述重点，即由重点记述主管部门的政绩，转变为重点反映专业的发展变化，由着重记述日常工作事务，转变为着重提供可资利用的有效信息；二要适当拓展专业年鉴选题选材的时空范围，即适当选收一些历时性、背景性资料，使年鉴更加全面、深刻地反映年度情况，适当选收一些与本专业本行业密切相关的外界资料，用以对比说明本专业本行业的发展变化及其达到的水平；三要增大二次文献在年鉴中的比重，即大规模运用书目、文摘、题录、名录、统计表、统计示意图、链接资料、照片等多种资料形式，增强年鉴的表现力，丰富年鉴的内涵，提高年鉴信息资料的质量。

地方专业年鉴的专业味、行业味与规范化并不矛盾。缺乏专业味行业味的专业年鉴不是质量上乘的专业年鉴，规范化水平不高的专业年鉴也不是质量上乘的专业年鉴。

（二）专业年鉴应满足读者需求，服务社会发展

加强专业年鉴信息化建设，使专业年鉴编以致用。新媒体时代，新技术为专业年鉴出版提供深度了解和满足用户需求的机会。专业年鉴产品本质属性是服务人的产品，部分专业年鉴在年鉴平台上开辟圈子功能，为专业读者提供基于一本书的问题交流圈，为年鉴读者提供基于专业年鉴内容与作者和编辑进行平等交流、互动的平台，可为读者提供已出版年鉴的内容更新服务，可让编辑深入了解读者的知识需求，读者、编辑、作者三方线上知识互动，使专业年鉴编纂者掌握活跃的读者用户，在数字平台上就可以建立对读者的知识服务和反推机制，进而在线上移动平台建立运营模式，这是年鉴未来发展的方向。已有不少专业年鉴编纂部门积极推动“交互式图书”开发利用，如四川交通年鉴、广东建设年鉴、北京教育年鉴、上海交通大学年鉴等，除了纸质书，还有多种电子版方便读者检索、查阅。此外，借助微信公众号、链接小程序、扫描二维码等多种方式将进一步方便读者，加强交互性。

（三）坚持以内容为核心竞争力，不断提升新时代专业年鉴的影响力

要紧扣时代脉搏，强化读者中心意识。读者最关心的是年鉴的资料内容，优质的内容能让读者产生浓厚兴趣，年鉴编辑可以凭借自身的编辑策划意识，将前沿科学资料、民生发展资料、地域特色产业资料等合理编排，挖掘更为深入的系统资料，给读者展现不同的资料信息。根据读者求实用心理，不少地方专业年鉴适时增加反映年度热点的资料内容，通过发表独家资料信息，甚至是带有专业客观见解的资料信息，提升读者的阅读兴趣。首先，框架设计要有前瞻性。针对常编常新的需求，根据现实变化做相应调整改进。其次，要推出优质精炼的内容。要积累独家拥有、相对稳定、连续可比、富有特色的权威真实的资料信息，对本领域、行业的重点、热点问题做最专业的深度反映，去粗取精挤出水分，存留更优质精炼的内容。

（四）不断探索提高年鉴编纂出版质量的新方法

要把握年鉴编纂出版的规律，认真执行编纂流程规范。在资料选择上要有时代特色、年度特色、地方特色，坚持全面、系统、真实、准确原则，选择大、要、新、特、热事件。要严格审校制度，针对概况出现的概而不全、全而不概、既不概又不全等问题，专题条目要素缺乏、存史价值不高等问题进行整改。应详细规定全简称、缩

略语、名称、标点用法、数字用法、数据、量和单位、专业术语表述等，消除因责任编辑不同分工可能产生的表述不一致的地方。

要注意内容创新，突出改革、与时俱进。如2018年是中国改革开放40年，为此各地方专业年鉴设置相应的图片专辑，反映各地、各领域40年来的历史变迁。《广东建设年鉴（2019）》设置“广东住房城乡建设改革开放40周年成果”专题图片展，反映广东住房城乡建设改革开放40年来的历史变迁；在“城乡建设事业发展总述”篇目中设“住房城乡建设历史与现状”，收录本地域特有的珍贵历史人文资料，增加可读性；年鉴设置年度重点亮点篇目“年度关注”，设置“住房保障、环境质量、政府行政审批制度改革、数字政府建设、城市微改造”等专题内容，聚焦社会热点、民生保障及和谐社会建设。

Ⅳ

探索与创新

跨区域年鉴发展报告

阳晓儒

提要：由于2019年末发生新冠肺炎疫情，导致全国众多跨区域年鉴未能按时于当年出版。为此，报告选取2018年卷《粤港澳大湾区年鉴》《武汉城市圈年鉴》《中国—东盟年鉴》《长江年鉴》《黄河年鉴》5种跨区域年鉴为样本，总结2018年跨区域年鉴编纂出版的基本情况，阐述跨区域年鉴的现实价值，分析其框架结构以及存在问题，对下一步发展作出展望。

关键词：跨区域年鉴　综合年鉴　发展展望

据不完全统计，截至2019年底，除跨区域性统计年鉴外，已经编纂出版的跨区域性年鉴有《长江三角洲城市年鉴》《长江三角洲年鉴》《长三角年鉴》《武汉城市圈年鉴》《珠江三角洲城市群年鉴》《长株潭试验区年鉴》《环渤海区域经济年鉴》7种，流域性年鉴有《黄河年鉴》《长江年鉴》《长江航运年鉴》3种，另有跨国家区域性年鉴《俄罗斯和东欧中亚国家年鉴》《中国—东盟年鉴》2种。其中《长江三角洲城市年鉴》《长三角年鉴》《环渤海区域经济年鉴》《武汉城市圈年鉴》《粤港澳大湾区年鉴》《俄罗斯和东欧中亚国家年鉴》《中国—东盟年鉴》详情已在《中国年鉴发展报告（2018）》中予以介绍，兹不赘述。2019年卷由于新冠肺炎疫情的影响未能按时于当年出版。选取的跨区域年鉴分析样本均为2018年卷。

《长江年鉴》原名《治江年鉴》，创办于1992年。《治江年鉴》是水利部长江水利委员会主办的流域性年刊，是一部系统反映治理开发长江业绩的资料性工具书。它以资料性、综合性、存史性为特征，逐年反映长江水利事业的发展信息，为各级领导、水利专家、水利工作者提供翔实可靠的史料和数据，并供决策参考。1993 年改为《长江年鉴》，由长江年鉴社出版。截至 2018 年出版 27 卷。2018 年卷设特载、关注、河长制与湖长制、规划计划、防汛抗旱、水政与安全监督、水资源管理、河道采砂管理、水资源与水环境保护、水土保持、水利基本建设与管理、水利水电与新能源工程、三峡工程、南水北调工程、长江航运、水文、对外合作与科技管理、水利信息化、水利科研、治江机构选介、长江经济带、旅游、治江大事、统计资料等 24 个篇目，由长江年鉴社于 2018 年 12 月出版，131 万字。

《黄河年鉴》创办于 1994 年，经新闻出版署批准，由水利部黄河水利委员会主管主办、黄河年鉴社编辑出版，是全面、系统地反映黄河治理开发保护与管理、黄河流域水利发展信息的资料性工具书。2018 年卷为第 24 卷，共设 14 个类目，包括特载、政策法规、黄河概览、黄河防洪、水土保持、水资源管理与保护、基础工作、党务政务、黄河经济、水利水电工程、流域水利、统计资料、大事记、附录，由黄河年鉴社于 2018 年 10 月出版，80 万字。

《长江航运年鉴》创办于2002年，截至2009年出版6部。2009年后未见公开出版。由交通部长江航务管理局、中国航海史研究会长江片委员会、湖北省长江航海史研究会主持编纂。它既是一部全面记述长江水系航运单位改革、建设、发展轨迹和重大事件的专业性年鉴，也是一部资料、知识、信息高度密集的大型工具书。《长江航运年鉴》2007 年卷共设 18 个类目，包括特载、大事记、机构、运输、港口、海事、航道、三峡通航 · 船闸、公安、通信、船检、法院、科教、文卫、工贸、社团报刊、英模专家、统计资料，203.6 万字，由武汉出版社于 2009 年出版。

一、跨区域年鉴体裁和框架结构

年鉴的内容根据信息资料的具体构成，可概括为四个组成部分：一是综合情况，如“概况”或“总述”“综述”部类；二是动态信息，是对各部门、各领域、各行业发展情况的反映；三是辅助资料，包括大事记、统计资料、法规文件、书目文摘、附录等，特点是具有实用性和便览性，是对主体内容的重要补充；四是检索系统，一般由书前的目录和书后的索引构成。以上四个要件包含了年鉴应具备的众多体裁，其中有的与地方志书相通，如述（文）、记、图、表、录，但最核心的部分即“动态信息”

的体裁，则是年鉴自成“鉴”体的关键。一般认为，框架设计要符合年鉴体例，做到结构栏目化，主题内容条目化。[①]

从年鉴的编纂形体而论，由于跨区域年鉴框架结构多参照省级综合年鉴或城市综合年鉴，其框架设计多采用多层次复杂型结构，以行业和职能划分类目，卷首、卷尾内容比较单薄。年鉴体裁多样，功能齐全，正文以条目为主体。这里选取的跨区域年鉴均在编辑说明中明确指出，年鉴采用分类编辑法，主要内容设类目、分目、条目 3 个层次，以条目为记述的基本形式。《粤港澳大湾区年鉴（2018）》则分得更为细致，全书的框架分为七个部分：第一部分是大湾区综述，设“大湾区发展定位”“大湾区综述”两个篇目；第二部分是区域发展，设“中国（广东）自由贸易试验区”“国家自主创新示范区”“国家级开发区”“区域合作示范区”“特色新区”5 个篇目；第三部分是产业发展，设“支柱产业”“战略性新兴产业”“先进制造业”“特色产业”4 个篇目；第四部分是大事记；第五部分是专题调研成果；第六部分是统计资料；第七部分是附录，包括“国际湾区建设比较”“粤港澳大湾区发展研究成果”“文献法规”。各篇目下设分目、条目、次条目。条目是全书内容记述的主体。[②]

二、跨区域年鉴多维度比较分析

（一）层次划分：类目、分目、条目

这里选取的 5 种跨区域年鉴样本中，分层基本相同，均采用分类编辑法，主体内容分为类目、分目、条目三个层级。如《武汉城市圈年鉴（2018）》编辑说明称：“本卷采用分类编辑法，按类目、分目、条目三个层次的体例编辑，以不同字体、字号及版式设计区分不同层次，条目标题均加【 】表示。”[③] 而且在目录中全部标出，一目了然，干净利落。

有的年鉴分为四级，如《长江年鉴（2018）》采用分类编辑法，“本卷采用分类编辑法，以篇目为一级单元，篇目以下由类目、分目、条目共四级构成（通常为三级），

① 胡少诚、任一丁：《高校年鉴框架设计的比较分析》，《中国年鉴研究》，2017 年第 1 期。
② 《粤港澳大湾区年鉴（2018）》，粤港澳大湾区年鉴编纂委员会编，方志出版社，2019 年 1 月出版。
③ 《武汉城市圈年鉴（2018）》，武汉地方志编纂委员会办公室编，武汉出版社 2019 年 8 月出版。

条目为资料信息的基本单元”。[①] 又如《黄河年鉴（2018）》编辑说明称：“本年鉴的体例，一般由类目、分目、次分目和条目组成，以条目为主。类目按记述的类型分，分目、次分目按专业分，条目则是主要表现形式。”[②] 虽然同为四级层次，但有的年鉴并不是以条目作为最低一级的目次。如《粤港澳年鉴（2018）》编辑说明称，“各篇目下设分目、条目、次条目。条目是全书内容记述的主体，标题统一用黑体加【 】表示，个别包含多方面资料的条目在段落间加插楷体标题提示。”[③]

根据笔者对5种跨区域年鉴样本的分析，其中3种均有类目、分目和条目，2种有子目，1种有段目。综上所述，一般来讲，年鉴的基本层次分为三层：类目、分目和条目。在分目与条目之间划分子目，条目之下列段目，但通常不超过四层。从各种跨区域年鉴的分层情况来看，类目和栏目的概念容易混淆，段目的运用则有待进一步规范。

（二）总体（宏观）布局：卷首、正文与卷尾

层次划分是对年鉴内容的纵向定格，解决的是年鉴内容的纲与目的问题，总体布局是对年鉴内容横向的划分，要通过各种体裁的综合运用，处理好卷首、正文与卷尾的关系，达到条块结合、首尾相顾的效果。古人用“凤头、猪肚、豹尾”来形容文章的结构，年鉴编纂亦然。卷首图片专辑、大事记、特载、总述等重点内容当如爆竹，骤响易彻；卷中各类目百科信息当如管弦，共鸣和谐；卷尾文献、附录、索引等资料当如撞钟，清音有余。[④] 由此可见，年鉴的卷首、正文、卷尾因使用相应的体裁或表现形式，从不同侧面反映跨区域的年度发展全貌。

（三）卷首：综合情况——以点带面

跨区域年鉴的卷首一般包括图片专辑、特载、概览（概貌、基本情况）。

图片专辑或彩图专辑，收载区域的地图，并运用图片的形式形象地记载上年度区域内发生的大事要事和独具地域特色的面貌，展示区域内的时代特色、人文特点、生

① 《长江年鉴（2018）》编辑说明，长江年鉴编纂委员会编，长江年鉴社，2018年12月出版。

② 《黄河年鉴（2018）》编辑说明，黄河年鉴编纂委员会编，黄河年鉴社，2018年10月出版。

③ 《粤港澳大湾区年鉴（2018）》编辑说明，粤港澳大湾区年鉴编纂委员会编，方志出版社，2019年1月出版。

④ 胡少诚、任一丁:《高校年鉴框架设计的比较分析》,《中国年鉴研究》，2017年第1期。

态文明建设成就和发展新貌。这是跨区域年鉴必不可少的栏目，是跨区域风貌的形象展示，也是符合 2017 年 12 月 21 日中国地方志指导小组印发的《地方综合年鉴编纂出版规定》中的“年鉴应有卷首专题图片、随文图片”[①] 的要求。图片专辑设计较有特色的是《中国—东盟年鉴》，其彩页设计是按事件分类，每类事件均设置简短的导语，引导读者阅读。这种设计模式值得学习和效仿。

大事记是以月为单位，逐日记载跨区域重大事件的一种文体，作为“一书之经”，在年鉴中起着纵向的提纲挈领的作用。笔者所见的跨区域年鉴均有大事记。大事记在跨区域年鉴中大部分是放在卷尾，起辅助线索作用；少数的是放在卷首，起提纲挈领的作用。如《武汉城市圈年鉴（2018）》。

特载主要收录具有全局意义、深远影响的重要文献，以文章为主要表现形式，突出了跨区域年鉴的资料文献特征。跨区域年鉴的特载主要收录跨区主管部门领导的重要讲话。在笔者所见的 5 种跨区域年鉴中，只有《长江年鉴（2018）》《黄河年鉴（2018）》设立特载类目，其他的跨区域年鉴均未设特载类目。

概览（概况），简明概述跨区域范围的历史现状，反映过去一年来区域内的自然、政治、经济、文化、社会和生态方面的基本情况。这几乎是所有跨区域年鉴必不可少的栏目。有的跨区域年鉴的综合类目名称为概况，个别跨区域年鉴缺概览类目（《长江年鉴（2018）》）。

跨区域年鉴对卷首栏目的设置也有一些特例存在。如《长江年鉴（2018）》把关注（各类大事记）放在卷首。《黄河年鉴（2018）》把政策法规放在卷首。在类目名称上，跨区域年鉴的卷首类目名称也不完全一致。有的叫“市情概览”，有的叫“概况”，有的叫“基本情况”。图片专辑类目，有的叫“城市风采”，有的叫“城市圈风采”，有的叫“年度回眸”，有的叫“要闻”。在卷首类目归类上，大部分把大事记放在卷尾。

（四）主体（中观）设计：动态信息——正文的类目与分目

如前所述，综合情况、动态信息、辅助资料、检索系统四个要件在年鉴中所占比重是不一样的，有主次之分，详略之别，其中动态信息是主体。如何对主体

① 中国地方志指导小组：《地方综合年鉴编纂出版规定》，http：//www.difangzhi.cn/zgdfz/gzyw/201801/d9d4d3490994497da62f01d54953f8c6.shtml。

部分具体事物进行科学合理的归类，直接影响年鉴框架结构及内容的科学性和合理性。因此，确定分类的方法和标准、建立合理的分类体系是年鉴框架结构设计中的一项基础性工作。年鉴框架结构设计的基本方法是以分类法为主、以主题法为辅的“分类主题一体化”方法。从一般的年鉴框架结构看，有按社会分工进行分类的，有按事物属性进行分类的，也有按工作部门进行分类的。普遍认为第三种分类是不科学的。①

年鉴正文的每一个类目、分目都有相对固定的供稿单位，因此具体设置与区域的治理体系、组织架构、运行机制存在必然的内在联系。既要源于实际，反映当前区域内经济社会发展的全貌，涵盖所有机构、部门和单位；又要高于实际，进行必要的归纳与提炼，体现跨区域行政区组织的系统化、功能化、扁平化的特征。年鉴目录中呈现出来的类目、分目不能完全与跨区域内的机构设置一一对应，但跨区域行政区内部每一个单位每一项职能每一件具体工作都应在年鉴框架中找到合适的位置，设置必要的条目进行记载。正是因为跨区域行政区组织的结构和功能存在共性，跨区域年鉴的框架设计才能找到必然的规律，形成一定的体例。同时，由于每个跨区域行政区的发展定位、地域特色、发展优势、历史文化不尽相同，跨区域年鉴就不应是“千鉴一面”，而要彰显个性，突出特色。

动态信息部分的类目设置和顺序体现跨区域行政区特定的组织文化、治理体系和运行规律。无论先后，一般性跨区域年鉴动态信息部分包括两个板块：一是区域发展部分，包括跨区域内的经济社会发展情况；二是产业部分，包括跨区域内的支柱产业、战略新兴产业、先进制造业、传统优势产业等。但是，由于跨区域年鉴的特殊性，许多跨区域年鉴都无法做到按这一要求来设置，就是能够按照这一要求来设置的跨区域年鉴，在内容记述上也无法做到记述内容的全面性、准确性。例如《粤港澳大湾区年鉴（2018）》按照这一要求设置类目，但是在条目内容上还是9个城市的拼凑，缺少区域内各行各业总体情况的记述。作为流域年鉴的《长江年鉴（2018）》《黄河年鉴（2018）》，由于有统一的行政管理机关，其记述内容的整体性较强。

（五）鉴体（微观）规范：内容记述的基本单元——分目下的条目类型

条目化是年鉴的重要特征。这种将客观事物加以集中化、有序化、突出化反映

① 方亚光:《年鉴框架结构设计要处理好规范化与个性化的关系》,《江苏地方志》，2004年第3期。

的结果，易于编排，便于检索，使年鉴更能体现工具书的本质。[①] 条目分为综合性条目和单一性条目等类型。综合性条目反映年度内各个领域发展变化的总体情况和主要特点，具有高度的概括性；单一性条目一事一条，基本要素齐全。在跨区域年鉴中，条目主要分为综合性条目和单一性条目，综合性条目又分概况条目和综合记事条目，其特点是每年固定设立，条目标题年年相同，多为一个词组或短语，其内容相对具体，需要大量的资料和数据支撑，具有独立性、连续性、可比性的特点。概况条目是一个部门、行业基本面貌的概括和综合，承担反映相应领域全面情况的任务；综合记事条目是记述一个部门、一个行业或其他社会领域某一侧面年度重要情况的条目，承担对某一类事物的信息进行综合处理、概括记述的任务，在地方综合年鉴中占有较大比重。单一性条目是记述年度特定事物的条目，它单独记述某一具体事物，一事一条，选题选材单一，内容记述具体，是地方综合年鉴内容逐年更新的主体。[②]

跨区域年鉴正文动态信息部分主要以综合性条目、单一性条目为主。其中，流域性的跨区域年鉴以"概况条目 + 综合记事条目 + 单一性条目"的框架设计较多，而其他的跨区域年鉴则以"概况条目 + 综合记事条目"的框架设计模式较多，单一性条目的比例偏少。但在框架设计上，5 种样本的跨区域年鉴均遵循每个分目设置概况 + 综合记事条目 + 单一性条目的模式，较好地做到了点面结合。

（六）卷尾：辅助资料和检索系统——以线串珠

跨区域年鉴的卷尾一般包括文献选编、统计资料、附录、索引等。

文献选编是跨区域年鉴的重要栏目，主要收录年度内该地域颁发的重要文献、规章制度，起到保存重要文献的作用。在 5 种跨区域年鉴样本中，有 2 种有文献选编，看来，文献选编的重要性在跨区域年鉴中已经得到应有的重视。

统计资料是跨区域年鉴最为重要的栏目，它收录的是一地统计部门提供的权威的数据资料，也是跨区域年鉴中读者使用率较高的信息资料。在 5 种跨区域年鉴样本中，设有统计资料的有 4 种，占 80% 以上。但也有个别的跨区域年鉴没有统计资料类目，这应该引起年鉴编纂者的重视。统计资料类目在跨区域年鉴中不是可有可

① 胡少诚、任一丁：《高校年鉴框架设计的比较分析》，《中国年鉴研究》，2017 年第 1 期。

② 杨军仕、王守亚：《地方综合年鉴编纂教程》，方志出版社，2016 年 3 月版，第 117 ～ 120 页。

无的内容，而是不可或缺的重要资料。现在许多年鉴之所以不能实现上半年出版或当年出版的目标，都是因为统计部门的统计资料不能及时提供而影响了年鉴的编纂出版进度。

目录和索引共同构成跨区域年鉴的检索系统。5 种跨区域年鉴样本中，只有 1 种没有索引。索引是年鉴编纂水平和规范程度的重要指标，也是工具书的基本属性。年鉴编纂应重视索引的编制。

三、跨区域年鉴编纂出版存在问题

跨区域年鉴在编纂出版上还存在不少和地方综合年鉴同样的问题编纂出版，水平还有待进一步提高。主要表现在：

一是部分跨区域年鉴编辑说明没有指导思想或者指导思想不正确。例如，《长江年鉴（2018）》《中国—东盟年鉴（2018）》编辑说明没有指导思想。《粤港澳大湾区年鉴（2018）》的编纂指导思想沿用内地年鉴的指导思想，没有体现“一国两制”“港人治港”“澳人治澳”的思想。

二是个别跨区域年鉴缺地图或者地图没有审图号，以及审图号过旧。如《长江年鉴（2018）》《黄河年鉴（2018）》两部流域年鉴没有地图。《长江年鉴（2017）》的长江水系图无审图号，《中国—东盟年鉴（2018）》的地图审图号是 2004 年的。

三是个别跨区域年鉴在内容记述上存在以偏概全的现象，未能全面反映跨区域的全面情况。如《粤港澳大湾区年鉴（2018）》在产业发展类目的各个条目中缺少大湾区整体情况的记述，而是用个别城市的情况替代整个湾区的情况。如“机械行业”只有广州、深圳的情况，缺少粤港澳大湾区在机械行业 2017 年的整体情况；“纺织服装业”只有江门市一个城市的情况；“节能环保产业”只有肇庆和香港两个地方的情况。《粤港澳大湾区年鉴（2018）》产业发展类目的条目几乎没有一条是全面反映大湾区在该行业发展的整体情况，基本上是各市情况的堆积和拼凑。

四是部分跨区域年鉴出版时效性不强。许多跨区域年鉴都难以做到当年编纂、当年出版的要求。2018 年能够做到当年编纂当年出版的只有两部流域年鉴：《长江年鉴（2018）》《黄河年鉴（2018）》。

五是个别跨区域年鉴版面利用率不高。如《黄河年鉴（2018）》存在多处白页情况。有的类目结束页只有几行字，有的甚至整页都是白页；而且每个小扉页背面都是白页。

六是跨区域年鉴还存在条目标题中心词不突出、条目标题词语不够精炼、全书无内文插图等不规范的现象，整体编纂水平有待进一步提高。

四、跨区域年鉴发展展望

相对于地方综合年鉴的迅猛发展，跨区域年鉴发展还是相对迟缓。从 1996 年的首部跨区域年鉴《俄罗斯和中亚东欧国家年鉴》到 2017 年最新创办的《粤港澳大湾区城市群年鉴》，在 10 多年时间里，只有不到 10 部跨区域年鉴创办。制约跨区域年鉴快速发展的主要因素是跨区域年鉴缺乏稳定的经费来源，没有固定的编纂队伍和行之有效的组稿手段。随着国家更多区域规划的出台，跨区域年鉴还会不断发展壮大。2009 年 4 月、2011 年 5 月、2012 年 11 月和 2015 年 4 月国务院正式批复《天水—关中经济区发展规划》《成渝经济区区域规划》《中原经济区规划》和《长江中游城市群发展规划》；2014 年 6 月，国务院常务会议部署建设综合立体交通走廊打造长江经济带；2015 年 4 月，中共中央政治局审议通过《京津冀协同发展规划纲要》；2019 年 2 月中共中央、国务院正式颁布《粤港澳大湾区发展规划纲要》。如今，这些区域的有关部门正在协商编纂出版相关的跨区域年鉴。

但是，相对于地方综合年鉴来说，跨区域年鉴在体制机制上还存在诸多困难和问题。在组织编纂上，跨区域年鉴缺乏强有力的行政手段。跨区域年鉴编纂供稿单位隶属不同的行政区域，有的跨省、有的跨市，沿用原来地方综合年鉴的行政命令式组稿手段难以奏效。各参与编纂单位均处于平等地位，必须通过协商合作才能完成组稿任务。在编纂出版经费上，大部分跨区域年鉴没有稳定的经费来源，要依靠广告和发行来筹措编纂出版经费，影响了跨区域年鉴的持续健康发展。事实证明，只有具备稳定的编纂经费和稳定的编纂队伍（机构）的跨区域年鉴才能健康、持续发展。如《长江年鉴》《黄河年鉴》《武汉城市圈年鉴》《粤港澳大湾区年鉴》《环渤海区域经济年鉴》《中国—东盟年鉴》由于有财政专项拨款，都能做到“逐年编纂、连续出版”，并从未间断。在人员编制上，跨区域年鉴大多缺乏固定的人员编制，大部分跨区域年鉴都是临时聘用人员、原有地方综合年鉴编纂人员兼职或者采用政府购买服务的方式，编纂队伍的不稳定造成跨区域年鉴编纂出版质量难以提高。许多临时聘用人员和兼职人员仅仅满足于完成自己所负责的工作，而通过政府购买服务方式编纂出版的年鉴，承编单位也仅仅把其作为一个项目进行运作，对于如何更好地提高年鉴的编纂出版质量和更全面、系统和准确地记录跨区域内经济社会发展和一体化进程缺乏积极的思考。在内容记述上，如何处理跨区域年鉴和各省（区、市）、各城市综合年鉴的资料重复问题，如何全面、系统记载跨区域年鉴记述范围经济社会的内容，如何使各省（区、市）、各城市综合年鉴和跨区域年鉴在年鉴资料、年鉴功能等方面实现相得益彰的融合，还需在业务上、组织形式上进一步创新和探索，让跨区域年鉴发挥更大的社会作用。

乡镇村年鉴发展报告

■ 刘念宇

提要：中国乡镇村年鉴相对于省市县年鉴而言，起步较晚，但发展较快，据不完全统计，2018、2019 年全国分别编纂出版有 36 种、46 种种乡镇村年鉴。乡镇村年鉴体现了年鉴工作向基层延伸的趋势，记录了乡镇村日新月异的发展，凸显了存史价值，有助于乡村振兴战略的实施和地方志事业的长远发展。但从指导思想、框架设计、选题选材、条目撰写、装帧设计等方面来看，乡镇村年鉴仍有不少需要规范、改进的空间。为稳步推进乡镇村年鉴编纂发展，报告拟在总结现状、分析问题的基础上，对乡镇村年鉴编纂的改进和发展提出建议，使之能自然生发，逐步完善。

关键词：乡镇村年鉴　街道年鉴　乡村振兴

一、乡镇村年鉴编纂发展现状

（一）乡镇村年鉴编纂出版概况

中国乡镇村年鉴发轫于广东省。2010 年，东莞市编纂出版广东省乃至全国的首部乡镇年鉴《大朗年鉴》。2015 年，深圳市编纂出版广东省乃至全国首部街道（办事处）年鉴《坪山办事处年鉴》，东莞市编纂出版全国首部村级年鉴《巷头年鉴》。至此，国家、省、市、县、镇、村级年鉴实现上下贯通全覆盖。

2018—2019 年，在《全国地方志事业发展规划纲要（2015—2020 年）》《全国年鉴事业发展规划（2016—2020年）》推动下，乡镇村年鉴进一步发展。东莞市持续公开出版《大朗年鉴》《虎门年鉴》《长安年鉴》《南城年鉴》《麻涌年鉴》《厚街年鉴》《寮步年鉴》《塘厦年鉴》《石碣年鉴》《樟木头年鉴》《凤岗年鉴》《桥头年鉴》2018年卷、2019年卷等12种，另有《常平年鉴（2017）》《常平年鉴（2018—2019）》为内部出版，2018、2019年均累计编纂13种镇（街道）年鉴，与2017年持平。深圳市则持续编纂《坪山街道年鉴》（原《坪山办事处年鉴》）、《龙城街道年鉴》、《龙华街道年鉴》（原《龙华办事处年鉴》）、《南澳办事处年鉴（2018）》、《民治街道年鉴》、《新安街道年鉴》、《大浪街道年鉴》、《坪地街道年鉴》、《坂田年鉴》，并于2018年创办、2019年持续出版《马峦街道年鉴》《观澜年鉴》《观湖年鉴》《福城年鉴》《玉塘办事处年鉴》，和2019年创办《光明街道年鉴》《马田街道年鉴》《新湖街道年鉴》《凤凰街道年鉴》《公明街道年鉴》《吉华街道年鉴》。深圳市2018年累计编纂14种镇（街道）年鉴，比2017年增加8种；2019年累计编纂20种镇（街道）年鉴，比2018年又增6种，成为全国编纂乡镇（街道、办事处）年鉴最多的市。中山市持续出版《中山市古镇镇年鉴》2018年卷、2019年卷。综上，广东省2018、2019年分别编纂出版28种、34种乡镇（街道、办事处）年鉴，为全国编纂乡镇（街道、办事处）年鉴最多的省份。

2018—2019年，江苏省泰州市的永安洲镇持续出版《永安洲年鉴》2018年卷、2019年卷，大泗镇则于2019年创办《大泗年鉴》；2018—2019年，苏州市张家港市南丰镇永联村持续出版《永联年鉴》，这是全国唯一坚持出版的村级年鉴；苏州市昆山市的周庄镇创办并持续出版《周庄年鉴》、张浦镇创办并持续出版《张浦年鉴》，并于2019年创办并出版《巴城年鉴》《锦溪年鉴》《淀山湖年鉴》《昆山经济技术开发区年鉴》。扬州市仪征市新集镇《新集年鉴》惜未续编。2018—2019年，江苏省分别出版4种、9种乡镇、村年鉴。

2018—2019年，上海市嘉定区持续出版2种乡镇年鉴《南翔年鉴》《华亭年鉴》2018年卷、2019年卷，和2017年持平。

此外，2018年，北京市、浙江省各编纂1种乡镇年鉴，均为内部资料。2019年，北京市续编，而浙江省则未续编。

2018、2019年，全国累计编纂出版（含内部出版）乡镇、村年鉴分别为36种、46种，且主要集中在经济发达的珠江三角洲和长江三角洲地区，分别占73.91%、23.91%；以深圳市、东莞市、苏州市为盛。

1. 广东省东莞市

《大朗年鉴》为全国第一部公开出版的乡镇年鉴。创刊于 2010 年，由中共大朗镇委员会、大朗镇人民政府主办，《大朗年鉴》编纂委员会编纂，逐年出版。《大朗年鉴（2018）》为第九卷、《大朗年鉴（2019）》为第十卷，均由广东人民出版社出版，16 开，全彩印刷。均采用分类法编辑，以类目、分目和条目为组成主体，条目为记述的基本形式，设影像大朗、大事记、特载等类目。《大朗年鉴（2018）》全书 65 万字，《大朗年鉴（2019）》75 万字。

《虎门年鉴》创刊于 2013 年，由中共虎门镇委员会、虎门镇人民政府主办，《虎门年鉴》编纂委员会编纂，逐年出版。《虎门年鉴（2018）》为第六卷、《虎门年鉴（2019）》为第七卷，均由广东人民出版社出版，16 开，全彩页印刷。均采用分类法编辑，分类目、分目和条目 3 个层次，条目为记述的基本形式，书前设图片专辑，正文设大事记、特载、总述等类目，卷末有索引。《虎门年鉴（2018）》全书 73 万字、《虎门年鉴（2019）》72 万字。

《长安年鉴》创刊于 2015 年，由中共长安镇委员会、长安镇人民政府主办，长安镇党政办公室组织编纂，逐年出版。《长安年鉴（2018）》为第四卷、《长安年鉴（2019）》为第五卷，均由中州古籍出版社出版，16 开，全彩印刷。均采用分类法编辑，分类目、分目和条目 3 个层次（条目为记述的基本形式），前设图片专辑，正文设年度关注、总述、党务政务等类目，卷末有索引。《长安年鉴（2018）》全书 61.3 万字、《长安年鉴（2019）》60 万字。

《南城年鉴》创刊于 2016 年，由中共东莞市南城街道委员会、南城街道办事处主办，逐年出版。《南城年鉴（2018）》为第三卷、《南城年鉴（2019）》为第四卷，均由广东人民出版社出版，16 开，全彩页印刷。均采用分类法编辑，以类目、分目和条目为组成主体，条目为记述的基本形式，书前设图片专辑，正文设大事记、特载、总述等类目。《南城年鉴（2018）》全书 65 万字、《南城年鉴（2019）》67 万字。

《麻涌年鉴》创刊于 2016 年，由中共麻涌镇委员会、麻涌镇人民政府主办，《麻涌年鉴》编纂委员会主编，逐年出版。《麻涌年鉴（2018）》为第三卷，由中州古籍出版社出版；《麻涌年鉴（2019）》为第四卷，由光明日报出版社出版。均为 16 开，全彩页印刷。均采用分类法编辑，以类目、分目和条目为组成主体，条目为记述的基本形式，设影像麻涌、大事记、特载等类目，卷末有索引。两书均为 50 万字。

《厚街年鉴》创刊于 2016 年，由中共厚街镇委员会、厚街镇人民政府主办，厚街镇地方志办公室编纂，逐年出版。《厚街年鉴（2018）》为第三卷、《厚街年鉴（2019）》为第四卷，均由光明日报出版社出版，16开，全彩页印刷。均采用分类法编辑，分类目、分目和条目3个层次，条目为记述的基本形式，书前设图片专辑，正文设大事记、特载、总述等类目，卷末有索引。《厚街年鉴（2018）》全书47.8万字、《厚街年鉴（2019）》52万字。

《寮步年鉴》创刊于2016年，由中共寮步镇委员会、寮步镇人民政府主办，逐年出版。《寮步年鉴（2018）》为第三卷、《寮步年鉴（2019）》为第四卷，均由中州古籍出版社出版，16开，全彩页印刷。均采用分类法编辑，以类目、分目和条目为组成主体，条目为记述的基本形式，书前设图片专辑，正文设大事记、特载、总述等类目，卷末有索引。《寮步年鉴（2018）》全书75.7万字、《寮步年鉴（2019）》60万字。

《塘厦年鉴》创刊于2016年，由中共塘厦镇委员会、塘厦镇人民政府主办，塘厦镇党政办公室组织编纂，逐年出版。《塘厦年鉴（2018）》为第三卷、《塘厦年鉴（2019）》为第四卷，均由广东人民出版社出版，16开，全彩页印刷。均采用分类法编辑，以类目、分目和条目为组成主体，条目为记述的基本形式，书前设图片专辑，正文设大事记、特载、总述等类目，卷末有索引。《塘厦年鉴（2018）》全书63万字、《塘厦年鉴（2019）》65万字。

《石碣年鉴》创刊于2017年，由中共石碣镇委员会、石碣镇人民政府主办，石碣镇党政办公室编纂，逐年出版。《石碣年鉴（2018）》为第二卷、《石碣年鉴（2019）》为第三卷，由广东旅游出版社出版，16开，全彩页印刷。采用分类法编辑，以类目、分目和条目为组成主体，条目为记述的基本形式，书前设图片专辑，正文设大事记、特载、总述等类目，卷末有索引。《石碣年鉴（2018）》全书42.6万字、《石碣年鉴（2019）》53万字。

《樟木头年鉴》创刊于2017年，由中共樟木头镇委员会、樟木头镇人民政府主办，樟木头镇党政办公室编纂，逐年出版。《樟木头年鉴（2018）》为第二卷、《樟木头年鉴（2019）》为第三卷，均由中州古籍出版社出版，16开，全彩页印刷。均采用分类法编辑，分类目、分目和条目3个层次，条目为记述的基本形式，书前设图片专辑，正文设大事记、特载、总述等类目，卷末有索引。《樟木头年鉴（2018）》全书41.2万字、《樟木头年鉴（2019）》19.3万字。

《凤岗年鉴》创刊于2017年，由中共凤岗镇委员会、凤岗镇人民政府主办，凤岗镇党政办公室编纂，逐年出版。《凤岗年鉴（2018）》为第二卷、《凤岗年鉴（2019）》

为第三卷，均由广东旅游出版社出版，16 开，全彩页印刷。均采用分类法编辑，以类目、分目和条目为组成主体，部分条目增设子条目，子条目标题用楷体以示区别，条目为记述的基本形式。书前设图片专辑，正文设大事记、特载、总述等类目，卷末有索引。两书均为 57.5 万字。

《桥头年鉴》创刊于 2017 年，由中共桥头镇委员会、桥头镇人民政府主办，逐年出版。《桥头年鉴（2018）》为第二卷，由中州古籍出版社出版；《桥头年鉴（2019）》为第三卷，由广东旅游出版社出版。均为 16 开，全彩页印刷。均采用分类法编辑，以类目、分目和条目为组成主体，条目为记述的基本形式，书前设图片专辑，正文设大事记、特载、总述等类目，卷末有索引。《桥头年鉴（2018）》全书 59.6 万字、《桥头年鉴（2019）》60 万字。

《常平年鉴》创刊于 2016 年，由中共常平镇委员会、常平镇人民政府主办，逐年编纂。《常平年鉴（2016）》（第一卷）由广东人民出版社出版；2018 年编纂的《常平年鉴（2017）》（第二卷）则为内部出版，记述 2016 年常平镇经济社会发展概况；2019 年编纂的《常平年鉴（2018—2019）》（第三卷）为合辑，内部出版，记述 2018、2019 年常平镇经济社会发展概况。均为 16 开，全彩印刷。均采用分类法编辑，以类目、分目和条目为组成主体，条目为记述的基本形式，书前设图片专辑，正文设大事记、特载、总述等类目。《常平年鉴（2017）》（第二卷）全书 48 万字、《常平年鉴（2018—2019）》（第三卷）约 80 万字。

2. 广东省深圳市

《坪山街道年鉴》创刊于 2015 年，由中共深圳市坪山区坪山街道工作委员会、深圳市坪山区坪山街道办事处组织编纂，逐年出版。《坪山街道年鉴（2018）》为第四卷、《坪山街道年鉴（2019）》为第五卷，分别记述 2017 年、2018 年坪山街道经济社会发展概况，均由黄山书社出版，16 开。均采用分类法编辑，分类目、分目和条目 3 个层次，条目为记述的基本形式，设彩图专辑和“特载、大事记、总述”等类目，卷末有索引。《坪山街道年鉴（2018）》全书 20 万字、《坪山街道年鉴（2019）》25 万字。

《龙华街道年鉴》创刊于 2015 年，由中共深圳市龙华区龙华街道工作委员会、深圳市龙华区龙华街道办事处组织编纂，逐年出版。《龙华街道年鉴（2018）》为第三卷、《龙华街道年鉴（2019）》为第四卷，分别记述 2017 年、2018 年龙华街道经济社会发展概况，分别由中国文化教育出版社、四川民族出版社出版，16 开。均采用分类法编辑，分类目、分目和条目 3 个层次，部分分目设子目，条目为记述的基本形式，书前设彩图专辑，正文设“特载、大事记、总述”等类目，卷末有索引。《龙华街道年鉴（2018）》全书16万字、《龙华街道年鉴（2019）》20万字。

《龙城街道年鉴》创刊于2015年，由中共深圳市龙岗区龙城街道工作委员会、深圳市龙岗区龙城街道办事处组织编纂，逐年出版。《龙华街道年鉴（2018）》为第三卷、《龙华街道年鉴（2019）》为第四卷，分别记述2017年、2018年龙华街道经济社会发展概况，均由黄山书社出版社出版，16开。均采用分类法编辑，分类目、分目和条目3个层次，条目为记述的基本形式，书前设彩图专辑，正文设“特载、特色龙城、党务”等类目，卷末有索引。《龙华街道年鉴（2018）》全书25万字、《龙华街道年鉴（2019）》26万字。

《民治街道年鉴》创刊于2015年，由中共深圳市民治区民治街道工作委员会、深圳市民治区民治街道办事处组织编纂，逐年出版。《民治街道年鉴（2018）》为第四卷、《民治街道年鉴（2019）》为第五卷，分别记述2017年、2018年民治街道经济社会发展概况。均采用分类法编辑，分类目、分目和条目3个层次，条目为记述的基本形式，书前设彩图专辑，正文设“特载、特别关注、综述、党务政务”等类目，卷末有索引。《民治街道年鉴（2019）》为第五卷，由中国文史出版社出版，16开，24万字。

《坂田年鉴》创刊于2015年，由中共深圳市龙岗区坂田街道工作委员会、深圳市龙岗区坂田街道办事处组织编纂，逐年出版。《坂田年鉴（2018）》为第四卷、《坂田年鉴2019》为第五卷，分别记载2017年、2018年坂田街道经济社会发展概况。均采用分类编辑法，设类目、分目、条目3个层次，正文设“特载、年度关注、总述”等类目。《坂田年鉴（2019）》为大16开本，约50万字，拟交出版。

《新安街道年鉴》创刊于2015年，由中共深圳市宝安区新安街道工作委员会、宝安区新安街道办事处组织编纂，逐年出版。《新安街道年鉴（2018）》为第四卷《新安街道年鉴（2018）》为第五卷，分别记述2017年、2018年新安街道经济社会发展概况。采用分类法编辑，分类目、分目和条目3个层次，条目为记述的基本形式，设彩图专辑和“特载、大事记、总述”等类目，卷末有索引。《新安街道年鉴（2018）》由中国文史出版社出版，16开，27.3万字；《新安街道年鉴（2019）》约43万字，拟交出版。

《南澳办事处年鉴》创刊于2016年，由中共深圳市大鹏新区南澳工作委员会、深圳市大鹏新区南澳办事处组织编纂，逐年出版。《南澳办事处年鉴（2018）》为第三卷、《南澳办事处年鉴（2019）》为第四卷，分别记述2017年、2018年南澳办事处经济社会发展概况，均由中国文史出版社出版，16开。采用分类法编辑，分类目、分目和条目 3 个层次，条目为记述的基本形式，书前设彩图专辑，正文设“特载、总述、党务政务”等类目，卷末有索引。《南澳办事处年鉴（2017）》全书 47 万字、《南澳办事处年鉴（2018）》38 万字。

《大浪街道年鉴》创刊于 2016 年，由中共深圳市龙华区大浪街道工作委员会、深圳市龙华区大浪街道办事处组织编纂，逐年出版。《大浪街道年鉴（2018）》为第三卷、《大浪街道年鉴（2019）》为第四卷，分别记述 2017 年、2018 年大浪街道经济社会发展概况。采用分类法编辑，分类目、分目和条目 3 个层次，条目为记述的基本形式，全书设“特载、总述、大事记”等 19 个类目，卷末有主题索引。《大浪街道年鉴（2018）》，由吉林文史出版社出版，16 开，34.9 万字；《大浪街道年鉴（2019）》35 万字，拟交出版。

《坪地街道年鉴》创刊于 2017 年，由中共深圳市龙岗区坪地街道工作委员会、深圳市龙岗区坪地街道办事处组织编纂，逐年出版。《坪地街道年鉴（2018）》为第二卷、《坪地街道年鉴（2019）》为第三卷，分别记述 2017 年、2018 年坪地街道经济社会发展概况。均采用分类法编辑，分类目、分目和条目 3 个层次，条目为记述的基本形式，书前设彩图专辑，正文设“特载、总述、年度关注”等类目，卷末有索引。《坪地街道年鉴（2019）》由中国文史出版社出版，16 开，48 万字。

《马峦街道年鉴》创刊于 2018 年，由中共深圳市坪山区马峦街道工作委员会、深圳市坪山区马峦街道办事处组织编纂，逐年出版。《马峦街道年鉴（2018）》为首卷、《马峦街道年鉴（2019）》为次卷，分别记述 2017 年、2018 年马峦街道经济社会发展概况，分别由团结出版社、黄山书社出版，16 开。均采用分类法编辑，分类目、分目和条目 3 个层次，条目为记述的基本形式，书前设彩图专辑，正文设“特载、总述、大事记”等类目，卷末有索引。《马峦街道年鉴（2018）》、《马峦街道年鉴（2019）》均为 25 万字。

《观澜年鉴》创刊于 2018 年，由中共深圳市龙华区观澜街道工作委员会、深圳市龙华区观澜街道办事处组织编纂，逐年编纂。《观澜年鉴（2018）》为首卷、《观澜年鉴（2019）》为第二卷，分别记述 2017 年、2018 年观澜街道经济社会发展概况，中国文史出版社出版，16 开。采用分类法编辑，分类目、分目和条目等层次，部分分目设子目，条目为记述的基本形式，书前设彩色图片专题，正文设“特载、大事记、总述”等类目，卷末有索引。《观澜年鉴（2018）》全书 50 万字、《观澜年鉴（2019）》23 万字。

《观湖年鉴》创刊于2018年，由中共深圳市龙华区观湖街道工作委员会、深圳市龙华区观湖街道办事处组织编印，逐年编纂。《观湖年鉴（2018）》为首卷、《观湖年鉴（2019）》为第二卷，分别记述2017年、2018年观湖街道经济社会发展概况，均由中国文史出版社出版，16开。均采用分类法编辑，分类目、分目和条目3个层次，条目为记述的基本形式，书前设彩图专辑，正文设“特载、大事记、特色观湖”等类目，卷末有索引。《观湖年鉴（2018）》全书37万字、《观湖年鉴（2019）》41万字。

《福城年鉴》创刊于2018年，由中共深圳市龙华区福城街道工作委员会、深圳市龙华区福城街道办事处组织编纂，逐年编纂。《福城年鉴（2018）》为首卷、《福城年鉴（2019）》为第二卷，分别记述2017年、2018年福城街道经济社会发展概况，中国文史出版社出版，16开。均采用分类法编辑，分类目、分目和条目3个层次，条目为记述的基本形式，书前设彩色图片专题，正文设“特载、大事记、总述”等类目，卷末有索引。《福城年鉴（2018）》全书39.9万字、《福城年鉴（2019）》40.9万字。

《玉瑭办事处年鉴》创刊于2018年，由中共深圳市光明新区玉瑭街道工作委员会、深圳市光明新区玉瑭街道办事处组织编纂，逐年出版。《玉瑭办事处年鉴（2018）》为首卷、《玉塘街道年鉴（2019）》为第二卷，分别记述2017年、2018年玉瑭街道办事处经济社会发展概况，均由线装书局出版社出版，16开。均采用分类法编辑，分类目、分目和条目3个层次，条目为记述的基本形式，书前设数字玉瑭、文前彩图、特载等辅文，正文“百科”部分设“特载、大事记、概貌”等类目，卷末有索引。《玉瑭办事处年鉴（2018）》全书34.3万字、《玉塘街道年鉴（2019）》34万字。

《光明街道年鉴》创刊于2019年，由中共深圳市光明区光明街道工作委员会、深圳市光明区光明街道办事处组织编纂。《光明街道年鉴（2019）》为首卷，记述2018年光明街道经济社会发展概况，由广东旅游出版社出版，16开。采用分类法编辑，分类目、分目和条目3个层次，条目为记述的基本形式，书前设彩图专辑，正文设“特载、大事记、总述”等20个类目，卷末有索引。全书36万字。

《马田街道年鉴》创刊于2019年，由中共深圳市光明区马田街道工作委员会、深圳市光明区马田街道办事处组织编纂。《马田街道年鉴（2019）》为首卷，记述2018年马田街道经济社会发展概况，由中国文史出版社出版，16开。采用分类编辑法，分类目、分目和条目3个层次，条目为记述的基本形式，书前设彩图专辑，正文设“特载、大事记、总述”等15个类目，备有索引。全书40万字。

《新湖街道年鉴》创刊于2019年，由中共深圳市光明区新湖街道工作委员会、深圳市光明区新湖街道办事处组织编纂。《新湖街道年鉴》（2019）为首卷，记载新湖街道 2018 年经济社会发展发展概况，由中国文史出版社出版，16 开。采用分类编辑法，分类目、分目、次分目、条目 4 个层次，以条目为记述的基本形式，设“特载、大事记、总述”等 14 个类目，卷末有索引。全书 40 万字。

《凤凰街道年鉴》创刊于 2019 年，由中共深圳市光明区凤凰街道工作委员会、深圳市光明区凤凰街道办事处组织编纂。《凤凰街道年鉴（2019）》为首卷，记载 2018 年凤凰街道经济社会发展概况，由中山大学出版社出版，16 开。采用分类法编辑，分类目、分目和条目 3 个层次，条目为记述的基本形式，书前设图片专辑，正文设“大事记、特载、总述”等 15 个类目、40 余个分目，卷末有索引。全书 16.8 万字。

《公明街道年鉴》创刊于 2019 年，由中共深圳市光明区公明街道工作委员会、深圳市光明区公明街道办事处组织编纂。《公明街道年鉴（2019）》为首卷，记述 2018 年公明街道经济社会发展概况，由线装书局出版，16 开。采用分类法编辑，分类目、分目和条目 3 个层次，条目为记述的基本形式，书前设彩图专辑，正文设“特载、大事记、概貌”等 15 个类目，卷末有索引。全书 35 万字。

《吉华街道年鉴》创刊于 2019 年，由中共深圳市龙岗区吉华湖街道工作委员会、深圳市龙岗区吉华街道办事处组织编纂，逐年出版。《吉华街道年鉴（2017—2019）》为首卷，记述 2017—2018 年吉华街道经济社会发展概况，由黄山书社出版社出版，16 开。采用分类法编辑，分类目、分目和条目 3 个层次，条目为记述的基本形式，书前设彩图专辑，正文设“特载、概述、党务”等 19 个类目，卷末有索引。全书 45 万字。

3. 广东省中山市

《中山市古镇镇年鉴》创刊于 2017 年，由古镇镇委、镇政府主办，首卷《中山市古镇镇年鉴（2006—2017）》为多年鉴，以后逐年出版。《中山市古镇镇年鉴（2018）》为第二卷、《中山市古镇镇年鉴（2019）》为第三卷，分别记述 2017 年、2018 年古镇镇经济社会发展概况，均由广东人民出版社出版，16 开。均采用分类法编辑，分篇目、类目、分目和条目等层次，条目为记述的基本形式，书前设彩色图片专题，正文设年度关注、古镇之最大事记、灯饰产业等类目，卷末设索引。《中山市古镇镇年鉴（2018）》全书 37.5 万字，《中山市古镇镇年鉴（2019）》44.6 万字。

4. 江苏省泰州市

《永安洲年鉴》创刊于 2014 年，由江苏省泰州市永安洲镇委、镇政府主办。《永安洲年鉴（2014）》为首卷，逐年出版。2019 年出版的《永安洲年鉴（2017）》为第四卷，由南京出版社出版，16开，记述2016年永安洲镇经济社会发展概况。正文设特载、媒体聚焦、大事记、印象永安洲、地方组织机构、实力永安洲、宜居永安洲、平安永安洲、幸福永安洲、社区风采、人物·荣誉栏、附录等类目。采用分类法编辑，分类目、分目和条目3个层次。全书27.2万字。《永安洲年鉴（2018）》《永安洲年鉴（2019）》拟完成统稿后即交出版。

《大泗年鉴》创刊于2019年，由泰州市高港区大泗镇委、镇政府主办。《大泗年鉴（2018）》为首卷，由南京出版社出版，16开，记述2017年大泗镇经济社会发展概况。采用分类法编辑，分类目、分目和条目3个层次。全书20万字。

5. 江苏省扬州市

《新集年鉴》由江苏省扬州市仪征市新集镇于2017年创办，《新集年鉴（2016）》为首卷。2018年起未续编。

6. 江苏省苏州市

《永联年鉴》创刊于2015年，由张家港市南丰镇永联村创办。首卷《永联年鉴（2013—2015）》为多年鉴，此后逐年出版。2018年出版的《永联年鉴（2017）》为第三卷、2019年出版的《永联年鉴（2018）》为第四卷，均由江苏人民出版社出版，16开，分别记述2017年、2018年永联村经济社会发展概况。采用分类法编辑，分类目、分目和条目3个层次，卷末有索引。《永联年鉴（2018）》全书20万字、《永联年鉴（2019）》20万字。

《周庄年鉴》创刊于2018年，由昆山市周庄镇委、镇政府主办，周庄镇地方志办公室编纂，逐年出版。《周庄年鉴（2018）》为首卷，《周庄年鉴（2019）》为第二卷，均由广陵书社出版，16开，分别记述2017年、2018年周庄镇经济社会发展概况。采用分类法编辑，分类目、分目和条目3个层次，卷末有索引。《周庄年鉴（2018）》全书42万字、《周庄年鉴（2019）》40.9万字。

《张浦年鉴》创刊于2018年，由昆山市张浦镇委、镇政府编纂，逐年出版。《张浦年鉴（2018）》为首卷，《张浦年鉴（2019）》为第二卷，均由广陵书社出版，16开，分别记述2017年、2018年张浦镇经济社会发展概况。《张浦年鉴（2018）》卷首有“特别报道、张浦概貌、大事记、专文”、《张浦年鉴（2019）》卷首有“张浦风貌”“最美村庄”“重大活动”“重点实事工程”公共彩版。“百科”部分设类目、分目、条目3个层次，条目为记述的基本形式，卷末有索引。《张浦年鉴（2018）》全书39万字、《张浦年鉴（2019）》37.2万字。

《巴城年鉴》创刊于2019年，由昆山市巴城镇委、镇政府主办，巴城镇地方志办公室编纂。《巴城年鉴（2019）》为首卷，由广陵书社出版，16开，记述2018年巴城镇经济社会发展概况。采用分类法编辑，分类目、分目和条目3个层次，其中设“昆曲小镇”“阳澄湖大闸蟹”“老街保护”等特色类目，卷末有索引。全书44.5万字。

《锦溪年鉴》创刊于2019年，由中共昆山市锦溪镇委员会、锦溪镇人民政府主办，《锦溪年鉴》编辑部编纂。《锦溪年鉴（2019）》为首卷，由广陵书社出版，16开，记述2018年锦溪镇经济和社会发展情况。采用分类法编辑，分类目、分目和条目3个层次，卷首设“锦溪风貌”公共彩版，篇目设“平安建设”“经济发展”“商贸服务业”“城镇建设”“综合经济管理”“文化体育”“荣誉榜”等类目及“休闲旅游”特色类目，卷末有索引。全书38.1万字。

《淀山湖年鉴》创刊于2019年，由中共昆山市淀山湖镇委员会、镇政府主办，淀山湖镇地方志办公室编纂。《淀山湖年鉴（2019）》为首卷，由广陵书社出版，16开，记述2018年淀山湖镇经济社会发展概况。采用分类法编辑，分类目、分目和条目3个层次，其中卷首设“淀山湖速览”“淀山湖风貌”“重大活动”“主题活动”“戏曲之乡”“新农村建设”公共彩版，篇目设“镇域概貌”“人居环境”“商贸服务业”“旅游业”“综合经济管理”“民政”“人物·荣誉”等类目，卷末有索引。全书42.6万字。

《昆山经济技术开发区年鉴》创刊于2019年，由中共苏州市委昆山经济技术开发区工作委员会、昆山经济技术开发区管理委员会主办，昆山开发区党政办公室和年鉴编辑部编纂。《昆山经济技术开发区年鉴（2019）》为首卷，由广陵书社出版，16开，记述2018年昆山开发区政治、经济、文化、社会等各方面的建设与发展情况。采用分类编辑法，分类目、分目和条目3个层次，卷首设“开发区风貌”“重大活动”“实事工程”“企业风采”公共彩版，篇目设“工业”“经济贸易”“人才科技”“规划建设”“环境保护”“文化”“人物”等类目及“口岸”特色类目，卷末有索引。全书42.6万字。

7. 上海市嘉定区

《南翔年鉴》是上海市首部乡镇年鉴，由中共南翔镇委员会、南翔镇人民政府于2017年创办，由《南翔年鉴》编纂委员会主持编纂，首卷《南翔年鉴（2012—2015）》为多年鉴，此后逐年出版。《南翔年鉴（2018）》为第三卷、《南翔年鉴（2019）》为第四卷，分别由上海文化出版社、广陵书社出版，16开，分别记述2017年、2018年南翔镇经济社会发展概况。卷首设“特载、南翔概貌、大事记”。“百科”部分设类目、分目、条目3个层次，条目为记述的基本形式，其中特设“图说南翔”专题宣传彩页，卷末有索引。《南翔年鉴（2018）》全书约50万字《南翔年鉴（2019）》51.8万字。

《华亭年鉴》由中共华亭镇委员会、华亭镇人民政府于2017年创办，由《华亭年鉴》编纂委员会主持编纂，逐年出版。《华亭年鉴（2018）》为第二卷、《华亭年鉴（2019）》为第三卷，分别由上海文化出版社、广陵书社出版，16开，分别记述2017年、2018年华亭镇经济社会发展概况。首设专题彩页，继设特载、华亭概貌、大事记。“百科”部分设类目、分目、条目3个层次，条目为记述的基本形式，卷末有索引。《华亭年鉴（2018）》全书约40万字、《华亭年鉴（2019）》44万字。

8. 浙江省宁波市象山县

《象山西周镇工作年鉴》创刊于2018年，由中共西周镇委员会、西周镇人民政府编纂。《象山西周镇工作年鉴（2017）》为首卷，记述2017年西周镇经济社会发展概况，设“特载、专文、大事记、组织机构、工作技术、经验交流、成果荣誉、文献选编”等类目。未公开出版，为资料汇编。全书约34万字。2019年，未续编。

9. 北京市大兴区

《青云店镇年鉴》创刊于2011年，由青云店镇人民政府主办。《青云店镇年鉴（2018）》《青云店镇年鉴（2019）》分别记述2017年、2018年青云店镇经济社会发展概况，均为16开。条目为记述的基本形式。均未公开出版，为资料汇编。两书均约6.9万字。

（二）乡镇村年鉴数字化网络化概况

2018—2019年，全国公开出版的乡镇（街道）年鉴中，中山市《中山市古镇镇鉴》、深圳市《坪山街道年鉴》《马峦街道年鉴》《龙城街道年鉴》、上海市嘉定区《华亭年鉴》《南翔年鉴》等6种附有光盘，约占乡镇（街道）年鉴总数的20%。东莞市大部分乡镇（街道）年鉴实现上传到地情网等网络平台。总体上看，乡镇（街道）、村年鉴的数字化、网络化停留在以光盘、电子年鉴等传统模式，水平仍然较低。

二、乡镇村年鉴编纂的价值

（一）存史价值

改革开放以来，中国乡镇村发生翻天覆地的变化，特别是中国进入新时代，尤其是乡村振兴战略提出之后，乡镇村经济社会蓬勃发展，变化之大、变化之快，可谓日新月异，记载这些变化，没有比年鉴更好的载体。因此，乡镇村年鉴的存史价值日益凸显。

（二）现实价值

一是助力乡村振兴。编纂乡镇村年鉴，可以为乡镇村的建设鼓与呼，也可以为乡镇村的建设提供资政参考，助力乡村振兴战略的实施，更有助于培厚特色地方文化，凝聚文化共识，留住乡愁。二是助推地方志事业转型升级。通过将年鉴编纂贯通到乡镇村，打通地方志的微细血管，将更好地建立健全基层地方志组织、锻造提升基层地方志队伍能力，为地方志编修打下牢固的基础，特别是在社会上树立地方志意识，形成修志氛围，在乡土播下地方志的种子，使得地方志事业的长远发展根深叶茂。

三、乡镇村年鉴内容、体例的问题分析

目前，乡镇村年鉴编纂质量逐年稳步提升，但从指导思想、框架设计、选题选材、条目撰写、装帧设计等方面来看，仍有不少规范、改进的空间。下面以部分乡镇村年鉴 2018 卷为例。

（一）“致命”缺陷

一是编辑说明中缺“指导思想”，包括一些编纂质量较高的年鉴，如《中山市古镇镇年鉴（2018）》《南翔年鉴（2018）》《周庄年鉴（2018）》《张浦年鉴（2018）》等也缺“指导思想”，《华亭年鉴（2018）》虽有“指导思想”，但表述不完整。

二是地图中缺审图号，如《马峦街道年鉴（2018）》《南翔年鉴（2018）》等。

（二）选题选材问题

在内容上，相较省、市、县综合年鉴，乡镇村年鉴选题选材虽然更简单，但也更接地气，因此，乡镇村年鉴本应更简洁，不追求面面俱到，要求更具地方特色，展现出独特的乡土味道来。以此标准来观察现有乡镇村年鉴，大部分乡镇村年鉴在框架设计上，未能集中记述当地优势文化、特色产业等内容，地方特色凸显不足，相似度高。

有些乡镇村年鉴在突出年度特色、地方特点方面做了有益的探索。比如,《长安年鉴(2018)》在"年度关注"类目,下设"智能手机小镇创建""打好治水攻坚战""企业'倍增计划'工作推进""广东省公共文化建设服务体系示范区创建"等分目;《凤岗年鉴(2018)》在"特载"类目设"重大项目签约动工""凤岗城市品质提升""精神文明创建""水污染专项整治"等分目;《大朗年鉴(2018)》保持设"毛织业"分目,《寮步年鉴(2018)》保持设"汽车产业""香市文化产业"分目。《马峦街道年鉴(2018)》设"年度关注"类目,《玉塘办事处年鉴(2018)》设"书香玉塘"类目,《龙城街道年鉴(2018)》设"特色龙城"类目。《南翔年鉴(2018)》则将"政府实事"单列为分目,《华亭年鉴(2018)》列有"90岁以上老年人名单"等普通居民可能较有兴趣的内容,且《华亭年鉴(2018)》《南翔年鉴(2018)》设置的年度特色条目较多。

但探索远远不够,改进的空间很大,以《中山市古镇镇年鉴(2018)》为例,该书设"古镇之最"类目、"灯饰产业"分目,突出"灯具之都"的特色,但读后仍有一丝遗憾:既惊叹于古镇灯业之兴盛,又有了解不深、意犹未尽的感觉。因为"灯饰产业"分目仅有4个条目,且淹没在"工业、商贸服务业"类目中。乡镇村年鉴围绕当地特色、年度亮点,仍需下大工夫。

(三)形式、行文问题

一是缺少要项问题。《福城年鉴(2018)》缺"党工委""办事处"等内容;《龙华街道年鉴(2018)》缺"党工委""办事处"等内容,且将"人大、政协"分目排在"党的建设"分目前;《玉塘办事处年鉴(2018)》也未设"党委"分目,仅"组织人事"分目内含"党建"工作;《南澳办事处年鉴(2018)》设有"工业"内容。

二是独木难支问题。如《南翔年鉴(2018)》"概貌"类目,只有1个"概况"分目;全书"综述"分目,均采用无题序形式,没有条目。《周庄年鉴(2018)》"历史沿革""民族宗教"分目,无条目;全书"综述"分目,也无条目;"政府实事""超市""路灯管理""燃气""污水处理""地税""成人教育""媒体宣传""医疗单位"分目,只有1个条目。《张浦年鉴(2018)》"建置沿革""行政区划""组织工作"分目无条目;全书"综述"分目,也无条目;"民政"分目,只有1个条目。独木不成林。

三是拟题不当问题。一些不宜以单位名称立目题的情况,应改为以工作名称立目,如《华亭年鉴(2018)》以"华亭派出所""唐行派出所"立分目,这两个分目应归并到“治安管理”分目，并降格为条目。《福城年鉴（2018）》中“公安派出所”分目，应改题为“公安”。《中山市古镇镇年鉴（2018）》中“交警”分目、《周庄年鉴（2018）》中“交巡警”分目，都应改为“交通安全管理”。《张浦年鉴（2018）》中“联动中心”分目，应归并到“综合治理”分目。《周庄年鉴（2018）》中“行政服务中心”分目，建议删去“中心”二字，改为“行政服务”即可；“社区居委会”分目，改为“社区”即可。

四、关于发展乡镇村年鉴的建议

相较省、市、县综合年鉴，乡镇村年鉴编纂存在经费少、人员缺等较多困难。为稳步推进乡镇村年鉴编纂发展，提出以下建议：

一是建议书名仍以“行政区划名（如长安镇）+ 年鉴”，即使用“《长安年鉴》”，同时在主办方名称上加上所在省、市、县名，如《长安年鉴》由“中共广东省东莞市长安镇委员会、广东省东莞市长安镇人民政府”主办。这样既解决书名要求望题知义的问题，使读者迅速定位年鉴所记述的对象，又避免发生书名带上行政区划名后过于累赘的情况。

二是记载年限上，不强求一年一鉴，以三或五年为一鉴也可，因为乡镇村党委（党工委、支部）、政府（居委会、村委会）大多是三或五年换届，按届次来记载，也许更有利于调动编纂的积极性，促使乡镇村年鉴编纂更大范围铺开，因时因地制宜，在探索中建立常态化工作机制，逐步使年鉴编纂成为镇（街道）、村年度常设工作。

三是印制装帧上，不必追求精装，简装（平装）也可，如《周庄年鉴（2018）》《张浦年鉴（2018）》，简装（平装）也很庄重大方。印刷上采用单色、双色印刷也可。开本上采用小开本即可，有些乡镇村年鉴采用大 16 开，但全书仅 100 多页，反而显得单薄，若采用小开本，做成口袋书，则不但看上去内容丰富，也便于读者携带。

年鉴简本（袖珍本）发展报告

刘 耀

提要：年鉴简本的编纂出版丰富了中国年鉴的种类和数量，开创了中国年鉴不同形式、不同用途的编纂模式。分析研究年鉴简本的栏目特色对于更好编纂年鉴简本，切实发挥其功能具有重要意义。应提高对年鉴简本的认识，突出内容精炼、资料实用、携带便利等特点，对年鉴简本进行推广。

关键词：年鉴简本　袖珍本　数字化　发展展望

中国年鉴出版事业自 20 世纪 80 年代恢复发展以来，品种与数量快速增长。与此同时，年鉴简本（包括袖珍本）经过 20 多年的发展，也呈现出种类和数量的稳步增长。年鉴简本[本报告所述年鉴简本包括袖珍本年鉴，但不包括小版本的正本年鉴以及市民生活年鉴、英文版年鉴、市民手册、市情概览等小开本的年鉴或地情书籍。]的编纂出版丰富了中国年鉴的种类和数量，开创了中国年鉴不同形式、不同用途的编纂模式，为读者提供了快速查询和便于携带阅读的新方式。

一、年鉴简本的现状与体例体裁和内容

（一）年鉴简本的现状与选介

据不完全统计，截至 2019 年底，全国先后编纂出版的年鉴简本有 28 种。其中，

省级年鉴简本有5种，为《北京年鉴（简本）》《山西年鉴（简本）》《河南年鉴（简本）》《广东年鉴（简本）》《青海年鉴（简本）》；地市级（含副省级城市）年鉴简本14种，为《邢台年鉴（简本）》《大连年鉴（袖珍本）》《延边年鉴（简本）》《泰安年鉴（袖珍本）》《日照年鉴（袖珍版）》《信阳年鉴（简本）》《襄阳年鉴（简本）》《广州年鉴（简本）》《深圳年鉴（简本）》《佛山年鉴（简本）》《江门年鉴（简本）》《湛江年鉴（简本）》《成都年鉴（简本）》《宝鸡年鉴（简本）》；县区级年鉴简本3种，为《嘉定年鉴（袖珍本）》《光明年鉴（简本）》《尖扎年鉴（简本）》；专业年鉴简本5种，为《北京教育年鉴（简本）》《对外经济贸易大学年鉴（简本）》《上海经济年鉴（中英文对照简本）》《胜利油田年鉴（袖珍本）》《广西统计年鉴（简本）》；区域年鉴简本1种，为《珠江三角洲城市群年鉴（简本）》。

其中，《北京年鉴（简本）》《河南年鉴（简本）》《广东年鉴（简本）》《大连年鉴（袖珍本）》《泰安年鉴（袖珍本）》《日照年鉴（袖珍版）》《信阳年鉴（简本）》《广州年鉴（简本）》《深圳年鉴（简本）》《佛山年鉴（简本）》《湛江年鉴（简本）》《成都年鉴（简本）》《宝鸡年鉴（简本）》《嘉定年鉴（袖珍本）》《光明年鉴（简本）《北京教育年鉴（简本）》《上海经济年鉴（中英文对照本）《胜利油田年鉴（袖珍本）》《珠江三角洲城市群年鉴（简本）》19种详情已在《中国年鉴发展报告（2018）》予以介绍，兹不赘述。

《山西年鉴（简本）》创刊于2018年，由山西省政府组织，中共山西省委党史研究院（山西省地方志研究院）编纂，32开本，免费赠阅。该简本采用类目、分目、条目三个结构层次，2018年卷全面、客观、系统地记载上一年度山西省自然、政治、经济、文化、社会等领域的基本情况、重要事项和发展变化，为社会大众和组织认识山西、研究山西、投资山西、建设山西提供帮助。

《青海年鉴（简本）》创刊于2017年，由青海省地方志编纂委员会主办，青海年鉴社编纂出版（非公开出版），异型32开本，免费赠阅。该简本采用类目、分目、条目三个结构层次，2018年卷设置概况、大事记、政治、军事、法治、经济、社会事业、市县概览、集体人物、统计资料10个类目，共21.9万字，全面记述全省自然、经济、政治、文化、社会、生态和党的建设等方面的情况。

《邢台年鉴（简本）》创刊于2019年，由邢台市人民政府主办、市政府地方志办公室承编，河北人民出版社出版发行，异型32开本，免费赠阅。该简本采用类目、条目两个层次，内容分为大事记、基本情况、政治、经济、文化、社会、生态、附录等8个类目。

《延边年鉴（简本）》创刊于2018年，由延边朝鲜族自治州地方志编纂委员会主办、编纂出版（非公开出版），小32开本，免费赠阅。该简本采用类目、分目、条目三个结构层次，2018年卷设置延边概貌、大事记、中国共产党延边朝鲜族自治州委员会、延边朝鲜族自治州人民代表大会、延边朝鲜族自治州人民政府、中国人民政治协商会议延边朝鲜族自治州委员会、纪检监察、群众团体、法治、军事、经济管理与监督、口岸开放、农业、林业、工业、交通运输和邮政业、金融、城乡建设与管理、生态建设、商贸服务业、信息化、科学技术、文化、体育、教育、民族 宗教、卫生、民生、县（市）开发区29个类目，共22.1万字，客观记述2017年度发生在延边州境内的大事、新事、要事。

《襄阳年鉴（简本）》创刊于2018年，由襄阳市委、市政府主办、襄阳市党史和地方志办公室编纂出版（非公开出版），异型32开本，免费赠阅。该简本采用类目、分目、条目三个结构层次，2018年卷设置襄阳大事记、襄阳概况、经济、政治、文化、社会、生态、县（市）区概况、人物、组织机构及其领导人名单、统计资料11个类目，共20万字，简要记述2017年度全市自然、经济、政治、文化、社会、生态各领域的基本情况。

《江门年鉴（简本）》创刊于2010年。由江门市人民政府主办，江门市档案局、江门市地方志办公室编纂，32开本，免费赠阅。该简本采用类目、分目、条目三个结构层次，条目为记述的基本形式。2010卷设特辑、江门大事记、全市概况、江门市领导机关、2009年江门市国民经济和社会发展统计公报、社会经济统计表6个类目，记载江门市年度发展基本情况，该年鉴出版情况不详。

《尖扎年鉴（简本）》创刊于2017年，由青海省尖扎县政府主办，青海省尖扎年鉴编纂委员会编纂出版（非公开出版），异型32开本，免费赠阅。该简本采用类目、分目、条目三个结构层次，2018年卷设置县情概况、大事记、政治、经济、社会事业、乡情概览、附录7个类目，共21万字，记载尖扎县年度自然、政治、经济、文化和社会发展情况。

《对外经济贸易大学年鉴（简本）》创刊于2019年，由对外经济贸易大学档案馆/校史馆主办，对外经济贸易大学年鉴编辑部编纂出版（非公开出版），32开本，免费赠阅。该简本采用类目、分目、条目三个结构层次，设概况、特载、人物、大事记、综合管理、学院（研究院、教研部）、群众团体、附录等8个类目。

《广西统计年鉴（简本）》创刊于2018年，由广西壮族自治区统计局主办、编纂出版（非公开出版），异型 32 开本，免费赠阅。该简本采用篇、图表结构，基本以图表的形式反映年度各方面的数据。2018 年卷设置综合、人口 就业和工资、国民经济核算、物价及人民生活、财政 金融和保险、资源与环境、能源生产与消费、固定资产投资、对外经济贸易、农业、工业与建筑业、国内贸易和旅游、交通运输和邮电通信业、教育科技和文化、体育与卫生、区域经济、各市基本情况 17 个栏目，收录全自治区 2017 年和 1978 年以来重要年份的主要统计数据，各市县（区）2017 年的主要统计数据。

（二）年鉴简本的体例体裁和内容

年鉴简本在体例体裁上，主要采用条目体，兼有文章体、编年体、文摘体等体裁。

年鉴简本的内容是从年鉴正本中精选出来，再经调整压缩后编辑而成的。部分年鉴简本增加了正本年鉴没有收录并对读者具有参考使用价值的信息资料。主要内容涉及年度政治、经济、文化、社会、环境情况的方方面面。

二、年鉴简本的栏目特色

在已出版的年鉴简本的栏目设置中，各年鉴编纂部门既注意栏目设置的规范，又强调突出特色，使年鉴简本的栏目既有正本的主要内容，又增加了各自特色的内容，与正本年鉴形成了互补。

《北京年鉴（简本）》2018 年卷设置的特色栏目包括“冬奥会筹办”“京津冀协同发展”“城市副中心建设”等，记述北京市 2017 年的重大事件和新情况。

《河南年鉴（简本）》2017 年卷设置“经济建设”“政治建设”“文化建设”“社会建设”“生态文明建设”栏目，从“五位一体”建设角度记述河南省的新成就、新事物、新经验和全省基本情况，为中原经济区建设、中原崛起河南振兴服务。

《广东年鉴（简本）》2018 年卷设置“年度关注”“国民经济”“社会事业”“人民生活”“便览资料”等特色栏目，抓住发展的新情况、新特点和新问题选题立目，提高资料价值和现实反映能力，发挥决策参考、科研资料、省情读本作用。

《邢台年鉴（简本）》2019 年卷，设置政治、经济、文化、社会、生态“五位一体”建设栏目，全面反映邢台市 2019 年度建设情况。

《泰安年鉴（袖珍本）》2017 年卷设置“2016 年经济和社会发展综述”栏目，记载泰安市“践行新理念，增创新优势，建设新泰安”的实践。

《日照年鉴（袖珍版）》2017 年卷设置城市·年度记忆特色栏目，记录日照市年度城市建设情况。

《信阳年鉴（简本）》2018 年卷设置“政治建设”“经济建设”“文化建设”“社会建设”“生态文明建设”栏目，记述信阳市政治、经济、文化、社会、生态文明“五位一体”建设和年度经济社会发展情况。

《襄阳年鉴（简本）》2018 年卷设置“经济”“政治”“文化”“社会”“生态”栏目，简要记述 2017 年度全市自然、经济、政治、文化、社会、生态、各领域的基本情况。

《广州年鉴（简本）》2018 年卷设置“经济建设”“政治建设”“文化建设”“社会建设”“生态文明建设”等特色栏目，整合全市政治、经济、文化、社会、生态文明“五位一体”建设和年度经济社会发展情况。

《深圳年鉴（简本）》2018 年卷设置的“政治建设”“经济建设”“文化建设”“社会建设”“生态文明建设”“城市导航”栏目，整合全市政治、经济、文化、社会、生态文明“五位一体”建设和年度经济社会发展情况，同时在“城市导航”栏目中收录相关实用信息，为读者提供文化、社会生活资讯。

《佛山年鉴（简本）》2018 年卷设置了“政治”“经济”“文化”“社会生活”“生态文明建设”栏目，反映佛山市政治、经济、文化、社会等方面的基本情况。

《湛江年鉴（简本）》2018 年卷设置“年度关注”“便览资料”两个特色栏目，记述湛江市年度发展特色情况。

《成都年鉴（简本）》2018 年卷设置“城建环保”“经济产业”等栏目，记录成都市 2017 年城市建设和经济产业发展情况。

《光明年鉴（简本）》2018 年卷设置“特色光明”栏目，记载光明区年度发展特色情况。

《北京教育年鉴（简本）》2018 年卷设置“民办教育”“招生与考试”“京津冀教育协同发展”3 个特色栏目（其中“民办教育”栏目在许多年鉴中没有记载），记述北京教育事业改革发展的亮点情况。

《对外经济贸易大学年鉴（简本）》2019 年卷设综合管理、学院（研究院、教研部）等特色栏目，突出记载该校教研、科研、综合管理等情况。

《上海经济年鉴（中文袖珍本）》2017 年卷设置“城市创新十大热点”栏目，对上海建设“四个中心”、深化自贸试验区改革与发展、推进供给侧结构性改革、崇明撤县建区打造世界级生态岛等做了完整记述。

三、年鉴简本数字化、网络化情况

随着电子阅读技术的快速发展，年鉴的数字化、网络化已经成为年鉴发展的必然，年鉴简本也不例外。已经编纂出版的年鉴简本其正本年鉴基本配有电子光盘，并在政府网站、地方志网站发布。近两年，随着手机功能的快速发展，二维码网络链接和手机阅读已在部分年鉴中使用，实现了年鉴阅读和资料链接网络化。如《深圳年鉴》2017 年卷制作了手机阅读二维码，通过手机扫描可快速阅读全书的内容，同时通过书中大量的二维码实现年鉴资料的无限链接，真正实现了年鉴网络化的实际应用。但是，目前已经出版的简本年鉴与其正本年鉴相比，数字化、网络化水平相差较大。综合年鉴正本均已出版多年，有固定的网络化、数字化经费和管理人员，并建有独立网站，或者通过地方主管单位、主办部门网站进行数字化与网络化。而年鉴简本基本还是纸质版本，从目前已出版的简本年鉴中还未发现配有光盘版，在已出版年鉴简本的各单位网站上也尚未发现有简本的数字化内容（虽然正本年鉴网络版已包含简本的大部分内容，但纯简本的网络版尚未出现）。从数字化发展趋势和实际应用看（简本年鉴避免与正本年鉴的网络版内容重复），手机阅读和二维码链接是年鉴简本网络化的发展方向。

四、年鉴简本存在的问题与发展展望

随着中国经济社会的快速发展及大力推动“两全目标”的实现，年鉴事业也出现了繁荣发展的可喜局面，但是年鉴简本的发展与正本年鉴相比却相对迟缓。从 1995 年出版的《上海经济年鉴（袖珍本）》到 2018 年—2019 年最新创办的《山西年鉴（简本）》《延边年鉴（简本）》《襄阳年鉴（简本）》《广西统计年鉴（简本）》《邢台年鉴（简本）》《对外经济贸易大学年鉴（简本）》的 20 余年时间里，只有 28 种年鉴简本出版（不完全统计），而且有部分年鉴简本已经停刊。

制约年鉴简本发展的主要因素有：一是对简本的认识不足，不少年鉴编纂部门仅仅满足于完成正本年鉴的出版任务，认为年鉴简本中的内容在正本年鉴中都有，并且正本年鉴内容更全面、资料更丰富，年鉴简本可有可无。二是许多地区年鉴编纂经费不足，特别是西部地区，从目前已出版的年鉴简本看，绝大多数在东部沿海和中部地区（共 18 种）。

年鉴简本的编纂是将正本年鉴的内容进行精简、整合和补充，方便了读者的使用和携带，特别是部分年鉴简本增加了正本年鉴中没有刊载的内容和表格，如《北京年鉴（简本）》中的“每日创造、每日生活”，《广东年鉴（简本）》“便览资料”中的“广东省国家级自然保护区、广东省国家级森林公园、广东省国家地理标志保护产品”，《深圳年鉴（简本）》中的“城市导航”，《日照年鉴（袖珍版）》中的“城市·年度记忆”，《深圳年鉴（简本）》《广州年鉴（简本）》《河南年鉴（简本）》《佛山年鉴（简本）》《信阳年鉴（简本）》《襄阳年鉴（简本）》中的“五位一体”建设类目，《信阳年鉴（简本）》中的“信阳市经济社会发展重大成就”，以及《大连年鉴（袖珍本）》中的“全国部分城市统计资料”等，都是在正本年鉴中没有刊载的内容或经重新整合、增加补充新资料后的内容，具有较强的可读性和实用性，受到读者的欢迎。

年鉴简本的框架和内容也存在着一些问题：一是框架设置与正本年鉴基本一致（成为正本年鉴的简化压缩版），没有突出简本的特点和优势；二是条目选题不够新，不少年度亮点、特色的条目没有记载，特别是正本年鉴不便于记载的内容更应该在简本中收录；三是版面设计过于呆板，比正本年鉴更缺乏新意和美观，《北京年鉴（简本）》《北京教育年鉴（简本）》的版面设计就比较新颖活泼。

年鉴简本的内容是对正本年鉴内容的补充和完善，具有正本年鉴所没有的独特优势，内容更精炼、资料更实用、使用更方便、携带更便利，一些不便于在正本年鉴中收录或更贴近市民的实用资料均可在简本中收录。因此，提高对年鉴简本的认识，丰富年鉴的品种，加快年鉴简本的网络化、数字化，只有对年鉴简本有了正确的认识和重视，真正做到了年鉴简本走进普通百姓中并具有可读性和实用性，年鉴简本的编纂出版才能真正繁荣发展。

年鉴英文版发展报告

赵　冰

提要：报告总结了2018年年鉴英文版发展的基本情况，通过对比分析《北京年鉴（2017）》《上海年鉴（2018）》和《浦东年鉴（2018）》的中文版本和英文版本，提出年鉴英文版的发展方向：一是要注重对外国人关注内容的编纂；二是要保持合适的文字量和选取适当的开本；三是出版时间应该尽量提前。

关键词：年鉴英文版　出版

一、年鉴英文版发展基本情况

据不完全统计，截至2018年末，已经编纂出版的地方综合年鉴英文版有《北京年鉴（2017）》《上海年鉴（2018）》《浦东年鉴（2018）》《江苏年鉴（2017）》《南京年鉴（2017）》《广州年鉴（2017）》《深圳年鉴（2017）》《海南年鉴（2018）》《成都年鉴（2017）》《西安年鉴（2017）》和《湖北概览》。另有专业年鉴《上海经济年鉴（2018）》1种。年鉴英文版基本情况见下表。

二、年鉴英文版与中文版的对比分析

年鉴英文版与中文版相比，大体可以分为三种类型：第一种是框架基本和中文版框架相同，选取各类目的综述、概况和部分重点条目；第二种是以中文版为基础，在

地方综合年鉴英文版基本情况一览

表 1

年鉴名称	英文名	出版时间	开本	印刷	页数	装帧	字数	出版方式	定价	图表	其他
《北京年鉴（2017）》	Beijing Yearbook 2017	2018 年 5 月	16 开	彩色	305	平装		内部		有图有表	有附录
《上海年鉴（2018）》	Shanghai Almanac 2018	2018 年 12 月	32 开	彩色	221	平装		公开	20 元	有图有表	
《浦东年鉴（2018）》	Pudong Yearbook 2018	2018 年 11 月	32 开	彩色	238	平装		公开	60 元	无图有表	有附录
《江苏年鉴（2017）》	Jiang su Province Yearbook 2017	2018 年 12 月	32 开	彩色	458	平装		公开	180 元	有图有表	有附录
《南京年鉴（2017）》	Nanjing Yearbook 2017	2018 年 6 月	16 开	彩色	483	精装	65 万		360 元	有图有表	有附录
《广州年鉴（2017）》	Guangzhou Yearbook 2017	2018 年 5 月	16 开	彩色	387	精装		内部		有图有表	有附录，改为内部出版
《深圳年鉴（2017）》	Shenzhen Yearbook 2017	2018 年	16 开	彩色	226	平装		公开		有图有表	有光盘，有附录
《海南年鉴（2018）》	Hainan Yearbook 2018	2018 年 12 月	32 开	彩色	258	精装	15 万	公开	180 元	有图有表	
《成都年鉴（2017）》	Chendu Yearbook 2017	2018 年 8 月	16 开	彩色	552				180 元	有图有表	有附录
《西安年鉴（2017）》	Xi' an Yearbook 2017	2018 年 12 月	16 开	彩色	314	平装	36 万	公开	160 元	有图有表	有附录
《湖北概览》	A Book of Hubei	2018 年 12 月	16 开	彩色	205	平装		公开	98 元	有图无表	中英文对照版

选取部分类目内容的基础上，重新进行编排，并增加部分内容；第三种是以中文版为基础，选取部分类目综述内容，根据字数多少再适当补充部分分目和条目内容。

下面各选取一种进行详细对比分析。

（一）《北京年鉴（2017）》英文版

《北京年鉴（2017）》英文版包括市情概况、大事记、中国共产党北京市委员会、北京市人民政府、中国人民政治协商会议北京市委员会、政法、台务・侨务・港澳事务、外事、冬奥会筹办、京津冀协同发展、城市副中心建设、全面深化改革、综合经济管理、私营个体经济、创新示范区・开发区、工业、信息化建设与管理、农业与农村经济、商务、交通・邮政、银行・证券・保险、旅游业、科学技术、社会科学、教育、新闻・出版、文化、卫生・计生、体育、精神文明健身、社会建设、环境保护、城市规划与国土管理、城市建设、城市管理、人力资源和社会保障、社会生活，共43个类目，合中文约11万余字。

与《北京年鉴（2017）》中文版相比，主要存在以下不同：

第一，中文版的特载、法规规章目录、专文、纪检监察、民主党派·工商联、群众团体、民族·宗教、军事、区情、统计表在英文版均未刊载。

第二，中国共产党北京市委员会、北京市人民政府、中国人民政治协商会议北京市委员会、政法、外事、冬奥会筹办、京津冀协同发展、城市副中心建设、全面深化改革、私营个体经济、创新示范区·开发区、工业、信息化建设与管理、农业与农村经济、商务、银行·证券·保险、旅游业、科学技术、社会科学、教育、新闻·出版、文化、卫生·计生、体育、精神文明健身、社会建设、环境保护、城市建设、城市管理、人力资源和社会保障、社会生活类目，均为中文版相应类目综述加重点条目。

第三，台务·侨务·港澳事务、交通·邮政类目，因中文版相应类目没有综述，采用相应分目概况加重点条目。

第四，综合经济管理除中文版综述分目内容外，还下设综合调控、国有资产监督管理、财政、工商行政管理、税务5个分目，分别刊载了这5个分目的概况和部分重点条目。中文版统计、质量技术监督、审计、综合性公司4个分目未刊载。

第五，城市规划与国土管理除概况外，下设城市规划、土地资源管理、矿产资源管理3个分目。概况为中文版城市规划类目综述分目内容，城市规划内容为中文版城市规划类目重点条目，土地资源管理为中文版城市管理类目土地资源管理分目重点条目，矿产资源管理为中文版城市管理类目矿产资源管理分目重点条目。

从以上的不同，可以看出《北京年鉴（2017）》英文版与中文版的差别主要是两点：一是英文版与中文版相比，仅有中文版的个别类目未在英文版刊载。二是英文版主要为中文版各类目的综述加重点条目。

就英文版内容而言，有三点值得商榷：一是英文版显然没有针对外国人的需要进行特殊的编排，只是对中文版进行了摘编，没有体现出英文版的独特价值。二是这种综述加重点条目的形式，虽然相对而言可以较为全面地反映中文版的内容，但是条目的选择带有编辑的主观性，其"重点"未必是真正的重点。同时，部分类目的缺失，如民主党派·工商联、群众团体、民族·宗教，也不能真正全面地反映北京市经济社会发展的实际情况。三是总体篇幅有些过大。

（二）《上海年鉴（2018）》英文版

《上海年鉴（2018）》英文版包括概貌、上海历史大事记、政党政权、司法、经济、金融、旅游、环境保护、城市建设与管理、交通运输、科技、教育、文化、卫生、体育、社会生活、友好往来、在上海的外籍人士，共 18 个类目，合中文约 5 万字。

与《上海年鉴（2018）》中文版相比，主要存在以下不同：

第一，中文版的要闻大事、特记、专文、专记、中国共产党上海市纪律检查委员会、浦东开发开放、国内合作、民营经济、信息化、精神文明创建、社会科学、民主党派与工商联、人民团体·社会组织、军事、人力资源、社会保障、先进集体、区、社会调查类目在英文版中均未刊载。

第二，中文版的上海概貌改为概貌，只选用了中文版基本情况中的部分内容；基础环境，经济中心，文化都会，魅力城市，国民经济和社会发展，体制改革，市领导班子成员及各部委办局、区、工青妇负责人名单等内容没有选用；增加了市花、市标的介绍。

第三，增加了上海历史大事记，从约 6000 年前上海海岸沙冈冈身形成记起，最后一条为 2017 年 12 月 31 日黄浦江两岸贯通工程完成，共 73 条 2500 余字。

第四，政党政权内容为市委、市人大、市政府、市政协主要职责和领导名单；市政府部分增加了组成部门、直属机构和单位、管理机构名单，以及 2017 年市政府实事项目完成情况。工作内容未记述。

第五，司法为上海市高级人民法院和上海市人民检察院的职责、机构和领导名单。工作内容未记述。中文版司法类目中的公安、司法、仲裁也未记述。

第六，经济下设农业、工业、商贸、对外贸易、利用外资、总部经济、房地产业、会展业、财税 9 个分目。农业为中文版农业类目下综述分目的部分内容，主要是农业生产总体情况。工业为中文版工业类目下综述分目内容。商贸为中文版商务类目下商贸分目的概况条目部分内容。对外贸易为中文版商务类目下对外贸易分目的概况条目部分内容。利用外资为中文版商务类目下利用外资分目的概况条目部分内容，加中文版商务类目下涉及国外和境外的相关统计表。总部经济为中文版商务类目下利用外资分目的总部经济条目的部分内容。房地产业为中文版建筑业·房地产业类目下房地产市场分目的概况条目部分内容，加 2006—2016 年上海新建住宅成交价格情况表。会展业由 2017 年上海主要展览表和 2017 年上海举办展览会项目情况表组成，其中 2017 年上海主要展览表在中文版中没有，2017 年上海举办展览会项目情况表在中文版类目旅游业 · 会展业 · 广告业类目下会展业分目收录。财税由 2017 年上海市税收收入情况表和 2017 年上海市主要税种收入增长情况表组成，均收录在中文版综合经济管理与监督类目税务管理分目中。

第七，金融下设银行业、证券业、保险业 3 个分目。银行业为中文版金融类目下银行业分目的概况条目部分内容，加 2017 年上海外资银行经营情况表和 2017 年上海市中资银行基本情况表。证券业为中文版金融类目下金融市场分目的证券市场条目内容，加中文版金融类目下证券业分目 2017 年上海上市公司境内资本市场融资情况表。保险业为中文版金融类目下保险业分目概况条目部分内容。

第八，旅游为中文版旅游业 · 会展业 · 广告业类目旅游业分目下概况条目的部分内容，加中文版中没有收录的五星级饭店一览和上海国际文化交流基地一览表。

第九，环境保护为中文版环境保护类目下综述分目内容，加环境保护类目下环境质量分目环境空气质量条目部分内容、声环境质量条目部分内容、辐射环境质量条目部分内容和 2016—2017 年及基准年 2013 年各月 PM2.5 月均浓度比较图。

第十，城市建设与管理为中文版城乡建设与管理类目下综述分目部分内容，加重大公共设施建设分目 2017 年上海重大工程建成（基本建成）项目表、城市交通分目概况条目部分内容，城市公共安全分目概况条目部分内容和水、电、气供应分目概况条目部分内容。

第十一，交通运输下设港口、铁路、公路、城市公共交通 4 个分目。港口为中文版交通运输业 · 邮政类目港口、航道分目下概况条目部分内容。铁路为中文版交通运输业 · 邮政类目铁路运输分目下概况条目部分内容。公路为中文版交通运输业 · 邮政类目公路运输分目下概况条目部分内容。城市公共交通为中文版城乡建设与管理类目下城市交通分目的概况条目部分内容。

第十二，科技下设科学技术研究、知识产权 2 个分目。科学技术研究为中文版科学技术类目下综述分目的部分内容和科学技术研究分目的概况条目部分内容。知识产权为中文版科学技术类目下知识产权分目的概况条目部分内容，加 2017 年上海市专利申请量、授权量表。

第十三，教育下设概况，基础教育、学龄前教育，高等教育 3 个分目。概况为中文版教育类目综述分目部分内容，加 2017 年上海市各级普通学校基本情况表，还收录了中文版没有的在沪外籍人员子女学校名录表。基础教育、学龄前教育为中文版教育类目基础教育、学龄前教育分目下概况条目部分内容。高等教育为中文版教育类目高等教育分目下概况条目部分内容，加2017年上海“211工程”高校基本情况表、2017年上海民办高等学校情况表。

第十四，文化下设艺术、文博、图书馆、节庆、文化市场、传媒6个分目。艺术为中文版文化艺术类目艺术分目下概况条目部分内容，加2017年主要文艺院团基本情况表。文博为中文版文化艺术类目文博分目下概况条目部分内容。图书馆为中文版文化艺术类目图书馆分目下概况条目内容。节庆为文化艺术类目下艺术分目第三十四届上海之春国际音乐节条目部分内容，广播影视类目下电影分目第二十届上海国际电影节条目部分内容和第二十届上海国际电影节“金爵奖”获奖名单，中文版广播影视类目下电视分目第二十三届上海电视节条目部分内容和第二十三届上海电视节白玉兰奖获奖名单。文化市场为中文版文化艺术类目下文化市场分目演出市场文化娱乐市场艺术品市场网络游戏市场动漫市场条目部分内容。传媒为中文版报刊·出版类目下报刊分目的概况条目部分内容；加中文版报刊·出版类目下综述分目2017年上海新闻出版产值情况表和报刊分目2017年上海报纸、期刊出版情况，中文版报刊·出版类目出版分目2017年上海出版情况表、2017年上海印刷业情况表。

第十五，卫生为中文版卫生类目综述分目部分内容，加疾病预防控制、妇幼保健分目概况条目部分内容，社区与农村卫生分目概况部分内容。

第十六，体育下设落户上海的国际赛事，竞技体育、重要赛事2个分目。落户上海的国际赛事为中文版体育类目落户上海的国际赛事分目除概况外的全部赛事条目。竞技体育、重要赛事为中文版体育类目竞技体育、重要赛事分目2017年上海运动员获世界冠军（含非奥项目）表和2017年上海运动员破（超）世界纪录表。

第十七，社会生活下设家庭、婚姻、生育、丧葬，居住、就业，家计、物价，消费者权益保护，宗教活动、岁时习俗，老年生活，社会移民生活7个分目。家庭、婚姻、生育、丧葬为中文版社会生活类目社区、家庭、婚姻、生育、丧葬分目家庭婚姻收养登记生育殡葬条目内容。居住、就业为中文版社会生活类目居住、就业分目居住就业条目内容。家计、物价为中文版社会生活类目家计、物价、消费分目居民收入农村居民收入增速高于城镇居民人均工资性收入增长平稳居民支出条目内容。消费者权益保护为中文版社会生活类目家计、物价、消费分目消费者权益保护条目部分内容。宗教活动、岁时习俗为中文版社会生活类目宗教活动、岁时习俗分目宗教信仰宗教活动节日习俗条目内容。老年生活为中文版社会生活类目老年生活分目老龄社会推进老年照护统一需求评估条目内容。社会移民生活为中文版社会生活类目社会移民生活分目移民社会港澳台在沪人员生活外籍在沪人员生活条目内容。

第十八，友好往来下设概况、重要来访、主要出访、友好城市交流、与港澳台往来 5 个分目。概况为中文版外事类目综述分目内容。重要来访为中文版外事类目重要来访分目前 9 个条目内容。主要出访为中文版外事类目主要出访分目全部内容。友好城市交流为中文版外事类目友好城市交流分目 2017 年来访友好和友好交流关系城市重要代表团表、2017 年市领导会见的部分友好代表团表，加中文版未收录的 63 个市级友好城市表。与港澳台往来为中文版上海市人民政府类目港澳事务分目概况条目和台湾事务分目概况条目内容。

第十九，在上海的外籍人士为中文版人物类目在上海的外籍人士分目概况、2 名外籍人士获“荣誉市民”称号、61 名外籍人士获“白玉兰”奖 3 个条目内容。

从以上的不同，可以看出《上海年鉴（2018）》英文版与中文版的差别主要是四点：一是英文版与中文版相比，类目有较大的变化，对中文版部分类目进行了整合，个别类目改变了名称、调整了内容，个别分目升格为类目。二是英文版主要是中文版相关内容类目综述或分目概况，以及部分条目内容。三是英文版删除了中文版的部分类目内容。四是英文版增加了部分中文版未收录的内容，均为为外国人服务的内容。

就英文版内容而言，有两点值得商榷：一是与中文版类目设置相比，以及与英文版部分类目分目刊载内容——如落户上海的国际赛事——相比，目前没有刊载的内容有些还是应该刊载，例如市委、市人大、市政府、市政协等的工作内容，浦东开放开发、民营经济、社会保障等，这些是具有中国特色，或者是国外关心的内容，应该适当保留。二是英文版部分内容似乎有遗漏，属于编辑问题，如友好往来类目重要来访分目为中文版外事类目重要来访分目前 9 个条目内容，单缺最后 2 个条目内容。

（三）《浦东年鉴（2018）》英文版

《浦东年鉴（2018）》英文版包括浦东概况（地理环境、气候、行政区划、国民经济与社会发展）、特载（2018 年政府工作报告、2017 年浦东新区年度大事）、开发区、招商引资、金融业、要素市场、国内贸易、对外贸易、旅游业、会展业、房地产业、建筑业、工业、农业、私营经济、重点工程、城市管理、交通运输、邮政通信、公用事业、生态环境、综合配套改革、财政收支、税务、科学技术、教育、文化艺术、医疗卫生、体育、社会生活、附录（浦东新区经济、社会发展统计数据），共 31 个类目，合中文约 6 万字。

与《浦东年鉴（2018）》中文版相比，主要存在以下不同：

第一，概况调整至特载之前，取消了水文、人口和实事项目的内容。

第二，特载删除了中文版特载《在中共上海市浦东新区第四届委员会第三次全体会议第一次大会上的讲话》和政府报告之后的名词解释，但增加了大事记中的《2017 年浦东新区年度大事》。中文版中的《2017 年浦东新区大事记》未在英文版中刊载。

第三，开发区、要素市场、国内贸易、对外贸易、会展业、房地产业、建筑业、城市管理、交通运输、生态环境、科学技术、教育、文化艺术、社会生活分别为中文版相应类目的综述。

第四，招商引资为中文版招商引资类目综述，外加中文版外商投资分目下自贸区成吸引内外资主要区域的内容。

第五，金融业为中文版金融业类目综述，但未刊登《浦东新区金融机构一览（2017）》。

第六，旅游业为中文版旅游业类目综述，外加旅游业管理分目下的前两个条目概述和旅游行业大会。

第七，工业为中文版工业类目综述，但未刊登《全市及部分区战略性新兴产业规模情况一览（2017）》。

第八，私营经济为中文版私营经济类目综述，外加中文版私营企业分目下概述产业结构优化和新设企业活跃的内容。

第九，重点工程为中文版城乡建设类目重大工程 市政建设分目下概述轨道、隧道和航道项目骨干路网项目大居配套项目国际旅游度假区周边市政配套项目区区对接（断头路）项目环保绿化水务项目和社会事业项目的内容。

第十，邮政通信为中文版邮政通信类目综述，外加中国电信、中国移动的部分内容。

第十一，公用事业为中文版公用事业类目综述，外加电力、燃气、自来水三个分目的概述内容。

第十二，综合配套改革为中文版经济管理类目综合配套改革分目概述政府职能转变开放型经济新体制构建三个条目的内容。

第十三，财政收支为中文版经济管理类目财政分目概述的内容。

第十四，税务为中文版经济管理类目税务分目概述税收持续增长税务服务国家战略优化税收营商环境四个条目的内容。

第十五，医疗卫生为中文版医疗卫生类目综述，外加医疗服务分目中概述的内容。

第十六，体育为中文版体育类目综述，外加群众体育分目、竞技体育、体育产业中概述的内容。其中有句话重复。

第十七，中文版的信息化、中国共产党上海市浦东新区委员会、浦东新区人民代表大会、浦东新区人民政府、中国人民政治协商会议上海市浦东新区委员会、民主党派 工商联、人民团体、司法治安、地方军事、知识产权、街镇、名录类目并未在英文版刊载。

从以上的不同，可以看出《浦东年鉴（2018）》英文版与中文版的差别主要是三点：一是英文版与中文版相比，类目的次序进行了微调，个别类目为中文版的分目升格；二是英文版主要是中文版相关类目的综述，个别类目内容因为中文版综述字数少，增加了部分条目内容；三是英文版没有刊载中文版的部分类目内容。

就英文版内容而言，有三点值得商榷：一是与中文版相比，目前没有刊载的内容似乎有些还是应该刊载，例如概况中的人口、信息化、区委、区人大、区政府、区政协、知识产权等内容，这些是具有中国特色，或者是国外关心的内容，应该刊载。二是部分类目在选择综述内容的同时，按次序选择第一个分目的前几个条目，这种做法有失妥当，会造成内容的不平衡，例如旅游类目除了综述以外，只收录旅游管理分目下的概述和旅游行业大会两个条目，旅游活动、旅游设施、旅行社分目下的内容都没有收录。三是特载所占比重过大，占英文版总体篇幅的1/6强，就特载内容而言，很多内容又与概况有所重复，所以英文版是否刊登政府工作报告作为特载需要斟酌。

三、年鉴英文版的发展方向

纵观目前年鉴英文版的出版情况，年鉴英文版应该从以下三个方面进行加强。

一是要注重对外国人关注内容的编纂。年鉴英文版显然是给外国人看的，所以年鉴内容的选取应该充分考虑是否是外国人关注的内容。这方面《上海年鉴（2018）》英文版明显做了很多有益的尝试，选取了一些与外国人相关、但是中文版未收录的内容，而《北京年鉴（2017）》《浦东年鉴（2018）》英文版则明显不足。但是，三部年鉴也还均有所欠缺，很多外国人关注的内容还是没有收录其中，尤其是对敏感内容的刊登往往采取谨慎的态度。实际上，年鉴英文版作为很好的宣传手段，应该大胆在这些内容方面进行选取，对外进行正面宣传，介绍相关方面的实际情况，彰显文化自信。

二是要保持合适的文字量和选取适当的开本。与中文版相比，年鉴英文版字数均大幅削减，但字数量目前差距较大；有的年鉴开本也有所变化，从16开变为32开。如《上海年鉴（2018）》合中文约5万字，32开221页;《西安年鉴（2017）》合中文约12万余字，16开314页。两部年鉴的体量差别明显巨大。英文版虽然是中文版的副产品，但是从内容和编排方式上来看，英文版与中文版相比，应该具有自身的特点，不应该再具备中文版工具书的特性，因此英文版必须控制体量，方便外国人携带和阅读。从目前英文版的整体情况看，文字量合中文保持在5万至8万字为妥，开本使用32开为好。

三是出版时间应该尽量提前。目前年鉴英文版的出版普遍较晚，少数能在当年年末出版，多数都是跨年出版。而西方年鉴普遍出版较早，如《世界年鉴》《惠特克年鉴》均在上年年末出版。虽然存在内容定位和市场定位的差异，但是外国人在使用年鉴时，一定会按照自己已经形成的习惯去使用。所以，中国年鉴的英文版在外国人看起来难免过于滞后。因此，年鉴英文版应当尽量将出版时间提前。目前，年鉴英文版均为中文版定稿后挑选英文版的文字内容，然后再翻译为英文。但英文版文字内容较少，完全可以在年鉴稿件收集齐全后，先挑选出英文版的文字内容，然后与编辑中文版同步进行翻译，以尽量做到英文版与中文版同步出版，甚至先行出版。

V

年鉴成果选介

2018年3月23日，中国地方志指导小组、中国地方志学会发出通知，印发《第五届全国地方志优秀成果（年鉴类）评审活动实施方案》，启动第五届全国地方志优秀成果（年鉴类）评审活动。实施方案明确，参评年鉴的范围为参评年鉴的范围为2017年公开出版的省、市、县三级地方综合年鉴，专业年鉴（军事年鉴、武警年鉴不要求公开出版）。至9月初，经各地各部门评选推荐、专家小组评审、全国地方志优秀成果（年鉴类）评审活动领导小组办公室复审、公示与领导小组终审，全国地方志优秀成果（年鉴类）评审工作圆满完成。9月14日，中国地方志指导小组、中国地方志学会印发《关于对第五届全国地方志优秀成果（年鉴类）的通报表扬》，明确在省级综合年鉴、地市级综合年鉴、县区级综合年鉴、专业年鉴中确定特等年鉴22部，一等年鉴53部，二等年鉴76部，三等年鉴75部，提名年鉴44部，对总计270部年鉴进行通报表扬。9月19日，2018年全国年鉴研讨会在新疆维吾尔自治区阿克苏市召开，对获奖年鉴编纂单位进行通报表扬。

2019年5月17日，中国地方志指导小组、中国地方志学会发出通知，印发《第六届全国地方志优秀成果（年鉴类）评审活动实施方案》，启动第六届全国地方志优秀成果（年鉴类）评审活动。实施方案明确，参评年鉴的范围为公开出版的2018年卷省、市、县三级地方综合年鉴，专业年鉴（军事年鉴不要求公开出版）。至10月初，经各地各部门评选推荐、专家小组评审、全国地方志优秀成果（年鉴类）评审活动领导小组办公室复审、公示与领导小组终审，全国地方志优秀成果（年鉴类）评审工作圆满完成。10月29日，中国地方志指导小组、中国地方志学会印发《关于对第六届全国地方志优秀成果（年鉴类）的通报表扬》，明确在省级综合年鉴、地市级综合年鉴、县区级综合年鉴、专业年鉴中确定特等年鉴23部，一等年鉴56部，二等年鉴73部，三等年鉴90部，提名年鉴22部，对总计264部年鉴进行通报表扬。11月3日，2019年全国年鉴研讨会在山西省晋中市召开，对获奖年鉴编纂单位进行通报表扬。

这里选取第五届、第六届全国地方志优秀成果（年鉴类）特等年鉴37部（军事年鉴未包括在内），每部年鉴介绍其发展、概况、主要内容与特点、主要做法和经验。连续两届均获特等年鉴者，合并记述，共计31种。

附：第五届全国地方志优秀成果（年鉴类）特等年鉴通报表扬名单（22 部）

·省级综合年鉴（0 部）

空缺

·地市级综合年鉴（7 部）

《成都年鉴（2017）》《杭州年鉴（2017）》《福州年鉴（2017）》

《连云港年鉴（2017）》《赣州年鉴（2017）》

《南京年鉴（2017）》《辽源年鉴（2017）》

·县区级综合年鉴（6 部）

《北京海淀年鉴（2017）》《晋江年鉴（2017）》

《海安年鉴（2017）》《东阳年鉴（2016）》

《贵阳白云年鉴（2017）》《如皋年鉴（2017）》

·专业年鉴（6 部）

《广东建设年鉴（2017）》《粤港澳大湾区城市群年鉴（2017）》

《中关村年鉴（2017）》《中国—东盟年鉴（2017）》

《上海文化年鉴（2017）》《红塔集团年鉴（2017）》

·军事年鉴（3 部）

《西部战区年鉴（2017）》《宁夏军事年鉴（2017）》

《国防科技大学年鉴（2017）》

附：第六届全国地方志优秀成果（年鉴类）特等年鉴通报表扬名单（23部）

·省级综合年鉴（2部）

《山西年鉴（2018）》《江苏年鉴（2018）》

·地市级综合年鉴（6部）

《扬州年鉴（2018）》《杭州年鉴（2018）》《长沙年鉴（2018）》

《楚雄州年鉴（2018）》《辽源年鉴（2018）》《淄博年鉴（2018）》

·县区级综合年鉴（7部）

《北京海淀年鉴（2018）》《浏阳年鉴（2018）》

《长春市宽城年鉴（2018）》《桦甸年鉴（2018）》

《宁国年鉴（2018）》《晋江年鉴（2018）》《连云年鉴（2018）》

·专业年鉴（3部）

《广东建设年鉴（2018）》

《马克思主义理论研究与学科建设年鉴（2018）》

《粤港澳大湾区年鉴（2018）》

·军事年鉴（5部）

《西部战区年鉴（2018）》《宁夏军事年鉴（2018）》

《南京军区善后工作办公室年鉴（2018）》

《郑州联勤保障中心年鉴（2018）》《武警安徽总队年鉴（2017）》

《山西年鉴》简介

《山西年鉴》编辑部[①]

一、发展概况

《山西年鉴》创办于1985年，由山西省人民政府组织，中共山西省委党史研究院（山西省地方志研究院）编纂，全面系统地记载了山西自然、政治、经济、文化、社会等方面情况等方面的基本情况和各年度的重要事项，勾勒出山西的发展面貌，为研究山西、宣传山西、建设山西提供基础信息，为全省各级行政决策提供参考依据，为山西地方志的编修积累了丰富的资料，是我国进入改革开放新时代后最早创办的省级综合年鉴之一。

截至2019年底，《山西年鉴》共出版34部，从初创时的不够完备到逐渐走向成熟，经过了四个阶段。一是初创探索阶段（1985—1995年），初步组建了年鉴的组稿网络和编辑队伍，在体例内容上进行了尝试，并于1990年制订第一个《山西年鉴编纂条例》。二是完善前行阶段（1996—2008年），年鉴编纂工作趋于稳定，年鉴栏目不断改进，出版周期逐渐缩短。三是持续发力阶段（2009—2014年），《山西地方志工作条例》颁行，年鉴走上依法治鉴之路，建立了催稿、编稿、审稿、印刷、发行五环一体的运行机制，做到了当年编纂当年出版。四是精品试点阶段（2015—2018年），

① 执笔人：孙琇，中共山西省委党史研究院（山西省地方志研究院）方志编研六室特聘专家；高生记，中共山西省委党史研究院（山西省地方志研究院）方志编研六室主任；沈乔，中共山西省委党史研究院（山西省地方志研究院）方志编研六室副主任。

中国地方志指导小组办公室于2017年5月正式启动中国年鉴精品工程，《山西年鉴》入选试点，在专家具体指导下，《山西年鉴》精编严校，五易其稿，2016年卷入选中国年鉴精品工程“中国精品年鉴”。在此基础上，2017年卷、2018年卷又连续入选中国年鉴精品工程“中国精品年鉴”，其中，2018年卷在第六届全国地方志优秀成果（年鉴类）评审活动中获评为特等年鉴。

《山西年鉴》在纸质出版的同时，注重新媒体发展，将《山西年鉴（2018）》制作成全文数据库，加载至“方志山西”微信公众号，实现网络阅读、检索、下载功能。《山西年鉴（2018）》还推出简本，以方便读者携带使用。

二、《山西年鉴（2018）》主要内容与特点

《山西年鉴（2018）》充分总结创办以来，尤其是入选中国年鉴精品工程试点以来的经验，在保持相对稳定的前提下调整框架结构，历经7次评审修改，精心编纂审校，紧紧抓住年鉴规范、地域特色、年度亮点3个关键，确保整体质量提高。

一是彰显年鉴规范。为使《山西年鉴（2018）》更趋规范，2018年修订了《山西省综合地方年鉴编纂出版规范》及《〈山西年鉴〉编纂规范细则》，从组稿开始做到每一步骤都有规可循。《山西年鉴（2018）》的框架结构更加合理，尤其在类目设置上，既遵循分类原则及国家相关标准，又结合社会实际领属于行政关系，使读者查阅检索方便，采用了两种性质的类目，一种以部门称谓命名，以突出其对山西全局的指导引领，形成中国共产党山西省委员会、山西省人民代表大会、山西省人民政府、中国人民政治协商会议山西省委员会、中国共产党山西省纪律检查委员会 山西省监察委员会、民主党派工商联、群众团体等7个类目。一种以社会性质及经济行业分类命名，形成法治、军事、经济管理、转型综改示范区、开发区、农业、水利、工业、建筑业、商贸服务业、旅游业、对外经济贸易、金融、房地产业、交通运输、无线电 通信 邮政、城乡建设、环境保护、教育、科学技术、文化、新闻出版 广播影视、医疗卫生、体育、脱贫攻坚、社会生活等26个类目。类目之下为分目及次分目，条目作为主体，编纂中注重了要素齐全，表述明确、文字精而信息量大。全书共设类目41个、分目252个，次分目66个，条目1880个，图表210幅，共160万字。

二是彰显地域特色。山西是华夏文明发源地之一，《山西年鉴（2018）》在

“省情概览”中增加了关于人文资源的内容，从10个方面展示了山西丰蕴的文化底蕴，突出山西历史悠久的特点；山西属中部欠发达地区，全省11个市与102个县有脱贫攻坚任务，《山西年鉴（2018）》专设“脱贫攻坚”类目，全方位纪录全省脱贫攻坚进展；长期以来，山西以煤炭工业为代表的能源经济占全省经济的主导地位，历年年鉴均对此有所记载，2018年卷将经济重点转到转型综改方面，突出退出煤炭产能、发展新兴产业、优化产业结构、推动煤炭产业走“减”“优”“绿”发展之路的内容；山西是全国纪检监察改革试点，《山西年鉴（2018）》对此也作了适当的反映。

三是彰显年度亮点。2017年国务院下达《关于支持山西省进一步深化改革促进资源型经济转型发展的意见》，山西省各级政府及相关企业在落实中做了大量工作，《山西年鉴（2018）》以较多的条目在不同类目中对此作了记载，如转型综改示范区的建设，“整合、改制、扩区、调规”总体思路的落实等等；建设“山西农谷”是2017年山西省委、省政府着眼“三农”长远发展和全面建成小康社会作出的战略部署，《山西年鉴（2018）》对“山西农谷”建设的启动作了记载。《山西年鉴（2018）》还增设“数字山西”栏，从资源、人口等基础信息到社会经济的不同方面都以数字作了直接的纪录，给读者以直观可比的印象。

三、主要经验和做法

在完成《山西年鉴（2018）》编纂出版任务的同时，山西省三级综合年鉴全覆盖工作也取得很大进展。县区级年鉴开始编纂的有100家，达到84%。无论是《山西年鉴（2018）》还是全省年鉴工作，其成绩取得的原因，可归纳为三点。

一是加大动力，以动力促进。通过学习习近平新时代中国特色社会主义思想，从“坚定文化自信，推动社会主义文化繁荣昌盛”的高度认识年鉴工作，提出年鉴队伍的觉悟与修炼，是产生内在动力之基本。借助入选中国年鉴精品工程、省政府报告中列入修志编鉴的契机，主动吸取外来动力，将动力转化为行动，保证了年鉴编纂迈向新的台阶。

二是凝聚智力，以智力提质。年鉴事业的主体队伍是撰稿者、编纂者、审稿者三部分，调动和发挥各方面智慧，并通过培训、业务研讨、制度约束等方式做到明确指标、明确任务、明确责任，才能保证提升编纂质量。同时，《山西年鉴（2018）》编纂中提出过好六关：政治关、事实关、保密关、体例关、文字关、图表关，任何一关未达标就从头再来。

三是保证财力，以财力支持。年鉴以社会效益为主，很难直接创造经济效益，因此财力支持是必要的。保证必要的投入才能解除后顾之忧，使编纂工作顺利开展。

《江苏年鉴》简介

江苏年鉴杂志社[①]

一、发展概况

《江苏年鉴》前身为创刊于1986年的《江苏经济年鉴》，1991年更名为《江苏年鉴》。截至2019年末，共出版34卷。从2011年卷起，同步出版英文版。

《江苏年鉴》是由江苏省人民政府办公厅主管、江苏省地方志办公室主办、江苏年鉴杂志社编纂出版的综合性、公报性省情年刊，是全面记述江苏省自然、政治、经济、文化、社会等方面现状的年度资料性文献，旨在为社会各界和海内外人士了解江苏提供基本信息，为推介江苏提供基本资料、为研究江苏提供基本素材。《江苏年鉴》在历次全国地方志系统优秀成果（年鉴类）评审活动中，3次获评为特等年鉴，1次获评为一等年鉴，其中，《江苏年鉴（2018）》在第六届全国地方志优秀成果（年鉴类）评审活动中获评为特等年鉴。

二、《江苏年鉴（2018）》主要内容和特点

《江苏年鉴（2018）》按照类目、分目、副分目、条目结构层次，设类目31个，收录条目2039条，表格、名录423份，“延伸阅读”59条，引用参考文献56份，共

① 执笔人：陈晓婧，江苏省地方志办公室江苏年鉴社办公室主任。

190.9 万字。全刊类目设置如下：专题图片、特载、大事纪要、省情概览、政治、法治、公共管理、经济结构、农业、制造业、服务业、开放型经济、国际（地区）交流、基础设施、城乡发展、区域发展、生态环境、科学技术、教育、文化艺术、大众传媒、医疗卫生、体育、人力资源、收入与消费、社会保障、公共安全、军事、市县发展、附录、索引。

一是优化栏目设置。相比 2017 年卷，2018 年卷根据经济社会发展新形势，类目由 32 个调整为 31 个。为体现编纂的科学性，对个别类目名称和部分分目进行了调整。“公共管理”中分目“综合事务管理”改为“专项事务管理”，设“测绘”和“气象”两个副分目，将“统计”移入“经济事务管理”。“农业”中副分目“外向型农业”改为“开放型农业”。“制造业”中，将“新兴产业”“主导产业”“传统产业”3 个分目重新归并整合为“新兴产业”和“主导产业”2 个分目。“服务业”将“商贸流通”和“会展业”2 个分目合并为“商贸会展”。“境外交流”类目名改为“国际（地区）交流”，设“国际交流”“地区交流”两个分目。“区域发展”增设“重点功能区战略”“参与‘一带一路’建设”“长江经济带建设”3 个分目。“科学技术”增设“科技园区”“苏南国家自主创新示范区建设”2 个分目。统计资料凡与各类目或分目密切相关者，随正文编排，“附录”收录江苏省综合统计资料和全国统计对比资料。

二是特载突出年度特色内容。始终坚持做到特载要“特”，发挥特载的重要作用，记述具有年度特色的内容。2018 年是改革开放 40 周年，《江苏年鉴（2018）》在特载中收录了“锐意改革立潮头 开拓创新谱华章——江苏改革开放 40 年经济社会发展分析”，回顾江苏省从农村到城市、从经济体制改革到全面深化改革的历程，以及江苏 40 年来社会主义现代化建设取得的历史性成就。此外，还收录“践行发展新理念 谱写江苏新篇章——党的十八大以来江苏经济社会发展成就”，全面总结江苏在加快转型升级、壮大新兴动能、提升发展质量、改善民生福祉、建设“强富美高”新江苏取得的一系列令人瞩目的辉煌成就。

三是主体内容突出年度发展成就。紧紧围绕供给侧结构性改革主线，加快落实“一带一路”“长江经济带”等重大战略，紧密对接国家和省“十三五”发展规划，在“经济结构”类目中，对属于需求侧的投资、消费、出口三方面进行了重点记述。以名录形式列出江苏省 2017 年重大实施项目，共 230 项，涵盖战略性新兴产业、先进制造业、现代服务业、现代农业、生态环保、基础设施等多个领域。在制造业类目中，对江苏省的新经济形态进行重点记述。在“城乡发展”类目中，对江苏国家新型城镇化综合试点和城乡一体化战略实施成效进行重点记述。还专门设置分目“人居环境奖”，记载在城乡建设和管理中，加强城乡基础设施和生态环境建设成效突出的城市。在“人力资源”类目中重点记述城乡劳动就业创业成效。在“教育”类目中，重点记述江苏 2017 年现代化教育发展情况。在“医疗卫生”类目中，重点记述江苏省医疗卫生资源总量和服务体系等内容。在“社会保障”类目中，记述江苏省建设多层次社会保障体系的内容。在“基础设施”类目中，记述江苏着力改善公共交通，方便居民出行方面的成效。“开放型经济”和“国际（地区）交流”两个类目，全面记载江苏对外贸易高质量发展、利用外资结构不断优化、开发区创新发展水平提升以及与国际（地区）交流日益密切等重要内容。

三、主要经验和做法

一是注重采用权威资料。资料性是年鉴的重要属性，《江苏年鉴》重视资料的完整性和数据的权威性，从 2013 年卷起，大量采集各单位的公报、年报、白皮书、统计分析、监测报告、蓝皮书等一次文献资料和权威资料，选材严格、翔实可靠。《江苏年鉴（2018）》共引用参考文献 56 份，如《2017 年度江苏法治政府建设报告》《江苏省 2017 年度老年人口信息和老龄事业发展状况报告》《2017 年江苏建筑业发展报告》《关于发布 2017 年江苏省高新技术产业主要统计数据的通知》《江苏省水资源公报（2017）》《2017 年江苏省卫生和计划生育事业发展统计公报》《2017 年江苏省安全生产情况白皮书》《江苏省住房公积金 2017 年年度报告》《2017 年度江苏省互联网网络安全报告》《江苏省环境卫生事业“十三五”规划》等。这些资料的使用，进一步充实了年鉴内容，深化了年鉴资料的内涵，增强了年鉴的权威性和公信力。

二是注重提升记述深度。年鉴记述内容的深度和广度是衡量一部年鉴可读性和价值的重要因素。为了丰富年鉴内容，《江苏年鉴（2018）》拓宽资料收集渠道和范围，着力在记述广度上下功夫，在深度上做文章。对于一些重要内容，采用“延伸资料”的方式拓展记述深度。全刊引用“延伸阅读”59 条，内容涵盖调查问卷分析、总结报告、相关领域专业术语解释、法律法规解释等。“政治”类目中设置延伸阅读江苏民生发展问卷调查分析，对正文中提到的省政府开展民生调查详细记述调查的具体内容和结果。“公共管理”类目中设置延伸阅读“十二五”时期江苏妇女儿童事业发展和江苏省社会工作十年发展报告（2006—2016），系统记述江苏妇女儿童事业和社会工作的发展历程和成效。“服务业”类目中设置延伸阅读《国家工业旅游示范基地规范与评价（LB/）T067—2017》摘要，对其中的部分专业术语工业旅游、工业旅游示范基地、工业遗产等进行阐述。“城乡发展”类目中设置延伸阅读《蜀冈—瘦西湖风景名胜区总体规划（2011—2030年）》，明确瘦西湖景区、蜀冈景区、唐子城景区、宋夹城景区、绿杨村景区各自范围和特色。“文化艺术”类目中设置延伸阅读第三批江苏大遗址简介，对盱眙泗州城遗址、邗江甘泉山汉墓群、兴化蒋庄遗址等遗址做简要介绍，拓展正文提到的大遗址保护内容的深度。

三是注重突出图文并茂。《江苏年鉴》坚持图文并茂，利用图片深化文字内涵，增强年鉴的传播功能。2018年卷专题图片设置“年度要闻”“40年·图表看变化”“逐梦，奋斗者的时代身影”“江苏省第一次地理国情普查公报”“江苏最美水地标”5个专题，页码单独编排。全刊共选用图片256幅。“年度要闻”根据2017年度江苏省热点新闻，精选一组照片，展现“强富美高”新江苏的奋进足迹。“40年·图表看变化”收录省统计局发布的40年来江苏地区生产总值、城镇化率、一般公共预算、产业结构、居民人均收入、进出口总额、对外投资等数据的增长变化情况。“逐梦，奋斗者的时代身影”以40年来不同年代江苏普通群众为主体，展现了他们在基层一线、在本职岗位兢兢业业、辛勤工作、拼搏奋斗的场景。“江苏省第一次地理国情普查公报”详细记载江苏省陆地国土范围内的地表自然和人文地理要素基本情况。“江苏最美水地标”收录由省水利厅、省文化厅、省旅游局共同主办的“江苏最美水地标”推选的15座“最美水工程”地标、15个“最美水景观”地标、10座“最美水聚落”地标，展示了江苏充满生机的平原水网，凸显了水韵江苏的特质。《江苏年鉴》在大量精选图片的同时，还注重表格、名录的运用，2018卷共收录表格、名录423份，如在“经济结构”“制造业”“服务业”等类目中，以大量的表格、名录更为直观地反映了江苏省经济运行情况。在“医疗卫生”类目中，以表格反映了江苏医疗机构和人员分布情况。

《成都年鉴》简介

成都年鉴社[①]

一、发展概况

《成都年鉴》创刊于1987年，由成都市政府主管，成都市志办主办，成都年鉴社编纂出版。《成都年鉴》前身为《成都经济年鉴（1987）》，1988年9月更名为《成都年鉴》。1991年，经国家新闻出版总署批准同意，《成都年鉴》作为期刊（年刊）出版并向国内外公开发行。1992年，成都市机构编制委员会明确，《成都年鉴》编辑部（社）为县级事业单位，挂靠市政府办公厅，配备事业编制15名，内设办公室、编辑室、图片室3个部门，所需经费自收自支。2008年3月，为贯彻落实国务院《地方志工作条例》，《成都年鉴》编辑部（社）由市政府办公厅管理划转为成都市志办管理。划转后，《成都年鉴》编辑部（社）的事业单位性质不变，经费渠道由自收自支调整为财政核定收支、全额预算管理。2015年7月，《成都年鉴》编辑部（社）被划为公益一类事业单位，内设机构和人员编制维持不变。2016年4月，《成都年鉴》编辑部（社）名称调整为成都年鉴社，挂"成都方志馆"牌子。

《成都年鉴》至今已出版32卷，发行总量超过20万册，获首届中国出版政府奖网络出版物提名奖，多次获得全国年鉴界评比特等奖，其中《成都年鉴（2017）》在第五届全国地方志优秀成果（年鉴类）评审活动中获评为特等年鉴。首本《成都年鉴（简本）》及简本英文版分别于2015年12月、2016年4月出版发行。成都年鉴社于

① 执笔人：马冰霜，成都年鉴社编辑室主任、《成都年鉴》副主编。

2015 年 6 月开通成都年鉴网站及微信公众号；2018 年 2 月首次编纂出版《成都大事概览》，反映和记载 2017 年成都政治、经济、文化、社会等方面发生的大事、特事、新事要闻；2019 年 4 月开通成都年鉴微博，5 月开通成都年鉴微信小程序、成都年鉴网络版，读者可在电脑 PC 端和手机端同时检索、查阅、下载年鉴资料。

成都年鉴社每年向成都市人大、政协代表和全市主要党政军机关、企事业单位、民主党派和群众团体等单位赠阅《成都年鉴》，通过成都地铁流动书屋免费向市民提供《成都年鉴（简本）》《成都大事概览》，通过开展系列活动向乡镇（街道）、村（社区）、高校、医院、企业等基层单位赠书。成都年鉴社每年还向驻成都各国领事馆赠送《成都年鉴》英文版，并通过市委外事办、市投资促进委员会、市博览局、蓉欧班列、成都国际物流园、各种大型国际博览会等渠道将《成都年鉴》交流赠送到欧美等地。

《成都年鉴》自 2012 年大改版以来，框架结构更加科学合理，内文信息更加丰富翔实，编写质量逐年提高，装帧设计独具韵味，系统全面地反映了成都的地域特色和年度特点，成为成都天府文化对外沟通的独特文化元素。

二、《成都年鉴（2017）》主要内容与特点

《成都年鉴（2017）》为总第 31 卷，考虑到成都市为四川省的省会城市，产业门类较为齐全，信息量大，故继续采用篇目、类目、分目（含次分目）、条目 4 个层次的框架结构，在年鉴中设立总述、政治、城建环保、经济产业、综合经济与管理、社会、行政区域、附录 8 个篇目，含 24 个类目、381 个分目（含次分目）、2551 个条目、10 篇文章、333 个图表、300 幅随文照片，共 181 万字；在卷首刊载反映大事要闻的“影像成都”彩色图片 104 幅。全书以篇目为统领，按资料性质分设类目，将编写单元安排到分目，具体内容细化到条目。刊载的文章、图表、图片、附属资料齐全，全面系统地记载了上一年度成都市在自然、政治、经济、文化、社会等方面的基本情况和发展变化情况等。

《成都年鉴（2017）》在扉页后除刊载最新的成都市行政区划图、成都市城区图外，还结合成都发展轨道交通建设的情况，首次刊载“成都地铁线网图”。

检索系统完善，在书前设置含有篇目、类目的“总目”以使年鉴主体框架一目了然，其后设置细到条目标题的“目录”以方便读者按顺序查阅资料；在书后设置“主

题索引”，索引深度达到1.99；书眉设计采用不同色块区分不同篇目；在内文中设置“参见系统”，对一个部门（单位）在年鉴中多处反映的不同资料进行链接。

《成都年鉴（2017）》对内文标题用词以及有关篇目、类目、分目的编排作调整，使年鉴框架覆盖更加全面、分类结构更加科学规范合理，各部分领属更加得当、层次更加清晰；根据城市发展变化情况，及时更新和增设新类目。

一是将原来“特载”类目中的“工作报告”作为“文献资料”分目放入“附录”篇目中的“文献·法规·文件”类目，使年鉴的资料归类更合理；在“成都综述”中，根据当年国家对成都城市新的定位，增设“国家中心城市建设”和“国家全面创新改革试验区建设”分目。

二是根据当年成都市在城市建设中采取的新举措，在“城市建设”类目中增设“海绵城市建设”“地下管廊建设”分目。

三是根据成都国土资源工作的新特点，在“资源与环境保护”类目中将其“地质灾害预防”内容从“土地资源”分离出来，单独设置“地质灾害预防”分目。

四是根据成都市参与“一带一路”建设新情况，在“对外开放与合作”类目中增设“融入‘一带一路’建设”分目。

五是将以前设置的“经济监督管理”类目名称改为“经济发展促进与监管”，在其首条分目新增设置“经济体制改革”。考虑到财政、国税、地税、审计属于综合经济管理范畴，取消以前一直单立的“财税·审计”类目，改为“财政管理”“税务管理”“审计管理”3个分目分别放入“经济发展促进与监管”类目中。

六是为直观反映各区（市、县）区位特点，在各区（市、县）分目中对应增加了各地行政区划示意图。

七是取消原书中具有广告性质的彩色插页，只保留反映重大事件、重要成果和热点问题的卷首专题图片。

《成都年鉴（2017）》在编排形式上博采众长，各层次标题区分明显，文字、图片、表格排列紧凑，承载信息量大，书中无留白；封面采用具有成都特色的太阳神鸟图案与书名有机结合，使封面构图新颖、特色鲜明、庄重大方；印刷精美。

三、主要做法和经验

一是编前深度谋划。在编纂前，成都年鉴社采取“三步走”方法制定编写提纲，第一步根据上年卷年鉴内容梳理下一卷年鉴编写提纲，第二步根据全年收集的成都大事记增加新内容，第三步结合市委、市政府工作报告对编写提纲作最后调整。编写提纲细分到条目，将各参编单位的编写任务具体落实到条目选题上，通过罗列参考条目及图表，引导撰稿人编写出符合年鉴体例要求的条目，从源头上提升稿件质量。

二是制定编纂规范。成都年鉴社制定的《条目编写规范》分三章、十三条，从方方面面对条目写作提出具体要求，并且每年都根据新的情况和新的认识对《条目编写规范》内容进行一次修正。《条目编写规范》可以帮助撰稿人快速掌握条目编写方法，编辑在编审稿件时也可以使用统一的规范进行编纂，使全书行文风格保持一致。

三是严控编纂流程。成都年鉴社严格坚持交稿单位领导审查和编纂出版的五审五校制度，从部门组稿到编辑、校对均具有完善的工作流程，供稿单位主要领导首先审核，社内编辑室编审合一，社内主编、主要领导再审再核，主办单位复审复核，编纂过程层层把关，保证政治质量和编校质量。

《杭州年鉴》简介

杭州市人民政府地方志办公室①

一、发展概况

《杭州年鉴》创刊于 1987 年，由中共杭州市委、杭州市政府主办，杭州市志办编纂出版，已连续公开出版 32 卷，总字数超过 3800 万字，全面、准确、系统地记载杭州改革开放、科学发展的光辉历程，发挥着记录发展、传承历史、资世垂鉴、服务大局的重要作用。2000 年起，《杭州年鉴》在出版纸质版和电子光盘的同时，全文发布到"中国杭州"政府门户网站。2002 年始，《杭州年鉴》由方志出版社出版。2004 年，改为国际标准大 16 开全彩色印刷。2017 年，《杭州年鉴》全文数据库制作完成并发布至"杭州地情网"的"数字方志馆"栏目。2018 年，《杭州年鉴》制作电子书，可通过"杭州年鉴"微信小程序实现手机全文阅读、检索和下载等功能。

《杭州年鉴》凭借丰富的资料信息、过硬的编校质量、精美的装帧设计、独特的杭州韵味，在 6 次全国地方志系统优秀成果（年鉴类）评审活动中，5 次获评为特等年鉴，1 次获评为一等年鉴。其中，《杭州年鉴（2017）》《杭州年鉴（2018）》分别在第五届、第六届全国地方志优秀成果（年鉴类）评审活动中获评为特等年鉴，《杭州年鉴（2018）》入选中国年鉴精品工程"中国精品年鉴"。

① 执笔人：袁啸马，浙江省杭州市人民政府地方志办公室年鉴处处长、《杭州年鉴》执行主编。

二、《杭州年鉴（2017）》主要内容与特点

《杭州年鉴（2017）》设类目 44 个、分目 274 个，收入条目 2572 条、随文图照 285 幅、表格 113 张，版面字数 142 万字。全书类目设置：专记、特载、特辑、大事记、总述、农业、工业、信息经济、建筑业·房地产业、交通运输·邮政、商业、文化创意产业、会展业、旅游业、西湖风景名胜区、经济合作交流、对外经贸·口岸、国家级开发区·产业集聚区、民营经济、金融业、财政·税务、经济管理、环境保护、城市建设管理、党政机关、民主党派·工商联、工会·共青团·妇联、外事·侨务·港澳台事务、法治、军事、文化、新闻出版、科学技术、社会科学、教育、卫生、体育、人力资源和社会保障、社会·民生、人物、区县（市）、统计资料、附录、索引。

《杭州年鉴（2017）》基本保持类目、分目、条目三级中篇结构，类目相对稳定但分目调整较多，年鉴框架设计总原则是“稳定基础上优化创新、规范前提下彰显个性”，重点反映改革创新、信息产业、电子商务、文化创意产业、会展旅游休闲产业等杭州特色、年度特色的内容。全书框架与往年比较主要有以下调整：“人民团体”类目更名为“工会·共青团·妇联”，“国防建设”类目更名为“军事”；“工业”类目取消“轻工业”分目，新增“工艺美术产业”分目；“国家级开发区·产业集聚区”类目取消“之江国家旅游度假区”分目；“文化”类目增加“非物质文化遗产”分目。特设“专记”，浓墨重彩地记述“G20 杭州峰会”以及杭州市服务保障峰会的情况；新增“建筑业·房地产业”和“文化创意产业”类目，更好地突出建筑业和房地产业作为支柱产业地位、杭州作为全国文化创意中心的地位。“特辑”类目重点设置“《杭州市城市总体规划（2001—2020 年）》修订”“杭州推进新一轮城市国际化”“跨境电子商务‘杭州模式’向全国推广”“‘五证合一’登记制度改革经验推向全国”“杭州加入全球学习型城市网络”等重大内容。

三、《杭州年鉴（2018）》主要内容与特点

《杭州年鉴（2018）》主体内容采用类目、分目、条目三级结构层次，个别类目（“教育”“文化事业”）分目下设次分目。全书设类目 46 个、分目 323 个、条目 2411 个，随文照片 213 幅，表格 106 张。按照《地方综合年鉴编纂出版规定》和中国年鉴

精品工程相关要求，该卷年鉴框架在上年的基础上做了重大调整:“特辑”类目更名为“年度聚焦”，“总述”类目更名为“市情综览”，“农业”类目名称改为“农业·新农村”，“经济合作交流”类目更名为“投资促进·区域合作”等;“党政机关”类目分设为“中共杭州市委员会”“杭州市人民代表大会及其常委会”“杭州市人民政府”“政协杭州市委员会”“中共杭州市纪律检查委员会·杭州市监察委员会”五个类目，“民主党派工商联”类目分设为“民主党派”和“人民团体”两个类目。卷首彩页设“杭州新貌”“喜迎党的十九大”“‘最多跑一次’改革实践”“杭州互联网法院成立”“第十三届全国学生运动会”等10个专题。《杭州年鉴（2018）》的封面、篇头和页眉均以京杭大运河杭州段为主题设计，版面比往年更加美观、大方，信息量比往年更加全面、充实，更能体现杭州的独特韵味、别样精彩。

四、主要做法和经验

《杭州年鉴》始终秉承质量第一的原则，坚持与时俱进、开拓创新，始终将质量意识、精品意识贯穿于编纂工作全过程，在创新编纂工艺、拓展记述广度深度、提高编纂质量等方面做了较多有益尝试。

一是依法治鉴立制度。杭州市委、市政府主要领导历来都十分重视、关心支持地方志工作，将地方志书和年鉴编纂作为各级政府重要常规性工作常抓不懈。2006年国务院《地方志工作条例》颁布后，杭州市于当年9月出台《杭州市实施〈地方志工作条例〉办法》。2015年,《全国地方志事业发展规划纲要（2015—2020年）》颁布后，2016年杭州市政府办公厅印发《关于贯彻落实〈全国地方志事业发展规划纲要（2015—2020年）〉的实施意见》。杭州市“十三五”规划纲要明文规定要“重视和加强地方志工作”。全市依法治鉴的制度体系、工作机制已经形成。

二是注重学习强素质。《杭州年鉴》编辑部有一支年龄梯队、学历层次、专业结构搭配科学的队伍，现有编辑8人（研究生学历4人），其中在职5人，聘用3人，专业涵盖文学、历史、管理、法律、计算机等各个领域。根据年鉴编纂各个阶段的任务，安排有针对性的学习内容，每年组织“年鉴初稿的写作方法和注意事项”“年鉴图照的组稿和编辑”“年鉴稿编辑的重点难点”等10余个专题学习，着力建设一支“学习型、研究型、创新型、服务型”编辑队伍。

三是优化流程抓进度。《杭州年鉴》总体进度分为启动组稿阶段（2—3月）、编辑审核阶段（4—6月）、总纂排版阶段（7—9月）、出版发行阶段（10—11月）。注重编辑环节的信息公开、整体协同，责任编辑将组稿、改稿、承编单位审核、主编复审等各个环节进行公开，相互监督、相互促进；注重排版环节的灵活机动，以类目为单位，成熟一个发排一个，交叉滚动进行以节约时间；注重统稿审核环节整体前移，特别是执行主编审稿和承编单位复核意见，力争在全书排版前完成，针对年鉴各个类目进度不平衡、质量有参差的情况重点关注特色内容、年度重点内容以及质量薄弱部分的审核把关。

四是注重规范提质量。地方综合年鉴编纂规范可以分为编纂工艺规范和文稿编纂规范两大方面。月度学习会、编辑业务专题研讨、年鉴稿件公开点评、编辑任务上墙公示、文稿编纂规范集中研讨、多轮校对等制度性规范贯穿于组稿、编辑、排版、校对、印刷各个环节。文稿编纂规范以国家标准为基础，并结合《杭州年鉴》实际制定实施细则。先后制定《〈杭州年鉴〉文稿编辑规范化意见》《〈杭州年鉴〉行文格式及规范》等多项内部规范。采用"七步法"保证校对质量，即承编单位负责人初审、责任编辑修改、编辑部内部交叉互审、审稿会集中审读讨论、排版清样交承编单位审读确认、方志出版社审查、市地方志编纂委员会审定。引入计算机辅助校对，利用人机互校进一步提高编校质量。

《杭州年鉴》坚持"依法治鉴"不动摇，坚持创新发展不动摇，坚持打造精品不动摇，坚持编鉴为用不动摇，以精益求精的工匠精神打造国内优秀城市综合年鉴，为新时代地方志事业发展贡献杭州智慧、杭州经验、杭州样板。

《福州年鉴》简介

《福州年鉴》编辑部[①]

一、发展概况

《福州年鉴》创刊于1988年，由福州市政府主办，福州市地方志编委会、《福州年鉴》编辑部承编，全面、系统、准确地反映福州市自然、政治、经济、文化、社会、生态等方面的基本情况，为读者了解和研究福州市情提供资料查询，同时赠送全市主要党政机关、企事业单位、党派团体等作施政参考。

福州市委、市政府高度重视《福州年鉴》的编纂出版工作，市政府办公厅每年均发文部署年鉴编纂工作，要求各单位、县（市、区）做好年鉴撰稿工作。在福州市各级各部门及相关省市部门的支持和共同努力下，《福州年鉴》编纂出版质量不断提升，并以其丰富的资料信息成为记录福州、了解福州、宣传福州的重要平台。《福州年鉴》在遵循新编地方志的编纂原则和年鉴编纂体例规范的基础上，坚持与时俱进、推陈出新，因此获得相关专业领域的认可，在全国、福建省、福州市各类评比中屡次获奖，从2009年卷起，在全国年鉴编校质量检查评比、全国年鉴编纂出版质量检查评比中连续获评一等奖，两次在福州市社会科学优秀成果评比中获奖，其中《福州年鉴（2017）》在第五届全国地方志优秀成果（年鉴类）评审活动中获评为特等年鉴。

① 执笔人：黄铭，《福州年鉴》编辑部编辑。

二、《福州年鉴（2017）》主要内容与特点

《福州年鉴（2017）》为总第30卷，由方志出版社出版。全书主体内容有三个部分，卷首设特载、大事记、市情概貌，主体部分为各类事业，卷末设县（市）区、人物、文献法规及统计资料。全书按照类目、分目、条目三级结构层次，设有41个类目、240个分目、1445个条目，共93.8万字。全书收录80幅彩页图片、102幅正文照片、135幅图表。

《福州年鉴（2017）》主要记载2016年度福州市的基本情况、发展变化及年度大事要闻，在保持基本框架相对稳定的前提下，坚持不断创新，继续凸显福州地域特色，彰显时代特征和年度特色。

一是优化框架设计，彰显福州区位叠加优势。调整、归并“特载”“专记”类目，仅保留“特载”类目，记载2016年最值得关注的福州新闻。“特载”类目收录“百日攻坚 一线考察”和“海上福州建设”两个专题，重点介绍2016年福州市改进干部评价和选拔任用方式，建立一线考察干部机制，推动“抓征迁、促落实”百日攻坚行动并圆满完成各项任务，以及福州出台《对接国家战略 建设海上福州工作方案》，把握“五区叠加”战略机遇，打造“21世纪海上丝绸之路核心区海上合作战略支点城市”，发展湾区经济、推动海洋强市的行动步伐。增设“新区 自贸区”特色类目，专门记述福州新区、福建自贸区福州片区年度情况，反映福州区位叠加优势。此外，充实“文献 法规”类目，收录年度重要讲话、报告、专项工作完成情况等文献资料，并调整“法规、规范性文件目录”分目，刊载地方法规、政府令、政府规范性文件名录。

二是创新彩页设计，图文并茂记录2016年福州市发展新风貌。在广泛收集图照的基础上，卷首彩页结合年度大事要闻，设置“城市荣誉”“一线攻坚”“地铁时代”“活力经济”“海上福州”“重建家园”“共享福祉”“生态榕城”等12个图片专栏。其中，“城市荣誉”专栏体现福州在经济社会发展、生态文明建设等领域先行先试取得的各项成果；“一线攻坚”“海上福州”等专栏体现福州建立一线考察干部机制，开展“抓征迁、促落实”百日攻坚行动，出台《对接国家战略建设海上福州工作方案》；“地铁时代”专栏反映福建省首条开通运营的地铁线路——福州地铁1号线（一期），以及地铁2号线、6号线同步推进建设情况；“重建家园”专栏记录全市合力抗击“尼伯特”“莫兰蒂”等超强台风，全力开展灾后重建工作；“生态榕城”专栏彰显福州空气质量居全国省会第二和“福州蓝”的城市名片。此外，增加随文插图数量，提高照片、示意图等图片质量。

三是重视提升读者的使用体验。加强中文目录、英文目录和索引的编制质量。中文目录详及条目，同时表格、示意图也在中文目录中予以标注。英文目录至分目层级。索引词条丰富，在确保全部条目均有对应索引词条的同时，深挖条目资料，将条目中的重要资料也独立编制索引词条。同时，随书配套光盘，并在福州地情网站上全文发布年鉴电子版，成为福州市对外宣传的重要窗口。

三、主要做法和经验

一是不断拓展组稿渠道。年鉴编辑部不仅通过市政府发文，向市直各单位和各县（市）、区政府征稿，并且打破行政隶属界限，直接向相关省级单位、省属高校、各行业与银行、保险等重点企业，以及各社会团体征稿，力求丰富全书收录资料。

二是坚持五审制审稿和返稿制度。年鉴编辑部审稿流程坚持五审制，严把编纂流程关，层层把关，消灭差错，提高质量。由责任编辑初审，外聘相关领域专家完成二审、三审，由副主编、主编完成四审和五审定稿。编辑部完成稿件五审定稿后，在送交方志出版社审稿的同时，向各承编单位返稿，要求各单位对编辑、排版后的稿件进行审核确认，确保数据准确、消灭差错。

三是首次完成承编单位撰稿人轮训。2017 年，年鉴编辑部创新组稿会办会方式，改变往年召开一场全市性组稿会议的模式，改为分 3 期召开组稿会暨撰稿人培训班，聘请年鉴专家对撰稿人进行培训。通过 3 期培训，完成对全市 150 余家承编单位撰稿人的轮训工作，首次实现对全市年鉴撰稿人的轮训。通过轮训，提高撰稿人的编写水平，增强供稿时效性，凝聚工作共识。

四是首次探索装帧设计、彩页设计的专业化服务。在组稿、编纂过程中，引入报社影像中心等专业机构，参与彩页专栏设计、图片统筹收集等工作，确保彩页专栏和图片选材突显地域特色、年度特色，提高图片质量。此举获得很好效果，《福州年鉴（2017）》的图片资料广受全市各单位好评。

五是探索编纂《福州月报》作为年鉴的资料储备。年鉴编辑部每月编发《福州月报》，月报的资料、信息主要来源于党报党刊、政府门户网站和相关部门供稿等权威渠道，在选材上参照年鉴的入鉴标准，尤其是参照年鉴“大事记”类目的入选标准，侧重选取具有存史价值、与社会有直接联系的大事要闻。通过编纂月报，为年鉴编纂积累素材，成为《福州年鉴》编辑部探索拓展年鉴资料来源渠道的又一创新尝试。

《连云港年鉴》简介

连云港市地方志办公室[①]

一、发展概况

《连云港年鉴》创刊于1999年，由连云港市政府主办、连云港市志办编纂出版，是系统记述连云港市自然、政治、经济、生态、文化、社会等方面情况的年度资料性文献。《连云港年鉴》自2003年起同步出版全文检索光盘，2007年起在连云港史志网上全文发布年鉴电子版。

创刊20年来，《连云港年鉴》以服务当地经济社会发展为目标，秉承“与时俱进、常编常新”宗旨，以大纲设计为基础，以精编细校为依托，以丰富的地情记录为地方领导决策提供有价值的参考信息，为关注连云港的专家学者提供翔实的研究资料，为推介宣传连云港充当“城市名片”作用。《连云港年鉴》多次在全国及江苏省各类年鉴评奖中获奖，从2004年卷起，两次在全国地方志优秀成果（年鉴类）评审活动中获奖，四次在江苏省年鉴评审中获奖，其中《连云港年鉴（2017）》在第五届全国地方志优秀成果（年鉴类）评审活动中获评为特等年鉴。

二、《连云港年鉴（2017）》主要内容与特点

《连云港年鉴（2017）》卷首设地图、专题图片；卷中为正文，设35个类目、278

① 执笔人：郭云，江苏省连云港市地方志办公室方志年鉴处副处长。

个分目，收入条目1140条、表格116张、图照228幅；卷末设附录、索引。年鉴系统记述2016年连云港市自然、政治、经济、生态、文化、社会等方面情况和发展成就，着重突出年度特点、地方特色、时代特征。

一是突出大事、要事。在“特载”类目中设置“‘一带一路’交汇点建设”分目，重点记述国家、省对连云港市融入“一带一路”建设的一系列政策支持，及连云港市全力推进“一带一路”建设的实践及成就。分目收录“一带一路”全国首个实体项目——中哈（连云港）国际物流基地以及上合组织（连云港）国际物流园、农业国际合作示范区建设情况，连云港市举办丝绸之路国际物流博览会等重要活动、论坛情况等，突出反映“一带一路”建设影响城市发展进程的重要历史作用。设置“国家卫生城市创建”分目，记述2016年连云港市全民动员、全民参与国家卫生城市创建，最后以高分通过考核这一年度大事。

二是彰显城市地域特色。设置“沿海开发”“开放型经济”“海滨城市建设与管理”类目及“连云港港”“临港产业区”“旅游业”等分目，彰显连云港市“全国首批沿海开放城市”“沿海港口城市”“中国优秀旅游城市”的地域特色。在“制造业”类目中，将连云港市产业集中度最高、竞争力最强的支柱产业——医药产业排在各工业门类首位。同时，按照各相关产业所占比重及对经济贡献地位，设“新材料产业”“能源产业”“化学工业”“冶金工业”“装备制造业”等分目，反映连云港市工业立市、产业强市的发展战略和产业特色。

三是凸显时代特征。设置“法治”“生态建设与保护”“新农村建设”“公共安全”等时代特征鲜明的类目，体现十八大以来经济社会发展“五位一体”的时代要求和新发展理念在连云港市的实践。在“服务业”类目中，设置“商贸服务业”“电子商务”“物流业”“交通运输业”“信息服务业”“旅游业”“金融业”“会展业”“中介服务业”“食宿餐饮业”“居民服务业”等分目，涵盖传统服务业，并突出电子商务、物流业、信息服务业、养老服务业等新兴服务业的地位，全面反映现代服务业发展情况。“公共安全”类目将防灾减灾、农产品质量安全、食品药品安全、公共卫生安全、安全生产、交通安全、消防安全、核安全、特种设备安全、网络安全、应急管理等原先分散在相关篇目中的涉及公共安全的内容进行整合、集中记述，突出公共安全在社会生活中的重要地位。

三、主要经验和做法

一是坚持与时俱进，不断创新编纂大纲。《连云港年鉴》自创刊起，每年将创新大纲设计作为编好年鉴的基础。主要是把握影响城市发展的大事、要事，紧贴市委、市政府的年度重点工作。例如，2004 年连云港市实施东部城区开发、全民创业，2005 年卷年鉴在“特载”类目中设置“东部城区开发”“临港开发”“全民创业”分目加以反映，2006 年卷设“东部城区开发”专题类目。2008 年，以连云港为龙头的江苏沿海开发上升为国家战略，《连云港年鉴》连续 10 卷设置“沿海开发”类目。2013 年，“一带一路”倡议提出后，《连云港年鉴》根据国家、省对连云港市在“一带一路”建设中的作用定位演变，先后在 2014—2018 卷中设置“丝绸之路经济带东方桥头堡建设”、“一带一路”交汇点建设、“一带一路”支点城市建设类目，持续对连云港市参与“一带一路”建设情况进行重点记述。

二是提升年鉴内容资料价值、存史价值。《连云港年鉴》注重综合性条目的记述，比例超过 60%，每个分目均设概况条目，记述行业发展现状等基本情况，并保持指标体系的相对稳定，使年鉴资料纵向可比，同时跨年度的工作得到连续、有始有终地反映，增强年鉴为现实服务、为地方志积累资料的功能。除概况条目外，每个分目设置若干专题条目，对行业、事业基础情况、年度发展成就等，进行系统、深入的分专题记述。设置若干记述年度重大活动、重大事件、重大项目的单一记事性条目，做到点面结合。拓展资料深度，设置“相关链接”，对不便在条目正文中详细记述的政策、背景等进行延伸阅读及深度解读；选取海洋公报、水资源公报等重要公报、年报资料及人口普查、农业普查等重要调查结果，增强年鉴资料价值。注重图片选用，卷首专题彩页多选取反映城市总体面貌、产业发展水平、社会民生现状的图片，突出年度亮点；正文中的图片选择能够反映发展现状、展示发展成就的图片，对于领导视察、单位内部活动等资料价值不高的照片少选或不采用，打造成为独立的资料信息单元；规范图片说明，将图片中的事件放到背景中解读，提升资料价值。自 2016 年卷起，与电视台合作，将年度大事制作成影像大事记，载入年鉴光盘，打造立体、全方位的信息资料单元。

三是创新装帧设计，突出地域元素。《连云港年鉴》自创刊起，先后采用港口、花果山、新亚欧大陆桥东方桥头堡标志等代表性图片作为封面，突出地域元素。2011 年，面向全国开展封面征集活动，活动共征集到 80 余种风格各异的设计作品，邀请市知名美术家进行评审，最终以抽象化的新亚欧大陆桥东方桥头堡标志为主体的封面方案得到采用，此方案沿用至 2015 年。2016—2018 年，在此方案基础上，又增加“一带一路”元素，形成简洁、庄重、大气、地域特色鲜明的封面设计方案。

《赣州年鉴》简介

赣州市地方志办公室①

一、发展概况

《赣州年鉴》创刊于2001年，由中共赣州市委领导、赣州市政府主办、赣州市志办编纂出版，是全面系统记述赣州市自然、政治、经济、文化、社会和生态文明建设等方面的发展变化情况的年度资料性文献。自2002年起，《赣州年鉴》实现"一年一鉴、公开出版"。

赣州市委、市政府高度重视《赣州年鉴》的编纂工作，2001年，市政府下发《关于开展编纂〈赣州年鉴〉工作的通知》，要求各县（市、区）政府，市政府各部门，市属、驻市各单位开展年鉴编纂工作。从2001年开始，市政府办公厅每年印发《关于做好〈赣州年鉴〉编纂工作的通知》，要求赣州市各地、各单位向赣州市志办（《赣州年鉴》编辑部）提供年鉴稿件。《赣州年鉴》由赣州市委书记担任顾问，赣州市市长担任主编，赣州市政府分管副市长担任副主编，赣州市志办主任担任执行主编。成立《赣州年鉴》编辑部，市志办主任任总编辑。主编、副主编每年对《赣州年鉴》的校样稿都会提出具体修改意见。

《赣州年鉴》自创刊以来，文化品牌效应日益凸显。《赣州年鉴》是全市党政机关、企事业单位、人民团体等的施政参考书。《赣州年鉴》致力于服务客商、服务华

① 执笔人：赖建明，江西省赣州市地方办公室秘书科科长。

人华侨，使他们通过阅读年鉴了解赣州、投资赣州，唤起爱国爱家热情。《赣州年鉴》在定位上明确为服务百姓，突出便民、利民特点，真正让年鉴“飞入寻常百姓家”。赣州市地方志系统还通过开展“方志进乡村”“方志进社区”“方志进校园”“方志进企业”等系列活动，每年配送年鉴至全市图书馆和高校等地。《赣州年鉴》中文版赠阅国家图书馆及全国各地主要图书馆。

回顾近20年的发展历程，《赣州年鉴》形成了自己独特的编纂理念，始终坚持精品意识，无论是篇目设计，还是内容编写，都力求做到突出赣州地域特点、时代特征和年度特色。《赣州年鉴》多次在全国及江西省的各类评奖中获奖，获全国特等奖项1次，一等奖项2次，二等奖项2次；获省级奖项5项。其中，《赣州年鉴（2017）》在第五届全国地方志优秀成果（年鉴类）评审活动中获评为特等年鉴。

二、《赣州年鉴（2017）》主要内容与特点

《赣州年鉴（2017）》框架覆盖全面，结构科学严谨。卷首设特载、专记、年度特辑大事记、地情、各项事业；全书按照类目、分目、条目三级结构层次，设类目40个、分目283个、条目1714个。卷末设人物·荣誉、附录、索引等，将年度内信息囊括其中，要素齐全，分类科学、层次分明。全书收录表格21张，图片100余幅，共128万字。全面系统记述2016年赣州市自然、政治、经济、文化、社会和生态文明建设等方面的情况，为赣州经济社会发展提供信息服务和智力支持。

该卷年鉴保持各年度间相关资料的连续性，资料准确，记录各行业（部门）、各类事物的总体情况，正确反映事物发展的脉络和轨迹，具有为现实服务的价值和存史的价值。同时，资料又有新颖性，全面、准确反映2016年度赣州的地方特色和年度特点。条目选题选材新颖、准确、系统，有效信息含量大，记述要素齐全。框架、内容年度特点和地方特色突出，增设了赣南苏区振兴发展五周年工作专记、赣州市精准扶贫脱贫攻坚工作专记；首次设立年度特辑，包括李克强视察赣州、“两城两谷一带”项目启动实施、改革创新激发新动能、赣县撤县设区、获批成立蓉江新区、江西青峰药业创新天然药物与中药注射剂国家重点实验室揭牌、“赣南茶油”获批国家地理标志保护产品、承办首届南北“4+8”地区绿色发展论坛等内容，重点记述赣州市2016年度特色工作以及所取得的成效，凸显鲜明的年度特点和浓郁的地方特色。此外，在相关类目增设“主攻工业”“苏区振兴发展”“精准扶贫”等条目，点面结合，彰显特色。

该卷年鉴图文并茂，图、表等表现形式配合得当。图片、文字印刷精美，双色

印刷，装帧美观。卷首图照专辑以年度最具赣州特色的“六大攻坚战”为主题，分为“主攻工业”“脱贫攻坚”“新型城镇化”“现代农业”“现代服务业”“基础设施建设”等6个板块，更为直观、形象地反映年度新面貌、新特点、新成就。正文中，根据条目内容，随文插图，增加内容可读性和直观感。封面采用宋城赣州古城墙作底图，设计简约大方，展现出赣州悠久历史元素及深厚地域文化元素，提高年鉴文化品位和内在质量。印刷、装饰简洁大方不奢华，风格协调不俗套，从排版的严谨、编排设计的新颖等细微处透出简朴庄重。

三、主要做法和经验

一是紧盯进度，确保年鉴当年编纂当年出版。年初制订年鉴编纂工作方案，对年鉴工作的各环节提出明确要求，严格按照倒排年鉴编纂出版时间表，盯紧发文、征稿、编辑、招投标、送审和印刷等节点进度，加快年鉴编纂步伐，做到早谋划、早编辑、早送审、早出版。

二是狠抓质量，力争编纂出精品佳鉴。编辑部坚持高标准、严要求，始终把质量意识贯穿年鉴编纂全过程，严格执行《地方综合年鉴编纂出版规定》，建立年鉴质量保障体系，严把质量关。对照全国、全省年鉴质量评比有关质量标准，对标对表，着重把好政治问题、框架设计、条目编写、装帧设计以及检索手段、编校质量和编校时效等关口，编纂出质量上乘的精品佳鉴。

三是突出时代特征。《赣州年鉴》的框架设计，一直紧跟时代前进的步伐，及时抓住新的社会关注热点、焦点和难点问题，抓住年度内发生的大事、要事、新事，取得的新成果、新成就以及发现的新情况、新问题，对年鉴框架结构进行调整、补充和完善，设立新的分目，淘汰过时的分目，以体现年鉴的时代特色。《赣州年鉴（2015）》开始，设专记类目，将一年全市发生的大事、要事集中在专记中记述；《赣州年鉴（2017）》开始，设置年度特辑类目，记述年度内重大事件。从2001年至2017年，《赣州年鉴》在逐年调整框架时新设类目、分目达26个。

四是突出地方（行业）特色。《赣州年鉴》在框架设计时，注重抓住赣州的地方（行业）特点，扬长避短，使类目和选题切合赣州实际。抓住赣州各行各业的强项，独到独特之处，合理设计类目，并适当安排版面。例如设置“主攻工业”“赣南苏区振兴发展”“旅游”“扶贫开发”“国家投资控股建设”“园区经济”类目等，以此反映赣州的地方特色。

《南京年鉴》简介

南京市地方志办公室①

一、发展概况

《南京年鉴》1987年创刊，由南京市地方志编委会办公室主办、南京年鉴编辑部编纂出版，是准确、科学、权威、系统地记载南京市自然、政治、经济、文化、社会等方面基本情况的年度资料性文献，是了解南京、研究南京的重要窗口。多年来，《南京年鉴》在全国地方志系统和出版系统各类年鉴评奖中屡获殊荣。其中，《南京年鉴（2017）》入选中国年鉴精品工程“中国精品年鉴”，并在第五届全国地方志优秀成果（年鉴类）评审活动中获评为特等年鉴。

二、《南京年鉴（2017）》主要内容与特点

《南京年鉴（2017）》设类目33个、分目202个、副分目78个、条目1690个，共135万字，收入表格186张、照片141幅，记录2016年度南京地区政治、经济、文化、社会、生态文明建设等方面的综合情况，重点记载全市建设“强富美高”新南京中取得的新历史成绩，凸显了南京“创新名城，美丽古都”的城市风貌。

一是全书体系科学，构架完整。《南京年鉴（2017）》设特载、大事记、南京概览、

① 执笔人：王晓慧，江苏省南京市地方志办公室主任科员。

党政机关·人民团体、法治、军事、外事·侨务·港澳台事务、城市建设与管理、经济管理与监督、江北新区、开发园区、农业、工业·建筑业、商贸流通、对外及对港澳台经济贸易、交通运输·邮政、软件和信息服务业、金融业、房地产业、会展业、旅游业、环境保护、教育、科学技术、文化、医疗卫生、体育、人力资源、社会生活、南京都市圈、辖区概况、人物·名录、附录 33 个类目。全书以国民经济行业性质为基础，采用多领域集成的综合分类法，做到大事不遗漏、要事不疏忽，大致以政治、经济、文化、生态环境、社会建设五位一体来构建，又不拘泥于此，力求行业脉络以分立的形式体现，便于旗帜鲜明的收录，又在分立中实现整体内容的有机统一。

二是描绘古都新貌，凸显创新名城的发展脉络。2016 年，南京以“强富美高”新南京建设为目标，古都换新颜。以年度特点和地方特色为亮点，《南京年鉴（2017）》新列“江北新区”类目，展示江苏省首个国家级新区的发展风貌。加大“交通运输”“教育”类目记述比重，彰显南京作为全国重要的科研教育基地和全国重要综合交通枢纽的现实特征。《南京年鉴（2017）》在城市建设与管理、商贸流通、社会生活、旅游业、环境保护、文化等类目适当增加比重，着重记载 2016 年度经济强、百姓富、环境美、社会文明程度高等方面内容，重大市政建设，“河西新城”“仙林大学城”“南部新城”等南京重点发展板块，民生事实、环境保护等内容全方位呈现，彩色画卷式展现关乎国计民生的城市发展。

三是区域特色鲜明，新兴业态明晰。作为长三角经济带重要城市，南京在区域一体化发展中发挥了重要作用。《南京年鉴（2017）》继续设置“南京都市圈”类目，独立记载南京、镇江、扬州等 8 市合作交流，以及都市圈一体化进程，为区域合作发展留下堪今人和后人查阅的资料。南京作为江苏省会城市，拥有发展会展业的独特优势和良好条件，会展业态已成规模，一批全国性、国际化的会展业品牌得以创建，第九届中国留学人员南京国际交流与合作大会、2016 中国·南京金秋经贸洽谈会、第九届中国（南京）国际服务外包合作大会、2016 中国海绵城市国际交流大会、2016 南京历史文化名城博览会、第 12 届中国（南京）国际软件产品和信息服务交易博览会、2016 世界智能制造大会等国际性、全国性重大展会在南京召开，展会为南京带来了国际机遇，也带来了巨大的经济效益和合作商机。《南京年鉴（2017）》设置类目“会展业”，突出记载新兴业态，彰显服务功能完善、产业结构合理、比较优势突出的会展业发展新格局。

三、主要做法和经验

一是建立和完善年鉴工作管理体制和运行机制。由市政府定期组织召开全市年鉴工作会议，提出年鉴工作要求。优化采、编、审、校工作流程，明确各环节质量标准和时效节点；建立目标责任制度，严格执行三审五校制，多条线多维度为年鉴质量保驾护航。

二是采用多领域集成的综合分类法，多方位展示行业发展年度情况。结合南京区域特点和社会分工状况，从立意到框架、从类目到分目、从综合性条目到单一性条目，都进行了科学调整，或并列或总分。以“类目”为纲，涵盖自然、经济、政治、文化、社会和生态建设等各大部类。条目按“1+X+Y”的形式有序编排，“1”是1个反映全面情况、涵盖整个类目或分目面上情况的综合性条目，条目名为“概述”或“概况”；“X”为若干个反映某一方面、某个侧面、某个环节或某项工作情况的综合性条目，重在记述线的轨迹；“Y”即若干个单一性条目，记载“亮点”“特点”。囿于组稿难、稿件质量参差不齐等现状，多领域集成的综合分类法更能贴近稿件处理的实际需要，不仅更为灵活，而且能最大限度地保留最重要的资料。坚持“条条有价值、字字有分量”的标准，力求用最少的语言记录最丰富的内容，做到文约事丰。

三是借助外脑提升审稿质量，集思广益铸就精品。《南京年鉴（2017）》在保持往常编辑部主任初审、特约编审对口复审、分管主任终审的基础上，增加院校专家、省内年鉴专家两道审查，严把政治关、保密关、体例关、史实关、文字关。不同专家对年鉴有不同的见解，也能跳出编辑自身的局限去发现更多的问题，提出更多真知灼见，对年鉴编辑部而言是提高年鉴价值的一个重要路径。在专家的建议下，《南京年鉴》在后期的编纂中，在图片选取上，扣紧时代脉搏，关注社会民生，保证印刷的照片不仅“颜值高”，价值更高；装帧设计上，与设计界专家合作，封面设计以绿色为主格调，简约明快，更具国际特色。

《辽源年鉴》简介

中共辽源市委党史研究室（辽源市地方志编纂中心）①

一、发展概况

《辽源年鉴》创刊于1987年，由辽源市政府主办、辽源市地方志编委会办公室编纂出版，是一部系统记述辽源市自然、政治、经济、文化、社会等方面情况的年度资料性文献。

辽源市政府重视《辽源年鉴》的编纂，成立了以市长为主任、分管副市长为副主任，各相关单位主要领导为成员的《辽源年鉴》编委会，负责对《辽源年鉴》样稿提出具体修改意见和建议。每年，市政府都印发文件，要求全市各县、区和相关单位加强《辽源年鉴》的供稿及相关工作。

多年来，辽源市志办将《辽源年鉴》向辽源市主要党政机关、企事业单位、党派团体免费赠阅，在招商引资和项目建设方面起到推动作用，在举办“知家乡、爱辽源”进社区宣讲活动中向社区居民免费赠阅。

《辽源年鉴》始终坚持质量第一原则，在全国、省、市各级评比中多次获奖，其中《辽源年鉴（2017）》入选中国年鉴精品工程“中国精品年鉴”，并在第五届全国地方志优秀成果（年鉴类）评审活动中获评为特等年鉴，《辽源年鉴（2018）》在第六届全国地方志优秀成果（年鉴类）评审活动中获评为特等年鉴。

① 执笔人：赵杰，中共辽源市委党史研究室（辽源市地方志编纂中心）副主任。

二、《辽源年鉴（2017）》主要内容与特点

《辽源年鉴（2017）》采用分类编辑法，设类目34个、分目252个、条目1282条、随文图照394幅、表格42张，共80万字。全书类目设置如下：特载、专文、大事记、市情概貌、中国共产党辽源市委员会、辽源市人民代表大会、辽源市人民政府、中国人民政治协商会议辽源市委员会、中国共产党辽源市纪律检查委员会、民主党派、群众团体、军事、法治、环境保护、经济管理、农业、工业、商贸服务业、煤炭、城乡建设与管理、交通运输、邮政通信、财政税务、金融、旅游、科技、教育、文化体育、医疗卫生、社会民生、县区开发区概况、人物、文献、附录。

《辽源年鉴（2017）》紧扣时代特征，注重把握重点民生工作。将“社会民生”类目中“劳动就业”分目编排至分目之首，充分体现以人为本的理念，对农村劳动力就业创业情况和农村外出务工人员返乡创业情况进行详细记述，让读者较全面了解辽源市农村务工人员情况。增设“扶贫攻坚”分目，整合医疗扶贫、教育扶贫等有关领域脱贫攻坚条目，并进行详细的记述。将“医疗保险”分目归入“社会保险”分目；将“老龄工作”“残疾人事业”分目划归“社会福利”分目。对“殡葬管理”分目下详细记述首届公益生态树葬，突出体现作为辽源市特色的公益生态树葬情况，关注民生、关注社会发展。

《辽源年鉴（2017）》突出地方特色，注重把握年度亮点工程。《辽源年鉴（2017）》的编纂在体现年度特点和地方特色方面做了精心设计。2016年，辽源市第一部地方立法《杨木水库饮用水水源保护条例》颁布实施，在“法治”类目中“地方立法”条目进行着重记述，题目为“首部地方立法颁布实施”，让读者一目了然。2016年，辽源市再次获得中国智慧城市示范奖，《辽源年鉴（2017）》将智慧城市建设作为一个分目进行详细记述，重点记述建成城市公共信息平台和应用项目45个，落户知名信息软件企业60家，充分突出地方特色。

此外，对东辽县辽河源镇入选全国首批特色小镇进行详细记述。同时，还从市委、市政府工作的重点，领导机关关注的难点，人民群众街谈巷议的热点入手，寻找素材，把“2016年中国辽源国际袜业交易会纪实”等一批有影响力、突出年度特色亮点的大事要事详细地以专文的形式进行记述。

三、《辽源年鉴（2018）》主要内容与特点

《辽源年鉴（2018）》采用分类编辑法，设类目34个、分目214个、条目1231条、随文图照315幅、表格36张，共80万字。全书类目设置如下：特载、专文、大事记、市情概貌、中国共产党辽源市委员会、辽源市人民代表大会、辽源市人民政府、中国人民政治协商会议辽源市委员会、中国共产党辽源市纪律检查委员会、民主党派、群众团体、军事、法治、生态建设、经济管理、农业、工业、商贸服务业、煤炭、城乡建设与管理、交通运输、邮政通信、财政税务、金融、旅游、科技、教育、文化体育、医疗卫生、社会民生、县区开发区概况、人物、文献、附录。

《辽源年鉴（2018）》紧紧围绕党的十九大精神和习近平新时代中国特色社会主义思想，突出"五大发展理念"展现新时代辽源市发展面貌。卷首彩页以"数字新辽源""年度新亮点""走进新时代""转型新动力""脱贫新征程""宜居新城市""百姓新生活""旅游新方向""文化新发展""县区新动态"等10个"新"主题作为图片基本框架，全方位展示辽源市2017年转型升级新成果，反映辽源市在新时代转型发展中砥砺前行的精神和美丽辽源群众幸福生活的面貌。正文中将原有的"环境保护"类目调整为"生态环境"类目，调整后做了位置前移和内容扩充，展现辽源市2017年生态环境工作重点，突出新时代主题，体现"绿水青山就是金山银山"的发展理念。

《辽源年鉴（2018）》重点突出年度亮点，全方位宣传城市发展变化。特载中收录辽源籍科学家，"中国天眼之父"南仁东先进事迹，对南仁东为祖国天文事业奋斗终生的事迹进行详细记载和解读，激发全市广大人民爱岗敬业，奋斗前行的热情。专文与内文中详细记述了与浙江省绍兴市对口合作工作的开展情况，展现新时代辽源对外合作发展的新姿态，体现开放合作的新时代发展理念。在社会民生和人物类目中重点记述了"五点双项两救助"这一辽源特色的脱贫攻坚模式，反映辽源坚决打赢脱贫攻坚战的信心与智慧。

《辽源年鉴（2018）》把握资料的完整性和连续性，系统反应辽源市经济社会发展脉络，在内文中持续记录中国辽源国际袜业交易会，使外界对这一辽源名片有了更加深刻和全面的认识。此外，在招商引资、项目建设、农业产业化发展、农业园区建设、旅游宣传、文化发展等内容上，对一段时间以内持续开展的工程项目进行跟踪式记述。

四、主要做法和经验

一是重规范，精编纂，为打造精品年鉴提供基础保障。辽源市将打造精品年鉴作为2017年的重点工作，参编单位资料报送后，立即组织人员组稿和编纂，组稿中将稿件按类目分配到人。按照本卷年鉴编纂大纲及年鉴行文规范，用5个月时间编辑、整理文字资料200余万字，图片500余幅，形成100余万字的初稿，各类图片300余幅，经初审和复审，于8月31日按时报吉林省地方志编纂委员会审核。吉林省地方志编纂委员会、中指组以及方志出版社相关专家先后提出了七轮修改意见，辽源市志办立即召开专题会议认真学习领会研讨，并逐项修改、反复校对，落实修改意见700余条，修改文字500万字以上。工作中，辽源市还注重学习和借鉴省内外优秀年鉴以开阔视野，全面筑牢年鉴编纂质量基础。

二是高标准，精打磨，为编纂精品年鉴提供优质保障。在年鉴组稿阶段，为解决资料不全和取舍不当的问题，编辑部反复与参编单位商讨，征集相应的补充资料。在稿件编纂阶段，为解决条目标题不准、内容要素不全和史实不清、文字粗糙等问题，通过全市地方志工作QQ群随时与撰稿人保持沟通交流。编纂人员一方面集体研究专业性强或有疑问的问题，另一方面多次去电或往返有关单位反复核查稿件内容，确保资料的真实性和准确性。在校对阶段，编纂人员对每段文字、每个数据进行逐字逐句的审核，防止出现硬伤和常识性错误。与此同时，积极与各参编单位协作，将各单位的承编稿交给相关撰稿人核实、校对。在全部稿件人工校对结束后，利用黑马软件校对通篇电子文稿。为确保年鉴质量，在出版社审稿同时，组织6人组成的校改队伍，进行最后的精打细磨。

三是抓创新，求突破，为编纂精品年鉴提供特色保障。在类目设置方面坚持与时俱进，结合新时代发展进程调整类目和分目。在分目设计上强调行业类别，打破以往以部门为单位进行记述的固定模式，突出展示行业发展情况；在版面设计方面，运用具有代表性的辽源元素，融合东辽河源头和辽源市市花、市树、市标等，将美观与地方特色有机结合，渲染了辽源特有的文化底蕴，使整卷年鉴简约庄重并赋有地域特色。在资料征集方面，借鉴辽源市续志资料长编的成功经验，使资料年报与年鉴资料征集同步进行，起到了事半功倍的效果。

《扬州年鉴》简介

扬州市地方志办公室 ①

一、发展概况

《扬州年鉴》创刊于1991年，由中共扬州市委、扬州市人民政府主持编纂，扬州市地方志办公室承担具体编纂工作，是系统记述扬州市自然、政治、经济、文化、社会、生态等方面情况的年度资料性文献。2000年采用国际标准大16开本黑白印刷，2008年改为全彩印刷，至2019年，已出版29卷。

《扬州年鉴》全面客观记述扬州市改革开放和现代化建设的发展历程，成为展示当代扬州历史的百科全书、各级领导科学决策的重要参考、各界人士深入了解乡情的权威平台、对外宣传推介扬州的亮丽名片，在讲好"扬州故事"、服务党委政府科学决策、传播地情信息、促进科学研究、增强乡土情感等诸多方面发挥了重要作用。多年来，《扬州年鉴》注重质量建设，在历次全国地方志系统优秀成果（年鉴类）评审活动中，4次获评为特等年鉴，其中，《扬州年鉴（2018）》入选中国年鉴精品工程"中国精品年鉴"，并在第六届全国地方志优秀成果（年鉴类）评审活动中获评为特等年鉴。

① 执笔人：姚震，《扬州年鉴》常务副主编。

二、《扬州年鉴（2018）》主要内容与特点

《扬州年鉴》采用分类编辑法，按照类目、分目、次分目、条目结构层次，设类目 42 个、分目 275 个、次分目 53 个、条目 2152 个，版面字数 1268 千字。卷首有中文详细目录和英文要目，卷末有索引，全书资料可通过目录、书眉、索引等检索渠道查阅。全书类目设置如下：特载、专记、大事纪要、概览、区域融合发展、中共扬州市委员会、扬州市人民代表大会、扬州市人民政府、政协扬州市委员会、中共扬州市纪律检查委员会、民主党派·工商联·群众团体、法治、军事、经济管理、农业、新兴产业、工业、建筑业、商贸服务业、软件信息服务业、旅游业、房地产业、金融业、对外及港澳台经贸、开发园区、交通、水利、城市建设、乡村建设、生态环境、科学技术、教育、文化、历史文化名城保护、医疗卫生、体育、收入消费、社会保障、社会事务、区（县、市）发展、人物、附录。

《扬州年鉴（2018）》在原有基础上质量有进一步提升，框架结构作了进一步优化和改进。《扬州年鉴（2018）》突出年度特色和地方特色。在专题图片设计中突出专题性，由城市荣誉、数字扬州、印象名城、年度视点、四十年回眸等几个板块组成。与 2017 年卷相比，在类目上作出调整，通过拆分组合新增“房地产业”“乡村建设”等类目；新增“新兴产业”类目，设置“新能源产业”“新光源产业”“新材料产业”“智能电网”“节能环保产业”“生物医药产业”等分目。“建筑业”类目增加“建筑市场”“建筑装饰”“建筑质量”分目；“工业”类目增加“电子信息产业”“轻工业”分目；“商贸服务业”类目增加“会展业”“居民服务业”“商务服务业”分目等。“特载”和“专记”类目进一步强化了“特”和“专”，“特载”类目中的“江淮生态大走廊建设”“全国水生态文明城市建设试点通过验收”，“专记”类目中的“全国文明城市‘三连冠’”“‘公交都市’创建”等浓墨重彩地彰显扬州的年度特色。保留强化了“区域融合发展”“历史文化名城保护”等类目，突出扬州的地域特色。在条目的选取上，注意充实扩展概况性条目，加大细节性、微观事物的记述力度，及时反映扬州时代发展、社会进步过程中出现的新事物、新现象，增加实体化条目的数量。通过这样的改进，年度特点和地方特色更加鲜明。

三、主要做法和经验

《扬州年鉴》立足扬州经济社会发展实际，坚持与时俱进，突出地域特色，发扬

工匠精神，优化工作机制，以质量为本，牢固树立精品意识，努力反映新时代特征，进行了积极有益的探索。

一是将年鉴工作纳入机关绩效目标考核。《扬州年鉴》长期以来一直以扬州市委办公室、市政府办公室名义向全市 200 余家供稿单位发文征稿。2017 年，扬州市地方志工作又被纳入市委、市政府绩效考核。由于考核办法宣传到位，成效开始显现，2018 年卷的组稿工作效率有了较大提高。

二是优化组稿方式，在源头上下功夫。每年组稿前，各责任编辑都要根据分工，重新翻阅浏览上一年度全年的日报、晚报及重点行业、部门的网站，认真阅读月度《扬州大事记》，反复研读扬州市党代会报告或市委全会报告及政府工作报告等，努力从总体上把握一年来全市各方面的重要事件和较有影响的工作，防止重要信息内容的遗漏、缺失，保证年鉴信息的齐全、完整。除了正常组稿外，还有针对性地约稿。加强组撰稿队伍建设，与有关企业、银行联系，点对点沟通，获取相关信息。加强与行业协会等松散型管理组织的联系，征集行业年度资料。根据需要有针对性地约请专家撰稿或自撰稿件，积极与相关部门沟通联系，及时反馈信息，多方组织稿件，形成立体组稿模式。努力收集高质量的图片。除了发挥报社图片库的主渠道作用外，与扬州市知名的摄影家、摄影爱好者取得联系，根据年鉴所需图片内容、要求等收集高质量的图片，为丰富公益彩图和随文插图打下了坚实的基础。

三是规范流程，提高校对质量。严格按照年鉴编校规范来提高校对质量。先后开展编辑自校、互校捉错、专题校对、组织相关人员参与集中校对、专家校对、专业校对人员校对等活动，稿件中所有类目校对均达 5 次以上，最大程度降低文字差错率。加强审稿力度，严格实行四审制；规范细节，做到精细编校，精致编校，规范编校后期所有环节，保证年鉴质量的全过程控制。

《长沙年鉴》简介

长沙市地方志编纂室[①]

一、发展概况

《长沙年鉴》创刊于1987年，由中共长沙市委、长沙市人民政府主办，长沙市地方志编纂委员会编纂，方志出版社出版，至2019年已连续出版33卷，全面、系统、翔实、准确地记载长沙改革开放、科学发展和新时代中国特色社会主义建设的光辉进程，发挥着“存史、育人、资政”的重要功能。从1989年卷开始，《长沙年鉴》实现公开出版。2005年起，实现电子光盘保存。2012年，全书改为全彩印刷。2014年，将电子版加载到“长沙方志网”。2018年，制作手机版二维码年鉴，读者在手机上可进行全文查阅。《长沙年鉴》在历次全国地方志系统优秀成果（年鉴类）评审活动中，2次获评为特等年鉴，其中，《长沙年鉴（2018）》入选中国年鉴精品工程“中国精品年鉴”，并在第六届全国地方志优秀成果（年鉴类）评审活动中获评为特等年鉴。

二、《长沙年鉴（2018）》主要内容与特点

《长沙年鉴（2018）》采用分类编辑法，按照类目、分目、次分目、条目结构层次，设类目36个、分目210个、次分目54个，收录条目1534个、随文图照116幅、

① 执笔人：陈晓红，湖南省长沙市地方志编纂室年鉴处处长、《长沙年鉴》主编。

表格 80 张，版面字数 150 万字。全书类目设置如下：特载、大事记、长沙概览、中国共产党长沙市委员会、长沙市人民代表大会、长沙市人民政府、中国人民政治协商会议长沙市委员会、中国共产党长沙市纪律检查委员会、民主党派 · 工商联、人民团体、法治、军事、经济管理、农业、工业 · 建筑业、商贸服务业、旅游、房地产业、金融、交通运输、开发区、湖南湘江新区、经贸合作、城乡建设、生态环境、长株潭“两型社会”试验区、科学技术、教育、文化、医疗卫生、体育、人民生活、区县概况、人物、附录、索引。

《长沙年鉴（2018）》框架结构与上年比较主要有以下调整：增设“长株潭两型社会试验区”类目，更好地凸显长株潭“两型社会”发展的地位；“湖南湘江新区 · 开发区”析为“湖南湘江新区”“开发区”两个类目，凸显湖南湘江新区作为中部地区首个国家级新区的地位以及开发区对全市经济建设的重要作用；“商贸业”析为“商贸服务业”和“对外经贸”两个类目；“工业”类目更名为“工业 · 建筑业”，原“建筑业”类目内容归入“工业 · 建筑业”类目中；“房地产”从“城乡建设”类目中析出，单设“房地产业”类目；“财政 · 税务”类目内容归入“经济管理”类目；“人物”从“附录”类目中析出单设类目；“交通 · 邮政 · 通信”类目更名为“交通运输”，邮政、通信内容归入“商贸服务业”；“农业 · 农村经济”“卫生 · 计划生育”“区县（市）概况”类目分别更名为“农业”“卫生”“区县概况”；“长沙概览”类目增设“历史文化”分目。“特载”类目突显年度特色，重点设置“长沙市抗击特大暴雨洪水纪实”“长沙获评世界‘媒体艺术之都’”“长沙市‘两型社会’建设十周年”“长沙市美丽乡村建设”4 篇重大内容，将往年“特载”类目中的政府工作报告等一次文献归入“附录”记载。首次在全书前页设置彩页专题“长沙市抗击特大暴雨洪水纪实”，反映长沙人民团结一心与洪魔搏斗的精神风采。增设“长沙市文化地图”，让读者能够更全面的了解长沙丰厚的历史文化底蕴。条目中设置资料链接，拓展条目内容。创新年鉴呈现形式，制作二维码年鉴，读者通过手机扫描二维码即可查阅相关内容。

三、主要做法和经验

《长沙年鉴》始终秉承质量第一的原则，将年鉴精品意识贯穿于编纂工作全过程，勇于探索，不断规范与创新，使《长沙年鉴》突出时代特色和地域特色。

一是坚持依法治鉴，及时出台文件。遵照《地方志工作条例》和《全国地方志事业发展规划纲要（2015—2020）》，2015年12月，长沙市政府出台《关于进一步加强新时期地方志工作的意见》《长沙市地方志事业发展规划纲要（2015—2020）》《〈长沙市地方志事业发展规划纲要（2015—2020）〉任务分解的通知》，以具有普遍约束力的规范性文件来规范年鉴工作，形成党委领导、政府主持、负责地方志工作的机构组织实施、社会各界广泛参与的工作机制，依法治鉴得到全面加强。

二是多措并举，锤炼编辑队伍。《长沙年鉴》编辑部现有编辑5人，（研究生学历1人、大学本科4人），其中在职3人，聘用2人。每年单位充分搭建各种平台，聘请全国知名专家上门组织培训，让编辑部成员外出参加学习培训，组织到入选中国年鉴精品工程"中国精品年鉴"编纂单位学习，承担到区县（市）培训授课，开展方志讲坛，组织业务研讨和学术交流等，以平台搭建为牵引，不断锤炼提升编辑队伍的能力素养。

三是优化审稿流程，压实编辑责任。2016年开始，《长沙年鉴》确立"五审六校"审稿流程。"五审"分别为"编辑初审、组稿单位审稿、方志出版社审稿、主编审稿、编纂委员会领导审稿"；"六校"为编辑部对稿件开展的6次通读校稿。2018年，争创中国精品年鉴，进一步优化审稿流程，形成"八审十校"的审校工作机制，在原有五审的基础上增设全办人员审稿、编辑部各编辑全书通篇审稿、专家审稿；"十校"为根据编纂工作需要，开展的10次通读审校，首次采用黑马软件开展校对，严格对政治表述、保密内容、机构领导人员名单及统计数据等重点内容的审核。严格压实各编辑责任，实行编辑类目负责制，在各类目首页标注责任编辑，实现各类目编辑全流程负责制，严格按照《地方综合年鉴编纂出版规定》要求不断提升年鉴编纂质量。

四是立足质量标准，注重规范与创新。质量是年鉴的生命和灵魂，规范是行业的传承和标准，创新是时代精神的演绎和升华。《长沙年鉴（2018）》将规范与创新体现到年鉴编纂的全过程。规范业务培训，每年聘请全国年鉴专家对全市组稿人员进行培训，积极参加中国地方志指导小组、湖南省地方志编纂院的会议与培训，加强对区县（市）年鉴组稿人员的培训指导。规范条目的编写，编写《年鉴编撰手册》、将精品年鉴评审专家的评审意见及编辑部的修改反馈意见编辑成《创中国精品年鉴资料汇编》，一并下发组稿单位供其借鉴参考；制定年鉴条目撰写标准及要求，对部分组稿单位提供指导性组稿条目，提升组稿质量。规范彩页的设置，从2017年卷开始，撤销往年设置的市委、市政府、人大、政协、纪检及区县（市）彩页专版，在全书前面设置反映全市中心及特色工作的彩页专题。规范处室例会，会上集中研讨交流组稿、编纂中遇到的困难和问题，统筹推进编纂质量及工作进度。创新地图设置，2018 年卷增设“长沙市文化地图”，并保持每两年对地图进行审核更新。创新框架设置，增设“长株潭两型社会试验区”类目，将分目“湖南湘江新区”“开发区”分别升格为类目记载，“特载”类目突显年度特色，全面反映建设现代化长沙的重大决策、举措及成就，将往年设置的政治工作报告、市委书记讲话等一次文献归入附录记载。创新年鉴呈现形式，制作年鉴二维码（将年鉴二维码图案嵌入封底），让读者通过手机扫描二维码即可查阅相关内容。创新编辑内容，开展《长沙年鉴》年度人物、年度事件评选活动，入选年度人物、事件各 10 名（件）载入《长沙年鉴》，弘扬社会正能量。优化装帧设计，聘请设计师对封面及全书版面、图片、表格及类目、分目、条目等字块进行统一设计及调色处理，更新优化全书纸张，使全书制作更精美、版式更优化、色彩更加和谐舒适。

《楚雄州年鉴》简介

楚雄彝族自治州地方志办公室[①]

一、发展概况

《楚雄州年鉴》创刊于 1989 年，是由楚雄彝族自治州人民政府主办、州地方志办公室负责编纂出版的大型资料性工具书。创刊之初，为正 16 开本，2001 年改为国际标准大 16 开。2002 年起，开始尝试制作电子多媒体光盘，随书附赠。2006 年，由单色印刷改为双色印刷。2016 年，由双色印刷改为全彩印刷。至 2019 年末，已公开出版发行 31 卷。

创刊 30 余年来，《楚雄州年鉴》始终坚持“质量就是年鉴的生命线”的编纂原则，始终把编纂质量放在首位，力求精品佳作。《楚雄州年鉴》在历次全国地方志系统优秀成果（年鉴类）评审活动中，1 次获评为特等年鉴，1 次获评为一等年鉴，1 次获评为二等年鉴，其中，《楚雄州年鉴（2018）》入选中国年鉴精品工程“中国精品年鉴”，并在第六届全国地方志优秀成果（年鉴类）评审活动中获评为特等年鉴。

二、《楚雄州年鉴（2018）》主要内容与特点

《楚雄州年鉴（2018）》按分类法编纂，设类目 32 个、分目 207 个，约有条目

① 执笔人：李梅，云南省楚雄彝族自治州地方志办公室年鉴科科长、《楚雄州年鉴》副主编。

1275条，收录图片467幅、表格49张，版面字数111万字。全书类目设置如下：特载、大事·要闻、彝乡概貌、中共楚雄州委、楚雄州人大、楚雄州人民政府、楚雄州政协、纪检监察、民主党派·群众团体、法治、军事、经济管理、农业、工业·建筑业、商贸服务业、旅游、金融、交通·邮电、开放型经济、城乡建设、环境保护、教育、科学技术、文化、体育、医疗卫生、民族·宗教、脱贫攻坚、人民生活、人物、统计资料、重要文献、索引。

《楚雄州年鉴（2018）》的封面主体部分以铜鼓鼓面纹饰图案为背景，彰显楚雄州是亚洲铜鼓发源地之一；标识设计以彝族左脚舞为意象，以熊熊燃烧的篝火为主要元素，辅以“楚雄州年鉴”的彝文和抽象的五星，象征围着篝火载歌载舞的人群，寓意彝族是尚火的民族；以“中国彝乡·滇中翡翠·红火楚雄”来突出形象定位，既体现中共楚雄州委、州政府提出的发展战略，又直观地反映州情特点，并兼顾民族特色和地方特点，使《楚雄州年鉴（2018）》不仅能发挥存史、资政、育人的作用，而且真正成为外界了解楚雄、认识楚雄，以及楚雄对外宣传的重要名片。

三、主要做法和经验

一是顺势而为，担当精神是灵魂。2018年4月，中国地方志指导小组秘书长，中国地方志指导小组办公室党组书记、主任冀祥德在《楚雄彝族自治州志（1978—2010）》发行会议上对楚雄州提出了“坚决完成‘两全目标’，着力打造精品志鉴”的要求。作为边疆少数民族地区，楚雄州委州政府顺势而为、迎难而上，作出了把《楚雄州年鉴（2018）》打造成为云南省首部入选中国年鉴精品工程“中国精品年鉴”的安排部署，州委书记、州长多次对地方志工作作出重要指示批示，对入选中国年鉴精品工程工作亲自过问并主持审稿，出面协调工作。楚雄州志办迎接挑战、勇于担当，积极投入到入选中国年鉴精品工程工作中。

二是质量第一，精益求精是关键。优化编纂方案，根据中国年鉴精品工程实施方案的要求，及时修改完善《〈楚雄州年鉴（2018）〉编纂出版工作实施方案》，细化目标，制定流程，明确时限对标对表，责任到人，确保编纂每一个时间节点各项工作任务的圆满完成。提高稿件质量，针对部门来稿实际，制定既符合州情特点又结合各部门（行业）实际的组稿提纲及建议，明确各部门稿件每个分目下所必须要记述的重要内容和关键条目进行重新组稿，提高年鉴资料的广度、深度和准确度。精心设置类目框架，以已经入选中国年鉴精品工程的“中国精品年鉴”和国内其他发达地区的年鉴框架为参照，对部分类目和分目进行调整，使框架设置更加科学合理，更加突出地方特色和民族特色。精准提高编校质量，严格按照《地方综合年鉴编纂出版规定》，认真改标题、补要素、删套话，精编细校，精心雕琢，从细微处体现年鉴品位和档次；审读校对时，进行拉网式排查，做好全书的规范统一，力求将差错率降至最低；版式编排，力求精美；对印刷工艺，精挑细选，确保年鉴整体质量。精细对接落实专家意见，及时逐一对照修改，在最短的时间拿出最佳修改意见进行调整、补充和完善。

三是文理统一，突出特色是根本。《楚雄州年鉴（2018）》以彝族特色文化为主基调，不论是在封面装帧、版式设计、标识创意、图片选择，还是在纸张选择、印刷工艺等方面，都力求做到内容和形式的高度统一，充分彰显楚雄作为少数民族自治地区的地域特色和民族特色。

《淄博年鉴》简介

中共淄博市委党史研究院（淄博市地方史志研究院）[①]

一、发展概况

《淄博年鉴》创刊于1987年，是山东省较早创刊的地方综合年鉴，至《淄博年鉴（2018）》已连续出版32卷，总计3500万字，发行10万余册，刊载彩色、黑白插图4500余幅。

《淄博年鉴》始终坚持“据求实之本，走精品之路，为现实服务”的指导思想，努力在年鉴编纂质量上下功夫，逐步走出一条注重质量、特色鲜明、创新发展的年鉴编纂之路。《淄博年鉴》多次在山东省年鉴评奖中获奖，在历次全国地方志系统优秀成果（年鉴类）评审活动中，2次获评为特等年鉴，其中，《淄博年鉴（2018）》在第六届全国地方志优秀成果（年鉴类）评审活动中获评为特等年鉴。

二、《淄博年鉴（2018）》主要内容与特色

《淄博年鉴（2018）》全面记录2017年淄博市自然、政治、经济、文化和社会生活等方面情况，按照类目、分目、条目三级结构层次，设类目37个、条目1440条，

① 执笔人：许艳萍，中共山东省淄博市委党史研究院（山东省淄博市地方史志研究院）院长、《淄博年鉴》主编。

全书 102 万字，努力突出时代特色、地方特色和年度特色。

一是科学优化框架设计和栏目设置，更加突出中心工作，进一步贴近社会民生。二是充实“专记”“淄博概况”等类目的内容，着力突出淄博特色和年度特点。在“专记”中专题记述“淄博市两学一做学习教育”“落实不力问题专项整治”“淄博市扶贫开发”等分目。三是全面记述淄博市生态文明建设，力求彰显时代特色。将原来分散于各类目和分目中的生态建设保护内容如“空气异味治理”“孝妇河综合治理”等集中到一起记述。四是坚持在规范基础上创新，坚持从选题立目、标题拟定、要素齐全、表述规范等环节，规范条目编写；深化内容记述，规范“概况”等综合性的条目编写，增强条目的资料性和存史价值；重视动态性条目的设立和编写，增强年鉴的信息性、新颖性和可读性，确保条目质量。五是力求图文并茂，文内插入典型和有价值彩图 173 幅、图表 68 个。采用全彩印刷，着力突出文内图片效果。

三、主要做法和经验

一是坚持着眼长远，综合发力，建设一支高素质的编审专业队伍。多年以来，《淄博年鉴》把编审人才的培养使用作为人才队伍建设的抓手，着眼长远，综合发力，逐步造就了一支思想觉悟过硬、专业素质过硬、能打硬仗的编审队伍。充分发挥老领导、老专家、老“年鉴”的传帮带作用，大胆放手，启用年轻同志挑大梁，采取措施，加大培训力度，形成一支具有一定撰稿经验和能力的撰（供）稿人队伍，在编审人才链各个环节形成老中青搭配合理、传承有序的梯次，为保证《淄博年鉴》的编校质量成功搭建起了有力的人才队伍。

二是坚持科学设置，适度创新，搭建一个特色突出、相对稳定的年鉴框架。《淄博年鉴》自创办以来，在框架设计和栏目设置上以相对科学合理的框架设计保证资料完整、重点突出、层次分明。首先在框架保持相对稳定的基础上，紧跟经济社会发展步伐，及时在年鉴的栏目和内容中根据淄博实际进行适度调整、科学优化，以求与时俱进。抓准抓好地方特色，在栏目设置中予以突出表现，先后尝试设置“生态文明建设”“城镇化建设”“齐文化研究”“聊斋文化研究”“节庆会展”“名人纪念馆舍”等分目内容；在条目方面保持设立“地方立法”“组群式大城市建设”“陶博会新材料论坛”等具有淄博特色的内容板块。其次围绕市委市政府重点工作、年度大事等方面准确把握年度特色，在“专记”“卷首彩图”中以最直观、最凸显的方式予以表现。

三是坚持依法编鉴，规范发展，形成一个成熟的编校质量保障体系。《淄博年鉴》在三十余年的编纂实践中，从资料搜集、编纂、审稿、校对、出版印刷等各环节建立起一套相对成熟的质量保证体系，在具体编纂实践中有法可依、有章可循，为《淄博年鉴》的编校质量始终保持在较高水平提供了一定的制度体系保障。在稿件编审过程中，严格按照五审六校（五审是指在撰稿人和供稿单位审定基础上，再进行编辑初审、副主编二审、主编三审、出版社和市分管领导审定；六校是指编辑自校、定稿初校、清样校对、全员校对、交叉校对、印前校对）程序。严格按照《地方综合年鉴编纂出版规定》《山东省地方综合年鉴编纂出版业务规范》，在人名地名、事实、数据、图片、引文等方面严格按规定执行。此外严把政治关、保密关。

四是坚持精品意识，内容为王，确保条目的规范性、可读性。《淄博年鉴》在条目撰写上严格执行条目的要素和规范要求，杜绝总结报告痕迹，确保每一个年鉴条目都必须标明发生时间、明确行为主体、交代发展过程。对于条目中的具体问题，制定印发《关于〈淄博年鉴〉常设性条目中必要数据和情况的暂行规定（1998 年）》,《〈淄博年鉴〉编纂质量管理办法（2008 年）》等。此外,《淄博年鉴》尤其重视概况类条目的作用，规定普通分目都必须设置概况条目，以确保该分目的基本情况、基本数据收录在册，还能够与不同卷之间的内容构建连续性，从而体现可比性、可读性，彰显存史价值。

《北京海淀年鉴》简介

北京市海淀区党史地方志办公室①

一、发展概况

《北京海淀年鉴》创刊于2002年，由北京市海淀区人民政府主办，北京市海淀区党史地方志办公室编纂出版，是系统记述海淀区自然、政治、经济、文化、社会等方面情况的年度资料性文献，至2018年累计出版17卷。

海淀区委、区政府高度重视《北京海淀年鉴》的编纂工作。2002年6月12日，区政府印发《关于编写北京海淀年鉴的通知》，决定自2002年起开始编纂出版《北京海淀年鉴》，正式启动年鉴编纂工作。与此同时，成立《北京海淀年鉴》编纂委员会，区委书记任顾问，区长任主任，主管副书记、副区长任副主任，成员由海淀区地方志编纂委员会成员兼任，形成"党委领导，政府主持，地方志编纂委员会及其办公室组织实施"的志鉴工作领导体制。2007年，调整为区四套班子一把手任《北京海淀年鉴》（海淀区地方志）编纂委员会顾问，区长兼主任；主管区委常委、副区长分任副主任。

2008年，调整为区委书记、区人大常委会主任、区政协主席任顾问，区长任主任，主管区委常委、副区长分任副主任。区级领导和编委会成员每年都对《北京海淀年鉴》的送审稿进行审阅，并提出修改意见或建议。

从2011年卷开始，《北京海淀年鉴》增加英文目录、索引，书后附光盘。除保持

① 执笔人：钟冷，北京市海淀区党史地方志办公室副调研员、《北京海淀年鉴》执行主编。

书前原有的专题彩页外，还在每个类目之前增加照片，以图文并茂的形式反映该类目的主要内容。

《北京海淀年鉴》每卷均赠送全区党政机关、企事业单位、党派团体、学校、区图书馆和国家图书馆、部分驻区高校图书馆及私人爱好者、研究者。与中国知网合作，在知网上发布，供社会各界和研究者查询；每年与全国100余家兄弟单位交换年鉴。《北京海淀年鉴》已成为社会各界了解海淀区各行各业年度发展全貌的一个重要窗口。部分志鉴研究成果已成为领导机关决策依据，被领导决策采纳并付诸实践，并取得较好的社会效益和经济效益，年鉴的影响力和资政功能不断显现。如区政府根据地方志专家建议经考察论证，竖起“中关村”石碑地标；提出“保留中关村历史遗迹”的建议得到政府采纳；提供历史资料助力元土城遗址公园、海淀公园的修建和北部新区开发等重大项目建设；为建设翠湖国家湿地提供史料依据；助力曹雪芹纪念馆、曹雪芹小道建设；协助区教育部门编写地方乡土教材等。

《北京海淀年鉴》多次在全国、北京市年鉴质量评比中获得奖项。其中，2016年卷、2017年卷、2018年卷入选中国年鉴精品工程“中国精品年鉴”，并连续4年在全国地方志优秀成果（年鉴类）评审活动中获评为特等年鉴。

二、《北京海淀年鉴（2017）》主要内容与特点

《北京海淀年鉴（2017）》卷首设图片专题（数字海淀、政治建设、经济建设、文化建设、社会建设、生态建设）、党和国家领导人与海淀、特载、专文、大事记、区情概述。卷中设23个类目，其中20个类目为类目、分目、条目三级层次，3个类目为类目、分目、次分目、条目四级层次。卷末设人物、统计资料、附录。全书共列179个分目、8个次分目、1730个条目、36张表格、239张照片、108.5万字。该卷配有双重检索系统：书前刊有详细目录，中文目录详至条目，英文目录至分目或次分目；书后附有索引，并配有电子版（光盘）。部分类目之首设综述，部分分目和所有次分目之首设概况，以反映各行业、各类事物的总体情况，保持各年度间相关资料的连续性。主要记述形式为条目，体裁有述、记、图、表、录等，努力突出时代特征、地方特色和年度特点。

一是建立“大海淀”年鉴格局。海淀区驻区单位较多，编辑部从一开始就确立“大海淀”年鉴编纂格局，除记述区属单位外，还努力把区域内各领域、各行业、各

单位的大事、要事、新鲜事、有影响的事记入年鉴。比如与驻区的旅游景点及电力、邮政电信、交通、烟草专卖、药品食品监督、驻区高校等与民生有密切关系的单位建立紧密联系，丰富年鉴内容。

二是体现改革开放的时代特征。《北京海淀年鉴》篇目设计始终紧扣时代发展主题，与海淀区的实际情况相结合。比如随着国家实施“一带一路”倡议和京津冀协同发展政策，《北京海淀年鉴》及时把参与“一带一路”建设和疏解非首都功能等相关内容纳入其中。

三是凸显地方特色和年度特点。海淀区是高新科技发达地区、教育发达地区，区域有 37 所（部）高校，高新技术产业从“中关村电子一条街”逐步发展成为国家级高新技术产业区，到中关村国家自主创新示范区核心区和全国科技创新中心核心区。在篇目设计时，把中关村自主创新示范区核心区设置为类目，在“教育”类目下设立“高等教育”分目。《北京海淀年鉴》篇目每年都要根据全市的工作部署和全区的年度工作重点进行微调，如《北京海淀年鉴（2017）》增加中关村科学城北区和中关村大街的记述，突出中关村科学城原始创新策源地和自主创新主阵地建设。

三、《北京海淀年鉴（2018）》主要内容与特点

《北京海淀年鉴（2018）》全面记述 2017 年海淀区自然、政治、经济、文化、社会发展的基本情况。卷首设图片专题（数字海淀、政治建设、经济建设、文化建设、社会建设、生态建设）、党和国家领导人与海淀、特载、专文、大事记、区情概述。正文设 23 个类目：中共海淀区委员会、海淀区人民代表大会、海淀区人民政府、政协海淀区委员会、民主党派、人民团体、法治、军事、中关村国家自主创新示范区核心区、功能区建设、经济监督管理、农业与农村建设、商贸服务业、旅游业、城市建设与管理、交通　邮政　通信、科技、教育、文化、卫生　体育、社会工作、社会生活、街道　镇（地区）。其中 18 个类目为类目、分目、条目三级层次，5 个类目为类目、分目、次分目、条目四级层次。卷末设人物、统计资料、附录。全书共有 169 个分目、20 个次分目、1846 个条目，34 张表格，11 幅示意图，217 张照片，近 113 万字。该卷配有双重检索系统：书前刊有详细目录，中文目录详至条目，英文目录至分目或次分目；书后附有索引，并配有电子版（光盘）。部分类目之首设综述，部分分目和所有次分目之首设概况。

此卷着重突出地方特色。海淀区是文化大区，历史文化积淀厚重，文化形态丰富多样，有些文化形态是海淀独有的。因此，2018 卷在文化类目下增设区域特色文化分目，主要记述 6 种文化形态，即:“红”文化——红色文化基因（最重要的是中共中央在香山，为新中国建立奠基）;“红（曹）”文化——《红楼梦》及作者曹雪芹研究;“皇”文化——皇家园林研究（“三山五园”）;“兰”文化——纳兰性德（清代词人三大家之一）研究;“法”文化——20 世纪初中法文化交流渊源研究;“新”文化——中关村创新文化：从 1980 年的“中关村电子一条街”开始，经过 40 年的拼搏奋斗，探索并形成以“求真务实的科学精神、百折不挠的创业精神、追求卓越的创新精神、产业报国的奉献精神”为主要内涵的中关村创新文化。

四、主要做法和经验

经过近 20 年的实践和探索，《北京海淀年鉴》编辑部把资料（内容）的“三性”，即权威性、全面性、准确性作为编纂年鉴的标准。坚持资料权威性即资料必须有出处、有根据。坚持资料全面性包括宏观与微观两个方面，宏观上要全面反映各方面的年度发展情况，确保大事、要事没有遗漏；微观上要保证某一信息或资料必须是完整的，时间、地点、人物，事件发生、发展、结果等要素要齐全。坚持资料准确性即内容无实质性错误，事实、数据准确。遵循实事求是的原则，“得”“失”并记，记成绩也记问题，对一些敏感问题如贪腐案件、工作失误、重大事故等，不饰不讳，客观记述。为此，编辑部在资料的广度、深度、准确度上下了很大功夫。

一是拓展广度。编辑部创新资料收集方法，通过各种途径，包括报纸、杂志、网站，区属各单位编写的刊物，拓展资料来源渠道，通过 11 个渠道主动搜集与海淀有关的文字资料，通过 5 个渠道收集图片。

二是挖掘深度。编辑部对撰稿人提交的初稿认真审阅分析，对重要的事件深入挖掘。

三是把握准确度。编辑部通过撰稿人、编辑部、专业人士三方人员配合，对多个部门的资料进行相互印证；与上年的年鉴进行对照，与别的地区有关联的事件，要适当延伸记述，以确保信息的完整性，通过上述方法，消灭错误信息、纠正不准确的信息，保证资料的准确性。

《晋江年鉴》简介

中共晋江市委党史和地方志研究室[①]

一、发展概况

《晋江年鉴》创刊于1996年，由中共晋江市委、晋江市人民政府主办，晋江市地方志编纂委员会（中共晋江市委党史和地方志研究室）编纂，逐年编纂，每年1卷，公开出版，1998年卷至2000年卷由中国社会科学出版社出版，其他各卷均由方志出版社出版，至2019年末，累计出版24卷，约3100万字。

《晋江年鉴》记载晋江市自然、政治、经济、文化、社会等方面的情况，展示晋江改革开放和社会主义现代化建设风貌，所刊载资料系统、翔实、全面准确，具有权威性，为国内外读者全面了解、研究晋江提供帮助。从2006年卷起开始改版，按照大16开国际标准设计，平脊精装，正文全部彩印。改版后的《晋江年鉴》在保持框架相对稳定的基础上，增设“魅力城市”类目，下设“品牌之都”“实力晋江”“开放晋江”“诚信晋江”“平安晋江”“创新晋江”“和谐晋江”7个分目，把各镇（街道）、各部门反映出来的晋江市经济建设、社会发展的亮点、特点集中记载，展示了晋江市在勇当海峡两岸经济排头兵，建设中等城市所取得的新成就、新风貌，具有较好的地方特色和时代精神。2007年卷增设“关注焦点”类目，把群众关注的热点集中在这里

① 执笔人：陈伟荣，中共福建省晋江市委党史和地方志研究室主任，《晋江年鉴》执行主编；林荣国、庄满堂，《晋江年鉴》编辑。

记，服务社会，接受社会监督，具有较强的实用性、便览性。

《晋江年鉴》从2016年起纳入福建省首批年鉴精品工程，在历次全国地方志系统优秀成果（年鉴类）评审活动中，3次获评为特等年鉴，1次获评为一等年鉴，1次获评为二等年鉴，其中，《晋江年鉴（2018）》入选中国年鉴精品工程“中国精品年鉴”，并在第六届全国地方志优秀成果（年鉴类）评审活动中获评为特等年鉴。

二、《晋江年鉴（2017）》主要内容与特点

《晋江年鉴（2017）》卷首设特载、大事记、基本情况、魅力晋江、关注焦点，卷末有文件选编、资料选编、重点调研报告选编、索引。全书共设14个类目，每一类目均为类目、分目、条目三级结构层次，共列分目53个、表格81个，图片241幅。《晋江年鉴（2017）》采用述、记、图、表、录等体裁，全面、准确地反映2016年晋江市各行业、各部门工作和经济社会发展新貌，体现晋江时代特征、地方特色和年度特点。

一是框架重构。在保持年鉴信息资料连续性的基础上，调整优化框架内容，提升编纂质量，按照“五位一体”的总体布局重建框架模式，依序划分为政治、经济、文化、社会、生态5个部类，彰显习近平新时代中国特色社会主义思想，全方位、多层次记述晋江市的政治、经济、文化、社会、生态等各项事业的发展情况。

二是紧跟热点。注重紧跟全市中心工作，发挥服务经济社会发展的功能。围绕市委、市政府的中心工作，并从本地区、本行业、本单位的发展战略方面突出反映重大内容或篇目，设置“关注焦点”类目，下设两会热点、重点项目建设、小城镇建设、为民办实事等4个分目。以“特载”“附录”部类的形式刊载全市重要的文件和资料及重点调研报告，响应晋江市委提出的“建设国际化创新型品质城市”的目标，增设英文目录，服务“一带一路”建设。

三是突出时代特色。推出各单位具有时代性、年度性和地方性的新事物、新举措、新成绩等，彰显入鉴资料的实用性。优化选题，凸显地方特色，设置“魅力城市”栏目，包括城市名片、品牌之都、实力晋江、开放晋江、平安晋江、创新晋江、和谐晋江7个分目。

三、《晋江年鉴（2018）》主要内容和特点

《晋江年鉴（2018）》设类目 38 个、分目 258 个，收入条目 1449 条、表格 42 个、字数 118.8 万字。类目设置如下：专记、大事记、市情概况、魅力晋江、中共晋江市委员会、晋江市人民代表大会、晋江市人民政府、政协晋江市委员会、纪检 监察、民主党派、人民团体、军事、法治、经济管理、农业、工业、城乡建设、生态环境、通信 邮政、交通、商贸服务业、会展业 旅游业、金融、科学技术、教育、文化 体育、社科 党史 档案 地方志、卫生健康、精神文明建设、人力资源和社会保障、民政、民族 宗教、街道 镇（场）概况、荣誉榜、人物、文献、附录、索引。

《晋江年鉴（2018）》突出年度要事和地方特色。增设“晋江市成功申办 2020 年第十八届世界中学生运动会”专题图片和专记，记载申办过程，强化存史功能。在靠前位置设“魅力晋江”类目，集中记载晋江市在经济实力、改革开放的新成就、新举措和群众关注的热点，具有较强的地方特色和时代精神。正文全部彩印，色彩鲜艳，清晰自然。在 373 页正文中，配置 245 幅彩照，图随文走，图文并茂。这些彩照显示晋江社会主义现代化建设的新貌及地情特色，大小结合，疏密有致，有的陪衬标题，有的直观事件，即使是正文中大小标题或表格的设置也讲究色彩，增强年鉴的可读性和欣赏性。

《晋江年鉴（2017）》尝试以“五位一体”总体布局，按大部类结构编纂，正文设置“政治、经济、文化、社会、生态”5 个类目，但由于层次较多，显得比较臃肿，故《晋江年鉴（2018）》仍采用类目、分目、条目中篇结构。与《晋江年鉴（2017）》比较，《晋江年鉴（2018）》作调整的主要有：“社会团体”类目改为“人民团体”，内容仅列“八大人民团体”，其他移入相关类目；“人民武装”类目改为“军事”；各镇、街道因设置的条目名称大同小异，改为大条目的形式，即每个镇（街道）为一个条目，并设置层次标题。

四、主要做法和经验

《晋江年鉴》坚持“依法治鉴、改革创新、提质增效”的理念，坚持制度规范，注重特色亮点，优化提升编纂出版质量。

一是树立法治意识，加强制度建设。市委、市政府重视地方志工作，根据《地方志工作条例》要求，切实做好“一纳入、八到位”。把政治关放在首要位置，明确指导思想，保证政治观点正确，符合国家对外政策、对港澳台和民族宗教政策。落实编写责任制。各承编单位主要领导和分管领导认真履行责任，为撰稿人提供必要的工作条件，从源头上把好稿件质量关；落实主编责任制和“一支笔”统稿；编辑部做好大纲编写、具体编纂和协调出版印刷等事务。建立审稿责任制。通过供稿单位审读、特约专家审稿评议、保密部门审稿等方式，广泛征求意见。健全年鉴出版印刷招标制度。

二是树立创新意识，突出特色亮点。把创新与突出特色亮点相结合，《晋江年鉴》通过框架重构，类目调整、条目设置，体现地方特色和年度亮点、焦点。卷首设置专题图片、专记、基本情况（市情概况）、魅力城市、关注焦点（年度聚焦）等栏目，围绕市委、市政府中心工作，重点突出晋江县域经济发展态势，诠释“晋江经验”内涵，突出晋江魅力。以往年鉴“魅力城市”设有“城市名片”“品牌之都”“实力晋江”“开放晋江”“创新晋江”“平安晋江”“和谐晋江”等分目，富有特色，但此类目有些条目与相关部门条目存在重复现象，于是2017年卷将城市名片与品牌之都合并为城市名片，其他5个分目根据2016年晋江新发展、新常态、新亮点仅保留“实力晋江”“开放晋江”“创新晋江”3个分目，更加显现晋江城市的魅力，又有效避免部分资料不足或前后条目设置重复。注重部门、行业发展状况。注重推出单位、行业具有年度性和地方性的新事物、新情况、新举措、新成绩，提高入鉴资料的新颖性，展现部门、行业的发展变化历程。

三是树立精品意识，提高年鉴质量。加强学习，提高编纂人员的业务水平，积极参加福建省方志委组织的各类培训活动，接受专家学者和上级主管部门领导的面对面指导，学习借鉴兄弟单位的好经验好做法。精选条目，从全年工作中精选有连续性和可比性工作发展的脉络和轨迹，编写短而精的条目。注重编写规范，严格按照年鉴体例的规定，做到观点正确、分类科学、层次清楚、领属得当、编排有序，人名、地名、时间、事实、数据、引文真实，标点符号规范，图标内容、设计新颖。图文并茂，图随文走，以丰富表现力，增强信息量。反复打磨，从框架结构，到文稿内容、文字标点，在汇集各方意见的基础上，三审四校，反复补充修改，《晋江年鉴（2018）》在中国年鉴精品工程专家的精心指导下，十易其稿，不断完善，精益求精，编纂质量得以显著提高。注重编纂出版时效，确立“组稿工作提前，编校节奏加快，审核环节紧凑，排版印刷衔接”及时的工作思路，加强进度管理，建立组稿联络机制，加强与供稿单位沟通交流确保供稿及时。健全编纂团队，编辑、总纂、审核、修改、配图、排版、校对环环相扣。从 2017 年起，做到当年编纂，当年出版，并增设英文目录。

《海安年鉴》简介

海安市委史志工委委员会[1]

一、发展概况

《海安年鉴》创刊于1999年，由中共海安市委、市政府主办，海安市委史志工委具体组织编纂，至2018年，已连续出版20卷。除第一部年鉴为6年合鉴外，其余均为一年一鉴。近年来，《海安年鉴》创新年鉴工作机制，加快年鉴工作节奏，快速组稿、快速编辑、快速出版发行，提高年鉴的时效性。从2009年开始，每年从12月中旬即开始发布下一年年鉴征稿通知，将组稿时间前移，出版时间也相应大大提前。《海安年鉴》专项经费每年均列入海安市委史志工委年度预算，由市财政统一拨款。2015年前，市财政每年拨付部分《海安年鉴》专项经费，差额部分通过收取彩页（广告宣传）费用补足。2015年，不再收取彩页宣传费用，年鉴专项经费全额由市财政拨款。

《海安年鉴》在坚持将新出版的年鉴赠送给市四套班子领导，市人大代表、政协委员，市级机关各部门、各区镇主要负责人的同时，每年都将年鉴赠送学校、企业、农家书屋等，让中小学生和普通党员群众了解年鉴，扩大应用方式和范围，提升地方志工作的影响力。实施“互联网＋年鉴”模式，2009年起，《海安年鉴》实现网络化，读者可在“海安史志网”在线阅读。2018年，率先推出手机版，实现年鉴全文手机化阅读。

---

① 执笔人：季陈娟，江苏省海安市委史志工委志鉴科副科长。

《海安年鉴》充分体现了海安年度特点和时代特色，全面客观、图文并茂，《海安年鉴》屡次在全国及江苏省的各类评奖中获奖，获全国特等奖项2次、一等奖项2次和省级一等奖项2次，其中《海安年鉴（2017）》入选中国年鉴精品工程“中国精品年鉴”，并在第五届全国地方志优秀成果（年鉴类）评审活动中获评为特等年鉴。

二、《海安年鉴（2017）》主要内容与特点

《海安年鉴（2017）》采用分类编辑，分为类目、分目、条目，部分分目下设子分目。全书设特载、海安概貌、大事记、政治、经济管理、开发区与园区建设、对外及港澳台经济、农业、工业、建筑业、商贸服务业、城乡建设、交通、金融业、环境保护、教育、科技、文化、卫生与计生、体育、社会生活、街道 镇 场、人物 荣誉、附录、索引25个类目，183个分目，1086个条目，随文插图199幅，计1078千字。《海安年鉴（2017）》全面记述了2016年度海安政治、经济、文化、社会生活等各方面的发展概况。全书图文并茂、设计精美、庄重典雅；大纲设计全面、合理，分类科学，层次清晰；注意年鉴资料的系统性、连贯性，同时体现年度性，行文较为简练，用语规范。

三、主要做法和经验

一是严格编纂规范，坚持质量第一。质量是年鉴的生命。年鉴作为工具书，要求史实真实、资料准确、数据无误。《海安年鉴（2017）》编纂过程中严格执行2017年12月中指组颁发的《地方综合年鉴编纂出版规定》，特别是年鉴图文资料收录标准严格遵循中央和国家有关规定，彩页中无领导人活动和剪彩照片，并将“首航仪式”“开关仪式”等不符合中央八项规定的照片调换。编纂过程中严把质量关，条目、照片基本要素（如作者、基本数据、主语、时间等）完备；条目标题规范，突出事物主体，尽量以事件事物主体作标题；妥善处理各栏目之间的关系，力避重复，有的内容集中一处记述，有的错开记述角度，有的采取参见方式，力求做到交叉之处一致。

二是科学设计框架，合理编排栏目。一部年鉴编得好不好，一个重要考量就是年鉴的篇目框架设计是否合理，能否全面反映当地经济社会发展现状，能否体现出时代特点、地域特色。《海安年鉴（2017）》重新调整往年的框架结构，按政治建设、经济

建设、环境建设、文化建设、社会建设、街道镇场进行分类排序，做到分类更科学、层次更清晰、领属更得当、编排更有序。同时，正确处理好创新与基本篇目稳定的关系，在坚持科学设计、保持基本框架相对稳定的基础上，再依据年度特点和事物变化情况作适当创新和调整，通过增设链接、阅读延伸等方式，不断丰富拓展年鉴内容，强化地方特色和亮点。例如，调整优化海安概貌栏目，设海安名片、区位状况、建置沿革、人口民族、方言风俗、文化遗存、经济社会发展分目，从海安的自然环境、历史文化和经济社会发展特点出发，全面直观记述海安的独到之处，给读者留下深刻的印象。适度深加工索引，改变先前简单以条目标题检索，根据年鉴内容和事物性质提炼主题词，再编制索引，力避重复。全书增加图、照、表等有直观视角的版面，便于读者的读鉴用鉴，真正发挥年鉴工具书的作用。

三是创新特色栏目（或分目），彰显地方特色。追寻特色可以更好体现创意，年鉴彩页专题可以最大限度体现年度特点和地方特色。《海安年鉴（2017）》彩页设计有序设置专题，分为海安要闻、枢纽海安、活力海安、幸福海安等部分，单设海安国家、省级荣誉板块，列出海安获得的综合性荣誉，以彰显海安亮点；“海安要闻”板块，选择部分国家、省级领导到海安考察的照片，选择海安第十三次党代会、纪念“角斜红旗民兵团”命名 50 周年，纪念苏中七战七捷 70 周年等年度大事照片进行整版设计，以渲染年度特点。每个栏目扉页采用图片剪影的形式进行创新设计，以求达到锦上添花之效果。

为充分体现国务院“大众创业、万众创新”的成果和海安近几年来经济迅速发展的动力，《海安年鉴（2017）》新增设科技创新、就业创业分目，以体现海安实施创新驱动战略，扎实推进创业和科技创新，彰显海安全国县域经济最具创新力 50 强、中国中小城市创新创业（双创）百强县市的地位。另外，概貌中“海安名片”中国茧丝绸之乡、中国禽蛋之乡、中国湖桑之乡、中国河豚之乡、中国建筑之乡集中突出了地方特色；建筑业是海安的支柱产业、品牌产业、富民产业，《海安年鉴（2017）》将建筑业单独设为类目；海安是工业强县，2015 年工业应税销售在南通率先突破千亿元，在工业类目中突出四大主导产业和四大新兴产业，体现了海安板块经济发展的新特点；在农业、商贸服务业中分别体现蚕桑业和物流基地的特色，呼应“枢纽海安 物流天下”的城市名片；在“人物荣誉”类目中收录先进人物、中国好人、江苏好人、海安好人等很多凡人善举的事迹等。

《东阳年鉴》简介

东阳市人民政府地方志办公室 [1]

一、发展概况

《东阳年鉴》创刊于 1997 年，由东阳市人民政府地方志办公室主办，是系统记述东阳市自然、政治、经济、文化、社会等方面情况的年度资料性文献，2009 年以来实现"一年一鉴"，共公开出版 14 卷。

近年来，东阳市年鉴工作始终坚持以《全国地方志事业发展规划纲要 (2015–2020 年)》为指导，深入贯彻执行"两全目标"要求，以"强化组织领导、强化资料收集、强化编纂管理、强化服务性能"为抓手，在发展中逐渐形成了以地方志编纂委员会为领导层、年鉴编辑部为核心层、长期作者为紧密层、热心读者为辐射层的立体团队。通过四级联动、众手成鉴，致力于打造精品，不断提高年鉴的社会认知度，扩大社会影响力，使东阳的新发展、新信息向领导展示、向部门宣传、向社会传播，让更多的人通过《东阳年鉴》了解东阳、关心东阳、支持和参与东阳建设事业。

《东阳年鉴》出版后向全市主要党政机关、企事业单位、党派团体赠送作为施政参考。近年来，开展"年鉴进文化礼堂"活动，向全市一百多家农村文化礼堂赠送年鉴。并在《东阳日报》和"东阳发布"微信公众号上刊登广告赠送有需求的单位、个人。《东阳年鉴》所有卷次实现数字化，并在东阳市人民政府网站上公布。

---

① 执笔人：张勤，《东阳年鉴》执行主编。

经过十几年的编纂实践，《东阳年鉴》形成了自己的编纂思想、科学合理的框架结构，屡次在全国及浙江省的各类年鉴质量评审中获奖。在历次全国地方志系统优秀成果（年鉴类）评审活动中，1 次获评为特等年鉴、1 次获评为一等年鉴。

二、《东阳年鉴（2016）》主要内容与特点

《东阳年鉴（2016）》按照类目、分目、条目层次，卷首设彩图、特载、专辑、大事记，卷末有附录、索引。全书设类目 30 个，分目 221 个、条目 1448 个，收录表格 51 个，图片 98 幅，83.2 万字。《东阳年鉴（2016）》是全面、系统记述 2015 年度东阳市的自然、政治、经济、文化、社会等方面情况的年度资料性文献，着重反映了各行各业年度大事、要事、新事、特事。

一是优化类目设置。《东阳年鉴（2016）》在保持框架基本稳定的前提下，做了以下结构和内容调整。删除“特辑”类目，“特辑”类目中的统计公报内容和全市发展综述重合，故不再引用公报全文；“特辑”类目中十大民生实事和十大重点工程内容放入“东阳市人民政府”类目中。“组织机构负责人”改成分目，放入“地情概览”类目中。根据人民团体的定义，“民主党派 工商联”和“人民团体”两个类目进行合并为“民主党派 人民团体”。

二是凸显地方特色，突出年度重点工作。东阳是全国知名的建筑之乡，连续多年建筑产值居全国县（市）首位，年鉴专设“建设 房地产”类目，把东阳市建筑之乡这张金名片做好做强，用心突出地方特色。《东阳年鉴 2016》首次设立“专辑”，撰写“深化改革”专辑来突出 2016 年全市的重点工作和特色工作。

三是改变排版版式。《东阳年鉴（2016）》从两栏排版改为更主流的三栏排版，增加页面容量，利于图片排版，美观表格排列。

三、主要做法和经验

一是关注机构变动，把握年度大事，做好编纂计划。年鉴编辑部根据全市临时机构调整文件、市领导分工安排等排查新入鉴单位，调整编纂任务。每周编辑部工作例会对上一周编辑部实时收集的全市重点、热点工作内容进行讨论，整理归档。通过这些工作编辑部能把握好全情总貌，做好编纂计划，合理分配编纂任务。

二是注重平时积累，实时收集资料，坚持查漏补缺。关注《东阳通讯》《一周要讯》、政务网信息等，关注全市重大会议、活动的图文资料，收集市重点部门所出的工作简报，关注新闻媒体报道，实时收集可入鉴的文字资料和图片资料。通过对年度全市政治、经济、文化、社会等方面的主要事件进行实时摘录，同步编写年度大事记《东阳纪事》，这些资料可以为承编单位撰写稿件提供参考，为编辑部审核来稿提供依据。

三是强化编纂管理，精准指导单位，确保稿件质量。对全市近200个承编单位进行分类管理，由编辑进行“一对一”指导。抓住重点单位进行全程指导，寓审稿、改稿于组稿中，与承编单位协同编纂。重点调研部分具有行业指导和监管职能的单位，实行重点对接，进行年鉴编写指导思想交流，进行框架、内容具体编纂业务对接。

四是重视图片入鉴工作，根据卷首、类目、内文等不同图片内容和要求，制定图片专题征集方案，和新闻媒体摄影记者团队、市摄影家协会合作，在承编单位提供图片的基础上，充实《东阳年鉴》图片库。重视影像入鉴工作，及时收录城市形象片、重点工作专题片等影像资料。

五是加强年鉴宣传，扩大辐射范围，提高年鉴价值。充分利用“五位一体”的宣传网络，即《东阳史志》期刊、《东阳日报》史志纵横专栏、“志在东阳”微信公众号、工作简报、读书会，经常有针对性地向社会宣传“年鉴意识”，积极与读者互动，及时征求意见，为年鉴事业发展奠定良好的群众基础。

《贵阳白云年鉴》简介

贵阳市白云区地方志编纂委员会办公室[①]

一、发展概况

《贵阳白云年鉴》创刊于2000年，经中共贵阳市白云区委、白云区政府批准，由白云区政府主管，白云区志办（白云区档案馆）主办，《贵阳白云年鉴》编辑部编纂出版，其前身为《白云年鉴》，因与广州《白云年鉴》重名，2013年10月更名为《贵阳白云年鉴》。至2018年已编辑出版12卷，自2012年卷始为一年一鉴。

自2012年起，年鉴开始改版。条目编写在保持相对稳定原则下，动态条目占比达30%，区域内、年度性的亮点与特色得到有效突出；全书采用全彩设计印刷，运用数字化、网络化等各种技术手段，增强文本的文图场景感与现代气息，编辑效率和质量都得到有力提高。自2015年起，《贵阳白云年鉴》屡次在全国及贵州省年鉴评比中获奖，获全国特等奖项2次、一等奖项2次和省级一等奖项4次，其中《贵阳白云年鉴（2017）》在第五届全国地方志优秀成果（年鉴类）评审活动中获评为特等年鉴。

① 执笔人：徐炯明，贵州省贵阳市白云区地方志办公室副主任（区档案馆副馆长），《贵阳白云年鉴》执行主编。

二、《贵阳白云年鉴（2017）》主要内容与特点

《贵阳白云年鉴（2017）》在篇目设计时参照国家统计局颁布的《国民经济行业分类注释（2017）》，结合白云区地情特点，分设32个类目，力争做到覆盖面广，分类科学，层次清楚，结构严谨，领属关系得当，内容均衡适度，“纵向到底、横向到边”。注重把握全区中心工作和工作重心，确保年鉴所记载的内容与年代同步。全书正文前设置彩页专辑14个栏目，98幅照片，突出表现白云区年度大事、新事、要事。从2013年卷起，将环境保护篇设置为生态建设篇；在彩页版设置专栏介绍中国时代楷模“教师·刘芳”；专栏呈现扶贫工作。全书随文照片189幅。在篇与篇之间采用双隔页图片予以区分。

全书条目有1260条，其中综合类条目150条，专题类条目1110条。专题类条目中动态条目450条，占比达41%。条目编写注重信息覆盖的广度又兼顾条目信息的深度，力图为读者提供有价值的信息。

三、主要做法和经验

《贵阳白云年鉴》编纂工作秉持“立体编纂”理念，即编纂年鉴，促多项工作开展。以年鉴编纂为主业，扎实筑牢工作基础，着力人才队伍建设、理论研究、年鉴编纂创新，有主题，纲目并举，打开地方综合年鉴编纂工作新局面，带动地方志工作新发展。

一是立足《贵阳白云年鉴》编纂，夯实基础工作。年末拟定下年卷年鉴编纂方案，涵盖篇目大纲调整、撰写要求、撰写培训、经费保障、时限要求、编纂出版规范等。次年1月举办培训，启动撰稿工作。围绕主题开展资料收集、整理、编辑，使年鉴编纂工作服务了地方发展并提升年鉴文化内涵和扩展用鉴的范围。除撰稿单位报送的资料外，多渠道、多角度的收集、整理、编辑材料。同时，全面研判、梳理资料，请教专家、学者深入探讨全区自然、人文、社会、经济的发展现状，准确把脉白云区发展主题和年度特点，在编纂中凸显白云特色。

二是形成年鉴市级评审法治化、制度化、理论研究常态化的工作程序。年鉴编辑部在完成书稿区县级初审、申报出版机构三审三校的同时，自2013年起，在贵阳市

第一家向市级地方志机构申报终审请示，经同意后，由市级组织专家开展书稿审查和审核。形成年鉴市级评审会工作制度，并使之以此为系统控制的总结点，梳理安排控制整个年鉴的编纂工作节奏，把握好各个环节，把庞大的工作分解一一落实，确保年鉴高质量出版。

三是使市级终审制与出版机构审查有机结合，保障年鉴检索、编校质量和出版时效符合出版行业质量管理与标准化规范的要求。把“两结合”演进成一种工作平台，在全区范围内举办编纂培训和研讨会，不断请领导、专家传经送宝，培训专业人才，同时不断“走出去”参加全国各地的业务培训，使编鉴人员素养和编纂水平不断提升。2012 年以来，组织开展全区性编纂培训 8 期，开展篇目、条目撰写培训近百次，针对年鉴编纂的各类交流、研讨成为工作常态。9 年来，《贵阳白云年鉴》编辑部先后派员参加贵阳市志办在宁波大学、贵阳市委党校、复旦大学、暨南大学、四川大学、湖南大学、南开大学、厦门大学举办的年鉴编纂培训班。

四是聘请国内知名专家为年鉴顾问，依托“名人优势”，拉升编纂工作与学术视野，打造年鉴品牌，开展多种形式的业务交流和横向联系，不断开阔和优化年鉴工作信息空间，趋近学术前沿。不断走出去与请进来，进行交流探讨，对年鉴编纂存在的热点、难点问题进行剖析，提出具体的解决办法，改善与优化思路。在编纂中，不断把工作和成果信息推送至国家、省、市多种报刊和人文杂志纸媒刊发。一些工作和成果信息被人民网、新华网、凤凰新闻、中国社会科学网、今贵州、贵州都市频道、贵阳市政府网站、贵阳云等新媒体转载，《贵阳白云年鉴》的知名度大幅提升。同时，探索技术路径力促提高年鉴的利用率，使其成为线上线下服务经济社会和人民群众的一项基础工程。

《如皋年鉴》简介

如皋市地方志办公室[①]

一、发展概况

《如皋年鉴》创刊于1989年，由如皋市档案局（馆）负责编纂。自始，《如皋年鉴》一年一鉴，未有间断。2000年，由中央文献出版社公开出版。2001年10月，《如皋年鉴》编纂职能由如皋市档案局（馆）划入如皋市志办。如皋市志办迅速组建编纂班子，从框架、版面设计等方面对《如皋年鉴》全面改版。2002年12月，编纂职能划转后的首部年鉴《如皋年鉴（2002）》出版发行。2016年，《如皋年鉴》由部分彩印改为全彩印，内文版面由两栏改为三栏。

长期以来，如皋市委、市政府一直将年鉴工作视为一项重要的文化工程，成立由市长任主任委员的年鉴编纂委员会，领导年鉴工作。2014年，将年鉴工作列入对各单位、各部门的考核内容，并逐年加大对年鉴编纂出版工作的扶持力度。历届市领导对年鉴工作提出“记录历史，传承文明”“伴随改革开放之步伐，体现与时俱进之精神”等寄语。如皋市志办将年鉴工作作为重中之重，全员参与，全面考核。由主任担任年鉴主编，科学部署，全程亲力亲为，精心指导和把关。

近年来，《如皋年鉴》成为如皋市各级领导干部的必备资料书，成为如皋地方文化爱好者的关注和研究对象，成为全方位推介如皋的一张名片，每两年举办一次的如

① 执笔人：姜小燕，江苏省如皋市地方志办公室方志编纂科科长。

皋经济洽谈会期间被作为礼物馈赠给国内外来宾。《如皋年鉴》逐步走出“官书”的象牙塔，一步步走向社会，陈列于全市各级图书馆（室）显要位置，成为景区、公共服务场所书香亭里的主打书目，发挥其服务社会大众的功能。

自创刊起，《如皋年鉴》编纂团队承前启后，以“创特色、出精品”为目标定位，在借鉴全国优秀年鉴编纂思路和方法的基础上，完善年鉴组稿、编校业务流程，结合实际在年鉴框架设计、条目编写和装帧设计等方面不断创新。《如皋年鉴》在不断探索和创新中自成高格，先后获国家级奖项 12 项、省级奖项 7 项，其中《如皋年鉴（2017）》在第五届全国地方志优秀成果（年鉴类）评审活动中获评为特等年鉴。

二、《如皋年鉴（2017）》主要内容与特点

《如皋年鉴（2017）》采用分类编辑法，全书主要按类目、分目、条目三个层次设置（少数分目下增设副分目），以条目为主要载体，辅以大事记、文章体（特载、媒体聚焦、文献选编等）、图表等。条目采用说明和记叙两种体裁。总计 85.5 万字，设特载、媒体聚焦、大事记、如皋概览、世界长寿乡、园艺业、如皋港等类目 28 个，共有分目 168 个、副分目 84 个、条目 1292 条，收录图片 403 幅、表格 108 张，附主题索引。该书全面、系统、翔实地记述了如皋市 2016 年度政治、经济、文化、社会等各方面的基本面貌和发展变化。

一是特色彰显。“世界长寿乡”类目、新设的“园艺业”及“如皋港”类目突出展示“长寿古邑”“长绿宝土”“长江明珠”的如皋城市特色；“特载”类目集中展示 2016 年度如皋在国民经济发展、产业转型升级、城乡面貌监管并重等方面所取得的突出成绩；“工业”类目下“新能源汽车及零部件”等、“服务业”类目下“软件与服务外包”等特色产业分目、“开放型经济”“城乡建设”类目和新设的“生态环境保护”等类目充分展示了如皋实施产业高端化、经济国际化、城乡一体化、生态文明化四大发展战略所取得的成果。

二是点面结合。较为全面地反映宏观“面”上的情况的同时，也注重对微观、具典型意义的“点”的情况深入记述。如“如皋国际园艺城一期开业”等特色条目。外延进一步扩大，在一如既往展示行业精英风采的基础上，增加对特色产业园区、特色村（社区）的记载。

三是突出亮点展示。卷首彩页比 2016 版多 26 个页面，共 41 个页面，设“特

别报道”“年度要闻”“生态城市”“海绵城市建设”4个专题和“‘一会两节’系列活动”“海绵体建设”等11个子专题，图文并茂地呈现如皋年度亮点。

三、主要做法和经验

一是进一步增强创新意识。着眼于时代特色、年度特色、地方特色，在保持整体框架结构相对稳定的前提下，新增“园艺业”“生态环境保护”两个类目；加大“特载”类目的篇幅，集中体现年度亮点。根据改革特点增加新元素，增加有时代特色选题，如“综合行政执法体制改革”。

二是进一步增强民本意识。在突出年鉴“官书”地位、体现地方党委政府施政方略的同时，注意“民用”价值的发挥。加大对民生、社会热点问题的记述力度，在“生态环境保护”“社会民生”“社会治理”等栏目集中深入记述。

三是进一步增强精准意识。编辑部着眼于年鉴主要读者群体的需求，从内容全面准确有深度方面着力，换位思考，站在读者的角度从来稿中选择、挖掘有用信息，摒弃无用、冗余信息。着重记载基础信息，强化记载地方特色、年度亮点，注重反映当年度改革发展中的新事物、新问题、新举措；在语言表述上下功夫，以方便读者阅读，在遣词造句时反复修改、“精炼”，力求以最简洁的语言准确地将事实表述清楚。进一步减少有关日常工作、无典型意义的工作措施等内容记述篇幅；杜绝“放之四海而皆准”的空话套话，注重以事实和数据反映事物本来的面貌。

《浏阳年鉴》简介

浏阳市地方志编纂室[①]

一、发展概况

《浏阳年鉴》创刊于1987年，由中共浏阳市委、浏阳市人民政府主办，浏阳市地方志编纂室编纂出版发行，至2019年已连续出版发行33卷，总字数超过3000万字，全面、准确、系统地记载浏阳改革开放、科学发展和新时代中国特色社会主义建设的光辉历程，在国情教育、城市建设、自然资源管理、道路桥梁建设等具体工作中提供了大量的政策和地情信息资料，有效地发挥了存史资治、服务大局的功能作用。2013年开始，《浏阳年鉴》由方志出版社出版。2017年，浏阳设立“浏阳市方志馆”并启动“数字方志馆”建设，《浏阳年鉴》完成全文数据化扫描。

多年编辑和规范出版形成积累了一定编辑技巧和组稿经验，《浏阳年鉴》以其科学合理的篇目设置、翔实丰富的资料信息、流畅规范的行文体例、简洁朴素装帧风格、独特的浏阳韵味在历次全国地方志系统优秀成果（年鉴类）评审活动中获得优异成绩，1次获评为特等年鉴，2次获评为一等年鉴，其中，《浏阳年鉴（2018）》在第六届全国地方志优秀成果（年鉴类）评审活动中获评为特等年鉴。

① 执笔人：唐继武，湖南省浏阳市地方志编纂室方志室主任，《浏阳年鉴》执行主编。

二、《浏阳年鉴（2018）》主要内容与特点

《浏阳年鉴（2018）》按分类法编纂，设类目35个、分目208个，收入条目1353条、随文图照210幅、表格53张，版面字数136.4万字。全书类目设置如下：特载、专文、大事记、浏阳概况、中国共产党浏阳市委员会、浏阳市人民代表大会、浏阳市人民政府、政协浏阳市委员会、中共浏阳市纪律检查委员会、民主党派·工商联、人民团体、法治、军事、综合经济管理、农业、水利、工业、开发区与园区建设、交通运输、邮政·通信、城乡建设与管理、生态环境、商务、旅游、金融·保险、科学技术、教育、文化·体育、卫生与计划生育、社会生活、街道·镇·乡、人物、文献选编、附录、索引。

《浏阳年鉴（2018）》在保持篇目框架主要类目相对稳定的基础上做到了优化创新：一是突出时代特色，贯彻落实"三大攻坚战"，增设"生态环境"类目，"专文"类目和专题图片增设"浏阳生态环境保护纪实""浏阳脱贫工作攻纪实"；二是突出年度特色，"专文"类目和专题图片增设"浏阳抗击2017特大洪水纪实"，重点记述浏阳人民在中共浏阳市委、市政府领导下万众一心，抗击特大洪水取得的胜利；三是突出"千年古县"文化特色，"浏阳概况"类目增设传统文化分目；四是突出县域经济发展特色，将"工业"类目中分目"开发区与园区建设"升格为类目等。此外，卷首采用湖南地图出版社2017年出版的浏阳市行政区划图和浏阳市旅游景点图，彩页采用浏阳大幅全景图。

三、主要做法和经验

《浏阳年鉴》自创刊以来，按照"有创新、求特色、出精品"的要求，坚持以科学的方法和严谨的态度，抓好年鉴编纂的每个环节、不断挖掘和拓展记述的深度与广度，把握资料来源，核实入鉴内容，年鉴编纂质量逐年提高。

一是注重依法治鉴。浏阳市委、市政府高度重视地方志工作，认真落实"一纳入、八到位"。高规格设置领导机构。按照"党委领导、政府主持"的地方志工作体例，1983年，浏阳启动第一轮修志，即成立了浏阳市（县）地方志编纂委员会及其工作机构，1987年，《浏阳年鉴》创刊，即成立《浏阳年鉴》编纂委员会，以上机构均由县（市）委书记为顾问、县（市）长为主任、各相关部门主要负责人为成员（本机

制一直延续至今），明确了县（市）委、政府分管地方志工作的领导。修志机构成立至今一直是市委直属正科级事业单位。高起点布局地方志工作。地方志工作被纳入全市国民经济和社会发展规划中、列入年度政府工作报告。地方志工作被列入领导工作日程、召开专门会议研究部署工作、印发专门文件、参加评审地方志和年鉴稿件、为地方志和年鉴工作现场办公，解决难题。《浏阳年鉴》自 1987 年创刊以来坚持一年一鉴。高强度实施有效督促与检查。自 2010 年开始，市委、市政府把地方志工作列入对各单位年度绩效考核目标体系，全市各机关事业单位都明确了分管地方志工作领导和具体负责人，市委督查室、市政府督查室对各单位地方志工作适时开展年度督查。有效保障了浏阳地方志、《浏阳年鉴》各项工作有序推进。

二是注重规范编纂流程。高标准审查强化质量，《浏阳年鉴》创刊伊始即设立了由市（县）委常委、市委办公室主任兼任组长的《浏阳年鉴》审查领导小组。成书实行“三级四审”制度，即各单位和街道、镇、乡办公室主任一审、行政一把手二审、年鉴编辑部三审、审稿领导小组四审，保证了内容真实、记述准确。正式出版由出版方最终把关，自 2013 年开始，《浏阳年鉴》由方志出版社审核出版，进一步保证了行文规范、观点正确。

三是注重学习强素质。《浏阳年鉴》编辑部现有编辑 3 人，1 人本科、2 人专科学历，学历层次、专业结构不构成优势。同时，各基层组稿单位撰稿人员调整较多。对此，我们认真组织学习充电，积极参加中国地方志指导小组、湖南省、长沙市组织的地方志和年鉴知识培训；组织举办本级地方志和年度年鉴组稿人员培训班，并邀请湖南省、长沙市专家现场授课；同时，在组稿文件中对各单位组稿人员的业务素质、写作能力都提出了具体要求。2013 年《浏阳年鉴》由方志出版社出版，2017 年卷、2018 年卷申报中国年鉴精品工程后，组织编辑人员对各位专家的评审意见进行学习研讨。通过学习培训不断提高编辑和组稿人员素质。

《长春市宽城年鉴》简介

长春市宽城区档案馆[①]

一、发展概况

《长春市宽城年鉴》创刊于2008年，由中共长春市宽城区委、长春市宽城区人民政府主办，长春市宽城区地方志编纂委员会编纂出版，连续公开出版12卷，总字数约600万字，全面、客观、系统地记载宽城区深化改革开放，推进经济和社会事业持续健康发展的奋斗历史，发挥着“存史、育人、资政”和展现区情，服务大局的重要作用。自创刊起，《长春市宽城年鉴》由吉林人民出版社出版，《长春市宽城年鉴（2018）》由方志出版社出版。年鉴采用国际标准大16开全彩色印刷，既有纸质版，又有电子光盘。近三年来，《长春市宽城年鉴》与全国30余个县（市）区建立联系。2017年，年鉴内容加载到“宽城区人民政府门户网站”，各卷年鉴向全区各单位、各部门及市直驻区机关部门发放。

《长春市宽城年鉴》多次在吉林省方志委组织的评选中被评为优秀等次，在历次全国地方志系统优秀成果（年鉴类）评审活动中获得优异成绩。其中，《长春市宽城年鉴（2018）》入选中国年鉴精品工程“中国精品年鉴”，并在第六届全国地方志优秀成果（年鉴类）评审中获评为特等年鉴。

---

① 执笔人：曹继晔，吉林省长春市宽城区档案馆副馆长、《长春市宽城年鉴》副主编。

二、《长春市宽城年鉴（2018）》主要内容与特点

《长春市宽城年鉴（2018）》采用分类编辑法，按照类目、分目、条目三级结构层次，设类目29个、分目147个、条目905条，卷首和正文使用图片129幅，正文附表格31个，版面字数48万字。全书类目设置如下：专文、大事记、区情概览、中国共产党宽城区委员会、宽城区人民代表大会、宽城区人民政府、中国人民政治协商会议宽城区委员会、纪检监察、民主党派、人民团体、军事、法治、经济管理、生态文明建设、农业、工业、服务业、招商引资、开发区、城乡建设与管理、公用事业、教育、科技·文化·体育、卫生健康、社会生活、街道·镇、人物与荣誉、文献和附录。

《长春市宽城年鉴（2018）》体现六个特点，即在框架设计上科学合理，在内容记叙上全面充实，在资料系统上精准完备，在行文体例上严谨规范，在语言运用上新颖流畅，在条目选题上准确到位。年鉴中的类目保持相对稳定，分目实有调整，条目多为动态。年鉴围绕中共长春市宽城区委、区政府确定的把宽城区建设成为宜居宜业长春北部核心区战略目标的实施，主要反映全区推进重点领域改革，面向中国“一汽”“中车长客”先进制造业发展，铁南、铁北区域高端服务业发展，城市精细化管理，生态文明建设，保障和改善民生等方面的特色内容。年鉴框架结构与往年相比的具体调整为：增设“生态文明建设”“社会生活”“卫生健康”“公用事业”类目，将“招商引资”由分目升格为类目；在“宽城区人民政府”类目中增设“政务服务”“民生实事”分目；在“服务业”类目中增设“中介服务业”“金融服务业”分目；将“军事”类目调整为“人民武装”“消防”“人民防空”三个分目；在“工业”类目中，增设“重点规模以上工业企业简介”分目；在“城乡建设与管理”类目中增设“旧城改造”分目；在“社会生活”类目中设“收入与消费”“脱贫攻坚”等11个分目，全面反映宽城区民生事业发展成果；在“专文”类目中专有《探索建立“三社联动”机制，促进基层社会管理服务创新》综述文章，体现宽城区创建“全国社区治理和服务创新实验区”的成果。

三、主要做法和经验

在编纂中，《长春市宽城年鉴》努力做到区情把握到位、团结协作到位、执行“标准”到位、严细“施工”到位、创新突破到位、提升质量到位，具体做法为：

一是动员部署，深入扎实。《长春市宽城年鉴》每年召开年鉴编纂工作部署会议，下发编纂实施方案和吉林省、长春市编印的有关业务资料，指导基层工作开展。针对重点单位、部门，《长春市宽城年鉴》编辑部主动上门动员落实，在入选中国年鉴精品工程工作中，深入54个单位、部门协调沟通，征得支持，确保基础稿件很快上报，促进编纂顺利开展。将年鉴编纂纳入区工作目标责任制考核，对先进单位、部门和优秀撰稿人员适时表彰。

二是掌控“进度”，有序运作。《长春市宽城年鉴》总体进度划分为动员组稿阶段（1月至2月），各承编单位、部门上报初稿；编纂审核阶段（3月至5月），区年鉴编辑部人员按类目分好“责任田”，具体编纂，形成初稿；总纂排版阶段（6月至8月），对照编纂实施方案有序排版，形成成稿，报出版社审核；出版发行阶段（9月至10月），根据出版社审核意见对成稿修改完善，征求区编委会成员和承编单位、部门审读意见再行修改，送至印刷厂打出清样，进行校对后定稿印刷，出版发行。

三是把握“三个坚持”，提升编纂质量。坚持学习先进，在编纂中，区年鉴编辑部人员曾到吉林省辽源市方志办、榆树市方志办学习取经，并阅读各地年鉴，取长补短，提升业务素质。坚持校对的“四结合”，即单兵校与交叉校结合，重点内容盯紧校与集中讨论克难校结合，责任主编统稿校与大家协作配合校结合，依据规范标准校与确保时限进度校结合，至少实现3至4稿的严校流程。坚持精细打磨锤炼，就是在编纂中求真、求细、求实，做足“绣花”功夫，在《长春市宽城年鉴（2018）》编纂中，仅图片的设计12次，逐页文字通读修改7遍，印刷样本总文字量1000余万字。

四是扬长立新，彰显特色。在年鉴编纂中，主动适应新时代的新要求，结合实际，在创新突破上下功夫。在《长春市宽城年鉴（2018）》中，新增设、新调整的类目、分目21处，在封面设计、增加表格数量等方面均有改进，使年鉴呈现较强的时代感、创新性和宽城特色。

《桦甸年鉴》简介

桦甸市地方志办公室[①]

一、发展概况

《桦甸年鉴》创刊于2007年，由中共桦甸市委、桦甸市政府主办，桦甸市地方志办公室编纂出版，已连续公开出版12卷，总字数660余万字，全面、客观、系统地记载桦甸市经济、政治、文化、社会、生态文明建设方面的基本情况，为了解和研究桦甸提供参考。2007年始，《桦甸年鉴》由吉林文史出版社出版，《桦甸年鉴（2018）》由方志出版社出版，均为国际标准大16开全彩色印刷。

《桦甸年鉴（2018）》凭借丰富的资料信息、过硬的编校质量、精美的装帧设计、突出的地域特色，在第六届全国地方志优秀成果（年鉴类）评审中获评为特等年鉴。

二、《桦甸年鉴（2018）》主要内容与特点

《桦甸年鉴（2018）》采用分类编辑法，按照类目、分目、条目三级结构层次，设类目34个、分目235个、条目1012个，版面字数62.4万字。全书类目设置如下：特载、专文、大事记、市情概貌、中国共产党桦甸市委员会、桦甸市人民代表大会、桦甸市人民政府、中国人民政治协商会议桦甸市委员会、纪检监察、人民团体、军事、

① 执笔人：王军瑞，吉林省桦甸市地方志办公室主任、《桦甸年鉴（2018）》主编。

法治、经济管理、财政税务、生态环境建设、农业、水利、工业、商贸服务业、旅游业、交通运输、邮政通信、金融、吉林桦甸经济开展区、城乡建设、科技、教育、文化、卫生体育、社会生活、乡镇街道、人物与荣誉、附录、索引。

《桦甸年鉴（2018）》类目调整较多，框架设计更符合桦甸经济社会发展实际，突出地方特色与时代特色。全书框架主要有以下调整：不再设“媒体在说”“调研报告”类目；“水利”从“农业”类目中剥离，单设类目；“生态环境建设”从“城乡建设”类目中剥离，单设类目；“传播媒体”类目合并至“文化”类目；“人力资源管理和社会保障”类目合并至“社会生活”类目；“领导干部名录”类目合并至“人物与荣誉”类目。增加年鉴动态条目比例，占条目总数的66%。提高卷首彩页及随文图片质量，卷首彩页选用图片53张、随文选用图片176张，图片与内文对应率100%。在大事记的记述上，不记述本地领导调研、检查、视察等活动内容，改变以往记述本地领导活动内容多的弊病。

三、主要做法和经验

《桦甸年鉴》始终坚持质量第一的原则，借鉴学习全国优秀年鉴编纂经验做法，探索具有桦甸特色的年鉴编纂模式，全力打造精品年鉴，确保年鉴编纂质量再上新台阶。

一是加强领导，有力保障。桦甸市委、市政府主要领导高度重视、关心支持年鉴编纂工作，每年召开年鉴编纂工作调度会，研究解决年鉴编纂过程中遇到的困难和问题。在人员配备上，安排1名专职领导、3名专职编辑人员具体负责年鉴编纂工作；在经费预算上，由当初的6万元增加到12万元，遇特殊情况可随时追加经费；在目标责任上，把年鉴编纂工作列入部门目标责任制，作为考核重要内容，增加赋分权重。

二是注重培训，提升素质。对内，每年举办年鉴编纂人员业务培训2次，重点培训年鉴编纂规范和写作方法。对外，主动争取年鉴编纂人员参加吉林省、吉林市年鉴业务培训，学习掌握年鉴编纂新知识、新内容、新方法。举办年鉴编纂业务大讲堂，要求年鉴编纂人员结合自身实际，每人作一次主讲，讲解年鉴编纂方面的创新与收获。

三是上门收稿，省时保质。为节省年鉴收集资料时间和保证资料质量，改变以往坐在办公室收集资料的工作模式。在收集资料前，根据年鉴编纂要求细化收集内容，明确每个单位需要提供哪些资料，事先下发通知，明确时间节点。组成3个收集资料小组，直接到各单位催收资料，发现资料不完整的，现场指导完善。以往2个月完不成的收集资料任务，采用上门收稿方式后仅用3周时间。

四是简化审稿，提高效率。为提高年鉴审稿效率，改变审稿模式。明确方志办主任为唯一审稿人，把年鉴审稿由分管领导初审、主要领导终审改为主要领导一人审稿，分管领导职责调整为现场指导编审，把年鉴初审前移，减少审稿时间。把审稿篇目由类目编纂完审稿改为分目编纂完审稿，加快编纂节奏。

五是精益求精，反复打磨。年鉴成稿后，采取自我修改与交叉修改相结合，要求编纂人员先对自己负责的编纂稿进行自我修改，然后把编纂人员职责调换进行交叉修改。对编纂人员修改后的稿件，由主编进行全面修改。主编修改后的稿，实行全员参与修改，就是由主编牵头，所有编纂人员参与，由工作人员读稿，现场逐字逐句修改，形成初稿。初稿入印刷厂形成样书后，送出版社审稿的同时，主编对样书再次进行修改，直至出版。

《宁国年鉴》简介

宁国市委党史和地方志研究室[①]

一、发展概况

《宁国年鉴》经过创刊、停编、连续编纂出版两年鉴、规范提升 4 个阶段。1998 年 5 月，为与 1997 年 7 月出版的《宁国县志》下限衔接，宁国市政府发文决定创编《宁国年鉴》，记载 1988—1998 年内容，后根据宣城地区地方志办公室意见改为编修九年志和创编 1997—1998 年两年鉴，1999 年 12 月，《宁国年鉴（1997—1998）》由黄山书社创刊出版，由宁国市人民政府主办，宁国市地方志办公室编纂，后停编。

2008 年，《宁国年鉴》恢复编纂，内文由单色印刷改为双色，开本由正 16 开改为大 16 开，每两年出版一卷，每卷记述内容为卷号前两年，至 2012 年共连续编纂出版 3 卷。2013 年，《宁国年鉴》改两年鉴为一年鉴，当年出版，2016 年改版彩页与封面设计，2017 年调整篇目设计，加强年鉴编纂规范，创新改变版式设计，正文由两栏改为三栏编排并采用 4 色印刷，由方志出版社出版。2018 年起，《宁国年鉴》在宁国政府门户网“走进宁国”频道加载年鉴全文。

《宁国年鉴》在历次全国地方志系统优秀成果（年鉴类）评审活动中，1 次获评为特等年鉴，2 次获评为一等年鉴，其中，《宁国年鉴（2018）》在第六届全国地方志优秀成果（年鉴类）评审活动中获评为特等年鉴。

---

① 执笔人：王宁生，安徽省宁国市委党史和地方志研究室方志编研科科长、《宁国年鉴》执行副主编。

二、《宁国年鉴（2018）》主要内容与特点

《宁国年鉴（2018）》采用分类编辑法，按照类目、分目、条目三级结构层次，设类目 31 个、分目 160 个、条目 1168 个，收录随文图照 81 幅、表格 60 个，共 85 万字。全书类目设置如下：特载、专记、市情概览、大事记、中国共产党宁国市委员会、宁国市人民代表大会、宁国市人民政府、中国人民政治协商会议宁国市委员会、中共宁国市纪律检查委员会（宁国市监察委员会）、民主党派·工商联·群团组织、法治·军事、综合经济管理与监督、国土资源管理·环境保护、开放型经济、工业与信息化、农业·林业·水利·气象、商贸、旅游·青龙湾原生态旅游度假区、金融、财政·税务、交通运输、城乡建设与管理、科学技术、教育·体育、文化、卫生·计生、社会生活、乡镇·街道、人物·荣誉榜、附录。《宁国年鉴（2018）》具有以下特点：

一是编纂规范，资料翔实。条目选题系统，概况类、常规性条目与上卷对应连续且内容不缺要项，单一性条目选题丰富且注重记述要素齐全。注文完备，卷首设常见组织机构全称简称对照表，文中简略语和缩略词有随文注、文后注，封底图片也编有注文。附录采用题录、表格等二次文献的形式收录市委、市政府重要文件及反映地情人文的报刊书目题录等查考实用性资料信息。

二是彰显年度特色与地方特色。卷首彩页设有宁国坐标、数字宁国、宁国荣誉、风景名胜专版，简要地反映市情年度基本信息。彩页隔页与正文类目开篇隔页以“美丽宁国”为主题，选编一组反映宁国旅游名片、江南最美景观道“皖南川藏线”胜境和城市建设、美丽乡村建设新风貌新风光照片，集中反映 2017 年度宁国城市建设、美丽乡村建设和实施全域旅游发展活动年度取得的新成就。内文设“开放型经济”类目与“高新技术产业”“山核桃产业”等分目，集中反映开发区发展与特色产业、特色旅游资源开发等地方特色内容。“专记”类目设“宁国市创建国家卫生城市纪实”“宁国市获全国社会治安综合治理最高奖‘长安杯’综述”“宁国撤县设市 20 周年发展综述”。在卷首彩页中设“多彩宁国·地域文化年度展示”，反映 2017 年入选全国特色小镇的港口镇龙窑文化和举行的第五届宁国山核桃文化节系列活动；封底选用 2017 年逝世的宁国当代名人、中国航天事业的开拓者和奠基人之一、著名航天技术专家、“两弹一星”功勋奖章获得者任新民铜像图片，彰显地方人文特色。

三是装帧与版式设计精美。位于“皖南川藏线”上的醉美红杉林景区 2017 年被命名为中国摄影创作基地、并被央视《新闻联播》报道，封面特选用其全景照片以反

映这一“年度新事”和宁国旅游新地标。版式设计美观层次分明，各类目前设计有以宁国风景为底图的开篇隔页，页眉和分目标题栏框古朴典雅；内文字体字号、颜色、间距、版心等版面设置协调舒展，版面活泼又不失厚重。彩页中文字专栏的题图与各专栏间隔页采用新风光照片，且多以整版、跨版编排。

三、主要做法和经验

一是精准组稿，拓宽资料搜集与图片征集渠道。2016 年起，每年年初，专门组织编辑，结合政府工作报告、当地报纸、部门工作总结等，编制各供稿单位常规条目与年度特色条目选题，随启动文件下发给各供稿单位撰稿参照遵循，既确保年鉴条目的规范性、连续性，又引导其发掘年度特色条目。加强指导，邀请安徽省年鉴专家对供稿单位撰稿人进行培训；制定年鉴编写规范，选编条目分类型编写参考文选，确保条目内容要素完整与行文规范；建立年鉴编纂指导工作 QQ 交流群，及时交流指导；联合市摄影家协会征集图片，加强日常资料搜集工作。

二是严格编审校工作。遵照《地方综合年鉴编纂出版规定》全流程规范编审校工作。适时召开责任编辑学习讨论会，统一处理编审校中出现的问题。分纂阶段，严把稿件审稿关，针对稿件存在的问题，反复修改，多次返回部门补充核实；统稿阶段，理顺篇目层次及排序，处理交叉重复，精练文字，统一行文，补缺补漏与纠错。校对审稿阶段，反复打磨，采用全面校对与分工专项校对相结合，编辑校对与黑马辅助校对相结合，以自校、交叉互校的方式至少开展 4 次全面校对，此外还开展图片、表文数字对校、统计数据、版式、索引等专项校对；审稿严把政治、史实、体例、文字关，实行全面审稿与涉密涉及敏感问题专项审稿相结合，除出版社与编辑部审稿外，还全面开展四校稿返回供稿单位审核盖章确认工作，将差错减到最低。

《连云年鉴》简介

连云港市连云区人民政府地方志办公室[①]

一、发展概况

《连云年鉴》创刊于2006年，由中共连云区委、连云区人民政府主办，连云区地方志办公室编纂出版，已连续公开出版14卷，总字数约900万字。《连云年鉴》全面、准确、系统地记载连云区经济社会发展的基本情况、重大事件，反映全区人民坚持改革开放、攻坚克难建设“强富美高”新连云的奋斗历程，为推动科学决策，促进全区科学发展提供重要借鉴，为国内外全方位了解连云区提供权威信息资料，在宣传连云区、服务连云区发展大局、促进对外交流等方面发挥了重要作用。2006年起，《连云年鉴》在出版纸质版的同时配有电子光盘，先后由方志出版社、江苏人民出版社、中州古籍出版社出版。2013年，改为国际标准大16开全彩色印刷。

《连云年鉴》在编纂的实践中不断探索，认真借鉴他人经验，在资料信息、编校质量、装帧设计、彰显特色等方面下功夫，年鉴编纂质量不断提高，在历次全国地方志系统优秀成果（年鉴类）评审活动中，1次获评为特等年鉴，1次获评为二等年鉴，其中，《连云年鉴（2018）》在第六届全国地方志优秀成果（年鉴类）评审活动中获评为特等年鉴。

① 执笔人：王继澍，《连云年鉴》主编

二、《连云年鉴（2018）》主要内容与特点

《连云年鉴（2018）》采用分类编辑法，按专文特载、大事记、连云概览、政治建设、经济建设、生态建设、文化建设、社会建设、乡街概况、附录10个篇目顺序编排，设类目39个、分目195个，收入条目1202条、随文图照364幅、表格18张，版面字数89.3万字。类目设置如下：地情概要、经济和社会发展述要、中共连云区委、连云区人民代表大会、连云区人民政府、政协连云区委员会、纪检·监察、民主党派·工商联、群众团体、法治、军事、"一带一路"交汇点建设、沿海开发、开放型经济、农业与农村经济、工业经济、服务业、交通水利、经济管理、城乡发展、生态环境建设、环境保护、科学技术、教育、文化艺术、医疗卫生、体育、社会民生、公共安全、人物·荣誉、街道·乡、组织机构及领导人名录、文献专载、统计资料、提案建议、基层信息、索引。

《连云年鉴（2018）》基本保持类目相对稳定，对分目调整较多。年鉴框架设计总体思路是设置的栏目不断线，便于逐年反映，保持基本资料的连续性。在保持框架结构基本稳定的前提下，进行优化创新、彰显年度特色。根据连云区的区位优势、海滨城区经济发展特色，重点反映"一带一路"交汇点建设、沿海开发以及开放型经济发展状况，创建全域旅游示范区等连云海滨城区特色、年度特色的内容。全书框架与往卷比较主要有以下调整：设"专文特载"，集中反映国家级全域旅游示范区创建，彰显连云区建设江苏山海大公园的年度区委、区政府的头号工程特色，内容包括政策文件、媒体聚焦和景区印象三部分，同时在卷首彩页部分进行全景式展示。根据习近平总书记在党的十八大报告中提出的要加强"六大"建设（政治建设、经济建设、生态建设、文化建设、社会建设、党的建设），在"中共连云区委"类目中专设"党的建设"分目，并从"区级层面党建工作""乡街党建工作"从上到下集中反映全区党的建设工作全貌。附录中设"基层信息"，反映乡街全年工作动态，增加全书的信息量。

三、主要做法和经验

《连云年鉴》始终把成功编纂一部信息密集、内容完备、方便实用、图文并茂的高质量的地方综合年鉴作为年鉴工作的目标。坚持做到一门心思，下足功夫，虚心学习，不断探索，始终将质量意识、精品意识贯穿于编纂工作全过程。

一是通力协作与密切配合。《连云年鉴》有100余家供稿单位，其中涉及驻区的部省属单位及其他驻区单位。连云区地志办确定专人负责与供稿单位沟通协调，加强与年鉴撰供稿人员的联络，建立稳固的年鉴工作网络，增强连云区志办的亲和力和作者撰稿的积极性。连云区志办内部也做到分工明确，责任到人，互相配合，负重前行，集中集体的智慧和力量，实现众“智”成鉴。

二是树立质量意识。在年鉴编纂的整个过程中，连云区志办通过集中培训、分类辅导、个别交流等方法，加强对撰供稿人员的业务指导。对新的供稿人，不熟悉年鉴体例的，编辑人员主动联系，帮助作者熟悉年鉴体例规范。编辑人员平时注意做好资料收集，对一年中的大事、要事、新事、特事做到心中有数。在每年年初下发的征稿提纲中，编辑部有重点地对供稿单位上一年度稿件作简要点评，促进他们在上一年的基础上加以改进。

三是注重图片选编。《连云年鉴》努力在创新年鉴的内容和表现形式上做文章，注意选用有个性特色的图片，特别注意选用能表现连云区滨海特色的图片，按照美观、实用、准确的原则，力求达到地域特色鲜明、图文并茂的效果。卷首彩页注重主题鲜明、集中表现，《连云年鉴》2018卷卷首图片专题，以反映创建国家全域旅游示范区为主题，突出地域特色。同时，《连云年鉴》注重版面设计，加强印刷、装帧等环节的科学管理，不断强化《连云年鉴》的个性和特色。

四是强化进度管理，精心打磨书稿。《连云年鉴》严格按照《地方综合年鉴编纂出版规定》的要求把控出版时间，实行1—3月征稿、3—4月分纂、4—6月总纂、7—9月审核排版、10—11月出版发行。年鉴总纂稿完成后，反复修改打磨，《连云年鉴（2018）》总纂稿打磨过程中，多方征求意见后最终对“连云概览”作大幅度删减提炼，对“乡街党建工作”，全区“招商引资”“对外及港澳台贸易”等分目内容进行归并或综合性改写，修改、补漏、调序、补充、更换等约50余处，对全稿进行校阅、修改等打磨工作10余遍。

《广东建设年鉴》简介

《广东建设年鉴》编辑部[①]

一、发展概况

《广东建设年鉴》创刊于2009年，由广东省住房和城乡建设厅主办，《广东建设年鉴》编纂委员会编纂出版，为各级领导决策和行业管理提供依据，为社会各界了解、研究广东省城乡建设的历史发展风貌提供信息资料。《广东建设年鉴》自创刊以来，迄今为止已连续编纂出版10卷，总字数约1280万字，载入各类图片约8000张，载入参考文献约100万字。

《广东建设年鉴》在历次全国地方志系统优秀成果（年鉴类）评审活动中屡屡获奖，其中，《广东建设年鉴（2017）》《广东建设年鉴（2018）》分别在第五届、第六届全国地方志优秀成果（年鉴类）评审活动中获评为特等年鉴。

二、《广东建设年鉴（2017）》主要内容与特点

《广东建设年鉴（2017）》采用类目、分目、条目三级结构层次，设类目15个，收录表格183张、图片463幅。卷末有统计资料、文献法规、调研报告摘编、附录、索引、英文目录。全书类目、分目之首分设综述、概况，反映各行业、各类事物的

① 执笔人：陈明明，《广东建设年鉴》编辑部主任。

总体情况，记述基本要素，保持各年度间相关资料的延续性。

《广东建设年鉴（2017）》遵循“凸显特色、总体稳定、与时俱进”原则，在保持框架结构稳定基础上作适当调整，力求充分、准确反映广东省住房和城乡建设领域的发展变化。二次文献在年鉴中占绝对多数，且形式多样，涵盖统计表、统计示意图、大事记、解释性资料（链接）、附录、随文照片等，通过图片、知识性链接增强年鉴的便览性、知识性、实用性、指南性，通过统计表、示意图反映广东省建设行业发展的客观现实，并注意与上年保持连续性、承接性和可比性。

《广东建设年鉴（2017）》注重突出专业味、行业味，新增“人防工程建设与管理”类目，扩展建设年鉴的记述范围，在“建设科技与绿色建设”类目增设“工程建设工法及建筑新技术应用”分目，记载当年广东省建筑业新技术、新工法。

《广东建设年鉴（2017）》注重发挥图片专题优势与装帧设计，组编“广东城乡建设风采”“广东建设项目选辑”“各市建设新貌”3个彩色图片专辑，力求图文并茂地反映广东城乡建设事业发展的基本情况；组编“2017·广东城乡建设要录”“2017·广东城乡建设数字”，以及“广东省政区图”“广东省古驿道遗存现状分布图”“珠江三角洲全域空间规划（2016—2020）空间结构规划图”，增加年鉴内容的信息量。《广东建设年鉴（2017）》实行全书全彩印，正文版式结合框架和不同层次需要进行各具特色的装帧设计，不同级别标题文字的字体、字号予以明显区分，彩印表格各级内容和各类板块层次分明、一目了然。

三、《广东建设年鉴（2018）》主要内容与特点

《广东建设年鉴（2018）》注重突出年度性特点，设置“年度关注”类目，以专文形式记载2017年全省住房城乡建设行业发生的大事、要事、特事、新事，设置“广东省成为全国首个城乡规划管理体制改革试点省”“打造‘中国硅谷’——广深科技创新走廊”“南粤古驿道保护利用‘两年试点’成果丰硕”“城市黑臭水体整治完成国家年度任务”“改善农村人居生态环境初见成效”“建筑业管理体制改革稳步推进”“装配式建筑加快发展”“租购并举住房制度建设取得重大进展”8个专题，全面展现2017年全省住房和城乡建设事业发展的最新成就。

《广东建设年鉴（2018）》根据2017年全省住房城乡建设事业发展的实际情况，对部分类目、分目进行调整。在“城乡规划”类目增设“南粤古驿道活化利用”分

目；在“城市市政公用设施建设与管理”类目新设“城市黑臭水体整治”分目；在“村镇建设与管理”类目增加“乡村规划与建设”“历史文化村镇保护”分目；“建设科技与信息化建设”类目更名为“建设科技信息与绿色建筑”，增加“装配式建筑”分目；在“城市市政公用设施建设与管理”类目中将“风景名胜区规划与管理”分目改为“风景名胜区规划与建设”，突出风景名胜区建设理念；在“城市管理与综合执法”类目中，将“建设执法”改为“城管综合执法”，突出综合执法理念；在“教育培训与执法资格”类目中，将“专业技术资格评审”分目改为“建筑工程专业资格评审”，使之更加名副其实；在“机关建设”类目取消“工会建设”分目，将其内容归入“群团建设”条目。

《广东建设年鉴（2018）》对条目内容归属进行规范化处理，增强全书科学性和系统性。将“城乡规划”“城市市政公用设施建设与管理”“勘察设计与工程咨询业”“建筑业”“房地产业与住房保障”中涉及的各类行业交流活动进行归并，尽可能减少内视性资料篇幅；在“城市市政公用设施建设与管理”中，将广佛轨道交通建设，以及广州、深圳、佛山、东莞的城市轨道交通建设归在“珠江三角洲城际轨道交通规划建设”条目中，以增强条目内容的科学性和系统性；将分散在“城乡规划”“建筑业”“房地产业”等类目中涉及信息化建设内容合并到“建设事业信息化”中；将“建筑业”类目中涉及教育培训的内容合并到“教育培训与执业资格”中；涉及行政许可的内容合并在“建设行政审批”类目。

四、主要做法和经验

《广东建设年鉴》始终以“高起点、高规格”为出版目标，以“广东特色、行业特色、时代特色、年度特色”为编纂要求，兼顾资料性工具书和政府官书的规范性与严肃性，探索年鉴事业可持续发展的新路子，突出书籍的时效性、科学性、资料性、全面性和权威性。

一是坚持对年鉴编纂出版工作的组织领导。注重发挥编委会和编辑部的作用，广东省住房城乡建设厅历届党政领导班子都很重视年鉴工作，党政一把手亲自担任编委会主任，厅所有副厅级以上领导担任副主任，全省各地级以上市住房城乡建设系统有关部门领导和厅各处室处长担任委员。分管厅领导担任主编，由厅办公室、省建设信息中心主任及若干专家担任副主编，下设专门的编辑部负责日常组稿编辑工作。建立编委会的两审编纂机制，每年安排年鉴编辑大纲的审定和终审稿的审定机制，落实每年两次的编委会会议。建立编委会领导下的主编负责制，主编是《广东建设年鉴》编纂出版的总负责人，编辑部承担《广东建设年鉴》编纂出版实施方案的具体实施。建立专家咨询和参编机制，通过整合全省专家资源，聘请省住房和城乡建设厅原主要领导、原主编，以及广东年鉴社社长、广东省出版集团主要领导担任编委会顾问，聘请广东人民出版社社长、广州年鉴社社长担任副主编，为年鉴编纂出版提供强有力的技术支撑。

二是构建完善的编纂出版体系，注重编辑内功提升。2017 年卷起开始实行“369”编纂出版计划，即 3 月完成组稿任务，6 月完成编纂任务，9 月出版印刷。组稿阶段召开《广东建设年鉴》组稿会，对稿件编纂提出具体的规范要求，并邀请专家授课；编辑阶段，实行编辑部编辑审、责任校对审、主任审三级审的三审制度；校对、排版、印刷阶段，实行“三校一读”制度；三校稿完成后，由编辑、责任校对和各单位撰稿人员同时进行通读；在开机印刷前制作样书。实行绩效管理，根据年鉴出版目标，倒推时间节点，明确责任分工，随时跟踪编纂工作进度，注重多渠道搜集反馈意见，总结年鉴编纂的经验教训。安排编辑参加各类年鉴研讨会，扩大与同行的交流沟通，积极撰写专题性学术论文，探索年鉴编纂规范与创新的理论及实践问题。

三是加强多元化组稿。各撰稿单位除利用本部门、本单位工作总结、日常工作资料这些基本素材外，还通过广播、电视、报刊、网络等渠道收集整理资料，注意从全国、全省社会经济发展及住房城乡建设事业这个大背景下进行选材，注重培养积累资料和主动采稿的习惯。注重加强对本行业的认识和研究，对全年的大事、要事做到心中有数。编辑部注重与撰稿人员业务交流及培训，除通过邀请专家讲授、加强责任编辑与作者“点对点”交流辅导、“粤建网”在线辅导外，不断完善《〈广东建设年鉴〉编纂出版规范（试行）》，为年鉴撰稿人提供全面、系统的年鉴编纂出版工作手册。

《粤港澳大湾区城市群年鉴》简介

《粤港澳大湾区年鉴》编辑部[①]

一、发展概况

《粤港澳大湾区年鉴》创刊于2017年，由广东省志办领导和指导，由香港特别行政区、澳门特别行政区和广东省广州市、深圳市、珠海市、佛山市、惠州市、东莞市、中山市、江门市、肇庆市11个城市合作编纂的年度资料性文献。

《粤港澳大湾区年鉴》的前身是《珠江三角洲城市群年鉴》。2008年12月，国务院审议通过《珠江三角洲地区改革发展规划纲要（2008—2020年）》；2010年，由广州市牵头，珠三角九市共同合作创编《珠江三角洲城市群年鉴》，至2016年年末，先后出版7卷，并于2017年在第四届全国地方志优秀成果（年鉴类）评审活动中获评为一等年鉴。

2017年3月5日，国务院总理李克强在政府工作报告中提出，要推动内地与港澳深化合作，研究制定粤港澳大湾区城市群发展规划，发挥港澳独特优势，提升在国家经济发展和对外开放中的地位与功能。同年7月1日，《深化粤港澳合作推进大湾区建设框架协议》签署，要求粤港澳三地在中央有关部门支持下，完善创新合作机制，促进互利共赢合作关系，共同将粤港澳大湾区建设成为更具活力的经济区、宜居宜业宜游的优质生活圈和内地与港澳深度合作的示范区，打造国际一流湾区和世界级

① 执笔人：何文倩，《粤港澳大湾区年鉴》编辑。

城市群。在此背景下，立足年鉴服务国家战略的政治高度，在原有《珠江三角洲城市群年鉴》内容架构和运作模式的基础上创编《粤港澳大湾区城市群年鉴》，2017年卷为创刊号，并在第五届全国地方志优秀成果（年鉴类）评审活动中获评为特等年鉴。根据《粤港澳大湾区发展规划纲要》，2018年卷更名为《粤港澳大湾区年鉴》。

《粤港澳大湾区年鉴》重点记述中央对粤港澳大湾区的五个战略定位：充满活力的世界级城市群、具有全球影响的国际科技创新中心、“一带一路”建设的重要支撑、内地与港澳深度合作示范区、宜居宜业宜游的优质生活圈，以记述粤港澳大湾区发展历程和发展成就，推介湾区文明、弘扬湾区文化、塑造湾区形象为定位，及时全面、真实准确记载粤港澳大湾区的发展进程。

二、《粤港澳大湾区城市群年鉴（2017）》主要内容与特点

《粤港澳大湾区城市群年鉴（2017）》的框架结构分为三大部分。第一部分是大湾区综述，设“粤港澳大湾区基本情况”“大事记”“创新驱动”“区域合作”4个篇目；第二部分是大湾区城市群发展，设“广州市”“深圳市”“珠海市”“佛山市”“江门市”“东莞市”“中山市”“惠州市”“肇庆市”“香港特别行政区”“澳门特别行政区”11个篇目；第三部分是附录资料，设“粤港澳大湾区九市统计资料”“粤港澳发展研究成果”“泛珠江三角洲基本情况”“文献法规”4个篇目。各篇目下设分目、条目，以条目为全书内容的记述主体。

《粤港澳大湾区年鉴》是一部区域性年鉴，属于新生的年鉴种类，既有别于地方综合年鉴，也有别于部门、行业年鉴，是通过及时、全面记录区域经济发展一体化及区域间政治、经济、文化、社会交流合作的历史进程，反映区域经济带、经济圈各方面情况的年度资料性文献，具有自身的特色。粤港澳大湾区是由11个城市构成的区域，地缘相近，同根同源。《粤港澳大湾区年鉴》既要反映各城市的地方特色，又不能是各城市地方综合年鉴的重复；既要体现区域综合性，又不能是各城市内容的简单相加。在此思想指导下，《粤港澳大湾区城市群年鉴（2017）》的框架结构就由此展开：第一部分是从“面”上的综述，综合粤港澳大湾区总体情况，阐述区域内城市与城市之间的合作，揭示未来新的发展趋势；第二部分是分“点”记述，以各城市为单位，简要概述各城市的发展特点；第三部分为外延拓展，从统计资料到发展研究成果，从珠江三角洲延伸到泛珠江三角洲。这样的框架设计可以兼顾“全面”与“具体”。

三、主要做法和经验

一是提高思想站位，服务国家战略。中共中央要求深入贯彻习近平新时代中国特色社会主义思想和党的十九大精神，统筹推进“五位一体”总体布局和协调推进“四个全面”战略布局，全面准确贯彻“一国两制”、“港人治港”、“澳人治澳”、高度自治的方针，严格依照宪法和基本法办事，坚持新发展理念，充分认识和利用“一国两制”制度优势、港澳独特优势和广东改革开放先行先试优势，解放思想、大胆探索，不断深化粤港澳互利合作，进一步建立互利共赢的区域合作关系，推动区域经济协同发展，为港澳发展注入新动能，为全国推进供给侧结构性改革、实施创新驱动发展战略、构建开放型经济新体制提供支撑，建设富有活力和国际竞争力的一流湾区和世界级城市群，打造高质量发展的典范。中共中央关于大湾区的定位是编纂《粤港澳大湾区年鉴》的行动指南，只有充分认识粤港澳大湾区的发展定位以及国家战略目标，才能使大湾区年鉴编纂始终服务于大局，体现大湾区年鉴编纂的意义所在。

二是狠抓编纂质量，打造精品年鉴。编纂质量是年鉴的生命线，年鉴要始终把质量放在首位。《粤港澳大湾区年鉴》自创刊之日起，打造精品年鉴一直是一项核心任务。从供稿质量开始严格把关，既要确保提供的资料要客观、准确、真实、权威，又要确保文字精炼、到位，内容、数据要反映实际，杜绝套话和口号。除了在每年年初开始组稿前召开组稿会总结上年工作经验、发布当年编纂大纲布置当年工作任务之外，还建立出版前意见制度，在编辑部三审九校的基础上，广泛征求专家评议，建立年鉴编纂出版质量责任制，坚决杜绝不合格年鉴的出版。

三是利用原有平台，加强区域协作。从编纂《珠江三角洲城市群年鉴》起，就建立起“初审回校，合作编纂”的工作制度（由广州市牵头成立编辑部，各市负责组稿供稿；编辑部编辑初稿发排后，再将稿件发还各市校对审核）以及珠江三角洲各市与港澳之间合作交流的平台；在每年的组稿会上，各市代表共聚一堂，在组稿编纂过程中互通有无，建立起良好互信的合作关系，也为进一步创编《粤港澳大湾区年鉴》提供了良好的基础。粤港澳文化同源、人缘相亲、民俗相近、优势互补，加强协作、增进共识，共同编纂《粤港澳大湾区年鉴》，正是“一国两制”优势的重要体现。未来还将广泛发动社会力量，从各大高校、行业部门进行取材，从各个角度全面反映粤港澳大湾区合作发展的进程。

《中关村年鉴》简介

中关村科技园区管理委员会[①]

一、发展概况

《中关村年鉴》是一部反映中关村国家自主创新示范区创新创业、改革发展的专业年鉴，由中关村科技园区管理委员会（简称“中关村管委会”）主持编纂，《中关村年鉴》编纂委员会指导，中关村管委会史志办公室及中关村志鉴编辑部执行编纂。

中关村示范区历来重视打造中关村文化，把中关村志鉴编纂作为中关村文化建设的一项重要内容。2008 年，在完成第一轮《北京志·中关村科技园区志》的编纂任务后，中关村管委会决定启动编纂《中关村科技园区年鉴》，2009 年 4 月首卷《中关村科技园区年鉴（2008）》正式出版，2009 年 12 月《中关村科技园区年鉴（2009）》出版。此后，年鉴逐年编纂，每年第四季度正式出版。2009 年园区获批首个国家自主创新示范区后，年鉴于 2010 年更名为《中关村国家自主创新示范区年鉴》；为打造中关村品牌效应，2015 年更名为《中关村年鉴》，沿用至今。年鉴除纸制版外，每年还在中关村志鉴平台发布网络版，供读者查询使用。

经过 10 余年的发展，《中关村年鉴》的编纂质量不断提升，屡次在全国及北京市的各类评奖活动中获奖，先后获全国特等奖项 4 次、一等奖项 5 次、二等奖项 2 次，北京市特等奖项 1 次、一等奖项 2 次。其中，《中关村年鉴（2017）》在第五届全国

---

① 执笔人：王爱凤，北京市中关村志鉴编辑部助理研究员。

地方志优秀成果（年鉴类）评审活动中获评为特等年鉴，入选北京市精品年鉴工程首批项目。

二、《中关村年鉴（2017）》主要内容与特点

《中关村年鉴（2017）》为年鉴第十卷，全书总字数约120万字，包括特载6篇、专文4篇、大事记176条、条目1839条、图片392幅，表格73个。

《中关村年鉴（2017）》卷首设有专题图片，包括“领导关怀”“示范区发展”“创新成果”和“发展数据”，以彩色图片形式展示中关村2016年度发展概貌。卷中主体框架分为四大部分。第一部分总论，从宏观上记述中关村示范区的创新创业、改革发展的变化，设有特载、专文、大事记、概况4个类目，主要以文章体形式撰写。第二部分示范区发展，全面记述中关村示范区十六园、高新技术产业和创业孵化、创业服务等各项事业的创新与发展，设有综合管理、多园格局、产业发展、重大创新成果、基地建设、科技金融、人才特区、创业服务、知识产权与标准化、合作与交流、社会组织11个类目，下设58个分目，分别以文章、条目体形式撰写。第三部分数据资料，以统计数据和文献资料来记述中关村示范区的发展变化，设有统计资料、附录2个类目，主要形式为统计表格。第四部分检索系统，设有中、英目录和索引。

《中关村年鉴（2017）》注重在框架结构上体现中关村示范区的特点。如“多园格局”“科技金融”“产业发展”等都是彰显中关村示范区创新发展特色的内容，在框架设计时将其作为类目；在“多园格局”类目下设“海淀园”“昌平园”“顺义园”等16个分目，涵盖中关村“一区十六园”，使中关村示范区的区域特色一目了然；“创业基地”类目中增设“创业社区”分目，重点记载在“双创”热潮引领下，回龙观双创社区、零工社区等新型创业基地的发展情况，及时反映时代特色，做到常编常新。年鉴还注意资料的延续性，“中关村指数”每年都以专文的形式连续刊载，“中关村论坛”“中关村知识产权论坛”“双创周”等年度重要活动都做到连续记载不断线。

三、主要做法和经验

一是严控年鉴编纂的规范性。为发挥《中关村年鉴》资料性工具书的特点，从源头把握年鉴规范化是提升年鉴质量的关键。（1）实现组稿工作规范化。中关村管委

会在年初向各参编单位印发组稿通知以及年鉴的编纂方案和各单位任务分解，使年鉴供稿工作纳入各单位的年度工作计划。（2）按照“一筛二查三核四改”的方式进行编辑加工。“一筛”就是按照年鉴编纂方案的选题要求，筛选出选题不当、份量不足的稿件予以删除；“二查”是对要素不全、叙述不清的条目内容通过网络资源查询等途径进行补充完善；“三核”是对网上资料与通讯员提供内容有差距的，及时与供稿单位通讯员沟通核实，以确保内容的准确性；“四改”是对条目内容过于简单、表述烦琐、交叉重复、语句不通的地方按照年鉴体例要求进行修改。（3）加强通讯员业务培训。针对参编单位通讯员流动性大的特点，专门编写通讯员培训教材，并召开通讯员业务培训会，邀请专家讲解年鉴编写规范等，提高稿件规范化水平。（4）提高编纂规范化管理。制定年鉴编纂规范、工作流程等内部制度，明确各类岗位职责，并设立流程编辑岗位，加强对整体工作进度的管控。（5）实施“3+1”的校稿模式。即在年鉴三校清样过程中，增加一次通讯员核实校对，再次确保入选稿件内容准确、要素齐全。

二是实行多元化组稿方式。《中关村年鉴》实行通讯员来稿和定向约稿相结合的组稿方式。各参编单位通讯员根据《中关村年鉴》年度编纂方案的要求，向编辑部提供反映本单位重要事件、重大成果、采取的新举措等为主的稿件。为避免因通讯员变动而造成组稿工作延误，实行按季度供稿，以确保供稿单位的大事要事等信息及时收集。为减少年鉴重要内容的遗漏，编辑部遴选出属于中关村示范区的重大且具有常规性的事件或活动面向固定参编单位约稿，并以“五定”方式（定内容、定单位、定要素、定字数、定责编）进行定向组稿。在编辑部内设立专人从事资料收集工作，通过各种渠道收集与中关村示范区相关的信息，以及年度类报告资料等，实现资料收集全面化和多元化，并跟通讯员提交稿件进行对照，以查漏补缺。

三是搭建“互联网＋”编纂平台。为提高年鉴编纂工作效率，中关村史志办公室利用现代信息技术搭建起“中关村志鉴平台”。平台包括志鉴编纂系统和志鉴展示网站两部分，将年鉴的主办单位、参编单位、年鉴编辑部、年鉴出版单位在平台上串联起来；通讯员稿件的传递、编辑部的稿件修改、编辑部与通讯员的互动、编辑部与出版单位的互动都在平台上进行，基本实现年鉴编纂的无纸化。为扩大对中关村志鉴资源的开发利用，平台不仅将历年编纂出版的志鉴成果进行展示，还供读者无偿查询下载使用，充分发挥出志鉴资料的信息价值。中关村志鉴平台不仅成为年鉴编纂的重要支撑，也成为人们了解中关村示范区的重要窗口，成为具有影响力的公众信息服务平台。

《中国—东盟年鉴》简介

广西社会科学院[①]

一、发展概况

《中国—东盟年鉴》创刊于 2004 年，由广西社会科学院、广西社会科学界联合会联合主办，是系统记述中国和东盟 10 国政治、经济、文化、社会等方面情况及中国—东盟交往合作的年度资料性文献；是我国较早由地方研究机构创办的国际类综合年鉴。《中国—东盟年鉴》是中国—东盟博览会的重要资料用书，同时赠送广西壮族自治区主要党政机关、企事业单位、党派团体等作施政参考。《中国—东盟年鉴》在东南亚国家具有一定知名度和影响力，刊登内容曾被菲律宾《世界日报》等转载，是广西社会科学院等赠予东南亚国家智库的主要礼品。

回顾 15 年的发展历程，《中国—东盟年鉴》已形成自己独有的编纂理念，并坚持精品意识，无论是从篇目设计，还是从内容反映方面，都力求做到更好地体现以东盟及中国—东盟交往合作为主的特色。因此，《中国—东盟年鉴》屡次在全国及广西壮族自治区的各类评奖中获奖，创刊后先后获全国特等奖项 3 次、省级奖项 3 次，其中《中国—东盟年鉴（2017）》在第五届全国地方志优秀成果（年鉴类）评审活动中获评为特等年鉴。

① 执笔人：张磊，广西社会科学院副研究员、《中国—东盟年鉴》副主编。

二、《中国—东盟年鉴（2017）》主要内容与特点

《中国—东盟年鉴（2017）》主要栏目有：概况、动态、专题、新闻人物、大事记、文献、投资贸易指南、统计资料、附录及索引。《中国—东盟年鉴》内容资料的选题选材和编排、条目的内容要素及记述程序等，均依年鉴的体例予以规范。该卷年鉴全面、准确地反映2016年中国和东盟10国的时代特征、地方特色和年度特点。

一是突出基础性，通过概况栏目对中国和东盟10国的基本情况进行全面反映。通过国名、国旗、地理、国民、资源物产、国体政体、国家领导人、行政区划、经济、交通通信、教育、传媒、文化体育、医疗卫生、科技、历史等条目系统、全面地反映中国和东盟10国的基本国情。

二是注重动态性，通过动态栏目记录中国和东盟10国的年度重要事件。动态栏目不再按国别记述，通过设置政治、经济、文件、社会4个类目记述2016年中国和东盟10国的年度重要事件。

三是保持专题性。该卷年鉴延续2016年卷栏目设置的改革，保持专题栏目，下设发展报告、东南亚国家联盟、中国—东盟自由贸易区、区域合作、交往与合作、重要节会展会等分目。其中，发展报告和交往合作以研究论文的形式展现，体现了年鉴的研究性。为保持资料的完整性，东南亚国家联盟、中国—东盟自由贸易区及区域合作下设的“一带一路”建设、中越“两廊一圈”区域合作、泛北部湾区域经济合作等均收录了历史性资料。

三、主要做法和经验

一是紧扣发展形势，体现东盟特色。年鉴的栏目设置和内容选择均紧扣中国—东盟关系发展形势，力求全面、系统地反映情况。2016年3月，首次澜沧江—湄公河合作领导人会议举行，澜沧江—湄公河合作成为中国—东盟关系发展框架下的新的次区域合作平台和机制。《中国—东盟年鉴（2017）》卷紧扣形势，在区域合作分目下新增澜沧江—湄公河区域合作条目，记录澜沧江—湄公河合作的历史性资料和年度要事。

二是突出地方特色，彰显地域特点。《中国—东盟年鉴》的创办起源于中国—东盟博览会、中国—东盟商务与投资峰会永久落户广西南宁，使广西成为中国面向东盟

开放合作的前沿和枢纽。年鉴在栏目设置上也尽量突出广西地方特色，首先设置了重要节会展会专题，记录中国—东盟博览会、中国—东盟商务与投资峰会及南宁国际民歌艺术节的年度状况，并以彩图的形式图文并茂地展示相关内容；其次在统计资料中设置广西与东盟国家贸易统计表，突出广西的地域特点；再次在后环二至封三等载广西壮族自治区及南宁市的地图。

《上海文化年鉴》简介

《上海文化年鉴》编辑部[1]

一、发展概况

《上海文化年鉴》是反映上海文化发展面貌、记录上海文化发展轨迹的一部专业性、权威性工具书。作为全球经济之都，上海的文化影响力与日俱增，是全国乃至世界的文化名城。1986 年制定的《上海文化发展战略》指出，要使上海在建设社会主义现代化中心城市的过程中，成为具有国际影响的文化中心之一。《中共上海市委关于“七五”期间社会主义精神文明建设的实施规划》中明确指出，“1987 年起，定期出版《上海文化年鉴》，集中反映上海各项文化事业的成就”。

1987 年，《上海文化年鉴》首卷出版，此后每年出版一卷，已连续出版 30 余年，是国内最早出版的以文化为主题的专业年鉴。《上海文化年鉴》编辑部同时组建，先后隶属于上海市委宣传部、上海市地方志办公室。1999 年起至今，《上海文化年鉴》由上海图书馆（上海科学技术情报研究所）主管主办，《上海文化年鉴》编辑部编纂发行。

《上海文化年鉴》曾多次在各项专业评比中获奖，其中《上海文化年鉴（2017）》在第五届全国地方志优秀成果（年鉴类）评审活动中获评为特等年鉴。

① 执笔人：练成圳子，《上海文化年鉴》编辑部编辑。

二、《上海文化年鉴（2017）》主要内容与特点

《上海文化年鉴（2017）》于2017年10月出版，采用大16开，共1400千字，随书附光盘一张。全书记录了2016年度在上海文化领域发生的重大事件及其事实性资料和数据，各条目主要由有关行政管理机构和业务单位的工作人员撰写，部分条目组织专家撰写，并经领导和有关方面审核。全书分设特载、专文、上海文化概况、精神文明建设、哲学·社会科学、文学、新闻报业、出版、文化艺术节庆、广播·电视、电影、舞台艺术、美术·书法·摄影·雕塑、文博、图书馆·档案、教育、体育、旅游、民族·宗教、文化人物、上海文化大事记、文献与附录、索引23个部类，涵盖上海文化领域的各个方面。主要有以下特点：

一是框架结构设置合理，编排科学。《上海文化年鉴（2017）》全书采用分类编辑法，将所记述的资料按照部类、栏目、条目三级结构层次进行科学系统编排。部类由辑封导入，下设若干栏目，栏目相对固定，个别栏目会结合实际情况适时调整，确保同一部类下内容分类科学合理。

二是版式设计图文并茂，兼顾实用性、美观性和读者的阅读兴趣。《上海文化年鉴（2017）》正文部分采用双栏排版，既方便读者快速阅读查找，又可以最大程度地节约版面，为读者提供更多信息。与条目有关的图表直接插于文中；反映本部类内容的图表一般放于部类的结尾；为减少某些部类所占篇幅的比重，一些大型图表集中放置在附录中，有利于读者专门查阅相关资料。

三是收录内容全面，突出重点。《上海文化年鉴（2017）》的供稿单位基本涵盖上海文化系统的相关单位，做到年鉴资料全面、权威、真实、可靠。此外，编辑部还会根据当年实际情况自行组稿，以弥补个别资料的不足。

三、主要做法和经验

一是紧跟时事，体现上海地方特色，彰显年度特点。年鉴是年度资料性文献，为了更好地突出上海当年的文化发展特色，《上海文化年鉴（2017）》紧扣当年主题，在资料选择上有侧重点地收入当年热点事件和具有地方特色的内容。为此，特设“特载”“专文”“文化人物”等栏目突出地方特色。例如，“专文”每年邀请两到三位上海有关部门的领导，就一个领域的发展结合当年文化热点加以论述。2016年是

“十三五”开局之年，上海一批“十三五”规划重大文化设施项目完成立项，如上海图书馆东馆、上海博物馆东馆等，上海图书馆更是迎来淮海路新馆开馆20周年。《上海文化年鉴（2017）》特邀上海图书馆（上海科学技术情报研究所）馆长和上海博物馆馆长，分别撰写《努力建设世界级城市图书馆》《借力助力，为建设卓越全球城市而努力》两篇专文，纪录上海文化史上具有纪念意义的时刻，为读者提供更深入、专业的信息。

二是坚持以读者为导向，选取与百姓生活息息相关的文化事件。在筛选选题和资料时，《上海文化年鉴》向来秉着以人民为中心、以读者为导向的原则，选取最能反映群众文化生活的内容加以收录，在最受读者关心的文化政策、新闻报业、电影电视、舞台艺术、文博等领域，编辑部都会做重点收录，并配以丰富的彩图，以求最大程度地存史资治、存真求实。

三是整理归纳，为读者提炼出值得关注的信息，带领读者回顾上海历史上的重大事件。如“文化人物”部类分为“纪念人物”“逝世人物”两部分，收录在上海文化各界做出一定成就、享有较高声誉者，系统地反映上海的文化人才优势。灵活运用“文献与附录”部类，为读者提供有特色、具有高度概括性和总结性的文章和报告，力求年鉴资料收录全面、完整。

《红塔集团年鉴》简介

红塔集团办公室[①]

一、发展概况

《红塔集团年鉴》创刊于2009年，由红塔烟草（集团）有限责任公司（简称红塔集团）创办，主要记载集团深化改革、科技创新、生产经营、综合管理、从严治党、企业文化等方面的年度情况。编年鉴之初，集团主要领导明确指示：年鉴力争做到"现在好用，今后修志用得上"。此后一年一卷，逐年出版，至2018年公开出版12卷，其中2012年9月至2014年5月补编2007—2008年卷，与《红塔集团志（1956—2005）》形成集团历史系统资料工具书。

《红塔集团年鉴》不但出版纸质书，还出版电子书，发集团境内外企业、职能部门，报云南中烟公司、国家烟草专卖局，送地方党委、政府及相关部门。各方面普遍反映检索方便，好读、好用。

回顾10年的发展历史，《红塔集团年鉴》"和而不同"地形成自己独特编撰理念、运作模式、条目要素、文体文风，大稳定、小调整，不断扬弃中创新，创新中发展，使年鉴常编常新，先后获全国奖项7次、省级奖项9次，其中《红塔集团年鉴（2017）》在第五届全国地方志优秀成果（年鉴类）评审活动中获评为特等年鉴。

① 执笔人：彭林，《红塔集团年鉴》编辑部编辑。

二、《红塔集团年鉴（2017）》主要内容与特点

《红塔集团年鉴（2017）》暗分综合、“硬件”、“软件”三大部分，明设17个类目，其中：综合部分设图片要闻、特载、专记、大事记、总述、人物与先进集体、附录7个类目，“硬件”部分设卷烟生产、卷烟企业、物资供应、原料保障、物流、装备技术、工艺质量7个类目，“软件”部分设企业管理、党群组织、企业文化3个类目；17个类目下设59个分目，收录二次文献10篇、大事记22件、条目686条、图片（图）189幅、统计表53个，字数520千字。这些内容归纳为“三说”：领导说（上级领导对集团的指示），我说（红塔人说自己做的事），媒体说（新闻报道集团文章选录）。

全书设总述，类目设概述，卷烟企业、企业管理、党群组织3个类目涉及多单位（部门），分别在分目中设概况，反映各单位（部门）、各类事物的主要特点；记述要素基本不变，保持年度之间的延续性、对比性；记述内容以条目体为主，辅以文章体，体裁有述（概况）、记、图、表、录，全面、系统、准确地反映上年度的时代特征、企业特色。

一是突出真实感。所有收录文稿，按编纂流程撰稿、编校、审核，反复沟通，统一认识，确保内容真实无误、文体文风规范；对上级“两统一、两整合”的深化改革战略举措，涉及集团内容，大有大写，小有小写，没有不写。

二是突出整体感。按年鉴“写到下一级”的原则，对集团所属单位（部门）不缺不漏，保持连续性；以管理职能为主，防止偏离主题，重点记载实效事件。

三是突出立体感。总述、概述、概况，分别简要追述集团、所属单位（部门）的沿革，以便年鉴独立成卷，合并成丛书，方便读者一目了然昨天的历史、今天的发展变化。

三、主要做法和经验

一是正确把握“三个同异”。首先，志书与年鉴的同异。同，都是记载历史“是什么”，择其重点，直奔主题，一针见血，用较少的文字向读者提供丰富翔实的有效信息；异，时空不同，志书站在数十年、甚至几百年、几千年的大时空鸟瞰历史，“跳跃性”地记述历史事件；年鉴主要站在上一年的角度审视年度变化，“珍珠性”的“以小见大”记述那“一瞬间”。其次，年鉴与公文的同异。同，皆有展示事件的功能；

异，年鉴用条目体，公文用文章体。再次，年鉴与新闻的同异。同，“短平快”的风格如同出一辙；异，年鉴顺时而记事件变化过程，新闻则导语、正文等。这“三个同异”，有其必然的联系性，编年鉴有机地把三者结合起来，充分揭示年鉴增强宏观性、规律性、深度性。

二是正确把握宏观与微观的统一性。红塔集团作为年创利税500多亿元的跨行业、跨国公司，在社会宏观经济管理“大盘子”中处于微观经济“小不点”的行列。编年鉴时主动选准“站位”，把微观“小不点”融入宏观“大盘子”，突出时代特色，体现企业特点，彰显共圆“中国梦”的时代主题。

三是正确把握“和而不同”的原则。“和”，遵循年鉴基本编纂规律；“不同”，大胆突破、大胆创新。如：“两我”，记载内容以我（红塔集团）为主，表述事物以我（红塔集团）为先；“三说”，我（红塔集团）说，上级领导说，新闻媒体说，形成多层次、多角度说红塔集团的新变化、新成就、新经验教训。从“不同”的维度，探索年鉴发展新路子。

《马克思主义理论研究与学科建设年鉴》简介

《马克思主义理论研究与学科建设年鉴》编辑部 [1]

一、发展概况

《马克思主义理论研究与学科建设年鉴》创刊于 1994 年，原名为《中国特色社会主义年鉴》，2010 年更名为《马克思主义理论研究与学科建设年鉴》，由中国社会科学院马克思主义研究院、马克思主义研究学部主办，中国社会科学出版社出版发行。2013 年，中国社会科学院党组决策实施“年鉴工程”，《马克思主义理论研究与学科建设年鉴》加入“中国社会科学学科年鉴系列”，成为中国哲学社会科学第一套学科年鉴中的一员。2018 年，《马克思主义理论研究与学科建设年鉴》作为中国社会科学年鉴数据库来源之一，实现了数据库检索和数字化阅读。

《马克思主义理论研究与学科建设年鉴》是全国第一部全面反映马克思主义理论研究成果和学科建设情况的综合性年鉴，汇集马克思主义理论研究与学科建设新成果、新进展、新走向，具有很强的权威性、学术性、时效性。截至 2019 年，《马克思主义理论研究与学科建设年鉴》已连续出版 9 卷，总字数超过 1200 万字。经过多年的发展，《马克思主义理论研究与学科建设年鉴》受到学界一致好评，被评为中国社会科学院优秀年鉴，并入选中国社会科学院创新工程重大成果。2019 年，《马克思主

① 执笔人：荀寿潇，中国社会科学院马克思主义研究院《马克思主义理论研究与学科建设年鉴》编辑部编辑；李建国，中国社会科学院马克思主义研究院《马克思主义理论研究与学科建设年鉴》编辑部主任。

义理论研究与学科建设年鉴》在第六届全国地方志优秀成果（年鉴类）评审活动中获评为特等年鉴。

二、《马克思主义理论研究与学科建设年鉴（2018）》主要内容与特点

《马克思主义理论研究与学科建设年鉴》旨在系统介绍中国马克思主义理论研究的最新成果，对学科发展进行研究、分析和展望，并收录相应年度马克思主义研究领域的重要文献和相关资料，为学术界提供我国马克思主义研究的最新动向和翔实信息。《马克思主义理论研究与学科建设年鉴（2018）》全书137.2万字，设置重要文献、重点文章、学科建设、热点聚焦、论文荟萃、著作选介、课题概览、会议综述等8个栏目，并附有大事记和新书索引、论文索引、主题索引等内容。其中，“重要文献”栏目收录2017年马克思主义研究领域具有重大影响力的文献；“重点文章”栏目选取2017年马克思主义研究领域中知名专家的重要成果或该领域中具有较大影响的文章；“学科建设”栏目分为“马克思主义基本原理”“马克思主义中国化”“马克思主义发展史”“国外马克思主义”“国际共产主义运动”“中国近现代史基本问题”“思想政治教育”以及“科学无神论”8个学科，对马克思主义理论研究学科发展情况及新进展进行综述，全面反映一年来各学科的发展成就和今后的发展方向；“热点聚焦”栏目反映2017年马克思主义理论研究学界争鸣的学术热点和焦点问题；“论文荟萃”和“著作选介”栏目选取2017年具有影响力或观点新颖、有一定代表性的文章和著作予以介绍；“课题概览”“会议综述”“新书索引”“论文索引”“大事记”等栏目展示2017年本学科学术研究的成果和活动；附录设“主题索引”，便于读者查阅年鉴中相关信息。

《马克思主义理论研究与学科建设年鉴（2018）》有很多兼具学术性和现实性的亮点，如聚焦党的十九大提出习近平新时代中国特色社会主义思想这一重大事件，围绕习近平新时代中国特色社会主义思想这一当代中国马克思主义的最新理论成果，进行了马克思主义解读、具体内容研究阐释和世界意义分析，又如聚焦《资本论》研究、十月革命100周年、“21世纪马克思主义”研究、历史虚无主义批判、宗教信徒能否入党问题等年度重大热点问题，从理论研究和学科发展的角度进行了研究综述、深入解析和未来展望。

三、主要做法和经验

在多年编撰过程中，《马克思主义理论研究与学科建设年鉴》积累了一些经验，主要有以下几点。

一是坚定立场，坚持正确的政治方向、学术导向和价值取向。马克思主义既是一门科学，又是一种意识形态。正是因为这样的特殊性，《马克思主义理论研究与学科建设年鉴》不只是一本社会科学的学术年鉴，而且要服务于全国马克思主义学科体系、学术体系和话语体系建设，服务于党和国家的中心工作，服务于“两个一百年”奋斗目标和中华民族伟大复兴中国梦。为此，《马克思主义理论研究与学科建设年鉴》既坚持正面宣传马克思主义理论和党的路线方针政策，又旗帜鲜明地批驳各种错误思潮。

二是统筹兼顾，确保年鉴具备学术性、前沿性、时代性。《马克思主义理论研究与学科建设年鉴》既全面兼顾又重点鲜明，既有广度又有深度；立足全国，放眼世界，既全面反映国内的理论研究和学科建设情况，也部分反映国外的相关研究情况；既聚焦年度马克思主义理论研究和学科建设的最新成果、热点和焦点问题，反映年度学术发展情况，成为学术史上的一个“点”，长期来看，又涵盖学术发展的“面”，书写了马克思主义学术史的重要篇章。以“学科建设”栏目为例，由各学科的资深研究者撰写，既反映了各学科的整体状况，又指出尚待解决的问题，为今后的研究提供了基础和借鉴并指明了方向。同时，《马克思主义理论研究与学科建设年鉴》收录了大量的文献信息，具备资料性的特点，已成为全国理论工作者、党政领导干部、高等院校有关师生、全国各级各类图书馆（资料室）认可的工具书和参考读物。

三是高度重视，组建了一个作风优良的高水平年鉴编撰团队。《马克思主义理论研究与学科建设年鉴》的编撰，主要依托的是中国社会科学院马克思主义研究院（以下简称马研院），由院领导担任主编，马研院五个研究部的部主任担任副主编，研究部的几十位专家负责连续跟踪学术前沿，撰写稿件。编辑方面，马研院把《马克思主义理论研究与学科建设年鉴》编辑部与《马克思主义文摘》编辑部合并一处，有利于编辑了解马克思主义研究领域的学术动态和前沿，为年鉴编撰工作奠定更好的基础。马研院高度重视年鉴的编撰工作，从编辑部编辑到撰稿专家、审稿专家紧密配合，众多学术前辈悉心指导。中国社会科学院科研局和中国社会科学出版社对年鉴的编撰出版给予了大力支持和指导。为把年鉴编好，马研院与中国社会科学出版社年鉴分社之间建立了顺畅的沟通机制，发现问题积极沟通，及时解决。

四是适时调整栏目设置，不断优化编撰流程，与时俱进应用新技术。在编撰过程中，《马克思主义理论研究与学科建设年鉴》对栏目设置适时做出调整，如自2014年卷起，“特约文稿”栏目改为“重点文章”，取消“教育教学”栏目；自2015年卷起，增加了主题索引，更便于查阅年鉴内容，进一步彰显了年鉴的工具书性质，并为数字化奠定了基础。目前栏目设置较为科学，基本稳定。年鉴编撰流程也根据需要不断优化，目前已形成从跟踪动态、选题审核、撰写稿件、一审修改、二审修改到终审、编辑等较为科学合理的流程，每一步都严格把关，确保质量。随着互联网的迅速发展和普及，数字化出版成为必然趋势，中国社会科学出版社于2016年启动“中国社会科学年鉴数据库”建设工作，对历年《马克思主义理论研究与学科建设年鉴》的内容按照统一标准进行加工，2018年3月，年鉴数据库建成，进一步增强了年鉴的实用性、便利性。

Ⅵ

研究与借鉴

2018—2019年全国年鉴理论研究综述

■ 范锐超

提要：加强年鉴理论研究是加快构建年鉴学学科体系、学术体系、话语体系的现实需要。笔者从年鉴编纂基础理论、年鉴编纂应用理论、年鉴管理与实践、年鉴资源开发利用4个方面对2018—2019年年鉴理论研究情况作梳理，通过梳理和考察有关研究论文，反思年鉴理论研究存在的不足，以期对注重年鉴规范化建设和研究，树立年鉴权威，发挥年鉴“交流互鉴”独特作用，争取学术话语制高点有所裨益。

关键词：年鉴　理论研究　学科建设　学术体系

2018—2019年，年鉴理论研究取得了较为丰硕的成果。据统计，2018年公开发表的论文超过200篇，2019年公开发表的论文有152篇。从论文的作者单位来看，高校、科研单位及各省（市、区）地方志工作机构为主要力量。通过梳理和考察2018—2019年的情况可知，我国学者在年鉴编纂注意事项、存在的问题、质量提高和创新等方面取得了一定的研究成果。本文从年鉴编纂基础理论、年鉴编纂应用理论、年鉴管理与实践、年鉴资源开发利用4个方面对2018—2019年年鉴研究情况作梳理，梳理的对象主要是国内公开发表的期刊论文，有关研究著作仅作简要介绍，有关学术研讨会议论文、论文集论文不在研究范围之内。

一、年鉴编纂基础理论

年鉴编纂出版事业的快速发展，客观上要求年鉴编纂理论研究与时俱进，用不断创新的理论指导不断创新的实践，用不断发展的理论促使年鉴研究体系更加完整和严谨，支撑迅速发展的中国年鉴事业。年鉴基础理论研究是年鉴研究的首要重点内容。

2018—2019 年，年鉴编纂基础理论的研究主要集中于探讨年鉴的属性与功能、年鉴与志书的关系、外国年鉴研究等方面。在这方面，研究论文 89 篇。

（一）综论

专家学者主要针对年鉴的属性、功能及年鉴学科建设等基础理论进行深入研究，以促进创新年鉴编纂机制，提高年鉴编纂运作的整体效率。在这方面，研究论文 44 余篇。

关于年鉴属性。陈洪毅《地方综合年鉴的基本属性与写作技巧》（《中国年鉴研究》2018 年第 3 期）一文指出，关于年鉴根本属性的解读存在“工具书”与“文献”的不同主张。“工具书观点”主张年鉴的三个本质特征：工具书、汇辑资料、按年度连续出版；“文献观点”主张年鉴的三个本质特征文献、系统记述各方面情况、年度资料性。两种观点对年鉴表现形式、年度性要求、规范写作等方面存在一定的差异。侯庆凤《浅谈地方综合年鉴的基本属性与写作技巧》（《黑龙江史志》2019 年第 9 期）一文强调资料性文献、年度性、连续性、区域性的地方综合年鉴四个基本属性之间相互制约和影响，必须在实践过程中去探索这四种属性之间的关联性。詹跃华《对年鉴定义、属性和特点的认识》（《新疆地方志》2019 年第 2 期）一文认为年鉴的全面性、权威性、翔实性、实用性、时代性、现实性等属性是由其资料性、年度性、系统性所衍生的。

关于年鉴功能。刘书峰《年鉴社会记忆功能中的仪式与话语》（《中国年鉴研究》2018 年第 3 期）一文论述了我国的年鉴事业发挥着社会记忆功能；我国年鉴形成了权威的、稳定的、发展的话语特色，并以依法治志的方式固定下来。新时期年鉴在建构集体记忆、塑造身份认同等深层次的社会文化功能方面有所拓展。潘捷军《充分发挥年鉴功能，推动年鉴事业创新发展》（《中国年鉴研究》2019 年第 3 期）一文强调年鉴工作要全身心投入到年鉴事业转型升级的发展中，全力提升年鉴质量，为世人留下丰硕的文化精品，为弘扬优秀传统文化、服务经济社会发展作出新贡献。

雷卫群、陈晓婧《试论省级综合年鉴的功能细化问题——28部省级综合年鉴功能分析》(《中国年鉴研究》2019年第4期）一文通过分析28种省级综合年鉴，将年鉴的功能归纳为保存资料、为领导决策服务、为经济和社会发展服务、为研究人员提供材料、为修志积累材料、窗口作用、礼品书、为民族团结服务、育人等9项。徐艳《新时代拓展年鉴社会服务功能刍议》(《新疆地方志》2018年第2期）一文从年鉴的性质及作用发挥状况出发，指出社会服务功能是年鉴的核心功能。年鉴工作者需要转变思路，开拓创新，寻求年鉴社会服务功能拓展的新路径。另外，蓝武《新时代年鉴的社会服务功能多元化拓展研究》(《中国年鉴研究》2018年第2期）、吉祥《年度时间形态与年鉴功能拓展》(《江西地方志》2018年第6期）等均对新时代年鉴功能进行了论述。何蕊、王远《凸显时代特色　启示未来发展——以〈中国林业年鉴〉为例浅析年鉴的时代精神和时代价值》(《新闻传播》2019年第13期)，姜阿平《论学术共同体视角下的学术年鉴功能演化》(《中国年鉴研究》2019年第4期）等论述了专业年鉴的功能演变。

关于年鉴学学科建设。周旭《对我国年鉴学发展的思考》(《中国年鉴研究》2018年第2期）一文论述了年鉴学的构建包括是否有本学科一套专业术语、本学科的理论及其体系、本学科公认的代表性著作和本学科公认的代表性人物等诸多问题。年鉴学只有在理论、方法、技术和形式等多方面进行更多的探索和突破，才能使年鉴学的构建和发展成为必然。齐迎春《年鉴编纂规范与年鉴学范式的构建》(《上海地方志》2018年第4期）一文从年鉴规范与年鉴学范式、年鉴学范式在中国的发展、构建年鉴学范式的制约因素三个方面初步探讨了我国年鉴学范式的构建与意义、年鉴编纂规范与年鉴学范式的关联、年鉴学思想在中国的发展轨迹以及与年鉴学范式形成的关系，并对年鉴学范式构建的制约因素作出思考。

关于年鉴与地方志书的关系。朱彩云《年鉴研究中理论观点异同说》(《江苏地方志》2018年第5期、第6期）一文对年鉴理论中志鉴异同论、年鉴书刊异同说、中国年鉴与国外年鉴异同论、年鉴“官书”异同说、“规范和创新是否矛盾”异说、“创新是否是年鉴发展主题”的争论六种不同异说进行辨析。冯跃民、袁啸马《年鉴如何更好地为志书编修服务》(《浙江方志》2018年第6期）也论述了年鉴与志书的关系。齐迎春《地方综合年鉴与地方史在地方志学科构建中的地位与作用》(《中国年鉴研究》2018年第2期）一文强调地方综合年鉴的编纂实践，有助于推进方志理论研究，构建独立完整的一级地方志学科体系，为地方志学科体系的构建、实现地方志事业的转型升级提供理论依据和实践支持。张维《浅议史、志、鉴内容结构的关系与文献价值》（《史志学刊》2019 年第 4 期）一文从史、志、鉴基本区别入手，探索志书内容与结构的变化趋势，注重志书资料性文献价值。

关于年鉴事业转型升级。党的十九大胜利召开以后，中国特色社会主义迈入新时代，改革创新与可持续发展成为年鉴事业发展的当务之急。冀祥德《新中国年鉴 70 年发展思考》(《中国年鉴研究》2019 年第 3 期）一文强调年鉴事业发展一是要坚持政治导向，全面贯彻落实“不忘初心、牢记使命”主题教育总要求；二是要坚持目标导向，全力打赢“年鉴全覆盖”攻坚战；三是要坚持质量导向，用创新理论引领年鉴创新发展；四是要坚持人才导向，着力建设地方志人才高端智库。牟国义《高质量发展：新时代年鉴事业新境界》(《史志学刊》2019 年第 5 期）一文指出，我国年鉴事业存在年鉴编纂理念滞后、内容价值弱化、种类形式单一、传播手段落后、有效供给能力不足等问题，并从年鉴的理论研究、编纂质量、形态体式、传播方式和人才队伍 5 个方面论述新中国年鉴事业高质量发展的内涵。张暖《关于年鉴转型升级的探索与思考》（《中国年鉴研究》2018 年第 1 期）一文认为年鉴事业转型升级首先得办好年鉴，其次要用好年鉴数据、渠道和政策，最后必须要建立自己的专家智库。李涛《中国军事年鉴发展的成就与启示》(《中国年鉴研究》2019 年第 3 期）一文回顾了中国军队开展军事年鉴编纂工作的历程，强调思想观念、体现时代特性、运用信息技术和注重开发利用是军事年鉴编纂工作在新时代的创新发展的方向。何蕊、邵权熙《论新时代行业年鉴的发展特点》(《中国年鉴研究》2018 年第 4 期）一文新时代年鉴任务、供给侧改革、年鉴新技术革命、年鉴学科建设、年鉴把握新时代新走势、引领新方向等方面，对行业年鉴发展趋势作了理论诠释和分析解读。刘传仁《依法保障年鉴事业发展的思考》（《中国年鉴研究》2019 年第 2 期）一文指出，要坚持、强化并推进依法治鉴是年鉴事业的保障。孟亚男《新时代・新机遇・新作为》(《中国年鉴研究》2018 年第 1 期）、黄玲《高举伟大旗帜，做好新时代综合年鉴编纂出版工作》(《中国年鉴研究》2018 第 1 期）、张恒彬《围绕首都功能定位，发挥地方志独特作用》(《中国年鉴研究》2018 年第 1 期）、何伟志《赓续优秀传统，创新年鉴事业》(《中国年鉴研究》2019 第 3 期）、管仁富《记载中原文化，创新史志大业》(《中国年鉴研究》2019 年第 3 期）和张恒彬《借鉴国外年鉴经验 推动年鉴事业转型升级》(《史志学刊》2019 年第 5 期）均对我国年鉴事业的转型升级作出阐述。

（二）国外年鉴研究

年鉴起源于西方国家，探寻和借鉴西方年鉴的功用和发展规律，进一步推进我国年鉴研究向深度发展和向广度拓展，是中国年鉴发展的必要途径。在这方面，研究论文12篇。杨宝荣《非洲研究中几部年鉴的特点比较》(《中国年鉴研究》2018年第3期）一文指出，《撒哈拉以南非洲年鉴》《非洲统计年鉴》《非洲经济发展报告》《非洲经济发展报告》等年鉴或发展报告在形式和内容上的特点，他们除提供基础数据外，也反映了相关机构对非洲发展议题关注的变化。裘晓燕《英美年鉴的价值所在》(《社会科学报》2018年10月18日第5版）和《英美年鉴内容及其演变述略》(《上海地方志》2019年第2期）一文通过分析英国《惠特克年鉴》和美国《世界年鉴》的内容和演变，强调二者存在的差异体现了西方年鉴追求个性化发展的特点。陈洪泉《中美日年鉴对比与启示》(《中国年鉴研究》2019年第3期）一文分析中、美、日三国年鉴的发展历程、编辑发行方式、记述重点，指出放眼世界，探索其他国家年鉴的优长，是中国年鉴发展的必要途径。王韧洁《国外年鉴特点述论》(《中国年鉴研究》2019年第4期）一文指出，国外年鉴从编纂到运营，形成了体例上对条目体和文章体灵活地选取与处理；内容上讲求精致细化，时间、地域范围宽泛，注重实用，富有主观色彩，不回避负面信息；组织管理上形成专业、多元的成熟机制；网络建设上开拓不同类型的网站和新型移动端应用；装帧设计上普遍保持便携便览的较小开本等特点。另外，杨永成《英国〈政治家年鉴〉的特点分析及借鉴意义》(《上海地方志》2019年第1期)、游桃琴《〈老农夫年鉴〉品读》(《史志学刊》2019年第5期）、崔震《〈惠特克年鉴〉简析》(《北京地方志》2018年第2期）和沈红岩《〈世界年鉴〉简析》(《北京地方志》2018年第4期）分别对国外某部年鉴进行分析和介绍。

2019年，有学者对近、现代时期的世界年鉴进行论述和研究。牟国义、沈萌微《〈列国岁计政要〉与近代西方年鉴译介》(《中国年鉴研究》2019年第3期）一文认为《列国岁计政要》开启了近代西方综合性年鉴译介的先河。在其影响下，清末以英国《政治家年鉴》为蓝本编译的年鉴书籍或资料先后出现过四次，以"列国岁计政要"为名展开的编译活动有3次。他的编译助推了晚清的社会变革思潮，对后来年鉴属性功能的认知产生深远影响。杨永成《15—19世纪英国年鉴的演变发展及其在世界的传播》(《中国年鉴研究》2019年第1期）一文指出英国年鉴从1497年至19世纪经历了从古代历书、早期年鉴到现代年鉴的发展过程。在最初Almanac基础上，逐渐形成 Yearbook 等多种年鉴编纂形式及各种综合、专业年鉴编纂类型。随着英属北美殖民地的建立以及英国在全世界势力范围的扩张，又将年鉴带入北美及全球多地，为年鉴在全世界的推广和传播奠定了基础。值得关注的是，张恒彬主编的《国外年鉴选介》（社会科学文献出版社，2018 年版）一书精选美国、英国、法国、德国、意大利、荷兰、俄罗斯、日本、南非等不同国家不同种类的 26 部优秀年鉴，介绍其内容及特点。杨军仕《他山之石　可以攻玉》（《北京地方志》2019 年第 2 期）、郑维桢《天下山峰何其多　惟有此处峰成林》（《北京地方志》2019 年第 2 期）、林浩《拓宽年鉴视角　发散年鉴思维》（《北京地方志》2019 年第 2 期）、周慧《一样的山川　别样的景致》（《北京地方志》2019 年第 2 期）、张昊鹏《推动年鉴比较借鉴　寻求中国年鉴事业转型升级》（《北京地方志》2019 年第 2 期）对该书进行评论和介绍。

（三）近代年鉴研究

近两年，有学者开始关注民国时期的年鉴，进而研究其对当今的现实意义。汪旭东《民国〈武进年鉴〉内容特色和借鉴意义》（《江苏地方志》2018 年第 1 期）一文指出，民国版《武进年鉴》最大特点是围绕建设新武进而编纂，其突出年度特色、服务地方政府中心工作、丰富征稿途径、注重调查方法、提高年鉴编纂质量、灵活设置内容版式的特点对当今年鉴编纂有借鉴意义。方书生《中外交融下近代中国年鉴的生成与演化（1846—1949）》（《上海地方志》2018 年第 4 期）一文认为伴随着我国学界对年鉴学习与认识的深入，基于我国文献资源上所形成的多种类型的年鉴逐渐出现，学科意义上的中国年鉴逐渐形成，近代中国年鉴的生成与演化，是一个中西方知识融汇和中国实情调适的进程，在遵循学科普适性的原则下，中国年鉴编纂中也形成了自身的特色。孙兴武《试析〈申报年鉴（1933—1936）〉的影响》（《中国年鉴研究》2019 年第 2 期）一文指出，《申报年鉴（1933—1936）》的发行，使读者受益匪浅，为张梓生、申报馆的进一步发展提供了有利条件，对现今科研与修志编鉴也产生深远影响。而其另一篇文章《浅述〈中华年鉴〉对九一八事变的记载》（《“九一八”研究》2018 年第 17 辑）记述了英国记者伍德海主编的 1932 年《中华年鉴》，在序言、第二十三章等部分对“九一八”事变有着丰富记载，内容体现了中立性、宏观性的特点，为研究该事变及抗日战争提供了不同的视角，共计 20 卷的整部年鉴为研究抗战在内的中国近代史留下了宝贵的史料。李子明《民国〈铁道年鉴〉编纂出版研究》（《中国年鉴研究》2019 年第 4 期）一文指出，民国《铁道年鉴》的编纂较早形成官方组织、全行业供稿的编纂模式，记述内容的广度和深度均呈现较高水平，保证了年鉴内容的全面性和权威性。对年鉴时效性、服务性、工具性等年鉴特性的追求始终贯穿民国《铁道年鉴》的编纂过程，体现出早期年鉴工作者的探索与努力。《上海年鉴（1852）》是上海历史上的第一本年鉴，也是已知中国内地的第一本年鉴，作为了解当时的上海以及年鉴编纂方式的钥匙，具有重要意义。周育民《〈1852 年上海年鉴〉编译说明》（《上海地方志》2019 年第 1 期）、王师师《〈上海年鉴（1852）〉的基本特点及重要启示》（《上海地方志》2019 年第 3 期）、方程《〈上海年鉴（1852）：打开了一扇窗》（《社会科学报》2019 年 11 月 7 日）对《上海年鉴（1852）》的特点、内容和编纂者、功能等方面进行论述。指出上海年鉴（1852）》对当代《上海年鉴》编纂的重要启示。

二、年鉴编纂应用理论

年鉴编纂应用理论研究主要解决各级各类年鉴编纂出版过程中的技术性问题，最终形成一系列年鉴编纂规范，以提高年鉴编纂的效率和质量。在这方面，研究论文 155 篇。

（一）地方综合年鉴编纂

地方综合年鉴编纂是年鉴研究中理论与实践结合最为密切的部分。新时代，年鉴编纂应从指导思想、功能定位、框架结构、内容资料等方面适应党和国家治理体系的重大变革与创新。

关于编纂认识。年鉴编纂应把握正确的编纂方向，突出时代特色，全面反映习近平新时代中国特色社会主义思想的实践成果与发展趋势，发挥好汇集年度权威信息资料，服务现实和积累史料的作用。杨永成《我国地方综合年鉴编纂模式改革和创新的理论与方法》（《中国年鉴研究》2018 年第 2 期）一文认为年鉴编纂模式决定年鉴根本质量，指出我国地方综合年鉴编纂模式存在的理论、方法和设计上的问题，强调在总结我国地方综合年鉴编纂模式的同时，参考借鉴西方年鉴编纂的经验，对我国地方综合年鉴编纂模式的改革和创新具有深刻的推动作用。吕鸿雁《年鉴编纂的变革与守望——从年鉴与同类出版物的异同谈起》（《现代出版》2018 年第 4 期）一文指出，与皮书、方志等相比，年鉴内容更精准、全面、系统，可信度高；在传播形式上，年鉴出版要充分运用好移动智能终端等新载体，以便实现与读者新阅读习惯之间的衔接。

赖明《以新思维、新模式解决综合年鉴编写中的新问题》(《新疆地方志》2018 年第 4 期）一文认为采用与时俱进、不断更新年鉴的框架设计，持续反映社会热点、强化年鉴记载力度，加大刊载量、增强年鉴有效信息等几种新模式能体现综合年鉴的时代性、年度性和地方性；用编鉴立志和编鉴存史的新思维，探寻综合年鉴资料收集和条目编写时容易出现的问题及解决方法。2019 年，学者关注民族地区年鉴编纂方面。刘星《民族地区志书、年鉴编纂若干问题的思考——以新疆地区为例》(《新疆地方志》2019 年第 3 期）一文，民族地区由于特殊的人文环境，需要引起地方志工作者的高度重视，编纂志书、年鉴要始终坚持马克思主义的国家观、历史观、民族观、宗教观和文化观，坚持以习近平新时代中国特色社会主义思想为指导。

关于框架设计和内容调整。框架结构是年鉴的纲目，是全书内容的总体设计，是承载各种信息资料的基本架构。如何设计好框架受到学者们越来越深入的探讨。阳晓儒《乡镇（街道）、村（社区）年鉴框架设计比较分析》(《史志学刊》2018 年第 3 期）一文依据广东省内已经出版的 13 种乡镇（街道）、村（社区）年鉴为样本，从年鉴的体裁和结构入手，对每一部分进行比较分析，形成层次和类目划分的规律性认识，并提出具有普遍性的框架设计方案。张凯《年鉴栏目与内容的调整和创新——以〈广西年鉴〉和〈桂林年鉴〉为例》《广西地方志》(2019 年第 6 期）许家康《试论地方年鉴的内容结构调整》(《广西地方志》2019 年第 6 期）一文指出，地方年鉴内容结构调整的重点和方法：一是增加二次文献，减少一次文献；二是增加随文插图，减少书前彩页；三是加强地方本级和外界信息资料的记述，压缩下级行政区域信息资料的篇幅。

2019 年，面对机构改革，如何处理篇目设置与机构改革的关系是年鉴研究者首先考虑的问题。陈洪毅《机构改革与地方综合年鉴框架创新探究》(《中国年鉴研究》2019 年第 4 期）一文通过对《广西年鉴》《广州年鉴》《南宁年鉴》2008 年、2013 年两轮机构改革而进行的框架调整情况，以及比较 2018 年出版的 35 部年鉴框架调整的情况，可以看出，在机构改革的调整过程中和调整后，应适时调整年鉴框架，在总体结构、主体资料和部分类目等方面有所创新。姜艳芹《年鉴编纂如何适应党和国家机构改革》(《黑龙江史志》2019 年第 5 期）一文强调年鉴编纂应从指导思想、功能定位、框架结构、内容资料等方面适应党和国家治理体系的重大变革与创新。年鉴编纂应把握正确的编纂方向，突出时代特色，合理设置栏目，增设类目，适当升降分目和条目，增加检索功能，在年鉴整体框架结构和内容表述上适应党和国家机构改革的需要。

关于条目编写。科学地设置条目、规范地撰写条目是年鉴编纂中基础性的重要工作，也是年鉴作为信息资料载体理应体现出的科学性和规范性。夏小平《年鉴条目设置及其编纂要点》(《中国年鉴研究》2018 年第 4 期）一文指出，年鉴条目撰写应坚持政治标准第一，真实性、科学性的原则，做到书写规范，注意区分工作总结和新闻报道两种相近文体。杨富中《试论地方综合年鉴条目编写》(《中国年鉴研究》2019 年第 3 期）一文提出必须正确把握条目编写要领，注重条目编写创新，在综合归纳的基础上，切实做到“三贴近”“三点”等编写要求。阳晓儒《年鉴综述、概况与单一性记事条目的功能和作用——以〈兵团年鉴〉〈中关村年鉴〉〈苏州年鉴〉为例》(《史志学刊》2019 年第 1 期）、赵青《略谈地方综合年鉴条目的编写》(《黑龙江史志》2018 年第 8 期)、陈磊《浅议地方综合年鉴条目编纂规范化——以〈南通年鉴（2018）〉为例》(《江苏地方志》2019 年第 1 期》) 等从不同角度对年鉴条目的编纂进行论述。

关于年鉴图表、索引等。图表、索引是年鉴的重要组成部分，没有图照的年鉴不是完整的年鉴，没有高质量图照的年鉴不可能成为优质年鉴。朱崇飞《浅谈地方综合年鉴专题图片设置》(《江苏地方志》2019 年第 5 期）一文从内涵定义、发展现状、策划挖掘、编排方式、来源拓展等方面对年鉴专题图片进行论述。张凯《谈谈图片在年鉴编纂中的重要作用》(《广西地方志》2018 年第 3 期）一文从图片的视觉语言表现形式、图片展现的内容和方法、图片直观形象的感知效果、图片是年鉴内容的重要组成部分等方面论述图片在年鉴编纂中的重要作用。郑茂良《地方综合年鉴中照片的使用》(《中国年鉴研究》2018 年第 1 期)、郭勤华《试论地方综合年鉴的图表配选》(《中国年鉴研究》2018 年第 2 期)、李鑫《地方综合年鉴图片专辑创新研究》(《史志学刊》2019 年第 6 期）等对年鉴图片的设置和使用作出探讨。刘德宝《地方综合年鉴索引规范化思考》(《中国年鉴研究》2019 年第 3 期）一文从扩大年鉴索引广度和拓展索引深度、主题词的选取、二级标引的编排及特殊情况主题词的排序等方面，探索编制出规范的适合于地方综合年鉴的综合主题索引方法与途径。黄铭《试论构建年鉴的检索系统》(《福建史志》2018 年第 5 期）一文认为，检索系统在宏观层面要求年鉴的框架设计合理、要素齐全、分类科学，在微观层面要求合理设置目录、索引等各类检索工具。文章指出从宏观和微观两个层面出发，构建完善的检索系统，是利用好年鉴的地情信息资源、充分发挥其工具书作用的必备要件，具有十分重要的作用。除此，还有姚佳倩《浅述年鉴索引的编制——以〈鄞州年鉴〉等为例》(《中国年鉴研究》2018 年第 1 期)、沈娜《浅析年鉴索引编制现状及存在问题——以广东省市、县（区）综合年鉴为例》(《黑龙江史志》2019 年第 4 期）等。

其他，刘传仁《地方综合年鉴编纂与生态文明建设》(《中国年鉴研究》2018 年第 4 期）一文论述了地方综合年鉴应当在框架设计中给予生态文明建设适当的空间，系统体现当地生态文明建设情况。在设立类目的基础上，采取集中与分散记述有机结合的方式，充分展现当地生态文明建设进程。孟亚男《年鉴经济部类编纂常见问题解析》(《史志学刊》2019 年第 2 期）一文从理论和实践两个层面进行分析年鉴经济部类编纂中的存在的问题，提出强化知识储备，提升认知能力、提高编纂站位、增强特色意识、树立量化观念等有针对性的解决对策和建议。李果《文质彬彬　然后年鉴——谈谈地方综合年鉴编纂创新的“三个维度”》(《巴蜀史志》2018 年第 3 期）一文从形式、内容与外延三个维度探讨综合年鉴创新的认识和思考。毛宏达《浅议综合年鉴大事记收录范围和记述方法》(《时代金融》2018 年第 24 期）一文通过论述大事记的重要性，提出大事记收录范围、记述方法和遵守原则。熊信芷《从归化异化看襄阳年鉴目录的翻译》(《英语广场》2019 年第 10 期）一文以《襄阳年 2015》和《襄阳年 2016》目录英译版为研究素材，用归化异化翻译策略对襄阳年鉴目录英译版中的公司名称，社会救助团体和地名等进行描述性阐释。表明在翻译襄阳年鉴的目录时，更倾向于选择归化的翻译策略。这种翻译策略可以很好地促进襄阳地方文化对外传播，也可能出现破坏源语的异国情调的现象。

（二）专业年鉴编纂

2018—2019年，专业年鉴的编纂逐步进入规范提升阶段并取得一定的阶段性成果。

关于高校年鉴编纂。高校年鉴作为专业年鉴的重要组成部分，它在校情展示、辅助决策、文化育人和对外交流等方面发挥了重要作用。万静《试论新时期高校年鉴编纂的发展趋势》(《中国年鉴研究》2018 年第 1 期）一文总结高校年鉴编纂的专业化程度进一步加强、编纂研究深入展开、编纂的功能性更加凸显等发展趋势。何昕《粤港澳高校年鉴比较研究》(《中国年鉴研究》2019 年第 4 期）一文指出，粤港澳大湾区高校年鉴在年鉴框架结构、内容设计、载体等方面各有侧重、各有特色。粤港澳三地高校年鉴应加强协同、互动；提升年鉴质量、加强理论研究；打造年鉴自身校本特色、找准认清高校年鉴功能定位；内地高校年鉴应加强信息化建设、促进港澳高校年鉴的发展。李娟《高校年鉴编纂实践要务》(《浙江档案》2018 年第 7 期）一文强调开展高校年鉴编纂工作，要把握好所涉及部门多、需要考虑寒暑假因素、注重体现学科专业性的特点，在工作中要提供有力的组织保障、形成严谨的工作作风、安排合理的工作进度，还要引入适当的激励机制。李瑞红《高校年鉴编纂理论研究与机制创新》(《当代教育实践与教学研究》2019 年第 3 期）一文针对高校年鉴编纂的理论进行深入研究，提出年鉴编纂机制需促进队伍的专业化，注重整体质量，促进与校史、院史的融合，整合编纂工作的活动内容。另外，姚红《关于高校年鉴编纂思考》(《史志学刊》2018 年第 3 期）王振华《浅析高校年鉴的框架设计——以〈华北电力大学年鉴〉等几部教育部直属高校年鉴为例》(《中国年鉴研究》2018 年第 2 期）、颜丙通《高校年鉴编撰规范与组稿要求——以档案信息资源深度开发为切入点》(《湖北开放职业学院学报》2018 年第 23 期）、杨雪婷《高校年鉴编纂规范化思考研究》(《办公室业务》2019 年第 15 期）均指出高校年鉴编纂中存在的问题，并提出提升年鉴编纂的整体水平的对策。

关于其他专业年鉴编纂。高丹、张美虎《城市文化年鉴的编纂实践探索——对〈杭州文化年鉴〉的考察》(《中国年鉴研究》2018 年第 2 期）一文强调文化年鉴应该在内容文字、图照运用、装帧设计等三个方面彰显出城市的品位。邹璇《浅谈城市年鉴的封面设计》(《中国年鉴研究》2019 年第 1 期）一文通过研究年鉴封面设计，结合相关城市年鉴封面的特点，提出地方性综合年鉴在年鉴封面设计上的想法。徐聪颖、胡少诚《论年鉴的主体性与精品化——企事业单位年鉴类属、特征与编纂规律》(《中国年鉴研究》2018 年 3 期）一文探讨企事业单位年鉴与地方综合年鉴、地方专业年鉴的关联与区别，归纳企事业单位年鉴的属性和功用，并从提升编辑队伍专业化水平，重视数据的真实性和保密性，优化框架设计，促进年鉴载体电子化、信息化，保持出版连续性等五个方面对企事业单位年鉴编纂精品化发展提出了若干建议。另外，朱秀凌《论史家笔法在专业年鉴的运用——以〈中国新闻传播教育年鉴（2018）〉为例》(《新闻知识》2019 第 9 期）谢华《初探高校科技在湖南科技年鉴编撰规范研究》(《科技资讯》2018 年第 7 期）、王秀真《关于医院年鉴编撰的几点建议》(《现代国企研究》2018 年第 8 期）、国测《海外工程项目年鉴编制框架设计》(《档案天地》2018 年第 1 期）对规范各类专业年鉴的编纂提出看法。

（三）年鉴质量建设

质量是年鉴生存和发展的基础和保证，重视和提高年鉴编纂质量，是年鉴工作的核心之处。只有树立年鉴精品意识，打造品牌年鉴，年鉴才会更具生命力。李涛、韩刚《论地方综合年鉴军事内容的质量管控——以第五届全国地方志优秀成果（年鉴类）评审活动参评年鉴为例》(《中国年鉴研究》2018 年第 3 期）一文指出，当前地方综合年鉴军事内容存在着框架结构不规范、记述内容不严谨、体例和语言风格不一致、保密问题较为突出等四大类问题，只有探寻产生质量问题的原因，并提出解决的方法，才能找到有效提升质量的途径。杨卓轩《地方综合年鉴质量控制研究——以2017年度全国地方志优秀成果（年鉴类）评审为例》（《中国年鉴研究》2018年第2期）一文指出，省市县三级地方综合年鉴有彩插图照与文字不统一、未按规定标注审图号、标注参与有关评奖情况不客观不准确3个容易被忽视的问题，对年鉴综合质量产生一定影响，打造精品年鉴成为当务之急，组稿、编辑和出版三个环节成为关键，每个环节质量责任制的到位和落实是年鉴质量得以提高的保证。李秀年、查云富《年鉴质量建设的回顾与思考》（《江苏地方志》2019年第4期）一文提出推动年鉴标准化建设可以极大提升年鉴编纂质量；要坚持创新导向，持之以恒地推动年鉴工作创新；既要注重“编”的高质量，也要注重“用”的高质量。王钦双《关于城市区级综合年鉴条目编写规范化问题的思考与探索——以〈北京东城年鉴〉编纂为例》（《史志学刊》2019年第4期）一文针对条目编写规范化存在的问题。年鉴编纂工作者和理论工作者从改进组织切入、规范组织指导，从简约上发力、规范标题制作，从分类上施策、规范要素组织，从遣词造句上用功、规范语言文风4个方面规范综合年鉴条目编写。周爱军《强撰稿工作之基　有效提高年鉴质量》（《中国档案》2018年第3期）一文强调，紧紧抓住“撰稿”这个起点性、基础性环节做文章是成为提高年鉴质量的有效手段，加强对撰稿人员的培训和对撰稿工作的管控是提高年鉴稿件质量的有效途径。黄雯倩《关于年鉴质量和创新的六点思考》（《福建史志》2019年第5期）、杨富中《简析提高地市级综合年鉴质量面临的问题、原因及对策》（《巴蜀史志》2019年第3期）、赵颖《试析如何提高地方综合年鉴质量》（《新疆地方志》2018年第2期）等指出提升年鉴质量面临的困难和增强年鉴质量对策。王雷《浅析出版社前期介入对年鉴编纂出版质量提升的影响——以《中国文化年鉴》编纂出版为例》（《史志学刊》2019年第5期）、颜丙通《高校年鉴编校质量控制浅析》（《科技与创新》2019年第21期）等从出版编校的角度提出如何提升年鉴编纂质量。

三、年鉴管理与实践

年鉴的质量，取决于年鉴的管理水平、管理质量，而年鉴管理水平、管理质量又取决于是否全面执行年鉴管理的基本原则。重视有关年鉴管理的基本原则的研究，是促进年鉴事业适应新的经济体制转换的需要。2018—2019年，基层和企业在年鉴工作方面的管理和实践受到专家学者的重视。在这方面，研究论文52篇。

（一）年鉴队伍建设

年鉴能否延续发展，关键在于质量。年鉴质量有赖于年鉴编纂人员的素质和能力。提高年鉴编纂人员的素质和能力，才能保证年鉴质量，实现年鉴事业可持续发展。詹跃华《谈年鉴编纂人员的素质和能力及其提高》（《黑龙江史志》2018年第12期）和《谈年鉴编纂人员的五种意识》（《黑龙江史志》2019年第1期）提出年鉴编纂人员应具备政治、业务、文化等素质和驾驭文字、沟通协调、果断处置、开拓创新、策划经营等诸方面的能力。还要具备与时俱进的五种意识。林忠玉《从主编三大意识谈县级年鉴质量的提高》（《福建史志》2018年第3期）一文从年鉴主编这一核心角色，从增强县级年鉴主编的责任意识、人才意识和法治意识的角度，探讨如何发挥年鉴作为年度性文献的价值和作用。汤淏《新时代地方专业年鉴人才队伍提升的路径思考》（《江苏科技信息》2018年第35期）一文介绍了地方专业年鉴编纂队伍的现状与问题，结合新时代对地方专业年鉴编纂人员的新要求，提出了地方专业年鉴人才队伍提升的对策建议。2019年，专业年鉴队伍人才建设也进入研究者的视野。李玉馨《浅谈行业年鉴编辑的基本素养》（《传播力研究》2019年第14期）一文指出，行业年鉴编辑应该具备高度的政治理论素养、强烈的责任意识、扎实的专业技能、过硬的语言文字功底和良好的人际沟通能力。谢华《浅谈科技年鉴编辑工作的初心与创新融合研究》（《科技视界》2019年第36期）一文指出，科技年鉴编辑须按严谨的专业的方式编辑，与时代融合，；保持初心与创新融合，以适应未来发展。

（二）工作管理及经验管理

工作管理是行之有效的行政和业务管理手段。作为一项复杂的社会化工程，年鉴工作管理体系越来越为各年鉴工作机构决策层、管理层所重视。2018年，总结和交流年鉴编纂经验，推动年鉴工作的开展，是学术研究的重要方向。王韧洁《地方综合年鉴工作信息管理问题研究——以北京市为例》（《中国年鉴研究》2018年第3期）一文阐述了地方综合年鉴存在着信息收集渠道局限、信息组织时效性差、信息利用薄弱等问题，需要稳固地方综合年鉴的信息管理基础，拓展信息获取途径和渠道，有效参与社会服务，引进部分市场机制来提升年鉴信息价值。吴朝庭《基于关键路径法的年鉴编纂进度管理研究》(《中国年鉴研究》2019 年第 2 期)一文以某设区市级 2019 年卷综合年鉴的编纂出版任务为目标，基于关键路径法编制年鉴编纂进度计划，能够精准锁定会对整体进度产生直接影响的各项关键活动，从而有针对性地提出高效的解决方案。周慧《关于新时代年鉴编纂出版工作的思考》(《史志学刊》2019 年第 6 期)一文认为只有树立宗旨意识，坚持以人民为中心，走年鉴大众化和品牌化之路；树立年鉴专业化意识，提高编纂人员专业化水平；树立时效意识，按照年鉴规律开展编纂出版工作；树立年鉴为用意识，拓宽年鉴传播利用渠道，才能在实现年鉴全覆盖的同时实现质量、传播和利用全覆盖。王继杰《上海市年鉴事业发展调查报告》(《上海地方志》2018 年第 2 期)一文介绍了上海地区综合年鉴开发利用、研究交流、旧鉴整理等方面形成的特色并提出，针对存在的年鉴发展、质量、开发利用问题，制订发展规划，通过加强法治保障和协作机制，以质量、进度为抓手，全方位推进年鉴事业科学发展。李玉馨《行业年鉴的现状及发展——以〈中国地质调查局年鉴〉为例》(《产业与科技论坛》2019 年第 3 期)一文针对我国行业年鉴中存在的典型问题，综合运用个案研究法和定性分析法，阐述《中国地质调查局年鉴》发展现状及问题，探讨相应的解决策略，力求提升年鉴水平，为年鉴使用者提供更优质的服务。丁国瑞《军事年鉴工作可持续发展的探索与思考》(《中国年鉴研究》2018 年第 3 期)一文指出，随着国防和军队改革的全面推进，研究军事年鉴的发展特点，探索如何适应改革后新的编制体制和组织形式，调整部署任务，创新编纂机制，实现转型升级，确保军事年鉴工作可持续发展，成为一个亟待解决的现实课题。胡正强《专业年鉴个性化的建构及其路径——以〈中国新闻传播教育年鉴〉为例》(《青年记者》2019 年第 18 期)一文指出，宗旨明确具体、读者定位精准、栏目设置独到是专业年鉴个性化的构建路径。程立海《测绘地理信息年鉴在服务事业发展中的价值研究》(《测绘与空间地理信息》2018 年第 5 期)、李奕《深入学习贯彻党的十九大精神　开创新时代北京教育年鉴工作新局面》(《北京教育(普教版)》2018 年第 7 期)、刘清《档案工作为学校发展服务之我谈——年鉴编写工作现状与对策》(《办公室业务》2018 年第 3 期)重点研究分析行业年鉴事业发展。

四、年鉴资源开发利用

2018—2019 年，加快年鉴数字化建设，提高年鉴使用效率，进一步挖掘年鉴资源开发利用仍是研究者密切关注的话题。年鉴资源开发利用研究分年鉴创新发展、年鉴资源利用和年鉴研究与评介 3 部分。在这方面，研究论文 127 篇。

（一）年鉴创新发展

近年来，地方志事业发展面临着机遇和挑战，年鉴的发展创新、转型升级受到学界重视。欧长生《年鉴发展中的创新路径——以〈福建年鉴〉为例》(《中国年鉴研究》2019 年第 1 期）一文指出，从年鉴编纂实践中存在的问题可以看出，理念创新、制度创新、技术创新三个方面是年鉴编纂出版的新途径。只有突破现有滞后的制约因素，把年鉴创新提高到以独特的文化产品参与文化竞争的高度，才能不断扩大年鉴影响力。罗志《浅析地情研究成果与年鉴编纂创新的互动关系——以南京都市圈城市相关年鉴为例》(《新疆地方志》2019 年第 2 期）一文指出，地方综合性年鉴通过专题、彩页、正文、附录等形式 " 潜移默化 " 地展示地情研究成果。具有时效性、资料性、实用性等优点的地方综合性年鉴，通过浓缩为地情手册或优化志书编纂等途径，融合地情研究成果，推进年鉴资源的转化和功能提升。李林澳《年鉴中数值知识元的描述类型及规则研究》(《湖北经济学院学报（人文社会科学版）》2018 年第 10 期）一文把年鉴中数值知识元分为引用型、比率型、总结型、时间型、排名型、对比型和消息型七种类型，对年鉴中包含数值的句子进行抽取，过滤句子中的其他不相关词后形成句子的线性描述结构，在此基础上经过人工审核与合并归类，形成数值知识元的描述规则，为后续知识元抽取提供支撑，指出由于年鉴数据的真实性和重要性特点，提高数据处理人员的专业化水平迫在眉睫。钱丽丽、王潇《我国高校年鉴数据统计的发展与完善》(《中国年鉴研究》2018 年第 1 期）一文指出，以院校研究为引领，加强编撰队伍建设，提高统计人员综合素质，科学设置统计指标体系，明确规范化要求，拓展延伸年鉴数据统计范围，增强对数据的价值挖掘，创新年鉴传播利用载体，创建年鉴利用与交流的大数据平台，将成为有效促进高校年鉴规范化发展的路径。陈永红《军事年鉴的发展与创新》(《军事历史》2018 年第 3 期）一文强调军事年鉴应把编纂工作作为军队同步存史的基本途径确立起来；应体现时代特征，突出深化国防和军队改革这一主线；应注重信息化手段的运用，提高军事年鉴编纂的时效性；应注重军民融全，依托地方志工作体系加强军事年鉴编纂人才培养和理论建设；应加强开发利用和丰富形式，发挥军事年鉴的多重价值。张衍辉、葛宝庆《数字化微时代行业年鉴出版工作探析》(《科技与出版》2018 年第 7 期）一文着重分析数字化年鉴在出版和经营方式方面的变化。

在信息技术日新月异的今天，不少学者寻求新技术与年鉴结合的可能性，指出了年鉴信息化建设的不足之处，并提出相应的对策。赵冰《省级综合年鉴微信公众号现状与对策研究》（《史志学刊》2018 年第 2 期）一文提出要找准省级综合年鉴微信定位，完善年鉴微信服务功能，提高推送信息的效果，加快实现电子资源服务的嵌入，加大年鉴微信公众平台宣传以及拓宽年鉴与读者沟通的渠道等对策，以期充分发挥微信优势进行年鉴的有效宣传和传播。毛宏达《浅议云南年鉴网络化、信息化建设》（《时代金融》2018 年第 24 期）一文指出年鉴网络化、信息化建设的现状，针对年鉴的内容、体例等发展网络化、信息化中的优势，提出需要建立门户网站和编纂平台、培养复合型人才的措施。方利宏《论年鉴价值与编纂信息化》（《上海地方志》2018 年第 3 期）一文以年鉴源流和读者利用为导向，分析和归纳年鉴的价值本质和影响年鉴价值的主要因素，提出以信息技术解决问题的方法和实践经验，为年鉴内容策划、供稿及编辑等提供方法借鉴。王锦《引入“互联网 +”探索年鉴编纂新模式——中关村示范区志鉴平台开发利用》（《中国年鉴研究》2019 年第 3 期）和王锦、徐建功《借“互联网 +”助方志事业转型升级——以中关村志鉴平台的尝试性实践为例》（《北京地方志》2019 年第 1 期）一文从志鉴建设平台背景、流程、功能和平台特色及运行成效 5 个方面可以清楚看到在年鉴编纂中引入 "互联网 +" 的新编纂模式。这一模式搭建编辑部、参编单位协同编纂的工作体系，实现参编单位通讯员与编辑人员的稿件交流与互动；对外为志鉴编纂动态和成果的发布提供平台。值得关注的是，学者开始关注国外网络年鉴的建设。黄玲、贺宏卿《国内外网络年鉴编纂初探》（《中国年鉴研究》2018 年第 1 期）一文介绍美国信息年鉴 Inforplease 在发展理念、内容设计、合作方式、平台搭建等方面的经验，指出我国的网络年鉴编纂具有的独特发展模式。江小华《美国研究型大学年鉴的电子化与网络化及启示》（《中国年鉴研究》2019 年第 2 期）一文在梳理美国高校年鉴发展历史的基础上，以 2018 年进入 ARWU 世界百强的 43 所美国研究型大学为对象，分析这些高校年鉴电子化和网络化的现状，基于美国研究型大学的经验，从而获得对于我国高校年鉴发展的若干启示。

（二）年鉴资源利用

李光普《开发利用综合年鉴资源的新途径探索——以习近平新时代中国特色社会主义思想为指导》（《新疆地方志》2019 年第 1 期）一文分析年鉴的时代内涵及其重要作用，探究年鉴资源开发利用的现状和问题。文中指出开发利用年鉴资源工作应当树立质量第一、编鉴为用、研究创新的理念，并从搜集高质量年鉴资料与信息、提升年鉴地域特色与品牌、创新年鉴编纂与开发、丰富年鉴读鉴与用鉴渠道、强化年鉴资源开放与共享、深化年鉴理论研究与队伍建设等方面，就新时代如何开发利用年鉴资源进行探索。李光普《开发利用综合年鉴资源的途径新探》(《广西地方志》2018年第5期)一文分析做好地方综合年鉴资源开发利用工作的重要性，指出年鉴资源开发利用的现状和问题，提出开发利用年鉴资源工作应当树立质量第一、编鉴为用、研究创新的理念，并从搜集高质量年鉴资料与信息、提升年鉴地域特色与品牌、创新年鉴编纂与开发、丰富年鉴读鉴与用鉴渠道、强化年鉴资源开放与共享、深化年鉴理论研究与队伍建设等方面，提出了开发利用综合年鉴资源的新途径。王书亮、薛亮、刘永亮《浅析年鉴复刊中南方片引排水汇编文件的问题及改进方法》(《治淮》2018年第3期)一文以1989年6卷20册水文年鉴为例，分析南方片生成的数据表的缺陷，提出相应的改进方法。卢旭《利用年鉴编写促进校园文化建设的有效策略研究》(《办公室业务》2018年第19期)一文以年鉴编写的意义与价值为出发点，从提升编写人员专业素养、加强档案收集整理、拓展多种写作渠道三个方面深入探究优化年鉴编写的有效策略。此外，刘立荣《中国网民二十年发展变化趋势研究——基于〈中国互联网络发展状况统计报告〉及〈中国统计年鉴〉的分析》(《新闻战线》2018年第10期)，邢伯伦《西藏农牧业发展实证研究——以〈西藏统计年鉴〉为例》(《中国藏学》2018年第4期)，林益楷、董宣《从BP〈世界能源统计年鉴2019〉看油气未来》(《中国石油报》2019年6月25日)，白文倩、徐晶晶《义务教育信息化资源配置均衡性研究——基于2001—2018年〈中国教育统计年鉴〉数据分析》(《现代教育技术》2019年第2期)等对相关的年鉴数据统计进行整理和分析，对网民、农牧业、能源、教育等社会生产生活领域进行研究。

(三)年鉴研究与评介

沈永清《一部特色鲜明的省级城市年鉴——读〈上海年鉴(2015)〉札记》(《中国年鉴研究》2018年第1期)一文论述了《上海年鉴(2015)》的审美价值表现，它既能陶冶读者心灵，发挥审美愉悦的教化作用，又能提升学术质量，但是其准确性等方面的不足应引起年鉴领域关注。陈晓婧《浅议〈江苏年鉴(2017)〉编纂特色》(《江苏地方志》2018年第3期)一文指出，《江苏年鉴(2017)》在精选展现年度热点特色的图片专题、挖掘资料、提升年鉴的权威性等方面都有所创新。张靖晗《改革开放初期创办学术年鉴之“初心”考——以10部学术年鉴创刊号为例》(《史志学刊》2018年第6期)一文以改革开放初期创办的10部学术年鉴为例，分析改革开放初期的社会政治文化背景及学术年鉴创办背景，探究学术年鉴创办的“初心”。杨和平、汪静一《当其“而立”——论〈中国音乐年鉴〉“短·长”》(《中国音乐》2019年第5期）一文通过对已出版的23卷《中国音乐年鉴》的研究。《中国音乐年鉴》是20世纪以来最具代表性的音乐史鉴，作为中国当代音乐“史记”在促进中国音乐事业发展的道路上发挥积极作用。陈琳《2018年神经修复学年鉴（2018 Yearbook of Neurorestoratology 全译）》(《中华细胞与干细胞杂志（电子版）》2019年第1期）一文对发表《2018年神经修复学年鉴》进行翻译，旨在让中国读者更好了解神经修复学最新研究和治疗进展。

综观2018—2019年的年鉴理论研究，学界基本上保持着近年来稳中有进的局面，一些学者从2018年侧重年鉴编纂与坚定文化自信和以人民为中心转变到2019年年鉴编纂与机构改革的变化，与时俱进，密切关注国家方针政策和新技术的变化，由此寻求年鉴的发展和创新。然整体而言，年鉴理论研究的现状依然不容乐观。最直观的体现就是，除少数文章发表在核心期刊上，大多文章只能发表于级别较低的期刊，甚至是内部出版物。其次，学术规范有待加强。学者们注重对单一书籍或单一问题的研究，忽视了通论研究，导致其没有宏观性的把握和发展研究，一稿多投现象仍然存在。再次，年鉴研究队伍的结构不合理。从上文可知，2018—2019年年鉴理论研究的主力为各省（区、市）地方志工作机构的工作者，高校、科研单位中的发文者偏少，文章质量参差不齐。各省（区、市）地方志工作机构的研究人员有丰富的编鉴实践经验，但缺乏严格的学术训练，在一定程度上影响和限制他们的学术视野和理论水平。因此，提高科研机构高校研究年鉴的热情和水平，加快高校科研单位与地方志工作机构的学术交流，是年鉴研究今后发展亟待解决的问题。从2018年年鉴理论研究来看，研究者对年鉴的研究在理论、规范、多视角方面还存在不足，仍需进一步深入，年鉴学学科体系、学术体系、话语体系建设之路依然任重而道远。

当前，年鉴理论研究者要高举中国特色社会主义伟大旗帜，深入学习贯彻党的十九大精神和习近平新时代中国特色社会主义思想，努力为发展21世纪马克思主义、当代中国马克思主义，构建中国特色哲学社会科学学科体系、学术体系、话语体系，增强我国哲学社会科学国际影响力作出贡献。年鉴理论研究者应一如既往地紧跟时代发展步伐，立时代潮头，通古今变化，发思想先声，为改革开放鼓与呼，为推进马克思主义中国化、繁荣发展我国哲学社会科学作出新的贡献。要通过加强年鉴的编纂和研究，整合年鉴信息资源，打造年鉴理论研究高地；发挥年鉴的学术评价功能，开启年鉴研究的新方向，进而推动年鉴学学科体系、学术体系、话语体系建设。

中国早期年鉴选介
——《1852 年上海年鉴与商务指南》①

《上海年鉴》编辑部②

提要：《1852 年上海年鉴与商务指南》作为中国早期年鉴的代表对于了解上海开埠初期情况、国内重要历史事件及中外关系等具有重要价值。报告重点分析该年鉴的体例与内容设置，指出其主要分为历书、文献两个部分，并介绍每部分包括的主要内容。

关键词：中国早期年鉴　上海　年鉴体例

在中国传世文献中，“年鉴”之名始见于《崇文总目》与《宋史·艺文志》等典籍，但具体内容已经无从查考，但从分类上大致可以推定属于术数类中的五行类书。

中国近代的年鉴则由海外传入。西方人在中国编纂的最早年鉴是 1832 年在澳门出版的《英华历书》。《英华历书》由中国丛报社（*Office of the Chinese Repository*）编纂发行。以 1845 年初发行的《英华历书》（*Anglo-Chinise Calendar for the Year 1845*）为例，其基本内容包括：中国干支纪年表、日月食、西方的宗教节日、中国的节气、日历（配有“历史上的今天”，主要是西方与中国关系中的事件）以及外国在中国五

① 部分内容参考周育民《〈1852 年上海年鉴〉编译说明》，《上海地方志》，2019 年第 1 期。

② 执笔人：孙长青，上海市地方志办公室年鉴工作处主任科员。

个通商口岸设立的机构、商号和侨民，加上每月两页的空白记事页，共50页左右。在19世纪50年代之前，《英华历书》基本上沿袭此体例。

1846年初由中国邮报社（*Office of the China Mail*）发行的《1846年香港年鉴和指南》（*HongKong Almanack and Directory for 1846*），含有香港、澳门和广州的月相表，介绍了香港的地理与气候，其历表中包含有历史事件、宗教节日、日出日落时间、最高最低气温和天气提示等，并附有中英条约、警务规则、机构、商号和外国居民等。

中国内地最早的一部年鉴，之前认为是1864年由海关出版的《海关中外贸易年刊》。但实际上，早在《海关中外贸易年刊》出版十多年之前的1852年，《1852年上海年鉴与商务指南》（*Shanghai Almanac for1852, and Commercial Guide*）便已经出版了。

一、关于《1852年上海年鉴与商务指南》

《1852年上海年鉴与商务指南》是字林洋行出版，由北华捷报社编辑，附属于《北华捷报》，类似于日后的《申报年鉴》。

《北华捷报》（*North-China Herald*）是英国人在上海创办的第一份英文周刊，于1850年8月创刊，一期四页。1851年开始，北华捷报社开始编纂出版《上海年鉴》（*Shanghai Almanac*）。1851年11月7日，《北华捷报》刊登广告"《上海年鉴（1852）与商务指南》将在明年1月1日之前出版；每本价格：预订者2元；未预订者3元。"同时这份广告也提供了该本年鉴的大致内容。其编纂的用意，即是为在沪上英美侨民和商人提供一本有关上海的"百科全书"和实用手册。可以说，这本书不仅对于了解上海开埠初期各方面的情况具有重要价值，对于了解当时国内重要历史事件、中外关系等也具有重要价值。

二、《1852年上海年鉴与商务指南》的体例与内容设置

从内容编排来看，北华捷报社编纂《1852年上海年鉴与商务指南》的最初设想，显然是参照了《香港年鉴》的体例，安排了历表，月相和日、月食，口岸和管理规章，有关机构、商业和侨民，进出口关税以及扬子江航行指南等内容，不愿"平庸"地只是增加历史年代表的内容。其于1851年刊登的广告显示："本书将包含当地多方面信息：提供五个口岸的居住者和若干商业设施；月相和日、月食；年代表；人寿保

险行；口岸和港口管理规章；进出口关税；扬子江航行指南等等。”

然而，实际出版时，年鉴内容大大超出了原定范围，不得不在历书（Kalendar）之后，另增“文献”（Misellany）一编，占了全书的四分之三，造成了全书编辑体例的混乱。《中华帝国与他国比对编年史》上半部分、《徐光启记略》上半部分和《中国的黄历》三篇，已经编好制版，增设“文献”一编后，上两篇的续文再行编入，使得同一文章不合理的分列两编，《中国的黄历》不列入“文献”，也明显不合情理。增加“文献”一编后，原书的书名依旧，又出现了书名不涵盖内容的问题。中文译本为读者便利，将《中华帝国与他国比对编年史》和《徐光启记略》正、续篇合编在一起，连同《中国的黄历》均移到“文献”编中。“文献”编中的文章没有归类编排的问题，不作处理，以略存原貌。

（一）历书（Kalendar）部分

《1852 年上海年鉴与商务指南》的历书部分包括以下内容：

1. 上海的气象与气候并附说明表（Meteorology and Climate of Shanghai with Illustrative Tables）

附表 1 列有 1848—1850 年气象观测年均值（包括各月气压、温度、风向、雨量）。

附表 2 列有 1845—1851 年上海公墓安葬人数（分侨民、海员两栏）。1844 年 4 月，英国领事巴富尔召集 11 名外侨在领事馆就外侨墓地事召开了一次“公众会议”，推巴富尔、麦都思和义记洋行大班怀义思三人组成公墓管理委员会，在江海新关后面购置墓地十亩半（后俗称“老坟山”，在今山东路一带）。截至 1851 年，墓地共葬有外国侨民 25 人，海员 54 人。

附表 3 为外国侨民人数统计表，包括妇女和儿童，后有一个总计为 1201 人，与其他外文文献资料明显不符。表中历年人数应为当年在沪人数，不应进行总计。

《1852 年上海年鉴与商务指南》保留了开埠初期上海历史的许多重要信息。它所提供的《上海口岸 1848—1850 年气候观测均值一览表》和《气象测量记录摘要》是上海历史上第一次连续的、系统的气象统计史料。从 1848 年初开始，天主教会在徐家汇、伦敦布道会在英租界分别设立气象观测站，对上海的气温、风向、雨量等进行观测，逐渐积累起了有关上海气候的一些基本数据，利用这三年的数据，《1852 年上海年鉴与商务指南》在本篇文章中为读者提供了每月的天气提示和季节性的健康提示，认为“这个国家广阔肥沃，一年中的大部分是有益健康的”。

2.1852 年的日食和月食（Eclipses of the year 1852）

本文预测，1852 年，上海可见一次日食和两次月食。

3. 月历（Monthly Kalendar）

表格分为四列，分别为“阳历”“周”“阴历”和“日历”。在日历部分交代宗教节日、日月方位、月相时间、对应的清朝年号等。

要在历表中提示每天日出日落的时间，标明月相及近地点、远地点等，需要更多的地理和天文资料作为依据，进行复杂的计算，这是编辑人员无法完成的。有关这方面的资料，年鉴是采用徐汇家的耶稣会传教士提供的有关苏州的经纬度进行测算的数据，因为上海与苏州纬度仅相差一度，在时间上误差仅几分钟，编辑时并未作调整。

由于耶稣会传教士在历表编纂中的重要作用，因此，《1852 年上海年鉴与商务指南》中的历表，充满了浓厚的天主教气息，几乎天主教中所有的节日、纪念日都分别列入了历表当中，并相应的在脚注上予以注释。

4. 气象测量记录摘要（Abstract of Observation by the Thermometer for several years）

此表为 1844—1851 年各月气象记录要点，从中可以看出早期西方气象科学测量的一些重要标准。测量数据来自设置于朝南露天遮阴环境的自动测量仪器。表格记录的数据包括：白天最高温度、白天最低温度、夜间最高温度、夜间最低温度、白天平均温度、夜间平均温度、有雨天数、雨量，每月的数据按年排列。

5. 上海地图（Map of Shanghai）

附有一张上海地图。在地图的后面，以文字形式标注了地图原件中所包含的地名，并列举了一些未能在地图上显示的附近的地名。

虽然 19 世纪 50 年代之前的上海地方志书中有不少地图刊载，但于上海县城之外，多为河道、分界等示意图，缺乏许多必要的地理标识。外国人绘制的上海地图，目前能看到的是 1847 年《中国丛报》所刊载的一份示意图，它虽涵盖了从上海县城、英法租界和虹口的一部分，但实在过于简略，很少研究价值。年鉴所刊载的上海地图是当时西方人汇制的最详细的一份。北至吴淞江虹口到曹家渡一线，南至白莲泾到龙华一线，东至黄浦江陆家嘴，西至徐家汇、法华镇，包括了境内重要的河道、步道、桥梁、寺庙以及其他地理信息，而这一地区除县城和租界以外的地区，之前的地图都没有这样清晰的标识。这些地名均分别用中英文标注，也解决了中国读者阅读早期外国人对于上海叙述的许多困惑。虽然，这份地图的文字说明存在许多问题，但地图本身无疑是上海史研究中最具价值的史料之一。

6. 中国对外贸易关税税率（Tariff Rate）

此表格系抄录自《虎门条约》的英文本（有个别脱漏），进出口货物依照英文字母顺序排列，个别货项中英条约文本有些出入。

7.《上海外国船只泊船区规则》《中英江宁条约》《五口通商附粘善后条款》《议定广州福州厦门宁波上海五口通商章程》

在这些条约前，有上海英国领事馆领事阿礼国的声明：下列上海港口规则由上海道台和英国领事钤印发布，所有英国臣民均须遵守。

8. 十进位制换算表、黄浦江外港区与内港区潮水表、扬子江航行须知

年鉴中有关上海港区的水文资料，主要是为便利外国船只进港、出口使用。其中有关上海港区的潮水表，应该是由江海关提供的，只是将时辰改为钟点而已。

《扬子江航行须知》一文，则清晰地提示了外国船只如何由嵊泗列岛进入长江口，然后进入黄浦江所须知的操作要点。它反映了嵊泗列岛作为帆船时代欧美船只前来长江流域国际航运中继站的重要地位。作为江海关理船厅的前身，上海外港区的“河泊司”是个非常奇特的机构。它是由英、法、美三国领事要求上海道台于 1851 年 9 月设立的管理外国船只停泊区的专门机构，首任“河泊司”为英国人贝利斯（Nicholas Baylies），从《五口外国居民录》中可以看到，这个“河泊司”有个“顺和”的行号，可见是个由外侨承办行政委托管理事务的独立民营机构，外国人在插手中国海关关税征收事务之前，早已插手港口事务了。

9. 上海保险行名表（List of Insurance Office）

本表分海险（Marine Assurance）、火险（Fire Insurance）、船险（Steamer's Insurance）三类，分保险公司、最高险额和上海代理行三栏记录，从中可以看出当时上海一些洋行代理境内境外保险公司险种的情况。

10. 上海行名录（List of Foreign Hongs at Shanghai）和五口外国居民录

这份上海行名录，并不是单纯的外国商行名录，它是外国在沪各种政治、经济、文化、宗教、医疗、航运等机构的大杂烩。其名称有中英文对照，对于中国研究者参照中文资料进行研究提供了很大方便。在这些资料中，外国侨民在上海的职业、身份和地位清晰可辨。

以领事馆为例，建在英租界黄浦江与苏州河交界地方的英国领事馆称为“大英公馆”，而美国领事馆称为“大合众国公馆”，法国领事馆则称为“大法兰西国领事衙门”。所谓“大西洋国公馆”（葡萄牙领事馆）、“大荷兰国公馆”、“大黄旗公馆”（汉堡领事馆）不过是商人“领事”在自己商馆挂的一块招牌而已，截至1852年，与中国有条约关系的国家只有俄、英、法、美等国。

（二）文献（Miscellany）部分

耶稣会士雷孝思（法国）用拉丁文撰写的《中华帝国与他国比对编年史》，反映了早期耶稣会士希望根据基督宗教以耶稣诞生作为元年，建立统一的耶稣诞生前的世界编年史体系的努力，其主要目标就是将中国史纳入其中。而这需要重新架构中国历史的年代系统。耶稣会士和后来的传教士架构中国的年代系统方法，是根据“今上”年号年次，与当年西历纪年为基准，然后逐次前推，并且参用干支纪年进行校验。但在古史中，由于缺乏相应年代的干支信息，公元前的历史编年的误差也就越来越大。这个问题至今依然是中国史中尚未解决的难题。这份编年表在问世之后，一度成为基本参照，无论采用或是修改，也在此基础上进行。

其另一个解决“中国特色”编年问题的方法是，取消西方人难以理解的“年号”编年，而以“黄帝”为第一代“皇帝”，依中国正统观念依次排列“皇帝”编号，再按朝代排列“皇帝”编号即“中国第几代皇帝”“某朝第几代皇帝”，这种不中不西的编年方式，在早期西方中国史的著作中普遍采用。

总而言之，这份年表，其价值并不在于提供了多少有价值的历史事件或人物信息，而在于作者在建立世界历史统一的时间坐标方面的努力。

《论在北京的耶稣会士对欧洲天文学的推介》和《略述中国人的科学——算术》是两篇有关中国科学发展史的重要论文。这两篇论文都是主要根据中文资料撰写的。前者回顾了从利玛窦一直到晚近以来，包括汤若望、南怀仁等耶稣会士对中国天文学的贡献，基本上完整地勾勒了耶稣会士推介欧洲天文学成就的概貌，还引用了不少清代阮元在《畴人传》中对于这段历史的评论。同时，作者艾约瑟还揭露了耶稣会士格于罗马教廷的严禁，对于哥白尼、开普勒的天文学成就刻意回避而造成的一些尴尬，对于耶稣会士认为元代郭守敬在天文学上的成就得益于经由蒙古传入的阿拉伯文化，也提出了质疑。后者是对中国古代数学成就进行集体调研后的一篇论文。作者肯定了元代以前中国人在算学方面的重要成就，进入明代，算学处于低潮期，没有任何重要著作问世。作者们考察了元代中国人与阿拉伯人在数学上的交流情况，但认为由于语言上的障碍，中国人应该所获不多。作者对于西方的一些作者贬低中国人在算学方面能力的言词给予了有力的批驳，他们列举了中国的数字符号和因归运算方法，不定数的解法（大衍术），以及向数理分析大步迈进的天元术，认为中国人比西方人早五个世纪就会运用多项式方程运算了。开方术也是由中国人独立发明的。作者甚至与当时在杭州任官的数学家戴煦有过接触，知道他已经找到了求得对数的新方法。作者认为，如果中国人以更大自由地与西方交流，将会促进双方的取长补短，也会激发他们的科学研究精神。这两篇学术论文，在中国科学史研究中的地位和影响，很值得进行研究和评估。

《关于中国内地的通信》和《南京的旅行》是两篇游记和导游性质的文章。上海开埠初期，上海当局与英方有过外国人离开租界往返不得超过 24 小时的规定，严格地说，是中方规定外国人不准在上海及租界以外地方过夜。但违犯此项约定的情况不时发生。1848 年“青浦教案”发生以后，中英关系高度紧张，事态平息之后，此项规定实际上无形搁置。外国侨民远足通商口岸以外的附近地区，虽然化装成中国人的样子，穿长衫马褂，戴个假辫子，但遮不住蓝眼睛、高鼻梁，不过地方官役人等大都眼开眼闭罢了。第一篇是介绍由上海到苏州的路线和景点，第二篇是介绍由苏州到南京的路线和景点，可以说是姊妹篇，留下了沿途许多村庄、城镇、河湖上的人们生活、生产、运输、交易和民情风俗的记录，有些重要的景物如南京的琉璃塔，这些文字也是它们在消逝前最后的宝贵记载之一。

博学多才的美国浸礼会传教医生玛高温向年鉴提供的两篇文章堪称佳作。《乌桕的用途及中国白蜡的笔记》根据中国的文献记载和考察，澄清了早期西方人关于中国白蜡园艺和制作的许多误区。这多少可以提示当今的人们，得留意些人类“照明史”的研究。他的《宁波的海盗、民变和家法》，则是宁波开埠初期相当珍贵的历史资料。宁波地区自第一次鸦片战争以后到太平天国运动结束以前，相关中文史料十分缺乏，在 19 世纪 50 年代初，除了段光清的《镜湖自撰年谱》之外，无论当地官员还是宁波士人，几乎没有留下什么文献和笔记史料，即使后来的地方志有所记载，大多也语焉不详，缺漏甚多。因此，玛高温对 19 世纪 40、50 年代之交宁波当地发生的一些重要事件记载，其史料价值也就尤为突出了。在他的笔下，广东海盗和葡萄牙人的“绿壳船”互相勾结，坑害海商，骚扰沿海；地方官瞒盰贪渎，疲于应付盗乱、盐变和教变的窘态；以及天主教煽动教民图占舟山寺庙的行径等等，都有十分细致的叙述和揭露，从一个局部展现了太平天国运动爆发前的中国社会动荡。他对于天主教传教方针的尖锐批评，对于理解后来反洋教运动的频发，也不无启示。与传教活动有关的另一篇文章，是前往琉球传教的德伯令呼吁英美国家直接出面干涉日本禁止基督教传播政策的报告。

《土耳其的鸦片吸食》叙述了土耳其当时拉克酒的消费量提高、鸦片吸食因年轻一代的时尚变迁而止步的现象。嗜好食品的消费与社会时尚变迁、代际更替等等的关系，是一个很好的研究视角。《新南威尔士州的悉尼》一文展现了澳洲殖民地开发初期，悉尼作为一个国际大港市兴起的早期格局。作者对于悉尼未来格局的展望，为它后来的发展所完全印证，因此，从作者流畅的文笔之下，今人更应该注意他对城市功能、城市结构、城市建筑和城市肌理的深刻思考。

在“文献”编中，除了有关上海地区的黄历、婚俗、灯会之外，《徐光启记略》是篇上海人物的长篇文章。有关徐光启的生平，国内已有年谱、传记等研究专著，这篇文章的主要价值在于，它记载了作者亲自考察过的一些遗迹，包括城内徐光启的故居与祠堂、徐光启晚年居住过的“双园”以及徐家汇徐家老宅的情况，并根据采访和地方志书叙述了徐家后代在上海地区的一些情况。其中有些铭文、碑刻、墓葬，上海地方史书缺载，这些英文史料多少可以弥补一些缺憾。

日本年鉴的产生与早期发展

张艳茹

提要：日本年鉴编纂起步于明治初期对西方统计类、年鉴类书籍的翻译和借鉴，最初由政府主导进行，后逐渐扩展到民间。日本早期年鉴编纂与统计学的发展相辅相成，明治初期编纂的政表、统计年鉴等具有示范意义。但直到明治末期，日本民间年鉴编纂仍处于起步阶段。20世纪20—30年代是近代日本年鉴编纂的高峰期，除公立机构编纂的各类年鉴外，一些大报社、财团企业、行业协会相继开始编纂出版各类年鉴。近代日本在中国、朝鲜等地的官方、半官方侵略机构、团体也编纂出版了大量年鉴。

关键词：近代日本　政表　年鉴编纂

日本是极其注重资料收集及保存的国家，当前其年鉴编纂非常发达，不仅有中央政府、各都道府县编纂的综合性年鉴，还有各省厅、企业、法人团体等编纂的大量各类年鉴出版。《日本大百科全书》中解释“年鉴”词条称：“每年或每隔1—2年出版一次的出版物，内容为某特定地区或领域的最新事件、发展趋势及统计数据等。亦称年报或年表。”[①] 关于年鉴种类，在日本主要有两种分类法。一种是分为综合年鉴、专业年鉴、百科年鉴三大类。另一种是在上述三类之外，单列了“统计年鉴”一项，分为四大类。日本年鉴编纂起步于明治初期对西方年鉴类书籍的翻译和借鉴，和近代众

① 《日本大百科全书》(18)，小学馆，1987年，第295页。

多文化事业一样，最初是在政府主导下进行，后逐渐扩展到民间。近代日本年鉴编纂在调查及统计方法、条目设置、编写体例等方面为战后的年鉴编纂积累了宝贵经验。同时，近代编修和保存下来的大量年鉴具有很高资料价值。再者，日本近代编纂的年鉴涉及中国者众多，其年鉴编纂对我国近代年鉴发展亦有较大影响，对此，我国学者在年鉴学著述中多有提及，在中日关系史等领域的研究中使用日本编纂的年鉴的情况亦不少。尽管如此，我国学界对日本年鉴编纂的重视程度尚不够，进行的综合性研究亦不充分。笔者拟对近代日本年鉴编纂的起步及发展状况稍作梳理，以期引起学界对日本年鉴编纂的关注。

一、幕末至明治初期日本对西方年鉴类著作的译介

近代日本年鉴编纂最早是由政府主导的，而年鉴的形式、条目、编纂体例等则多借鉴自西方的统计学和年鉴学成果。目前日本总务省统计局负责编纂出版的《日本统计年鉴》是最权威、全面的综合性年鉴，该年鉴脱胎自明治5年（1872年）太政官体制下开始编纂的《政表》，1882年《政表》改称《统计年鉴》，后又称为《帝国统计年鉴》，1937年又改称《大日本帝国统计年鉴》。该年鉴在1942—1948年曾短暂停刊，1949年复刊，更名为《日本统计年鉴》，一直出版至今。

明治5年日本太政官政表课编纂的《政表》，对近代日本统计学及年鉴编纂的产生具有重要的推动及示范意义。福泽谕吉在万延元年（1860年）翻译《万国政表》时将英文“Statistics”一词译为“政表”，而译自“year book”的“年鉴”一词产生稍晚。据日本统计局资料显示，日本最早的政治统计类书是1860年出版的《万国政表》，该政表由冈本博卿翻译，福泽谕吉校阅。日本统计局网站上称该书是“介绍到我国之统计书之嚆矢，其地志中能显示世界各国的人口、土地面积、都市名称、财政状态等”[①]。“《万国政表》登载了世界各国的面积及人口状况等，用今天的话说相当于《世界统计年鉴》”。[②] 虽无直接资料显示日本在明治初期编修的政表跟此书有关，但显然福泽谕吉很早就注意到了此类书籍。

在1874年前后的日本政府文件中，有几处记载有陆军省、文部省等就借阅、出

① 参见日本统计局网站。https：//www.stat.go.jp/library/meiji150/shiryo/index.html.

② 参见日本统计局网站。https：//www.stat.go.jp/library/meiji150/ijin/ijin02.html.

版《万国政表》所提交的报告书。1874 年 5 月，陆军省曾给文部省发文，表达了催促文部省尽快翻译完成《万国政表》之意，在文后还附有片假名标注的政表的编写者及书名音译[①]。陆军省在文件中提到的《万国政表》和幕末福泽谕吉审阅的《万国政表》的编写者和题名是不同的。陆军省资料显示，此《万国政表》由德国人编写，1885 年日本陆海军参阅资料目录中还列有《万国政表》。[②] 从种种资料来看，日本政府至少在明治初期不断引进、翻译德国这种统计书，供政府作情报参考。虽然同译为《万国政表》，但此统计书并非福泽谕吉他们当年翻译的那种。陆军省借阅政表，除通过政表了解情况外，也是为将其作为体例参考编制自己的政表，这在陆军留下来的大量文书中可以得到证实。陆军省至少从 1875 年开始编纂《共武政表》。

虽然无法直接证明明治初期日本政府编纂政表时在体例等方面究竟有多少借鉴自上述这些政表，但可以肯定的是，"政表"确实是采自福泽谕吉等对"Statistics"一词的翻译，历年编修的政表有年度政治数据统计的含义。而与福泽谕吉关系密切的大限重信、小野梓、杉亨二等，都是对日本统计学及年鉴编纂的起步起了关键性作用的人物。

我国学者周振鹤指出中国年鉴一词应是借鉴自日语翻译，而日语中年鉴一词译自"Year Book"。他在《〈上海年鉴（1854）〉解题》中提到日本 1876 年翻译出版了《万国年鉴》。"因此，至迟在明治九年（1876），日本就有题名'万国年鉴'的书出现。此书乃是日本政府机构统计寮对英国人 Frederick Martin 所编'*The Statesman's Year-Book*'一书的翻译。……很有趣的事是，日本所译《万国年鉴》还竟然是用汉文而不是日文写的绪言，且未标出所据译的原年鉴与原作者的英文名，而写成'此书英国弗勒德力马丁氏之所著，原题曰士迭门斯伊耳伯克'，一味用汉字音译了。若复原其译音，可知此英文原版书当即 Fredrick Martin 所编著之'*The Statesman's Year-Book*'。"[③]《万国年鉴》内容主要是简要介绍世界各国情况，从明治初期的政府文书看，日本至少从 1876 年开始，每年购入该年鉴，翻译为日文后供政府内部参阅。除 1876

① JACAR（アジア历史资料センター）Ref.C04026066100，明治 7 年"大日记 参谋局 3 月利 参谋局"（防卫省防卫研究所）。

② JACAR（アジア历史资料センター）Ref.C07081309200，明治 18 年自 7 月至 9 月　参谋本部大日记部内申牒 3　参水自 963 号至 1434 号（防卫省防卫研究所）。

③ 周振鹤:《〈上海年鉴（1854）〉解题》《上海地方志》2016 年第 2 期。

年将它译为《万国年鉴》出版外，日本政府内部文件更多是将其称为《政家年鉴》。[①]

实际上，在日本统计寮翻译该年鉴之前的1874年，川路宽堂[②]已翻译过一册该年鉴[③]，川路将题目译为《政家必携各国年鉴》，分上下两册出版。[④]川路宽堂翻译的1873年出版的“*The Statesman's Year–Book*”，是其中节选，内容主要是澳大利亚、匈牙利、比利时、法国等国1872年的“年报”，包括各国政体、工商业情况、货币体系、军备情况等。

显然，在明治初期，日本政府有意识地引进和翻译了几种介绍世界各国每年最新情况的统计、年鉴类书籍。从杉亨二明治6年（1873年）关于编纂政表的建议书中列举了详细的荷兰统计资料来看[⑤]，当时日本政府应已引进了比较成熟的年鉴类书籍做参考。

二、日本政表及统计年鉴的编纂

目前可见最早的日本政府自己编纂的政表是明治5年（1872）编成的《辛未政表》，该政表主要是统计太政官及各中央省厅的敕任、奏任、判任官员的数量及薪俸状况。[⑥]因当时既没有全国性统计的先例，各中央省厅、各地方也没有专人负责数据统计，在编纂该政表时所谓“政表课”也仅有杉亨二等四人，且该项工作的实际负责者仅杉亨二一人，故该政表内容单一，很难称为严格意义上的年鉴。尽管如此，在经历了《辛未政表》的编纂后，杉亨二紧接着在明治6年（1873年）正月和3月、5月连续上书太政官及各参议，陈述编纂政表的重要性、迫切性。在正月提交的建议书中，杉亨二陈述了他所理解的政表的含义并详细列举了政表应刊载哪些项目。他称：“政表在西洋诸国被称为‘统计’，即形势表之义，是显示国家发展趋势

① 在日本政府文件中有日文标注的发音为“スチーツメンス、イーヤブック”，应为“*Statesman's Year–Book*”的音译，同文件中将该年鉴称为《政家年鉴》。且现存日本公文多处显示这一年鉴是英国伦敦出版，日本连年购买翻译。综合各种资料，这部年鉴应是“*The Statesman's Year–Book*”。参见：JACAR（アジア历史资料センター）Ref. A06050429500，枢密院文书・宫内省往复・稟议・诸届・杂书・明治二十四年（日本国立公文书馆）。

② 川路宽堂1871至1873年随“岩仓使节团”出访欧美，回国后一度在大藏省整理“岩仓使节团”资料。

③ 这部年鉴至今仍在连续出版，我国通常译为《政治家年鉴》。

④ マルチン著、川路宽堂译：《政家必携各国年鉴》（2），知新馆，1874年。

⑤ 参见日本国立公文书馆：太政类典・第二编・明治四年至明治十年・第四十四卷・官规十八。https://www.digital.archives.go.jp/das/image/F0000000000000000391.

⑥ 杉亨二编：《辛未政表》，北畠茂兵卫等，1872年。

之学科。据此可熟览国家之现状，详知人情世故之变迁、国运之盛衰等。”他还在建议书中详细列出了政表应刊载的国土、人民等各项详细条目，并列举了荷兰统计资料拔萃为例，建议可购买英法美等国之政表类书作为参考。[①] 在杉亨二等的努力下，政表这一形式保持下来，体例及内容也不断完善。

1874 年 8 月政表课制定了“政表课规程”，规定了编写目的、相关各机构应负何种申报材料的义务，并决定制定政表的详细内容、条目规范发给各相关机构，以统一各机构提交的材料的形式，并规定了采取何种措施确保资料、数据的真实性、准确性等。[②] 同年，政表课所属人员已超过了 20 人。在具体编制政表时，由政表课制定详细的调查条目传达给正院、左院、外务省、陆军省、海军省、文部省、教部省、宫内省、开拓史等中央省厅及各府县，上述机构按条目准备材料并按规定时间交回政表课。从 1874 年 12 月政表课制定的发给各机构的条目看，已经非常具有年鉴的特点，涵括项目繁多且较清晰，需各机构做大量相关统计。[③] 明治改历后[④]，从 1873 年起，政表纪年方法发生变化，不再用干支纪年命名政表，而直接写作“明治某年政表”。后来的政表的体例相比《辛未政表》已有了很大发展，且附有“海外贸易之部”“警察之部”等主题明确的统计年报。政表具备年鉴的雏形，应该说已有年鉴之实，但尚未用年鉴之名。

1881 年，根据大隈重信的建议，日本设立了统计院取代了政表课，大隈重信兼任统计院院长，但不久他因“明治十四年政变”失势而辞职，院长更替为乌尾小弥太。到 1882 年统计院人数达到了 47 人，同年刊行了《第一回统计年鉴》，取代了政表。此时的年鉴已是在全国范围的大规模调查基础上进行编制。1884 年，比利时政府向日本政府提议交换这种政府编辑的年鉴资料，日本政府审议之后表示同意，之后日本开始每年和建交各国交换统计年鉴的简本。

在“明治十四年政变”前后，支持大隈重信的福泽谕吉、小野梓等都曾就编修年鉴问题向大隈重信提出过建议。大隈重信下野后，继续关心统计事业，他大力支持发

---

① 日本国立公文书馆：太政类典·第二编·明治四年至明治十年·第四十四卷·官规十八。https：//www.digital.archives.go.jp/das/image/F0000000000000000391.

② 日本国立公文书馆：太政类典·第二编·明治四年至明治十年·第四十四卷·官规十八·图籍二。https：//www.digital.archives.go.jp/das/image/F0000000000000000391.

③ 参见日本国立公文书馆：太政类典·第二编·明治四年至明治十年·第四十四卷·官规十八·图籍二。https：//www.digital.archives.go.jp/das/meta/M0000000000000844034.

④ 1872 年 11 月 9 日（旧历）日本改旧历为公历，这一天公历为 1873 年 1 月 1 日。本文中日本改历前所用时间标示均为日本旧历。

展统计教育，后来在他支持下杉亨二于 1886 年创办了统计学校。日本这些有志于发展统计学的人还成立了最早的统计协会——“表记学社”，后历经改名成为“东京统计协会”，福泽谕吉创立的庆应义塾的众多塾生都是协会的成员。东京统计协会 1883 年创刊了《统计集志》杂志，刊登了诸多年鉴相关文章。上述这些举措极大地推动了年鉴编纂的发展。

1878 年前后，一些中央省厅及地方政府也相继开始编纂类似的政表、年鉴。前文曾提到日本陆军省至迟从 1876 开始编纂《共武政表》，该政表也是持续编纂多年，每年编纂一部。陆军省仿照政表课的模式，先制定好调查条目，然后下达给需要提供资料的省厅及地方政府，再由陆军省根据汇集的资料编纂政表，完成的政表下发军队各机构做资料参考。1883 年，日本内务省向各府县下达了“府县统计书样式”，全国各府县相继开始编纂统一样式的府县级统计书，统计书内容包含 25 大类，涉及人口、产业、文化等各方面，类似于地方的政表。当时编纂的各类政表、年鉴为后世留存了许多宝贵资料。

纵观 1890 年以前日本的年鉴编纂，仍是以官修为主，且以统计类年鉴、政治年鉴居多，民间年鉴编纂尚处于起步状态。1889 年《大日本帝国宪法》颁布前夕，荒井泰治个人编写了《日本政治年鉴》（第 1 回），他在第 1 回的序言中说：“立宪政下之臣民，若要利用参政之权报答国家，必须要了解法制、经济，咀嚼其要领，并熟察内外之形势。引进泰西各国政治之书不啻汗牛充栋，然全无统计报告类月刊、年刊等政治家参照之材料。今我国运日进，法律、经济类书极多，虽难称完备，但亦不算不成体系。但唯独可窥察彼内外形势之统计报告类，除官省公开刊行者外，世间极缺此类书，此岂非盛世之一缺典、立宪国之憾事乎？予窃惜之。[①]”

荒井的叙述可体现出 1890 年前后日本民间统计、年鉴类书籍非常缺乏，认识到统计年鉴重要性的人亦不多。再加上当时围绕立宪政府内有激烈政治斗争及政府对自由民权运动的抑制，带有一定政治性的年鉴编纂也受影响而被压制。荒井陈述编写年鉴的目的是“供世之有志于政治之士君子参照”。他同时也提到当时“惟恨方今统计之道未开，调查不速，原材料收集之法未得充分便利”。[②] 以个人之力量编纂年鉴，工作量十分庞大，且材料来源、出版资金等也无法保障，《日本政治年鉴》只出了两

---

① 荒井泰治：《日本政治年鉴》（第 1 回）“绪言”，金港堂，1889 年。

② 荒井泰治：《日本政治年鉴》（第 1 回）“绪言”。

年就停刊了。这也反映了凭借个人力量编写年鉴并不现实。

三、20 世纪 20—30 年代前后日本年鉴编纂的飞速发展

日本民间年鉴编纂真正发展起来是在第一次世界大战后。经过 20 世纪初的经济繁荣，日本出版、新闻报刊业有了飞跃式发展，年鉴编纂亦随之发展。日本政府除统计局主持编修《日本帝国统计年鉴》外，各省厅及大部分地方政府均开始编纂年鉴，如《新潟县年鉴》等。地方年鉴在体例上与《日本帝国统计年鉴》类似。这一时期，日本民间机构编纂出版的年鉴亦迅速增多，众多领域留下了高质量年鉴。其中，最值得瞩目的是各大报社编纂的年鉴。如时事新报社 1918 年开始出版《时势年鉴》；每日新闻社 1920 年开始出版《每日年鉴》；东京经济新报社 1923 年开始出版《株式会社年鉴》，后陆续出版各种经济类统计年鉴；朝日新闻社 1925 开始出版《朝日年鉴》等。

出版《时事年鉴》的时事新报社是在福泽谕吉主持下创刊的，目的是以报刊促开民众智识。《时事年鉴》最早的封面即刊有“紧要诸智识之渊泉、最近各种统计、日常实用百科全书”的字样，既是对年鉴的宣传，亦表达了创办目的及年鉴刊载的主要内容。《时事年鉴》的条目大致包括：时事新报略史、宪法、皇室、土地人口、政治、国防、外交、财政、经济、社寺及教育、裁判及行刑、警察、社会事业、卫生、家庭诸知识、艺术、运动竞技、地方、属领、世界列国等项。① 从内容看，与早期民间编纂的年鉴相比，已非常复杂、齐全。在内容书写上采取简短叙事加统计图表的方式，因是报社编集，在叙事风格方面新闻色彩比较浓厚。1925 年开始出版的朝日新闻社编纂的《朝日年鉴》比《时事年鉴》内容又有所增加，如加入了当年日历、计量单位比较表、年度重大事件照片、年度大事、出版前 1—2 年国内略史，以及重要都市、各道府县简况等，后来又加入了殖民地、列国国势、中华民国等项目。1933 年出版的《朝日年鉴》中刊载的内容就接近 50 大项，该年还专门添加了总计 35 页的附录《满洲国大观》。② 这些报社编纂出版的年鉴属于综合性年鉴，甚至兼具百科年鉴的色彩，与政府编纂的统计年鉴相比，文字性内容更多，统计数据相对较少，可读性强，在民间受众更广。各大报社出版的综合年鉴在具体条目上虽有差异，但在体例上比较接近。

---

① 参见时事新报社编:《时事年鉴》(昭和 3 年版)，时事新报社，1936 年。

② 朝日新闻社编:《朝日年鉴》(昭和 8 年版)，朝日新闻社，1933 年。

这一时期，除综合性年鉴外，还有非常多由民间企事业团体编纂的专业年鉴开始发行。如劳动年鉴、宗教类年鉴、美术类年鉴等。

专业年鉴中，法政大学大原社会问题研究所编纂的《日本劳动年鉴》非常有特点，今天看来资料价值也很高，且从1920年至今，一直未间断出版。1920年版的《日本劳动年鉴》刊载的条目包括21大项，分别是：劳动争议、劳动保护问题、福利增进措施、劳动保险及职工储蓄、劳动条件、失业问题、劳动组合、劳动运动、社会主义运动、俸给者生活问题、妇人职业问题、农村问题、劳动者的教育问题、劳动移民问题、国际劳动问题、生活费问题、住宅问题、各种社会现象、当局者及资本家方关于劳动问题的意见、当局者的调查、官私社劳动问题解决策。[①] 其中的劳动争议一项，是按月份逐次汇总各地的劳动争议，内容非常丰富。劳动移民问题、妇人职业问题、官方及资方的意见和态度等项目的设置，很有前瞻性。年鉴创刊反映了日本资本主义发展到一定阶段后，伴随工人阶级人数增加、力量逐渐增强，权利意识开始觉醒。同时，也反映了20世纪20年代日本社会问题频发的社会状况。

1920年版《日本劳动年鉴》序言中称："社会问题不是今天才有，但最近此问题确实成倍增加。""最近社会问题的核心事项是劳动问题，且此类劳动问题在我国自去年以来加速发展起来，大正八年是我国劳动运动史上划时代的一年。不用说，1919年也是国际社会上值得纪念的重要事项非常多的一年，但在我国，从国民的社会生活及民众的文化生活方面来说，这应该是打开了新纪元的一年。可以看到国民要求充实自身生活的运动确是自此年开始，'现在我们所生活的社会是为国民全体而存在，不应是只顾及特权阶级利益的社会'这种劳动者的自觉是自此年开始产生，劳动者产生"真正从事生产的人绝无不断被不安所袭的道理"的想法也是自此年开始，劳动阶级大声疾呼成立劳动组合的必要性也自此年开始，一些有组织的劳动争议也自此年开始。"

此处引用的长文，鲜明地体现了年鉴编纂出版的社会背景及创刊目的。同一时期，大原社会问题研究所还创刊了《日本社会事业年鉴》及《日本社会卫生年鉴》，成为日本研究和关注社会问题的一个重要机构。

除上述年鉴外，当时一些新兴产业的相关年鉴也开始出版。例如，日本无线电广播最初产生于1925年，该年日本第一个开展广播业务的社团法人东京广播局创立，

---

① 参见大原社会问题研究所编：《日本劳动年鉴》（大正9年），同人社书店，1920年。

1926年日本广播协会创立。1931年2月日本广播协会就开始发行《日本广播年鉴》（《ラヂオ年鑑》），即《NHK年鉴》前身，1954年改为《NHK年鉴》。再如，东洋经济新报社1922年开始出版的《株式会社年鉴》等，都是对新生事物做出的迅速反应。《株式会社年鉴》1922年版的调查项目包括：交易所、纺织会社、制糖会社、制粉会社、麦酒会社、船舶会社、铁道及轨道会社、矿业及制炼会社、造船会社、制作工业会社、窑业会社、制纸会社、肥料会社、化学工业会社、电灯电力及瓦斯会社、银行、保险会社、杂会社等诸项。[①] 通过该年鉴可窥见当时日本主要的经济行业及大规模企业的发展状况。另外，20世纪20—30年代，日本国内创刊和出版的专门统计化学、铁路、矿山等状况的年鉴也很多，且实用性强。

1911年，日本美术年鉴编纂部编写的《日本美术年鉴》（第1卷）由画报社发行，该年鉴第1卷绪言中表明编纂目的是为了整体把握美术界发展的趋势。[②] 第1卷收录内容包括：明治四十三年美术界一年史、美术展览会、官职员、美术审查委员会、教育机关、美术馆、古社寺保存及国宝、团体、美术界人物、美术相关言论、美术出版物、统计。另外，还附有日本美术年表、日本美术家名单等附录。由这一年鉴内容确实可了解当时美术领域发展概况，但这部年鉴因资金筹措、资料收集等方面的困难，仅出版到第三卷就停刊了。1927年朝日新闻社也开始出版《日本美术年鉴》，该年鉴加入了大量当年在美术展览上展出的美术品图片，刊载项目也增多并细化，如加入了建筑界、古美术等项目。该年鉴刊行至1933年版后停刊。另外，其他机构也有少量美术类年鉴出版。只是此类年鉴受众面窄，实用性不强，若没有专门的研究机构及雄厚的资金支持，很难维持。

20世纪20—30年代是日本年鉴编纂急剧发展的时期。所出版的年鉴种类多，涉及领域广；年鉴编辑技术、资料收集手段等都有了长足进步。研究机构、人报社、财团企业、行业协会等因有雄厚财力、稳定的资料收集渠道，具备编纂年鉴的条件，再加上看到有较强的社会需求，纷纷开始编纂年鉴。这一时期日本国内编纂的年鉴质量较高，社会流通较广。而受众面较小的艺术类年鉴等，单纯依靠个人编纂、出版盈利来维持还是非常困难的。

---

① 东洋经济新报社编：《东洋经济株式会社年鉴》（第1回），东洋经济新报社，1922年。

② 参见日本美术年鉴编纂部编：《日本美术年鉴》"绪言"，画报社，1911年。

四、结语

近代日本的年鉴编纂在产生及发展之初主要是借鉴西方的模式。年鉴编纂产生之初就有很强的功用性及政治性，是应自身政治治理模式日趋复杂化的需要及为了解国内外政情而编制。同时，日本年鉴编纂的发展与日本近代统计学的发展是相辅相成的，日本早期编纂的政表虽与年鉴名称不同，但实质是相近的，只是随着编纂水平的提高，年鉴相比政表条目设置增多，调查手段、统计方法更为科学。日本政府早期编纂的政表、年鉴具有示范意义，也推动了统计学及年鉴编纂领域人才的培养。如前文所述，日本年鉴编纂最早是在政府内部进行，后才在与政府有千丝万缕关联的知识分子推动下逐渐扩展到民间，但直到明治末期，日本民间的年鉴编纂仍处于起步阶段。到 1920 年前后，伴随日本大正时期思想的活跃、一战期间持续的经济景气，特别是新闻出版业的飞速发展，日本民间企业、团体的年鉴编纂才真正发展起来，特别是一些大报社、财团企业、行业协会相继编纂出版各类年鉴，形成了一个年鉴编纂的高峰期。20 世纪 20—30 年代，日本在中国、朝鲜等地的官方、半官方侵略机构、团体编纂出版了大量年鉴，编纂这些年鉴的目的主要是为了收集情报资料，直接或间接服务于日本的对外扩张战略，政治性十分鲜明。

近代日本中央政府、各级地方政府和民间都编纂了大量年鉴，这些年鉴为后世提供了认识日本近代社会的宝贵资料。日本在年鉴编纂中十分注重实地调研及数据的精确性，因此各类年鉴资料价值较高。但我们在使用这些资料时，一定要采取审慎态度，特别是使用日本在本土以外发行的年鉴时，务必要分析年鉴的编纂目的、其中隐含的潜在信息，做到有鉴别地使用。

新加坡年鉴选介
——《新加坡统计年鉴》与《新加坡年鉴》

张　磊

提要：《新加坡统计年鉴》与《新加坡年鉴》是新加坡年鉴的典型代表，这两本年鉴出版历史悠久，且因资料翔实而具有较强的实用性，具有较高的知名度。笔者通过对这两本年鉴介绍分析，以期总结新加坡在年鉴编纂方面的一些方法和特点，给中国年鉴编纂带来一些启示和帮助。

关键词： 新加坡　年鉴　《新加坡统计年鉴》《新加坡年鉴》

年鉴的编纂在东南亚国家中开展的较为缓慢，并呈现出以统计年鉴为主导的特征。目前，东盟10国中印度尼西亚、老挝、马来西亚、菲律宾、新加坡、泰国、越南等7国出版有统计年鉴，文莱、柬埔寨、缅甸目前尚未有相关年鉴出版。在东盟10国中，除了统计年鉴，仅新加坡还出版有其他年鉴，如《新加坡年鉴》《新加坡人力资源统计年鉴》等。因此，笔者以《新加坡统计年鉴》和《新加坡年鉴》为分析对象，以期总结新加坡在年鉴编纂方面的一些方法和特点，给中国年鉴编纂带来一些启示和帮助。

一、《新加坡统计年鉴》——新加坡主要社会人口和经济特征的全面和最新统计记录

"它提供了新加坡主要社会人口和经济特征的全面和最新统计记录。"这是已出版的每本《新加坡统计年鉴》前言必然出现的一句话。《新加坡统计年鉴》是新加坡最

早编纂的年鉴，1965 年新加坡独立，1968 年新加坡统计局开始编纂出版该年鉴，截至 2019 年，共编纂出版 52 卷。

《新加坡统计年鉴》秉承高质量、完整性和专业性的原则，提供富有洞察力的统计数据和可信的统计服务，以支持决策。其编纂原则主要有：（1）专业精神和专业知识。坚持职业道德，不断提升统计能力，以生产符合国际概念和最佳实践的高质量统计。（2）相关性和可靠性。提供用户需要和信任的统计数据。（3）可访问性。通过用户平台随时可使用统计数据。（4）保密性。保护收集的信息的机密性。（5）及时性。在保持数据质量的同时，尽快发布统计数据。（6）创新性。不断寻找方法改进编纂流程，在可行的情况下利用最新技术，提供更好的产品和服务。（7）协作性。让年鉴的受众参与提出数据需求，数据提供者和受访者参与数据供应，并承担国家统计协调的作用。（8）有效性。优化资源利用率，善用行政管理及其他数据来源，以减轻编纂人员的负担。

在以上原则的指导下，《新加坡统计年鉴》自编纂以来，不断改进并丰富内容，并根据发展形势，在适当的时候添加当年热门主题的新数据系列。1968 年的第一卷年鉴仅设 124 个统计表格，到 2008 年表格数量增至 255 个；2009—2013 年连续增多，2013 年达到 270 个。《新加坡统计年鉴（2014）》表格数量比上一年减少 1 个，共 269 个，全书共分 25 章；2015 年卷年鉴新增两个章节，达 27 章，表格数量增至 279 个。近年来，《新加坡统计年鉴》基本保持 27 个章节的架构，表格数据有所减少。

《新加坡统计年鉴（2019）》是第 52 卷，该卷年鉴共 27 章，381 页，包含 275 个表格。27 章的主要内容是气候和空气质量、人口、家庭、劳动力及其生产效率、国民经济核算、国际经济合作核算、投资、科学研究与试验发展、企业、商业实体的成立和终止、农业及畜牧业和渔业、制造业、建筑业和房地产业、服务业、国际贸易、交通、信息通信与媒体、旅游业、金融业、公共财政、物价、教育和文化、医疗卫生、小贩和食品生产销售机构、社区服务、文化和娱乐、其他事项。

《新加坡统计年鉴（2019）》每章的具体内容在有一段总结后，均以表格的形式进行编纂。具体内容见下表。通过年鉴的相关数据，可以全面、系统地了解新加坡的经济、社会、文化、人口等方方面面的信息。该年鉴也成为了解和研究新加坡的重要参考。除《新加坡统计年鉴》外，新加坡还通过一系列电子和移动服务对新加坡进行统计，其中包括新加坡统计局网站、新加坡统计局手机应用等。《新加坡统计年鉴》电子版可以在新加坡统计局网站免费下载使用。

《新加坡统计年鉴》主要内容概况表

表 1

章节	表格数量	主要内容
1. 气候和空气质量	3	气温与日照、相对湿度与降雨量、空气污染水平
2. 人口	19	新加坡人口规模和居住状况、人口出生率、按年龄组别及性别划分的新加坡居民、居民特定年龄生育率、种族和性别分娩率、居民死亡率、第一次结婚和离婚的年龄、离婚率等
3. 家庭	9	按住户人数计算的住户数目、居民户型划分、按居住类型划分的居民家庭平均户数、按租约划分的住户、按住宅类别划分的住户的自置居所率、每个家庭成员每月的工作收入、每个家庭成员每月工作收入占家庭总收入的比例、居民就业家庭基尼系数等
4. 劳动力及其生产效率	24	劳动力、按年龄划分的常住劳动力参与率、按年龄划分的常住男性劳动力参与率、按年龄划分的常住女性劳动力参与率、政府公务员、政府公务员的性别划分、就业服务、多因素生产率：对实际 GDP 增长的贡献、按行业划分的单位劳动力成本指数、按行业划分每名员工的平均每周带薪工作小时数、按行业及职业组别划分的平均每月招聘比率、离职率，工会和会员、劳动关系等
5. 国民经济核算	11	产出、储蓄和投资，按行业划分的本地生产总值、国内生产总值支出、私人消费支出、固定资本总额、国内生产总值的收入构成、按工业类别划分的营业盈余总额、按行业划分的雇员薪酬、其他税收扣除工业生产补贴等
6. 国际经济合作核算	3	国际收支、新加坡国际投资、外债等
7. 投资	6	外商对新加坡直接投资存量、新加坡股票对外直接投资、按区域 / 国家划分的新加坡外商直接投资存量、按地区 / 国家划分新加坡对外直接投资存量、制造业和服务业的投资等
8. 科学研究与试验发展	7	按部门划分的研发机构、按职业及性别划分的研发人力资源、按研究领域划分的研发支出（2017 年）、按成本类别划分的研发支出（2017 年）、按部门划分的研发开支、私营机构研发开支、研发输出等
9. 企业	6	按行业划分的总股本、按行业划分的总资产、按行业划分的股本回报率、按行业划分的资产回报率、按行业划分的公司股本比率、按行业划分的公司当前比率等
10. 商业实体的成立和终止	8	按类别成立所有业务实体、按行业划分的所有业务实体的形成、按行业划分的所有业务实体的终止、按行业划分的公司组成、按行业划分的公司终止、按行业组建的独资企业和合伙企业、按独资经营和合伙经营划分终止的工业企业等
11. 农业、畜牧业和渔业	3	当地产值、牲畜屠宰数量、海鲜供应及批发等
12. 制造业	10	主要生产统计、按行业划分的制造设施、按行业划分的制造业产出、按工业分类的制造业总产值、按行业划分的制造业设施增加值、按行业划分的制造业工人、按行业划分的制造业报酬、工业生产指数制造单位业务成本指数等
13. 建筑业和房地产业	15	私人住宅供应状况、私人住宅的核准、动工及落成事宜，行政单位建设状况、商品房和工业用房状况，商业发展项目的核准、动工及竣工，按部门及发展类别批出的合约、按部门和开发类型认证的进度付款、由房屋及发展委员会建造及出售的住宅单位，按产品类别划分 JTC 已建设施的总分配、回报率、总分配、供应及入住率，JTC 工业用地的总分配、收益、总分配及供应等
14. 服务业	6	主要服务统计数字、零售销售指数、餐饮服务指数、国内批发贸易指数、对外批发贸易指数、服务业业务收入指数等

续表 1

章节	表格数量	主要内容
15. 国际贸易	15	按类别划分的商品贸易、按区域 / 市场划分的商品贸易总额、按地区 / 市场划分的商品进口、按区域 / 市场划分的商品出口、按区域 / 市场划分的本地出口、按区域 / 市场划分的非石油产品国内出口、按商品类别划分的商品进口和出口、按商品分类的国内出口、按商品类别划分的再出口、服务贸易、按服务类别划分的服务出口和进口、主要贸易伙伴的服务出口和进口等
16. 交通	15	海运货物及运输统计、按船型划分的抵港船只数目、按目的抵港船只，民用飞机抵港 / 离港、旅客及邮件，按地区 / 原产国排放的航空货物、按目的地地区 / 国家空运货物、按登船地区 / 国家划分的抵港旅客数目、按离港地区 / 国家划分的航空旅客离港次数、公共道路、按车辆类别划分的机动车辆数目、按 CC 评级计算的汽车数量、汽车的年龄分布、道路交通意外伤亡、公共交通载客量等
17. 信息通信与媒体	4	邮政和电信业务量、信息通信技术产业收入、广播电视传输和付费电视用户、日报发行量等
18. 旅游业	6	按入境旅游市场计算的国际旅客入境人数、按性别及年龄划分的国际入境旅客人数、按逗留时间计算的国际旅客人次、旅游业收入的主要组成部分、新加坡居民出境的主要交通方式、公布的酒店统计数字等
19. 金融业	26	家庭部门资产负债表、货币供应、官方外汇储备、汇率、新加坡金融机构数量、境内银行资产及负债、金融公司的资产和负债、商业银行业务、国内利率、中央公积金供款和提款、新加坡交易所（股票）成交量、寿险基金收支帐、人寿保险基金资产、一般保险基金的保费和理赔、信用卡和签账卡等
20. 公共财政	12	整体财政状况、政府营业收入、按区划分的政府营运开支、按界别划分的政府发展开支、按票据计算的政府债务、到期政府债券、按评估所得组别划分的应纳税个人、按经济领域划分的应税企业等
21. 物价	13	消费物价指数、不同收入阶层家庭消费价格指数、选定消费品价格指数和平均零售价格、国内供应价格指数、新加坡工业品价格指数、进口价格指数、出口价格指数、建筑材料市场价格、房屋及发展委员会转售价格指数、按物业类别划分的私人物业价格指数、按地区划分的非土地私人住宅物业价格指数、按物业类别划分的中区商业物业租金指数等
22. 教育和文化	20	教育机构的注册数量、教育机构学生和教师（2017）、就读政府及政府资助小学的人数、理工文凭课程的注册人数、大学一级学位课程的注册人数、理工文凭课程毕业生（按课程类别划分）、大学一级学位课程毕业生（按课程类别划分）、按课程类别划分的高等学位课程的注册人数、艺术院校招生及毕业生（按课程及级别划分）、技能训练及继续训练项下的训练名额、政府教育开支、平均受教育年限等
23. 医疗卫生	12	卫生设施、医院住院床位数、住院人数、公营机构门诊人数和每天手术次数、注册卫生人员、两岁儿童的免疫接种覆盖率、学童的免疫接种工作、学生体检、学生常见的健康问题等
24. 小贩和食品生产销售机构	2	获得国家环境局牌证的小贩、获得许可的食品企业等
25. 社区服务	8	基层组织、志愿者，幼儿中心的数目、容量及注册人数，幼儿园人数及入学率、照顾计划、高级活动中心、按机构类别及性别划分的安老院舍住户、家庭服务中心等
26. 文化和娱乐	9	电影院、座位及观众人数，国家图书馆理事会图书馆会籍、馆藏及借阅，参观名胜古迹的游客、体育设施、社区俱乐部、由社区会所举办的体育及表演艺术课程、艺术、演艺活动门票销售、艺术及文化团体及公司注册数量等

续表 1

章节	表格数量	主要内容
27. 其他事项	8	水的销售和水价，发电、消费及税收，按能源类别及部门划分的最终能源消耗总额、燃气销售及税收、废物的处理及循环再造、火灾事故、犯罪案件，破产申请、发出的命令及处理的个案数目等

资料来源：《YEARBOOK OF STATISTICS SINGAPORE，2019》

二、《新加坡年鉴》——简约的新加坡百科全书

《新加坡年鉴》于 1998 年开始编纂，由新加坡政府新闻与文艺部和《联合早报》共同出版，2003 年后停止出版。《新加坡年鉴》将自身定位为政府刊物和官方年鉴，“为政府部门、企业机构、研究人员和其他专业人士制作”，服务对象清楚，内容指向明确，信息针对性强。

《新加坡年鉴》小巧精美，16 开本，每卷年鉴均 300 多页，是一本简约的新加坡百科全书。该年鉴内容丰富充实，收录了新加坡各个方面的资料和数据，既有经济、贸易的内容，也有教育、社区的内容；既有新加坡国内政治内容，也有国际关系方面的内容；还有文化艺术和大众传媒的内容。以《新加坡年鉴（2001）》为例，该卷年鉴共 315 页，约 30 万字，约有 160 余幅彩色照片和 80 余幅图表。共设 24 个类目：新加坡 2000 年回顾、得奖、大事、里程碑、历史、地理、人民、政府与政治、国际关系、法律、就业、卫生、环境、大众传媒、国防与内部安全、经济、经济发展、金融与银行业、交通与通讯、住屋与市区重建、社会发展、教育、文化与康乐、旅游、原产品、总附录。

通过以上介绍，可以发现，新加坡两本年鉴的编纂都十分注重简约和实用，年鉴大量运用图表等直观的形式展示相关内容。其中《新加坡统计年鉴》出版及时，具有很强的时效性，且可以免费获得电子版，这给信息化时代背景下我国年鉴的编纂工作提供了良好示范，目前我国年鉴还以纸质版出版和传播为主，中国知网将部分年鉴电子化后提供付费服务，这在一定程度上制约了年鉴功能的发挥和利用效率。因此，我国年鉴也应充分重视电子化转换和网络化传播，通过获得的简易性和服务的公益性，提高年鉴的利用率，使其功能得到充分发挥。

《得克萨斯年鉴》简析

王韧洁

提要:《得克萨斯年鉴》是美国具有代表性的地方综合年鉴，创刊于1857年，至2019年已出版69部。《得克萨斯年鉴》在编写上以规范化简短条目体为主，信息含量大，图表丰富，又以历史资料见长；采用编辑自采为主的组稿方式，借助主办方得克萨斯州历史协会的整体优势，开展有效推广；建有融年鉴资源和得州地情资源的独立网站，开发完善。这些方面，尤其是在编纂观上，对中国年鉴具有启发意义。

关键词: 国外年鉴　地方综合年鉴　得克萨斯

美国年鉴的质量与产业发展一直处在世界前列，迄今为止，中国学者对其所知略多的是著名的综合年鉴《世界年鉴》和专业年鉴《老农夫年鉴》等，而对于美国的地方综合年鉴则鲜有研究。《得克萨斯年鉴》是一部具有上百年历史的地方综合年鉴，至今仍是了解得克萨斯州全面情况的首要参考书。因此，有必要对其具体情形及特点展开探究，为地方综合年鉴的比较打开国际视域，在编纂、组织、利用等问题的认识和借鉴上形成进一步推进。

一、《得克萨斯年鉴》发展概况

（一）1857—1873 年："19 世纪版本"时期

美国的《得克萨斯年鉴》创刊于 1857 年 1 月，时名"*The Texas Almanac for 1857*"，由加尔维斯顿新闻社（The Galveston News）出版。该新闻社的上一级出版商贝洛公司（A.H.Belo Corporation）成立于 1842 年，是得克萨斯州最古老的持续经营的媒体公司，在全国范围拥有多家报纸和电视广播。这个时期的《得克萨斯年鉴》采用出版年为卷号，里面的日历相关内容为出版年当年信息，其他内容的时间范围以出版年的上一年为主，也包括之前的历史信息。内容集中在州历史和州政府的工作上，包括许多关于革命、共和国早期和国家地位的记述，体量为二三百页。只有在 1862—1865 年间，受美国南北战争影响，年鉴缩减为从 48 页到 64 页不等的小册子，1866 年停刊一年。1867 年，《得克萨斯年鉴》于战后在加尔维斯顿重新出版。

1869 年，年鉴更名为《得克萨斯年鉴 1869 和得克萨斯州移民指南》（*The Texas Almanac for 1869 and Emigrant's Guide to Texas*），反映了当时得州吸引移民的时代特点。

1873 年的《得克萨斯年鉴》是最后一个 19 世纪版本，此后，由于出版商的去世，加尔维斯顿报社停止对年鉴的出版。

（二）1904—1937 年：数次中断期

1885 年，加尔维斯顿新闻社派乔治·班纳曼·德雷（George Bannerman Dealey）前往达拉斯创建分公司。德雷认为，年鉴将是一种促进州经济发展的方式，于是在 1904 年，由德雷创办的达拉斯晨报社（Dallas Morning News）恢复出版州年鉴，并将名称改为《1904 年得克萨斯年鉴和州工业指南》（*Texas Almanac and State Industrial Guide for 1904*）。

此后，随着世界整体环境的变化，年鉴不断经受中断。1905—1909 年间停刊。1915—1924 年间，1913 年停刊一年，受第一次世界大战影响再次停刊。1925—1929 年，达拉斯晨报社恢复每年出版年鉴，但在 1929 年之后，受大萧条影响，改为大体两年出版一卷。

这一时期的年鉴，在内容上突出了当时得克萨斯地区资本主义工业发展的显著特点，并在书名中直接得以体现。其体量基本保持在 400 页左右。

（三）1939—2007 年：两年卷本时期

1939 年，《得克萨斯年鉴》的书名里第一次出现两个年份——《1939—1940 年得克萨斯年鉴和州工业指南》（*Texas Almanac and State Industrial Guide for 1939—1940*），即两年一卷的出版周期正式在书名中反映出来，体量增加到六七百页，出版回归稳定。

到 1950 年，《得克萨斯年鉴》已成为一本关于得克萨斯地区政治、经济、资源、历史、政府、人口和其他主题的百科性参考书。1954 年，年鉴更名为《得克萨斯年鉴 1954—1955》（*Texas Almanac 1954—1955*），这一命名方式一直沿用至今。

2006 年，南卫理公会大学（Southern Methodist University，SMU）出版了《得克萨斯年鉴 2006—2007》，这是 1936 年年鉴百年限量版的再版，以纪念得克萨斯独立 100 周年。此后，《得克萨斯年鉴》也结束了长达 150 年的贝洛公司出版阶段。

（四）2008 年至今：历史协会时期

2008 年 5 月，得克萨斯州历史协会（Texas State Historical Association）从贝洛公司手中收购了《得克萨斯年鉴》，开启了《得克萨斯年鉴》发展史上的新纪元。

得克萨斯州历史协会成立于 1897 年 3 月，是一个非营利的教育组织，致力于发现、收集、保存和出版得克萨斯州的历史资料，被视为美国最具活力的地区历史组织之一，也是得克萨斯州史上运行时间最长的书籍出版商之一。除《得克萨斯年鉴》之外，协会旗下出版有《西南历史季刊》（*Southwestern Historical Quarterly*）、《得克萨斯州手册》（*Handbook of Texas*）、《今日的得克萨斯州：五百年历史》（*Texas on this Day: 500 Years of History*）等百余种书籍。

新时期的《得克萨斯年鉴》仍然保持两年一卷，在卷号年份的前一年 11 月左右出版。如《得克萨斯年鉴 2018—2019》，是在 2017 年 11 月出版。年鉴的内容更加丰富，印制更加精美，涵盖得克萨斯州的历史、天气、政治、经济、资源、文化、教育、娱乐、艺术、体育和其他各类主题的信息，体量在 700 余页，被誉为知晓得克萨斯州一切的首选参考指南。至 2019 年，《得克萨斯年鉴》已出版 69 部。

二、《得克萨斯年鉴》编写特点

缕析近年来的《得克萨斯年鉴》，对其编写特点做以下归结。

（一）框架

《得克萨斯年鉴》的框架是不断发展变化的，包括增减的变化和顺序的变化。总体来看，日历类是一直保持存在并排在前面的类目。同多数国外年鉴一样，《得克萨斯年鉴》的框架也并不完全在目录中呈现。直到 2004—2005 年卷，目录的体量才从一页扩展到两页，类目名称是完整且有字体区分的，分目名和条目（或文章）名则是选择性刊登。

得州历史协会所出版的《得克萨斯年鉴》的框架基本保持稳定，大体分为三个层次：类目、分目、条目或文章，有的部分为四个层次：类目、分目、次分目、条目或文章，层级的选用依具体内容而定。2018—2019 年卷共 24 个类目，依次为：各州简介、州旗与标志、历史、环境、天气、天文历、娱乐、运动、得克萨斯州各县、各县折页地图、人口、选举、政府、州政府、地方政府、联邦政府、得克萨斯州犯罪活动、文化与艺术、健康与科学、教育、商业、交通、农业、附录。可以看出，年鉴的框架排序既有一定的内在逻辑关系，也有个性化特色。将历史、天气、日历放在前面，是年鉴作为知晓得州历史必备书和历书遗留的本位体现，将娱乐和运动放在紧随其后且靠前位置，则是满足读者关注度的安排，这种框架设计，亦是国外年鉴框架的主流类型之一。

（二）体例

《得克萨斯年鉴》以条目体为主，间有文章体。国外年鉴的条目长短不一，形式自由，比较而言，《得克萨斯年鉴》的条目属于较为简短且整体形式规整的类型，以介绍基本情况或知识的资料性条目为主、叙述事件的条目为辅，语言平实，没有过多形容。

首先，条目的标题都比较简短，多数为一个单词或词组，至长为一个短语。如“娱乐”类目中介绍公园的条目，直接以各公园的名字为条目标题；“农业”类目中的条目以“棉花、水稻、洋葱”等词为标题。条目的释文内容也同样简洁，以 300 字以内的居多，少则只有数个字。这里面还出现了一种最简化的条目结构，内容只写信息要素，不成句子。如“娱乐”类目下“集市、节日和特殊活动”分目中的条目，仅由集市、节日或活动名称，时间，地点，邮编，网址，起始年份几个要素组成，将信息点最大化提炼罗列，可以看作是一种“清单式”的条目。

其次，不同的类目会依据内容特点采用不同的条目排序方式，有按时间、字母、主次、其他逻辑等几种顺序。加上双栏排版、字号较小，信息密集度较高，有较强的速览性和检索性。

再次，每个分目下的条目有固定的编写模式，每卷只需替换其中的更新信息，更新量大概占到一半的比例。如“天气”类目下“灾害型天气”分目中的条目，采用“清单式”模块的写法，从1766年至今的所有灾害天气都包含在内，每卷只在最后补充最新两年内的信息；“得克萨斯州各县”类目中，一个分目即为一个县，也是一个便携模块，其下都由该县的“自然特征、经济、历史、种族/民族、人口统计、娱乐、矿业、农业”等相同条目组成，每卷只更新有变化的信息。下表择取部分内容以示对照。

《得克萨斯年鉴》部分条目对照表

表1

卷号	类目	分目	相同条目	更新条目
2016—2017	天气	灾害型天气	1980年10月12—13日：飓风。布朗斯维尔。城市几乎被摧毁，很多人丧生。 2009年4月11日：冰雹。米德兰。在一场严重的风暴中，高尔夫球大小的冰雹对房屋和车辆造成了巨大的破坏，损失约有1.6亿美元。一名女子在家中的餐厅被破窗而入的冰雹块接连打到腹部。	2014年10月30—31日：洪水。特拉维斯县。特拉维斯县的降水量有6至10英寸，温伯利附近的降水量超过了一英尺。在橡树山附近，有4人死亡并造成了1亿美元的财产损失。
2018—2019				2016年3月23日：冰雹。中北部。强烈的暴风雨沿着干线蔓延，涌向35号洲际公路。破坏性的风、冰雹和一次龙卷风造成了35亿美元的损失。
2016—2017	得克萨斯州各县	安德森县	自然特征：森林覆盖，多丘陵的得克萨斯州东部县，坡底为三合一河和内奇斯河；巴勒斯坦湖；沙子、粘土、黑土、松木、硬木。 经济：制造、商品分销、综合农业、旅游；狩猎和渔业租赁；监狱。	人口统计：年度统计，出生571；死亡669；结婚370；离婚96。
2018—2019				人口统计：年度统计，出生564；死亡618；结婚407；离婚121。

《得克萨斯年鉴》中的文章以记叙文为主，文风生动，多有形容，可读性很强；以议论文为辅，具有一定的考察研究性。年鉴的每一卷都设有一个主题，配合主题，会特别刊登数篇主题专文，设置在相关类目下的最前面，作为当年年鉴的特色卖点。如2016—2017年卷的主题为得州的美食及葡萄酒业，在“历史”类目的最前面，则刊登有《孤星州烹饪》《得克萨斯州葡萄酒之乡》两篇专题文章；2018—2019年卷的主题为得州的水资源，在“环境”类目的最前面刊登了《得克萨斯州水资源》的专题文章。

（三）文字内容

时间范围宽泛，注重历史资料。《得克萨斯年鉴》在单数年份的 11 月左右出版，以出版年后两年的年份（即使用年）为卷号。其记述内容的时间范围与卷号年份的关系是：只有日历类信息是卷号年份；资讯类、新闻类信息以出版年及其前 2 年为主，即接续上一卷年鉴的下限；其他信息无时间上限，且多包括历史资料。追溯和预测，是国外年鉴中常见甚至是主要的内容，这与中国年鉴在时间范围上的严格规定差别很大。《得克萨斯年鉴》在历史资料方面的体现更为突出，这缘于主办方得克萨斯州历史协会的职责。得克萨斯州历史协会将年鉴定位为了解得州历史的教材之一，因此不但单独设置有“历史”类目，且在其他的 23 个类目中，有 21 个包含历史性信息（没有历史性信息的类目是“天文历”和“选举”）。如“环境”类目中对土壤、水源、森林等的介绍，都会涉及起源与发展变化的情况；“运动”类目中登载有史上所有在得州出生或居住的运动员，以及从得州大学毕业的美国队队员，获得奥运会奖牌的情况列表；“政府”类目中对得州历史上不同的统治时期设立分目进行介绍等等。这种记录方式将地区的发展变化在一本年鉴中就能够集中体现，直接达到了功能定位的目的，并且加强了年鉴信息的纵向深度和前后对比。

地域特征明显。《得克萨斯年鉴》作为一部地方综合年鉴，在多角度展示地域特色方面，做了很好的方法示范。第一，介绍独有事物，如本地象征性的动物、食品、音乐、矿产、农产品等，这是最主要与直接的方式。第二，差异性对比，包括州内对比和州外对比。如在“附录”中列有州内 2300 个地名的不同口语发音；在“州旗与标志”类目中标注了得州各项事业在全美各州的排名；在“健康与科学”类目中记录了美国国家科学院中的得克萨斯人等。这些内容基本都是每卷中的固定信息，可以使读者在看任何一本年鉴时，都能对得克萨斯州的地域特点建立整体认识。

不回避负面信息。国外年鉴对于问题的反映，往往比中国年鉴更加客观和全面，不会过多地进行回避处理，《得克萨斯年鉴》同样如此。如《得克萨斯年鉴》把“得克萨斯州犯罪活动”单独设为一个类目，介绍上一年州内的犯罪情况，并列有 10 年间主要犯罪的历史数据和上一年各县犯罪的具体数据，信息公开程度较大；在前面的“州概况”类目中，登有近年美国非法移民数量最多的 10 个州的数据，明确标出得州的排位；2016—2017 年卷的“环境”类目中，介绍了持续过度放牧对地表植被破坏的状况，而 2018—2019 年卷更是在主题专文中阐释了得州长期存在的水资源短缺问题，并剖析了过度抽取、新建水库不利、公众意识缺乏等人为原因，以及所导致的环境破坏、工业发展受阻等影响，对“负面”的揭示力度较深。

（四）图表

《得克萨斯年鉴》中的图表使用量非常大，几乎每一页都有图片或表格，且制作极为精细、美观。具言之，主要有照片、地图、统计表三类。

在每本年鉴中，照片的数量有300余幅。其中封面是最为重要的照片，每卷年鉴都会配合该卷主题制作一张最具表现力的封图，如2016—2017年卷，为找到与“食物和葡萄酒”主题匹配的理想图，特意请插画艺术家为此进行创作。每个类目的最前面，也有一张属于本类目的封图，突出展现该类目内容的核心点。除此之外的照片，都以随文图的形式编排。最为不同的是，得州历史协会发挥自身优势，在年鉴中附有很多珍贵的历史照片，扩展了信息量。所有随文图的选取都十分讲究，排版灵活，视觉美感很强。

地图的数量有300幅左右，专业程度很高。在形式上，全部为设色彩图，最多的单幅设色达到20余种。多数为小幅随文排版，少数为大幅跨页和折页排版。在内容上，方位图和交通图的数量最多，如在“得克萨斯州各县”类目中，每个县均印有交通图，并在旁边附加一个稍小的该县在得州所处方位的地图，宏观与具体相对应。此外在一本年鉴中，还会配有各种专题地图数十种，如地形图、气候图、自然区域图、地质类型图、陆地资源图、河流图、植被区域图、野生动物保护区图、铁路图、电网图、人口图、国会选区图、联邦司法区划分图、各县银行总资产图、历史地图等，更有细致到在含水层图之外列出小含水层地图；各县总人口中，每种教徒所占的比例的教徒比例图等。多数地图在每卷年鉴中会延续出现。

统计表的数量有200个左右，数据密集度非常高。《得克萨斯年鉴》的统计表并不是附带性、辅助性的成分，而是年鉴内容的重要组成部分，这主要以两种形式体现。一为条目内容之中的随文统计表，这类表格的体量很小，一般只有两至三列、数行，在一页中能排下多个这样的表格，版面利用率很高。如2018—2019年卷“娱乐”类目下“许可证和狩猎收获”分目中的“执照和收入”条目，先用文字记述2012—2014年狩猎和捕鱼季执照和收入的数据，以及2014—2016年增长的情况，随后用统计表展示2014—2016年具体的执照数字和收入数字，二者合为一条完整内容。二为一个分目或条目下的主体支撑，来替代文字性表述。这类统计表的体量较大，多至跨数页，项目丰富，每卷设置相同。如“健康和科学”类目下的7个分目中，有6个都是由数量不一的统计表作为内容主体；“体育”类目下“高中锦标赛”分目中每个条目的内容，即是一个统计表，省去文字。如此大量使用统计表也是国外年鉴中常见的编纂方式之一，其目的是最大限度地充斥信息量，增强便览性。

（五）检索

《得克萨斯年鉴》的索引编排较为分散，共有总索引、表格索引、地图索引、广告索引4种。

总索引位于全书的最后，每卷保持在35页左右，按字母顺序排列。有些涉及内容较多的索引词下设二级索引，可供更具体的检索。如盎格鲁人一词下分为起源、药物治疗、19世纪早期移民到得州、预期寿命等二级检索词。

表格索引在目录之后，共2页，按类目划分，以页码顺序排列，所有表格均包含在内。地图索引在表格索引之后，共1页，与表格索引的排列方式相同，除对各县地图总括为一条索引没有展开之外，其他地图均分别成条。广告索引在总索引之前，所占篇幅很小。

三、《得克萨斯年鉴》组织运营

（一）组稿方式

《得克萨斯年鉴》有两名全职编辑和两名兼职编辑，专职编辑负责查找年鉴中大约占一半比例的需要更新的内容，兼职编辑担任助理。年鉴中的内容大部分来自于政府部门，但与中国年鉴的组稿方式不同的是，这些来源于政府的信息并不是由政府人员提供，而是依靠美国政府信息公开度高的便利，由编辑自己完成查找。《得克萨斯年鉴》的专职编辑长期从事该项工作，又有长久的年鉴存在的程式借鉴，因此能够非常明确地知道在哪里和什么时候可以找到需要更新的大部分信息。政府之外，大学或行业协会也是《得克萨斯年鉴》的信息来源，这部分信息主要由相关人员直接提供，也有少部分是编辑自采。以下列出2018—2019年卷中部分信息的来源，作直观说明。

《得克萨斯年鉴》部分信息来源一览

表 2

类目	分目	来源
州旗与标志	所有	奥斯汀得克萨斯州图书馆和档案馆
历史	得克萨斯州历史简介	年鉴副主编在前编辑所作《得克萨斯州简史》基础上编辑扩展而成
环境	自然区	得克萨斯州立大学地理教授撰稿
	得克萨斯州地质	得克萨斯大学奥斯汀分校经济地质局
	得克萨斯州土壤	得克萨斯州坦普尔美国农业部自然资源保护局
环境	得克萨斯州水资源	得克萨斯水资源开发委员会，美国地质调查局
	人工湖和水库	美国地质调查局，得克萨斯水资源开发委员会，《得克萨斯州新手册》，得克萨斯公园和野生动物协会，美国陆军工程兵团，以前的《得克萨斯年鉴》，各种河流流域管理局，水库网站
	得克萨斯州入海口	得克萨斯州水资源开发委员会
	得克萨斯州植物	得克萨斯农工大学生态系统科学与管理系教授更新
	得克萨斯州国有森林和草原	美国林务局，得克萨斯州林务局，得克萨斯农工大学，相关作者
	得克萨斯州森林资源	得州农林服务局，得州农林大学系统
	得克萨斯州野生动物	得州公园和野生动物部
	得克萨斯州野生动物保护区	美国鱼类和野生动物管理局，美国内政部
	得克萨斯州野生动物管理区	得州公园和野生动物部
天气	除“气象资料”外其他分目	得克萨斯州气候学家撰稿
	气象资料	国家气候数据中心
健康与科学	美国国家科学院的得克萨斯人	国家科学院
	得克萨斯州社区医院	得克萨斯州医院协会
	州心理健康服务	得克萨斯州卫生服务部

（二）宣传和销售

得克萨斯州历史协会在图书的推广运营方面拥有丰富的经验，在《得克萨斯年鉴》的宣传上，主要采取这样几种形式。其一，整体效应。协会以区域历史读物为擅长，出版有知名的《西南历史季刊》《得克萨斯在线手册》等主打产品，积累了相当可观数量的读者。《得克萨斯年鉴》作为其中之一，得到了系列效应产生的合力助推，更有利于知名度的扩散和接受度的提升。其二，赠送。在圣诞节或新年等节日将年鉴作为礼物进行发放，是《得克萨斯年鉴》最有效的宣传方式。另外，协会每年还会向自己的会员赠送年鉴，而年鉴的发放也成为协会招募会员、吸引关注的主要途径，二者形成相互促进的关系。其三，面向图书馆和学校。在得克萨斯州，四年级和七年级的学生需要学习本地的历史，协会通过项目和倡议，为全州的学生和教师提供教学服务，并告诉学生，年鉴是他们应该拥有的一本学习教材。

对于《得克萨斯年鉴》的实际销售情况，尚不掌握全面资料，借助检诸网络，略作叙明。《得克萨斯年鉴》在美国亚马逊网站的销售有两三种形式和价格：平装纸质书 19.95 美元，精装纸质书 25.87 美元，电子书 11.31 美元。2018—2019 年卷在亚马逊畅销书“历书年鉴”类排名第 175、“商业百科全书”类排名第 294，销售评价为 5 颗星，读者的评价主要集中在“易于查找的工具书、吸引人、信息量大、有想要知道的得州的一切、得州人应该拥有的书、能够引发对过去的回忆”等方面。（网站销售情况截至 2019 年 9 月）。在近期，年鉴的销量有所下降，这其中也包括纸质图书整体销量都在减少的原因，年鉴的主办方也在为此计划做更多的工作。

（三）网络开发

《得克萨斯年鉴》建设有独立的网站（https：//texasalmanac.com），在得克萨斯州历史协会的网站上单设有“年鉴”板块，点击也可以进入到年鉴的网站中。得克萨斯年鉴网的观感简单大方，导航栏共分为“生活与文化、政府、工业、环境、历史、城镇数据库、相关链接”7 个板块，每个板块之中是相关的州情介绍，有些介绍也会引用年鉴中的内容或图片，有些数据表支持下载。其中的“城镇数据库”板块是一个地名搜索引擎，可以查询某个地名属于哪个县，并看到该地的最新人口数据、是否存在或被合并、有无行政隶属的变化，以及其他信息的链接。

导航栏的下面是一条非常醒目的年鉴搜索栏，支持对 2008 年以后得克萨斯历史协会时期的年鉴内容进行检索，检索结果以文本形式呈现。再下方为三个并列的板块：一是最新一卷年鉴电子版的免费下载，读者只需留下邮箱地址，就能够收到下载链接。二是“年鉴档案”，存有 2008 年以前，即前 148 年的 62 本《得克萨斯年鉴》，每一页被扫描成 PDF 图片，支持分卷阅览、检索、单页下载、直接打印、传送邮箱和分享到社交网站。其中的检索功能非常完善，输入关键词后，第一显示层级是包含关键词的年鉴，点开之后可以看到该卷年鉴的内容简介和一些档案信息，进而可以看到关键词所在的具体位置，此检索也与上方的检索条构成时间接续。三是“得克萨斯历史琐事”，这是一个关于得州历史的挑战赛在线测试，注册用户分为学生、教师、成年人三组，回答各种主题的相应试题。比赛以月为单位进行三轮，以用时和正确率计分，在网页上显示排名。

除以上主要内容之外，网站上还有历史上的今天、年鉴购买链接、其他书的电子版下载等辅助内容。整体来看，得克萨斯年鉴网是一个以年鉴为核心的综合性地情资源网，网站的内容丰富、设计专业，开放性较强、有互动感和趣味性，使用体验感较好，并兼宣传与营销功能，是一个非常完备的年鉴网站。

四、结语

现今国外的地方综合年鉴远没有中国这样的规模和数量，知名度也逊色于其他种类的国外年鉴，但能够给予中国年鉴的启示仍然是多方面多层次的。这其中包括一些常谈性问题，诸如信息量的扩充、组织形式的转变、开发利用的建设、精美度的提升等等，通过上述内容都能获得有益借鉴。此外再需进一步理解的是，《得克萨斯年鉴》中的史料运用。

以历史资料见长，是《得克萨斯年鉴》显著的特点，这也容易引发与中国年鉴中史学性的比较。中国年鉴将存史作为第一功能，编写的规则是只存不评、不追溯、不展望，只记录不加工，其中价值的提取完全有赖于读者自己。《得克萨斯年鉴》的方法是大量使用历史、展示历史，直接提供前后变化脉络和对比结果，记录与利用同步，使年鉴在成为参考资料的同时，也带上很重的乡土情怀，因此它也可以作为学生认知得州的历史教材。当然，在这样的定位下，《得克萨斯年鉴》的实时衔接并没有其他国外著名年鉴那样快，比如两年出版一本，有些信息在下一卷中并没有更新等，但这并没有影响到其作为“德克萨斯州一切事物的首要参考资料”的地位。换言之，《得克萨斯年鉴》用实践证明了，运用历史资料也是增强年鉴价值的有效途径之一，这应该引触中国年鉴在编纂观上的反思。

Ⅶ

附录

2018—2019 年全国年鉴工作大事记

杨卓轩

2018 年

1 月

1 月 3 日　2018 年河北省地方志工作座谈会在石家庄市召开。

1 月 10 日　海南省委常委、秘书长胡光辉对《海南省史志办关于 2017 年工作总结和 2018 年工作安排的报告》作出批示，对省史志办过去一年的工作予以肯定。

1 月 11—12 日　浙江省各市志办主任会议暨全省市县方志系统“十业十佳”推评会在杭州市召开。

是日　中国国情网开通仪式举行。中国社会科学院院长、党组书记，中指组组长王伟光，中国社会科学院副院长、党组副书记王京清出席。

1 月 13—14 日　中指办组织的“新时代新使命新征程：精品志鉴与地方志编纂创新研讨会”在张家港市召开。

1 月 15 日　山西省副省长贺天才就地方志工作作出批示，指出志鉴“两全目标”是刚性任务、法定职责，要求各级各部门要高度重视，采取得力措施，全力推进，按期保质完成。

1 月 17 日　山西省地方志工作会议在晋中市灵石县召开。

是日　甘肃省地方史志编委会主任会议召开。甘肃省委常委、常务副省长、省地方史志编委会主任黄强出席会议并讲话，要求加快工作进度，树牢精品意识，进一步提高志书编纂质量，精心打磨，精益求精，确保二轮修志任务在2020年前全面完成。

是日 甘肃省地方史志工作会议在兰州市召开。

1月22日 2018年度四川省地方志工作会议在成都市召开。

1月23日 江苏省地方志工作会议在南京市召开。

1月24日 四川省委常委，省政府常务副省长王宁对2017年度四川省地方志工作作批示，要求始终坚守志鉴编纂主业，加强成果创新和运用。

1月25日 辽宁省各市志（史志）办主任会议在丹东市召开。

是日 青海省《政府工作报告》在对2018年重点工作的安排部署中明确提出："加强地方志、参事等建设，推动实现志鉴'两全目标'，更好发挥资政作用。"

1月29日—2月2日 2018年第一期全国地方志工作机构新任负责人培训班在嘉兴市举办。

1月30日 上海市志办印发《上海市年鉴事业发展规划（2017—2020年）》。

是日 青岛市2017年区市史志工作总结会召开。

2月

2月2日 2018年河北省地方志机构主任工作会议在石家庄市召开。

是日 2018年安徽省地方志工作会议在合肥市召开。

是日 厦门市2018年全市地方志机构主任会议召开。

2月6日 河南省地方史志机构主任工作会议在郑州市召开。

是日 贵州省地方志工作会议在贵阳市召开。

2月27日 山东省副省长孙继业到山东省史志办调研并对史志工作作出批示，指出要抓住重点力求突破，确保"三全目标"任务如期完成。

2月28日 新疆维吾尔自治区全区地方志机构主任工作会议召开。

是月 广东省志办印发《关于印发〈广东省年鉴质量评价办法〉的通知》。

3月

3月1日 天津市市长张国清签发第3号市政府令，发布《天津市地方志工作办法》，自4月1日起施行。

是日 上海市政府办公厅印发2018年市政府规章立法工作计划，《上海市实施〈地方志工作条例〉办法》被列为24项立法后评估项目之一。

3月6日 2018年福建省地方志机构主任会议召开。福建省副省长杨贤金出席会议并讲话，肯定了过去一年全省地方志工作取得的成效。

3月7日 吉林省地方志工作机构主任会议（2018）在长春市召开。

3月9日 湖南省地方志编委会印发《关于颁发“湖南方志工作荣誉奖”的通知》。

3月13日 湖南省地方志编委会印发《关于做好2018年度全省年鉴工作的通知》。

是日 广西壮族自治区地方志机构主任工作会议召开。自治区副主席黄俊华出席会议并讲话，肯定广西地方志工作取得的成绩。

是日 成都市2018年度全市地方志工作会议暨全市地方志系统业务培训会召开。

3月20日 杭州市地方志机构主任会议召开。

3月21日 京津冀地方志部门联席会议在北京市召开。

是日 江苏省政府办公厅印发《省政府2018年度十大主要任务百项重点工作》，明确地方志和年鉴年度目标。

3月23日 中指组印发《〈全国地方志优秀成果（年鉴类）评审活动实施方案〉的通知》。

3月26日 中指组“两全目标”督查小组下发《关于实行“两全目标”工作进度季通报制度的通知》。

是日 青海省第一次全省市州地方志工作机构主任会议召开。

3月27日 黑龙江省政府召开全省第十次地方志工作会议。

是月 浙江省副省长成岳冲就中指组印发的《关于实行“两全目标”工作进度季通报制度的通知》作出批示。

是月 广东省志办印发《关于开展2018年全省年鉴质量评价工作的通知》。

4月

4月12日 吉林省地方志编委会修订印发《吉林省地方综合年鉴编纂规范》。

是日 江苏省清江浦区志办编纂的《清江浦年鉴（2017）》由方志出版社创刊出版。

4月13日 2018年北京市地方志工作会议在北京市召开。

4月19日 山西省副省长曲孝丽就山西省志办呈报《关于奋力推进全省志鉴“两全目标”按期保质完成的请示》作出批示，指出要继续加大指导、督办力度，不断推进“两全目标”达成的进度。

4月20日 云南省政府秘书长杨杰对省地方志工作作出批示，指出要按时保质实现“两全目标”，不断推动云南省地方志事业发展再上新台阶。

4月23日 山西省省长楼阳生就山西省志办呈报《关于奋力推进全省志鉴“两全目标”按期保质完成的请示》作出批示，指出继续开展下步工作措施，抓好落实。

5月

5月2日 江苏省省长吴政隆对审议《江苏省地方志工作条例（草案）》发表讲话。

是日 广西壮族自治区副主席黄俊华对《关于全区“两全目标”完成情况及〈广西抗日战争志〉篇目框架制定情况的报告》作出批示。

5月3—4日 中国年鉴精品工程2018年卷申报年鉴篇目研讨会在马鞍山市召开。

5月9日 青岛市年鉴业务工作座谈会召开。

5月14日 山东省副省长孙继业对《关于2018年第一季度全国第二轮省市县三级志书和综合年鉴全覆盖完成情况的通报》作出批示。

5月15日 中指办印发《关于公布第二批入选中国年鉴精品工程中国精品年鉴的通知》，共5部年鉴入选，即《山西年鉴（2017）》《南京年鉴（2017）》《辽源年鉴（2017）》《北京海淀年鉴（2017）》《海安年鉴（2017）》。

5月16—17日 2018年江苏省地方综合年鉴培训班在南京市溧水区举办。

5月25日 江苏省志办印发《关于贯彻落实省领导批示精神确保“两全目标”圆满完成的通知》。

是月 南京市鼓楼区志办编纂的《鼓楼微鉴（2018）》由南京出版社创刊出版。

6月

6月5—8日 2018年福建省地方综合年鉴主编培训班在晋江市举办。

6月8日 四川省委常委、省政府常务副省长王宁对《中指组关于2018年第一季度全国第二轮省市县三级志书和综合年鉴全覆盖完成情况的通报》作出批示，要求安排好志鉴编纂进度，有序有效加以推动。

6月15日 甘肃省史志办印发《甘肃省史志办公室关于加快市县地方综合年鉴编辑工作进度 尽快实现一年一鉴连续公开出版目标的通知》。

6月26日 吉林省地方志编委会发布《关于印发吉林省地方志专家库专家名单的通知》。

7月

7月4日 青海省政府办公厅印发《关于加快推进全省地方志编纂“两全目标”工作的通知》。

7月11—14日 湖南省2018年度全省年鉴业务培训班在长沙市举办。

7月18日 广西地方志系统2018年年中工作会议在钟山县召开。

7月18—19日 吉林省2018年度年鉴编纂业务培训班在桦甸市举办。

7月19日 江苏省人大教科文卫委、法工委一行到苏州市开展《江苏省地方志工作条例（草案）》立法调研。

7月25—28日 第三期全国年鉴主编培训班暨第五届全国地方志优秀成果（年鉴类）评审系列会议在上饶市举行。

8月

8月9日 重庆市副市长屈谦对《关于2018年第二季度全国第二轮省市县三级志书和综合年鉴全覆盖完成情况的通报》作出批示。

8月10日 海南省委常委、秘书长胡光辉对《全国地方志系统“两全目标”工作推进会暨援藏援疆工作座谈会会议精神及贯彻落实意见》作出批示。

8月16日 湖南省副省长吴桂英对中指组《关于2018年第二季度全国第二轮省市县三级志书和综合年鉴全覆盖完成情况的通报》作出批示。

是日 云南省政府办公厅印发《关于加快推进地方志编纂工作确保完成两全目标的通知》。

8月21日 四川省委常委、常务副省长王宁听取四川省志办工作汇报并作出指示，指出要切实抓好“两全目标”工作的落实，确保按时全面完成国家规定的编纂任务。

8 月 22—23 日 2018 年福建省地方综合年鉴编辑培训班在长汀县举办。

8 月 23 日 吉林省全省志鉴业务培训暨专家学术报告会举办。

是月 河北省献县志办编纂的《献县年鉴（2017）》由河北人民出版社创刊出版。

9 月

9 月 4 日 中国地方志学会年鉴分会印发《关于做好中国地方志学会年鉴分会理事、常务理事人选调整备案工作的函》。

9 月 10 日 中指组印发《关于全国地方志系统支援西藏、新疆地方志工作的意见》。

9 月 11 日 四川省委常委、常务副省长王宁对《中指组关于 2018 年第二季度全国第二轮省市县三级志书和综合年鉴全覆盖完成情况的通报》作出批示。

是日 中指办印发《关于进一步做好民族地区与贫困地区年鉴出版资助工程推进工作的补充通知》。

9 月 14 日 中指组、中国地方志学会印发《关于对第五届全国地方志优秀成果（年鉴类）的通报表扬》。

9 月 17—20 日 西藏自治区 2018 年全区地方志业务培训班在日喀则市举办。

9 月 19—20 日 2018 年全国年鉴研讨会暨中国地方志学会年鉴分会年度会议、第二届全国年鉴论坛在阿克苏市举行。

9 月 20 日 2018 年西北五省（区）暨新疆生产建设兵团地方志工作协作会议在阿克苏市召开。

9 月 21 日 《江苏省地方志工作条例》经江苏省十三届人民代表大会常务委员会第五次会议审议通过，自 2018 年 12 月 1 日起施行。

10 月

10 月 12—13 日 2018 上海年鉴国际学术论坛在上海市举办。

10 月 14—18 日 2018 年第二期全国地方志工作机构新任负责人培训班在北京举行。中国社会科学院副院长、党组副书记王京清出席开班仪式并作主题报告。

10 月 17 日　云南省地方志工作推进电视电话会议召开。副省长李玛琳出席会议。

10 月 23 日　江苏省委常委、常务副省长、省委秘书长樊金龙对贯彻实施《江苏省地方志工作条例》作出批示。

10 月 23—28 日　第一期援疆志鉴编纂业务培训班在五家渠市举办。

11 月

11 月 2 日　河北省地方志机构主任会议在石家庄市召开。

11 月 9 日　青海省第二次全省市州地方志工作机构主任会议召开。

11 月 19 日　重庆市全市地方志工作座谈会召开。

11 月 22—23 日　福建省年鉴研究会 2018 年年会暨学术交流会在浦城县举办。

是日　江苏省人大常委会召开《江苏省地方志工作条例》贯彻实施座谈会，省人大常委会副主任许仲梓出席会议并讲话。

11 月 29—30 日　安徽省年鉴编纂业务培训班在芜湖市举办。

12 月

12 月 5 日　青海省志办印发《关于贯彻落实省委、省政府领导批示精神推动地方志事业发展的通知》。

12 月 14—15 日　2019 年全国省级地方志机构主任工作会议暨第三次全国地方志工作经验交流会议在保定市召开。中国社会科学院院长、党组书记，中指组组长谢伏瞻出席开幕式并讲话。

是月　天津市河东区志办编纂的《天津市河东年鉴（2018）》由天津社会科学院出版社创刊出版。

是月　天津市宁河区志办编纂的《宁河年鉴（2018）》由天津人民出版社创刊出版。

是月　西安市政府主办、市志办编纂的《西安年鉴（2017）》（英文版）由世界图书出版西安有限公司创刊出版。

2019年

1月

1月3日 新疆生产建设兵团志办印发《关于实行兵团“两全目标”工作进度季通报制度的通知》。

1月9日 广东省委办公厅、广东省政府办公厅印发《关于进一步加强新时代地方志工作的通知》。

1月11日 甘肃省地方史志工作会议召开。

1月17—18日 浙江省地方志工作机构主任年度工作会议召开。

1月21日 湖南省地方志编委会印发《关于对全省民族地区和贫困地区县级综合年鉴公开出版予以资助的通知》。

1月21—22日 海南省史志机构主任会议召开。

1月22日 河北省地方志工作机构主任工作会议召开。

1月23日 江西省地方志工作会议暨纪念《江西省实施〈地方志工作条例〉办法》颁行十周年座谈会、全省地方志干部培训班举行。

1月25日 四川省地方志工作会议召开。

1月27日 上海市市长应勇在为上海市第十五届人民代表大会第二次会议所作《政府工作报告》中提出“全面完成第二轮新编志书编纂任务”。

1月27日 青海省省长刘宁在为青海省第十三届人民代表大会第三次会议所作《政府工作报告》中指出“地震气象、史志档案等工作取得新成绩”，提出“坚持依法治志，基本完成志鉴‘两全目标’”。

2月

2月12日 广西壮族自治区副主席黄俊华到自治区志办调研并召开座谈会。

2月14日 云南省副省长李玛琳一行到玉溪市委党史研究和地方志编纂办公室调研督查地方志编纂工作。

2月18日 湖南省地方志编委会印发《关于做好2019年度全省年鉴工作的通知》。

2 月 20—21 日　江苏省地方志工作会议召开。

2 月 25 日　广西壮族自治区地方志工作机构主任工作会议召开。

2 月 26 日　中指办印发《关于公布第三批入选中国年鉴精品工程“中国精品年鉴”的通知》。《山西年鉴（2018）》《扬州年鉴（2018）》《杭州年鉴（2018）》《马鞍山年鉴（2018）》《长沙年鉴（2018）》《楚雄州年鉴（2018）》《北京海淀年鉴（2018）》《长春市宽城年鉴（2018）》《桦甸年鉴（2018）》《晋江年鉴（2018）》10 部年鉴入选第三批中国年鉴精品工程“中国精品年鉴”。

2 月 26 日　新疆地方志工作机构主任工作会议召开。

2 月 28 日　河南省地方史志工作会议召开。

3 月

3 月 6 日　广东省地方志工作会议召开。

3 月 7 日　兵团党委办公厅印发《2019 年兵团督查检查考核计划的通知》，明确“兵团志鉴编纂出版‘两全目标’专项督查”纳入督查事项之中。

3 月 7 日　江苏省委常委、常务副省长樊金龙到省方志馆调研地方志工作。

3 月 20 日　广西壮族自治区志办印发《关于做好〈广西年鉴〉〈广西图鉴〉2019 年卷供稿工作的通知》。

3 月 22 日　重庆市政府副市长屈谦听取地方志工作汇报。

3 月 25 日　河南省政府《政府工作快报》（100 期）刊发题为“省地方史志办公室以优秀文化成果积极助推我省重要文化高地建设”文章。

3 月 28 日　第二届中国地情论坛暨全国地方志“一体两翼”工程成果发布会在北京举行。《中国年鉴发展报告（2018）》在会上发布。

4 月

4 月 1 日　贵州省志办印发《关于做好 2019 年年鉴工作的通知》。

4 月 2 日　江苏省政府办公厅印发《省政府 2019 年度十大主要任务百项重点工作》，要求“扎实做好地方志和年鉴编修工作，交付出版《江苏省志》分（专）志 15 本和市、县（市、区）志 5 部，完成《江苏历代方志全书》2018 年度招标的 80 册出版任务和2019年度50册的招标任务，编纂完成《江苏援藏援疆纪事》，出版省、市、县（市、区）三级地方综合年鉴”。

4月2日 广西壮族自治区志办印发《关于进一步做好综合年鉴全覆盖进度季统计工作的补充通知》。

4月15—19日 中指办主办的全国省级地方志工作机构主要负责人培训班在北京举办。

4月17日 吉林省地方志编委会印发《关于建立地方综合年鉴全覆盖工作月报告制度和联络员制度的通知》。

4月25日 内蒙古自治区政府召开全区地方志工作电视电话会议。

4月28日 四川省政府办公厅印发《关于做好〈四川年鉴〉编纂工作的通知》。

5月

5月7日 中指办印发《关于民族地区与贫困地区年鉴资助工程2018年第二批资助的通知》。《城子河年鉴（2018）》《友好年鉴（2018）》《梨树年鉴（2018）》《西林年鉴（2018）》《五营年鉴（2018）》《汤旺河年鉴（2018）》《叙永年鉴（2018）》《昭觉县年鉴（2018）》《惠农年鉴（2018）》《和田市年鉴（2018）》共10部入选年鉴资助工程2018年第二批资助名单。

5月14日 青海省地方志编纂“两全目标”工作调度会召开。

5月17日 中指组、中国地方志学会印发《第六届全国地方志优秀成果（年鉴类）评审活动实施方案》。

5月18—22日 陕西省志办在浙江大学举办陕西省地方志系统人员综合能力提升培训班。

5月22日 重庆市政府副市长屈谦听取地方志工作汇报。

5月28日 重庆市区县地方志工作机构主要负责人培训班开班式举办。

5月30日 江苏省设区市地方志工作机构主任座谈会召开。

6月

6月4日 江苏省志办印发《市、县（市、区）综合年鉴质量评定办法（暂行）》。

6月10日 浙江省委常委、省委秘书长陈金彪在省志办呈报的《全省地方志工作情况汇报》上作出批示。

6月16日 福建省地方志工作调研座谈会在漳州市召开，中国社会科学院副院长、中指组常务副组长高翔出席并讲话。

6月18日 安徽省地方志工作调研座谈会在合肥市召开，中国社会科学院副院长、中指组常务副组长高翔出席会议并讲话。

6月24—28日 全国民族地区志鉴编纂培训班在西宁市举办。

6月26日 全国地方志工作专题调研座谈会在苏州市召开。中国社会科学院副院长，中国历史研究院院长、党委书记，中指组常务副组长高翔出席会议并讲话，云南省副省长李玛琳出席会议。

7月

7月3日 北京市委书记蔡奇主持召开市委常委会会议，听取全国地方志机构主任工作会议精神以及北京党史和地方志工作汇报。

7月4—5日 山东全省年鉴工作座谈会议召开。

7月4—5日 安徽全省党史和地方志机构主要负责人会议暨全省党史和地方志干部培训班举行。

7月8日 中共山西省委书记骆惠宁主持召开十一届省委第124次常委会议指出，山西是党史资源大省，也是方志资源大省，传承红色基因责任重大，党史方志工作大有作为。各级党委要强化对党史方志工作的领导，为党史方志部门开展工作创造条件。

7月23—24日 中指办、中国地方志学会年鉴分会主办，吉林省地方志编委会承办，吉林市志办协办的中国年鉴精品工程2019年卷申报年鉴篇目研讨会在吉林市召开。

7月23—25日 中指办、中国地方志学会年鉴分会主办，吉林省地方志编委会承办，吉林市志办协办的第四期全国年鉴主编培训班在吉林市举行。

7月23—26日 中指办、中国地方志学会年鉴分会主办，吉林省地方志编委会承办，吉林市志办协办的第六届全国地方志优秀成果（年鉴类）评审系列会议在吉林市召开。

7月30日 四川省委常委、常务副省长王宁对《四川省地方志工作办公室关于

2019年上半年工作总结的报告》作出批示。

8月

8月1日　中共山西省委书记骆惠宁对全省党史方志工作作出批示。

8月7日　甘肃省副省长何伟到省史志办调研指导工作。

8月9日　中国社会科学院院长、党组书记，中指组组长谢伏瞻听取黑龙江省地方志工作汇报并讲话。

8月9日　云南攻坚“两全目标”、振兴方志事业座谈会召开。

8月9—10日　云南省地方志事业发展论坛暨综合业务培训班举办。

8月12日　全国地方志系统精准扶贫工作座谈会暨志鉴出版资助工程成果出版座谈会在泸州市召开。

8月15日　湖北省文化和旅游厅举办全省部分县级综合年鉴业务培训班。

8月16日　广西壮族自治区政府在南宁市召开全区地方志系统年中工作暨志鉴编修“两全目标”推进会。

8月21日　河北省政府办公厅印发《关于加快推进全省完成地方志“两全目标”任务的通知》。

8月22日　中共河南省委书记、省人大常委会主任王国生对地方志工作作出批示，要求全省各级党委、政府认真贯彻习近平总书记“高度重视修史修志”工作的重大要求，关心支持史志工作，切实加强领导指导，推动河南史志工作再上新台阶。

8月22日　陕西省地方志“两全目标”推进工作会召开。

8月25—30日　海南全省方志业务培训班举办。

9月

9月6—12日　中指办主办的2019年第一期全国地方志工作机构新任负责人培训班在山东济宁干部政德教育学院举办。

9月10日　吉林省政府领导在签阅中指导小组《关于2019年第二季度全国第二轮省市县三级志书和综合年鉴全覆盖完成情况的通报》时作出批示。吉林省省长景俊海批示要求，地方志工作做得很好，继续抓好后续工作。吉林省副省长安立佳批示指出，近年来，省地方志编委会积极主动，工作扎实，在历次中指组“两全目标”完成情况通报中，位居全国前列，应给予充分肯定。望再接再厉，再续佳绩。

9月16日 吉林省地方志编委会印发《全省2019年卷地方综合年鉴编纂情况通报》。

9月27日 广州市委办公厅、市政府办公厅联合印发《广州史志工作规划（2019—2022）》。

9月23日 山西省党史方志工作会议在太原召开。

10月

10月12日 中国社会科学院副院长、中国历史研究院院长、中国地方志指导小组常务副组长高翔到吉林省调研地方志工作，召开吉林省地方志工作座谈会，听取吉林省地方志工作汇报并讲话。

10月13日 河北省志办、中共安徽省委党史研究院（安徽省地方志研究院）主办的第五届冀皖方志理论研讨会在石家庄市召开。

10月13—19日 中指办主办的2019年第二期全国地方志工作机构新任负责人培训班在山东济宁干部政德教育学院举办。

10月13—19日 宁夏回族自治区地方志办公室与复旦大学联合举办“2019年度宁夏地方志业务培训班”。

10月14—18日 山东省全省志鉴业务骨干培训班举办。

10月17—18日 陕西省全省地方志系统综合业务培训会举办。

10月19—20日 中指办主办的中国年鉴精品工程2019年第一次专家评审会议在河南省安阳市召开。

10月22—26日 中指办党组书记高京斋一行4人赴内蒙古自治区调研督查地方志工作，重点督查“两全目标”完成情况。

10月24日 湖南省委常委、宣传部部长张宏森一行9人到省地方志编纂院走访调研，听取工作情况汇报。

10月24—25日 云南省志办开展克期完成“两全目标”工作提醒谈话。

10月28日—11月2日 中指办、中国地方志学会史志期刊分会暨编辑出版分会主办，广西壮族自治区志办承办，桂林市志办、兴安县政府协办的2019年全国地方史志期刊经验交流会议、2019 年全国地方史志期刊暨志鉴编纂编辑培训班在兴安县举办。

10 月 29 日 中指组、中国地方志学会印发《关于对第六届全国地方志优秀成果（年鉴类）的通报表扬》，对 23 部特等年鉴，56 部一等年鉴，73 部二等年鉴，90 部三等年鉴，22 部提名年鉴共 264 部年鉴进行通报表扬。

10 月 30 日 四川省地方志工作办公室、四川省政府督查室联合印发《关于 2019 年 1—9 月地方志工作“两全目标”完成情况的通报》。

10 月 30 日 天津市志鉴业务培训班举办。

11 月

11 月 3—4 日 中指办、中国地方志学会年鉴分会主办，中共山西省委党史研究院（省地方志研究院）承办，晋中市史志研究室协办的 2019 年全国年鉴研讨会暨中国地方志学会年鉴分会年度会议、第三届全国年鉴论坛开幕式在晋中市举行。

11 月 4—6 日 中指办党组书记高京斋一行 4 人赴山西省晋中市、吕梁市调研地方志工作。重点督查“两全目标”攻坚，主要调研地方志资源开发利用、名志编纂等工作。

11 月 4—8 日 湖北省市州县地方志业务工作负责人和新进人员培训班举办。

11 月 7—8 日 2019 南京都市圈城市年鉴工作联席会议在镇江市召开。

11 月 15 日 江苏省省长、省地方志编委会主任吴政隆在省志办报送的关于《江苏年鉴（2018）》荣获全国地方志优秀成果特等年鉴的报告上作出批示：“好。再接再厉。”11 月 19 日，江苏省政府常务副省长、省地方志编纂委员会副主任樊金龙作出批示：“继续努力，地方志各项工作都要以此为目标。”

11 月 15 日 四川省志办印发《关于转发第六届全国地方志优秀成果（年鉴类）评审结果并加强年鉴质量建设工作的通知》。

11 月 19—20 日 内蒙古全区地方志业务培训班举办。

11 月 27 日 中指组、“两全目标”督查小组印发《关于全力做好省市县三级综合年鉴 2020 年卷编纂出版工作的通知》。

11 月 28 日 中指办印发《关于民族地区与贫困地区年鉴资助工程 2019 年第一批资助的通知》。《商都年鉴（2019）》《磴口年鉴（2019）》《安图年鉴（2019）》《遂川年鉴（2019）》《罗田年鉴（2019）》《巴东年鉴（2019）》《英山年鉴（2019）》《咸丰年鉴（2019）》《荥经县年鉴（2019）》《巴宜年鉴（2019）》《尼玛年鉴（2019）》《察雅年鉴（2019）》12 部年鉴入选年鉴资助工程 2019 年第一批资助名单。

11 月 29 日 陕西省各市（区）年鉴工作汇报会议召开。

12 月

12 月 2 日 天津市志办印发《天津市〈地方综合年鉴编纂出版规定〉实施细则》《天津市专业年鉴编纂出版工作规范》。

12 月 6 日 青海省志办召开市州地方志机构主任工作会议。

12 月 10—11 日 中指办主办的中国年鉴精品工程 2019 年第二次专家评审会议在湖南省湘西土家族苗族自治州吉首市召开。

12 月 12 日 内蒙古自治区志办在举办《内蒙古年鉴（2020）》撰稿人员培训班。

12 月 16—20 日 黑龙江全省史志干部培训班举办。

12 月 18—20 日 中指办主办、辽宁省政府办公厅、辽宁省档案馆承办的东北三省及内蒙古自治区志鉴编纂业务培训班在沈阳市举办。

12 月 19—20 日 江苏省乡镇年鉴编纂工作座谈会召开。

12 月 20 日 甘肃省地方史志工作会议召开。

12 月 23—24 日 中指办、中国地方志学会主办，海南省志办协办，儋州市地方志研究室承办的中国地方志学会第六届理事会第二次会议暨全国地方志事业发展规划研讨会在儋州市召开。

12 月 26 日 江西全省设区市地方志办公室主任工作会议召开。

12 月 30 日 2020 年全国省级地方志机构主任工作会议暨全国地方志事业发展规划研讨会在北京召开。中国社会科学院院长、中国地方志指导小组（以下简称中指组）组长谢伏瞻出席会议并讲话，中国社会科学院副院长、中指组常务副组长高翔主持会议开幕式并作总结讲话。

12 月 31 日 山东省副省长孙继业批示：“省地方史志研究院要认真学习贯彻 2020 年全国地方志机构主任工作会议精神，在 2019 年取得显著成绩的基础上，2020 年再接再厉，再创我省地方志工作的新辉煌，更好地服务新时代现代化强省建设。”

2018—2019 年全国年鉴研究论文索引

范锐超

一、综论

地方综合年鉴的基本属性与写作技巧　陈洪毅　《中国年鉴研究》2018 年第 3 期

浅谈地方综合年鉴的基本属性与写作技巧　侯庆凤　《黑龙江史志》2019 年第 9 期

对年鉴定义、属性和特点的认识　詹跃华　《新疆地方志》2019 年第 2 期

浅析地方综合年鉴的权威性　张莉　《重庆地方志》2018 年第 4 期编辑

年鉴：为谁而编　编给谁看　高欣　《中国新闻出版广电报》2019 年 5 月 27 日

年鉴研究中理论观点异同说（上）　朱彩云　《江苏地方志》2018 年第 5 期

年鉴研究中理论观点异同说（下）　朱彩云　《江苏地方志》2018 年第 6 期

凸显时代特色　启示未来发展——以《中国林业年鉴》为例浅析年鉴的时代精神和时代价值　何蕊　王远　《新闻传播》2019 年第 13 期

充分发挥年鉴功能，推动年鉴事业创新发展　潘捷军　《中国年鉴研究》2019 年第 3 期

新时代年鉴的社会服务功能多元化拓展研究　蓝武　《中国年鉴研究》2018 年第 2 期

新时代拓展年鉴社会服务功能刍议——以《沂水年鉴》为例　徐艳　高仲平　《中国年鉴研究》2018 年第 3 期

新时代拓展年鉴社会服务功能刍议　徐艳　《新疆地方志》2018 年第 2 期;《安徽地方志》2018 年第 2 期;《海南史志》2018 年第 6 期

新时代年鉴功能拓展研究初探　付莉　《中国年鉴研究》2018 年第 4 期

融合创新：实现新时代年鉴功能拓展　付莉　《今古大观》2018 年第 3 期

新时代年鉴功能拓展探析　王福忠　《重庆地方志》2018 年第 3 期

试论省级综合年鉴的功能细化问题——28 部省级综合年鉴功能分析　雷卫群　陈晓婧　《中国年鉴研究》2019 年第 4 期

年度时间形态与年鉴功能拓展　吉祥　《江西地方志》2018 年第 6 期

年鉴社会记忆功能中的仪式与话语　刘书峰　《中国年鉴研究》2018 年第 3 期

论学术共同体视角下的学术年鉴功能演化　姜阿平　《中国年鉴研究》2019 年第 4 期

年鉴编纂规范与年鉴学范式的构建　齐迎春　《上海地方志》2018 年第 4 期;《甘肃史志》2018 年第 3 期

对我国年鉴学发展的思考　周旭　《中国年鉴研究》2018 年第 2 期

地方综合年鉴与地方史在地方志学科构建中的地位与作用　齐迎春　《中国年鉴研究》2018 年第 2 期

浅议史、志、鉴内容结构的关系与文献价值　张维　《史志学刊》2019 年第 4 期

年鉴如何更好地为志书编修服务　冯跃民　袁啸马　《浙江方志》2018 年第 6 期

浅析地方综合年鉴与优秀传统文化　郭敏　《山东史志》2018 年第 1 期

论新时代年鉴编纂、出版与文化自信　程立海　《传媒》2019 年第 11 期

地方年鉴收藏中存在的问题及其对策　杨柳　《图书馆界》2018 年第 3 期

年鉴评价的视角与方位　牟国义　《中国年鉴研究》2018 年第 4 期

新中国年鉴 70 年发展思考　冀祥德　《中国年鉴研究》2019 年第 3 期

关于年鉴转型升级的探索与思考　张暖　《中国年鉴研究》2018 年第 1 期

依法保障年鉴事业发展的思考　刘传仁　《中国年鉴研究》2019 年第 2 期

70 年成就斐然，新时代任重道远　孟亚男　《中国年鉴研究》2019 年第 3 期

关于年鉴事业转型升级的几点思考　赵海渊　《史志学刊》2018 年第 1 期

高质量发展：新时代年鉴事业新境界　牟国义　《史志学刊》2019 年第 5 期

论新时代行业年鉴的发展特点　何蕊　邵权熙　《中国年鉴研究》2018 年第 4 期

中国军事年鉴发展的成就与启示　李涛　《中国年鉴研究》2019 年第 3 期

新时代肩负新担当，新征程绘就新蓝图　冀祥德　《中国年鉴研究》2018 年第 1 期

新时代·新机遇·新作为　孟亚男　《中国年鉴研究》2018 年第 1 期

坚持走中国特色的年鉴发展之路　牟国义　《中国年鉴研究》2018 年第 1 期

高举伟大旗帜，做好新时代综合年鉴编纂出版工作　黄玲　《中国年鉴研究》2018 第 1 期

赓续优秀传统，创新年鉴事业　何伟志　《中国年鉴研究》2019 第 3 期

记载中原文化，创新史志大业　管仁富　《中国年鉴研究》2019 年第 3 期

鼓足干劲抓质量，全面实现全覆盖　张志仁　《中国年鉴研究》2019 年第 3 期

围绕首都功能定位，发挥地方志独特作用　张恒彬　《中国年鉴研究》2018 年第 1 期

借鉴国外年鉴经验　推动年鉴事业转型升级　张恒彬　《史志学刊》2019 年第 5 期

年鉴中不可忽视的那些“点”　李雯　《今古大观》2018 年第 1 期

非洲研究中几部年鉴的特点比较　杨宝荣　《中国年鉴研究》2018 年第 3 期

15—19 世纪英国年鉴的演变发展及其在世界的传播　杨永成　《中国年鉴研究》2019 年第 1 期

《列国岁计政要》与近代西方年鉴译介　牟国义　沈萌微　《中国年鉴研究》2019 年第 3 期

中美日年鉴对比与启示　陈洪泉　《中国年鉴研究》2019 年第 3 期

国外年鉴特点述论　王韧洁　《中国年鉴研究》2019 年第 4 期

英美年鉴内容及其演变述略　裘晓燕　《上海地方志》2019 年第 2 期

英美年鉴的价值所在　裘晓燕　《社会科学报》2018 年 10 月 18 日第 5 版

英国《政治家年鉴》的特点分析及借鉴意义　杨永成　《上海地方志》2019 年第 1 期

《惠特克年鉴》简析　崔震　《北京地方志》2018 年第 2 期

《世界年鉴》简析　沈红岩　《北京地方志》2018 年第 4 期

《老农夫年鉴》品读　游桃琴　《史志学刊》2019 年第 5 期

二、地方综合年鉴编纂

机构改革与地方综合年鉴框架创新探究　陈洪毅　《中国年鉴研究》2019 年第 4 期

地方综合年鉴系统记述党和国家机构改革成果的探索——以《丰润年鉴（2019）》篇目设置为例　潘贵存　孙雅丽　《河北地方志》2018 年第 4 期

年鉴编纂如何适应党和国家机构改革　姜艳芹　《黑龙江史志》2019 年第 5 期

浅谈新时代地方综合年鉴框架结构设计　赵杰　《今古大观》2018 年第 2 期

浅析地方综合年鉴的框架设计——《云南年鉴》框架设计阐述　　高静　《黑龙

江史志》2018年第7期

地方综合年鉴框架的构建　姚震　《江苏地方志》2018年第2期

地方综合年鉴框架设计的思考与解析　滕辉　《甘肃史志》2018年第1期

乡镇（街道）、村（社区）年鉴框架设计比较分析　阳晓儒　《史志学刊》2018年第3期;《广东史志》2018年第6期

《兵团年鉴》三个历史阶段的框架设计及编纂特点　邱德彬　《新疆地方志》2019年第3期

试论地方年鉴的内容结构调整　许家康　《广西地方志》2019年第6期

年鉴栏目与内容的调整和创新——以《广西年鉴》和《桂林年鉴》为例　张凯　《广西地方志》2019年第6期

如何编写年鉴概况　张小莲　《新疆地方志》2019年第3期

年鉴整体设计初探　高静　《时代金融》2018年第24期

年鉴编纂理念体现人民性的思考　周宏文　《中国年鉴研究》2018年第4期

将以人民为中心思想融入年鉴编纂中　王志迁　《江苏地方志》2019年第2期

年鉴编纂体现以人民为中心思想的点滴思考　王志迁　《宁夏史志》第3期

地方综合年鉴编纂与生态文明建设　刘传仁　《中国年鉴研究》2018年第4期

地方综合年鉴数据处理探析——以《梧州年鉴》为例　赖红柳　《中国年鉴研究》2018年第2期

增加综合年鉴记述深度的对策建议　郭素琴　周进鹏　《河南史志》2018年第2期

年鉴条目设置及其编纂要点　夏小平　《中国年鉴研究》2018年第4期

试论地方综合年鉴条目编写　杨富中　《中国年鉴研究》2019年第3期

年鉴条目编写琐谈　高燕妮　《史志学刊》2018年第1期;《山东史志》2018年第3期

有效信息是年鉴条目价值的生命线　张昊然　李朝霞　《今古大观》2018年第4期

写好年鉴条目要做到"三清一规范"　许根来　《应用写作》2018年第3期

略谈地方综合年鉴条目的编写　赵青　《黑龙江史志》2018年第8期

谈年鉴综合性条目的编撰　唐剑平　《浙江方志》2018年第1期

浅议地方综合年鉴条目编纂规范化——以《南通年鉴（2018）》为例　陈磊　《江苏地方志》2019年第1期

论地方综合年鉴概况条目的内容组织　赵峰　《广西地方志》2018年第2期

论年鉴条目的选题与撰写　周能汉　《新疆地方志》2018年第4期

浅议地市级综合年鉴条目编写　杨富中　《浙江方志》2018 年第 2 期

县级综合年鉴专题条目撰写需解决的三个问题　韩付昌　王拯　《今古大观》2018 年第 5 期

淡县级年鉴资料条目的问题与处理　胡凤斌　任运成　黄海英　《巴蜀史志》2018 年第 5 期

年鉴条目的编写及图表的运用　李娜　《新疆地方志》2018 年第 3 期

年鉴综述、概况与单一性记事条目的功能和作用——以《兵团年鉴》《中关村年鉴》《苏州年鉴》为例　阳晓儒　《史志学刊》2019 年第 1 期

浅谈地方综合年鉴“大事记”编纂　杨富中　《河北地方志》2018 年第 3 期

浅议综合年鉴大事记收录范围和记述方法　毛宏达　《时代金融》2018 年第 24 期

年鉴大事记编写刍议　大事记课题项目组　《北京地方志》2019 年第 2 期

年鉴人物编纂的若干考量　施德善　《中国年鉴研究》2018 年第 1 期

地方综合年鉴中照片的使用　郑茂良　《中国年鉴研究》2018 年第 1 期

试论地方综合年鉴的图表配选　郭勤华　《中国年鉴研究》2018 年第 2 期

地方综合年鉴卷首彩图专辑的编排　孙志红　《中国年鉴研究》2019 年第 1 期

地方综合年鉴图片专辑创新研究　李鑫　《史志学刊》2019 年第 6 期

浅谈地方综合年鉴专题图片设置　朱崇飞　《江苏地方志》2019 年第 5 期

地方综合年鉴卷首图照编辑浅见　胡茂盛　《江西地方志》2018 年第 6 期

谈谈图片在年鉴编纂中的重要作用　张凯　《广西地方志》2018 年第 3 期

浅析地方综合年鉴图片的选编　杨莲　《重庆地方志》2018 年第 3 期

地方综合年鉴编修规范与创新思考——以图表选配为例　郭勤华　《宁夏史志》2018 年第 1 期

浅述年鉴索引的编制——以《鄞州年鉴》等为例　姚佳倩　《中国年鉴研究》2018 年第 1 期

地方综合年鉴索引规范化思考　刘德宝　《中国年鉴研究》2019 年第 3 期

浅析年鉴索引编制现状及存在问题——以广东省市、县（区）综合年鉴为例　沈娜　《黑龙江史志》2019 年第 4 期

试论构建年鉴的检索系统　黄铭　《福建史志》2018 年第 5 期

从归化异化看襄阳年鉴目录的翻译　熊信芷　《英语广场》2019 年第 10 期

论地方综合年鉴的规范　郑茂良　《陕西地方志》2018 年第 6 期

年鉴经济部类编纂常见问题解析　孟亚男　《史志学刊》2019 年第 2 期

浅析地方年鉴编纂现状和创新路径　俞富江　《安徽地方志》2018 年第 4 期

浅析地方综合年鉴编纂现状和创新路径　俞富江　《江西地方志》2018 年第 5 期

创新，是年鉴健康发展的不竭动力——以《日照年鉴》为例谈年鉴编纂如何创新发展　李世恩　《山东史志》2018 年第 4 期

地方综合年鉴编纂创新的实践与思考　王玉才　《广西地方志》2019 年第 4 期

文质彬彬　然后年鉴——谈谈地方综合年鉴编纂创新的“三个维度”　李果　《巴蜀史志》2018 年第 3 期

年鉴编纂和创新浅见　唐慧　《巴蜀史志》2019 年第 1 期

地方综合年鉴编纂的创新实践思考——以《璧山年鉴》编纂为例　王福忠　《重庆地方志》2018 年第 1 期

年鉴编纂与运用中彰显文化自信　陈星界　黎美君　《中国年鉴研究》2019 年第 2 期

年鉴编纂与文化自信的深入探究　袁欣　《黑龙江史志》2018 年第 10 期

年鉴编纂坚定文化自信之思考　刘树波　由岳峰　《黑龙江史志》2018 年第 10 期

我国地方综合年鉴编纂模式改革和创新的理论与方法　杨永成　《中国年鉴研究》2018 年第 2 期

以新思维、新模式解决综合年鉴编写中的新问题　赖明　《新疆地方志》2018 年第 4 期

北京市各区年鉴编纂问题研究　张相明　《北京地方志》2018 年第 2 期

浅析综合年鉴的编纂技巧　刘伟　《天津史志》2018 年第 6 期

天津市综合年鉴编纂出版现状、存在问题及解决对策　课题组　《天津史志》2018 年第 6 期

浅谈年鉴编纂中存在的问题及解决办法　杨秀兰　《河北地方志》2018 年第 1 期

试论三轮修志中年鉴资料的利用与年鉴编纂的改进方向　贾兴福　《巴蜀史志》2018 年第 6 期

市、县综合年鉴编纂的问题与改进对策　陈为真　罗晓安　《江西地方志》2018 年第 4 期

关于城市综合年鉴记述“创新型城市”建设的问题　胡浩泉　《中国年鉴研究》2018 年第 4 期

刍议编好地方综合年鉴的一大关键　马向齐　《河北地方志》2018 年第 5 期

关于加强和改进西藏年鉴编纂的几点思考　裴红琴　《西藏地方志》2018 年第 4 期

浅析年鉴编纂的五种意识　詹跃华　《陕西地方志》2018 年第 5 期

地方综合年鉴组稿面临的困难与对策　俞富江　《黑龙江史志》2018 年第 6 期

如何做好地方综合年鉴的撰稿工作　汪泽洪　丁三国　《湖北方志》2018 年第 3 期

新时期如何做好地方综合年鉴组稿工作的思考　蓝碧茹　《海南史志》2018 年第 2 期

年鉴信息收录存在的问题及对策　詹跃华　《浙江方志》2018 年第 1 期

年鉴编纂的变革与守望——从年鉴与同类出版物的异同谈起　吕鸿雁　《现代出版》2018 年第 4 期

用“年鉴语言”讲好“中国故事”——“一带一路”视野下的年鉴编纂　马艾民　《新疆地方志》2018 年第 2 期

民族地区志鉴编纂需注意的几个问题——以新疆地区为例　刘星　《江苏地方志》2019 年第 6 期

民族地区志书、年鉴编纂若干问题的思考——以新疆地区为例　刘星　《新疆地方志》2019 年第 3 期

三、专业年鉴编纂

浅析高校年鉴的框架设计——以《华北电力大学年鉴》等几部教育部直属高校年鉴为例　王振华　《中国年鉴研究》2018 年第 2 期

高校年鉴框架设计的现状与反思　李兴春　马雁　《文学教育（下）》2018 年第 9 期

高校年鉴体例设计的创新探析　曹逸寒　《科技与创新》2018 年第 3 期

初探高校科技在湖南科技年鉴编撰规范研究　谢华　《科技资讯》2018 年第 7 期

高校年鉴编纂可持续发展路径探析——以铜仁学院 2016 年年鉴为例　张华星　张江林　《文教资料》2018 年第 20 期

试论新时期高校年鉴编纂的发展趋势　万静　《中国年鉴研究》2018 年第 1 期

浅谈高校年鉴的编写——以《贵州大学年鉴》为例　罗应梅　姚红　《中国年鉴研究》2019 年第 3 期

粤港澳高校年鉴比较研究　何昕　《中国年鉴研究》2019 年第 4 期

关于高校年鉴编纂思考　姚红　《史志学刊》2018 年第 3 期

信息化时代高校年鉴编纂工作研究　王丹　《办公室业务》2018 年第 22 期

高校年鉴编纂规范化思考研究　杨雪婷　《办公室业务》2019 年第 15 期

高校年鉴编纂理论研究与机制创新　李瑞红　《当代教育实践与教学研究》2019 年第 3 期

高校年鉴编纂工作中的问题和对策　张荣　《科教文汇（上旬刊）》2018 年第 11 期

高校年鉴编纂实践要务　李娟　《浙江档案》2018 年第 7 期

高校年鉴编撰规范与组稿要求——以档案信息资源深度开发为切入点　颜丙通　《湖北开放职业学院学报》2018 年第 23 期

试论军事年鉴与军事志书的一体化发展　张博　《军事历史》2018 年第 3 期

浅谈城市年鉴的封面设计　邹璇　《中国年鉴研究》2019 年第 1 期

城市文化年鉴的编纂实践探索——对《杭州文化年鉴》的考察　高丹　张美虎　《中国年鉴研究》2018 年第 2 期

基于增强科技年鉴实用性的探讨　王永超　《江苏科技信息》2018 年第 1 期

编纂《辽宁科技年鉴》的思考　陈卓　《产业与科技论坛》2019 第 23 期

论年鉴的主体性与精品化——企事业单位年鉴类属、特征与编纂规律　徐聪颖　胡少诚　《中国年鉴研究》2018 年第 3 期

企业年鉴编纂的研究与实践　卢晓东　《兰台世界》2019 年增刊 1 期

企业年鉴和大事记编撰工作探讨——以中国航空工业集团有限公司为例　齐元平　《浙江档案》2019 年第 9 期

企业年鉴编纂中存在的问题及解决措施　郑潇　《企业改革与管理》2019 年第 22 期

编好公司年鉴应把好“四关”　王敏　《企业文明》2018 年第 6 期

关于医院年鉴编撰的几点建议　王秀真　《现代国企研究》2018 年第 8 期

海外工程项目年鉴编制框架设计　国测　《档案天地》2018 年第 1 期

国内外网络年鉴编纂初探　黄玲　贺宏卿　《中国年鉴研究》2018 年第 1 期

论史家笔法在专业年鉴的运用——以《中国新闻传播教育年鉴（2018）》为例　朱秀凌　《新闻知识》2019 第 9 期

四、年鉴质量

《地方综合年鉴编纂出版规定》解读　阮关水　蔡建明　《浙江方志》2018 年第 3 期

地方综合年鉴质量控制研究——以 2017 年度全国地方志优秀成果（年鉴类）评

审为例　杨卓轩　《中国年鉴研究》2018 年第 2 期;《河南史志》2018 年第 4 期

论地方综合年鉴军事内容的质量管控——以第五届全国地方志优秀成果（年鉴类）评审活动参评年鉴为例　李涛　韩刚　《中国年鉴研究》2018 年第 3 期

谈谈如何提高地方综合年鉴质量　姜海明　《河北地方志》2018 年第 1 期

浅谈如何加强地方综合年鉴质量建设　李妍　《河北地方志》2018 年第 2 期

年鉴质量建设的回顾与思考　李秀年　查云富　《江苏地方志》2019 年第 4 期

关于年鉴质量和创新的六点思考　黄雯倩　《福建史志》2019 年第 5 期

试析如何提高地方综合年鉴质量　赵颖　《新疆地方志》2018 年第 2 期

简析提高地市级综合年鉴质量面临的问题、原因及对策　杨富中　《巴蜀史志》2019 年第 3 期;《重庆地方志》2018 年第 3 期

试论如何在地方综合年鉴的编纂中形成特色　避免千鉴一面　陈群　《安徽地方志》2018 年第 1 期

关于城市区级综合年鉴条目编写规范化问题的思考与探索——以《北京东城年鉴》编纂为例　王钦双　《史志学刊》2019 年第 4 期

试论年鉴编纂“范式化”——以省级地方综合年鉴为例　游桃琴　《江西地方志》2018 年第 6 期

精品年鉴框架的建构　陆瑞萍　《江苏地方志》2019 年第 5 期

从年鉴工作试点谈年鉴精品标准　阳晓儒　《广东史志》2018 年第 1 期

浅谈创新驱动下的精品年鉴之路——以《晋江年鉴》为例　林荣国　《广西地方志》2019 年第 5 期

试谈编纂精品年鉴的思路和方法　李娜　《新疆地方志》2018 年第 4 期

年鉴稿件的审查修改　王世伟　《江苏地方志》2019 年第 6 期

地方综合性年鉴的编校原则　王世伟　《新疆地方志》2019 年第 2 期

从主编三大意识谈县级年鉴质量的提高　林忠玉　《福建史志》2018 年第 3 期

年鉴编校差错的常见原因及对策浅析　朱景芳　《传播与版权》2018 年第 3 期

汗水结晶润墨香——以《阳明学研究年鉴（2016）》编校为例　杨翌琳　《当代贵州》2019 年第 7 期

浅析出版社前期介入对年鉴编纂出版质量提升的影响——以《中国文化年鉴》编纂出版为例　王雷　《史志学刊》2019 年第 5 期

论析地方综合年鉴“特载”“附录”内容质量　朱彩云　《江苏地方志》2019 年第 3 期

浅谈如何提高年鉴条目编写质量　朱仕平　《江西地方志》2018 年第 3 期

关于地方综合年鉴如何突出地方特色的思考　杜胜男　《黑龙江史志》2018 年第 12 期

强撰稿工作之基　有效提高年鉴质量　周爱军　《中国档案》2018 年第 3 期

高校年鉴编校质量控制浅析　颜丙通　《科技与创新》2019 年第 21 期

提高企业年鉴编辑质量的几个问题　沈人烨　《现代国企研究》2019 年第 6 期

打造精品行业年鉴的实践与探索——以《广西建设年鉴》为例　黄婉婵　《传播与版权》2019 年第 7 期

五、年鉴管理与实践

地方综合年鉴工作信息管理问题研究——以北京市为例　王韧洁　《中国年鉴研究》2018 年第 3 期

如何在史志工作领域搞好供给侧结构性改革　管仁富　《中国年鉴研究》2018 年第 1 期

县级年鉴全覆盖的难点与对策　周慧　《中国年鉴研究》2019 第 2 期

基于关键路径法的年鉴编纂进度管理研究　吴朝庭　《中国年鉴研究》2019 年第 2 期

关于智慧年鉴的思考和探索　谌倩　《中国年鉴研究》2019 年第 4 期

年鉴中数值知识元的描述类型及规则研究　李林澳　《湖北经济学院学报（人文社会科学版）》2018 年第 10 期

“互联网 +”时代年鉴编纂的若干思考　李喆　《办公室业务》2019 年第 6 期

悠悠年鉴载我心——浅议新时代年鉴工作在地方文化建设中的独特作用　陈晓玲《河南史志》2018 年第 4 期

坚定区域文化自信　拓宽年鉴创新发展途径　包淑华　杨颖　《黑龙江史志》2018 年第 10 期

实施“六大”创新　推进年鉴转型升级　王志迁　《安徽地方志》2018 年第 2 期

浅析年鉴创新　姜标　《湖北方志》2018 年第 5 期

年鉴事业发展要走创新的路子　王景忠　《安徽地方志》2018 年第 3 期

年鉴发展中的创新路径——以《福建年鉴》为例　欧长生　《中国年鉴研究》2019 年第 1 期

浅析地情研究成果与年鉴编纂创新的互动关系——以南京都市圈城市相关年鉴为

例　罗志　《新疆地方志》2019 年第 2 期

地方综合年鉴创新思考　余球添　《广东史志》2018 年第 3 期

试从原因、基础、原则和方向等方面分析年鉴创新　姜标　《甘肃史志》2018 年第 3 期

年鉴编纂与政务信息保护开发利用——以《江苏自然资源年鉴》为例　黄河清　《中国年鉴研究》2019 年第 4 期

年鉴的更新发展是题中应有之义　陈畅　《社会科学报》2018 年 11 月 1 日第 5 版

关于《北京年鉴》创新发展的几点思考　沈红岩　《北京地方志》2018 年第 2 期

上海市年鉴事业发展调查报告　王继杰　《上海地方志》2018 年第 2 期

用“五大发展理念”指导年鉴编纂实践——以《台江年鉴》为例　陈祥榕　《福建史志》2019 年第 3 期

当前陕西地方年鉴的评比与启示　陕西省地方志办公室年鉴推荐评审组　《陕西地方志》2018 年第 4 期

关于新时代年鉴编纂出版工作的思考　周慧　《史志学刊》2019 年第 6 期

年鉴大数据出版之探析　赵瑞红　常晶会　《中国年鉴研究》2019 第 1 期

论提高年鉴出版的时效性　印慧娟　《办公室业务》2019 年第 3 期

刍议新时代年鉴编纂与现代传播方式　罗滔　《浙江档案》2019 年第 6 期

对甘南州地方综合年鉴编辑出版工作的调查与思考　何联芳　《甘南日报（汉文版）》2019 年 11 月 1 日

坚持“四重”原则，编好学校年鉴　林晓晖　《档案时空》2018 年第 7 期

“大媒体”时代高校年鉴的创新发展之路　任婷　《兰台世界》2019 年第 8 期

专业年鉴个性化的建构及其路径——以《中国新闻传播教育年鉴》为例　胡正强　《青年记者》2019 年第 18 期

军事年鉴的发展与创新　陈永红　《军事历史》2018 年第 3 期

军事年鉴工作可持续发展的探索与思考　丁国瑞　《中国年鉴研究》2018 年第 3 期

浅谈新时代军工企业年鉴编纂工作　梁芙蓉　董一男　聂新　《机电兵船档案》2019 年第 2 期

深入学习贯彻党的十九大精神　开创新时代北京教育年鉴工作新局面　李奕　《北京地方志》2018 年第 02 期;《北京教育（普教版）》2018 年第 7 期

信息公开视域下高校年鉴编纂的对策研究　徐胜　《智库时代》2019 年第 12 期

行业年鉴的现状及发展——以《中国地质调查局年鉴》为例　李玉馨　《产业与科技论坛》2019 年第 3 期

谈年鉴编纂人员的素质和能力及其提高　詹跃华　《黑龙江史志》2018 年第 12 期

新时代地方专业年鉴人才队伍提升的路径思考　汤淏　《江苏科技信息》2018 年第 35 期

浅议年鉴编辑的职业素质　吴晓红　《宁夏史志》2018 年第 3 期

浅谈行业年鉴编辑的基本素养　李玉馨　《传播力研究》2019 年第 14 期

谈年鉴编纂人员的五种意识　詹跃华　《黑龙江史志》2019 年第 1 期

浅谈科技年鉴编辑工作的初心与创新融合研究　谢华　《科技视界》2019 年第 36 期

用工匠精神　办精品年鉴　胡泽勇　吴晓红　《湖北方志》2018 年第 4 期

试说年鉴创新　姜标　《今古大观》2018 年第 6 期

利用年鉴编写促进校园文化建设的有效策略研究　卢旭　《办公室业务》2018 年第 19 期

档案工作为学校发展服务之我谈——年鉴编写工作现状与对策　刘清　《办公室业务》2018 年第 3 期

测绘地理信息年鉴在服务事业发展中的价值研究　程立海　《测绘与空间地理信息》2018 年第 5 期

坚持以人民为中心　增强年鉴生命力　陆志荣　《浙江方志》2018 年第 5 期

张扬年鉴生命之伟力　李升宝　《西藏地方志》2018 年第 1 期

地方志综合年鉴助力乡村振兴战略的一点思考　邓水燕　《福建史志》2018 年第 6 期

六、年鉴开发和利用

地方综合年鉴构建大数据应用的设想　余贤林　《中国年鉴研究》2019 年第 2 期

探索年鉴编纂的云平台　沈汇洋　《中国年鉴研究》2019 第 2 期

开发利用综合年鉴资源的途径新探　李光普　《广西地方志》2018 年第 5 期

开发利用综合年鉴资源的新途径探索——以习近平新时代中国特色社会主义思想为指导　李光普　《新疆地方志》2019 年第 1 期

试论实现年鉴信息化的思路　任璀洛　《中国年鉴研究》2019 年第 1 期

论年鉴价值与编纂信息化　方利宏　《上海地方志》2018 年第 3 期

基于年鉴信息化的思路与细节思考　任璀洛　《广东史志》2018 年第 3 期

论新媒体在年鉴传播中的重要作用　李鹏飞　《今传媒》2018 年第 7 期

省级综合年鉴微信公众号现状与对策研究　赵冰　《史志学刊》2018 年第 2 期

浅议云南年鉴网络化、信息化建设　毛宏达　《时代金融》2018 年 24 期

引入“互联网 +”探索年鉴编纂新模式——中关村示范区志鉴平台开发利用　王锦　《中国年鉴研究》2019 年第 3 期

借“互联网 +”助方志事业转型升级——以中关村志鉴平台的尝试性实践为例　王锦　徐建功　《北京地方志》2019 年第 1 期

我国高校年鉴数据统计的发展与完善　钱丽丽　王潇　《中国年鉴研究》2018 年第 1 期

DT 时代背景下科技年鉴发展的对策研究　孙琳　汤淏　严文强　王永超　《天津科技》2018 年第 4 期

基于 GIS 的京津冀统计年鉴可视化表达　杨佟　张利辉　马嘉蓉　杨东虎　于新朋　《天津城建大学学报》2019 年第 5 期

用供给侧改革思维建设网络年鉴　韩枫　《北京地方志》2018 年第 2 期

数字化微时代行业年鉴出版工作探析　张衍辉　葛宝庆　《科技与出版》2018 年第 7 期

历史年鉴管理系统设计　姜振勇　《信息系统工程》2018 年第 9 期

浅析年鉴复刊中南方片引排水汇编文件的问题及改进方法　王书亮　薛亮　刘永亮　《治淮》2018 年第 3 期

基于水文年鉴水文测站任务书的修订　谢运山　刁洪全　《吉林水利》2019 年第 4 期

美国研究型大学年鉴的电子化与网络化及启示　江小华　《中国年鉴研究》2019 年第 2 期

数据驱动下年鉴精准营销策略研究　程立海　《科技与出版》2018 年第 2 期

发挥《上海年鉴》在“一带一路”建设中的文化效应　王师师　《上海地方志》2018 年第 3 期

邓小平同志年鉴谈话考证　崔震　《江苏地方志》2018 年第 1 期

关于 2013 年到 2016 年城镇居民人均收支数据的分析——基于国家统计局《2017 年中国统计年鉴》　宋竟菱　《中国新通信》2018 年第 9 期

安徽省新型城镇化水平测度——基于 2018 年安徽省统计年鉴的因子分析模型

王龙惠 《湖北科技学院学报》2019 年第 5 期

中国城市脆弱性的时空变化及其内在机理——基于“五普”、“六普”及《中国城市统计年鉴》数据的分析 梅大伟 修春亮 冯兴华 李晓玲 白立敏 《城市问题》2018 年第 9 期

中国网民二十年发展变化趋势研究——基于《中国互联网络发展状况统计报告》及《中国统计年鉴》的分析 刘立荣 《新闻战线》2018 年第 10 期

西藏农牧业发展实证研究——以《西藏统计年鉴》为例 邢伯伦 《中国藏学》2018 年第 4 期

能源结构随能源需求增长而持续多样化——2018 年世界能源统计年鉴解读 钱伯章 李敏 《中国石油和化工经济分析》2018 年第 8 期

能源需求快速增长背后现危机——2019 年世界能源统计年鉴解读 李敏 钱伯章 《中国石油和化工经济分析》2019 年第 8 期

从《世界竞争力年鉴（2019）》看中美竞争力比较 陈钰 《全球科技经济瞭望》2019 年第 7 期

从 BP《世界能源统计年鉴 2019》看油气未来 林益楷 董宣 《中国石油报》2019 年 6 月 25 日

农村经济结构优化对策研究——基于湖北省 2008—2016 年统计年鉴数据 熊倩 任丹丹 张承龙 《农业与技术》2019 年第 5 期

中国旅游产业“供给—产出”熵权指数的演进——基于《中国旅游统计年鉴》相关数据 吕宛青 贺景 陈曦 《资源开发与市场》2019 年第 2 期

基于统计年鉴的全国及省级居住建筑面积数据分析及驱动因素模型 那威 张舟 侯静 武湳 《暖通空调》2018 年第 6 期

基于年鉴资料比较的我国预期寿命变动及预测分析 于奇 杜纯静 杜恩情 吴炳义 乔晓春 《中国卫生统计》2019 年第 6 期

我国国债风险定量分析与风险防范机制研究——基于近十年《中国统计年鉴》的数据分析 张国栋 《市场论坛》2018 年第 10 期

农村劳动人口流动对植被覆盖变化的影响——基于四川统计年鉴数据分析 易磊 钟莉 梦桃 欧懿坤 冯径平 《西部皮革》2018 年第 8 期

基于统计年鉴的我国农村贫困程度研究 徐艺宁 刘德钦 《西南林业大学学报（社会科学）》2018 年第 2 期

河南省公共图书馆事业发展研究：现状及对策——基于《中国文化文物统计年鉴2018年》的数据分析　苏超　《河南图书馆学刊》2019年第12期

中华优秀传统文化当代创新的和合路径——兼评《中国和合学年鉴（1988—2016）》　陈秋云　《邵阳学院学报（社会科学版）》2019年第2期

我国区域高等教育发展水平的差异性研究——基于中国统计年鉴2016年数据的分析　王烁　马丽君　《信阳师范学院学报（哲学社会科学版）》2019年第3期

义务教育信息化资源配置均衡性研究——基于2001—2018年《中国教育统计年鉴》数据分析　白文倩　徐晶晶　《现代教育技术》2019年第2期

义务教育资源配置的区域差异分析——基于2015年《中国教育统计年鉴》的数据　龚敏　《教育现代化》2019年第3期

我国华文教育研究的热点与趋势——基于2013—2017年《世界华文教育年鉴》的共词分析　付梦芸　郝瑜鑫　《世界华文教学》2019年辑刊

我国高等职业院校经费投入比较分析及其优化建议——基于2010—2017年年鉴数据分析　张婧　《广东技术师范学院学报》2018年第4期

我国技工教育区域竞争力比较及演变研究——基于2011—2015年鉴数据分析　梁秋生　刘燕婷　《吉林广播电视大学学报》2018年第7期

我国经济增长、居民收入对居民消费影响的实证分析——基于《中国统计年鉴（2016）》数据信息　白云　刘广民　王友民　《哈尔滨学院学报》2018年第7期

全面"营改增"减税效应的理想与现实对比——基于投入产出表的理论模拟与税务年鉴数据的分析　文礼朋　石泰龙　谢海娟　《财会通讯》2019年第14期

七、年鉴研究与评介

与共和国一起成长：新时代年鉴继承与发展——庆祝中华人民共和国成立70周年专题　冀祥德　何伟志　张志仁　潘捷军　管仁富　周慧　孟亚男　李涛　张昊鹏　《中国年鉴研究》2019年第3期

改革开放初期创办学术年鉴之"初心"考——以10部学术年鉴创刊号为例　张靖晗　《史志学刊》2018年第6期

一部特色鲜明的省级城市年鉴——读《上海年鉴（2015）》札记　沈永清　《中国年鉴研究》2018年第1期

浅议《江苏年鉴（2017）》编纂特色　陈晓婧　《江苏地方志》2018 年第 3 期

改革创新　质量制胜——《温州年鉴》的精品之路　魏仕阔　《浙江方志》2018 年第 1 期

突出温州特色　打造年鉴精品　温州市人民政府地方志办公室　《浙江方志》2018 年第 2 期

年鉴编纂中的文化思维——以《涉县年鉴（2017）》为例　樊春楼　《中国年鉴研究》2018 年第 4 期

十年磨一“鉴”　易荣　《贵州史志林》2018 年第 4 期

四级联动　众手成鉴　打造精品——《东阳年鉴》编纂实践　张勤　《浙江方志》2018 年第 5 期

年鉴编纂的几点体会——《桐乡年鉴》创刊 20 周年回顾　俞富江　《江苏地方志》2018 年第 4 期

对年鉴编纂工作的几点体会——兼对《桐乡年鉴》创刊 20 周年回顾　俞富江　《安徽地方志》2018 年第 2 期

文献翔实冲霄汉　小康之路乐逍遥——《大足年鉴（2018）》书评　陆奇　《黑龙江史志》2019 年第 6 期

优秀年鉴的发展设想——读《昭通年鉴（2016）》的启示　周能汉　《新疆地方志》2018 年第 1 期

年鉴编纂琐谈——以《乌什年鉴》为例　汪喜平　《新疆地方志》2018 年第 1 期

《中国信访年鉴》疏议　张晨　《中国年鉴研究》2018 年第 1 期

学术年鉴的存史与鉴今——《郭沫若研究年鉴》学术价值刍议　张勇　《中国年鉴研究》2019 年第 1 期

年鉴界一部权威的年度性重要文献——《中国年鉴发展报告（2018）》介绍　朱海　《中国年鉴研究》2019 第 1 期

他山之石　可以攻玉——《国外年鉴选介》书评　杨军仕　《北京地方志》2019 年第 2 期

天下山峰何其多　惟有此处峰成林——《国外年鉴选介》书评　郑维桢　《北京地方志》2019 年第 2 期

拓宽年鉴视角　发散年鉴思维——《国外年鉴选介》书评　林浩　《北京地方志》2019 年第 2 期

一样的山川　别样的景致——《国外年鉴选介》书评　周慧《北京地方志》2019年第2期

推动年鉴比较借鉴　寻求中国年鉴事业转型升级——《国外年鉴选介》书评　张昊鹏《北京地方志》2019年第2期

以传播仪式观评《中国新闻传播教育年鉴（2018）》的三重价值　黄婷婷《西南交通大学学报（社会科学版）》2019年第3期

谱写当代中国新闻教育的“春秋”:《中国新闻传播教育年鉴（2018）》的存史价值与编纂意蕴　齐辉　赵冉《新闻春秋》2019年第5期

务实开拓，砥砺前行——评《中国新闻传播教育年鉴》张云　邸铭《大学（研究版）》2019年第6期

在守正中创新　在继往中开来——《中国新闻传播教育年鉴（2018）》品鉴　尚恒志　乔俊杰《新闻爱好者》2019年第8期

语料库与语用学研究发展新趋势——《语料库语言学与语用学年鉴（2015）》述评　杨子《北京科技大学学报（社会科学版）》2018年第1期

建构“中国电影学派”建设中国特色国家电影智库——暨《中国电影批评年鉴（2016）》出版研讨会综述　马晓超《当代电影》2018年第3期

实用性、场域呈现与历史书写——评《中国新闻传播教育年鉴（2016）》价值的三个维度　欧阳敏　范军《出版发行研究》2018年第1期

当其“而立”——论《中国音乐年鉴》“短·长”　杨和平　汪静一《中国音乐》2019年第5期

网络与数字时代的《中国音乐年鉴》——写在《中国音乐年鉴》创刊30周年之际　冯卓慧《人民音乐》2018年第4期

历史反思与价值重构——2018年《中国音乐年鉴》国际学术研讨会述评　黄青　曾三愆《人民音乐》2019年第8期

把《国际共产主义运动年鉴》办成有国际影响的学术品牌——《国际共产主义运动年鉴》创刊号序言　高放《理论与改革》2018年第1期

栉风沐雨，为你而来：中国城市轨道交通首部行业年鉴出版记　中国城市轨道交通协会年鉴编辑部《城市轨道交通》2018年第1期

《中国当代艺术年鉴（2005—2018）》编辑方案　朱青生《艺术工作》2019年第6期

茅盾研究新境之开拓——评《茅盾研究年鉴（2014—2015）》 贾改琴 《名作欣赏》2019 年第 11 期

2018 年神经修复学年鉴（2018Yearbook of Neurorestoratology 全译） 陈琳 《中华细胞与干细胞杂志（电子版）》2019 年第 1 期

新时代新儒学新理念的一座丰碑——评《中国和合学年鉴（1988—2016）》 邓胤龙 《衡阳师范学院学报》2018 年第 4 期

现代中国画拍卖市场价格研究——评《当代岭南：2013—2014 中国画拍卖年鉴》 彭志琪 《新闻爱好者》2018 年第 4 期

供给侧改革推动年鉴跨越式发展——《北京教育年鉴》20 年回顾 华蕾 王永刚 《北京地方志》2018 年第 2 期

锦江春色来天地玉垒浮云变古今——《北京农村年鉴（2017）》书评 陆奇 《黑龙江史志》2018 年第 11 期

一步一个脚印，打造精品年鉴——《内蒙古新闻出版广播电影电视年鉴》十五年回顾 岳红燕 《数字传媒研究》2019 年第 9 期

蒲江《统计年鉴》编写心得 董倩 《营销界》2019 年第 24 期

《陕西科技年鉴》质量提高途径探讨 谢利娟 《甘肃科技》2018 年第 11 期

中外交融下近代中国年鉴的生成与演化（1846—1949） 方书生 《上海地方志》2018 年第 4 期

浅述《中华年鉴》对九一八事变的记载 孙兴武 《“九一八”研究》2018 年第辑 17 辑

《1852 年上海年鉴》编译说明 周育民 《上海地方志》2019 年第 1 期

《上海年鉴（1852）》的基本特点及重要启示 王师师 《上海地方志》2019 年第 3 期

《上海年鉴（1852）》：打开了一扇窗 方程 《社会科学报》2019 年 11 月 7 日

试析《申报年鉴》（1933—1936）的影响 孙兴武 《中国年鉴研究》2019 年第 2 期

民国《铁道年鉴》编纂出版研究 李子明 《中国年鉴研究》2019 年第 4 期

民国《武进年鉴》内容特色和借鉴意义 汪旭东 《江苏地方志》2018 年第 1 期

如皋最早的“年鉴” 顾健 《江苏地方志》2018 年第 2 期

全国 2018 年卷三级综合年鉴启动编纂统计排名表

表 1

排名	行政区划	省级		市级		县级		合计		覆盖率
		应编纂	启动编纂	应编纂	启动编纂	应编纂	启动编纂	应编纂	启动编纂	
1	北京	1	1	—	—	16	16	17	17	100%
1	天津	1	1	—	—	16	16	17	17	100%
1	山西	1	1	11	11	118	118	130	130	100%
1	内蒙古	1	1	12	12	103	103	116	116	100%
1	吉林	1	1	9	9	60	60	70	70	100%
1	上海	1	1	—	—	16	16	17	17	100%
1	江苏	1	1	13	13	96	96	110	110	100%
1	福建	1	1	9	9	84	84	94	94	100%
1	山东	1	1	17	17	137	137	155	155	100%
1	河南	1	1	17	17	158	158	176	176	100%
1	湖北	1	1	13	13	103	103	117	117	100%
1	广东	1	1	21	21	121	121	143	143	100%
1	广西	1	1	14	14	111	111	126	126	100%
1	海南	1	1	3	3	23	23	27	27	100%
1	重庆	1	1	—	—	38	38	39	39	100%
1	四川	1	1	21	21	183	183	205	205	100%
1	贵州	1	1	9	9	88	88	98	98	100%
1	西藏	1	1	7	7	74	74	82	82	100%
1	甘肃	1	1	14	14	86	86	101	101	100%
1	青海	1	1	8	8	43	43	52	52	100%
1	宁夏	1	1	5	5	22	22	28	28	100%
22	云南	1	1	16	16	129	128	146	145	99.32%
23	安徽	1	1	16	16	105	104	122	121	99.18%
24	浙江	1	1	11	11	89	88	101	100	99.01%
25	湖南	1	1	14	14	122	119	137	134	97.81%
26	河北	1	1	11	11	168	163	180	175	97.22%
27	黑龙江	1	1	13	13	128	116	142	130	91.55%
28	江西	1	1	11	11	100	89	112	101	90.18%
29	陕西	1	1	10	10	107	94	118	105	88.98%
30	新疆	1	1	14	14	96	81	111	96	86.49%
31	兵团	1	1	14	11	—	—	15	12	80%
32	辽宁	1	1	14	14	100	62	115	77	66.96%
合　计		32	32	347	344	2840	2740	3219	3116	96.8%

说明：1. 本表来源于中国地方志指导小组 2020 年 2 月 5 日《关于 2019 年第四季度全国第二轮三级志书和综合年鉴全覆盖完成情况的通报》

2. 本表“应编纂”数目依据《中华人民共和国行政区划简册（2018）》（中国地图出版社，2018 年 3 月），海南省三沙市因情况特殊，未统计在内

全国2018年卷三级综合年鉴公开出版统计排名表

表2

排名	行政区划	省级		市级		县级		合计		覆盖率
		应编纂出版	公开出版	应编纂出版	公开出版	应编纂出版	公开出版	应编纂出版	公开出版	
1	北京	1	1	—	—	16	16	17	17	100%
1	天津	1	1	—	—	16	16	17	17	100%
1	上海	1	1	—	—	16	16	17	17	100%
1	江苏	1	1	13	13	96	96	110	110	100%
1	山东	1	1	17	17	137	137	155	155	100%
1	甘肃	1	1	14	14	86	86	101	101	100%
7	吉林	1	1	9	9	60	58	70	68	97.14%
8	广西	1	1	14	13	111	108	126	122	96.83%
9	浙江	1	1	11	11	89	85	101	97	96.04%
10	广东	1	1	21	21	121	115	143	137	95.8%
11	重庆	1	1	—	—	38	36	39	37	94.87%
12	福建	1	1	9	9	84	79	94	89	94.68%
13	海南	1	1	3	3	23	21	27	25	92.59%
14	云南	1	1	16	16	129	112	146	129	88.36%
15	西藏	1	1	7	6	74	65	82	72	87.8%
16	四川	1	1	21	20	183	156	205	177	86.34%
17	贵州	1	1	9	9	88	73	98	83	84.69%
18	安徽	1	1	16	16	105	74	122	91	74.59%
19	青海	1	1	8	8	43	29	52	38	73.08%
20	湖北	1	1	13	13	103	70	117	84	71.79%
21	山西	1	1	11	8	118	84	130	93	71.54%
22	河北	1	1	11	10	168	114	180	125	69.44%
23	宁夏	1	1	5	5	22	13	28	19	67.86%
24	湖南	1	1	14	13	122	73	137	87	63.5%
25	兵团	1	1	14	8		—	15	9	60%
26	河南	1	1	17	17	158	79	176	97	55.11%
27	陕西	1	1	10	9	107	47	118	57	48.31%
28	江西	1	1	11	11	100	40	112	52	46.43%
29	辽宁	1	1	14	12	100	17	115	30	26.09%
30	黑龙江	1	1	13	9	128	24	142	34	23.94%
31	内蒙古	1	1	12	7	103	17	116	25	21.55%
32	新疆	1	1	14	2	96	12	111	15	13.51%
合计		32	32	347	309	2840	1968	3219	2309	71.73%

说明：1. 本表来源于中国地方志指导小组2020年2月5日《关于2019年第四季度全国第二轮三级志书和综合年鉴全覆盖完成情况的通报》

2. 本表“应编纂”数目依据《中华人民共和国行政区划简册（2018）》（中国地图出版社，2018年3月），海南省三沙市因情况特殊，未统计在内

全国2019年卷三级综合年鉴启动编纂统计排名表

表3

排名	行政区划	省级		市级		县级		合计		覆盖率
		应编纂	启动编纂	应编纂	启动编纂	应编纂	启动编纂	应编纂	启动编纂	
1	北京	1	1	—	—	16	16	17	17	100%
1	天津	1	1	—	—	16	16	17	17	100%
1	山西	1	1	11	11	117	117	129	129	100%
1	吉林	1	1	9	9	60	60	70	70	100%
1	黑龙江	1	1	13	13	128	128	142	142	100%
1	上海	1	1	—	—	16	16	17	17	100%
1	江苏	1	1	13	13	96	96	110	110	100%
1	浙江	1	1	11	11	89	89	101	101	100%
1	安徽	1	1	16	16	105	105	122	122	100%
1	福建	1	1	9	9	84	84	94	94	100%
1	山东	1	1	16	16	137	137	154	154	100%
1	河南	1	1	17	17	158	158	176	176	100%
1	湖北	1	1	13	13	103	103	117	117	100%
1	湖南	1	1	14	14	122	122	137	137	100%
1	广东	1	1	21	21	122	122	144	144	100%
1	广西	1	1	14	14	111	111	126	126	100%
1	海南	1	1	3	3	23	23	27	27	100%
1	重庆	1	1	—	—	38	38	39	39	100%
1	四川	1	1	21	21	183	183	205	205	100%
1	贵州	1	1	9	9	88	88	98	98	100%
1	云南	1	1	16	16	129	129	146	146	100%
1	西藏	1	1	7	7	74	74	82	82	100%
1	陕西	1	1	10	10	107	107	118	118	100%
1	甘肃	1	1	14	14	86	86	101	101	100%
1	青海	1	1	8	8	43	43	52	52	100%
1	宁夏	1	1	5	5	22	22	28	28	100%
1	新疆	1	1	14	14	96	96	111	111	100%
1	兵团	1	1	14	14	—	—	15	15	100%
29	河北	1	1	11	11	168	167	180	179	99.44%
30	内蒙古	1	1	12	11	103	98	116	110	94.83%
31	江西	1	1	11	11	100	89	112	101	90.18%
32	辽宁	1	1	14	14	100	60	115	75	65.22%
合计		32	32	346	345	2840	2783	3218	3160	98.2%

说明：1. 本表来源于中国地方志指导小组2020年2月5日《关于2019年第四季度全国第二轮三级志书和综合年鉴全覆盖完成情况的通报》

2. 本表“应编纂”数目依据《中华人民共和国行政区划简册（2019）》（中国地图出版社，2019年8月），海南省三沙市因情况特殊，未统计在内

全国 2019 年卷三级综合年鉴
公开出版统计排名表

表 4

排名	行政区划	省级		市级		县级		合计		覆盖率
		应编纂出版	公开出版	应编纂出版	公开出版	应编纂出版	公开出版	应编纂出版	公开出版	
1	吉林	1	1	9	9	60	60	70	70	100%
1	江苏	1	1	13	13	96	96	110	110	100%
1	甘肃	1	1	14	14	86	86	101	101	100%
4	海南	1	1	3	3	23	22	27	26	96.3%
5	上海	1	1	—	—	16	15	17	16	94.12%
6	山东	1	1	16	16	137	123	154	140	90.91%
7	重庆	1	1	—	—	38	32	39	33	84.62%
8	广西	1	1	14	11	111	89	126	101	80.16%
9	云南	1	1	16	16	129	98	146	115	78.77%
10	安徽	1	1	16	15	105	77	122	93	76.23%
11	北京	1	1	—	—	16	11	17	12	70.59%
12	浙江	1	0	11	8	89	62	101	70	69.31%
13	四川	1	1	21	14	183	107	205	122	59.51%
14	天津	1	1	—	—	16	9	17	10	58.82%
15	广东	1	1	21	16	122	47	144	64	44.44%
16	河南	1	1	17	16	158	60	176	77	43.75%
17	陕西	1	1	10	8	107	41	118	50	42.37%
18	湖北	1	1	13	6	103	39	117	46	39.32%
19	贵州	1	1	9	6	88	31	98	38	38.78%
20	青海	1	1	8	3	43	16	52	20	38.46%
21	湖南	1	1	14	5	122	44	137	50	36.5%
22	山西	1	1	11	5	117	40	129	46	35.66%
23	河北	1	0	11	7	168	43	180	50	27.78%
24	江西	1	1	11	5	100	12	112	18	16.07%
25	西藏	1	0	7	2	74	5	82	7	8.54%
26	宁夏	1	1	5	0	22	1	28	2	7.14%
27	黑龙江	1	1	13	2	128	7	142	10	7.04%
28	兵团	1	1	14	0	—	—	15	1	6.67%
29	辽宁	1	0	14	3	100	0	115	3	2.61%
30	内蒙古	1	0	12	1	103	0	116	1	0.86%
31	福建	1	0	9	0	84	0	94	0	0
32	新疆	1	0	14	0	96	0	111	0	0
合计		32	25	346	204	2840	1273	3218	1502	46.67%

说明：1. 本表来源于中国地方志指导小组 2020 年 2 月 5 日《关于 2019 年第四季度全国第二轮三级志书和综合年鉴全覆盖完成情况的通报》

2. 本表“应编纂”数目依据《中华人民共和国行政区划简册（2019）》（中国地图出版社，2019 年 8 月），海南省三沙市因情况特殊，未统计在内

编后记

编纂出版《中国年鉴发展报告》是全国年鉴事业发展的创新之举。报告力争全面反映当前年鉴事业的发展形势，在科学实践与调查研究的基础上针对年鉴现状展开分析和预测，并提出具有较强针对性、可行性的对策建议。本卷报告由3篇总报告、12篇区域报告、7篇专题报告，以及若干篇子报告组成，后设附录。

2019年3月26日，第二届中国地情论坛暨全国地方志“一体两翼”工程成果发布会在北京举行，会议发布《中国年鉴发展报告（2018）》，并就《中国年鉴发展报告（2019）》选题策划设计进行了讨论。会后，中指办组建报告编委会，主要依托中指办年鉴处成立编辑部，并印发《关于开展〈中国年鉴发展报告（2019）〉编写工作的函》，确定撰稿单位和人员。8—9月，稿件陆续收齐，编辑部组织力量就稿件的撰写主题、框架结构、主要内容等进行初步审读，就稿件提出修改意见或建议。10月，编辑部在作者提交的修改稿基础上进行加工编辑。11月，编辑部负责人完成全书统稿，主要就体例格式等问题进行统一规范。12月，书稿送交出版社。

2020年初，受新冠肺炎疫情影响，经中指办领导研究，为提高报告的时效性，决定将《中国年鉴发展报告》2019年卷与2020年卷合并，记述内容则以2018年为主改为以2018—2019年两年为主，编纂《中国年鉴发展报告（2019—2020）》。随后，编辑部调整修改编写方案，联系各撰稿人迅速补充2019年度的内容。6月初，各报告完成补充修改，再次送交出版社。

《中国年鉴发展报告》是全国地方志“一体两翼”用志工程中的重要一翼（“一体”为《中国地情报告》，另一翼为《中国方志发展报告》）。《中国年鉴发展报告（2019—2020）》是其第三卷，在前期策划、组织、编纂过程中，中指组秘书长、中指办主任冀祥德，中指办党组书记高京斋，中指办副主任邱新立、叶聪岚高度重视编纂工作，多次就编纂工作提出要求。各级地方志工作机构和各类专业年鉴单位负责人也大力支持编纂工作，为有关撰稿人员提供了很多便利条件。

在各级领导的关心和帮助下，各位撰稿人和编辑部人员齐心协力，克服了很多困难，认真收集资料、撰写稿件并不断打磨修改，保证了本卷报告顺利编纂出版。在此，向有关人员一并表示诚挚的谢意！

受资料所限，加上编者的经验和水平有限，本卷报告难免还存在不少问题，恳请广大读者、年鉴界同仁批评指正。

《中国年鉴发展报告》编辑部

2020年6月